朱永嘉
徐連達 注譯
李春博

新譯容齋隨筆選

三民書局 印行

刊印古籍今注新譯叢書緣起

劉振強

人類歷史發展，每至偏執一端，往而不返的關頭，總有一股新興的反本運動繼起，要求回顧過往的源頭，從中汲取新生的創造力量。孔子所謂的述而不作，溫故知新，以及西方文藝復興所強調的再生精神，都體現了創造源頭這股日新不竭的力量。古典之所以重要，古籍之所以不可不讀，正在這層尋本與啟示的意義上。處於現代世界而倡言讀古書，並不是迷信傳統，更不是故步自封；而是當我們愈懂得聆聽來自根源的聲音，我們就愈懂得如何向歷史追問，也就愈能夠清醒正對當世的苦厄。要擴大心量，冥契古今心靈，會通宇宙精神，不能不由學會讀古書這一層根本的工夫做起。

基於這樣的想法，本局自草創以來，即懷著注譯傳統重要典籍的理想，由第一部的四書做起，希望藉由文字障礙的掃除，幫助有心的讀者，打開禁錮於古老話語中的豐沛寶藏。我們工作的原則是「兼取諸家，直注明解」。一方面熔鑄眾說，擇善而從；一方面也力求明白可喻，達到學術普及化的要求。叢書自陸續出刊以來，頗受各界的喜愛，使我們得到很大的鼓勵，也有信心繼續推廣這項工作。隨著海峽兩岸的交流，我們注譯的成員，也由臺灣各大學的教授，擴及大陸各有專長的學者。陣容的充實，使我們有更多的資源，整理更多樣化的古籍。兼採經、史、子、集四部的要典，重拾對通才器識的重視，將是我們進一步工作的目標。

古籍的注譯，固然是一件繁難的工作，但其實也只是整個工作的開端而已，最後的完成與意義的賦予，全賴讀者的閱讀與自得自證。我們期望這項工作能有助於為世界文化的未來匯流，注入一股源頭活水；也希望各界博雅君子不吝指正，讓我們的步伐能夠更堅穩地走下去。

新譯容齋隨筆選 目次

導讀

一、作者的生平、時代與他的《容齋隨筆》

(一)

《容齋隨筆》是南宋前期大著作家洪邁所撰的一本著名筆記，其學術價值在於經世致用，它的考證和議論，對當代及以後文史學界，提供了豐富的文化遺產和寶貴的歷史經驗。

洪邁，字景盧，號容齋，別號野處，江西鄱陽人，生於高宗嘉定十六年（西元一一二三年），卒於寧宗嘉泰二年（西元一二〇二年）。他出身於鄱陽的大族。父親洪皓，在南宋之初，以通問使出使金國，金人誘降，他大節凜然，不屈使命，被長期流放在北方達十五年之久。南北議和，公於紹興十三年（西元一一四三年）南返，高宗稱他「忠貫日月，志不忘君，雖蘇武不能過」。官拜徽猷閣直學士、直饒州。其學擅長詩詞，著有《鄱陽集》、《松漠紀聞》。長兄洪适在孝宗時，官拜同中書門下平章事、兼樞密使，居宰相之位。他擅長文辭，又好收藏金石拓本，著有《隸釋》、《隸續》及《盤洲集》等。次兄洪遵，以博學宏詞科起家，官拜中書舍人直學士院，著有《泉志》，是南宋的錢幣學家。洪邁自年少時起，便承父兄家學薰陶，勤奮讀書，遍覽經史百家，為備科舉考試，編錄經史中的精粹言詞成《左傳法語》、《史記法語》、《後漢精語》、《南朝史精語》等，可見其讀書用力之勤。紹興十五年，他以試博學宏詞科入選，賜進士出身。紹興末年，召除祕書省校書郎。孝宗乾道二年（西元一一六六年），以起居舍人兼權直學士院，參與國史的編纂，遂為孝宗侍臣，常召對便殿討論古今治亂及國家典章制度的沿革。居官在家，讀書作文，無日不輟，時人范成大推讚他為「平生海內文場伯」，友人沈繼祖讚許他「緒餘寄吟詠，直追風雅篇」。其著作洋洋大觀，所編詩集有《萬首唐人絕句》，文集有《野處猥稿》，小說有《夷堅志》。此外還主持編纂《四朝國史》、《欽宗實錄》等官修史書。《容齋隨筆》則是他用力精勤，先後積四十年的一部學術著作，它涉及的面很廣，包括文學、史學、典章制度，乃至天文、地理、醫人佛道等，都有很多精闢的言論。它在宋人的學術筆記中，居於首屈一指的地位。

《容齋隨筆》，七十四卷，共分五集，即《容齋隨筆》、《容齋續筆》、《容齋三筆》、《容齋四筆》、《容齋五筆》。其撰述的時間，洪邁在《容齋四筆》的序中稱：「始予作《容齋隨筆》，首尾十八年，《二筆》十三年，《三筆》五年，《四筆》之成，不費一年。」他身益老而著書益速，乃是退閒後有餘暇時間。前四筆每集皆十六卷，惟《容齋五筆》僅十卷。《容齋四筆》告成時洪邁已達七十五歲高齡。《容齋五筆》本應與前四筆同為十六卷，但僅至十卷而止，洪邁當是《容齋五筆》未成書而逝。

關於先後寫作的時間，據洪邁《容齋隨筆》之序所署時間推算，大約在南宋高宗紹興末年、孝宗即位之初即已開始寫作，全書前後持續的時間長達四十年。

書名為什麼叫「隨筆」呢？洪邁在序文中說：「予老去習懶，讀書不多，意之所之，隨即紀錄，因其後先，無復詮次，故目之曰《隨筆》。」這是他在讀書過程中，興之所至，心有所得，隨手記錄下來，故各條沒有前後次序可言，也沒有作什麼分類，文字長短也沒有什麼限制，可長可短。《宋史・洪邁傳》稱：「邁尤以博洽受知孝宗，謂其文備眾體。邁考閱典故，漁獵經史，極鬼神事物之變，手書《資治通鑑》凡三。」他在《容齋四筆》卷十一還說到：「予自少時讀班史，今六七十年，何啻百遍，用朱點句，亦須十本。初不記憶高帝之祖稱豐公，比再閱之，恍然若昧平生，聊表見於此。舊書不厭百回讀，信哉！」從這些記錄中可以見到他對《史記》、《漢書》、《資治通鑑》這些史著用功之勤。不僅讀，而且手抄，邊讀邊用朱筆點句，反覆多次才能發現問題，提出議論。

最早注意《容齋隨筆》價值的是宋孝宗，洪邁在《容齋續筆》的序言中記有一段他與宋孝宗的對話：

淳熙十四年（西元一一八七年）八月，在禁林日，入侍至尊壽皇聖帝清閒之燕，聖語忽云：「近見甚齋隨筆。」邁竦而對曰：「是臣所著《容齋隨筆》，無足採者。」上曰：「煞有好議論。」邁起謝，退而詢之，乃婺女所刻，賈人販鬻于書坊中，貴人買以入，遂塵乙覽。書生遭遇可謂至榮。

從上面這段文字可以知道《容齋隨筆》的初刻本流行不久，便經賈人販於臨安書坊中了。淳熙十二年（西元一一八五年），洪邁奉召入經筵館，成為陪伴帝王讀書侍講起草詔書的翰林學士，而且不斷地被召對議論時政。諸如他與宋孝宗討論過淮東邊備之事，討論過會子，也討論過對金人的和戰等。宋孝宗看重的是《容齋隨筆》的議論，也就是提出問題，分析事件的來龍去脈，以及人事的利弊得失。無論史論還是文論，都與時論或政論息息相關，這才是引起孝宗對此書有興趣的原因。因為有了議論，才能幫助和啟發讀者舉一反三、觸類旁通地開拓思路，這是洪邁在史論和文論中，之所以都能夠獨樹一幟的原因。宋孝宗對他的議論有興趣，就是因為他的議論能啟沃心智，有益於治道。近人毛澤東對此書所以有特殊的愛好，其原因亦出於此。這本書毛澤東從延安帶到西柏坡，從西柏坡帶到中南海，外出時也帶在身邊，還隨時在這本書上圈圈劃劃，並由此去讀《資治通鑑》、讀《史記》、《漢書》及前人的文集。故毛澤東直到臨終前還想著要讀這本書，等到排好大字本時，他已離開這個世界了。《容齋隨筆》所以受到毛澤東的喜愛，乃是書中具有文史的博學通識，能給王者帶來治國的歷史經驗和提供豐富的文化遺產。

(二)

《容齋隨筆》中與作者所處時代相聯繫的條目，卷八有一篇〈東晉將相〉，講的是東晉在南方偏安一百餘年，開創了東晉與北方少數民族政權長期對峙的局面。這與南宋當時的局面有相似之處。洪邁思考東晉所以能如此的緣由是：「以國事付一相，而不貳其任；以外寄付方伯，而不輕其權。文武二柄，既得其道，餘皆可槩見矣。」對於帶兵的將領，他以王敦、陶侃、庾亮、庾翼及桓氏諸人為例，指出他們「常都督七八州事，力雄強，分天下半……其軍不輒易，將士服習於下，敵人畏敬於外，非忽去忽來，兵不適將，將不適兵之比也」。洪邁這些話，從當時形勢及南宋的政策來講還是有針對性的。在這篇札記之末，洪邁又說到：「頃嘗為主上論此，蒙欣然領納，特時有不同，不能行爾。」可見這個問題，他曾經與宋孝宗當面討論過，因為那時他以侍臣受到孝宗的寵信，有機會與孝宗當面議論。洪邁是希望孝宗用人要專一、要信任，使將相各有專任。而當時南宋的局面恰是用人不專，宰相與統兵的將領不斷更迭，在軍事上積弱的局面無法改變。宋孝宗即位以後，宋金對峙處於僵持的狀態，女真人著力於在北方穩定其統治。南宋王朝便面臨著兩種選擇，一是北上收復失地，那就是以張浚、虞允文等為代表的主張。一是以史浩為代表的維持現狀的主張。宋孝宗則是搖擺於二者之間，維持現狀是底線，能勝則打，不能勝則委曲求全。故在戰爭打響前他積極啟用主戰派，希望北上收復失地，以穩固其南方的統治。一旦戰爭失利，他就立即轉向妥協求和的一邊，調整人事關係，將相易人。故當時的政局始終處於搖擺不定的狀態。對於帶兵的將領，宋代傳統的政策為了防止軍人跋扈專權，絕不把兵權專屬一人。南宋初年汪藻上「馭將三說」，強調「自古以兵權屬人久，未有不為患者」，「不早圖之，後悔無及」。故他建議「漸銷諸將之權」，方能馭將、弭盜與禦敵。所以宋代帝王對將帥始終抱著且用且疑的態度。對女真人的態度則是且守且和，目標是保持小朝廷偏安的局面。如果不改變「兵不適將，將不適兵」的軍事管理思想，那這個積弱的局面很難有改觀的希望。洪邁也與宋孝宗一樣，搖擺於二者之間。從感情上講，他與主戰派更加接近一些。從得失利害的衡量上，他又傾向於保守偏安的一面。因為保持偏安是孝宗決策的底線，故〈東晉將相〉對東晉的政治軍事經驗，只能停留在議論上，沒有辦法改變南宋既定的國策，只能以「時有不同，不能行爾」為結語。當然東晉有世族支撐著政權，南宋連這一點也沒有。我借這一條札記說明洪邁讀史的《容齋隨筆》，如果放到他所處時代去分析，處處可以看到他那個時代的烙印。許多條目他都是有感而發。

《容齋隨筆》中與其個人經歷相近的札記，卷二有〈漏泄禁中語〉條，講到這麼二件事。一是漢元帝時，京房向張博洩漏禁中言，張博因此而棄市；二是王章與漢成帝在宮廷中議論王鳳之罪，王音聞之，告訴了王鳳，王鳳又向元后哀告，元后為之垂涕而不御食，王章便因此而死於獄中。事實上，因洩漏禁中語而治罪始於秦始皇，為什麼如此呢？《韓非子．王道》：「主上不神，下將有因。」其所以神，則在於他常常能出人意表，使臣下捉摸不透意圖。唯其神而靈，方能服眾。洩漏禁中語，如果涉及權力結構上的根本性利益衝突，那就關係到相關方面的生死存亡，所有宮廷密謀，歷來都是先下手為強，故這直接關係到帝王自身的安危。為了防微杜漸，如果發現有洩漏禁中語者，輕者被帝王所疏遠，重者遭滅頂之禍。又如《容齋五筆》卷七的〈張蘊古大寶箴〉記載，張蘊古是個直諫敢言的大臣。他之所以得罪唐太宗，倒不是因為奏上〈大寶箴〉，而是因為李好德言涉妖妄一案，張蘊古言其有風疾，太宗允許將給以寬宥，可是張蘊古卻對李好德密報其旨，並與好德在獄中博戲，為御史所劾奏。可見張蘊古身為法官，洩漏禁中宥赦的密語，並與相關案犯一起博戲，從而導致唐太宗發怒，處以死刑。洪邁為張蘊古抱不平，稱其「無罪受戮」。唐太宗在殺了張蘊古之後，心中不勝懊惱，追悔莫及，由此下決心對死囚的決審從一日覆奏改為二日五覆奏，表示對死刑要慎而又慎。這二條札記對洪邁而言，亦是有感而發，因為他自己也碰到過同樣的事件。乾道三年（西元一一六七年），洪邁與其兄洪适都受到孝宗的寵信和重用。當時知閤門事龍大淵和曾覿二人都與洪邁相善，他們私下告知洪邁將遷西掖，任中書舍人。洪邁去見參知政事陳俊卿，講了這件事，陳俊卿為此與孝宗言：「臣不知平日此等除目，兩人實與聞乎？抑其密伺聖意而播之於外，以竊弄陛下威福之權也。」孝宗說：「朕何嘗謀及此輩，必竊聽而得之。卿言甚忠，當為卿逐之。」於是黜龍大淵與曾覿二人。朱熹在〈陳俊卿行狀〉稱陳俊卿曾劾奏洪邁奸險讒佞，不宜在人主左右，宜罷斥之。故洪邁在乾道五年（西元一一六九年）便被罷官退歸鄉里。可見洪邁在《容齋隨筆》中所作〈漏泄禁中語〉與〈張蘊古大寶箴〉這二條札記是有感而發，既是為自己，亦是為京房、王章、張蘊古三人抱不平的。不過同樣是洩漏禁中語，夏侯勝對漢宣帝說：「陛下所言善，臣故揚之。堯言布於天下，至今見誦。臣以為可傳，故傳耳。」宣帝也就不加任何處分了。這件事還得看所言之是非，所牽涉面之大小，及君王的肚量而異。從根本上講，一方面王者無私言，大丈夫應該光明磊落，政事還是公開透明的好。屬於陰謀詭計的宮廷密謀，畢竟是專制主義帝王制度的伴生物，讓政事見陽光，可以避免和減少許多悲劇，政治也能步上正常軌道，不再為少數人所壟斷。另一方面，帝王也有私生活，也有隨口聊天說笑話的時候，可不能句句當真，如果句句當真，人就難以開口說話了。諺云：「為臣難，為君亦不易。」由於洪邁曾親身經歷此事，故感慨萬千。

(三)

《容齋隨筆》，共有隨筆一千二百十九則，全書約五十五萬字。內容包括史學、文學、哲學、藝術、典章制度、社會風俗，甚至醫卜星算都有涉及。明李瀚在為該書作序時，稱洪邁：「聚天下之書而遍閱之，搜悉異聞，考核經史，捃拾典故，值言之最者必札之，遇事之奇者必摘之。」既有精闢的考據和議論，又有廣泛的趣味性，還有更大的資料文獻價值，故其影響深遠。《容齋隨筆》在後世流傳的版本眾多。當代流行的大都是標點本、白話本，缺少注釋和研析。本書擬從這一千二百餘則中選取一百餘則，在原文基礎上，增加注釋和研析，總的字數大體上限制在五十萬字左右，內容以文史為主，兼顧諸子，同時對趣味性較強的社會風俗等也選取一些篇目，在篇目的次序上仍按原書諸筆及其卷帙的次序排列，不打亂原書的編目，可能更便於讀者隨意地檢閱。

《容齋隨筆》是洪邁讀書和思考在文字上的表達，他之所以讀什麼書及其對問題的思考，都離不開他所處的那個時代，以及他在那個時代所處的地位和所扮演的角色。讀一個人的作品，要論其世，才能知其人，才能從他的作品中品味出各種甘苦來。在洪邁看來，他的議論是有所為而來的。儘管這些札記都是他與有所致、意有所得的表現，他的所致、所得，對今人仍能有所啟迪。洪邁在孝宗淳熙十二年（西元一一八五年）自婺州被召回臨安，以直學士院與孝宗論對時政，並兼修國史。次年他「與同僚進讀陸贄奏議終篇。乞宣付史館，以彰不矜不伐，執古御今之意」（《宋會要輯稿・崇儒七》）。君臣一起讀史，用現在的話講是為了以史為鑑、古為今用，也就是在南宋偏安的局面下，如何圖存自強。讀陸贄的奏議在當時有什麼意義呢？主要還是從中吸取如何應對突發事變所造成的天下亂局。唐德宗時，朱泚作亂，皇帝逃到奉天，各地方鎮叛亂紛起，時陸贄隨德宗到奉天，「一日之內，詔書數百」，他建議德宗說：「今盜遍天下，輿駕播遷，陛下宜痛自引過，以感動人心。」德宗接受了他的建議，下罪己之詔，結果使「武夫悍卒，無不揮涕感激」（《舊唐書・陸贄傳》）。所以從陸贄奏議中，可以得到唐中葉如何走出危局的歷史經驗。孝宗時，南宋外有強敵，內有諸多危難，此時君臣讀陸贄的奏議，實際上是居安思危，君臣圖存的一種基本願望。南宋建國後，君臣共讀史書的風氣甚盛，在孝宗乾道三年（西元一一六七年）正月，洪邁召對於選德殿，與孝宗論古今治亂之事，奉命作〈選德殿記〉，稱孝宗：「獨以閒暇，取《尚書》及《資治通鑑》孜孜而讀之，帝之所以為帝，王之所以為王，法其所以興，戒其所以壞，口誦心惟，未嘗一日輒去手也。」這裡當然有洪邁對宋孝宗溢美之辭，但讀史的風氣甚盛，當是事實。在這篇文章的結尾，洪邁還希望孝宗能「自強不息，終始毋怠，……常以今日之心為心」。在《容齋隨筆》的札記中，讀史的部分占有非常突出的地位，這不是偶然的。

本書既以「隨筆」為名，就是不拘一格，沒有篇章結構的束縛，隨遇而就，所以很難理出一個嚴格的系統來。從分類上講，主要是論史與論文這二大類。選本只能分這兩類作一點稍有系統的敘述，以便讀者閱讀時能大體上理一個頭緒。

二、《容齋隨筆》中有關君、臣、民三者關係之史論舉例

(一)

《容齋隨筆》中涉及史學的條目很多，我們只選了四十餘則，不可能每一條目都直接與洪邁的親歷相關，但它們多少都具備與這兩千多年中國社會的基本結構相關，及其在中國歷史發展中帶有典型意義的一些案例。閱讀這些條目，不僅能從中讀到洪邁精闢的論述，還能從中舉一反三地作更加深入的探討。在現實生活中，歷史傳統的種種印記，也能多少從這些案例中反映出來。為了便於大家閱讀這個選本中有關史學部分的內容，我們選擇若干個案例略加說明。

中國兩千多年的歷史始終處於亂世和治世不斷交替的過程，所謂分久必合，合久必分。然而在分與合之間，主導方面是合。即使在分的時期，無論三國鼎立，南北朝的對峙，宋、遼、金的南北對立，大家只認同一個中華文明。中華文明之所以能始終屹立於世界，就是因為它有著強大的凝聚力，由於中華文明的共同觀念在各個民族之間，不斷產生極強的向心力。再加上中華民族自強不息的精神，這一切促使我們能在源遠流長的歷史長河之中生生不息。《容齋隨筆》關於歷史的內容占有主要部分，乃是洪邁閱讀歷史的心得和體會，也是該書最有價值的地方。他念念不忘的便是：要從以往的歷史中尋找長治久

安的經驗，以及某些王朝盛衰興亡的歷史教訓。

兩千多年的中國歷史，社會的基本結構是君、臣、民三者之間的相互關係。如何處理好這三者之間的關係，始終是社會矛盾的焦點。這三者關係在史家眼中，君臣關係始終處於主導地位，所以一部二十四史便是為帝王將相立傳的歷史。從歷史上看，治世和亂世的君臣關係不同。在亂世，君臣之間是一個互相選擇的過程，君擇臣，臣亦擇君；在治世，在統一的王朝範圍內，為臣者就沒有選擇的自由，出處去就便會受到種種限制。君與民，臣與民的關係有聯繫又有區別，君與臣是統治者，民是被統治者，但民也不是消極的被統治者，他們對統治者有自己獨特的反應，通過各種方式顯示自己的存在。從根本上講是人民創造和推動了歷史的進步和發展。

(二)

《容齋三筆》卷二有一則札記的題目是〈劉項成敗〉，講的是劉邦與項羽之間的逐鹿戰爭各自成敗的原因。這個話題的核心，作為王者必須具備的條件，便是要處理好君臣之間的關係。劉邦與項羽之間成敗的關鍵在於誰能用人之長，能容納人，能團結人，共同奮鬥，用當代的話講，那就是識別幹部，處理好幹部之間的團結問題。《史記·高祖本紀》講到高祖五年（西元前二〇二年）劉邦在打敗項羽稱帝後，向臣下提出：「吾所以有天下者何？項氏之所以失天下者何？」此後，這個問題始終成為史家們感興趣而又反覆被議論的老話題。洪邁從誠信的角度講劉邦所以勝、項羽所以敗，他說「漢高帝、項羽起兵之始，相與北面共事懷王」，「高帝既成功，猶敬佩（懷）王之戒」，項羽則「陽尊王為義帝，卒至殺之」。因而他說：「成敗之端，不待智者而後知也。」這話當然有一定道理，但畢竟有一點書生氣。還是劉邦自己的話有道理，他提到張良、蕭何、韓信三個人，指出：「此三人皆人傑也，吾能用之，此吾所以取天下也。項羽有一范增而不能用，此其所以為我擒也。」項羽在用人問題上之失，是任親不任賢，最終出賣項羽的都是項羽所信用之親人，而張良、韓信、陳平這些人都曾經為項羽效力，他不能任用。這些人投奔劉邦後，皆能為劉邦所用，因而打敗了項羽。故在楚漢戰爭中，勝敗的關鍵是誰能用人，誰能團結成一個有戰鬥力的團隊，這是決定勝負的一個重要的原因。在《容齋隨筆》卷二中還有一則〈秦用他國人〉，洪邁提出「六國所用相，皆其宗族及國人」，「獨秦不然」，為秦謀事開霸業者都是自六國前來的客卿。東漢末年的亂局中，曹操所以勝出，還是在用人問題上高出群雄。《容齋隨筆》卷十二〈曹操用人〉這一則，詳細地介紹了曹操用人所以得力之處，在於「唯才是舉令」，這是他用人的原則。由此招納了許多人才，為其所用，其中不少人都能夠獨當一面。孫權能偏安江東，其得力處亦在善於用人這一點上。《容齋隨筆》卷十三〈孫吳四英將〉講了孫權用人之專一，如對周瑜、魯肅，始終信任不渝。他還能培養人，如對呂蒙、陸遜的不次提拔。沒有這四英將，孫權在東吳就難以立國了。

從為君的角度講，就是要識人，會用人。從為臣的角度講，在亂世君擇臣，臣亦擇君。《容齋隨筆》卷十二有一條〈漢士擇所從〉，便講了荀彧與郭嘉他們在袁紹與曹操之間，儘管當時袁紹的勢力大於曹操，他們卻選擇了曹操。其他如高柔在張邈與曹操之間選擇了曹操。杜襲、趙儼、繁欽在荊州不選擇劉表而選擇了曹操。此外如周瑜選擇孫策和孫權，諸葛亮選擇劉備，也都是臣擇君的案例。士擇君，由於選錯了人而遭殃的案例亦有不少。〈漢士擇所從〉中提到：「郭嘉初見袁紹，謂其謀臣辛評等曰：『智者審於量主，袁公多端寡要，好謀無決，難與共濟大難，吾將更舉以求主，子盍去乎？』評等曰：『袁氏今最強，去將何之？』嘉不復言，遂去依曹操。」辛評不懂得何以擇君，故隨袁紹而亡，這便是為臣者如何擇君最典型的案例。為君者要吸引人才，尤其是亂世為王者，不僅在於一時勢力之強弱，而在於其做事為人之魅力，在於其自身之智慧和才能，以及容人之度量。否則的話，如何能夠吸引一時之人傑到自己周圍來呢？

在王者這一群體中，還有一類人如楚懷王熊心那樣的人物，亦有一定的代表性。《容齋隨筆》卷九有〈楚懷王〉一篇，洪邁認為反秦諸將所以要擁立熊心，乃是借楚王族之後裔的名義，以號召抗秦的各種力量。然而他畢竟是被擁立起來的傀儡，自己沒有力量，所以項羽得勢後，說廢也就廢了。西漢末年，赤眉軍擁立的劉盆子也是因為他是漢室劉氏的後裔，所以擁立他為王，也是為了顯示自己師出有名。但他根本沒有辦法掌控赤眉軍的將領，最終與之共亡。

(三)

帝王制度是終身制和世襲制，帝王政治是宮廷政治。當社會穩定，王朝統治相對穩定時，帝王之接班人的培育，離不開深宮大院，在後宮中實際培育太子的是其母后。在這樣的格局下，就會存在母后干政的情況。《容齋隨筆》卷二有一則〈漢母后〉的札記，它提出「漢母后預政，不必臨朝及少主，雖長君亦然」。文中列舉了文帝、景帝、武帝時母后臨朝的事例，此後在元、成、哀、平之世也都有這種政治現象。即使漢武帝獨攬四十年朝政大權，也要等到他自己的母親王太后去世以後，才能擺脫母系外戚干政的局面。漢武帝晚年立昭帝為太子時，把他的母親鉤弋夫人送掖庭賜死。有人問武帝為什麼如此？武帝回答：「往古國家所以亂，由主少母壯也。女主獨居驕蹇，淫亂自恣，莫能禁也。汝不聞呂后邪！故不得不先去之也。」然而，宮廷政治的體制不改變，那麼母后臨朝的現象不可能發生根本性的改變，霍光急於把自己的女兒嫁給昭帝，目的是借姻親關係鞏固自己的統治地位。在西漢歷史上，母后干政時間最長的是孝元皇后王氏，她活到八十四歲。成帝、哀帝、平帝時期都有她干政的痕跡。與母后干政相關的便是外戚問題。漢武帝時，竇嬰與田蚡之間的矛盾，實際上是太皇太后竇氏家族與太后王氏家族之間的矛盾，武帝夾在中間，無法客觀公正地處理這個矛盾。《容齋隨筆》卷二有題為〈灌夫任安〉的一篇札記，灌夫作戰有功於漢，武帝時任淮陰太守，入為太僕。此人重義氣任使，看不慣田蚡仗勢欺侮竇嬰，在筵席上行酒時衝撞了田蚡，田蚡劾灌夫大不敬之罪，竇嬰為此上書武帝。朝臣庭上議論此事，也多不直田蚡。罷朝後，武帝入內庭上食太后。太后怒，不食，曰：「我在也，而人皆藉吾弟，令我百歲後，皆魚肉之乎！」由此灌夫與竇嬰皆棄市。這是太皇太后與皇太后家人之間的矛盾糾紛。武帝尚且如此無奈，外戚因母后干政之蠻橫由此可見一斑。其他如孝元王皇后的王氏家族，前後有十侯五大司馬，結果全部政權落在王莽的手上，國號也被改為新。到了東漢，幼主在位接連不斷，母后直接臨朝，外戚與宦官專政的格局更甚於西漢。母后預政，幾乎是秦漢以來宮廷政治既定的格局。《容齋隨筆》這條〈漢母后〉的記載，揭示出二千餘年來宮廷政治無法革除的痼疾。

在宮廷政治下，幼主在位，很難避免母后臨朝及外戚專政的格局。那麼君王長壽是否就是王朝之福呢？其實也未必。《容齋隨筆》卷八有一篇札記的題目叫〈人君壽考〉。他列舉漢魏至五代共一百三十六位君王，壽考在七十以上者五人，即漢武帝劉徹、吳大帝孫權、梁武帝蕭衍、唐高祖李淵、唐玄宗李隆基，這五個人主晚年都很淒涼。洪邁的結論是「享祚久長，翻以為害」。而他寫這個文章是稱讚宋高宗主動遜位，得以優遊歲月，換一句話說，終身制有它的缺陷，人年老體弱，智力也下降了，很難掌控大局。故從這五個長壽皇帝的結局看，「梁武召侯景之禍，幽辱告終」，「玄宗身致大亂，播遷失意，飲恨而沒」，「漢武末年，巫蠱事起，自皇太子、公主、皇孫皆不得其死」，「吳大帝廢太子和，殺愛子魯王霸」，「唐高祖以秦王之故，兩子十孫同日併命，不得已而禪位，其方寸為如何」。故洪邁感嘆這五個君王：「雖有崇高之位，享耆耋之壽，竟何益哉！」說到底高處不勝寒，權力的高度集中也是各種矛盾交集之處，年老體衰，哪有那麼多精力去處理紛繁複雜的局面呢？戀位的結果，往往是自討苦吃，古往今來的歷史經驗，反覆證明了這一條簡單的真理。然而事情往往是當局者迷，旁觀者清，我們只能以歷史的經驗告誡世人而已。

這五位長壽的君王，都有一個共同的問題，那就是到了晚年如何處理好權力的交接問題。如李淵、李隆基晚年都處於失控的局面，漢武帝晚年因巫蠱之禍廢戾太子，吳大帝晚年廢太子孫和都是以悲劇結束，梁武帝輕信其子蕭正德，導致侯景之亂，身死臺城。這五個人的遭際都說明，帝王之家日子過得並不輕鬆，父子兄弟之間往往兵刃相見，最終皆以悲慘和淒涼了結自己的餘生。《容齋隨筆》卷二有〈田千秋郅惲〉與〈戾太子〉二則筆記，《容齋續筆》卷二有〈巫蠱之禍〉的條目，講的都是漢武帝晚年因巫蠱之禍廢戾太子的經過及武帝事後的悔恨懊喪之情狀。這樣的歷史悲劇在中國迄今的二千餘年歷史過程中，幾乎是常演不衰，這樣的教訓實在慘痛不已。《容齋隨筆》卷二有一篇題為〈灌夫任安〉的札記，任安這個人比較講義氣，他被誅死便是由於巫蠱之禍。太子起兵誅江充，時田仁為司直主城門，認為太子與武帝骨肉之親，故開城門讓太子過諸陵，因而被下吏誅死。而任安則是當「太子立車北軍南門外，召任安，與節發兵，安拜受節，入，閉門不出」。「武帝曰：『是老吏也，……今懷詐，有不忠之心。』下安吏，誅死。」（《史記・田叔列傳》）田仁與任安都是考慮到父子之間的關係，不願事態激化，結果卻以此殉難，可見為人臣之難。故俗云「君老不事太子」。但不事太子也難。君老死，太子有權也要找你算帳。歷史上這方面的教訓很多，任何人身處其境，都是一個兩難的選擇，很少有人能僥倖避禍。

我們選了〈田千秋郅惲〉這一條目，因為他多少能在事後給這一類慘烈的案例以一些溫情。田千秋藉著夢見白頭翁言以訟太子之冤。他對漢武帝說：「子弄父兵當何罪？」武帝因此而感悟，講了「父子之間，人所難言也。公獨明其不然，公當遂為吾輔佐。」故「田千秋以一言至為丞相」，為此武帝「作思子宮，為歸來望思之臺」以示悔恨。同時還處理了那些挑撥他父子關係、並加害於太子的人，族江充家，殺黃門蘇文及加兵刃於太子的李壽，這一場悲劇是兩敗俱傷。相比較而言，同樣是廢后換太子，光武帝處理得溫和多了。光武帝廢郭后時，郅惲說：「夫婦之好，父不能得之於子，況臣能得之於君乎？是臣所不敢言。雖然，願陛下念其可否之計，無令天下有議社稷而已。」話說得非常婉轉，就是要光武帝在處理問題時，不要讓後人為此而有議論。光武帝是聰明人，郅惲亦善於恕己量主，大家心照不宣，不把話講明。故光武帝在處理廢郭后、立陰皇后及更換太子時，並沒有動殺機，這就避免了重蹈漢武帝的覆轍。

(四)

在歷代君王中有雄才大略的君主畢竟是少數，大部分都屬於平庸之輩。亂世出英雄，那些雄才大略的君主都是亂世的英雄，在和平穩定的時期，君王必然是庸常之主，故他們遇到棘手的事情時，便不得不讓朝廷大臣和議事官來共同商議，擇善而從。《容齋隨筆》卷二有一則題為〈漢采眾議〉的札記，列舉漢元帝時處理珠厓造反的問題，漢成帝時處理匈奴呼韓邪單于使節詐降的問題，哀帝時處置匈奴單于朝賀的問題，東漢安帝時要不要放棄涼州的問題，順帝時如何處置交趾反叛的問題，靈帝時如何處理涼州兵亂的問題，這些事情經過朝廷眾官的議論，最終都處置得比較妥帖。洪邁在文章的結尾說：「漢元、成、哀、安、順、靈，皆非明主，悉能違眾而聽之，大臣無賢愚亦不復執前說，蓋猶有公道存焉。每事皆能如是，天下其有不治乎？」從這一條中可以看到漢朝還是有一定的議事、決策和行政制度規則。在漢代，遇到重大事項時，通常都要交給公卿、大夫、博士、議郎們一起議論，然後由帝王裁決。公卿、大夫是行政長官，博士與議郎只是參加重大政事的議論，漢代的郎官與博士，用現在的話講大都是幹部子弟與知識精英。君王只要不存成見，便能在許多不同意見中擇善而從。如果君王是一個如秦皇、漢武那樣有雄才大略、有主見，不管他們的決定是對還是錯，朝廷議事只能順著君主的意旨去做。《漢書・公孫弘傳》講到汲黯批評公孫弘狡黠，什麼事都順著武帝的意思說，這就是在專制君主治下議事必然遵循的準則。因此朝廷議事規則的效果，往往因君主的狀況而異。君主只是中等才能，那時遇到問題，博士和郎官中往往會有一些真知灼見，因為他們比較超脫，不受行政事務的羈絆，思考的自由度相對高一些。同時，他們也只有通過議論來顯示自己的才能，一旦內外官員出缺時，他們便成為候選的對象了。這樣的議事，比只是在極少數官員之間議事要高明一些，對決策官員也多少有一些牽制的作用。當然，若在朝廷議事時，犯顏直諫，不管你是什麼身分，亦還是有風險的，因為只要冒犯了君王的逆鱗，即使你說的完全正確，亦還是會造成巨大的歷史悲劇。

議事是如此，辦事也是如此。就以審案這件事為例，《容齋續筆》卷二有〈張于二廷尉〉條，張釋之、于定國先後在漢文帝、宣帝時為廷尉，史稱：「張釋之為廷尉，天下無冤民。于定國為廷尉，人自以不冤。」（《漢書・于定國傳》）實際上他們辦案還是視君王臉色行事。洪邁指出周勃以謀反下獄，正是張釋之為廷尉之時定罪；于定國判定楊惲大逆無道，坐腰斬，都是錯案。故洪邁慨稱：「其徇主之過如此。傳所謂『決疑平法務在哀矜』者，果何為哉？」漢代主持廷尉工作的，大都是獄吏出身，于定國、張釋之、張湯、杜周莫不如此。《漢書・酷吏傳》中諸酷吏都是奉命辦案。《漢書・杜周傳》講到杜周辦案善候上意，故「客有謂周曰：『君為天下決平，不循三尺法，專以人主意指為獄，獄者固如是乎？』周曰：『三尺安出哉？前主所是著為律，後主所是疏為令。當時為是，何古之法乎！』」唯上主義的辦案傳統，迄今難以根本改變，這個傳統要改雖難，總得逐漸向以法治國轉吧。

給皇帝提意見，叫直言諫諍，《容齋續筆》卷三有一篇〈折檻行〉，這本是杜甫的詩題，專為諫爭而設。其中講到漢成帝時的朱雲是個敢於諫爭的直臣，他上書請斬佞臣張禹，引起成帝大怒，曰：「罪死不赦！」命御史將雲押下殿去，雲不肯走，攀折殿檻。後經左將軍辛慶忌以死爭，成帝才息怒。其後官府當修治折檻，成帝曰：「勿易！」用以旌直臣。杜詩有「至今折檻空嶙峋」之句，意謂至今空有嶙峋的折檻留在殿上，可見直言之難。還有一些君王對臣子的直言，雖不處分，卻仍是我行我素，把忠言只是當作耳邊風。《容齋隨筆》卷十三有〈魏明帝容諫〉這一條札記，最終引《三國志・魏書》謂明帝：「羣臣直諫之言，帝雖不能盡用，然皆優容之，雖非誼主，亦可謂有君人之量矣。」其實明帝所以不敢奈何這些直諫的大臣，是因為這些大臣都是其父、祖留下的功臣宿將，還奈何他們不得。故關鍵不在於能否容忍，而在於能否接受正確的意見。魏徵曾經對李世民說：「陛下導之使言，臣所以敢諫。若陛下不受臣諫，豈敢犯龍鱗？」如果說了等於白說，日子一久，別人也就不說了。

君王即使接受了臣民的意見，發布了詔令，如果真正要付諸實施也難，要改變官僚機構原來的慣性，往往需要很長的時間和付出巨大的代價。《容齋續筆》卷三有〈漢文帝受言〉條，講了一個廢除肉刑的故事。十四歲的女孩緹縈為贖父刑罪，上書願沒入為官奴婢以代替父親所獲之肉刑，這實際上是一個君王親自處理群眾來信的故事，「(文)帝憐悲其意，即下令除肉刑。」但漢代笞刑用重杖，這中間又有多少人冤死在杖下。君王一個有良好願望的「批旨」，真要落到實處，可有多難啊！

(五)

君王雖然處於深宮大院，但其安危往往繫於母后、外戚，與後宮的宦官，以及朝廷的軍政大臣之間的相互關係的平衡上。一旦失衡，隨時都會有突發性宮廷政變威脅著各自的生存。《容齋隨筆》卷三〈漢昭順二帝〉這一條講的便是這方面的問題。漢昭帝八歲即皇帝位，武帝遺詔輔政的三個人，金日磾為人小心謹慎，遇事總是退縮在後面，而霍光與上官桀都是積極謀取權力的人。昭帝十四歲那年，上官桀聯合桑弘羊、蓋主、宗室燕王，密謀想把霍光排除出權力中心，由於昭帝傾向於霍光，上官桀宮廷密謀以失敗告終。東漢和帝十歲即皇帝位，母后臨朝，外戚竇憲執政。和帝十四歲時，容不下竇憲專權，便與宦官密謀發動突然襲擊，誅殺竇氏。這實際上也是一次宮廷政變。順帝十一歲即位，梁商以外戚執掌朝政，一群宦官密謀誅梁商，由於順帝支持梁商，這次宦官張逵等的宮廷密謀以失敗告終。此後梁商之子梁冀執政十八年，東漢桓帝與宦官單超等五人密謀誅梁冀，結果是東漢政治狀況更糟。權力的交接和重組，缺乏規範的程序，那血腥的宮廷政變往往難以避免。從〈漢昭順二帝〉所列舉的宮廷政變來看，還不能以成敗論是非。對於失敗者的功過是非，不能單憑勝利者的一面之詞進行評判，還得具體情況具體分析。頻繁的宮廷政變往往是促成王朝最終崩潰的重要因素，在那樣的環境下，勢必是人人自危，政治不可能清明而安定，最終導致誰也不得安寧。

(六)

在統一王朝之下，士大夫的出路只有二種選擇，那就是治生或者從宦。所謂治生就是通過經商或者經營土地以置產業，從宦就是做官。洪邁在《容齋隨筆》卷八有以〈治生從宦〉為題的札記，講的是為官與置業二者不可兼得。他所舉的張釋之與司馬相如這二個案例，都是通過注貲為郎，由於郎官是待選的官僚，除了「守門戶，出充車騎」，在宮廷侍從於皇帝周圍，並沒有別的官位和職權，而且還需自己拿錢來維持個人的生計。張釋之十年不調，減損了他仲兄的產業。司馬相如為郎官時「家徒四壁」。國家統一後，士大夫都擠在從宦這個獨木橋上。洪邁引韓愈〈從仕〉一詩破題，反映了韓愈十九歲去長安求仕，經十六年苦苦的追求，卻從未在仕途上得意過。故他在詩中說：「倏忽十六年，終朝苦寒飢。」還說：「棄置人間世，古來非獨今。」說明要擠上從仕這條獨木橋還很不容易，不如今日仕宦子弟們幸福，他們可以經商置業與從仕為官二條道路上選擇，哪條路錢來得快來得多就走哪條道。或者兄弟合作，兄從仕，弟從商，且有老爺子的無形資產和潛在影響可以利用，當然在官場和商場都能左右逢源。然而這樣的日子還是兔子尾巴長不了，因為富與貴一般都難以超過三代以上。從歷史上看，最終還只能是「琴瑟滅兮丘壟平」，「蔓草縈骨，拱木斂魂」（江淹〈恨賦〉），還不如陶淵明那樣能千古文章傳後人。

不過在古代即使從仕，風險同樣也很大。《容齋四筆》卷十五有一條札記，題為〈四李杜〉，洪邁把歷史上四對姓李、杜者組合在一起。從時間上看，前面三對是東漢時期的人物，第四對李白與杜甫則是唐玄宗晚年與肅宗時期的人物。從事件上看，這第三次事件，具體便是以李膺與杜密包括范滂為代表的東漢末的黨錮之禍。這三對李杜都以名節相尚，為此甘願接受統治者強加的罪名而死於非命。東漢末的黨錮之禍，算得上是歷史上的大案了。這一類的大案多了，對一個王朝而言絕不是好兆頭，往往是亡國的先兆。洪邁在《容齋續筆》卷四〈黨錮牽連之賢〉條說：「漢黨錮之禍，知名賢士死者以百數，海內塗炭，其名迹章章者，並載于史。」這樣辦大案的結果，必然是使國家大傷元氣。同時這類大案往往包含著大量冤案、假案、錯案，一旦形勢發生變化，案件出現反覆，必然加劇統治集團內部的自相殘殺，結果是王朝解體，社會秩序瀕於崩潰。同時黨案中士大夫表現出的氣節，又是一筆重要的社會財富，它能激勵正氣。從歷史的經驗來看，東漢末的黨爭，唐末的黨爭，宋代的黨爭，明末、清末的黨爭，都最終導致了王朝解體。士之處世如若偶遇這類，「遭橫逆機穽，當如醉人之受罵辱，耳無所聞，目無所見，酒醒之後，所以為我者自若也，何所加損哉！」（《容齋隨筆》卷一四〈士之處世〉）莊子在〈人間世〉篇說：「知其不可奈何而安之若命，德之至也。」因為許多事不是個人力量所能挽回，在無可奈何的情況下，安天樂命也是保全自己心態的至高境界了。

(七)

士大夫身處亂世時，亦還有另一類特殊的人物，儘管王朝頻繁地更迭，他們始終是不倒翁。國家處於統一和相對穩定時，這類人物往往受到清議的貶責，在歷史上留下惡名。《容齋三筆》卷九洪邁有一篇題為〈馮道王溥〉的札記，馮道便是屬於這樣一種另類人物。馮道，五代名相，歷仕後唐、後晉、後漢、後周諸姓十君，在相位長達二十餘年，確確實實是一個歷盡艱難風險的不倒翁。他晚年作〈長樂老自敘〉，他說自己一生，「孝於家，忠於國，口無不道之言，門無不義之貨。下不欺於地，中不欺於人，上不欺於天。其不足者，不能為大君致一統，定八方，誠有愧於歷官」，故謂自己「老而自樂，何樂如之？」然而歐陽脩在《新唐書・雜傳》的序文中稱：「予讀馮道〈長樂老敘〉，見其自述以為榮，其可謂無廉恥者矣，則天下國家亦可從而知也。」馮道的自敘文，固有自吹自擂之嫌，然細觀《舊五代史》、《新五代史》，其傳記所載之行事，亦還磊落分明。他能謙虛清儉，奉公守法，憐農憫民，曠達大度，能提拔孤寒之士，敷揚學術文化，出使契丹能全身而退。當時人對他還是交口稱譽，稱：「道以布衣有至行，立公朝有重望。」歐陽脩與司馬光對馮道的斥責，自有其時代的需要。宋人富弼、王安石、蘇軾，明人李贄就不同於歐陽脩和司馬光，須知在五代整整五十四年中，兵戈不息，帝王輪換如弈棋，活著的文臣歷事數朝、數主者歷歷皆是，不獨馮道一人。王溥自後周末期為相至宋建國，以舊相留任，宋太祖曾對其左右說：「溥十年作相，三遷一品，福履之任，近世未見其比。」且他一生好學不倦，著有《唐會要》、《五代會要》。身處亂世，能維穩大局，不做損害民眾的壞事也不容易了。士大夫在不同的時代自有其不同的行事方式，對於馮道、王溥這樣的為人，雖不宜倡導，亦不宜苛求。

(八)

士大夫中亦還有一些憂國憂民、以天下為己任，在亂世中企圖力挽狂瀾之人。《容齋隨筆》卷十四題為〈次山謝表〉一文中，所言之元次山即元結，便是這一類人物的代表。文章抓住杜甫〈同元使君春陵行〉一詩之序言，對元結詩品及人品的推重，認為當代宗廣德那個亂世「得結輩數十公，落落參錯天下為邦伯，天下少安，立可待矣」。〈春陵行〉是元結任道州刺史時作。他在詩的序言中說自己到任未滿五十天，道州的戶口亂前為四萬，亂後只剩下四千，再也沒有力量負擔國家的賦役了。他到任這不到五十天內，上司催徵賦稅的公文有二百多封，如不按期徵納，要削官貶職，如果強行催徵，結果就會是官逼民反。所以他只能不理上級催徵的命令，安撫好百姓，自己則等待處分而已。〈春陵行〉詩充塞著他內心的苦澀，為了安撫百姓，寧可自己受責，當官不是為自己的前程和仕途，而是為了老百姓有一個安靜的生活。這是元結為官最可貴的地方。除〈春陵行〉之外，元結還有一首〈賊退示官吏〉詩及他的二篇〈謝上表〉，也是極論民窮吏惡，勸告君主要精擇清勤的地方長官，這便是士大夫中的另類。元結還有一篇文章，題為〈自箴〉。他在文章中說，有人告訴他為官之道：「於時不爭，無以顯榮。與世不佞，終身自病。君欲求權，須曲須圓。君欲求位，須奸須媚。不能為此，窮賤勿辭。」這是二千年來，迄今尚未大變的官場常態，元結對朋友的「忠告」是這樣回答的：「不能此為，乃吾之心。反君此言，我自作箴。與時仁讓，人不汝上。處世清介，人不汝害。汝若全德，必忠必直。汝若全行，必方必正。終身如此，可謂君子。」所以我說他是士大夫中的另類。現今知識精英們講究的正是如何汲汲於爭以顯榮，佞以安身，曲圓以固權，奸媚以求位，圓通於官商之間，以達到升官發財的目的。若官員與士人皆熱衷於此，那民何以堪。

(九)

君臣關係如上述，那麼君臣與民的關係又如何呢？洪邁又是如何表述的呢？洪邁在〈次山謝表〉中錄其兩通表文，其一云：「今日刺史，若無武略以制暴亂，若無文才以救疲弊，若不清廉以身率下，若不變通以救時須，則亂將作矣。臣料今日州縣堪征稅者無幾，已破敗者實多，百姓戀墳墓者蓋少，思流亡者乃眾。」其二云：「今四方兵革未寧，賦斂未息，百姓流亡轉甚，官吏侵刻日多，實不合使凶庸貪猥之徒，凡弱下愚之類，以貨賂權勢，而為州縣長官。」洪邁稱如次山這樣因謝上而極論民窮吏惡者，自有謝表以來，未之見也。從謝表中可以看到當時官民對立之甚。君、吏、民這三者關係上，直接與民眾對立的是官吏，因為君王是通過官吏來加強其賦斂和統治的，君民之間的對立夾著一層官吏，民眾起來反抗的時候，首先針對著地方官。我們看《水滸傳》中的梁山好漢們反抗的特點是反貪官，不反皇帝，他們仍然寄希望於清官和好皇帝。洪邁在《容齋續筆》卷五有一條題為〈盜賊怨官吏〉的札記，他列舉了自秦末到宋代，民眾起來反抗時，他們追殺的目標往往就是直接壓迫他們的貪官汙吏。他講到陳勝起兵，各地「爭殺其長吏以應勝」。東晉末孫恩作亂時，「所至醢諸縣令以食其妻子」。隋末群雄並起時，「得隋官及士族子弟皆殺之」。黃巢進京，「尤憎官吏，得者皆殺之」。北宋方臘起兵，「凡得官吏，必斷臠支體，探其肺腸，或熬以膏油」。陳通在杭州起兵時，「每獲一命官，亦即梟斬」。洪邁歸納這些現象，認為民眾反抗所以如此激烈，「豈非貪殘者為吏，倚勢虐民，比屋抱恨，思一有所出久矣，故乘時肆志，人自為怒乎！」這實際上是官員長期刻剝百姓所激起的一種情緒性宣洩。這種宣洩當然有不少過激的行為，其所傷害的人，並不一定都是惡人。這些記載亦有士人渲染恐怖的成分，這一點古今皆然，故對這方面記載要有分析，事實上起來反抗的民眾對官員也不是見官便殺，還是有所區分的。這種自發性的反抗和暴亂，一般都很快就被鎮壓下去，只有當一部分士族從統治集團中分化出來時，這種反抗才能成為王朝致命的威脅。《容齋四筆》卷十一有一條題為〈李密詩〉的札記。李密曾參加楊玄感起兵反抗隋煬帝。楊玄感被鎮壓以後，李密設計逃脫，以後又參加到反抗軍中。他以詩言志，吟詩云：「樊噲市井屠，蕭何刀筆吏。一朝逢時會，千載傳名謚。寄言世上雄，虛生真可愧。」瓦崗軍有李密這樣的人參預其中，對時事的見識變得廣闊起來，規模也日益壯大，民眾反抗暴政的性質也開始向逐鹿戰爭變化。由此亦可知士人參與民眾反抗的兩重性。

洪邁在《容齋隨筆》中關於歷史的筆記是隨見隨記，斷斷續續分散在各筆之中，一條一條孤立地看，似無系統，也沒有什麼嚴密的組織結構。但中國歷史的演化自有其內在結構，如果按君臣民三者之間的相互關係排列起來，其中自有其不少值得人們深思的地方。因為現實和未來畢竟是歷史的延續和發展，它們之間總有許多割不斷的聯繫。讀《容齋隨筆》的益處，也就在此。

三、洪邁的文學素養及其對歷代文人詩文的議論

(一)

選本中，屬於文學的條目亦有三十餘條，洪邁的家世及其本人都是文人出身，故其對於文章詩詞有其特殊的愛好，論文，無論是論人還是論作品，都有其獨到之處。從字、詞、章句結構，詩詞的境界，模仿與創意，對作者和作品的分析，都還有沁人心肺之處。有一些見地，不亞於劉勰的《文心雕龍》。雖然不如劉勰《文心雕龍》的嚴謹和系統，但其長處是淺顯而明白，便於讀者理解。以下就選本所選文學上的條目，選擇個別作家結合其所論之作者的身世，作一概括的描述。

洪邁在當時便以文學知名於世。宋代文章的主流是散文，這是自唐代韓愈、柳宗元倡導以來，經歐陽脩、宋祁、王安石、蘇軾等人的推瀾揚波，遂大行於宋世。但朝廷中的制詔表疏，仍承襲自唐以來的四六駢文。洪邁在《容齋三筆》卷八〈四六名對〉中稱：「四六駢儷，於文章家至淺，然上自朝廷命令、詔冊，下而搢紳之間牋書、祝疏，無所不用。」就是指此而言。洪邁任職中書舍人、翰林學士，必須擅長駢體文章，而且洪邁自少便承襲了其父兄家學，早已擅此文體。南宋紹興二十九年（西元一一五九年），他的仲兄洪遵入為中書舍人，兼直學士院。至隆興二年（西元一一六四年），伯兄洪适繼之，至乾道三年（西元一一六七年），洪邁又繼之，兄弟先後相距九年都供職西垣。（見《容齋隨筆》卷一六）洪邁有〈謝表〉云：「父子相承，四上鑾坡之直；弟兄在望，三陪鳳閣之游。」故其之名盛極一時，沈繼祖推重他「文章有正派，此派公獨傳」。辛棄疾有〈滿江紅〉詞讚許他：「天與文章，看萬斛，龍文筆力，聞到是一詩曾換千金顏色。」可見當時人心目中，其詩文地位之高。

上引洪邁之〈謝表〉，便是四六相對儷的標準文體。同卷之〈吾家四六〉便是列舉他家人為君王起草的詔命中之四六句式，其中有洪邁在是年起草的〈劉共甫自潭帥除翰林學士〉，洪邁作答詔云：「不見賈生，茲趣長沙之召；既還陸贄，宜膺內相之除。」其句法嚴謹，內容和歷史典故都運用得十分貼切，也是以四六對偶。劉勰的《文心雕龍》之〈章句〉講到文章的結構是「因字而生句，積句而為章，積章而生篇」，而每句的字數自有條規。句與句之間，要互相對偶。對偶既有事對，又有言對，言對要精巧，事對則在允當。在行文上，每句都要字字相儷，這才顯得文章之功力。

洪邁詩詞文章的功力，正是從造句煉字上開始的，前面講的造句，必須以煉字為功夫。洪邁在《容齋續筆》卷五有一則題為〈杜詩用字〉，他說：「律詩用自字、相字、獨字、誰字之類，皆是實字，及彼我所稱，當以為對。」他舉了許多杜甫的詩為例，如「徑石相縈帶，川雲自去留」、「山花相映發，水鳥自孤飛」，這裡「自」是實字，「相」字有彼我之稱。洪邁還認為詩詞寫了以後要反覆推敲，他在《容齋續筆》卷八〈詩詞改字〉條中，以王安石改字為例，他說：王荊公絕句云：「京口瓜洲一水間，鍾山只隔數重山。春風又綠江南岸，明月何時照我還。」初稿中寫「又到江南岸」，認為不好，圈去「到」字，改為「過」字，復又圈去而改為「入」字，後又改為「滿」字。如此反覆改了十餘字，始定為「綠」。可見用字要反覆推敲才能用到妙處。又洪邁在《容齋隨筆》中講到煉字的典故。《容齋隨筆》卷二有一篇題為〈長歌之哀〉的札記，它以「長歌之哀過於慟哭」為主旨，舉元稹、白居易及蘇軾兄弟的詩句為例，說明作詩要準確地表達作者深沉的情景，這就需要下功夫於煉字。他說：「元微之在江陵，病中聞白樂天左降江州，作絕句云：『殘燈無焰影憧憧，此夕聞君謫九江。垂死病中驚起坐，暗風吹雨入寒窗。』樂天以為『此句他人尚不可聞，況僕心哉！』」為什麼白居易讀了元稹的絕句會如此動情，就是因為二人遭際相近，人同此心，同時此絕句還準確地表達元稹初聞白居易謫九江時的真情實感。王國維在《人間詞話》中說：「能寫真景物、真感情者，謂之有境界。」「殘燈無焰影憧憧」描寫的是景，「此夕聞君謫九江」是當時之事。時事與景象結合在一起，給人以具體而生動的人物形象。「垂死病中驚起坐」描寫的是情，「暗風吹雨入寒窗」則是景。情與景用詞之色調一致，如此正顯示出作者之悲哀過於慟哭。

又蘇轍與其兄蘇軾在彭城告別時留下的二首小詩，其一云：「逍遙堂後千尋木，長送中宵風雨聲。誤喜對床尋舊約，不知漂泊在彭城。」逍遙堂是蘇軾蘇轍在彭城的居所，千尋木是講堂後林木之茂盛，長送中宵是講告別的時刻，兄弟在彭城相聚百餘日，此時要告別，故云長送。時間在半夜。風雨聲是告別時的景象。言兄弟對床而眠，是借景以烘托兄弟之情。其二云：「秋來東閤涼如水，客去山公醉似泥。困臥北窗呼不醒，風吹松竹雨淒淒。」則是言兄弟離別難捨難分之情。山公是指蘇軾，借「醉似泥」與「呼不醒」來迴避兄弟告別之傷感。「涼如水」與「雨淒淒」這一頭一尾便是借景來烘托心情之淒涼。這是蘇轍留在蘇軾桌上的絕句，以此告別兄長，東坡讀之愴然難以釋懷，和詩云：「別期漸近不堪聞，風雨蕭蕭已斷魂。猶勝相逢不相識，形容變盡語音存。」說出了自己所以「醉似泥」、「呼不醒」，是因為離別之「不堪聞」、「已斷魂」，其悲哀遠遠勝於將來即使有相逢的機會時，彼此已形容變盡而不相識，僅憑語音相近而相認之歡，把兄弟相互間情深意切的內心世界淋漓盡致地表達出來。可見文字要清楚明白地表達，不在於怪僻，而在於貼切。

詩是言情的，無論四言、五言還是七言的詩體都要以情取勝。白居易在其〈與元九書〉中說：「感人心者，莫先乎情，莫始乎言，莫切乎聲，莫深乎義。詩者根情，苗言，華聲，實義。」苗言，即妙言。只有妙言才能生動而又深刻表達人們此時此刻，此情此景的動人境界。洪邁的詩詞，無論與親友唱和還是自作都做到了情與景、妙言與義理的融合。

(二)

在《容齋隨筆》中，文學部分有關詩詞的札記占了很大的比例。洪邁曾編過《萬首唐人絕句》，共一萬零三十五首，一百卷，故洪邁能在《容齋隨筆》中非常暢快地評說前人詩文的創作，便是得力於此。

文人的詩詞本來是朋友之間為交流感情而互相唱和的產物，洪邁在淳熙八年（西元一一八一年）春，曾有南昌之行，與其兄洪适，友人辛棄疾、趙善括皆曾以〈滿庭芳〉詞牌作詞惜別以表達相互之間的友情。那年洪邁為館漢章作〈山雨樓記〉，席間洪邁以〈滿江紅〉填詞。辛棄疾亦以詞相和，題為「席間和洪景盧舍人兼簡司馬漢章大監」，其首句即為「天與文章，看萬斛，龍文筆力」，稱讚洪邁之文章筆力。即使是詩人之間的唱和，在遣詞造句上，仍舊要講究有出處。洪邁在《容齋五筆》卷三〈先公詩詞〉那一條札記中，講到其父洪皓在鄉間與洪慶善等，一起觀賞其所藏宋宣和殿書畫舊物時，洪慶善作詩曰：「願公十襲勿浪出，六丁取將飛辟歷。」洪皓和之曰：「萬里懷歸為公出，往事宣和空歷歷。」洪邁問其父「歷歷」之出處，洪皓曰：「亦出杜詩『歷歷開元事，分明在目前』也。」洪邁在篇中還講到為父代作〈謝表〉，洪皓定其中二句：「已為死別，偶遂生還。」此句乃是出於蘇東坡的海外表：「子孫慟哭於江邊，已為死別。」以及杜甫的〈羌村〉詩中：「世亂遭飄蕩，生還偶然遂。」又洪皓在北方所作有〈江梅引〉四首，幾乎句句皆有出處。洪邁將其出處逐句注出。所以宋人喜歡把前人的詩句彙集在一起，以便自己作詩填詞參照。洪邁編集《萬首唐人絕句》，既是繼承其父之遺志，亦是當時文學創作的客觀需要，更是傳承中華文化的傳統。

古人作詩詞，都喜歡借用前人的詞句來表達自己的情感。洪邁在《容齋隨筆》卷一有題為〈白用杜句〉的札記，引杜子美〈老病〉詩云：「夜足霑沙雨，春多逆水風。」說白樂天的〈入峽次巴東〉詩「巫山暮足霑花雨，隴水春多逆浪風」，全都用上了。白居易詩用杜甫語，表現出二人寫作的場景相同，都在巫山，都是逆水行舟，都是晚春時節，這樣才用得巧妙。不過二人之心情稍有不同，杜甫是病中漂泊無定蹤，前途渺茫，而白居易則是從貶所走馬上任，儘管前途究竟如何，尚屬渺茫，但畢竟還有一點希望。從〈白用杜句〉可以知道，後人借用前人之詞語，要用得貼切，要真能達到脫胎換骨，點鐵成金的境界也實屬不易。

洪邁在《容齋隨筆》卷一有題為〈黃魯直詩〉之筆記一則，在第一段中，他對比了徐陵的〈鴛鴦賦〉與黃庭堅的〈題畫睡鴨〉。徐陵是南朝梁武帝時工體詩的代表。〈鴛鴦賦〉講的是兒女之情，其詩云：「山雞映水那相得，孤鸞照鏡不成雙。天下真成長會合，無勝比翼兩鴛鴦。」黃庭堅的〈題畫睡鴨〉，用徐陵之句反其意而用之，詩云：「山雞照影空自愛，孤鸞舞鏡不作雙。天下真成長會合，兩鳧相倚睡秋江。」他是用「兩鳧相倚睡秋江」來取代「無勝比翼兩鴛鴦」，是表示還是像野鴨那樣好，因為野鴨「幸是羽毛無取處」，可以「一生安穩老菰蒲」，所以比鴛鴦有一身美麗的羽毛要更加幸運一些。詩歌要求隱而不露，強調的是含蓄，黃庭堅是因任《神宗實錄》的檢討官而被貶的，在野，故作此詩以自我勸慰。洪邁讚揚末一句「兩鳧相倚睡秋江」全用徐庾體，「尤精工」，因為它含蓄而不露，背後則深藏著自身不幸的遭際。雖然黃詩皆用徐陵詩句，卻起了點鐵成金、脫胎換骨的作用。此外黃魯直的〈黔南十絕〉也是盡取白居易詩來澆灌自己的鄉愁。黃庭堅說：「老杜作詩，退之作文，無一字無來處。」「古之能文章者，真能陶冶萬物，雖取古人之陳言入於翰墨，如靈丹一粒，點鐵成金也。」洪邁對此評語很欣賞，其故就在於此。記得于右任先生在一九六二年也有一首懷念故土的詩：「葬我於高山之上兮，望我大陸，大陸不可見兮，只有痛哭！天蒼蒼，野茫茫，山之上，國有殤！葬我於高山之上兮，望我故鄉，故鄉不可見兮，永不能忘。」這「天蒼蒼，野茫茫」則是源於北魏斛律金所唱的〈敕勒歌〉。

用古人語意，洪邁認為要「別出機杼，曲而暢之」才算是傳世之作。他在《容齋續筆》卷十五寫了一條題為〈澗松山苗〉的札記，他指出白樂天的〈續古〉借用自左太沖的〈詠史〉。〈詠史〉云：「鬱鬱澗底松，離離山上苗。以彼徑寸莖，蔭此百尺條。世胄躡高位，英俊沉下僚。地勢使之然，由來非一朝。」白樂天〈續古〉詩云：「雨露長纖草，山苗高入雲。風雪折勁木，澗松摧為薪。風摧此何意，雨長彼何因。百尺澗底死，寸莖山上春。」左太沖即左思，是西晉著名的文學家，〈詠史〉作於西晉亡國的前夕，西晉的仕途為世家貴族所壟斷，此首是藉山澗松與山上苗的不同遭際，以抒發自己懷才不遇的憤慨和不滿。白居易的〈續古〉由左思〈詠史〉轉化而來，其主題也是為寒門之士鳴不平的。但白詩的表達比左思的〈詠史〉要直露得多了，其表達的方式，缺少一點「含蓄」和抑揚頓挫的情調，讀後缺少給人反覆思考的餘意，這也正是白居易詩作的風格。對此，洪邁亦有婉轉的批評。

在詩歌創作中，洪邁還反對刻意模仿前人作品，認為那樣會使作品了無新意。他在《容齋五筆》卷七〈東坡不隨人後〉那一則筆記中，指出漢賦刻意模仿，屈原在《楚辭》中借漁父與日者的問答，如司馬相如的〈子虛賦〉、〈上林賦〉有子虛、烏有先生、亡是公這些假設的人物；揚雄〈長楊賦〉則有翰林主人、子墨客卿；班固〈兩都賦〉則有西都賓、東都主人；張衡的〈兩都賦〉則有憑虛公子、安處先生；左思的〈三都賦〉有西蜀公子、東吳王孫、魏國先生。這些都是作品中虛構的主人公。洪邁認為這些作品都僅僅是「改名換字，蹈襲一律，無復超然新意稍出於法度規矩者」。他在《容齋隨筆》卷七〈七發〉為題的那一則札記中說：「枚乘作〈七發〉，創意造端，麗旨腴詞，上薄〈騷〉些，蓋文章領袖，故為可喜。其後繼之者，如傅毅〈七激〉、張衡〈七辯〉、崔駰〈七依〉、馬融〈七廣〉、曹植〈七啟〉、王粲〈七釋〉、張協〈七命〉之類，規倣太切，了無新意。傅玄又集之以為《七林》，使人讀未終篇，往往棄諸几格。」儘管規仿者在當時都是名家，如果只是規仿前人作品而無自己創意的話，亦無法避免「東施效顰」之譏。

當然，我們不能完全排除後人規仿前人的作品，創意不可能憑空而至，規仿往往是後人接受前人成果的第一步，即使那些有大成就的大詩人、大文學家，亦還有規仿前人的作品。如韋應物有〈效陶彭澤〉詩，白居易有〈效陶潛體詩〉十六首，他在序中稱，這十六篇只是自己「醉中狂言」，「醒則自哂，然知我者，亦無隱焉」。蘇東坡且有和陶淵明詩一百四十五首，他自言：「古之詩人有擬古之作矣，未有追和古人者也，追和古人則始於吾。」這是由於他「獨好淵明之詩」。他說：「吾前後和其詩凡一百有九篇，至其得意，自謂不甚愧淵明。」因為這畢竟是模仿，其實際影響遠遠不如陶詩了。因為一個時代有一個時代的人物及其作品，後人的時代變了，便很難再達到前人那個時代人物的境界。洪邁的《容齋隨筆》卷十四有題為〈絕唱不可和〉的札記，講到蘇軾在惠州依韋應物〈寄全椒山中道士〉詩韻作〈寄羅浮鄧道士〉。就以蘇詩之末句「聊戲庵中人，空飛本無迹」，與韋詩之「落葉滿空山，何處尋行迹」相比，二者之優劣自見。再如蘇軾仿劉夢得之詩「山圍故國城空在，潮打西陵意未平」，與劉原詩「山圍故國周遭在，潮打空城寂寞回」相比亦矮了一頭。故洪邁所言「絕唱寡和」還是有道理的。

詩歌的創作，反對規仿太切，然而同一題材的作品，往往也是在詩人之間互相唱和，與切磋的過程中不斷進步的，從而使作品達到更高的境界。洪邁在《容齋隨筆》卷十五〈連昌宮詞〉一則筆記中云：「元微之、白樂天，在唐元和長慶間齊名。其賦詠天寶時事，〈連昌宮詞〉、〈長恨歌〉皆膾炙人口，使讀之者情性蕩搖，如身生其時，親見其事，殆未易以優劣論也。」〈長恨歌〉與〈連昌宮詞〉都是表述天寶年間唐明皇與楊貴妃之間愛情故事的作品。白樂天的〈長恨歌〉作於唐憲宗元和元年（西元八〇六年），而元稹的〈連昌宮詞〉作於元和十三年（西元八一八年）的暮春。這二篇作品的區別，洪邁認為：「〈長恨歌〉不過述明皇追愴貴妃始末，無它激揚，不若〈連昌詞〉有監戒規諷之意。」從作品的流行來看，〈連昌宮詞〉流行於文人和宮廷之間。而白居易的〈長恨歌〉則流行於歌臺舞榭，可見白居易的詩通俗上口，以情為主，風行於民間，就作品的社會影響來看，〈長恨歌〉要遠勝於〈連昌宮詞〉了，那是因為〈長恨歌〉所抒之情，要高於〈連昌宮詞〉之意。意受時代及人群的限制，而情則無論古今，能感動所有的人。白居易講「感人心者，莫先於情」，他的作品所以千古流傳不衰，就是因為他作品中始終貫穿了一個情字。又白居易的〈琵琶行〉及元稹所作的〈琵琶歌〉也各有源頭可尋。前者出於《新樂府》中的〈五弦彈〉，而〈琵琶行〉的故事，也是由自己所作〈夜聞歌者〉演化而來。這在洪邁《容齋三筆》卷六題為〈白公夜聞歌者〉的札記中已涉及到它了。

(三)

洪邁在《容齋隨筆》的札記中，幾乎談了漢魏以來在文學史上，所有有重要影響的作家和相關的作品。議論文學，既離不開作品，更離不開作家的生平和為人。言為心聲，作者內心世界的情感和思考，是通過他的作品與讀者交流的。同時，通過對作者和他的作品的分析，還能窺見那個時代正在跳動的脈搏。透過《容齋隨筆》在這方面的札記，我們多少能瞭解一些中華民族思想和文化演繹傳承的歷史過程。此處只能列舉這個選本中所收的案例，去瞭解洪邁是怎麼議論這幾個名家的情操和心聲。他的這些議論也確實有其獨到之處，故宋孝宗稱此書「煞有好議論」。我們在認真閱讀和思考這些札記時，往往會由衷地感到自嘆不如。

在《容齋隨筆》中專門講陶淵明的有三篇札記，一篇是《容齋隨筆》卷八的〈陶淵明〉，內容是講陶淵明本人的情況。一篇是《容齋三筆》卷十的〈桃源行〉，那是講陶淵明的代表作〈桃花源記〉的。一篇是《容齋三筆》卷十二的〈淵明孤松〉，是講陶淵明為人的情操。洪邁透過陶淵明的作品，闡述其生平，並藉此突出他所處的那個時代，為我們進一步理解他的作品提供了一把鑰匙，從而幫助我們進入他的內心。洪邁介紹陶淵明時，只用了一句話：「陶淵明高簡閑靖，為晉、宋第一輩人。」接著便敘述其生活窮困之狀，「語其飢則簞瓢屢空，缾無儲粟。其寒則裋褐穿結，絺綌冬陳。其居則環堵蕭然，風日不蔽。窮困之狀，可謂至矣。」這些文字皆來自陶淵明藉以自況的〈五柳先生傳〉所言：「環堵蕭然，不蔽風日，短褐穿結，簞瓢屢空，晏如也。」陶淵明那種「不戚戚於貧賤，不汲汲於富貴」，超越於榮辱得失的精神狀態躍然紙上。關於他家庭和子女的狀況，洪邁引其〈與子儼等疏〉云：「恨室無萊婦，抱茲苦心。」陶淵明的意思是說自己妻子還沒能如老萊子婦那樣體諒自己不為五斗米折腰的苦衷，因為他任彭澤縣令時，其妻曾固請在公田種秔稻，結果在官八十餘日便自免而去。所謂秫秔，未嘗顆粒到口，豈不令人傷心！關於諸子，他在〈責子〉中說：「雖有五男兒，總不好紙筆。阿舒已二八，懶惰故無匹。阿宣行志學，而不好文術。雍端年十三，不識六與七。通子垂九齡，但覓梨與栗。天運苟如此，且進杯中物。」對於諸兒成長，陶淵明採取聽其自然，沒有絲毫功利的設想。他晚年自感大限將至，對諸子殷殷囑告，他說：「汝輩稚小家貧，每役柴水之勞，何時可免，念之在心，若何可言。」既對諸子隨他在艱難困苦中度日表示歉疚，又勉勵他們：「雖不同生，當思四海皆兄弟之義。」希望他們兄弟之間能以親情為重。這實際上體現了他澹泊明志、安貧樂道的高尚情操。

洪邁在《容齋三筆》的〈淵明孤松〉中分別引用了〈歸去來辭〉與〈飲酒〉的二段話，顯示陶淵明以孤松自況的思想境界。〈歸去來辭〉云：「景翳翳以將入，撫孤松而盤桓。」顯示的景象是太陽即將落山，光線慢慢暗下來，挺拔而又孤獨的高松，只有回歸的山鳥仍盤旋於頂端。正是借山鳥之回歸，孤松之挺拔以自喻。接著洪邁又引了陶淵明的〈飲酒〉，該詩追求的是：「採菊東籬下，悠然見南山。山氣日夕佳，飛鳥相與還。此中有真意，欲辯已忘言。」他還把自己比作失群之鳥，「棲棲失群鳥，日暮猶獨飛。徘徊無定止，夜夜聲轉悲。」洪邁引〈飲酒〉之八云：「青松在東園，眾草沒其姿。凝霜殄異類，卓然見高枝。連林人不覺，獨樹眾乃奇。」這裡的「高枝」、「獨樹」是作者自況，眾草與異類則是指當朝為官於宋的過去那些朋友，凝霜便是指晉宋兩朝的更迭。洪邁在《容齋三筆》卷十的〈桃源行〉中，分析了後人對陶淵明〈桃花源記〉這一傳世名作的論述，強調〈桃花源記〉所言之「不知有漢，無論魏、晉」，「乃寓意於劉裕，託之於秦，借以為喻耳。」他借五臣注《文選》說明陶淵明恥事二姓之意。又引胡宏詩：「靖節先生絕世人，柰何記偽不考真。先生高步窘末代，雅志不肯為秦民。故作斯文寫幽意，要似寰海離風塵。」足見其論證之嚴密。

洪邁關於陶淵明的這三篇札記所凸顯的主題思想，完全符合陶淵明在作品中所顯示的本意，正如《宋書・陶潛傳》所言：「潛自以曾祖晉世宰輔，恥復屈身後代，自高祖王業漸隆，不復肯仕。」從其至宋改名潛，私諡靖節，亦可見其遁跡於自然之本意。看來洪邁對處於風雨飄搖中南宋小朝廷仕於北方的士大夫是不滿的，故其強調「恥事二姓」，以作隱喻。這一點在當時來講，當是保持民族氣節和愛國主義思想的一種表現。

(四)

洪邁在《容齋隨筆》中提到韋應物的有數處，其中專講韋應物的僅卷二的〈韋蘇州〉一則。韋應物的五言詩，在唐詩中有重要的地位，在田園詩的寫作上，人們習慣於把他與陶淵明並稱。他的田園詩，不僅寄託其潔身自好，樂天知命，而且還流露出對農民疾苦的關懷。白居易所以推重韋蘇州，是貴其才麗之外，頗近興諷，也就是白居易所強調的兼濟天下的諷喻詩。《容齋隨筆》卷十四洪邁所舉韋應物之〈寄全椒山中道士〉一詩，則是盡高雅閒澹之極致，以其為「絕唱不可和」之典型案例。又韋蘇州在〈寄李儋元錫〉詩中云：「身多疾病思田里，邑有流亡愧俸錢。」〈觀田家〉一詩言：「倉廩無宿儲，徭役猶未已。方慚不耕者，祿食出閭里。」都反映了他兼濟之志。他在〈寄全椒山中道士〉詩中，有「落葉滿空山，何處尋行迹」二句詩。既不見一人，但又句句有人，語無虛設，故洪邁稱其創作構思屬「高妙超詣」。這些詩句所以能如行雲流水，靈活而自然，也是他個人生活中歷盡坎坷，在跌宕起伏中慢慢感悟過來的。

洪邁在〈韋蘇州〉一則中，引其〈逢楊開府〉詩云：「少事武皇帝，無賴恃恩私。身作里中橫，家藏亡命兒。朝持樗蒱局，暮竊東鄰姬。司隸不敢捕，立在白玉墀。驪山風雪夜，長楊羽獵時。一字都不識，飲酒肆頑癡。武皇升仙去，憔悴被人欺。讀書事已晚，把筆學題詩。兩府始收跡，南宮謬見推。非才果不容，出守撫惸嫠。忽逢楊開府，論舊涕俱垂。」從韋蘇州這首詩中，可以看到他前後判若兩人。天寶年間，韋應物以門蔭入三衛，充當皇帝近身的侍衛，其曾祖父韋待價在武則天時曾任尚書左僕射，同中書門下三品，祖父韋令儀曾任梁州都督，他以世家子弟，在天寶九載到十四載之間入三衛為郎，屬於高官第三、四代的子弟，自謂為天之驕子。他們可以藏汙納垢，在鄰里之間橫行不法，官府對他們也奈何不得。安史之亂以後，目睹唐王朝由盛而衰的巨大轉變，自己人生也隨之跌入低谷，淪落成到處受人欺侮的對象。經過這樣的跌宕起伏，韋應物還能奮起抗爭，以那超凡脫俗的眼光，用心去觀察體味人間萬象，並能有兼濟天下之志，這在個人對待生活的態度上又是多麼難能可貴！

天寶末年的歷史悲劇，不僅造就了韋應物這樣的詩人，而且造就了唐代詩歌的頂峰，李白、杜甫、白居易、元稹等，有唐這些劃時代的詩人，都是在社會和個人命運遭受重大轉折的衝擊下誕生的。唐人如此熱衷於話說天寶故事，它不可或缺的條件就是不忌諱祖先的醜事。洪邁在《容齋續筆》卷二〈唐詩無諱避〉中云：「唐人歌詩，其中先世及當時事，直辭詠寄，略無避隱。至宮禁嬖昵，非外間所應知者，皆反復極言，而上之人亦不以為罪。」如果沒有「上之人」能開放言論這一條件，即使經歷跌宕起伏的巨變，即使人們具備了詩歌創作的願望與才能，也難以出現那麼多傳頌千古的詩作。反之在盛世，一片歌功頌德之聲，便很難有好的作品出現。《詩經》風、雅、頌這三部分，風的歷史地位遠高於雅和頌的道理，也在於此。苦難的經歷，無論對於一個歷史時代，還是對於個人，如果能積極正確地面對它，而不是迴避，那麼它會極大地轉化為思想文化上的財富。洪邁的《容齋隨筆》觸及了中國文學發展史上這個帶有根本性的問題，社會的矛盾與苦難，是推動文學不斷向前發展的根本動力。

四、結束語

《容齋隨筆》中提及的文學家及其作品的札記很多，對那許多文學家的生平都有涉及，導讀限於篇幅只能介紹了陶淵明與韋應物二人，其他只能從略，今後若有機會再作專題分析和介紹。

《容齋隨筆》在史學這一門類，除了史論之外，還有對史實的考證。洪邁對《左傳》、《史記》、《漢書》、《舊唐書》、《新唐書》、《資治通鑑》等前代重要史籍，及坊間的筆記小說以訛傳訛之文字都有訂正，當然其有訂正對的，亦偶爾有搞錯的。如《容齋續筆》卷六〈嚴武不殺杜甫〉條，他訂正了《新唐書》之〈嚴武傳〉和〈杜甫傳〉的以訛傳訛。但洪邁也有訂正而沒有搞對的，如《容齋隨筆》卷四的〈李宓伐南詔〉條，我們在研析中作了說明。這次選本中所收洪邁考訂史實的札記有七、八條，可供讀者參考。《容齋隨筆》對古代諸子都有論及，其中有老子、莊子、管子、荀子、尹文子、揚子、墨子、《呂氏春秋》等，我們只選了涉及莊子的二條。《容齋隨筆》中有不少涉及佛教、道教的條目，由於佛學非我等所長，故只選了《容齋三筆》卷七的〈代宗崇尚釋氏〉、卷十四的〈三教論衡〉等少數幾條。《容齋隨筆》中還有不少當時社會風俗的記載，如古代關於禊事的活動，我們選了《容齋隨筆》卷一〈裴晉公禊事〉那條，可以從中看到當時三月上巳節活動的概貌。《容齋續筆》卷二選了〈歲旦飲酒〉那條，可以看到正月元日飲屠蘇酒的習俗。《容齋隨筆》卷二〈唐重牡丹〉條，卷十〈玉蕊杜鵑〉反映了唐代文人愛花、愛酒、愛聲樂歌舞、愛自我張揚的文人生活情趣。選本在這些方面的三十多條的選目，也只能是蜻蜓點水那樣，略示一二，由於篇幅所限，不能作進一步的展示。《容齋隨筆》還有一些條目涉及金石文字的考證，由於我們這方面的條件與學養皆有不足，故未曾選錄。

從嚴格意義上講，洪邁應該是南宋時期重要的文史學家，那時文史是不分家的。洪邁的著作，除《容齋隨筆》外，其影響較大的還有《夷堅志》，以及關於宋官修的當代史的編纂。據《宋史・藝文志》所載，有〈太祖太宗本紀〉三十五卷，〈四朝史紀〉二十卷，列傳一百三十五卷，又主持編神宗、哲宗、徽宗、欽宗《四朝國史》，元人修《宋史》時多有參考。在文學方面，洪邁有《萬首唐人絕句》一百卷。孝宗譽為「博洽」。後人認可的是洪邁的史學，他在《容齋隨筆》中對唐史考證的貢獻頗多，近人王國維在〈宋代金石學〉一文中稱：「宋代學術在史學則有司馬光、洪邁、袁樞等，各有龐大之著述。」陳寅恪在《元白詩箋證稿》中稱：「惟南宋之洪邁，博學通識之君子也。」故這次為《容齋隨筆》選本，所以特偏重其史評或史論的部分，蓋取其長也。

唐平蠻碑❶

成都有唐〈平南蠻碑〉，開元❷十九年，劍南節度副大使張敬忠❸所立。時南蠻大酋長染浪州刺史楊盛顛為邊患❹，明皇遣內常侍高守信為南道招慰處置使以討之❺，拔其九城。此事新、舊《唐書》及野史皆不載。肅宗以魚朝恩為觀軍容處置使❻，憲宗用吐突承璀為招討使❼，議者譏其以中人主兵柄，不知明皇用守信蓋有以啓之也❽。裴光庭、蕭嵩時為相，無足責者❾。楊氏苗裔，至今猶連「晟」字云❿。

【注釋】❶平蠻碑　一稱〈平南蠻碑〉。為開元十九年（西元七三一年）劍南節度副大使張敬忠所立。蠻或南蠻，泛指散居於南方的諸少數民族。古代對中原四周的諸族或諸部落泛稱為東夷、北狄、西戎、南蠻。其居於南方者稱南蠻，較早的記載見於《禮記》。《呂氏春秋・召類》：「堯戰於丹水之浦，以服南蠻。」這是指居於丹水之南的蠻。〈平蠻碑〉中所指的蠻，係指散居今四川南部、雲南境內的諸蠻。唐人樊綽著有《蠻書》，對唐代南方蠻族尤其是對南詔附近的諸蠻有詳細的記載。❷開元　唐玄宗在位年號，自西元七一三至七四一年，凡二十九年，為唐代極盛時期。❸劍南節度副大使句　唐初據山川地理形勢分劃天下行政區為十道。劍南為十道之一，轄地大致在今四川劍閣以南廣漢之地，包括今四川及雲南地區。節度使，道的軍事行政長官。唐初為都督帶使持節的稱號，後正式定為官稱，道或設有節度大使，統轄一道。玄宗時期，在全國邊防地區設置有九個節度使，雙旌雙節，總攬一道或數州的軍民、財政大權。轄區內各州郡的刺史、太守均為其下屬。副大使是節度使的副貳，節度使不在任時，其職往往由副大使署理，主持日常工作，稱知節度事。節度使府屬官有司馬、副使、判官、支使、掌書記等。張敬忠，籍貫及生卒年不詳。據《全唐文》小傳載其生平履歷：「中宗時任監察御史，張仁愿任朔方節度使時，奏判軍事，遷吏部司勳郎中。開元中，為左散騎常侍，益州大都督府長史，劍南道節度大使，攝御史中丞，本道採訪經略大使。」今按：張敬忠任此職在開元十二、十三年間，後一度調任河南尹，至開元十九年乃是他再度出任劍南節度副大使。見向達《蠻書校注》卷三百三十四〈劍南西川節度使表〉。又據《金石補正》卷五十三〈青城山常道觀敕并陰〉所載開元十二年閏十二月敕文有：「敕益州長史張敬忠：頃者西南阻化，傜役殷繁。山川既接於夷戎，縣道有勞於轉輸。自卿鎮撫，百姓咸安。」對其在任政績有所肯定。❹時南蠻大酋長句　大酋長即大首領，部落之長。唐制：在少數民族聚居的邊遠地區設置的都督府、州、縣，其都督、刺史、縣令等皆由各族大小首領世襲，分屬於都護府、邊州都督府或節度使府，稱羈縻府、州、縣，進行自治式的統治。其內部的行政事務，中央多不過問和干預。染浪州為劍南道羈管的羈縻州，其地約當今金沙江以南、大理以東地區。楊盛顛是蠻族部落的大首領，故中央任命他為染浪州刺史。❺明皇句　玄宗時，常派遣宦官出任外職，事畢即返。高守信出任南道招慰處置使，即為差遣官，負責對劍南道少數民族的招慰和處置等事宜。明皇是玄宗皇帝死後諡號的簡稱。《舊唐書．玄宗本紀下》：「上元二年四月甲寅，崩于神龍殿，時年七十八，群臣上諡（號）曰『至道大聖大明孝皇帝』，廟號玄宗。」內常侍為宦官職名。唐制在宮中置內侍省，長官為內侍監。內常侍輔佐內侍監通判省事，掌內侍省侍奉宮內一切大小之事。❻肅宗句　乾元元年（西元七五八年），肅宗命郭子儀、李光弼等九節度使統軍討伐安慶緒，時諸將地位大致相當，恐彼此難相統屬，故不置主帥，而以魚朝恩為觀軍容宣慰處置使，掌監統諸將的軍事大權。肅宗，即唐肅宗，玄宗之子，名李亨，西元七五六至七六一年在位。玄宗天寶末年爆發了安史之亂，玄宗棄長安逃往四川，途經馬嵬驛，將士們不滿宰相楊國忠專權誤國，發動兵變，殺楊國忠。部分將士擁戴太子李亨分兵北上靈武，即位稱帝。肅宗即位時年齡已有四十六歲。在位時期，先後有至德、乾元、上元、寶應四個年號。他為收復已失陷的長安、洛陽，分命諸將征討，借回紇兵，又以宦官出監軍鎮。魚朝恩，宦官名，瀘州瀘川（今四川瀘縣）人，得肅宗寵信，命他以左監門衛將軍知內侍省事，掌典神策禁軍。代宗時，魚朝恩還兼領國子監、鴻臚、禮賓等使，大權在握，干預朝政，橫行不法，在神策軍中置監獄，稱北司獄。後遭代宗猜忌，與宰相元載密謀，在其議事宮省時，密命左右縊殺，死時年四十九歲。論者或稱唐後期宦官專政之禍，始於肅宗任用宦官魚朝恩兼統內外諸軍。❼憲宗句　時河北方鎮王承宗叛亂，吐突承璀自請征討，詔拜行營招討處置使，統左右神策軍及河中、河南、浙西、宣歙諸鎮兵馬出討。諫官論列以古今無宦官拜帥之例，憲宗乃更名為「招討宣慰使」，實仍統領軍事不變。踰年，無功而回。憲宗名純，順宗長子。順宗即位時立為太子。永貞元年八月，受內禪，即皇帝位。在位十五年，年號元和（西元八〇六至八二〇年）。在位時，一度削平境內不奉朝命的跋扈諸鎮，史家稱為「元和中興」。《舊唐書・憲宗本紀》稱他在位時「軍國樞機，盡歸之宰相，由是中外咸理，紀律再張……唐室中興，章武而已」。章武是憲宗諡號聖神章武孝皇帝的簡稱。憲宗晚年，服食丹藥，性情暴躁，為宦官陳弘志等所弒，死時年僅四十三歲。吐突承璀，宦官名。閹人。以才幹得憲宗寵信，命為左神策軍護軍中尉，掌統禁旅。其事蹟詳見《新唐書・宦者傳上》。❽議者二句　此二句認為玄宗用高守信統兵平蠻，是以中人主兵柄的開端。其實，玄宗以中人主兵柄，早在開元初即有宦官楊思勗持節討平嶺南之叛亂開其端。中人，禁中之人，亦特指宦官，即今日俗稱的太監。啓，開端。❾裴光庭二句　裴光庭與蕭嵩在開元十七至二十一年，同時在相位。兩人政績平平，且議政時有不協。故洪邁稱他們贊同玄宗用宦官高守信平蠻是「無足責者」。裴光庭，武則天時宰相裴行儉之子，字連城，玄宗時累拜侍中兼吏部尚書，遷弘文館學士。著有《瑤山往則》、《維城前軌》等書。其事蹟見《舊唐書》卷八十四〈裴光庭傳〉。蕭嵩，唐初宰相蕭瑀的曾侄孫，出身名門。神龍、景雲年間，任洛州參軍，醴泉尉，監察御史。得宰相陸象先賞識薦拔，玄宗開元初，遷中書舍人。後累遷為尚書左丞、兵部侍郎。開元十五年，吐蕃擾邊，嵩以兵部尚書、河西節度使判涼州，抗禦吐蕃有功，次年召入京，遂拜相。❿楊氏苗裔二句　這裡指楊盛顛的後代子孫世代綿延不息，到宋代仍繼續做著當地的土官。苗裔，後代子孫。《楚辭・離騷》：「帝高陽之苗裔兮。」朱熹注：「苗者，草之莖葉，根所生也。裔者，衣裾之末，衣之餘也。故以為遠末子孫之稱。」猶連晟字，義不詳，待考。

【語　譯】成都保存有唐朝的〈平南蠻碑〉，此碑是唐玄宗開元十九年，劍南節度副大使張敬忠所立。當時南蠻大酋長染浪州刺史楊盛顛不受唐的約束侵擾邊境，唐明皇派內常侍高守信為南道招慰處置使去討伐，先後攻拔了九座城池。此事《新唐書》、《舊唐書》及各種野史都沒有記載。唐肅宗用宦官魚朝恩任觀軍容處置使，唐憲宗用吐突承璀任招討使，評議的人譏諷肅宗、憲宗用太監掌握兵權，而不知道唐明皇任用高守信已開啟了先例。裴光庭、蕭嵩當時為丞相碌碌無為，但也沒有什麼可以責備的。楊氏後裔延綿，直到現在名字上都還連著「晟」字。

【研　析】唐代以宦官監統軍隊，論者多有以肅宗命魚朝恩為觀軍容使，憲宗以吐突承璀為招討使為後世之患。洪邁據開元十九年張敬忠所立的〈平蠻碑〉記載，認為是年玄宗命內常侍高守信為南道招慰處置使討伐南蠻是宦官監統軍隊的開端。其實據《舊唐書》、《新唐書》宦者〈楊思勗傳〉所載：開元初，安南蠻反叛，眾號四十萬，擾動南邊。玄宗命內侍楊思勗募首領子弟兵十萬與安南大都護光楚客出討；開元十二年（西元七二四年），五溪蠻覃行章反叛，玄宗又命楊思勗為黔中（今重慶市彭水縣一帶）招討使，率兵六萬出討。是玄宗用宦官統軍出外征討，早在開元初期即已有之。開元十九年命內常侍高守信討南蠻，只是此前事例的繼續而已。這裡洪邁把高守信平蠻事作為唐宦官領兵之始，顯為誤記。

玄宗用宦官統軍征討，開後來宦官專權的局面，乃是政治上的大弊。但玄宗命宦官統軍出討，只是事出權宜，臨時派遣，事定即罷。唐代宦官專權之禍，實由於安史亂後，皇帝猜忌外朝將相大臣，視側旁的宦官為可親可信，於是在中央以護軍中尉統領禁軍，又派遣中官監統軍鎮，在全國各地皆置監軍，成為牢不可破的制度，直至唐亡。其間雖有諫官的不斷諍議，宰相廷臣屢欲奪取宦官兵柄，都以失敗而告終。制度之失，實是其中的關鍵所在。

黃魯直❶詩

徐陵〈鴛鴦賦〉❷云：「山雞映水那相得❸，孤鸞照鏡不成雙❹。天下真成長會合❺，無勝比翼兩鴛鴦❻。」黃魯直〈題畫睡鴨〉❼曰：「山雞照影空自愛❽，孤鸞舞鏡不作雙。天下真成長會合，兩鳧相倚睡秋江❾。」全用徐語點化之，末句尤精工。

【注　釋】❶黃魯直　黃庭堅（西元一〇四五—一一〇五年），魯直為其字，號山谷道人，洪州分寧（今江西修水縣）人。幼警悟，舉進士，神宗熙寧時，授北京（今河北大名）國子監教授。蘇軾見其詩文，「聳然異之，以為非今世之人也。」（《蘇軾文集・答黃魯直五首》）他所作詩文和秦觀、張耒、晁補之齊名，並稱為「蘇門四學士」。他的詩立意新穎，善於借用前人詞語，煉字煉句出奇制勝。後人奉其為江西詩派開山祖，與蘇軾並稱蘇黃。他的詩對注家極具吸引力，故其詩在宋代流行於大江南北，為時人所重。❷徐陵鴛鴦賦　為徐陵撰寫的宮體詩，借以頌揚兒女之情。徐陵（西元五〇七—五八三年），字孝穆，東海郯（今山東郯城）人。梁武帝時，曾為太子蕭綱的東宮學士。徐陵早年與其父摛，和庾肩吾、庾信父子出入東宮，寫作宮體詩，以綺豔稱，號為「徐庾體」。徐陵曾編詩歌總集《玉臺新詠》。〈鴛鴦賦〉見《徐孝穆集箋注》。❸山雞映水那相得　山雞，野雞，習慣於單飛。映水，水面反映其飛舞的影像。那，怎能。相得，指相親相愛。《異苑》：「山雞愛其毛羽，映水則舞。」❹孤鸞照鏡不成雙　意謂孤鸞照著鏡子也不能成雙作對。范泰〈鸞鳥詩〉序云：「昔罽賓王獲一鸞鳥，王甚愛之，三年不鳴，其夫人曰：『嘗聞鳥見其類而後鳴，何不照鏡以映之？』鸞睹影悲鳴而絕。」鸞為傳說中的神鳥，鳳凰之佐，雞身，赤毛，色備五采。❺天下真成長會合　謂天下真能成為長期成雙作對的鳥兒。❻無勝比翼兩鴛鴦　鴛鴦，屬鳥類，鴨科。雄者為鴛，雌者為鴦，偶居不離，古稱「匹鳥」，意喻夫婦男女之間互不分離。比翼，以鴛鴦喻指兒女之間的親密無間。古詩〈孔雀東南飛〉云：「中有雙飛鳥，自名為鴛鴦。仰頭相向鳴，夜夜達五更。」❼題畫睡鴨　此題在黃庭堅的《山谷詩集》中作〈睡鴨〉。❽山雞照影空自愛　此句由「山雞映水那相得」轉化而來。❾兩鳧相倚睡秋江　詩句描繪畫中秋天的景色，有兩隻野鴨互相依偎，悠閒而又平靜地睡臥在江面之上。唐人吳融〈池上雙鳧〉詩云：「可憐翡翠歸雲髻，莫羨鴛鴦入畫圖。幸是羽毛無取處，一生安穩老菰蒲。」庭堅此句較吳融所詠含蓄而有深意。鳧，野鴨。家養為鴨，野生為鳧。

【語　譯】徐陵在他的〈鴛鴦賦〉中吟詠道：「就算那山雞映水而飛舞怎麼能與它的影像相親相愛，孤寂的鸞鳳照著鏡子也成不了雙。天底下真能長久地成雙作對會合在一起的，還沒有哪個能勝過比翼相伴的鴛鴦。」黃魯直在他的〈題畫睡鴨〉中吟詠道：「山雞對著水面的影子自戀自愛，孤獨地對著鏡子飛舞也難以成雙作對。天底下真能長期相合在一起的，只有秋色中在江面上偎倚在一起的那兩隻鳧。」黃魯直這首詩都是用徐陵的話語點化而成，它的最後一句把畫外之意點煉得更為精妙而耐人尋味。

【研　析】讀洪邁的〈黃魯直詩〉條，也許得聯繫黃庭堅生平一起來讀，才能讀出一點作者的言外之意。黃魯直的〈題畫睡鴨〉收在《山谷詩集》第七卷，在此詩之前尚有〈題畫孔雀〉詩：「桄榔暗天蕉葉長，終露文章嬰世網。故山桂子落秋風，無因雄雌青雲上。」在此前還有一首〈戲題小雀捕飛蟲畫扇〉：「小蟲心在一啄間，得失與世同輕重。丹青妙處不可傳，輪扁斲輪如此用。」加上〈題畫睡鴨〉的詩文，黃庭堅這三首詩可能都是作於哲宗紹聖元年（西元一〇九四年）。在元祐那幾年，太皇太后高后主持政局，保守派司馬光得勢，蘇軾兄弟與黃庭堅都得到重用，時黃以校書郎任《神宗實錄》檢討官，後任國史編修官。紹聖元年，哲宗親政，保守派失勢，被貶官者三十餘人，蘇軾兄弟與黃庭堅皆在其中，而黃庭堅所編撰《神宗實錄》首當臺官抨擊。章惇、蔡卞與其黨指斥《神宗實錄》多有曲筆，黃庭堅由此被貶為涪州別駕，黔州安置。這三首詩反映了雙方在朝堂上最激烈的鬥爭，如「丹青妙處不可傳」，「終露文章嬰世網」之句可能皆是因《神宗實錄》事被貶的委婉表示。在〈題畫睡鴨〉詩中，末句以「兩鳧相倚睡秋江」取代徐陵「無勝比翼兩鴛鴦」，顯示了還是像野鴨那樣「幸是羽毛無取處」，可以「一生安穩老菰蒲」，比鴛鴦有一身美麗的羽毛更加幸運一些。洪邁讚揚「末句尤精工」，因為他也有過相似的遭際。

二

又有〈黔南十絕〉❶，盡取白樂天❷語，其七篇全用之，其三篇頗有改易處❸。樂天〈寄行簡〉❹詩，凡八韻，後四韻❺云：「相去六千里❻，地絕天邈然❼。十書九不達，何以開憂顏❽？渴人多夢飲，飢人多夢餐。春來夢何處？合眼到東川❾。」魯直翦為兩首，其一云：「相望六千里，天地隔江山。十書九不到，何用一開顏❿？」其二云：「病人多夢醫，囚人多夢赦。如何春來夢？合眼在鄉社⓫。」樂天〈歲晚〉詩七韻⓬，首句云：「霜降水返壑，風落木歸山。冉冉歲將晏，物皆復本源⓭。」魯直改後兩句七字⓮，作「冉冉歲華晚，昆蟲皆閉關」。

【注釋】❶黔南十絕　詩題。此題在《黃庭堅詩集》作〈謫居黔南十首〉。這十首當是黃庭堅在宋哲宗時，為章惇、蔡卞等陷害貶為涪州（今四川合川）別駕，安置在黔州（今重慶市彭水縣、黔江區等地）時所作。全詩反映了他被遷謫以後極不得意的心情。蘇軾稱其詩文「超逸絕塵，獨立萬物之表。馭風騎氣，以與造物者遊」，故為「今世君子所不能用」。（《蘇軾文集・答黃魯直五首》）絕，即絕句，詩體名。一絕即為一首，十絕即為十首。❷白樂天　即白居易（西元七七二—八四六年），樂天為其字，太原人，後遷居下邽（今陝西渭南）。貞元間舉進士，授祕書省校書郎，元和年間任左拾遺，因得罪權貴，貶為江州司馬。長慶間任杭州刺史，寶曆初任蘇州刺史，後官至刑部尚書。晚居香山（今河南洛陽龍門山之東），自號香山居士，葬於香山和滿師塔之側。他在詩歌創作上倡導新樂府運動，時人稱之為元和體，與元稹同為當時詩壇之盟主。❸其七篇全用

之二句　指黃庭堅在〈黔南十絕〉中都是用白樂天的詩句表述自己的意境。十首中有七首幾乎一字不改，只有三篇在文字上頗有一些改動。❹寄行簡　詩名。此詩作於元和十一年（西元八一六年），詩意是向兄弟表示兩地思念之情。詩中有「去春爾西征，從事巴蜀間。今春我南謫，抱疾江海壖」之句。元和十一年春，白居易貶為江州司馬，故稱「抱疾江海壖」。江州，治潯陽，又名盆城（今江西九江市）。行簡，白居易之弟，名行簡，字知退。貞元登進士第，授祕書省校書郎。元和中，盧坦鎮東蜀，被辟為掌書記。❺凡八韻二句　古代詩歌的創作一般需於偶數句用韻，故一韻即一聯。凡八韻，指全詩共八聯。後四韻，指全詩之後面四聯。韻，指同聲相和。❻相去六千里　指行簡在東川，白居易在江州，二人之間相隔六千里。❼地絕天邈然　形容二人相距之遙遠。邈然，遙遠而不可相接。❽十書九不達二句　指由於距離遙遠，書信幾無法寄達，又如何能解除由思念所帶來的憂愁呢？❾春來夢何處二句　謂自己由於路途遙遠，書信又不通，只能在夢中到東川來滿足兄弟思念之情。全詩情深意切。❿相望六千里四句　此是〈黔南十絕〉第一首。⓫病人多夢醫四句　此是〈黔南十絕〉之最後一首，由〈寄行簡〉詩轉化而來。黃庭堅借用白樂天〈寄行簡〉詩，表達自己在貶所對家鄉的思念，比白居易兄弟之情更有深刻含意。鄉社，即鄉里，此句謂自己合眼就夢見身在家鄉了。⓬歲晚詩七韻　白居易此詩作於長慶元年（西元八二一年），詩意傷感。上一年憲宗已去世，這一年為穆宗即位的首年，中央政局發生變化，作者估計自己應該有可能回到首都，所以詩中有「何此南遷客，五年獨未還」之感慨。歲晚，詩題，指歲末。詩七韻，謂全詩共有七聯。⓭霜降水返壑四句　表述山中歲末荒涼的景象。夜霜融化後返還山壑，巨風吹落枯松回歸於山坡。慢慢地歲末即將來臨，萬物都將回復其生長之前本來的樣子。黃庭堅有「枯松倒澗壑，波濤所舂撞」之句，所以喜歡這幾句。冉冉，慢慢地。晏，晚。⓮魯直句　指黃庭堅在〈黔南十絕〉的第二首中，只將白居易〈歲晚〉第一首之「將晏」改為「華晚」，「物皆復本源」改為「昆蟲皆閉關」。歲末還是昆蟲進入閉關冬眠的狀態。洪邁在這裡列舉了〈黔南十絕〉中第一、第二和第十這三首黃庭堅的詩是如何改易白居易詩句的。

【語　譯】 魯直還作有〈黔南十絕〉，這十首詩幾乎都是取於白樂天的詩句，其中七首完全用的白樂天的詩句。有三首頗有一點改易的地方。白樂天有一篇詩，題目叫〈寄行簡〉，共有八韻，後面四韻他這樣說：「你我相去六千里，兩地隔絕如上天那樣遙遠。十封書信有九封無法到達，怎麼才能解除我對你思念的憂愁呢？口渴的人多數會夢見飲水，飢餓的人會夢見自己正在飽餐。春天到了我會夢到哪裡去呢？閉上眼睛我似乎就到了你東川那兒。」黃魯直把它剪為〈黔南十絕〉的首尾兩首。其第一首說：「兩地相望有六千里遙遠，在天地之間隔著江河山水。十封書信九封到不了，用什麼辦法才能打開我的愁顏呢？」其最後一首說：「生病的人多夢見醫生，囚犯們多夢見恩赦。春天到了我會夢見什麼呢？閉上眼睛似乎就回到了家鄉的里社。」白樂天的〈歲晚〉詩共有七韻，它的開頭說：「夜霜融化為水又返回到山壑，山風吹落的枯枝又返還到山坡。慢慢的日子臨近歲末了，萬物似乎又恢復到生長以前的那樣。」黃魯直把它作為〈黔南十絕〉的第二首，後面兩句只改動了七個字，寫成「慢慢地歲末即將來臨，昆蟲們都把自己關閉起來了」。

【研　析】〈黔南十絕〉所以盡取白樂天語，因為白樂天這些詩句大都出自他貶為江州司馬那個時期所作，彼此都是「天涯淪落人」，故二人失落和鄉愁的心態有相通之處。所以這些詩句黃魯直可以直接借用來表述自己作為淪落者對鄉愁的悲哀和感慨。整整十首都是從白居易不同詩篇中輯集而來。從感情上講都是那種寄託著孤獨、淒涼、對故人和家鄉的萬般思念之情。如第三首：「冷淡病心情，暄和好時節。故園音信斷，遠郡親賓絕。」（取自白居易〈花下對酒〉詩）第六首：「老色日上面，歡悰日去心。今既不如昔，後當不如今。」（取自白居易〈東城尋春〉詩，只改了一處，「歡情」改作「歡悰」）第七首：「嘖嘖雀引雛，梢梢筍成竹。時物感人情，憶我故鄉曲。」（取自〈孟夏思渭村舊居〉詩）讀黃魯直的〈黔南十絕〉可以深深地感受到他是在借白居易的詩句來灌澆自己的鄉愁。黃庭堅的詩論說過：「詩者，人之性情也。」這些白居易的詩句，只是他用來表達自己當時心情的方式。黃庭堅在〈答洪駒父書〉中說：「老杜作詩，退之作文，無一字無來處；蓋後人讀書少，故謂韓、杜自作此語耳。古之能為文章者，真能陶冶萬物，雖取古人之陳言入於翰墨，如靈丹一粒，點鐵成金也。」（轉引自游國恩《中國文學史》第三冊第六一頁）聯繫當時黃庭堅心情，從他借用白居易的詩句及其改易處，真可以感悟到他把這些詩句融化在自己的血肉之中了。對故土、家鄉的思念，愈到一個人的晚年，愈是刻骨銘心，這也許是中國人的共性。記得于右任在一九六二年，他也有一首懷念故土的詩，「葬我於高山之上兮，望我大陸，大陸不可見兮，只有痛哭！天蒼蒼，野茫茫，山之上，國有殤！葬我於高山之上兮，望我故鄉，故鄉不可見兮，永不能忘。」（龐齊編《于右任詩歌萃編》，一九八六年陝西人民出版社第六一七頁）那「天蒼蒼，野茫茫」之句不正是從〈敕勒歌〉中搬來的嘛！用天地的無限蒼茫來表達那種刻骨銘心而又那麼無限廣闊的思念。正是那年初，作者病重，在日記上先後留下遺言：「我百年後，願葬於玉山或阿里山樹多的高處，可以時時望我大陸，我之故鄉。」後來作者埋葬的地點就選在淡水鎮光明里海拔七百餘公尺的「八拉卡」，面對臺灣海峽，遙望中原的山河，背靠群山，滿足了他去世前的願望。可見思念故土家鄉，對人而言是終生不渝的。

敕勒歌❶

魯直〈題陽關圖詩〉❷云：「想得陽關更西路，北風低草見牛羊。」又集中有〈書韋深道諸帖〉❸云：「斛律明月❹，胡兒也，不以文章顯。其主以重兵困敕勒川❺，召明月作歌以排悶。倉卒之間，語奇壯如此，蓋率意道事實耳。」予按古樂府有〈敕勒歌〉❻，以為齊高歡攻周玉壁而敗，恚憤疾發，使斛律金唱〈敕勒〉，歡自和之❼。其歌本鮮卑語，詞曰：「敕勒川，陰山下，天似穹廬❽，籠罩四野。天蒼蒼，野茫茫，風吹草低見牛羊。」魯直所題及詩中所用，蓋此也，但誤以斛律金❾為明月。明月名光，金之子也。歡敗於玉壁，亦非困於敕勒川。

【注釋】❶敕勒歌　敕勒族人所唱的歌，係用鮮卑語歌唱。敕勒，部族名，亦稱鐵勒，匈奴後裔，屬突厥，居青海以東、代北塞外之地。魏時號稱高車，以游牧為生。時常擾邊，對魏、齊叛服不常。❷魯直題陽關圖詩　此詩題於宋哲宗元祐二年（西元一〇八七年），是年黃庭堅除著作佐郎，在祕書者，故有機會看到宮庭所收藏的《陽關圖》。魯直，黃庭堅字。陽關，為玉門關，以西為西域，有草原。❸書韋深道諸帖　是黃庭堅觀韋許所書諸帖後的感想。參見黃庭堅《山谷外集》卷九。韋許，字深道，號湖陰居士。蕪湖（今安徽蕪湖縣）人。徽宗崇寧元年（西元一一〇二年）閏六月書〈敕勒歌〉於所居「湖陰堂」，前有題記，即為洪邁本篇所引。❹斛律明月　北齊朔州（今山西朔州）高車族人。名光，字明月。父斛律金，北齊功臣。光出身將家，善騎射，年輕時即號稱「射雕手」。常統軍北征西討。河清間，周尉遲迥等攻洛陽，光率軍與戰，大敗周軍於芒山，遷太尉，襲爵咸陽王，拜左丞相。光治兵督眾唯仗威刑，行軍常為士卒先。結髮從戎，未嘗失律，深為鄰敵畏懼。後周人用反間計，光被祖珽、穆提婆等人誣陷，滿門被誅死。《北史》、《北齊書》皆有傳。❺其主句　其主，指高歡，他本皆作「老胡」，《四庫》本改作「其主」，為避清之忌諱。他本所以稱老胡，指漢人出身的高歡，已完全鮮卑化了（見注❼）。敕勒川即敕勒族所居的平川之地，約在今內蒙古河套以東大黑河流域一帶。❻古樂府有敕勒歌　指漢、魏、兩晉、南北朝的樂府詩。〈敕勒歌〉見宋郭茂倩《樂府詩集．新歌謠辭》，其解題徵引浩博，援據精審。〈敕勒歌〉本鮮卑語，移譯為漢語，故歌辭長短不齊。❼齊高歡四句　《北齊書．神武紀下》載其事云：「（武定）四年（西元五四六年）九月，神武圍玉壁以挑西師，不敢應。西魏晉州刺史韋孝寬守玉壁。」「頓軍五旬，城不拔，死者七萬人，聚為一冢。有星墜於神武營，眾驢並鳴，士皆讋懼。神武有疾，十一月，庚子，輿疾班師。」「是時西魏言，神武中弩。神武聞之，乃勉坐見諸貴，使斛律金作〈敕勒歌〉，神武自和之，哀感流涕。」高歡所以抱病出場，與斛律金一唱一和，是為了穩定東魏的軍心。次年高歡便抱恨去世了。高歡，北齊開國之君，東魏北海蓨（今河北景縣）人，胡名賀六渾，居懷朔鎮（六鎮之一，地在今內蒙古包頭東北），鮮卑化漢人。曾參加北魏末杜洛周起義，繼歸葛榮，後又叛降爾朱榮。榮死，歡依靠鮮卑武裝力量，聯絡山東士族，掌握魏兵權，稱大丞相。孝武帝西奔長安，他另立孝靜帝，自執魏政先後十六年。死後，其子高洋代東魏稱齊帝，追尊歡為神武皇帝，事蹟見《北齊書》卷一〈神武紀〉。玉壁，即玉壁城，地在今山西稷山西南。此城西魏大統四年築，周圍八里，四面臨深谷，地勢險要，襟帶山河，為周、齊雙方必爭之地。周於此築城以禦東魏、北齊，又移東道行臺駐此，以重兵防守。❽穹廬　古代游牧族居住的氈帳，其狀中央隆起，四周下垂。《後漢書．烏桓傳》：「隨水草放牧，居無常處，以穹廬為舍。」❾斛律金　北齊人。斛律，複姓，居代北一帶的少數族，世代為部落首領，號斛律部，漢化後，因以為姓。金字阿六敦，性敦厚爽直，善騎射，行兵用匈奴法，望塵埃能識別馬足多少，聞地能知軍行遠近。北魏末，仕第二領民酋長，秋朝京師，春還部落，號曰「雁臣」。西魏、北齊時，金佐助高歡成帝業，以功高拜左、右丞相，常統大軍出征，一門中，一人為皇后，二人為太子妃，三人娶帝室公主，顯榮無比。累封為咸陽郡王。卒年八十，謚曰「武」。子斛律光著名當世。《北齊書》卷十七、《北史》卷五十四有傳。

【語　譯】黃魯直〈題陽關圖詩〉說：「想像得那陽關以西一路的風光，那北風勁吹草低下只見牛羊成群。」他還在文集的〈書韋深道諸帖〉中說：「斛律明月是胡人，不以文章顯著於世。高歡以重兵被圍困在敕勒川，召見斛律明月來為他唱歌，藉以排除心中的憂悶。倉卒之間，他能唱出如此奇特而壯觀的歌詞，只是由於他能放開自己的胸懷，真實地表述當時的現實狀況而已。」我讀古樂府就有〈敕勒歌〉，以為這是齊高歡進攻北周的玉壁失敗後，憂憤而發病，於是在宴會上使斛律金出來唱〈敕勒〉，高歡親自與他唱和以穩定軍心。這個歌謠本來是鮮卑語，歌詞說：「敕勒川，陰山下，天似穹廬，籠罩四野。天蒼蒼，野茫茫，風吹草低見牛羊。」黃魯直所題的〈陽關圖詩〉句中所使用的便是這首，但是卻錯誤地把斛律金當成斛律明月。明月名叫斛律光，是斛律金的兒子。高歡兵敗是在玉壁，也不是被困於敕勒川。

【研　析】〈敕勒歌〉這首歌詞充分反映了中國北方廣闊的草原風光及游牧生活的悠閒自然，加上高歡在遭遇重大失敗以後，為了穩定民心軍心，與斛律金在集會上的一唱一和，更顯得情懷的悲壯激烈。正是此情此景使〈敕勒歌〉一曲成為千古絕唱。金代詩人元好問稱此詩為「穹廬一曲本天然」。好就好在天地人之間的關係自然而然地用這極簡樸的三句話一氣呵成地表述出來。如果仔細琢磨它的詞句，並非全不經意。「天蒼蒼」句，莊子在〈逍遙遊〉中便有「天之蒼蒼」之句，「野茫茫」句，阮籍在〈詠懷詩〉中有「曠野茫茫」之句。用在這裡使人感覺到歌者用詞是那麼貼切而自然，加上高歡與斛律金一唱一和的歷史背景，更使人們永不忘懷。即使在遭遇挫折和失敗的時候，人們也應該使自己不僅不氣餒，而且還要保持一個英雄而又豪爽的氣概。這就是我們的民族精神。

淺妄書❶

俗間所傳淺妄之書，如所謂《雲仙散錄》❷、《老杜事實》❸、《開元天寶遺事》❹之屬，皆絕可笑。然士大夫或信之，至以《老杜事實》為東坡所作者，今蜀本刻杜集，遂以入注。孔傳《續六帖》❺，采摭唐事殊有工❻，而悉載《雲仙錄》❼中事，自穢其書。《開天遺事》託云王仁裕所著，仁裕五代時人，雖文章乏氣骨，恐不至此。姑析其數端以為笑。其一云：「姚元崇開元初作翰林學士❽，有步輦❾之召。」按，元崇自武后時已為宰相，及開元初三入輔矣。其二云：「郭元振❿少時美風姿，宰相張嘉貞⓫欲納為婿，遂牽紅絲線，得第三女，果隨夫貴達。」按，元振為睿宗宰相，明皇初年即貶死，後十年嘉貞方作相。其三云：「楊國忠⓬盛時，朝之文武爭附之以求富貴，惟張九齡⓭未嘗及門。」按，九齡去相位十年，國忠方得官耳。其四云：「張九齡覽蘇頲⓮文卷，謂為文陣之雄師⓯。」按，頲為相時，九齡元未達也。此皆顯顯可言者，固鄙淺不足攻，然頗能疑誤後生也。惟張象指楊國忠為冰山事⓰，《資治通鑑》亦取之⓱，不知別有何據。近歲，興化軍學⑱刊《遺事》，南劍州學⑲刊《散錄》，皆可毀。

【注釋】❶淺妄書　學問淺薄而又內容虛妄的書。❷雲仙散錄　書名。一作《雲仙雜記》、《雲仙散記》。舊題馮贄撰。十卷。所記凡三百六十事。雜記古人逸事，各注所出之書多達百餘種，皆為史志所不載，然所見年號先後往往有錯。但古書散失很多，其所記之事仍有參考價值。詞賦家亦多有引以為典故。宋張邦基《墨莊漫錄》認為《雲仙雜記》為王銍（性之）的偽作。但無實據。王銍南宋初人，著書甚多，家中聚書有數萬卷，是宋代著名作家，他為何要託名唐代無名聲的馮贄？今仍依舊說。❸老杜事實　書名。記杜甫軼事，託名蘇軾所作。宋葛立方《韻語陽秋》卷十六云：「近時有妄人假東坡名，作《老杜事實》一編，無一事有據。……豈不誤學者。」❹開元天寶遺事　書名，亦稱《開天遺事》，四卷。五代王仁裕撰。仁裕天水人，官後蜀，任翰林學士。蜀亡，流寓長安，得民間所傳玄宗遺事，編錄成書。後漢時，仁裕官翰林學士承旨。周顯德三年（西元九五六年）卒。《宋史・藝文志》除了著錄他的《開元天寶遺事》之外，還著錄了《入洛記》一卷，《見聞錄》三卷，《唐末見聞錄》八卷，《乘輅集》五卷，《紫泥集》十二卷，《紫泥後集》四十卷，《詩集》十卷。《新五代史・王仁裕傳》稱其曾集平生所作詩萬餘首為百卷，號《西江集》。❺孔傳續六帖　孔傳為人博學多聞。初，唐白居易撰《六帖》為舉子應科舉考試之用，搜取前人成語故實以成書。六帖文名，蓋因唐科舉考試有帖經試，凡試十帖，得中六帖，就可及格通過，故稱。孔傳撰《續六帖》，仍依《六帖》類例，取唐以來至宋詩、頌、銘、贊之文擇其精要編錄而成。故名《續六帖》。孔傳，山東曲阜人，字世文，孔子四十七代孫，建炎初南渡，流寓衢州。紹興中，官至右朝議大夫，知撫州軍事，兼管內勸農使。著有《東家雜記》記其祖先事蹟。❻工　清光緒三年（西元一八七七年）印行的祠刻本，「工」字作「功」。❼雲仙錄　即《雲仙散錄》。❽姚元崇句　姚元崇，字元之，陝州硤石（今河南陝縣）人。玄宗開元初名相，與宋璟先後秉政，時稱「姚、宋」。因避開元諱，去元字，單名姚崇。《舊唐書》、《新唐書》皆有傳。今按：姚崇在玄宗即位的先天二年（西元七一三年）自同州刺史召入，即拜兵部尚書、同中書門下三品，未有拜翰林學士之事。容齋所說為是。❾步輦　供帝、后所乘坐的轎子，因用人力挽抬，故稱。步輦，漢魏時已有。《初學記》引魏文帝曹丕〈校獵賦〉有「步輦西園，還坐玉堂」之句。今傳世有唐初閻立本所畫〈唐太宗步輦圖〉，可略窺其形狀。❿郭元振　唐魏州貴鄉人，名震，以字顯。舉高宗咸亨四年進士，為人豪爽，任俠使氣，不拘小節，武后時，官涼州都督，進安西大都護，威震西陲。睿宗立，從朔方軍大總管進兵部尚書、同中書門下三品。玄宗立，猜疑他為睿宗親信，借驪山講武之際，以軍容不振，奪其軍權，罷流新州。開元元年（西元七一三年）量移為饒州司馬，途中病死。《舊唐書》、《新唐書》皆有傳。⓫張嘉貞　蒲州猗氏（今山西臨猗）人，武后時為監察御史，歷梁、秦二州都督，并州長史，為政嚴整有方。玄宗善其政，使為天兵軍使。開元八年，代宋璟為相。開元十一年（西元七二三年），因與張說議政不合，罷相。《舊唐書》、《新唐書》皆有傳。⓬楊國忠　唐蒲州永樂（今山西永濟）人。原名釗，後玄宗賜名國忠。為人精於算計，有口辯，善逢迎。因從妹楊貴妃的薦引，為玄宗所信任。天寶十一載，李林甫死，玄宗以國忠為右相，兼吏部尚書、判度支等要職，又兼領四十餘使，集大權於一身。天寶十四載（西元七五五年），范陽節度使安祿山以清君側、誅國忠為名，起兵叛亂。次年陷洛陽，破潼關。國忠隨玄宗出逃，行至馬嵬驛，為兵變士兵所殺。《舊唐書》、《新唐書》皆有傳。⓭張九齡　字子壽，韶州曲江人。武后長安五年（西元七〇五年）中進士，又應制科，官左拾遺。玄宗時文學冠世，得張說賞識，擢為中書舍人。開元二十一年（西元七三三年），以中書侍郎拜相，遷中書令。立朝謇謇有大臣體，主張用人不循資格，設十道採訪使，加強對地方督察。玄宗生日，進《金鏡錄》，言前代興廢得失，每極言論諫。邊將安祿山兵敗，依法當誅，九齡請殺安祿山，玄宗不許。後為李林甫所忌，又因諫重用牛仙客事忤玄宗，罷相家居。開元二十八年（西元七四〇年）卒，諡文獻。著有《張曲江集》二十卷。《舊唐書》、《新唐書》皆有傳。⓮蘇頲　京兆武功人，高宗調露元年（西元六七九年）進士，又舉賢良方正異等。長安中，拜中書舍人，掌文誥，才思敏捷，落筆成文。開元初，與李乂同掌朝廷文誥。玄宗譽為前後兩「蘇李」。前蘇、李指蘇味道、李嶠兩人，皆以文章顯名。開元四年（西元七一六年），蘇頲以紫微黃門平章事，參理朝政，開元八年（西元七二〇年）罷相。頲與張說自中宗景龍之後，同以文章稱譽於世，時人號稱「燕、許大手筆」。燕、許指張說、蘇頲的封爵而言。開元十五年（西元七二七年）頲卒於家。《舊唐書》、《新唐書》皆有傳。⓯文陣之雄師　意謂蘇頲的文章出眾，為文壇上的首領。「雄師」一本作「雄帥」。⓰張彖句　時楊國忠權傾天下，有人勸張彖修謁楊國忠門庭，可圖富貴。彖曰：「爾輩以謂右相之勢依靠如泰山，以吾所見乃冰山也。或皎日大明之際，則此山當誤人爾。」後果如其言。見《開元天寶遺事》卷二。《資治通鑑》繫此事於〈唐紀〉玄宗天寶十一載（西元七五二年），文字大體略同。後張彖隱居於嵩山。張彖，陝州人，天寶年間進士，有文名。⓱資治通鑑亦取之　《資治通鑑》為北宋司馬光領銜編撰的編年體通史，由神宗制序賜名，以其能起到史鑑的作用，故名。全書二百九十四卷，上起戰國，下迄五代，共一千三百六十二年。有元胡三省注。另有《目錄》三十卷，《考異》三十卷。此書影響深遠，後人因其體例，有《續資治通鑑》的編撰。不僅《資治通鑑》引用過《開元天寶遺事》，胡三省在《考異》中也引用過此書。《資治通鑑》在天寶十載（西元七五一年）下記：「自是安祿山出入宮掖不禁。

或與貴妃對食，或通宵不出，頗有醜聲聞於外，上亦不疑也。」在此條記載下，《考異》曰：王仁裕《天寶遺事》云：「祿山常與妃子同食，無所不至。帝恐外人以酒毒之，遂賜金牌繫於臂上，每有王公召宴，欲沃以巨觥，祿山即以金牌示之，云『准敕戒酒。』」⑱興化軍學　興化軍為宋代行政區劃名，治福建蒲田。與州、府、監同屬於路，掌一地的軍政。軍置學校，即稱軍學。⑲南劍州學　南劍州在福建路轄下，因四川利州路有劍州，故加「南」字以作區別。治所在劍浦（今福建南平）。宋制：軍、州皆置學，設學官教導學生。州、軍學也刊行書籍，故稱某某州學刊，某某軍學刊。

【語　譯】現在社會上流傳著一些淺薄虛妄不經的書籍，諸如《雲仙散錄》、《老杜事實》、《開元天寶遺事》之類，都是絕對可笑的東西。然而士大夫們亦有相信這些書的，甚至認為《老杜事實》是蘇東坡所作，現今成都刻印杜甫文集時，竟然將《老杜事實》引入它的注釋之中。孔傳所撰的《續六帖》，採集唐代的事蹟還是很有功力的，然而他全然採用《雲仙錄》中的事情，這樣做豈不是糟蹋了自己的書。《開元天寶遺事》這本書假託王仁裕所著，王仁裕是五代時人，雖然他的文章缺少骨氣，恐也不至於錯謬到如此地步。今姑且列舉並分析其數件事例以供大家作聊笑的素材。其一，他說：「姚元崇在開元初年作翰林學士時，曾有步輦之召。」事實上，姚崇在武則天時已任至宰相，至開元初已是第三次為相了，怎麼會在開元初是翰林學士呢？其二，他說：「郭元振年少時風度翩翩，宰相張嘉貞要招他為女婿，於是他牽著紅絲線娶了張嘉貞第三個女兒，果然妻隨其夫而貴。」事實上郭元振是睿宗時的宰相，唐明皇即位初便貶斥而去世，過了十年張嘉貞方才為相，張嘉貞怎麼可能去招郭元振為女婿呢？其三，他說：「楊國忠勢力鼎盛時，滿朝文武爭相攀附於他以求富貴，只有張九齡未嘗登門。」事實上，是張九齡離開相位十年，楊國忠方才登上仕途，這不是一個笑話嘛。其四，他說：「張九齡看了蘇頲的文卷，稱讚他是文壇上的首領。」事實上，從時間上考證，蘇頲為宰相時，張九齡還沒有飛黃騰達，怎麼能輪得到他去評論蘇頲的文卷呢？這些案例都是非常明顯的錯謬，雖然都是鄙淺而不值一駁，然而還是很容易貽誤後生啊。只有書中講到張彖指楊國忠不是靠山只是冰山的事，司馬光的《資治通鑑》亦採用此說，不知他有沒有其他方面的根據。近年，興化軍的學官刊刻了《開元天寶遺事》，南劍州的學官也刊刻了《雲仙散錄》，其實這兩本書都應該予以銷毀。

【研　析】洪邁所言之淺妄書，舉了《雲仙散錄》、《老杜事實》、《開元天寶遺事》三本，具體論述其淺薄而妄誕者，僅《開元天寶遺事》一書，其所駁詰該書之四條皆為確當，實際上此書錯舛之處不止這四條，如〈花上金鈴〉載：「天寶初，寧王日侍，好聲樂，風流蘊藉，諸王弗如也。」實際上寧王憲於開元二十九年（西元七四一年）冬十一月即已薨。雖然時間相差不久，但已是兩個不同的年號了。儘管《開元天寶遺事》中差錯不少，其所載宮中瑣事，及宮內外的風情習俗等內容不屬於正史記載的範圍，但它畢竟反映了當時社會生活不同的側面，可以約略地見到當時宮廷生活和庶民時尚之間的相互影響。由於所記得之於傳聞，難免有失實之處，上層生活在那個時代不可能非常透明，故在社會流傳時，總不免有誇張之處，如「長安好高髻，四方高一尺」。儘管如此，它仍然是我們今天瞭解唐代社會風貌不可多得的歷史資料。洪邁對《開元天寶遺事》的批駁還是好的，由於有錯誤，便要銷毀那也未必妥當。他只是告訴我們這些後學，讀書時得謹慎小心。盡信書不如無書，讀書得互相印證，讀野史要與正史印證，有所分辨，才不至於以誤傳誤。《容齋隨筆》中屬於考證條目不少，如〈野史不可信〉條稱：「野史雜說，多有得之傳聞為好事者緣飾，故類多失實，雖前輩不能免，而士大夫頗信之。」這話有理。作者列舉了魏泰《東軒筆錄》、沈括《夢溪筆談》兩書所言宋真宗朝三事之舛誤，亦皆言之有據。然而這兩本書，並非處處皆錯，事實上仍有一定的歷史價值。反之，正史的記載亦並非事事皆準確無誤，特別是一些重大事件及朝代更迭之際的記載，若仔細推敲起來亦往往有失實之處，因為歷史往往只是勝利者為自己的需要而編撰的。失敗者的心聲也許只能從筆記野史中窺知其一二。歷史只有在矛盾的陳述中，才能露出其真相。如明亡以後，對南明的記錄只能保存在野史筆記之中。許多禁書直到清末民初，才能重見天日，成為後人呼喚民眾覺醒的借鑑。南明史從此成為一門特殊的學問。所以無論正史還是野史，能設身處地用審慎的眼光在矛盾中辨別其是非和真假，方能還歷史以真面目，否則的話假作真來真亦假，把歷史變成一筆糊塗帳，這不能怪過去的作者，只能怪自己糊塗無識了。

五臣注文選❶

東坡詆《五臣注文選》，以為荒陋❷。予觀選中謝玄暉和王融詩❸云：「阽危賴宗衮，微管寄明牧❹。」正謂謝安❺、謝玄❻。安石於玄暉為遠祖，以其為相，故曰宗衮。而李周翰❼注云：「宗衮謂王導❽，導與融同宗，言晉國臨危，賴王導而破苻堅。牧謂謝玄，亦同破堅者。」夫以宗衮為王導，固可笑，然猶以和王融之故，微為有說。至以導為與謝玄同破苻堅，乃是全不知有史策❾，而狂妄注書，所謂小兒強解事也。唯李善❿注得之。

【注　釋】❶五臣注文選　唐開元間，由呂延濟、劉良、張銑、呂向、李周翰五人合注《昭明文選》，時人稱為《五臣注文選》。《新唐書・藝文志》著錄有《五臣注文選》三十卷，開元六年（西元七一八年），由工部侍郎呂延祚進表呈上。呂向字子回，涇州人，少孤，強志於學，喜購書，通古今。開元十年（西元七二二年），召入翰林，兼集賢院校理，侍太子及諸王為文章。《新唐書・文藝傳》為呂向列傳。文選，即《昭明文選》，南朝梁昭明太子蕭統編集的文選，選自先秦至梁的詩文辭賦，為我國現存最早的詩文選集，共三十卷。❷東坡二句　蘇軾曾批判《五臣注文選》有不少荒唐淺陋的地方，見《東坡全集》卷九十二〈五臣注文選〉。東坡，即蘇軾，字子瞻，眉州眉山（今四川眉山市）人，號東坡居士。❸謝玄暉和王融詩　指《文選》載謝玄暉所作〈和王著作八公山詩〉。八公山在今安徽省淝水之北，淮水之南，謝安叔侄曾於此大敗前秦苻堅號稱百萬的大軍。謝朓作此詩的目的是緬懷先祖在此大敗苻堅的功績，同時也是感慨自己生不逢時。此時南朝齊的政局動盪不寧，謝朓與王融二人皆不得善終。謝玄暉，即謝朓，玄暉為其字。陳郡陽夏（今河南太康）人，曾任宣城太守，尚書吏部郎，少好文學，有美名，文章清麗，善草隸，長五言詩。沈約讚其詩云：「二百年來無此詩也。」王融，字元長，瑯琊臨沂（今山東臨沂北）人，官中書郎，竟陵王蕭子良以為寧朔將軍、軍主。融博涉而有文才，文辭敏捷，援筆可待，其詩講究音律，與沈約同為永明體之代表作家。曾有文集行於世。謝、王兩人事蹟見《南齊書》卷四十七。❹阽危賴宗袞二句　這是以管仲喻謝安，意謂當年若沒有謝安，則東晉這個小朝廷就難以安寧。正如沒有管仲，齊國就不能成為霸主了。阽危，指社稷臨近危難的時候。阽，臨近；臨危。宗袞，指祖先位列三公者。宗，指祖先。袞，指帝王和三公所著的禮服。微管，是孔子所說的「微管仲，吾其被髮左衽矣」一句的簡化。寄，寄託。明牧，謂賢明的牧守，指謝玄。謝玄是謝安的族侄，由安薦舉為建武將軍、兗州刺史、監軍江北諸軍事，故稱其為牧。玄曾率八千精騎大破苻堅大軍於八公山。❺謝安　東晉陳郡陽夏（今河南太康）人，生於西元三二〇年，卒於三八五年，字安石。謝安出身世族，年四十餘始有仕進之志，除吳興太守。孝武帝時，桓溫去世，他總領內外事務，為尚書僕射，領吏部，加後將軍。苻堅大軍壓境，他能鎮以和靖，運籌帷幄，破敵軍於千里之外，《晉書・謝安傳》史臣曰：「苻堅百萬之眾，已瞰吳江，桓溫九五之心，將移晉鼎，衣冠易慮，遠邇崩心。從容而杜奸謀，宴衎而清群寇，宸居獲太山之固，惟揚去累卵之危，斯為盛矣。」❻謝玄　字幼度，謝安侄，生於西元三四三年，卒於西元三八八年。安為宰相，任他為廣陵相，組建北府兵，抵禦前秦南侵的軍隊。在太元八年（西元三八三年）獲淝水大捷。❼李周翰　唐開元時《五臣注文選》中注者之一，《直齋書錄解題》稱其為處士，生平不詳。❽王導　字茂弘，瑯琊臨沂（今山東臨沂北）人，生於西元二七六年，卒於三三九年。他是西晉建國元勳王祥的侄孫。王導早年與東晉元帝司馬睿相友善，西晉末北方大亂，王導幫助元帝奠定偏安南方的規模，時人稱「王與馬，共天下」。歷仕東晉元、明、成三帝，領導北方南遷的士族，團結南方的士族和衷共濟，使東晉初期在南方得以保持相對穩定的局面，因此，王家在東晉南朝成為世家大族。❾以導為與謝玄二句　王導卒於東晉成帝成康五年（西元三三九年），謝玄破苻堅軍在東晉孝武帝太元八年（西元三八三年），即在王導去世後四十四年，故稱李周翰之注文全不知有史書的記載，譏其為狂妄瞎說。❿李善　揚州江都（今江蘇揚州）人，生年不詳，卒於西元六八九年。《昭明文選》李善注成書於高宗顯慶年間。李善以講授《文選》為業，世傳李善作《文選注》六十卷。《舊唐書・經籍志》有著錄。《四庫全書總目提要》引李匡乂《資暇錄》曰：「李氏《文選》有初注成者，有覆注，有三注、四注者，當時旋被傳寫。其絕筆之本，皆釋音訓義，注解甚多，是善書定本，本事義兼釋，不由於（李）邕。匡乂，唐人，時代相近，其言當必有徵。」

【語　譯】蘇東坡曾經指斥《五臣注文選》，認為它的注文實在錯得荒謬而淺陋。我讀了《文選》中謝玄暉唱和王融的〈和王著作八公山詩〉：「阽危賴宗袞，微管寄明牧。」它指的是謝安和謝玄的事。謝安是謝玄暉的遠祖，又是宰相，所以稱他是「宗袞」。但李周翰的注釋卻認為：「這宗袞是指王導，王導與王融是同一宗族，在晉國臨危的時候，幸賴王導在中樞指揮得以打敗苻堅。明牧是指謝玄，是與王導一起破苻堅的。」把「宗袞」說成是指王導，固然令人可笑，以他與王融同宗，那還有一點理由可說。至於說王導與謝玄一起打敗苻堅，那可說明他全然不知道歷史是如何記載的了，而且還要狂妄地去注書，簡直是小孩子不懂裝懂罷了。所以還是李善的注文比較符合客觀事實。

【研　析】這是一篇有根有據的考證隨筆，洪邁為什麼會關心謝玄暉這首〈和王著作八公山詩〉有關謝安、謝玄淝水之戰的詩，這也許與洪邁感覺到南宋在金人壓境的情況下，為求得一個喘息機會的需要，希望南宋的帝王能從東晉偏安江東中吸取有益的歷史經驗。讀史的人都是帶著自己的處境上的問題，從歷史上去尋找可以借鑑的經驗，或者借歷史上有益的經驗教訓提醒當事者如何應對當前面臨的困難和艱險。同樣是這樣一段歷史，各人從中悟出的道理，可以不完全相同。毛澤東是喜歡讀歷史的一個人，他一直關注《容齋隨筆》這本書，把它放在手邊隨時翻檢，以便從中得到啟迪後再去翻檢相關的史傳，並由此引申開來，把其中的道理用來幫助周圍的人去掌握歷史的經驗。記得西元一九七二年十月一日，毛澤東通過姚文元下達過一個指示，要我們標點和注釋《晉書》中謝安、謝玄、桓伊、劉牢之四篇傳。今為了注釋這條隨筆，我再讀謝安、謝玄的傳記，並連著讀桓尹、劉牢之的傳記，並回憶當時國際國內的時局，似乎能找到一些聯繫。謝安一生，最值得人們稱道的有兩件事：一件是處理桓溫企圖篡晉，使東晉度過了這次內部的政治危機；另一件是他能從容應對苻堅百萬大軍壓境，使東晉政權度過了來自外部的危機，使偏安的局面得以穩定下來。桓溫是東晉中葉立有軍功的大軍閥，久有覬覦晉鼎之意，他曾經廢海西公，立簡文帝。簡文帝去世時，他希望簡文帝禪位於己，或者讓他居攝政的地位。《晉書・謝安傳》載：簡文帝崩，桓溫「大陳兵衛，將移晉室，呼安及王坦之，欲於坐害之。坦之甚懼，問計於安。安神色不變，曰：『晉祚存亡，在此一行。』既見溫，坦之流汗沾衣，倒執手版。安從容就席，坐定。謂溫曰：『安聞諸侯有道，守在四鄰，明公何須壁後置人邪？』溫笑曰：『正自不能不爾耳。』遂笑語移日」。不久，桓溫「寢疾不起，諷朝廷加己九錫，累相催促。謝安、王坦之聞其病篤，密緩其事。錫文未及成而薨」（《晉書・桓溫傳》）。謝安以持重鎮靜應對，度過了這次內部的政治危機。在〈謝安傳〉中還有一個值得注意的人物，那就是桓伊。他是桓溫手下的一員大將，能顧全大局，立有大功，而忠心始終不替。孝武帝末年與謝安之間產生一些隔閡和磨擦。有一次孝武帝「召伊飲讌，安侍坐。帝命伊吹笛，伊神色無迕，即吹為一弄，乃放笛云：『臣於箏分乃不及笛，然自足以韻合歌管，請以箏歌，并請一吹笛人。』」「伊又云：『臣有一奴，善相便串。』帝彌賞其放率，乃許召之。奴既吹笛，伊便撫箏而歌〈怨詩〉曰：『為君既不易，為臣良獨難。忠信事不顯，乃有見疑患。周旦佐文、武，金縢功不刊。推心輔王政，二叔反流言。』聲節慷慨，俯仰可觀。安泣下沾衿，乃越席而就之，捋其鬚曰：『使君於此不凡！』帝甚有愧色。」（《晉書・桓伊傳》）桓伊歌這一曲是為了調和孝武帝與謝安之間的關係。為君不易，為臣亦難，二者之間必須互信，才能和衷共濟。所以謝安聽後會如此激動，以致涕淚俱下。至於劉牢之亦是那時著名將領，是北府兵創始者之一，在淝水之戰中立有大功。但此人反覆無常，先是投靠王恭，以後又背叛了王恭而投靠司馬元顯，此後又周旋於朝廷和桓玄之間，接著又派使節表示願意歸附桓玄，不久他又想起兵反叛桓玄。參軍劉襲對他說：「事不可者莫大於反，而將軍往年反王兗州（即王恭），近日反司馬郎君（即元顯），今復欲反桓公（即桓玄），一人而三反，豈得立也。」（《晉書・劉牢之傳》）結果是眾叛親離，自縊而死。劉牢之與桓伊二人是一反一正的兩個典型，也就是毛澤東讀《容齋隨筆》以後以史為鑑，拿歷史的經驗來喻導人們要處理好當前的相互關係。記得臺灣出過一本《容齋隨筆》（白話版），封面上題有「毛澤東終生珍愛的書」，封底題有「毛澤東生前要讀的最後一本書」。此話不假。但是出版者在引言中卻說：「我們尚且無法知道反覆閱讀此書的毛澤東從中領會到多少哲理，受到什麼借鑑，但可以肯定他從中吸取了不少精華。」我想，從我過去為毛澤東注釋八十餘篇古文的經歷中，或許能約略窺見其一二。其中有不少篇幅是受《容齋隨筆》的啟迪而提出來的。《容齋隨筆》只是提出問題，人們沿著它提出的問題，進一步去閱讀歷史著作，思考更多的問題，它遠遠超出了《容齋隨筆》的自身價值。

《容齋隨筆》卷一

樂天侍兒❶

世言白樂天侍兒唯小蠻、樊素二人❷。予讀集中〈小庭亦有月〉❸一篇云：「菱角執笙簧，谷兒抹琵琶，紅綃信手舞，紫綃隨意歌❹。」自注曰：「菱、谷、紫、紅皆小臧獲名❺。」若然，則紅、紫二綃亦女奴也。

【注　釋】❶樂天侍兒　本篇為介紹白居易家養歌舞侍女的狀況，從側面反映了白居易晚年休閒逸致的生活。樂天，即白居易，樂天為其字，中唐著名詩人。侍兒，家養的侍女。❷世言句　樊素、小蠻是白居易的兩個比較著名的家妓。樊素善歌，小蠻善舞。唐孟棨《本事詩》云：「白尚書姬人樊素善歌，妓小蠻善舞，嘗為詩云：『櫻桃樊素口，楊柳小蠻腰。』年既高邁，而小蠻豐豔，因為楊柳之詞以託意云：『一樹春風萬萬枝，嫩於金色軟於絲。永豐坊裡東南角，盡日無人屬阿誰。』」❸小庭亦有月　係白居易律詩〈詠興五首〉之一的詩題，有序云：「(大和)七年(西元八三三年)四月，予罷河南府(尹)，歸履道第，廬舍自給，衣儲自充，無欲無營，或歌或舞，頹然自適，蓋河洛間一幸人也。遇興發詠，偶成五章，各以首句命為題目。」全詩是描述他在宅院小庭歌舞宴客，醉以盡興的場景。❹菱角執笙簧四句　它是主人在自己庭院內為歡宴客人而助興的活動，由菱角與谷兒奏樂，紅綃跳舞，紫綃唱歌。笙簧，指中國古代傳統的簧管樂器，由口吹奏，是器樂合奏中的重要樂器。琵琶是一種由西域傳入的撥弦樂器，盛於隋唐。❺菱谷紫紅句　指菱角、谷兒、紫綃、紅綃，她們都是白居易從小買來收養在家的侍兒。白居易讓她們彈奏歌舞，並為之取名。劉禹錫有〈寄贈小樊〉詩云：「花面丫頭十三四，春來綽約向人時。終須買取名春草，處處將行步步隨。」小樊即樊素。臧獲，即婢僕。其中紫綃、紅綃是侍女，菱角與谷兒則是侍僮。

【語　譯】人們都說白樂天身邊的侍兒只有小蠻和樊素兩個人。我讀白樂天〈小庭亦有月〉那首小詩，其中有一篇講：「菱角拿著笙簧，谷兒彈著琵琶，紅綃信手而舞，紫綃放聲歌唱。」他自己注釋說：「菱角、谷兒、紫綃、紅綃都是家養的侍兒。」如果真是這樣的話，那麼紅綃與紫綃便都是他家的侍女了。

【研　析】〈小庭亦有月〉的小庭是指白居易在洛陽的宅院。這個宅院在洛陽東南履道里的西北角，原來是散騎常侍楊憑的宅子，在〈池上篇〉的序文中，他介紹這個宅園地方大小有十七畝，宅屋占了三分之一，水面占了五分之一，竹占了九分之一，有池水，池中有小島，有橋相通。白居易晚年便終老在這所宅院。文章既反映了這個宅園的景觀，又表現了他晚年優遊自得的心態。菱角、谷兒、紫綃、紅綃既是他為侍兒們取的名字，也是他宅園中的景觀名。從大和七年（西元八三三年）他六十一歲定居在這所宅院，到大中元年（西元八四七年）七十六歲去世，他前後有十五年時間，就生活在這所宅院之內。從〈小庭亦有月〉這首詩中，還可以看到他對養老的生活還是很得意的，故開始的一句便說：「小庭亦有月，小院亦有花。可憐好風景，不解嫌貧家。」在他宴請客人的時候，愉悅地說：「村歌與社舞，客哂主人誇。但問樂不樂，豈在鐘鼓多。」宴會結束，客人散了，他說：「客散有餘興，醉僕獨吟哦。幕天而席地，誰奈劉伶何！」生動描述出一付得意的樣子。他住在這所宅院裡約有七、八年好光景，但在六十八歲那年中風了，他在〈病中詩十五首〉的序文中說「開成己未歲（西元八三九年），余蒲柳之年六十有八，冬十月甲寅旦，始得風痹之疾。體瘰目眩，左足不支，蓋老病相乘時而至耳。」從那一年以後，他開始遣散身邊的侍兒，這些侍僮歌女都是他在入住初期購置的。從詩文中可以看到他對侍兒們還是有情有義的。《舊唐書・白居易傳》稱其「得風病，伏枕者累月，乃放諸妓女樊、蠻等。」即小蠻和樊素。白有〈別柳枝〉詩言此事：「兩枝楊柳小樓中，嫋娜多年伴醉翁。明日放歸歸去後，世間應不要春風。」可見白居易對她們是多麼的依戀。反過來樊素對白居易也是有情有義。清吳景旭《歷代詩話》云：樂天嘗稱妓有樊素者，年二十餘，善唱〈楊柳枝〉，人多以曲名之。一日將放去，因作詩自題曰：〈不能忘情吟〉。且謂楊柳枝再拜長跪而致辭。辭曰：「素事主十年，凡三千有六百日，巾櫛之間，無違無失。」可見白居易〈別柳枝〉一詩便是為小蠻與樊素而寫的。特別是樊素之於白居易更是「處處將行步步隨」的身邊人。劉禹錫曾作詩和〈別柳枝〉這首詩。白居易還作答，題為〈前有別楊柳枝絕句夢得繼和云春盡絮飛留不得隨風好去落誰家又復戲答〉：「柳老春深日又斜，任他飛向別人家。誰能更學孩童戲，尋逐春風捉柳花。」既情深意切，又無可奈何。她們離開白居易以後，白居易在〈夜涼〉那首絕句中，反映出他那種老人的孤獨、寂寞、淒涼而又深深懷念她們的感情。他說：「露白風清庭戶涼，老人先著夾衣裳。舞腰歌袖拋何處，唯對無弦琴一張。」

白公詠史❶

《東坡志林》❷云：「白樂天嘗為王涯所讒❸，貶江州司馬。甘露之禍❹，樂天有詩云：『當君白首同歸日，是我青山獨往時❺。』不知者以樂天為幸之❻，樂天豈幸人之禍者哉？蓋悲之也。」予讀白集有〈詠史〉一篇，注云：「九年十一月作。」其詞曰：「秦磨利刃斬李斯❼，齊燒沸鼎亨酈其❽。可憐黃、綺入商洛❾，閑臥白雲歌紫芝❿。彼為菹醢機上盡⓫，此作鸞凰天外飛⓬。去者逍遙來者死⓭，乃知禍福非天為⓮。」正為甘露事而作，其悲之之意可見矣。

【注釋】❶白公詠史　白公指白居易。詠史，詩題，見《白氏長慶集》卷二十七。❷東坡志林　為蘇東坡隨筆體文集。蘇軾卒後，後人輯錄其遺墨編輯成書，初名《東坡手澤》，傳本卷數不一，常見者為五卷，另有十二卷本，包括《仇池筆記》在內。此處引文見於《仇池筆記》。❸白樂天句　白居易任太子左贊善大夫。次年鎮州節度使王承宗遣盜刺殺宰相武元衡，傷裴度，白居易上疏論其事，執政惡其論事，奏貶為江州刺史。王涯復上疏論居易不宜治郡，故追詔授江州司馬。樂天，白居易字。王涯，字廣津，太原人。元和九年（西元八一四年）拜中書舍人。❹甘露之禍　文宗大和九年（西元八三五年）十一月，宰相李訓與韓約等謀誅宦官，時韓約為左金吾衛大將軍，詐言左金吾廳後有甘露，奏請唐文宗往觀，先期伏兵甲於廳內，誘引宦官等隨往，以便殺之。文宗預知其謀，故意遣宦官仇士良、魚志弘帶領諸宦官前往驗看。士良等既至左金吾廳後，發現有伏兵，事遂敗露，士良挾文宗回宮，派禁軍搜殺李訓、舒元輿、王涯、鄭注等，牽連受誅朝士達數百人之多，史稱甘露之變。❺當君白首同歸日二句　此二句是白居易律詩〈九年十一月二十一日感事而作〉中的第三、四句。題下原注：「其日獨遊香山寺。」所謂感事而作，即指有感於甘露之變而作。事變發生在十一月壬戌，即二十一日。《舊唐書・文宗本紀》稱：「訓等敗，流血塗地，京師大駭，旬日稍安。」這次宦官對朝臣的大屠殺，在京城造成極大的震恐，十餘日才平定下來。至十二月間，文宗問宰相：「坊市之間，人漸安未？」李石奏曰：「人情雖安，然刑殺過多，致此陰沴。」君，指王涯等。白首同歸，指中尉仇士良使「左軍兵馬三百人領（王）涯與王璠、羅立言，右軍兵馬三百人領賈餗、舒元輿、李孝本，先赴郊廟，徇兩市，乃腰斬於子城西南隅獨柳樹下」。（《舊唐書・王涯傳》）涯時年已過七十。白首同歸出自西晉末潘岳與石崇一同被刑的典故。潘岳之《金谷》（石崇園名）詩云：「投分寄石友，白首同所歸。」石崇在刑場，見潘岳亦至，謂之曰：「安仁，卿亦復爾邪？」岳曰：「可謂『白首同所歸』。」（《晉書・潘岳傳》）竟一語成讖。❻不知者句　指洪邁所批評的宋人章惇對白居易的指責，宋魏慶之《詩人玉屑》：「沈存中謂樂天詩不必皆好，然識趣可尚。章子厚謂不然。樂天識趣最淺狹，謂詩中言甘露事處，幾如幸災。雖私仇可快，然朝廷當此不幸，臣子不當形歌詠也。如『當公白首同歸日，是我青山獨往時』之類。」❼李斯　楚上蔡人，荀子的學生，戰國末入秦為客卿，是秦統一六國的功臣。秦始皇死後，為趙高所忌而被冤殺。❽酈其　酈其，即酈食其，秦漢之際陳留高陽鄉（今河南杞縣）人，後投奔劉邦。楚漢相爭，為劉邦說齊王田廣歸漢，韓信藉機突襲齊，齊王誤以為被酈食其出賣，故將其烹死。❾可憐黃綺入商洛　此言漢初商山四皓隱居於商洛之間。黃，指夏黃公。綺，指綺里季。皆為商山四皓之一。商洛，指陝南之商山與洛水。《漢書・張良傳》載張良稱：「上（指劉邦）有所不能致者四人。四人年老矣，皆以上嫚侮士，故逃匿山中，義不為漢臣。然上高此四人。」❿閑臥白雲歌紫芝　指商山四皓在商洛之間悠閒自在地過著隱居生活。紫芝，即靈芝，呈紫褐色，能藥用，古人以此為仙草的象徵。⓫彼為菹醢機上盡　彼，指李斯、酈食其。菹醢，意為被剁成肉醬，是古代的一種殘酷刑罰。吳王濞兵敗請罪時有「敢請菹醢之罪」語，見《漢書・吳王濞傳》。菹，細切。醢，肉醬。機上盡，意即機上之肉，任人宰割，指他們被菹醢而死。機，指案板。⓬此作鸞凰天外飛　指商洛四皓卻能像鳳凰那樣在天外自由飛翔而置身事外。此，指商山四皓。鸞凰，傳說中鳳凰一類神鳥。⓭去者逍遙來者死　指遠離朝堂者，得以逍遙自在。依戀仕宦朝堂者，往往沒有好的結局。⓮乃知禍福非天為　此言禍福皆由人自取，非天之所為。

【語　譯】蘇東坡在《東坡志林》中說：「白樂天曾因王涯上疏讒毀，而被貶為江州司馬。甘露事變之後，白樂天有詩講到：『當你白首歸天之日，而我尚在青山獨來獨往。』不理解白樂天的人，以為這是樂天因王涯的遭際而幸災樂禍，白樂天怎麼會是那種人呢？實際上這是他對事件表示自己悲憤不平的心情。」我讀白居易《白氏長慶集》中有題為〈詠史〉的律詩，其自注云：「作於大和九年十一月。」其詞是：「秦磨利刃斬李斯，齊燒沸鼎烹酈其。可憐黃、綺入商、洛，閑臥白雲歌紫芝。彼為葅醢機上盡，此作鸞凰天外飛。去者逍遙來者死，乃知禍福非天為。」這首詩從寫作的時間上可以知道它正是為甘露事變而作的，其因事變而表示悲哀和痛惜的心情，那是非常清楚的。

【研　析】白居易直接涉及甘露之變的詩篇共二篇，〈詠史〉作於大和九年十一月，另一篇題為〈九年十一月二十一日感事而作〉，全文為：「禍福茫茫不可期，大都早退似先知。當君白首同歸日，是我青山獨往時。顧索素琴應不暇，憶牽黃犬定難追。麒麟作脯龍為醢，何似泥中曳尾龜？」詩人在二詩中表述的感慨是一致的，並沒有貶抑和嘲笑王涯遇害的意思。把受害者比作嵇康和李斯，臨刑前顧索素琴的是嵇康，李斯臨刑時與其子有「復牽黃犬，俱出東門逐狡兔」之嘆。又把受害者比作麒麟和龍，而逍遙自在的自己不過是泥中曳尾之龜。故他在詩句中是同情王涯無辜受害的。這時白居易的思想與他在元和十年（西元八一五年）剛被貶為江州司馬時的心情不同。在〈琵琶行〉中他有「同是天涯淪落人，相逢何必曾相識」之感慨，「座中泣下誰最多，江州司馬青衫濕」，他對自己因被貶而流徙江湖是動感情的。到了大和年間，他已是「宦情衰落，無意於出處，唯以逍遙自得，吟詠性情為事」（《舊唐書・白居易傳》）。在這兩首詩中，他是為自己早退而慶幸，如「禍福茫茫不可期，大都早退似先知」，「閑臥白雲歌紫芝」，「去者逍遙來者死」都是表達他以退為幸的思想。在甘露事變之前，他在東都洛陽還寫過一首〈李留守相公見過池上泛舟舉酒話及翰林舊事因成四韻以獻之〉，這個李留守相公即李絳，此詩的後兩聯云：「白首故情在，青雲往事空。同時六學士，五相一漁翁。」指元和時六人曾同為翰林學士，所謂五相是裴垍、王涯、杜元穎、崔群、李絳，一漁翁則是白居易自謂也，那時白對王涯並沒有見外。

為什麼白居易會如此宦情衰落，唯以逍遙自得為事呢？其實也迫於無奈。朝堂之上，既迫於宦官擅權，又蹙於牛李黨爭。大和年間，李宗閔、李德裕之間朋黨事起，連文宗自己都說：「除河北賊易，去朝廷朋黨為難。」兩黨之間，邪正難定，離合無恆，介於兩黨之間更難以為人。時楊穎士與李宗閔善，而白居易之妻為楊穎士之從父妹，故「居易愈不自安，懼以黨人見斥，乃求致身散地，冀於遠害」（《舊唐書・白居易傳》）。大和三、四年間，白居易為太子賓客分司東都時，曾作〈知足吟〉和崔十八〈未貧〉詩：「不種一隴田，倉中有餘粟。不採一株桑，箱中有餘服。官閒離憂責，身泰無羈束。中人百戶稅，賓客一年祿。樽中不乏酒，籬下仍多菊。是物皆有餘，非心無所欲。吟君〈未貧〉作，因歌〈知足〉曲。自問此時心，不足何時足？」白居易以知足為主旨的詩有多首，皆由老子「知足不辱」而來，蓋求不辱，必知足方可。從內心講，也只是出於無奈。白居易的無奈，也正是在帝王制度下中國傳統知識分子的悲哀。

裴晉公禊事❶

唐開成二年三月三日❷，河南尹李待價將禊於洛濱❸，前一日啓留守裴令公❹。公明日召太子少傅白居易、太子賓客蕭籍、李仍叔、劉禹錫、中書舍人鄭居中等十五人❺合宴于舟中。自晨及暮，前水嬉而後妓樂，左筆硯而右壺觴，望之若仙，觀者如堵❻。裴公首賦一章，四坐繼和，樂天為十二韻以獻，見於集中。今人賦上巳，鮮有用其事者❼。予案裴公傳，是年起節度河東，三年以病丐還東都❽。文宗上巳宴羣臣曲江，度不赴，帝賜以詩，使者及門而度薨❾。與前事相去正一年❿。然樂天又有一篇，題云〈奉和裴令公三月上巳日游太原龍泉憶去歲禊洛之作〉，是開成三年詩⓫，則度以四年三月始薨。新史以為三年，誤也⓬。〈宰相表〉卻載其三年十二月為中書令，四年三月薨⓭，而帝紀全失書，獨舊史紀、傳為是。

【注釋】❶裴晉公禊事　此是記載由裴度發起的一次修禊活動。裴晉公，即裴度，字中立，河東聞喜（今山西聞喜東北）人，憲宗時宰相，力主削除藩鎮，曾督師破蔡州，擒吳元濟，促使河北藩鎮臣服朝廷。封晉國公，故人稱其為裴晉公，文宗大和八年（西元八三四年）為山東留守退居洛陽。禊事，即祓祭，古人借祭祀以消除不祥。在陰曆三月上巳日於水濱舉行，修禊事成為一種傳統的節日活動。❷唐開成二年句　《後漢書・禮儀志上》：「是月上巳官民皆禊於東流水上，曰洗濯祓除，去宿垢疢，為大禊。」然上巳並不一定在三月三日，魏晉以後始將禊事固定於三月三日。開成二年，西元八三七年。開成，唐文宗的年號。❸河南尹句　河南尹，指河南府的長官。唐設京兆、河南、太原三府，府的長官稱尹。河南府的治所在唐之東都洛陽。李待價，即李珏，待價為其字，趙郡人，進士出身，與李宗閔、牛僧孺親厚。大和五年（西元八三一年）以翰林學士知制誥。七年拜中書舍人。牛李失勢，受累出為江州刺史。開成元年（西元八三六年）四月，以太子賓客分司東都，遷河南尹。禊於洛濱，指其以河南尹的身分建議裴度在洛水之濱舉行修禊的活動。❹前一日句　裴度自大和八年（西元八三四年）三月判東都尚書省事，充東都留守。未幾加官中書令，故此以留守裴令公稱度。前一日，指三月二日。❺公明日句　指裴度所邀請參預禊事的相關成員。太子少傅，東宮官，只是一個榮譽性的虛銜。開成元年白居易授太子少傅。太子賓客，東宮官，掌侍從規諫，中唐以後成為虛銜。蕭籍，元和年間曾任義武軍節度使行軍司馬，文林郎，檢校尚書戶部員外郎，後任太子賓客。李仍叔，字周美，初名章甫，系出蜀王房。元和五年（西元八一〇年）登第，歷官右補闕、水部郎中、宗正卿、湖南觀察使、太子賓客等職。劉禹錫，字夢得，彭城人，家居洛陽。曾參預永貞新政，王叔文敗，曾一起被貶，任朗州（今湖南常德）司馬，一起被貶的十人，即二王八司馬。大和中，裴度執政，自和州（今安徽和縣）徵還為主客郎中。度罷知政事，為東都留守，劉禹錫求分司東都，乃以太子賓客分司東都，時與白居易、裴度常有詩文往還。中書舍人鄭居中等十五人，白居易詩序作「前中書舍人」當是。中書舍人是中書省的官，掌制誥，即撰擬詔旨。唐代文人任中書舍人者甚多，《舊唐書》、《新唐書》人物列傳中，曾任此職者有二百七十九例。鄭居中的出身行狀不詳，時鄭居中亦是前中書舍人。白居易詩序列舉的其他十人姓名為國子司業裴惲，河南少尹李道樞，倉部郎中崔晉，司封員外郎張可續，駕部員外郎盧言，虞部員外郎苗愔，和州刺史裴儔，淄州刺史裴洽，檢校禮部員外郎楊魯士，四門博士談弘謩。❻合宴于舟中六句　這是描述在當天行禊事以後遊樂的盛況。他們合宴於舟中，時間是自晨及暮，船在洛水上航行，航行的路線，白居易在詩序中稱：「由斗亭歷魏堤抵津橋。」唐代東都洛陽城，有洛水從西面來，流經上陽宮南，到皇城端門外，水分三道，其上有橋，中間的一座橋即天津橋。洛水自天津橋向東北流，經惠訓坊西，分出一道名通遠渠，分流之處設有斗門，上有橋，橋上有亭，名為斗門亭。這一次航行是從斗亭出發，經過魏堤溯河西上抵達天津橋。天津橋以東、斗門亭以西是洛水西岸風景最好的地段。白居易有〈天津橋〉詩，首句即云：「津橋東北斗亭西，到此令人詩思迷。」舟的前方有人在嬉水，後面有歌妓在唱歌跳舞，船的左側放著筆硯，供文人吟詩，右邊放著酒壺和酒，供詩人們飲酒作樂。兩岸民眾觀望者如牆一般堵在江邊，看到舟中行酒吟詩作樂的文人飄飄然若天上的神仙。故白居易在詩序中形容這次禊事是「盡風光之賞，極遊泛之娛，美景良辰，賞心樂事，盡得於今日矣」。可見當時歡樂的情景。❼今人賦上巳二句　指洪邁那時的宋人在吟詠上巳行禊之事時，很少提到這次盛會。指其影響遠不及東晉當年王羲之在山陰（今浙江紹興）蘭亭與謝安等行禊事受到世人的關注。❽予案裴公傳三句　《舊唐書・裴度傳》載：「開成二年五月，復以本官兼太原尹，北都留守，河東節度使。詔出，度累表固辭老疾，不願更典兵權，優詔不允。文宗遣吏部郎中盧弘往東都宣旨曰：『卿雖多病，年未甚老，為朕臥鎮北門可也。』促令上路，度不獲已，之任。三年冬，病甚，乞還東都養病。」這次裴度並未還東都，而是在次年正月回到長安，拜中書令在家養疾。❾文宗上巳宴羣臣四句　《舊唐書・文宗本紀》：「乙酉，賜群臣上巳宴於曲江。」曲江，位於長安之東南，近敦化、曲池兩坊。《唐兩京城坊考》卷三載：「龍華寺之南有流水屈曲，謂之曲江，其深處下不見底。」又引《劇談錄》：「曲江池，本秦時隑洲，唐開元中疏鑿為勝障。南即紫雲樓、芙蓉苑，西即杏園、慈恩寺。花卉周環，煙水明媚，都人遊賞，盛於中和、上巳節。即錫臣僚會於山亭，賜太常教坊樂，池備彩舟，惟宰相、三使、北省官、翰林學士登焉。傾動皇州，以為盛觀。」使者及門而度薨，《舊唐書・裴度傳》：「屬上巳曲江賜宴，群臣賦詩，度以疾不能赴。文宗遣中使賜度詩曰：『注想待元老，識君恨不早。我家柱石衰，憂來學丘禱。』仍賜御札曰：『朕詩集中欲得見卿唱和詩，故令示此。卿疾恙未痊，固無心力，但異日進來。春時俗說難於將攝，勉加調護，速就和平。千百胸懷，不具一二。藥物所須，無憚奏請之煩也。』御札及門，而度已薨，四年三月四日也。」文宗，李昂的廟號。在位十四年，終年三十三歲。❿與前事相去句　與，它的主語係指下文白樂天之詩作。前事，指開成二年裴度在洛陽修禊之事。相去正一年，兩事相間正一年。⓫樂天又有一篇三句　此詩收於《白氏長慶集》，詩題多「見示」二字，題下有注，曰：「依來體雜言。」此詩是和裴度自太原來詩。龍泉，是裴度在太原新闢的水池。詩云：「去歲暮春上巳，共泛洛水中流。今歲暮春上巳，獨立香山下頭。風光閑寂寂，旌旆遠悠悠。丞相府歸晉國，太行山礙并州。鵬背負天龜曳尾，雲泥不可得同遊。」可見開成三年三月上巳裴度尚在太原遊龍泉，故有此詩。⓬新史以為三年二句　新史，指歐陽脩、宋祁編撰的《新唐書》。本紀中關於此事略而不記，〈裴度傳〉沒有說明文宗上巳宴群臣曲江的時間。直接三年以病丐還東都之後，故有此誤。⓭宰相表二句　《新唐書・宰相表》載開成三年十二月辛丑度守司徒兼中書令。四年閏正月乙亥度來朝。三月丙戌度薨。與《舊唐書・裴度傳》的記載一致。

【語　譯】唐文宗開成二年三月三日，河南尹李待價準備在洛水的水邊舉行禊事，在前一天報告了東都留守裴令公。裴令公在當天召集了太子少傅白居易、太子賓客蕭籍、李仍叔、劉禹錫、中書舍人鄭居中等十五人在官船上合宴。從早晨直到傍晚，船的前方有人嬉水，後面有歌妓在奏樂唱歌，船的左側放著筆硯，右側則放酒壺和酒，兩岸的民眾望著船上的文人雅士如同神仙一般，觀看的人多到如一堵牆。裴度首先賦詩一首，在座的文人雅士們相繼奉和裴公的詩章，白樂天亦當場奉和裴公十二韻，收在他的《白氏長慶集》中。現在的人賦詠上巳盛會時，已經很少有人提到那天的盛事了。我查看《舊唐書》的〈裴度傳〉，裴公在這一年被起用以本官兼河東節度使，至開成三年的冬天，因病請求還東都養病。文宗在開成四年三月上巳日，在曲江歡宴群臣時，裴度因病重沒有參加，文宗親自賜詩給裴度，派使者登門時，裴度已經去世了。白樂天還寫過一篇題目為〈奉和裴令公三月上巳日游太原龍泉憶去歲禊洛之作〉，與開成二年這次三月上巳在洛陽修禊之事相距一年，這篇作品是白樂天在開成三年寫的詩，那麼裴度是開成四年三月方始去世的。《新唐書・裴度傳》以為是開成三年，那是錯誤的。《新唐書・宰相表》記載裴度在開成三年十二月為中書令，到四年三月才去世的，而《新唐書》的〈文宗紀〉根本沒有提到這件事，只有《舊唐書》的本紀和列傳的記載是正確的。

【研　析】文章的主題是講述裴晉公在東都修禊的事，此事係在開成二年，與此事相關的是裴度在這一年五月任太原尹、北都留守、河東節度使，開成四年正月返長安，拜中書令，三月上巳，唐文宗宴群臣於曲江，度因疾不能赴宴，次日即去世了。這一系列相關事件的背後，有著曲折的人事關係。首先是裴度與文宗的關係，文宗是穆宗的第二子，長慶時封為江王，其兄敬宗為中官劉克明所弒。中官王守澄誅劉克明等，與裴度商議後迎立江王為天子。文宗是一個有自主意識並想有所作為的人。他曾經說過「除河北賊易，去朝廷朋黨難」，對朝廷大臣抱著不信任的態度。另一方面他對身邊掌握兵權的宦官也是膽戰心驚。他曾經說過「(周)赧、(漢)獻受制於強諸侯，今朕受制於家奴，以此言之，朕殆不如！」所以他與親近鄭注、李訓等謀議處心積慮地要除掉心腹之患，乃謀劃利用中官仇士良與王守澄之間的矛盾，欲殺王守澄，所以先疏遠裴度，讓裴度在大和八年三月以本官判東都尚書省事，為東都留守。次年毒死王守澄以後，給裴度進位為中書令，是為了穩住裴度，接著便發生甘露事變。仇士良殺當朝的李訓、王涯、賈餗、舒元輿等四宰相，朝官震恐。在這樣一個背景下，裴度只能在東都表現出一種非常淡泊於政事的態度。《舊唐書・裴度傳》稱其「不復以出處為意。東都立第於集賢里，築山穿池，竹木叢萃，有風亭水榭，梯橋架閣，島嶼迴環，極都城之勝概。又於午橋創別墅，花木萬株，中起涼臺暑館，名曰綠野堂。引甘水貫其中，釃引脈分，映帶左右。度視事之隙，與詩人白居易、劉禹錫酣宴終日，高歌放言，以詩酒琴書自樂，當時名士皆從之遊。」惟其如此，才能讓中官仇士良等人放心。故開成二年三月上巳的修禊盛事，正是裴度這種迫不得已的心理狀態的表現。照理白居易與元稹親密無間，而裴度與元稹之間過隙甚深，那為什麼這個時期裴度會與白居易相處得如此親密呢？主要是因為那時元稹已死，而白與裴在歷史上有過一段淵源關係。元和十年（西元八一五年）王承宗、李師道派刺客刺殺宰相武元衡時，裴度也是他們刺殺的目標，裴墮溝中，盜謂度已死，故逃過一劫。三日以後，度為門下侍郎、同中書門下平章事。那時白居易上疏論武元衡被殺之事，也是聲援了裴度，憲宗討厭白居易越職言事，將其貶為江州司馬。開成初，裴、白均在洛陽，對朝政日非有同感，所以反而促成他們之間詩酒相交的親密關係。裴度離開東都去太原任職時，二人依舊詩文往來，白才有「鵬背負天龜曳尾，雲泥不可得同遊」之句，以裴為在天之鵬鳥，自己是泥中曳尾之龜。至於與劉禹錫的關係，那是因為裴度想提攜他。裴退居東都留守時，劉主動要求跟隨到東都來的，當然也就成為裴的座上客了。甘露事變以後，文宗在仇士良的監控之下，更是惶惶不可終日。仇士良知道真正發動甘露事件的主謀是文宗，故屢次想將其廢黜。《新唐書・仇士良傳》記載了這樣一件事：「崔慎由為翰林學士，直夜未半，有中使召入至祕殿，見士良等坐堂上，帷帳周密，謂慎由曰：『上不豫已久，自即位，政令多荒闕，皇太后有制，更立嗣君，學士當作詔。』慎由驚曰：『上高明之德在天下，安可輕議？慎由親族中表千人，兄弟群從且三百，何可與覆族事？雖死不承命。』士良等默然，久乃啟後戶，引至小殿，帝在焉。士良等歷階數帝過失，帝俛首。既而士良指帝曰：『不為學士，不得更坐此。』乃送慎由出，戒曰：『毋泄，禍及爾宗。』慎由記其事，藏箱枕間，時人莫知。」從這件事可以知道，文宗在宦官的包圍之中，要自救便只有求之於朝臣，所以他想重新啟用元老重臣裴度。從東都留守到太原尹，河東節度使到召回京城任中書令，曲江上巳節賜詩中所講「識君恨不早」表示懺悔的話，因為裴度病重而講「我家柱石衰，憂來學丘禱」。這些話不是一般的應酬，而是出於內心了。

白用杜句

杜子美❶詩云：「夜足霑沙雨，春多逆水風❷。」白樂天❸詩：「巫山暮足霑花雨，隴水春多逆浪風❹。」全用之。

【注　釋】❶杜子美　即杜甫，子美為其字，唐著名詩人。❷夜足霑沙雨二句　出於杜甫〈老病〉一詩。詩句全文：「老病巫山裏，稽留楚客中。藥殘他日裏，花發去年叢。夜足霑沙雨，春多逆水風。合分雙賜筆，猶作一飄蓬。」巫山裡，楚客中是講他當時所在的地理位置。藥殘他日裏，花發去年叢。藥殘喻其老而久病在身，花發謂其已在此地區逗留跨過一年了。夜雨又逆風行舟，表示至今猶難以出峽。飄蓬，謂其漂泊於孤舟。此詩杜甫作於大曆元年（西元七六六年）晚春時節，從去年的五月起杜甫乘舟東下，經過嘉州（今四川樂山市）、戎州（今四川宜賓）、渝州（今重慶市）、忠州（今重慶市忠縣），最後自雲安遷夔州（今重慶市奉節），始終繫於一葉孤舟。時杜甫已是糖尿病纏身，故有〈老病〉一詩。❸白樂天　即白居易，樂天為其字，唐著名詩人。❹巫山暮足霑花雨二句　出於白居易〈入峽次巴東〉，詩句全文為：「不知遠郡何時到，猶喜全家此去同。萬里王程三峽外，百年生計一舟中。巫山暮足霑花雨，隴水春多逆浪風。兩片紅旌數聲鼓，使君艛艓上巴東。」白居易在元和十三年（西元八一八年）冬，量移忠州刺史。故自潯陽（今江西九江市）浮江西上入峽。詩敘其入峽後的經歷，時間亦在晚春三月末。此聯敘述全家聚於一舟。巫山，在巫山縣東，與杜甫詩中所述為同一地點。隴水，川人謂急流為隴水，指舟在急流中逆風而行。

【語　譯】杜子美在〈老病〉一詩中有「夜足霑沙雨，春多逆水風」之句，白樂天在〈入峽次巴東〉一詩中有「巫山暮足霑花雨，隴水春多逆浪風」之句，全部都是用杜甫詩中的句子。

【研　析】在詩句中借用前人的句法本是古人之常事，此處講白居易借用杜甫的句法。其實杜甫在詩中也常借用前人的句法，此即詩家所謂的奪胎換骨法、點鐵成金法。而白居易在〈入峽次巴東〉一詩不僅僅語詞用杜甫的，而且二人寫作的場景基本相同，都在巫山，都在江中，都在船上，時令亦相同，都是晚春時節。這樣才用得巧妙。二人的心情不同，杜甫是漂泊無定蹤，前途渺茫。白居易由江州司馬遷忠州刺史，仕途似有一點希望，儘管還會遭遇風浪，然從末句上可以看出他那時的情緒還是比較樂觀的。

唐重牡丹[1]

歐陽公〈牡丹釋名〉[2]云：「牡丹初不載文字，唐人如沈、宋、元、白之流[3]，皆善詠花，當時有一花之異者，彼必形於篇什，而寂無傳焉，唯劉夢得有〈詠魚朝恩宅牡丹〉詩[4]，但云一叢千朵而已，亦不云其美且異也。」予按，白公集有〈白牡丹〉一篇十四韻[5]，又〈秦中吟〉十篇[6]，內〈買花〉一章[7]，凡百言，云：「共道牡丹時，相隨買花去。一叢深色花，十戶中人賦。」而〈諷諭樂府〉[8]有〈牡丹芳〉[9]一篇，三百四十七字，絕道花之妖豔，至有「遂使王公與卿士，游花冠蓋日相望」、「花開花落二十日，一城之人皆若狂」之語。又〈寄微之百韻〉詩云：「唐昌玉蕊會，崇敬牡丹期[10]。」注：「崇敬寺牡丹花，多與微之有期。」又〈惜牡丹〉[11]詩云：「明朝風起應吹盡，夜惜衰紅把火看。」〈醉歸盩厔〉[12]詩云：「數日非關王事繫，牡丹花盡始歸來。」元微之有〈入永壽寺看牡丹〉[13]詩八韻，〈和樂天秋題牡丹叢〉三韻[14]，〈酬胡三詠牡丹〉[15]一絕，又有五言二絕句[16]。許渾[17]亦有詩云：「近來無奈牡丹何，數十千錢買一窠。」徐凝[18]云：「三條九陌花時節，萬馬千車看牡丹⑲。」又云：「何人不愛牡丹花，占斷城中好物華⑳。」然則元、白未嘗無詩，唐人未嘗不重此花也。

【注釋】❶唐重牡丹　牡丹，芍藥科，原栽中國西北部。南北朝時傳入中原地區，仍比較稀少，由於唐高宗、武則天的喜愛，遂受世人重視，故文人墨客都有詠花之作，以牡丹為「國色天香」，為花中之王。❷歐陽公牡丹釋名　歐陽脩對牡丹深有研究，著有《洛陽牡丹記》，是我國現存最早的牡丹專著。其第一篇是〈花品敘〉，敘述名品的來歷；第二篇便是〈牡丹釋名〉，第三篇是〈風俗記〉，講述洛陽人賞花、接花、種花、澆花的方法。歐陽脩在文章中把牡丹受人重視的時間推遲了。歐陽公，指歐陽脩，北宋文史學家，字永叔，號醉翁，六一居士，江西吉水人。仁宗天聖間進士，曾任樞密使、參知政事。是北宋推行古文運動的首領，其文舊時列為唐宋八大家之一。神宗熙寧五年（西元一〇七二年）卒。留有《歐陽文忠集》傳世。❸唐人如沈宋元白句　沈，指沈佺期，字雲卿，相州內黃（今河南內黃）人，生年不詳，卒於開元初。宋，指宋之問，字延清，號州弘農（今河南靈寶）人，卒於睿宗延和元年（西元七一二年）。二人皆是武后時期的宮廷詩人。史傳稱他們「錦繡成文，學者宗之，號為沈、宋」。（《舊唐書．宋之問傳》）元，指元稹，字微之，唐河南洛陽人，生於大曆十四年（西元七七九年），卒於大和五年（西元八三一年），享年僅五十三歲。白，指白居易，字樂天，生於大曆七年（西元七七二年），卒於會昌六年（西元八四六年），享年七十六。元、白二人在詩歌運動上，共同倡導了新樂府運動。❹唯劉夢得句　劉禹錫詠牡丹詩除〈詠魚朝恩宅牡丹詩〉外，尚有〈渾侍中宅牡丹〉：「徑尺千餘朵，人間有此花。今朝見顏色，更不向諸家。」可見渾瑊宅中牡丹之多而又盛。渾瑊宅在朱雀門街東第四街大寧坊。白居易亦有〈看渾家牡丹詩〉。劉尚有〈唐郎中宅與諸公同飲酒看牡丹〉：「今日花前飲，甘心醉數杯。但愁花有語，不為老人開。」可見那時風氣，誰家的宅院有牡丹盛開便邀人飲酒吟詩賞花。劉禹錫又有〈賞牡丹〉詩：「庭前芍藥妖無格，池上芙蕖淨少情。唯有牡丹真國色，花開時節動京城。」可見唐人賞牡丹之盛，牡丹有「國色天香」之稱。劉夢得，即劉禹錫，夢得為其字，與白樂天生於同年，卒於會昌二年（西元八四二年），享年七十二。晚年他與白居易詩文唱和較多。劉禹錫文章簡練深刻，詩歌清新明快，且與柳宗元齊名，人們合稱劉柳，因曾任太子賓客，人稱劉賓客，著有《劉夢得文集》，《舊唐書》、《新唐書》皆有傳。魚朝恩，唐肅、代時大宦官，典禁宮中的神策軍，官至觀軍容使、領國子監、兼鴻臚禮賓等使，權傾天下。其居宅在長安皇城正南，近距明德門的光行坊，見《唐兩京城坊考》卷四。❺白公集句　牡丹有白、紅、紫三色，以白色最珍貴。〈白牡丹〉一篇是白居易和錢學士作，詩云：「城中看花客，旦暮走營營。素華人不顧，亦占牡丹名。閉在深寺中，車馬無來聲。唯有錢學士，盡日繞叢行。憐此皓然質，無人自芳馨。眾嫌我獨賞，移植在中庭。留景夜不瞑，迎光曙先明。對之心亦靜，虛白相向生。唐昌玉蕊花，攀玩眾所爭。折來比顏色，一種如瑤瓊。彼因稀見貴，此以多為輕。始知無正色，愛惡隨人情。豈惟花獨爾，理與人事并。君看入時者，紫豔與紅英。」白居易在這裡是借花喻人，以清白為人自勉，不羨大紅大紫。白公集，指白居易的《白氏長慶集》，該書七十一卷，因在穆宗長慶年間編集，故名。❻秦中吟十篇　白居易在〈秦中吟〉序中說：「貞元、元和之際，予在長安，聞見之間，有足悲者，因直歌其事，命為〈秦中吟〉。」一共有十篇，故題為〈秦中吟十首〉，那麼白居易在為哪些當時可悲之事吟唱呢？如第一篇〈議婚〉，他為貧家女鳴不平，第二篇〈重賦〉是控訴政府稅外加賦，農民不堪重負的血淚控訴。又〈不致仕〉篇揭露有些高齡仍賴在位置上不肯退休的官員之貪得無厭，其歌控苦那些拿著皇糧不肯退而又不任事的老官僚。故他在〈與元九書〉中，一方面講寫詩歌「有可以救濟人病，裨補時闕，而難於指言者，輒詠歌之」；另一方面他說，結果是「言未成而謗已成矣」，「聞僕〈哭孔戡〉詩，眾面脈脈，盡不悅矣。聞〈秦中吟〉，則權豪貴近者，相目而變色矣。」可見白因〈秦中吟〉等詩得罪人之多。儘管如此，它在民眾中卻獲得廣泛的流傳。他在這封〈與元九書〉中還說：「昨過漢南日，適遇主人集眾樂娛他賓。諸妓見僕來，指而相顧曰：『此是〈秦中吟〉、〈長恨歌〉主耳。』」可見在當時，〈秦中吟〉、〈長恨歌〉的流傳影響之深。❼買花一章　〈買花〉是〈秦中吟〉最末一章。現錄全篇如下：「帝城春欲暮，喧喧車馬度。共道牡丹時，相隨買花去。貴賤無常價，酬直看花數。灼灼百朵紅，戔戔五束素。上張幄幕庇，旁織笆籬護。水灑復泥封，移來色如故。家家習為俗，人人迷不悟。有一田舍翁，偶來買花處。低頭獨長嘆，此嘆無人喻。一叢深色花，十戶中人賦。」可見能夠有力移栽和欣賞牡丹者，皆為富貴人家，田家翁只能望花興嘆。❽諷諭樂府　謂諷諭時政之樂府詩。白居易曾把自己詩作分類排列。他在〈與元九書〉中說：「自武德迄元和，因事立題，題為新樂府者，共一百五十首，謂之諷諭詩。」其為〈新樂府〉作序：「序曰：凡九千二百五十二言，斷為五十篇，篇無定句，句無定字，繫於意，不繫於文。首句標其目，卒章顯其志，《詩》三百之義也。其辭質而徑，欲見之者易喻也。其言直而切，欲聞之者深戒也。其事核而實，使采之者傳信也。其體順而肆，可以播於樂章歌曲也。總而言之，為君、為臣、為民、為物、為事而作，不為文而作也。」❾牡丹芳　白居易諷諭詩之一，全詩描述了牡丹花開花落的二十日間，全城的王公卿士似癡似醉地奔走於各個宅院忙於賞花，結果是「田中寂寞無人手」，荒蕪了農田生產，故全篇的結尾是：「我願暫求造化力，減卻牡丹妖豔色。少迴卿士愛花心，同似吾君憂稼穡。」❿唐昌玉蕊會

二句　唐昌，道觀名。觀在長安城安業坊，觀中有玉蕊花，花盛開時，若瓊林玉樹。遊人多到此賞玩。唐張籍、嚴休復、劉禹錫、白居易等均有遊唐昌觀賞花詩。崇敬，寺名，在長安靖安坊的西南隅。寺中多植牡丹，亦為遊人賞花之處。⓫惜牡丹有二首，一首翰林院北廳花下作。全詩為：「惆悵階前紅牡丹，晚來唯有兩枝殘。明朝風起應吹盡，夜惜衰紅把火看。」另一首是新昌竇給事宅南亭花下作詩云：「寂寞萎紅低向雨，離披破豔散隨風。晴明落地猶惆悵，何況飄零泥土中」。⓬醉歸盩厔　《白氏長慶集》題為〈醉中歸盩厔〉，詩云：「金光門外昆明路，半醉騰騰信馬回。數日非關王事繫，牡丹花盡始歸來。」這一類詩在《白氏長慶集》中屬於雜律詩。在諷諭詩與閒適詩之外，其「雜律詩或誘於一時一物，發於一笑一吟，率然成章，非平生所尚，但以親朋合散之際，取其釋恨佐懽。」（〈與元九書〉）⓭元微之句　《元稹集》此詩題為〈與楊十二李三早入永壽寺看牡丹〉。元微之，即元稹，微之為其字。永壽寺，據《唐兩京城坊考》卷二：永壽寺在永樂坊清都觀之東。「景龍三年（西元七〇八年），中宗為永壽公主立。」⓮和樂天句　此詩元稹作於元和五年（西元八一〇年）秋。白居易原詩〈秋題牡丹叢〉：「晚叢白露夕，衰葉涼風朝。紅豔久已歇，碧芳今亦銷。幽人坐相對，心事共蕭條。」元稹的和詩：「弊宅豔山卉，別來長嘆息。吟君晚叢詠，似見摧頹色。欲識別後容，勤過晚叢側。」元和四年（西元八〇九年）白居易因進諫得罪了憲宗。憲宗稱「白居易小子，是朕拔擢致名位，而無禮於朕，朕實難奈。」（《舊唐書・白居易傳》）時元稹奉使東蜀，得罪了劍南東川節度使嚴礪。二人一唱一和，反映了他們借牡丹秋天紅歇葉衰以訴說心事之蕭條和相互之間的思念。⓯酬胡三詠牡丹　詩云：「竊見胡三問牡丹，為言依舊滿西欄。花時何處偏相憶，寥落衰紅雨後看。」胡三，即胡靈之，為元稹之姨兄，少年時代二人在鳳翔相處甚久。元稹有〈答姨兄胡靈之見寄五十韻〉、〈寄胡靈之〉等詩。⓰又有五言二絕句　《元稹集》題為〈牡丹二首〉。⓱許渾　唐高宗時宰相許圉師的後裔，字用晦，僑居丹陽，文宗大和年間進士，歷任監察御史，虞部員外郎，睦州、郢州刺史等職。有善政，工詩文，有詩集《丁卯集》。⓲徐凝　唐詩人。睦州人，憲宗元和年間官至侍郎，有詩一卷，其中〈題開元寺牡丹〉、〈寄白司馬〉、〈牡丹〉皆是詠牡丹之作。⓳萬馬千車看牡丹　此句詩題為〈寄白司馬〉。一本「萬馬千車」作「萬戶千車」。⓴何人不愛牡丹花二句　此句詩題作〈牡丹〉。後二句為：「疑是洛川神女作，千嬌萬態破朝霞。」

【語　譯】歐陽公在〈牡丹釋名〉中說：「牡丹原來不見於文字記載，唐代的詩人如沈佺期、宋之問、元稹、白居易等，都是善於詠花的，當時有一奇異的花種，必定會被他們的詩篇所歌詠，但是沒有見到他們歌詠牡丹的詩篇，只有劉夢得曾經寫過一篇歌詠魚朝恩宅中之牡丹的詩篇，也只是講它一叢千朵而已，並沒有誇獎它如何美麗而又奇異。」我查了一下白樂天的詩集，其中有〈白牡丹〉一篇共十四韻，又有〈秦中吟〉十篇，內有一篇題為〈買花〉，雖只一章，但也有上百字了，詩中稱：「當人們共同議論牡丹的時候，王公卿士們相隨買花去。一叢深色的牡丹花，要價相當於十戶中等人家一年的稅賦。」在白居易的「諷諭樂府」中，有一篇的題目就叫〈牡丹芳〉，長達三百四十七字，絕口稱讚牡丹的妖豔可愛，以致有「使全城的王公卿士都忙著去遊玩賞花，長安的道路上每天因此而冠蓋相望」、「從花開到花落，前後有二十天時間，長安城中的人們為此如發狂一般」的說法。白居易還有一首〈寄微之百韻〉詩，作者在詩中稱：「唐昌玉蕊會，崇敬牡丹期。」作者自注中說：「牡丹開花的時期，好似都與微之約定的。」白居易在〈惜牡丹〉一詩中稱：「明朝風起應吹盡，夜惜衰紅把火看。」又在〈醉中歸盩厔〉一詩中稱：「數日非關王事繫，牡丹花盡始歸來。」他為了賞玩牡丹，逗留在盩厔直到花盡才回歸衙所。元微之有一首〈入永壽寺看牡丹〉詩，全詩八韻，〈和樂天秋題牡丹叢〉三韻，〈酬胡三詠牡丹〉一絕，還有以〈牡丹〉為題的五言二絕句。此外，如許渾也有詩稱：「近來無奈牡丹何，數十千錢買一窠。」徐凝亦有詩稱：「三條九陌花時節，萬馬千車看牡丹。」還說：「何人不愛牡丹花，占斷城中好物華。」所以元、白二人未嘗沒有歌詠牡丹的詩，唐代人也未嘗不重視牡丹花啊。

【研　析】牡丹作為觀賞植物，原產中國西北地區，傳入中原地區比較晚了。歐陽公講「牡丹初不載文字」，此話並不全錯。在他之前，唐人段成式在《酉陽雜俎》中說過「前史無說牡丹者。」惟謝康樂言竹間水際多牡丹。段成式撰隋朝花卉種植方法，也沒有講到如何種植牡丹。《廣群芳譜》卷三十二有專記牡丹一篇，但那是清人根據明人《群芳譜》，刪去其種植栽培的方法，而加上文人的相關作品，所以牡丹真正見之於記載那是比較晚的。但文人詩歌中詠唱牡丹則比較早。至於元、白歌詠牡丹的詩則更多。在這一點上歐陽公是失察了。唐人盛讚牡丹，當在高宗、武后時，長安牡丹盛開當在暮春三月的中下旬，前後二十餘天，此時正是遊春賞花的季節，所以牡丹在這個時候受到人們的關注，各個寺觀宅院普遍都以引種牡丹為時尚。宋王楙《野客叢書》卷五引《龍城錄》記載：「高宗宴群臣，賞雙頭牡丹。」舒元輿的〈牡丹賦〉說：「天后之向西河也，有眾香精舍下有牡丹，其花特異。天后嘆上苑之有闕，因命移植焉。由此京國牡丹，日月寖盛。今則自禁闥洎官署，外延士庶之家，彌漫如四瀆之流，不知其止息之地。每暮春之月，遨遊之士如狂焉。亦上國繁華之一事也。」正因為賞花的盛行一時，才有詩人在文字上的表述。洪邁所列舉元、白有關牡丹的詩文，亦僅僅是其中一部分，他們在詩文中詠唱牡丹的還有不少。元稹有〈西明寺牡丹〉：「花向琉璃地上生，光風炫轉紫雲英。自從天女盤中見，直至今朝眼更明。」元稹去東都洛陽，白居易有〈西明寺牡丹花時憶元九〉詩：「前年題名處，今日看花來。一作芸香吏，三見牡丹開。豈獨花堪惜，方知老闇催。何況尋花伴，東都去未回。詎知紅芳側，春盡思悠哉。」後來元稹去了江陵，白居易又有〈重題西明寺牡丹〉：「往年君向東都去，曾嘆花時君未迴。今年況作江陵別，惆悵花前又獨來。只愁離別長如此，不道明年花不開。」西明寺在長安延康坊，以種植牡丹著名。飲酒賞花是當時人的習俗。白居易有〈獨酌憶微之〉：「獨酌花前醉憶君，與君春別又逢春。惆悵銀杯來處重，不曾盛酒勸閒人。」元微之宅內也種有牡丹，故白居易作〈微之宅殘牡丹〉：「殘紅零落無人賞，雨打風摧花不全。諸處見時猶悵望，況當元九小亭前。」借牡丹花以抒發二人之間思念之情。牡丹盛開春末，花開花落。詩人藉以表達對人間盛衰的感嘆。

動人的不僅僅是牡丹的美好，更是詩人藉以抒展人間的情思。正如白居易在〈與元九書〉所言：「感人心者，莫先乎情，莫始乎言，莫切乎聲，莫深乎義。詩者根情、苗言、華聲、實義。」此情無論古今，人們「形異而情一」，「未有情交而不感者。」白居易的千古絕唱所以感人者，正由於此。

長歌之哀

嬉笑之怒，甚於裂眥❶，長歌之哀，過於慟哭❷。此語誠然。元微之在江陵，病中聞白樂天左降江州❸，作絕句云：「殘燈無焰影憧憧，此夕聞君謫九江。垂死病中驚起坐，暗風吹雨入寒窗。」❹樂天以為：「此句他人尚不可聞，況僕心哉！」❺微之集作「垂死病中仍悵望」❻，此三字既不佳，又不題為病中作❼，失其意矣。東坡守彭城，子由來訪之，留百餘日而去❽，作二小詩❾曰：「逍遙堂後千尋木，長送中宵風雨聲。誤喜對床尋舊約，不知漂泊在彭城❿。」「秋來東閣涼如水，客去山公醉似泥。困臥北窗呼不醒，風吹松竹雨淒淒⓫。」東坡以為讀之殆不可為懷，乃和其詩以自解⓬。至今觀之，尚能使人悽然也。

【注　釋】❶嬉笑之怒二句　此句謂以憤怒的反面嬉笑來表現自己憤怒的情緒，有時更甚於裂眥之怒。眥，眼眶。裂眥，謂憤怒到了極點，以至於使眼眶開裂。《史記．項羽本紀》：樊噲「瞋目視項王，頭髮上指，目眥盡裂。」❷長歌之哀二句　謂以詩歌長聲吟誦來表現那種深沉的悲哀，有時要超過一時的號啕慟哭。❸元微之在江陵二句　元和十年（西元八一五年）白居易因出位言事，自太子左贊善大夫貶為江州司馬，故云左降。時元稹在江陵士曹，病中聞白樂天被貶的消息。元微之，即元稹，微之為其字，排行第九，人稱「元九」，河南洛陽人。生於代宗大曆十三年（西元七七八年），卒於文宗大和五年（西元八三一年），經歷代、德、順、憲、穆、敬、文中唐七代。江陵，原為荊州，治所在江陵，即今湖北江陵。元稹在元和五年

（西元八一〇年）因事自監察御史貶為江陵府士曹參軍。白樂天，即白居易。元稹與白居易皆工詩，當時言詩者以元、白並稱，號為元和體，同為新樂府運動的倡導者。江州，今江西九江市。❹作絕句云五句　白居易是元和十年八月被貶，元稹在江陵得到這一消息的時間當在九、十月間某一個秋風秋雨之晚上。時天已轉涼，境是蠟燭無焰光影憧憧，人則處於臥病愁慘的狀況之中。在這樣的情景之下，獲悉白居易遭貶九江，元稹以病而垂死之身，驚而坐起，以表現其悲痛震驚之至的心態來書寫此律句，用晚風吹雨作結尾來表現他為白居易抱不平的內心情結。絕句，指七言四句。❺樂天以為三句　語見元和十二年（西元八一七年）白樂天〈與元微之書〉。此書的開頭有「四月十日夜，樂天白：微之，微之，不見足下面已三年矣，不得足下書欲二年矣。」可見元稹的這首詩，白居易是二年以後在江州看到時，才促使他動情地給元稹寫這封書信，並講到自己前年剛到江州時，元稹曾託人帶來一封信說，「得足下前年病甚時一札，上報疾狀，次敘病心，終論平生交分。且云：危惙之際，不暇及他，唯收數帙文章，封題其上，曰：『他日送達白二十二郎，便請以代書。』悲哉！微之於我也，其若是乎！」從這一段文章可見元稹「垂死病中驚起坐」確是其當時的真情實感。元稹託身後之事於白樂天貶江州之前，在這種情況下突然獲悉樂天貶江州，自然會驚而起坐。白樂天在書信中提到這首詩時說：「此句他人尚不可聞，況僕心哉！至今每吟猶惻惻耳！」反映了二人之友情心心相印。書信之末白樂天還表達了寫此書信時那種不能自已的激情：「微之，微之，作此書夜，正在草堂中、山窗下，信手把筆，隨意亂書，封題之時，不覺欲曙。」信後附三韻：「憶昔封書與君夜，金鑾殿後欲明天。今夜封書在何處，廬山庵裡曉燈前。籠鳥檻猿俱未死，人間相見是何年。」籠鳥、檻猿是自喻。信末是：「微之，微之，此夕我心君知之乎！樂天頓首。」這些文字反映了二人相互間都在以心換心。❻微之集句　微之集，即《元氏長慶集》，是元稹生前整理過的《長慶集》一百卷，該本至北宋已失傳，另外北宋劉麟六十卷本的《元氏長慶集》亦已散佚，但它成為今存元稹集諸本之祖，明嘉靖時有董刻本，萬曆時有馬刻本，今存元稹集此句作「仍悵望」，而馬刻本與《全唐詩》皆作「驚坐起」。

❼此三字既不佳二句　此三字，指「仍悵望」。據白樂天的《白氏長慶集》卷四十五〈與元微之書〉，此句應以「驚坐起」三字為是。從語意講，「仍悵望」不如「驚坐起」三字傳神。《元稹集》中此詩題為〈聞樂天授江州司馬〉，而白集〈與元微之書〉中此詩題則為〈在江陵病中聞白樂天左降江州絕句〉，題中少了「病中」二字，而「授」字又沒有「左降」二字點明其為貶黜，故洪邁謂其已失去元稹題詩時的那種激情了。❽東坡守彭城三句　蘇軾自熙寧三年（西元一〇七〇年）起先後通判杭州，轉知密州，至熙寧十年又知徐州。這一時期蘇轍則先後滯留於淮陽及濟南，二人有七年時間沒有見面。蘇轍於熙寧十年二月隨蘇軾同赴徐州，在彭城與兄長前後相從百餘日，同宿於逍遙堂，仲秋之後方才離去。東坡，蘇軾之自號。蘇軾，字子瞻，眉

州眉山（今四川眉山市）人，神宗時曾任祠部員外郎，因反對王安石變法而求外任，出為杭州通判。後以所作詩被誣為訕謗朝廷，逮赴臺獄。至神宗元豐二年（西元一〇七九年）以黃州團練副使安置，次年赴黃州，「軾與田父野老，相從溪山間，築室於東坡，自號東坡居士。」《宋史・蘇軾傳》守彭城，彭城指彭城郡，宋為徐州，即今之江蘇徐州。神宗熙寧十年（西元一〇七七年）蘇軾由密州遷守彭城。子由，即蘇軾之弟蘇轍的字。蘇轍一生受其兄影響甚深，且二人同登進士，同策制舉，在政治上兩人始終站在同一陣線。在散文詩詞的創作上，蘇轍處處效法其兄，兄弟二人唱和之作甚多。故蘇轍在〈祭亡兄端明文〉中稱：「手足之愛，平生一人。幼學無師，受業先君。兄敏我愚，賴以有聞。」❾作二小詩　此為蘇轍在彭城離開蘇軾時，所留之七絕二首，敘述二人分別時的情景。此二小詩收在蘇轍的《欒城集》中，以〈逍遙堂會宿二首〉為題。❿逍遙堂後千尋木四句　前兩句講的是二人相處的地點，也就是空間；後兩句言二人相聚百餘日後行將遠別的時間。借助於風雨聲透露出作者那種淒涼惜別的心境。逍遙堂為蘇轍與蘇軾在彭城的居所。尋，古代的長度單位，八尺為尋。此言逍遙堂後林木高大而茂盛。宵，夜晚。長送指遠離送別。尋舊約，即蘇轍在本詩引言中所說的舊日約定：「轍幼從子瞻讀書，未嘗一日相舍。既壯，將遊宦四方，讀韋蘇州詩，至『安知風雨夜，復對此床眠』，惻然感之，乃相約早退為閑居之樂。」兄弟相約早退是在仁宗景祐二年（西元一〇五七年）兄弟同應禮部試，蘇轍因直言進諫，仁宗置三等授「商州軍事推官」而失意，在蘇軾去鳳翔就任時，就已預感到他們仕途險惡，而相約早退還受到韋應物那首詩的影響。當時韋應物因為失意而辭去滁州刺史，他與外甥全真二人在風雪之夜對床而眠，相互間為仕途茫然而感慨。蘇軾因與王安石政見不合，先後去杭，遷密州、彭城，那時兄弟倆在仕途上有一種難言的失落感，二人又同在風雨之夜告別，促使蘇轍以傷感的心情記憶起韋應物的感受，從而留下「誤喜對床尋舊約，不知漂泊在彭城」的詩句表達難分難捨的手足之情。⓫秋來東閣涼如水四句　蘇轍即將離開兄長蘇軾而去，兄弟倆惜別依依，蘇軾以沉醉來擺脫兄弟之間難捨難分的離別愁緒，故以沉醉如泥來避免離別時的傷感。客是蘇轍自謂，山公是指蘇軾。「雨淒淒」是作者用以表達他告別兄長時那種難以言喻的淒涼心境。⓬東坡以為二句　這二句出自東坡和詩的引言，期望子由不要過於悲哀而傷身，也藉此使自己從哀痛的情緒中解脫出來。他在和詩的引言中說：「余觀子由自少曠達，天資近道，又得至人養生長年之訣，而余亦竊聞其一二。以為今者宦遊相別之日淺，而異時退休相從之日長，既以自解，且以慰子由云。」其和詩云：「別期漸近不堪聞，風雨蕭蕭可斷魂。猶勝相逢不相識，形容變盡語音存。」兄弟之間那種情深意切的內心世界，也只有借助於二人詩詞相和的形式才能淋漓盡致地表達出來，而成為千古絕唱。

【語　譯】以嬉笑來表示憤怒，比怒目相視更要深沉，以長聲吟誦來表示悲哀，要超過一時的號啕慟哭。此話非常有道理。元微之貶在江陵時，躺在病床上聽到白樂天被貶為江州司馬的消息時，激動地寫下一首七絕：「殘燈無焰影幢幢，此夕聞君謫九江。垂死病中驚起坐，暗風吹雨入寒窗。」白樂天讀到這首詩後，在給元微之的書信中說：「這首詩所流露的悲傷之情別人都難以卒讀，何況它是直接講我的啊！」然而元微之的文集中把「驚起坐」三字改成「仍悵望」，這三個字用得並不好，而在詩題中又沒有點明是在病中所作，那就失去元微之作詩時的意境了。蘇東坡出任彭城太守時，弟弟子由來到彭城，兄弟倆相聚百餘日，子由離開時，留下了兩首小詩：「逍遙堂後千尋木，長送中宵風雨聲。誤喜對床尋舊約，不知漂泊在彭城。」「秋來東閣涼如水，客去山公醉似泥。困臥北窗呼不醒，風吹松竹雨淒淒。」東坡讀了，其哀傷之情幾乎難以釋懷，當即作二首小詩與子由唱和，同時也為了寬慰自己因離別帶來的傷感。上面這些詩句，即使今人去讀它，也仍能感受到他們當時的悽然之情。

【研　析】「長歌之哀，過於慟哭」，這是大家都能感受得到的，但為什麼會如此呢？從原始意義上講，詩是隨歌而生的，詩的創作是為了唱。所以詩即是歌，歌即是詩。詩是通過語言來表達人的情感和心志的，歌是將詩的語言音節加以延長。詩的長聲吟誦，正如戲曲中的長聲感嘆調可以強化人們情感的表達。慟哭只是人們哀傷的自然流露，然而哀傷的內涵，純粹的慟哭是無法具體表達的，它只能借助於語言來體現，所以長歌之哀可以充分地表現悲傷的原因和情景。那麼為什麼說元稹和蘇轍的這幾首小詩過了多少世紀還能「使人悽然」呢？白居易在〈與元九書〉中說：「感人心者莫先乎情，莫始乎言，莫切乎聲，莫深乎義。詩者，根情，苗言，華聲，實義。」人與人之間，情與義是相通的，無論是悲哀還是歡樂，只要是發自內心的情感，都會跨越時空、自然而然地引起人們的共鳴。情可以在我自己，而義則是相互的，既有我，也有你和他。詩人們的此情此義不僅僅是為了自己，也是為了你或他。元稹的詩是為白居易的遭遇動情，蘇轍的詩是為蘇軾動情，故這樣的真情大義是建立在與他人互相理解的基礎上，所以詩歌需要有唱有和，在唱和之間雙方的思想和情感就得到了充分的溝通與交流。白居易在〈與元九書〉中說：「今所愛者，並世而生，獨足下耳。」「八九年來，與足下小通則以詩相戒，小窮則以詩相勉，索居則以詩相慰，同處則以詩相娛。知吾罪吾，率以詩也。」所以詩歌唱和成為元稹與白居易之間溝通和理解的媒介。如果他們二人之間沒有通過詩句的唱和來相互以心換心，也就不會有元稹那首〈白樂天左降江州〉的創作了。同樣道理蘇軾與蘇轍如果缺乏兄弟之間深厚的手足之情，蘇轍也不可能留下〈逍遙堂會宿二首〉這樣動人的詩篇。蘇轍對蘇軾的感情如此深摯，蘇軾對子由也是兄弟情深。我們知道蘇軾作品對後人影響最為深遠的是熙寧九年（西元一〇七六年）作於密州的那首〈水調歌頭〉，這是蘇軾在中秋之夜為懷念子由而作的。「人有悲歡離合，月有陰晴圓缺，此事古難全。但願人長久，千里共嬋娟。」用詩句來寬慰自己和子由之間長期思念的別離感情。中國古代詩歌的形式，《詩經》是四字結構，《詩經》以下以五言、七言為正宗，無論五言還是七言，都還有句式結構。五言是上二下三，七言是上四下三，都是奇偶結構，四句二韻為絕句或稱小詩。詩和詞皆緣於情，那就要以真摯的感情來打動人。王國維所謂「能寫真景物、真感情者，謂之有境界」。（《人間詞話》）元稹與蘇轍這幾首小詩，都是七言，都借用當時身邊的景物，委婉含蓄地抒發各自的真情實感。他們的詩歌之所以能夠傳誦千古，原因正在於此。

韋蘇州❶

《韋蘇州集》中有〈逢楊開府〉詩❷云：「少事武皇帝，無賴恃恩私❸。身作里中橫，家藏亡命兒❹。朝持摴蒱局，暮竊東鄰姬❺。司隸不敢捕，立在白玉墀❻。驪山風雪夜，長楊羽獵時❼。一字都不識，飲酒肆頑癡❽。武皇升仙去，憔悴被人欺❾。讀書事已晚，把筆學題詩❿。兩府始收跡，南宮謬見推⓫。非才果不容，出守撫惸嫠⓬。忽逢楊開府，論舊涕俱垂⓭。」味此詩，蓋應物自敘其少年事也，其不羈乃如此。李肇⓮《國史補》云：「應物為性高潔，鮮食寡欲，所居焚香掃地而坐⓯。其為詩馳驟建安已還，各得風韻⓰。」蓋記其折節⓱後來也。《唐史》失其事，不為立傳⓲。高適亦少落魄，年五十始為詩，即工⓳。皆天分超卓，不可以常理論云。應物為三衛，正天寶間⓴，所為如是，而吏不敢捕，又以見時政矣㉑。

【注釋】❶韋蘇州　即韋應物，京兆長安人，世居杜陵（今陝西西安東南）。《舊唐書》、《新唐書》皆無其傳。其曾祖父韋待價是武則天時期的宰相，祖父韋令儀曾任梁州都督。韋應物少遊太學，早年在天寶末曾因蔭入宮為三衛近侍。安史之亂以後，流落失職，折節讀書。代宗廣德二年（西元七六四年）任洛陽丞。德宗建中二年拜尚書比部員外郎，先後出刺滁州、江州。貞元四年（西元七八八年）入任左司郎中，官終蘇州刺史，故時人習慣以韋蘇州相稱。❷韋蘇州集句　韋蘇州集，指韋氏的詩文集，十卷。楊開府，係韋應物早年作三衛郎時之舊交，故詩追敘那時的往事。開府，乃開府儀同三司之簡稱，唐制文武官皆帶散號。開府為從一品文散官，用以酬勳勞。散官所帶的品階，其朝參祿俸皆視同職事官，亦作為選任職官時的參考依據。楊是姓氏，開府是他的散官品階。❸少事武皇帝二句　指天寶年間韋應物少年時曾為三衛郎而宿衛宮禁。韋應物〈燕李錄事〉云：「與君十五侍皇闈。」可知其在十五歲時即已入侍禁闈。武皇帝，謂唐玄宗李隆基。無賴，指強橫刁潑的作風。恃恩私，指依靠祖上恩蔭得以入選為三衛郎。❹身作里中橫二句　言少年時在鄉里間橫行不法，窩藏亡命之徒於家中。❺朝持摴蒱局二句　意謂他當年白日玩博戲，傍晚與東鄰女郎偷情。摴蒱，古代博戲。❻司隸不敢捕二句　意謂韋應物以三衛郎在宮庭內侍衛皇上，即使在外為非作歹，司隸畏忌也不敢去抓捕他。〈白沙亭逢吳叟歌〉中有「親觀文物蒙雨露，見我昔年侍丹霄」之句，說明當年他與吳叟都是玄宗近身的侍衛。司隸，指在京城主管逮捕偷盜、拘執罪人的事務，在唐代是指京畿採訪使。白玉墀，指宮庭以白玉鋪就的臺階。墀，臺階。❼驪山風雪夜二句　此謂作者當年曾隨唐玄宗在驪山溫泉宮過冬，去長楊狩獵。他在〈燕李錄事〉詩中有「花開漢苑經過處，雪下驪山沐浴時」的句子。在〈白沙亭逢吳叟歌〉中有「冬狩春祠無一事，歡遊洽宴多頒賜」。〈溫泉行〉則有「蒙恩每浴華池水，扈獵不蹂渭北田」之句，都是表述當年作三衛郎時侍衛唐玄宗的經歷。驪山，在陝西臨潼東南，為秦嶺餘脈，西北麓有華清宮和溫泉華清池，唐玄宗常於秋十月後幸華清宮。長楊，漢長楊宮，在今陝西周至東南，宮中有垂楊數畝，因為宮名。秦漢以來，一直為帝王遊獵場所，司馬相如便曾從漢武帝在長楊遊獵。❽一字都不識二句　謂少年時韋應物不識文字，只知道飲酒和貪玩。❾武皇升仙去二句　謂唐玄宗去世以後，他韋應物原來自由輝煌的生活被打破，從社會的頂端跌落下來，由此人也憔悴而沒有精神，處處被人欺侮。升仙，指死去。❿讀書事已晚二句　謂自己擺脫了少年輕狂的生活，開始認真讀書，拿起筆來學習詩歌的寫作已經很晚。⓫兩府始收跡二句　指韋應物在京兆、河南兩府始收起過去浪蕩的足跡踏入仕途了。兩府，指東都洛陽的河南府和長安的京兆府。韋應物在代宗廣德二年（西元七六四年）為洛陽丞，大曆九年（西元七七四年）為京兆功曹。南宮，尚書省的別稱。韋應物在德宗建中二年（西元七八一年）仕至尚書省比部員外郎。尚書省的位置在宮廷的南面，故稱南宮。⓬非才果不容二句　自謂不是才能不勝任，而是不容於同僚。出守，指被派出去先後在滁州、江州、蘇州等地任刺史。惸嫠，指孤老和寡婦，意謂他作為地方官的職責是安撫百姓和窮困的孤老和寡婦。⓭忽逢楊開府二句　謂其忽然遇見故舊楊開府，二人一起話舊敘情，感慨萬千，涕淚俱垂。

⓮李肇　唐代文學家，趙郡（今河北趙縣）人，貞元間任華州參軍，後官尚書左司郎中，元和末充翰林學士，熟悉掌故，留

心藝文，著有《唐國史補》、《翰林志》等。⓯應物為性高潔三句　此是李肇在《國史補》所描述韋應物晚年的生活風格，與其少年時期那種放蕩不羈、奔放豪邁、藏汙納垢、飲酒頑癡的習性不同，注意高尚清潔，鮮食寡欲，清靜閒適，無所求的性格。焚香，是驅散穢氣。這些都反映他早年與後期在性格上的明顯變化。⓰其為詩二句　此李肇言其詩作的品格。建安，漢獻帝的年號。建安以來東晉有陶淵明，南朝有大謝（靈運）、小謝（朓）作詩清麗閒適的風韻。清人紀昀在《四庫全書總目提要》中論其詩云：「其詩七言不如五言，近體不如古體。五言詩源出於陶，而鎔化於三謝，故真而不朴，華而不綺。」他的詩以寫田園風物著名，刻意追隨陶淵明五言詩的韻味，後人常以陶、韋相比稱。⓱折節　指改變昔日的志節和行為。⓲唐史失其事二句　指《舊唐書》、《新唐書》都沒有為韋應物立傳。⓳高適亦少落魄三句　高適，字達夫，渤海蓨（今河北景縣）人。《舊唐書・高適傳》稱：「適少濩落，不事生業，家貧，客於梁、宋，以求丐取給。」「適年過五十，始留意詩什，數年之間，體格漸變，以氣質自高，每吟一篇，已為好事者稱誦。」其代表作為〈燕歌行〉，以邊塞詩與岑參齊名，風格相近，以豪邁為尚。⓴應物為三衛二句　指韋應物以門蔭任三衛郎是在天寶年間，應該是在天寶九載（西元七五〇年）到天寶十四載（西元七五五年）即韋應物從十五歲到二十歲之間，此後便跌入生活的低谷，步入人生的轉折時期。三衛，指親衛、勳衛、翊衛三衛。由於三衛是充當皇帝近身的侍衛，故被喻為「王之爪牙，國之柱石」。據《新唐書・百官志》稱「武德、貞觀世重資蔭，二品、三品子補親衛」，「二品曾孫、三品孫、四品子……補勳衛」，「四品子……補翊衛」。韋應物正是因其曾祖父韋待價的門蔭得以補入三衛為郎的。到了玄宗天寶年間，這些天之驕子，屬於高級官員第三代、第四代的子弟，大都成為恃仗權勢、橫行不法的敗類。㉑所為如是三句　此謂那些以門蔭出身的三衛郎所作所為連司隸不敢碰，亦可以見天寶時政事腐敗的狀況。

【語　譯】《韋蘇州集》中，有一篇〈逢楊開府〉詩，作者在詩中說：「少年時我曾經侍奉過玄宗武皇帝，作為三衛的郎官，並非我有什麼才能，而是靠祖上的門蔭。那時我在鄉里間橫行霸道，家裡可以私藏亡命之徒。白天玩摴蒱博戲，傍晚與東鄰的姑娘偷情。司隸不敢來捕我，因為我侍衛在宮庭的白玉臺階上。風雪交加的晚上，我跟著皇上來到驪山華清宮的溫泉那兒，皇上去長楊羽獵時，我又追隨在左右。那時我一個大字也不識，整天在酒肆中狂飲，瘋狂玩耍。自從玄宗武皇帝升仙而去，我便潦倒而到處受人欺侮。待我知道要好好讀書已經為時過晚，從那時起，我拿起筆努力學習作詩。當在河南、京兆兩府任職時，我開始轉變過去落拓不羈的行跡，在朝廷上為人們所推許。我並不是才能不夠，而是為人所不容，結果還是外放地方去撫恤孤老。今天忽然見到你楊開府，談論起往事時，兩人都為過去的事涕淚俱下。」仔細玩味這首詩，可以體會到韋應物是自敘其少年時代放蕩不羈的經歷。李肇曾在《國史補》中說：「應物的性情非常高潔，吃得很少，生活是那麼儉樸，起居的地方卻要打掃得非常乾淨。他的詩作聚集了建安以來各派詩人的風格，而融為一體。」這一切，都是他下決心改變少年惡習以後的事。《舊唐書》、《新唐書》都不曾為他立傳，故而他的事蹟少為人知。與其同時代的詩人高適，亦少年落魄，到了年過五十歲的時候，才開始寫詩，而且寫得那麼好。這是他們二人天分都非常卓越的緣故，因而不能以常理來推斷。韋應物做三衛郎的時間，正是天寶年間，他行事不守法紀，而官吏卻不敢去捕捉他，從這一點也可以知道當時政事的腐敗已經到難以收拾的程度了。

【研　析】中唐著名詩人韋應物在《舊唐書》、《新唐書》中均無傳，因而生平事蹟非常簡略。後人雖多方考證，但由於史料缺乏的緣故，一直無法得到令人滿意的結果。新近在陝西西安出土了韋應物一家人的墓誌，使我們對他的生平有了一個比較清晰的認識。韋應物的墓誌題為〈唐故尚書左司郎中蘇州刺史京兆韋君墓誌銘并序〉，墓誌首先追述韋應物的祖先世系，第二部分主要介紹韋應物的生平及仕宦經歷，第三部分則是對其夫人和子女的介紹，結尾部分讚揚其詩文著述意境高妙，並表達對其逝世的沉痛哀悼與懷念。通過墓誌，我們可以瞭解到韋應物生平的基本情況。韋應物，字義博，京兆杜陵（今陝西西安東南）人。其曾祖父韋待價曾任尚書左僕射、同中書門下三品，祖父韋令儀曾任梁州都督。墓誌敘述韋應物的仕宦經歷，「丱角之年，已有不易之操。以蔭補右千牛，改羽林倉曹，授高陵尉、廷評、洛陽丞、河南兵曹、京兆功曹。朝廷以京畿為四方政本，精選令長，除鄠縣、櫟陽二縣令，遷比部郎。」後又領滁州刺史，加朝散大夫，遷江州刺史，徵拜左司郎中，隨後領蘇州刺史。共歷官十三任，著有詩賦、議論、銘頌、記序共六百餘篇行於當時。貞元七年（西元七九一年）前後卒於蘇州官舍，十一月歸葬少陵原。從韋應物的生平中我們知道他在天寶年間以門蔭成為玄宗侍衛，恰好經歷了安史之亂，親眼目睹到唐王朝由盛而衰的巨大轉折。他本人的生活也由此發生了天翻地覆的變化，由「身作里中橫」、「飲酒肆頑癡」到「憔悴被人欺」，可以說深深體會到社會巨變帶來的人情冷暖。正是社會的劇烈動盪影響到韋應物，促使他不得不發奮讀書，用心去觀察、體味人間萬象，最終取得了巨大成就，成為中唐時期著名的詩人。

記得近人有把唐代詩歌創作顛峰歸因於唐的盛世，所以盛世應該出現好的詩作。其實不然，韋應物的經歷便是一個很好的反證。單有開元天寶的盛世，他是不可能有輝煌的詩歌創作。無論時代還是個人的生活，那時如果沒有從顛峰跌落下來的時代和個人生活中跌宕起伏的遭際，以及他個人的折節努力，那是不可能有中晚唐詩歌顛峰的。所有中晚唐詩人的作品，幾乎都離不開開元天寶從盛世跌落下來的巨變，不僅韋應物〈逢楊開府〉詩是這場巨變的反映，其他如〈燕李錄事〉：「與君十五侍皇闈，曉拂爐煙上赤墀。花開漢苑經過處，雪下驪山沐浴時。近臣零落今猶在，仙駕飄颻不可期。此日相逢思舊日，一杯成喜亦成悲。」〈白沙亭逢吳叟歌〉云：「龍池宮裡上皇時，羅衫寶帶香風吹。滿朝豪士今已盡，欲話舊遊人不知。白沙亭上逢吳叟，愛客脫衣且沽酒。問之執戟亦先朝，零落艱難卻負樵。親觀文物蒙雨露，見我昔年侍丹霄。冬狩春祠無一事，歡遊洽宴多頒賜。嘗陪夕月竹宮齋，每返溫泉灞陵醉。星歲再周十二辰，爾來不語今為君。盛時忽去良可恨，一生坎坷何足云。」也是如此。李錄事與吳叟都是與韋應物當年一起為三衛郎者，應物見到故人，對少年那段儘管是盛世的荒唐生活，表現出極其複雜的感情。在與故人相會話舊的過程中，他是又愛又恨、悲喜交集，這就是他詩歌創作的源泉。同樣的道理，如果沒有天寶以後的苦難，就不會有杜甫的〈兵車行〉和三吏三別那些傳世的詩作。白居易與元稹的許多作品，也都離不開天寶末這場巨變。〈長恨歌〉與〈連昌宮詞〉是表現這場巨變的，兩人的新樂府詩中都有〈長陽白髮人〉，也都是以天寶巨變為背景的。元稹的〈行宮〉一絕云：「寥落古行宮，宮花寂寞紅。白頭宮女在，閒坐說玄宗。」洪邁稱此詩「語少意足，有無窮之味」。唐人能如此熱衷於話說天寶故事的條件是當時沒有忌諱祖先的醜事。洪邁在《容齋續筆》卷二有〈唐詩無避諱〉條云：「唐人歌詩，其於先世及當時事，直辭詠寄，略無避隱。至宮禁嬖昵非外間所應知者，皆反覆極言，而上之人亦不以為罪。」這裡的「上之人」，是指宮廷帝王。他們並不忌諱開元天寶由盛而衰的傷心事，而且他們自己也在宮庭和朝堂之上，公開議論玄宗前後期執政變化的原因和得失。如果沒有「上之人亦不以為罪」即開放言論這一條，即使經歷跌宕起伏的巨變，即使人們具備了詩歌創作的才能與願望，也難以出現那麼多傳誦千古的詩作。

《容齋隨筆》卷二

隔是❶

樂天❷詩云：「江州去日聽箏夜，白髮新生不願聞。如今格是頭成雪，彈到天明亦任君❸。」元微之❹詩云：「隔是身如夢，頻來不為名。憐君近南住，時得到山行❺。」格與隔二字義同，格是猶言已是也。

【注釋】❶隔是　唐時民間的俗語。❷樂天　白居易，字樂天，中唐元和時期的著名詩人。❸江州去日聽箏夜四句　詩題為〈聽夜箏有感〉。元和十一年（西元八一六年）白居易四十五歲時，赴江州任司馬。那時他白髮新生，不願在晚上聽人彈箏，以增悲傷。如今自己已是滿頭白髮，對哀傷的樂聲已聽慣了，所以可以任你彈箏到天明。江州，今江西之九江，古稱潯陽。箏，為古代的撥弦樂器，戰國時流行於秦地。唐宋時箏有十三弦，聲音低沉，令人哀傷。格是，民間俗語。他本作「況是」。這裡意為「已是」，作已經或何況的意思解釋皆可。❹元微之　元稹，微之為其字，中唐元和時期與白居易齊名的著名詩人。❺隔是身如夢四句　詩題為〈日高睡〉。盧文弨云：「詩與題不合，疑有脫誤。」近人楊軍有《元稹集編年箋注》，此詩列入未編年詩，從內容上看，此詩當是元和五年（西元八一〇年）元稹被貶為江陵府士曹參軍以後流放荊蠻十年之內所作。前兩句是講自己，往日之身世如夢，頻繁地夢見過去的情景，並非為了那時的名聲。憐君之君，或指白居易。白居易被貶為江州司馬，江州位置在長江之南，地近廬山，故詩中有近南住和時能到山行的機會。廬山是道士們隱居山林求仙問道的場所。韋應物有〈寄黃劉二尊師〉詩，首句即為「廬山兩道士，各在一峰居」。從全詩看，是作者在政治上失意之後，在思想上尋求超脫的一種情緒。

【語譯】白樂天〈聽夜箏有感〉詩說：「江州去日聽箏夜，白髮新生不願聞。如今格是頭成雪，彈到天明亦任君。」元微之〈日高睡〉詩說：「隔是身如夢，頻來不為名。憐君近南住，時得到山行。」格與隔二個字的字義是相同的，格是就是已是的意思。

【研 析】格與隔二個字，從字義上講，是不完全相同的，格是與隔是則是當時口語化的雙音詞，在語音和詞義上是相通的。《漢語大詞典》的詞條有「格是」，沒有「隔是」，把格是作「已是」、「已經」解。洪邁引的這二首詩，正是當時人們口語在白居易、元稹詩作上的反映。胡適的《白話文學史》曾說初唐「是一個白話詩的時期」。何嘗初唐是如此，唐宋的詩詞都保留了當時民間流行的白話和俗字。如果不瞭解當時口語的背景，僅從字面上是很難解釋它之含義的。往往還得從詩詞的上下文及作者當時的情景才能大體說出一個究竟來。上引二詩以外，以「格是」入詩的，還有如顧況的〈露青竹鞭歌〉有「市頭格是無人別」，韓偓的〈夜坐〉有「格是厭厭饒酒病」，都能作「已是」解。以「隔是」入詩的，元稹〈古決絕詞三首〉之末句為「天公隔是妒相憐，何不便教相決絕」，是為元稹與鶯鶯的絕情詩。與格是、隔是同音詞還有「個是」，若駱賓王的〈詠春人在天津橋〉：「寄言曹子建，個是洛川神。」朱敦儒的〈朝中措〉：「個是一場春夢，長江不住東流。」格、隔、個這三個字，如果有共同點的話，那它們都是指點辭，指這也，此也，已也。迄今「格是」在吳語中還活在人們的口語中，如「格是啥呀？」類似於「格是」的口頭語和俗字，若「儂」、「真個」在唐宋人的詩詞中還屢見不鮮。

漏泄禁中語❶

京房與漢元帝論幽、厲事❷，至於十問十答❸。西漢所載君臣之語，未有如是之詳盡委曲者。蓋漢法，漏泄省中語為大罪。如夏侯勝出，道上語，宣帝責之❹，故退不敢言，人亦莫能知者。房初見帝時，出為御史大夫鄭君言之❺，又為張博道其語，博密記之，後竟以此下獄棄市❻。今史所載，豈非獄辭乎！王章與成帝論王鳳之罪，亦以王音側聽聞之耳❼。

【注釋】❶漏泄禁中語　謂私自洩漏君王在宮中之言語。禁中，指宮中。❷京房與漢元帝句　京房，本姓李，字君明，東郡頓丘（今河南清豐）人，西漢今文學的開創者，好以災異論時政之得失。漢元帝，劉奭，西漢皇帝。在位十六年，壽四十三。曾師從蕭望之。好儒術，迷信災異之說。幽厲事，指西周末，周幽王、周厲王所以亡國之事。❸至於十問十答　事見《漢書・京房傳》，元帝永光、建昭年間，屢有災異，京房數上疏言其將然，屢言屢中，故元帝數次召見，曾在宮中與元帝議論幽、厲所以亡國之事。❹夏侯勝出三句　《漢書・夏侯勝傳》稱：「嘗見，出道上語，上聞而讓勝，勝曰：『陛下所言善，臣故揚之。堯言布於天下，至今見誦。臣以為可傳，故傳耳。』」夏侯勝，魯東平（今山東東平）人，字長公。從夏侯始昌受《尚書》及《洪範五行傳》，善說災異。宣帝，即劉詢，西漢皇帝，戾太子之孫，生長於民間，為霍光所立，在位二十五年。勝為人質樸守正，以是為宣帝親信。❺出為御史大夫句　此言京房曾與鄭弘言其與元帝之問答。鄭君，即御史大夫鄭弘，生平事蹟不詳。《漢書・百官公卿表》稱其於永光五年（西元前三九年）有罪自殺。❻又為張博道其語三句　時中書令石顯顓權，顯友人五鹿充宗為尚書令，京房與元帝論幽、厲之事，皆暗指石顯。而張博則從京房學，故張博能從京房密記其與元帝所議之事，並欲借淮陽王憲求入朝。言於元帝，指石顯、五鹿為巧佞之人，籍考功事，以鄭弘代之。及房出為郡守，石顯告房與張博通謀，誹謗政治，歸惡天子，詿誤諸侯王。京房、張博因此而棄市，鄭弘坐免為庶人。事見《漢書》之京房與淮陽憲王傳。張博，宣帝寵姬張倢伃之弟，淮陽憲王劉欽之舅。❼王章與成帝二句　時王鳳專權，王章以日蝕上封事，論大臣顓政之事。成帝聞章言，納之。章每被成帝召見，上輒辟左右。元太后之從弟王音側聽聞成帝與王章之間的對話，以章言語王鳳，於是王鳳稱病就第。元后聞之，為垂涕而不御食，於是上復召王鳳起視事，遂下王章於廷尉，致其大逆罪，章死獄中。王章，字仲卿，泰山鉅平（今屬山東泰安）人。成帝時，王章為諫大夫，遷司隸校尉，轉京兆尹。時帝舅大將軍王鳳輔政。成帝，西漢皇帝劉驁，在位二十六年，終年四十六。

【語　譯】京房與漢元帝討論周幽王、周厲王所以亡國的事，君臣之間至於十問十答。而西漢史書所載君臣之間的對話，沒有比這更詳盡而細緻完備了。按照漢代的法律，洩漏省禁中君臣談話者，那是犯大罪的。所以如夏侯勝出來曾講起他所耳聞漢宣帝的談話，受到宣帝嚴厲的譴責，他便不敢再多說了，所以他人再也不詳知他與漢宣帝究竟說了些什麼內容。京房見漢元帝後，出來曾對御史大夫鄭弘說過，又給張博說過，博還祕密記錄了談話的具體內容，後來京房與張博便因此而被斬首。今天史書所載的十問十答，難道不是當時治獄的供詞嘛！王章與漢成帝議論大將軍王鳳的罪過時，也是由於王音在側偷聽而知道的。

【研　析】因漏泄禁中語而治罪的，在秦始皇時，便有先例，《史記・秦始皇本紀》稱：「始皇帝幸梁山宮，從山見丞相車騎眾，弗善也。中人或告丞相，丞相後損車騎。始皇怒曰：『此中人泄吾語。』案問莫報。當是時，詔捕諸在傍者，皆殺之。自是後莫知行之所在。」君主的行蹤與言論必須保持詭祕而不可測度，神祕而臣下無所因，故韓非子於〈主道〉篇云：「君無見其所欲，君見其所欲，臣自將雕琢。君無見其意，君見其意，臣將自表異。」此處之自表異，謂臣下表其異能也。故如果「主上不神，下將有因」，這是中國帝王制度固有的傳統。其所以神，則在於它常常出人之意表。唯其神而靈，才能服眾。至於如何處理洩漏禁中語的事，那也要看事件本身所涉及的利害關係，若夏侯勝出語他與漢宣帝之間的談話，由於沒有牽涉到根本性的利害衝突，宣帝將其譴責幾句，夏侯勝「以陛下所言善，臣故揚之」便搪塞過去了。至於京房與王章之洩漏禁中語，那就涉及權力結構上的根本性利益衝突，利益受損方之石顯與王鳳，必然要利用手中的權力置對方於死地。因為這關係到他們自身生死存亡的根本。宮廷密謀的洩漏，之所以關係重大，因為它關係到帝王自身的安危，由於所有宮廷密謀，歷來是先下手者為強。

漢采眾議

漢元帝時，珠厓反，連年不定❶。上與有司議大發軍，待詔賈捐之建議，以為不當擊❷。上以問丞相、御史，御史大夫陳萬年以為當擊，丞相于定國以為捐之議是，上從之❸，遂罷珠厓郡。匈奴呼韓邪單于既事漢，上書願保塞上谷以西，請罷邊備塞吏卒，以休天子人民❹。天子令下有司議，議者皆以為便，郎中侯應習邊事，以為不可許。上問狀，應對十策，有詔勿議罷邊塞事❺。成帝時，匈奴使者欲降❻，下公卿議，議者言宜如故事受其降。光祿大夫谷永以為不如勿受，天子從之。使者果詐也❼。哀帝時，單于求朝，帝欲止之，以問公卿❽，亦以為虛費府帑，可且勿許。單于使辭去。黃門郎楊雄上書諫，天子寤焉，召還匈奴使者，更報單于書而許之❾。安帝時，大將軍鄧騭欲棄涼州，并力北邊，會公卿集議，皆以為然，郎中虞詡陳三不可，乃更集四府，皆從詡議❿。北匈奴復強，西域諸國既絕於漢，公卿多以為宜閉玉門關絕西域。鄧太后召軍司馬班勇問之，勇以為不可，於是從勇議⓫。順帝時，交阯蠻叛，帝召公卿百官及四府掾屬，問以方略，皆議遣大將發兵赴之，議郎李固駁之，乞選刺史太守以往，四府悉從固議，嶺外復平⑫。靈帝時，涼州兵亂不解，司徒崔烈以為宜棄，詔會公卿百官議之，議郎傅燮以為不可，帝從之⑬。此八事者，所係利害甚大，一時公卿百官既同定議矣，賈捐之以下八人，皆以郎大夫之微，獨陳異說。漢元、成、哀、安、順、靈，皆非明主，悉能違眾而聽之，大臣無賢愚亦不復執前說，蓋猶有公道存焉。每事皆能如是，天下其有不治乎？

【注釋】❶漢元帝時三句　珠厓地區自初置為郡至宣帝時，凡二十餘年，七反，元帝即位次年復反，漢發兵擊之，諸縣更叛。故這個地區處於漢王朝失控的狀態。漢元帝，劉奭，字盛。西元前四八年即帝位，年號初元。珠厓一作朱崖，郡名。漢武帝元鼎六年（西元前一一一年）置，因崖邊出真珠而得名，地處南海中，治所在瞫都（今海南海口市瓊山區東南）。漢元帝初元三年（西元前四六年），以賈捐之的建議，撤郡。見《漢書・地理志》及《漢書・武帝本紀》。❷待詔賈捐之建議二句　時上與有司議，大發軍以征討珠厓之反叛。捐之建議，以為不當擊。賈捐之，字君房，賈誼曾孫，洛陽（今河南洛陽）人，待詔金馬門。❸御史大夫三句　《資治通鑑》卷二十八載其事云：「陳萬年以為當擊，丞相于定國以為舊日興兵擊之連年，護軍都尉、校尉及丞凡十一人，還者二人，卒士及轉輸死者萬人以上，費用三萬萬餘，尚未能盡降。今關東困乏，民難搖動，捐之議是。上從之。」陳萬年，字幼公，沛郡相縣（今江蘇永城東北）人，郡吏出身，官至御史大夫。于定國，字曼倩，東海郡郯縣（今山東郯城北）人，獄吏出身，官至廷尉，遷御史大夫，代黃霸為丞相，與陳萬年並位八年。❹匈奴呼韓邪單于四句　元帝時嫁宮女王昭君於呼韓邪單于。其後西域都護甘延壽、陳湯發兵在康居誅郅支單于，於是呼韓邪在竟寧元年（西元前三三年）入朝，上書願保塞上谷以西至敦煌，傳之無窮，請罷邊塞吏卒，以休天子人民。單于是匈奴最高首領的稱號，也就是天子的意思。呼韓邪名稽侯珊，宣帝神爵四年（西元前五八年）被立為單于，為其兄郅支單于所逼迫，於甘露二年（西元前五二年）歸漢，次年率部南遷。上谷，今北京市西北居庸關一帶。❺郎中侯應習邊事五句　侯應所應對的十策，見《漢書・匈奴傳下》。郎中，帝王侍從稱郎，因居於內廷稱郎中，屬郎中令（光祿勳）管轄。勿議罷邊塞事，指不再討論呼韓邪單于所提請罷邊備塞吏卒之事。接著派車騎將軍許嘉口諭單于：「中國設關梁障塞，非獨以備塞外，亦以防中國奸邪寇害。」單于稱謝。元帝時漢廷處理此事甚妥，此後北方邊境有六七十年太平日子。❻成帝時二句　河平元年（西元前二八年），單于遣右臯林王伊邪莫演等奉獻朝正月，既罷，遣使者送至蒲反。伊邪莫演言：「欲降。即不受我，我自殺，終不敢還歸。」成帝，劉驁，字太孫，年二十即帝位，在位二十六年，終年四十五。❼光祿大夫谷永三句　谷永與杜欽認為受匈奴使節降是受逋逃之臣，而失一國之心，故不如弗受。成帝從其奏對。遣中郎將王舜往問降狀，伊邪莫演曰：「我病狂妄言耳。」故云使者果詐也。光祿大夫，光祿勳之屬官，無常事，僅備顧問。谷永，字子雲，長安（今陝西西安）人，善言災異。❽哀帝時四句　烏珠留若鞮單于在建平四年（西元前三年）求入朝，當時哀帝正在病中。與公卿議，擬勿許單于入朝，欲使單于辭去。哀帝，劉欣，字喜。在位六年，終年二十五。❾黃門郎四句　揚雄上書認為漢為制服匈奴，百年勞之，國家雖費，不得已者也。奈何距其來朝，唯陛下少留意於未亂未戰，以遏邊萌之禍。揚雄書奏後，天子寤焉，召還匈奴使者，更報單于書而許之。黃門郎，秦漢以郎官給事黃門者，王音「薦雄待詔，除為郎，給事黃門」。（《漢書・揚雄傳下》）揚雄，字子雲，蜀郡成都（今四川成都）人，西漢末著名的辭賦家。❿安帝時八句　永平中，虞詡駁鄧騭欲棄涼州的意見有三點：疆域為先帝開拓，不可棄之；涼州棄去，京師即為邊塞；羌胡習兵壯勇，今不敢入京師之三輔，是因涼州在其後，故不可棄。事見《後漢書・虞詡傳》。安帝，劉祜，字福。在位十九年，終年三十二。鄧騭，字昭伯，南陽新野（今河南新野）人，鄧禹之孫，和熹皇后兄，以討平西羌叛亂，拜大將軍，永平四年（西元六一年），羌胡叛亂，鄧騭以軍役方費，欲棄涼州（今甘肅及寧夏地區，治所在隴縣）。虞詡，字升卿，陳國武平（今河南鹿邑西北）人。四府，指太傅、太尉、司徒、司空之府，謂以四府九卿之官員集議此事，結果是皆從詡議。⓫北匈奴復強六句　元初元年（西元一一四年），匈奴復強，敦煌太守出兵還擊匈奴，復取西域。鄧太后為此召公卿議，多以為宜閉玉門關，放棄西域。為此召班勇議事，班勇反對閉玉門關、棄西域的主張。經過論難，終從班勇之議，乃以班勇為西域長史，平定西域。班勇，班超之子，字宜僚，扶風平陵（今陝西咸陽）人。⓬順帝時九句　交阯蠻叛事見《後漢書・南蠻西南夷列傳》。史稱：「永和二年（西元一三七年），日南、象林徼外蠻夷區憐等數千人，攻象林縣燒城市，殺長吏。交阯刺史樊演發交址、九真二郡兵萬餘人救之。兵士憚遠役，遂反，攻其府。二郡雖擊破反者，而賊勢轉盛。會侍御史賈昌使在日南，即與州郡并力討之，不利，遂為所攻。圍歲餘而兵穀不繼，帝以為憂。明年，召公卿百官及四府掾屬，問其方略，皆議遣大將，發荊、揚、兗、豫四萬人赴之。大將軍從事中郎李固駁曰：『若荊、揚無事，發之可也，今二州盜賊盤結不散，武陵、南郡蠻夷未輯，長沙、桂陽數被徵發，如復擾動，必更生患。』」李固前後列舉了不可發兵之理由七條，認為州郡可以勝任平定邊蠻的任務。李固主張「宜更選有勇略仁惠任將帥者，以為刺史、太守，悉使共住交阯」。結果「四府悉從固議，即拜祝良為九真太守，張喬為交阯刺史。喬至，開示慰誘，並皆降散。良到九真，單車入賊中，設方略，招以威信，降者數萬人，皆為良築起府寺，由是嶺外復平」。順帝，劉保，字守。十一歲即位，在位十九年，終年三十。議郎，秦官，秩比六百石，特徵賢良方正，敦樸有道者。李固，字子堅，漢中南鄭（今陝西南鄭）人。順帝時公卿推舉李固對策，帝多採納。得拜議郎，後官至太尉，後為梁冀誣害致死。⑬靈帝時六句　《後漢書．傅燮傳》：「西羌反，邊章、韓遂作亂隴右，徵發天下，役賦無已。司徒崔烈以為宜棄涼州。詔會公卿百官，烈堅執先議。」「帝以問燮，燮對曰：『今牧御失和，使一州叛逆，海內為之騷動，陛下臥不安寢。烈為宰相，不念為國思所以弭之之策，乃欲割棄一方萬里之土，臣竊惑之。』帝從燮議。」《資治通鑑》繫此事於中平二年（西元一八五年）三月。靈帝，劉宏。在位二十二年，終年三十四。傅燮，北地靈州（今寧夏銀川）人，戰死於涼州之金城。崔烈，安平（東漢置安平國，其治地在信都，即今河北冀州。安平今位於饒陽西之滹沱河中游地區）人，崔寔之從兄，有重名於北州，歷位郡守、九卿。

【語　譯】漢元帝時，珠厓反叛，多年沒有平定。元帝與有司商議派大軍前去平叛，待詔賈捐之建議，不要派大軍前往鎮壓。元帝為此詢問丞相與御史，御史大夫陳萬年認為應該派軍隊前往平叛，丞相于定國認為賈捐之的建議可行，於是撤銷珠厓郡的建制。匈奴呼韓邪單于歸順漢庭，單于上書表示願意保障上谷以西地區的邊塞，希望漢庭能撤消守邊的吏卒，人民得以休養生息。天子把這個建議交給朝廷百官商議，參與會議的官員都認為這樣方便，時郎中侯應熟悉邊境的狀況，認為不能這樣做。元帝問他理由，侯應提出了十條不便的理由，於是元帝下詔停止討論這個問題。成帝時，有一個匈奴使者，在邊境上要投誠漢朝，於是下公卿議論能不能接受這個投誠的匈奴使節，大多數官員認為可以接受匈奴使者投誠。但光祿大夫谷永權衡利害得失後，認為還是不受匈奴使節投降的好，天子聽從谷永的建議。後來果然發現這使者有詐。哀帝時，新即位的匈奴單于請求來漢庭朝賀，哀帝有病，想阻止他來京城，詢問於公卿大臣，都認為單于來朝，要破費府帑，可以拒絕他來朝賀。單于的使者為此告辭了。黃門郎揚雄為此上書朝廷勸諫天子，哀帝醒悟了，立即召還匈奴的使者，回信給單于，表示允許他來京城朝賀。東漢安帝時，大將軍鄧隲想放棄涼州，集中力量對付北方來的威脅，於是召集公卿大臣商議，都認為可以放棄涼州，而郎中虞詡力陳三條理由不能放棄涼州，於是又召集四府的掾屬商議此事，大家都同意虞詡的建議。又那時北匈奴勢力強盛，西域多國不再來京城朝貢，公卿會議時，都認為應該關閉玉門關，斷絕與西域的往來。鄧太后召見軍司馬班勇詢問此事，班勇認為不能斷絕與西域的聯繫，於是大家都認可他的主張。順帝時，交阯地區的少數民族發生叛亂，順帝召集公卿百官及四府掾屬，詢問應對的方略，大多數官員主張派大將發兵征討。議郎李固反駁多數人的主張，建議挑選精明強幹的刺史、太守到那裡去處理，四府的掾屬重新審議時，都贊同李固的建議，嶺外的州郡又重新恢復平靜。靈帝時，涼州地區羌人叛亂，兵變不斷，司徒崔烈認為應放棄涼州，於是召集公卿百官會議，討論崔烈的意見，議郎傅燮激烈反對崔烈的主張，靈帝聽從傅燮的意見。上面八件事，都涉及國家的重大利益，一時間公卿百官都已商定的議案，賈捐之以下八人都是地位不高的郎官，能力排眾議，獨陳異說。漢代元、成、哀、安、順、靈諸帝，都算不上明主，都能違背眾人的議論而聽從位卑職微之郎官的意見，而公卿大臣無論賢愚，都能不固執原有成議，那是因為對是非的評說還有公道存在。如果每件事都能如此，那麼天下還有什麼不能治理的理由嗎？

【研 析】透過洪邁這一條隨筆，值得注意的是為什麼在這八件事上與朝臣提出異議的都是郎官。郎官與帝王及朝廷大臣之間是什麼關係呢？這裡首先應關注的是漢代議事制度的狀況。在西漢，遇到重大事項時，要交給公卿、大夫、博士、議郎議論，然後由帝王裁決。公卿是三公九卿，是實質管事的長官。大夫，是御史大夫。而博士與議郎，則只是參加議論，沒有具體職事的人員。洪邁所舉郎官為什麼敢於力排眾議，並在最後被帝王所採納呢？所謂郎官，都是執戟侍衛於廊下的武官，皆為帝王左右之近侍，故亦可參預謀議。郎官亦有等級，分為中郎、郎中、外郎，以侍衛帝王距離的遠近來區分。中郎地位最高，有時相當於侍中、中常侍的職務，三郎都有將官來統率，而統率三郎的最高長官叫作郎中令，以後叫光祿勳。漢代被挑選為郎官的對象，有以訾選的，即富豪家的子弟；有蔭任為郎的，即是現任或曾任高官之子弟；也有博士弟子射策被選為郎官的，即是知識精英。擔任郎官時間長了，如果因言事，得到帝王的寵信便能給事內外朝了。內官的中大夫，一般都是郎官出身，可以平起平坐地與外朝大臣們議論朝政了。在東漢時，又設有議郎，定員五十人，品秩是六百石，它的職掌是顧問應對，無常事，唯詔令所使，皆以當時有聲望的名士充之，若李固便是議郎。相對於行政官員，他們比較超脫，不受行政事務的羈絆，思考的自由度相對高一些。另一方面郎官也只有通過議論才能顯示自己的才能。一旦內外官員有缺時，他們便成為候選的對象了。郎官屬於內朝，與帝王關係密切，故帝王可以通過他們來牽制和駕馭外朝的大臣。同時朝議的最終決策權在帝王，不在於朝議的多數還是少數。〈漢采眾議〉所列舉的八件事，大都涉及邊疆地區少數民族間社會治安的問題，而元、成、哀、安、順、靈諸帝皆非明主，也就是在上述諸問題上，沒有明確的成見，所以他們才能虛心聽取各方面的意見，權衡利弊得失，最後採納比較客觀而符合實際的政策建議。這就是皇帝制度下，傳統的議事體制。如果執政者是一個有雄才大略的君主，若秦皇、漢武，他們有主見，不管他們的主見是對還是錯，議事的結果只能順著君王的意思去發展了。否則的話，不論是什麼人，只要冒犯帝王的逆鱗，那就會造成巨大的歷史悲劇。即使是平庸的君王，若漢哀帝，你若忤著他的意思，也不好辦。哀帝要給他的男寵董賢封侯，丞相王嘉上封事，提出不同意見，儘管王嘉的意見是對的，最終還是被送廷尉問罪，為相三年而被誅。所以在這樣的議事制度下，不可能事事皆如洪邁所列舉的八事那樣，按照公道公平並可行的軌道恰當地去處理它。即使在太平治世，天下還是有不該發生的歷史悲劇。因為議者與決策是分離的，決策的過程即使是多數人共同的裁決，也難免有各種非理性的成分摻雜其間。社會的發展，人們認識的發展，人們社會行為的過程，只能是不斷試錯的過程，歷史的前進，需要人們付出相應的代價。個人的得失，在歷史的長河中，又何足道哉！「每事皆能如是，天下其有不治乎？」只能是古往今來人們不斷憧憬的一個美好的理想而已。所有的成功都需要人們為之付出代價的啊！無論從制度設置，還是決策者的素養上，一勞永逸地永遠保持正確幾乎是不可能的。

漢母后

漢母后預政，不必臨朝及少主，雖長君亦然。文帝繫周勃❶，薄太后曰：「絳侯綰皇帝璽，將兵於北軍，不以此時反，今居一小縣，顧欲反邪❷？」帝謝曰：「吏方驗而出之。」遂赦勃❸。吳、楚反誅，景帝欲續之❹，竇太后曰：「吳王老人也，宜為宗室順善，今乃首亂天下，奈何續其後？」不許吳，許立楚後❺。郅都害臨江王❻，竇太后怒❼，會匈奴中都以漢法❽。帝曰：「都忠臣。」欲釋之。后曰：「臨江王獨非忠臣乎？」於是斬都。武帝用王臧、趙綰，太皇竇太后不悅儒術❾，綰請毋奏事東宮，后大怒❿，求得二人姦利事以責上，上下綰、臧吏，殺之。竇嬰、田蚡廷辯，王太后大怒不食⓫，曰：「我在也，而人皆藉吾弟，且帝寧能為石人邪！」帝不直蚡，特為太后故殺嬰⓬。韓嫣得幸於上，江都王為太后泣，請得入宿衛比嫣，后繇此銜嫣⓭，嫣以姦聞，后使使賜嫣死⓮。上為謝，終不能得。成帝幸張放，太后以為言，帝常涕泣而遣之⓯。

【注釋】❶文帝繫周勃　呂后時，勃為太尉，掌北軍。誅諸呂迎代王有功，文帝即位後，勃為右丞相，功高震主，爰盎謂文帝曰：「絳侯所謂功臣，非社稷臣。」並云：「丞相如有驕主色，陛下謙讓，臣主失禮，竊為陛下弗取也。」到了文帝前元三年（西元前一七七年），丞相勃免，就國。至絳（今山西曲沃西南）。《漢書・周勃傳》稱：「歲餘，每河東守尉行縣至絳，絳侯自畏恐誅，常被甲，其後人有上書告勃欲反，下廷尉，逮捕勃治之。」文帝，劉恆，字常。劉邦之中子，封代王，被誅呂諸大臣擁立為帝，在位二十三年。周勃，沛（今江蘇徐州所屬之沛城鎮）人，以織薄曲為生，常為人吹簫給喪事。早年隨高祖起事於沛，封為絳侯。❷薄太后曰六句　絳侯綰皇帝璽，薄太后言周勃誅諸呂，廢少帝，手貫國璽時尚不反，況今居一小縣難道更有異圖？薄太后，文帝母，原為魏宮女，魏滅，薄姬輸後庭織室，劉邦入見薄姬美，納之後宮，生文帝。高祖崩，薄姬得出從子至代，陳平、周勃誅諸呂，疾外家強暴，皆稱薄氏仁厚，故迎立代王為帝。❸帝謝曰三句　文帝謂吏驗實而放其出獄，於是使使持節赦勃，復爵邑。勃既出，曰：「吾嘗將百萬軍，安知獄吏之貴也！」（《漢書・周勃傳》）帝，指文帝。謝，指謝罪。❹吳楚反誅二句　景帝前元三年（西元前一五四年），吳、楚、膠西、趙、濟南、菑川、膠東七國反，周亞夫、竇嬰率兵破之。追殺吳王濞於丹徒，其他諸王皆自殺。事平後，景帝欲立諸王續其後。景帝，劉啟，字開。在位十六年，終年四十八。❺竇太后曰七句　續七國後之事，見《資治通鑑・漢紀》云：「帝欲以吳王弟德、哀侯廣之子續吳，以楚元王子禮續楚。竇太后曰：『吳王老人也，宜為宗室順善，今乃首率七國紛亂天下，奈何續其後！』不許吳，許立楚後。」於是徙淮陽王餘為魯王；汝南王非為江都王，王故吳地；立宗正禮為楚王；立皇子端為膠西王，勝為中山王。重新調整了原來七國的封地。竇太后，景帝母，以良家子選入宮，賜諸王，為代王所喜。文帝立，公卿請立太子，竇姬男最長，立為太子，竇姬為皇后。❻郅都害臨江王　臨江王因侵高祖廟垣外餘地為宮，景帝徵榮至中尉府對簿，臨江王欲得刀筆為書謝上，而郅都弗予。臨江王恐，因自殺。郅都，河東大陽（今山西平陸西南）人，以郎事文帝。景帝時為中郎將，敢直諫，面折大臣於朝。為人公正廉潔，遷中尉。臨江王劉榮，景帝栗姬之子，景帝前元四年（西元前一五三年）立為皇太子，七年（西元前一五〇年）廢為臨江王，在今湖北江陵。❼竇太后怒　《漢書・郅都傳》：「竇太后聞之，怒，以危法中都，都免歸家。」中，指竇太后構成郅都的罪狀。❽會匈奴句　事見《漢書・郅都傳》。中，中傷，指以漢法中傷郅都。❾武帝用王臧趙綰二句　《漢書・竇嬰田蚡傳》稱：「（竇）嬰、（田）蚡俱好儒術，推轂趙綰為御史大夫，王臧為郎中令，迎魯申公，欲設明堂，令列侯就國，除關，以禮為服制，以興太平。舉謫諸竇宗室無行者，除其屬籍。諸外家為列侯，列侯多尚公主，皆不欲就國，以故毀日至竇太后。太后好黃老言，而嬰、蚡、趙綰等務隆推儒術，貶道家言，是以竇太后滋不悅。」武帝，劉徹，字通，西漢皇帝，在位五十四年，終年七十一。❿綰請毋奏事東宮二句　此事《漢書・武帝紀》繫於「二年（西元前一三九年），冬，十月，御史大夫趙綰坐毋奏事太皇太后，及郎中令王臧皆下獄，自殺。丞相嬰、太尉蚡免。」綰，即御史大夫趙綰。東宮，即竇太后所居之長樂宮，在未央宮東側，故稱東宮。⓫竇嬰田蚡廷辯二句　竇嬰、田蚡廷辯之事起因於灌夫過田蚡家，田蚡無意中說了想請他陪去竇嬰家，於是灌夫邀其早日去竇嬰家，田蚡允諾，於是竇嬰家「益市牛酒，夜灑掃張具至旦，平明，令門下伺候」，結果久候不至，灌夫去田蚡宅詢問，田蚡尚未起床，把這件事忘了。於是田蚡被動地前往竇宅，而且故意慢行。至宅行酒間，「夫起舞屬蚡，蚡不起。夫徙坐，語侵之。」這場宴飲至夜，田蚡與灌夫二人生隙。日後，竇嬰邀灌夫同去丞相田蚡府赴宴，行酒時，灌夫又與灌賢、程不識不快，田蚡下令把灌夫抓起來，劾灌夫大不敬。嬰為灌夫說情，上書武帝，稱灌夫醉飽失禮，不足誅，於是武帝令在朝廷辯之，朝廷多數若汲黯及鄭當時皆是竇嬰。廷辯時，武帝母王太后亦使人候伺朝議，並具以語王太后。武帝罷朝，入宮為太后上食，太后大怒，不食，曰：「我在也，而人皆藉吾弟，令我百歲後，皆魚肉之乎！且帝寧能為石人邪！」武帝謝曰：「俱外家，故廷辯之，不然，此一獄吏所決耳。」竇嬰，字王孫，觀津（今河北武邑東南）人。竇皇后從兄之子，宗室諸竇無如嬰賢而有才幹，破七國之亂後封魏其侯，曾為栗太子傅，栗太子廢，嬰退居藍田南山下。王太后，漢武帝母，父王仲，母臧兒，為仲妻，生一男二女。仲死，更嫁田氏，生男田蚡、田勝。景帝崩，武帝即位，為皇太后。田蚡，景帝王皇后之同母異父弟。竇嬰為大將軍，蚡為諸曹郎，侍嬰，跪起如子姓。武帝即位，田蚡以舅封武安侯。蚡雖不勝職，以王太后故，數言事多效，士吏趨利者皆去嬰就蚡。竇太后去世，田蚡為丞相，竇嬰失勢，唯灌夫與之交往如故，兩人相得甚歡。而田蚡勢已淩駕於竇嬰之上，傲慢無禮。⓬帝不直蚡二句　為王太后怒，武帝不得已，使御史簿責嬰，灌夫罪至族，並劾嬰罪當棄市。元光四年（西元前一三一年）冬，十二月，殺魏其侯竇嬰。春，三月，武安侯田蚡亦薨。在這件事背後是王太后在作祟，二外家之無聊爭鬥，漢武帝也不能作主。帝，指漢武帝。⓭韓嫣得幸於上四句　武帝即位後，嫣常與武帝共臥起，江都王入朝，從武帝獵於上林，天子車駕蹕道未行，先使嫣乘副車，從數十百騎馳視獸。江都王望見，以為天子，辟從者伏謁道旁。嫣驅馳不見，既過，江都王怒，為皇太后泣，請得歸國，入宿衛，比韓嫣。太后由此銜嫣。韓嫣，字王孫，武帝為膠東王時，嫣與上學書相愛，嫣善騎射，武帝即位，嫣先習兵，官至上大夫。后，指孝景帝王皇后。江都王，亦稱易王，姓劉，名非。漢武帝之長兄。漢景帝二年（西元前一五五年）立為汝南王。吳楚反時，非年十五，曾上書自請擊吳，景帝賜非將軍印，擊吳。⓮嫣以姦聞二句　語出《漢書・韓嫣傳》稱：「嫣侍，出入永巷不禁，以奸聞皇太后，太后怒，使使賜嫣死。上為謝，終不能得，嫣遂死。」永巷，為漢代後宮妃嬪宮女的處所，外人不得入內。《史記・呂后本紀》：「乃令永巷囚禁戚夫人。」韓嫣違禁入永巷，故太后以其有奸情而賜死。⓯成帝幸張放三句　張放為侍中中郎將，與成帝同起臥，常從成帝微行出遊，鬥雞走馬於長安市中。積數年，時帝諸舅皆害其寵，白元帝王太后，太后以帝年輕而動作不知節制，怪罪於張放。時有災異，大臣若翟方進亦歸咎於放，成帝雖寵愛放，然迫於太后及大臣議論，不得已而涕泣遣放就國。成帝崩，放思慕哭泣而死。成帝，劉驁，字太孫。元帝即位，立為太子，元帝崩，驁即位，在位二十六年，終年四十五。張放，為張湯之第六代孫，成帝姊敬武公主之子，故得成帝寵幸。

【語譯】漢代母后干預朝政，不一定要親自臨朝，或者皇帝尚未成年，即使君王成年已親政也是如此。文帝把周勃關押起來，薄太后便說：「那時周勃掌握著帝王的璽印，統率守衛宮廷的北軍，不在那個時候造反，現在退居在一個小縣城，反而要造反嗎？」文帝立即謝過而稱：「管案子的官吏弄清以後，會釋放他的。」於是便派使節赦免了周勃，恢復了他的爵邑。吳、楚七國之叛亂被誅滅以後，景帝準備為他們延續後代，這時竇太后說：「吳王是諸侯王中年齡最大的長者，理應成為宗室諸王的榜樣，如今卻帶頭作亂，怎麼還能為他續後呢？」不許為吳王立後，只許為楚王立後。郅都為中尉時，處理臨江王的案子，臨江王自殺身亡，竇太后為此發怒，郅都因此免官歸家，後出任雁門太守，為此匈奴設法中傷郅都。景帝說：「郅都為忠臣。」準備釋放他。竇太后不同意，告訴景帝：「當年臨江王難道不是忠臣嗎？」於是景帝只能斬郅都。漢武帝即位以後，啟用王臧為郎中令，趙綰為御史大夫，他們崇尚儒術，而竇太后討厭儒術，喜歡黃老之學，而趙綰又提出今後朝廷議事，不要再事事奏請太后所在的東宮了，竇太后知道後大怒，找趙綰、王臧這二個人的毛病，用來責難武帝，武帝只能為此而下趙綰與王臧於監獄，並殺了他們。竇嬰與田蚡為了灌夫發酒瘋而產生糾紛，武帝便把這件事放到朝廷上進行辯論，大多數大臣都傾向於竇嬰，由於田蚡是王太后的兄弟，王太后知情後便大怒，不肯吃飯，而且說：「我人還在哪，人們就欺侮我的兄弟，難道武帝是石頭人，對母親的家人那麼無情無義！」武帝心裡明白這件事是田蚡這一邊太驕橫，但是為了太后的原故，把竇嬰給殺了。還有韓嫣受到漢武帝的寵幸，有次韓嫣隨武帝出獵，怠慢了江都王，江都王便到王太后處哭訴，說不要王國了，願意到宮廷中如韓嫣一樣充當宿衛，太后因此便討厭韓嫣，當韓嫣與宮女有姦情的事敗露後，太后便派使者去賜韓嫣自殺。武帝為韓嫣向太后求情，也沒有得到太后的允許，因為事關後宮的事，是太后說了算。成帝喜歡外甥張放，太后認為張放的行為過於放縱，對成帝身心的發展不利，所以讓成帝遣送張放出京城，成帝只能哭著把張放遣送京外。

【研　析】漢母后預政的背後是外戚干政，從西漢王朝整個歷史講，母后預政的現象幾乎貫穿始終，從惠帝、文帝、景帝、武帝，以至元、成、哀、平，都有母后預政的政治現象。漢武帝要到元朔三年（西元前一二六年）王太后去世以後，才擺脫外戚的干預，後面的四十多年，才是他獨立主持政局，並不受牽制地作出重大決策。母后干政時間最長的，還是孝元皇后王氏，她的壽命最長，活到八十四歲。撇開元帝不說，成、哀、平三帝都有她干政的痕跡。她的王氏家族前後凡十侯、五大司馬，牢牢掌控著西漢末的政局，最終是她兄弟的兒子王莽顛覆了西漢政權。漢武帝對母后干政深有所痛。田蚡是王太后的同母弟，從田蚡與漢武帝相處的細節可以看出外戚干政的深度。田蚡為丞相，「當是時，丞相入奏事，語移日，所言皆聽，薦人或起家至二千石，權移主上。上乃曰：『君除吏盡未？吾亦欲除吏。』」（《漢書・田蚡傳》）武帝是一個有主見、有雄才大略的君主。從這個細節，可以看到武帝已很難容忍這種現象，礙著母親王太后，一時不能發作而已。故在他晚年立八歲的昭帝弗陵為太子時，深知自己將不久於人世。那一年，他自己是七十歲，為了防止身後出現母后預政的格局，他譴責昭帝的母親鉤弋夫人，送掖庭獄，並賜死。據《資治通鑑・漢紀》載對於這件措施的反應時，他「問左右曰：『外人言云何？』左右對曰：『人言且立其子，何去其母乎？』帝曰：『然，是非兒曹愚人之所知也。往古國家所以亂，由主少、母壯也。女主獨居驕蹇，淫亂自恣，莫能禁也。汝不聞呂后邪！故不得不先去之也。』」雖然武帝防止了鉤弋趙婕妤的專權，但昭帝即位時只有八歲，由霍光輔政，並賜光周公輔成王圖，然而同時輔政的大臣上官桀仍然忙著與昭帝和霍光結姻，希望以姻親關係來鞏固政治地位，可見當時在觀念上仍然逃脫不了母后預政的政治格局。最終西漢政權，仍然結束在孝元王皇后的家族手中。這幾乎是漢王朝難以避免的宿命。事情為什麼會如此呢？

漢家的謚號，自惠帝以下，皆稱孝，在意識形態上，漢代強調的是以孝治天下，中國封建專制主義體制下，家與國不可分割，國是家族宗法制度的擴大，《禮記・大學》是把修身、齊家、治國、平天下緊緊聯繫在一起的。在《禮記．中庸》則講：「君子不可以不修身，思修身不可以不事親，思事親不可以不知人，思知人不可以不知天。」修身是從事親出發，事親的核心便是孝。以孝知人，知人乃知賢。所以事親孝成為倫理的核心價值，家庭穩定了，國家才有穩定的社會基礎，這是儒家價值觀念最基本的邏輯結構。儒家在祭祀的禮儀中，其倫理的價值取向便是以孝為其基本取向，故《論語．學而》引有子的話講：「其為人也孝悌，而好犯上者鮮矣；不好犯上，而好作亂者，未之有也。」故提倡孝道是治國之本，在《禮記．中庸》中，有這麼一句話：「子曰：『無憂者，其唯文王乎，以王季為父，以武王為子，父作之，子述之。』」那是說文王為子之道，為武王作了榜樣。《禮記．文王世子》篇具體記錄了文王作為世子時，其一日三次向父親問膳的事親格式成為後世王者的榜樣。所以侍奉父母膳食，成為世子或帝王顯示自己孝行的一個重要標誌。父王去世後，侍候母后的膳食，自然成為帝王盡孝的一個重要節目了。母后絕食，對帝王是一個最大的難題了。若竇嬰與田蚡在朝廷上爭辯的事，武帝退朝，向太后問膳，太后怒，不食，曰：「我在也，而人皆藉吾弟，令我百歲後，皆魚肉之乎！且帝寧能為石人邪！」一旦太后發怒，不吃飯，耍脾氣，武帝便犯愁了，明知田蚡理虧，也只能偏袒於田蚡而置竇嬰、灌夫於死地了。因為竇太皇太后畢竟去世了，現在後宮是王太后作主。又如，漢成帝時，孝元皇后成了皇太后，成帝聽了王章的建議，疏遠王鳳。王鳳便到太后那兒哭訴，「太后聞之為垂涕，不御食。」（《漢書．元后傳》）這樣成帝只能讓步了，讓王鳳繼續管事，把王章下獄治罪，結果王章死在獄中。故漢家諸帝以孝為諡號，不僅是一個抽象的概念，它包含著實際的政治內涵。它牽涉到漢家內治的一些根本觀念。不僅是觀念，而且它建立在姻親基礎上的有外戚作依傍，去掌握國家運作的實際權力。這從呂后起，到孝元皇后為止，都有充分的事實依據。大臣們為了鞏固自己的權勢，也都想方設法使自己與王者建立姻親關係，如霍光、上官桀便是典型。儘管皇室選妃時盡量從良家子中挑選，選代王入主長安時，也因太后薄氏出身低微，竇皇后出身也不高，但依照《春秋》大義，「子以母貴，母以子貴」的原則，而在後宮實際撫養太子的也是母后，所以在這種既定的格局下，很難避免母后干政的現象出現。武帝那種殘忍地對付鉤弋趙婕妤的辦法，也只能收效於一時，不可能長期根絕母后干政及外戚專權的情況。帝王在後宮有母后，朝廷有外戚執政的包圍下，要突圍，在東漢就是借助於宦官了。所以宦官與外戚的專權，始終是兩漢難以擺脫的痼疾。

田千秋郅惲

漢武帝殺戾太子❶，田千秋訟太子冤曰：「子弄父兵當何罪？」❷帝大感悟，曰：「父子之間，人所難言也。公獨明其不然，公當遂為吾輔佐。」遂拜為丞相。光武廢郭后❸，郅惲❹言曰：「夫婦之好，父不能得之於子，況臣能得之於君乎？是臣所不敢言。雖然，願陛下念其可否之計，無令天下有議社稷而已。」帝曰：「惲善恕己量主。」遂以郭氏為中山王太后，卒以壽終。此二人者，可謂善處人骨肉之間，諫不費詞，婉而能入者矣。

【注釋】❶漢武帝殺戾太子　漢武帝殺戾太子事，《漢書・武帝紀》繫於征和二年（西元前九一年），那年武帝六十七歲。趙人江充用事，充與太子有隙，會巫蠱事起，武帝嘗夢木人數千持杖欲擊，因是身體不適。江充言上疾在巫蠱，武帝乃以充為使者，治巫蠱獄。充入太子宮搜查，掘地縱橫，並稱「太子宮得木人尤多」，以此奏聞。太子懼，發兵斬江充。長安因此擾亂，言太子反。武帝未能細審，大怒，令丞相劉屈氂發兵捕反者，太子兵敗出亡，被圍捕乃閉戶自縊而死。漢武帝，劉徹，字通。十七歲即皇帝位，在位五十四年，終年七十一。戾太子，劉據，一作衛太子，因其為衛后所生。元狩元年（西元前一二二年）立為太子，時年七歲。武帝二十九歲時，始生子，甚愛之，及長，性仁恕溫謹。武帝末，外出行幸時，以後事付太子。武帝用法嚴酷，太子寬厚，多所平反。群臣寬厚長者皆附太子，而深酷用法者皆毀太子，故武帝耳聞，太子譽少毀多。❷田千秋二句　《漢書・車千秋傳》稱：「千秋上急變訟太子冤，曰：『子弄父兵，罪當笞；天子之子過誤殺人，當何罪哉！』」使武帝感悟處置過當。田千秋，戰國齊諸田之後，其先徙於漢高祖之長陵，千秋為高廟寢郎。❸光武廢郭后　郭后以寵衰而數懷怨言，至建武十七年（西元四一年）遂廢為中山王太后。光武，劉秀，字文叔。南陽蔡陽（今湖北棗陽西南）人。東漢王朝之創始者，在位三十二年，終年六十二。郭后，名聖通，真定槀（今河北石家莊東之槀城）人，光武擊王郎至真定，因納后，有寵。建武元年（西元二五年）生子彊，次年立彊為皇太子，郭氏立為皇后。❹郅惲　字君章，汝南西平（今河南西平西）人，曾授皇太子劉彊《韓詩》。《後漢書・郅惲傳》稱：「及郭皇后廢，惲乃言於帝曰：『臣聞夫婦之好，父不能得之於子，況臣能得之於君乎？是臣所不敢言。雖然，願陛下念其可否之計，無令天下有議社稷而已。』帝曰：『惲善恕己量主，知我必不有所左右而輕天下也。』」光武帝是表示自己不會因個人好惡而背棄天下之議論，也就是不會對郭后及其家族作過分的處置。故郭后被廢後，光武仍善待其弟郭況。以郭后之次子劉輔為中山王，太子劉彊改封為東海王。郭后之母郭主去世時，光武仍親臨送葬。至建武二十八年（西元五二年）郭后薨，葬於北芒（今河南洛陽北邙山）。光武帝對郭家親人都能有始有終。

【語　譯】漢武帝殺戾太子，田千秋為太子訴冤說：「兒子玩弄父親的兵器該判什麼罪啊？」武帝因而感悟，並說：「父子之間的事情，旁人是很難言說的。唯讀你田千秋能明白地說明太子並沒有反意，為此你應該成為我的輔佐。」於是便任命田千秋為丞相。光武帝廢掉郭皇后，郅惲進言說：「夫婦之間和好與否，父親不能從兒子那兒得到，何況作為臣下，能體會到君王的切身感受嗎？所以這是為臣子所不敢言說的。儘管如此，希望陛下考慮一下自己的做法是否可以，不要讓天下人來議論你君王的作為。」光武帝聽了以後，便說：「郅惲能設身處地的為君王來考量該如何辦。」於是光武帝以郭氏為中山王太后，最終得以壽終。田千秋與郅惲這二個人，可以說是善於處理人們骨肉之間的矛盾，諫諍於君王，簡明而又婉轉，使君王易於接受。

【研　析】這一條前後講了二件事，漢武帝與光武帝二個人在廢太子與廢后的不同做法，造成二個完全不同的結果。漢武帝廢太子的起因是巫蠱案。巫蠱，是巫師通過詛咒祈求鬼神加害於人的一種巫術，當時流行的巫術是刻一木人，書仇人之姓名，埋入地下，通過詛咒以加害於仇人。漢武帝晚年，巫師們聚集於京師，「女巫往來宮中，教美人度厄，每屋輒埋木人，祭祀之，因妒忌恚詈，更相告訐，以為祝詛上無道。」（《資治通鑑・漢紀》）漢代後宮，這類事件幾乎層出不窮。在衛子夫立皇后之前，漢武帝有一個陳皇后，後來衛子夫得幸，由於妒忌，有一個女巫楚服，為皇后巫蠱詛咒。這件事被發覺後，皇后被廢，退居長門宮，楚服則被梟首示眾。衛子夫的弟弟衛青為漢武帝討伐匈奴立有大功，衛子夫年老色衰，漢武帝先後寵幸過李夫人、伊婕妤、鉤弋夫人等。衛子夫的姊夫公孫賀為丞相，抓了京師大俠朱安世，此人在獄中上書，告公孫賀的兒子敬聲與陽石公主私通，乘武帝去甘泉時，在馳道上埋偶人祝詛武帝。而武帝又是非常迷信鬼神，於是把公孫賀下獄案驗，父子皆死獄中，此案牽涉到衛子夫的二個女兒諸邑公主和陽石公主，及衛青的兒子衛伉，皆因巫蠱而坐誅。這件事對衛子夫母子震驚極大。那時江充與太子劉據有隙，而武帝夢中有無數木人持杖追擊，醒後，精神恍惚多疑，於是命江充為使者治巫蠱，民間亦因此而轉相誣告，坐巫蠱而死者達數萬人。武帝還懷疑左右的人詛咒自己，於是江充在後宮掘地三尺，找證據，誣言太子宮中得木人甚多，還有帛書，所言不道。因有前車之鑑，太子非常恐懼，於是先發制人，發長樂宮中的衛卒，殺江充。事情鬧大了，有人告到武帝處，說太子反了。武帝派使節召太子，使節不敢去，謊報太子反了。於是武帝發軍隊圍攻太子兵，太子兵敗自縊，而衛子夫亦因而自縊，巫蠱之禍在父子、夫婦之間鬧了一場血腥的大悲劇。

同樣是廢后與廢太子，光武帝處理的方法要溫和得多。古代母以子貴，妃子生了兒子，要立為太子時，母親才封為皇后。光武帝寵愛的是陰麗華，立皇后時，郭貴人有子，而陰麗華未有子，所以立郭貴人為后。後來陰麗華得子，即後來的漢明帝劉莊。郭后寵衰，有怨言，後宮的是非就多了，所以才使光武帝要廢郭后另立陰后，太子的地位也不穩定了。郭氏與太子被廢以後，光武帝還是保留他們相應的地位，沒有開殺機，重蹈漢武帝的覆轍。在處理廢立的問題上，就溫和得多。

至於田千秋與郅惲這二個人說辭也比較巧妙而又婉轉。漢武帝在巫蠱之禍以後，本已後悔不已，再經有人上書講太子起兵只是以救難自免，並沒有反叛作逆的意圖。而田千秋則借自己夢中的一番話，給武帝提供了下樓的臺階，後來漢武帝反過來族滅江充家，把誣告太子造反的蘇文焚死於橫橋之上，凡是加兵於太子的都受到處分。武帝還作思子宮和歸來忘思之臺。看來老人事後感到淒涼不堪了。從田千秋與郅惲二個人的諫言中可以看到進諫的是非是一回事，而說話的時機與技巧又是一回事。否則的話，即使你說對了，不僅不一定能達到你所希望的效果，而且往往適得其反。《韓非子・說難》中講的就是這個道理。從二千多年的歷史看，廢太子廢皇后這樣的重大政治變故能如漢光武帝那樣冷靜平穩處理的還只是少數個案。如漢武帝廢戾太子、衛皇后自縊及因巫蠱事株連一大片那樣的大悲劇還是占了大多數。

戾太子

《容齋隨筆》卷二

戾太子死❶，武帝追悔，為之族江充家❷，黃門蘇文助充譖太子，至於焚殺之❸。李壽加兵刃於太子，亦以它事族❹。田千秋以一言至為丞相❺。又作思子宮，為歸來望思之臺❻。然其孤孫囚係於郡邸，獨不能釋之❼，至於掖庭令養視而不問也❽，豈非漢法至嚴，既坐太子以反逆之罪，雖心知其冤，而有所不赦者乎！

【注釋】❶戾太子死　武帝晝寢，夢木人數千持杖欲擊己，武帝驚醒後，由是身體不適，江充等乃上言武帝疾祟在巫蠱，於是以江充為使者治巫蠱獄。胡誣言宮中有蠱氣，不除之，上終不瘉。故而武帝使江充入宮，掘地求蠱。充言太子宮中得木人尤多。太子驚恐，使客收捕江充，並殺之。因太子擅自起兵，武帝怒，令丞相劉屈氂發兵捕太子。太子兵敗，亡走之湖縣，自經而死。戾太子，劉據，衛皇后之子。戾，意為暴逆，是漢宣帝時給他祖父的諡號。武帝二十九歲得太子，元狩元年（西元前一二二年）立為皇太子。及長，性仁恕寬厚。武帝用法嚴，多任酷吏，而太子多所平反，故群臣中寬厚長者皆附太子，而深酷用法者皆毀之。❷武帝追悔二句　江充掘蠱於太子宮，為太子所殺。太子亦因此而起兵，後被殺。事後武帝知江充有詐，夷充三族。江充，字次倩，趙國邯鄲（今河北邯鄲）人，其妹嫁趙太子丹，太子與充有忤，充遂赴京告太子丹在後宮奸亂，敗太子丹。武帝召見江充，令其出使匈奴，使還，拜直指繡衣使者，督捕三輔盜賊。後奉旨為使者治巫蠱，坐而死者前後數萬人。❸黃門蘇文二句　《資治通鑑》載：「太子嘗謁皇后，移日乃出。黃門蘇文告上曰：『太子與宮人戲。』上益太子宮人，滿二百人。太子後知之，心銜文。」又武帝使江充入宮中掘地求偶人，「黃門蘇文等助充」。太子事敗後，武帝知太子惶恐無他意，故在族滅江充家的同時，「焚蘇文於橫橋上」。橫橋是長安橫門邊渭水之橋。黃門屬少府，以宦者為之，蘇文是武帝身邊的宦官。❹李壽加兵刃二句　《資治通鑑》記其事於武帝征和二年（西元前九一年）云：「八月，辛亥，吏圍捕太子。太子自度不得脫，即入室距戶自經。山陽男子張富昌為卒，足蹋開戶。新安令史李壽趨抱解太子，主人公遂格門死，皇孫二人并皆遇害。上既傷太子，乃封李壽為邗侯，張富昌為題侯。」就是這個李壽，卻在「泉鳩里加兵刃於太子」，後被族誅。（《漢書・戾太子傳》）❺田千秋句　田千秋在巫蠱之禍後，上書訟太子冤，書云：「子弄父兵，罪當笞，天子之子過誤殺人，當何罪哉！」於是武帝召見田千秋，謂曰：「父子之間，人所難言也，公獨明其不然。此高廟神靈使公教我，公遂當為我輔佐。」（《漢書・車千秋傳》）不久即代劉屈氂為丞相，封富民侯。田千秋即車千秋，本姓田氏，其先人為齊之諸田，徙長陵。❻又作思子宮二句　《漢書・戾太子傳》稱其事云：「上憐太子無辜，乃作思子宮，為歸來望思之臺於湖。天下聞而悲之。」顏師古注云：「言已望而思之，庶太子之魂來歸也。其臺在今湖城縣之西，閿鄉之東，基址猶存。」❼然其孤孫因係二句　戾太子、史良娣、皇孫、王夫人皆遇害，時太子有三男一女，二孫，一孫女亦同時遇害。而曾孫雖在襁褓，亦坐收繫於少府所屬的郡邸獄。其時丙吉奉詔治郡邸獄，以皇曾孫坐衛太子事繫獄，哀其無罪，擇謹厚女徒，令保養曾孫。積五年乃遇赦，送外家史良娣之母扶養。孤孫，指戾太子的孫子，生數月，遭巫蠱事。❽至於掖庭句　《漢書・宣帝紀》稱「有詔掖庭養視，屬籍宗正」。意為承認他是武帝的曾孫。掖庭令指張賀，本為太子家吏，後為掖庭令，是他出資撫養皇曾孫長大的。掖庭，即漢初之永巷，武帝改稱掖庭，為幽囚宮人之所，設有令、丞，宦者為之，亦屬少府。

【語　譯】戾太子死後，漢武帝追悔莫及，因此把誣陷戾太子的江充夷滅三族，將曾經幫助江充一起詆毀太子的黃門郎蘇文，活活燒死在橫橋上。對直接殺害太子的李壽，也藉故滅了他的家族。田千秋為太子說了一句鳴冤的話，就官至丞相。漢武帝還修建了一座思子宮，修了歸來望思臺，希望太子能魂歸故地。然而武帝剛出生的曾孫卻因太子的緣故被囚禁於郡邸的監獄，仍然不能寬釋，讓掖庭令扶養他成長，不再追問他罪了，這也許是因為漢代執法嚴厲，漢武帝的曾孫既連坐太子反逆之獄，雖然心裡明知道他是被冤屈的，也不肯輕易地赦免他吧！

【研　析】漢武帝晚年所謂巫蠱案，自京師、三輔連及郡國坐而死者前後達數萬人。這個案子最早便牽連到衛皇后姊一家，以及諸邑公主、陽石公主和衛青的兒子衛伉，接著牽涉到衛皇后及戾太子，弄到父子之間兵戎相見，骨肉相殘，因此而死者又數萬人。司馬遷的好朋友任安與田仁也是死在這個案子，因為他們都曾經是衛青的舍人。田仁當時是丞相司直，給太子開了城門，任安是北軍使者護軍，受太子節，即使沒有發兵，武帝也認為他有不忠之心，故二人一併下吏誅死。戾太子一門死難的有三男一女二皇孫，只留下剛出生數月的皇曾孫。

引發這樣慘烈的案子的一個重要原因，是與漢武帝過於迷信鬼神有關。《漢書・郊祀志》稱：「武帝初即位，尤敬鬼神之祀。」他迷信巫術，結果是方士及神巫都聚在京師。那時男的叫覡，女的叫巫，這些巫師皆因能降神而出入宮中。漢武帝喜歡李夫人，李夫人死後，齊地有一方士叫少翁，能夜致夫人及灶鬼之貌，讓漢武帝在帷中望見李夫人容貌。武帝自己生病時，便召致巫神，「使人問神君，神君言：『天子無憂病，病少癒，強與我會甘泉。』於是上病癒，遂起，幸甘泉，病良已。」（《漢書・郊祀志》）而這次巫蠱事件的起因便是漢武帝白日做夢，夢見木人數千持杖擊他，他驚醒以後，人不舒服，並苦於忽忽善忘，所以江充才能進言說「上疾祟在巫蠱」，於是在宮中掘地求偶人，而且弄得人人自危，轉相誣陷，掘到太子宮，這才激起父子之間的這場慘劇。導致這場慘劇的另一個原因是漢武帝用法嚴酷，多任深刻吏，而江充也正是在這一點上被武帝所好。漢武帝曾拜江充為「直指繡衣使者，督三輔盜賊，禁察踰制。貴戚近臣多僭奢，充皆舉劾，奏請沒入車馬，令身待北軍擊匈奴」。所以在漢武帝心目中，「以充忠直，奉法不阿，所言中意。」（《漢書・江充傳》）江充實際上是個非常典型的酷吏，所以他在巫蠱案中，敢於直接衝著太子劉據而去，加上衛青去世後，漢武帝與衛氏之間已有過隙，衛后失了衛青的依靠，而母后專政又是武帝最忌諱的地方，所以江充與胡巫才有機可乘。對王者而言，如果既有濃重的意識形態色彩，又好嚴刑峻法、興大獄者，那是非常危險的。他對權力的使用，一旦超出正常軌道，等待他的往往是巨大的歷史悲劇。在漢武帝身上是如此，在其他擁有巨大權力的人身上同樣也會重演這樣的歷史悲劇。為什麼？《禮記・緇衣》：「下之事上也，不從其所令，從其所行。上好是物，下必有甚矣。故上之所好惡，不可不慎也。是民之表也。」然其孤孫即皇曾孫養於民間，對其以後為帝（即宣帝），未嘗不是一件好事。生活和成長在民間，比成長在深宮要好，因為多少可以知道一點民間的日常生活。長期養尊處優的生活，並不是好事。為人不經艱難，哪能成長。

灌夫❶任安❷

竇嬰❸為丞相，田蚡❹為太尉，同日免❺。蚡後為丞相，而嬰不用，無勢❻，諸公稍自引而怠驁，唯灌夫獨否❼。衛青為大將軍，霍去病才為校尉❽，已而皆為大司馬❾。青日衰，去病日益貴❿。青故人門下多去事去病，唯任安不肯去⓫。灌夫、任安，可謂賢而知義矣。然皆以它事卒不免於族誅，事不可料如此。

【注釋】❶灌夫　字仲孺，潁陰（今河南許昌）人，其父張孟，為潁陰侯灌嬰舍人，改姓灌，為灌孟。灌夫早年隨其父討吳楚之亂，作戰勇敢，名聞天下，漢武帝即位後，任淮陰太守，入為太僕，家居長安。夫為人剛直，不好面諛，因酒而好使氣，曾因酒醉與竇太后昆弟竇甫相搏，武帝為此遷灌夫為燕相。夫喜任俠，重然諾。❷任安　字少卿，滎陽（今河南滎陽）人。少孤而貧困，後任亭長、三老、三百石長等基層的小官僚，後與田仁同為將軍衛青之舍人。二人同心相愛，少府趙禹薦衛將軍舍人，為漢武帝所召見，使任安護北軍。後用田仁為丞相長史，任安為益州刺史。❸竇嬰　字王孫，孝文帝竇皇后從兄之子，觀津（今河北武邑東南）人。吳楚反時，以竇嬰為大將軍，守滎陽，破七國之亂，封魏其侯。武帝即位，以竇嬰為丞相。❹田蚡　孝景王皇后之同母弟，生於長陵（今陝西西安北郊），竇嬰為大將軍時，田蚡為諸曹郎，景帝末為中大夫。武帝即位，田蚡以帝舅封為武安侯，並以為太尉。❺同日免　指竇嬰與田蚡同日免職。事出嬰、蚡俱好儒術，以趙綰為御史大夫，王臧為郎中令。竇太后好黃老言，趙綰、王臧推隆儒術，趙綰請毋奏事東宮竇太后，竇太后怒，乃罷趙綰、王臧，免丞相竇嬰、太尉田蚡職。❻蚡後為丞相三句　武帝建元元年（西元前一三五年），竇太后崩，以田蚡為丞相，而竇嬰因失竇太后，益疏不用。天下士諸公卿士大夫愈益附田蚡，嬰因失勢而諸公卿大夫皆引退而怠慢於竇嬰。❼唯灌夫獨否　時竇嬰因失勢，亦與夫共相提挈，凡有見其失職而慢弛者，二人共排退之，不復與交。而灌夫亦因嬰而通列侯宗室，兩人相引為重，相得甚歡，相與遊如父子然。❽衛青為大將軍二句　衛青，字仲卿，本姓鄭，河東平陽（今山西臨汾西南）人，為衛子夫之同母弟，故冒姓衛。青為平陽侯曹壽之家人，衛子夫有幸於武帝，為夫人，衛青為太中大夫。因帶兵多次出擊匈奴有功，元朔五年（西元前一二四年）即軍中拜青為大將軍。霍去病，為青之姊少兒之子。年十八為侍中，再從大將軍衛青，為票姚校尉，元朔六年因功封冠軍侯。至元狩二年（西元前一二一年）為票騎將軍。❾已而皆為大司馬　元狩四年（西元前一一九年）衛青與霍去病各將五萬騎出塞伐匈奴，霍去病功高於衛青，於是武帝置大司馬位，令票騎將軍與大將軍等，皆為大司馬。❿青日衰二句　去病為人少言不泄，作戰時有氣敢往，武帝為其置第，其對曰：「匈奴不滅，無以家為也。」由此漢武帝益愛重之。儘管衛青愛士退讓，但軍功不若霍去病，故在武帝及眾人心目中，其地位日益衰落。⓫青故人門下二句　青故人門下所以多去事去病，因可由此輒得官爵。唯獨任安不肯去，那是由於任安不願趨炎附勢。語見《漢書・霍去病傳》。

【語譯】武帝初，竇嬰為丞相，田蚡為太尉，二個人同時被免職。後來田蚡再為丞相，而竇嬰不再被任用，失去了權勢，朝廷的公卿大臣漸漸與他疏遠，或者怠慢於他，只有灌夫不是這樣。衛青擔任大將軍時，霍去病只是他屬下的校尉，不久，兩個人同為大司馬。衛青的地位日漸衰落，霍去病則日益貴重。衛青的門下故人都轉而投奔到霍去病的門下，只有任安不肯去。如灌夫、任安這樣，可以算是賢良而深明大義的人了。然而這二個人都因其他事最終不免於被族誅，事物的變化竟然如此不可逆料。

【研析】灌夫被族誅的原因是因為灌夫得罪了田蚡，田蚡娶燕王女為妻，在婚宴上，灌夫行酒，先因田蚡不肯滿觴而不悅，行酒至灌賢，而灌賢正與程不識耳語，引起爭執，田蚡為此發怒，讓人縛灌夫，劾灌夫不敬之罪，並派人逐捕灌夫之支族。於是竇嬰為此事上書武帝，具告灌夫因醉酒失言，不足誅。武帝然之，讓朝廷辯論此事。在朝堂上，引起田蚡與竇嬰二人互相攻訐，朝廷大臣皆直竇嬰言。罷朝後，武帝入內廷上食太后，太后怒，不食，曰：「我在也，而人皆藉吾弟，令我百歲後，皆魚肉之乎！」因此而灌夫與竇嬰皆被棄市。此事失在田蚡，不久田蚡有疾，「一身盡痛，若有擊者，謼服謝罪。上使視鬼者瞻之，曰：『魏其侯與灌夫共守笞，欲殺之。』竟死。」（《漢書・田蚡傳》）任安之死，則由於巫蠱之禍。太子起兵誅江充，時田仁為丞相長史，任安為北軍使者護軍，田仁為司直主城門，認為太子與武帝骨肉之親，故守城門而開太子過諸陵，因而田仁被下吏誅死。而任安在「太子立車北軍南門外，召任安，與節發兵。安拜受節，入，閉門不出。」「武帝曰：『是老吏也，見兵事起，欲坐觀成敗，見勝者欲合縱之，有兩心。安有當死之罪甚眾，吾常活之，今懷詐，有不忠之心。』下安吏，誅死。」（《史記・田叔列傳》）武帝在激怒之下的這個判斷顯然不當，田仁與任安，都是考慮到父子之間的誤會，不願激化事變。他能在平靜的狀態下，接受田千秋訟太子冤的意見，說：「父子之間，人所難言也，公獨明其不然。此高廟神靈使公教我，今當遂為吾輔佐。」（《漢書・車千秋傳》）從田仁、任安，到田千秋，他們對太子劉據起兵誅江充的認識應該說基本上是一致的，所以結果不同，前者是漢武帝在情緒激動非理性的狀態下，所作出的處置，後者則是武帝心平氣和地在理性支配下所作出的判斷。灌夫是死於王太后與田蚡的仗勢欺人，任安則死於武帝失去理智的錯誤判斷，非其本人有何過失。洪邁所言灌夫、任安皆以他事卒不免於族誅，並非由於他們為人賢而知義的結果，當然仗義為人也確有風險。然而為人仍當如此，因為歷史的天平自然會傾向於灌夫與任安這一邊。這在司馬遷與班固之文字中，完全可以清楚地知道。司馬遷在《史記・汲鄭列傳》的太史公曰：「夫以汲（黯）、鄭（當時）之賢，有勢則賓客十倍，無勢則否，況眾人乎！下邽翟公有言，始翟公為廷尉，賓客闐門，及廢，門外可設雀羅。翟公復為廷尉，賓客欲往，翟公乃大署其門曰：『一死一生，乃知交情。一貧一富，乃知交態。一貴一賤，交情乃見。』汲鄭亦云，悲夫！」故為人不能做趨勢附利的小人，應該如灌夫、任安那樣「賢而知義」。司馬遷在〈報任少卿書〉中有一句名言，「且負下未易居，下流多謗議。」故為史者需有勇氣為居下流及負下者發言，如司馬遷、班固那樣敢於背著漢武帝說公道話，不能如勢利小人那樣隨波逐流。

太白雪讒

李太白以布衣入翰林，既而不得官❶。《唐史》言高力士以脫靴為恥，摘其詩以激楊貴妃，為妃所沮止。今集中有〈雪讒詩〉一章❷，大率載婦人淫亂敗國，其略云：「彼婦人之猖狂，不如鵲之彊彊。彼婦人之婬昏，不如鶉之奔奔❸。坦蕩君子，無悅簧言❹。」又云：「妲己滅紂❺，褒女惑周❻。漢祖呂氏，食其在傍❼。秦皇太后，毐亦淫荒❽。蝃蝀❾作昏，遂掩太陽。萬乘❿尚爾，匹夫何傷。詞殫意窮⓫，心切理直。如或妄談，昊天是殛⓬。」予味此詩，豈非貴妃與祿山淫亂，而白曾發其姦乎？不然，則「飛燕在昭陽⓭」之句，何足深怨也？

【注釋】❶李太白二句　李白在天寶元年（西元七四二年）為玄宗召為翰林供奉，只是一種名義，實際上並無具體的官職。故稱「既而不得官」。宋程大昌《雍錄》說：「如李白輩供奉翰林，乃以其能文，特許入翰林，不曰以某官供奉也。」李太白，即李白。布衣，指未入仕的平民百姓。翰林，即翰林院。唐制：翰林院設置在宮禁中，最初是收羅一些文學、技藝之士，以備皇帝召用的。後來玄宗又設翰林供奉，與集賢院學士分掌文書詔敕之事。又改翰林供奉為學士，別置翰林學士院，專掌為皇帝撰寫內命文書。❷今集中有雪讒詩句　〈雪讒詩〉見《李太白集》卷九古近體詩。詩題作〈雪讒詩贈友人〉。洪邁引錄，係摘其要語。❸彼婦人之猖狂四句　此句的典故出於《詩・鄘風・鶉之奔奔》。詩云：「鶉之奔奔，鵲之彊彊。人之無良，我以為兄。」鄭箋：奔奔、彊彊，言其居有常匹，飛則相隨之貌。《毛詩》的解釋是指春秋時衛人諷刺國君宣公之婦宣姜行為淫亂，不如禽鳥中的鶉與鵲，飛則相伴。❹坦蕩君子二句　坦蕩，胸懷寬廣。《論語・述而》：「君子坦蕩蕩，小人長戚戚。」

簧言，指虛巧的語言猶如笙中之簧。《詩・小雅・巧言》：「巧言如簧，顏之厚矣！」❺妲己滅紂　《史記・殷本紀》記載：殷紂王寵愛妲己，唯妲己之言是從。終至沉湎昏惑，誅戮大臣，造成殺身亡國之禍。❻褒女惑周　《史記・周本紀》記載：周幽王寵愛褒姒，立為王后。褒姒不喜笑，幽王為博取她的笑顏，燃舉烽火，召四方諸侯帶兵至京救援，至而未見敵寇，褒姒於是大笑。如此數舉烽火，諸侯不信。又幽王迷惑褒姒之言，廢申后及太子。后父申侯由此怨恨，聯結繒與犬戎，共攻幽王。幽王舉烽火徵兵，諸侯救兵不至。幽王終被殺死於驪山之下。此與上句妲己滅商都是指君王寵愛美貌婦人終於導致亡國。❼漢祖呂氏二句　《史記・呂太后本紀》：「以辟陽侯審食其為左丞相，不治事，令監宮中，如郎中令（宮廷的侍衛長）。」食其為太后之男寵，常用事，公卿皆因其而與太后決事。漢祖，指漢高祖劉邦。呂氏，指劉邦妻呂后。食其，指呂氏嬖臣審食其。❽秦皇太后二句　《史記・呂不韋列傳》：呂不韋乃進嫪毒，遂得侍太后。太后私與通，絕愛之，有身，徙宮居雍。嫪毒常從。賞賜甚厚，事皆決於嫪毒。始皇九年（西元前二三八年），有告嫪毒實非宦者，常與太后私亂。事連相國呂不韋。九月，夷嫪毒三族。秦皇太后，指秦始皇帝母后。毒，指嫪毒，由呂不韋進奉太后的偉男子。❾螮蝀　螮蝀，又稱蝃蝀，虹的古稱。《爾雅・釋天》：「螮蝀，虹也。」《詩・鄘風・蝃蝀》：「蝃蝀在東，莫之敢指。」毛傳：「蝃蝀，虹也。夫婦過禮，則虹氣盛。」❿萬乘　周天子和大國諸侯的尊稱。秦漢以後，則專指皇帝為萬乘或萬乘之君。傅玄〈漢高祖贊〉：「討秦滅項，如日之升，超從側陋，光據萬乘。」⓫詞殫意窮　意指文字表達的意思都已經窮盡了。殫，竭盡。《漢書・杜欽傳》：「殫天下之財，以奉淫侈。」⓬昊天是殛　昊天，指天。《書・堯典》：「乃命羲和，欽若昊天。」殛，誅殺。《左傳・僖公二十八年》：「有渝此盟，明神殛之。」⓭飛燕在昭陽　此句是李白暗喻楊貴妃之美豔深得玄宗的寵愛。句出《李太白集》卷五之〈宮中行樂詞八首〉之第二首。其句為：「宮中誰第一？飛燕在昭陽。」飛燕指漢成帝皇后趙飛燕，因其體態輕盈能歌善舞深得成帝寵愛，居昭陽宮。李白在翰林，玄宗召李白命為樂詞〈清平調〉三章。其中有一首云：「一枝紅豔露凝香，雲雨巫山枉斷腸。借問漢宮誰得似？可憐飛燕倚新妝。」二詩皆為借歌詠趙飛燕而歸美於楊貴妃。

【語　譯】李白以平民的身分進入翰林院，後來沒有得到官職。《唐書》說高力士以給李白脫靴為恥辱，便摘取李白詩句，激怒楊貴妃，楊貴妃便阻止李白任職。現在李白集中有〈雪讒詩〉一章，大致是講婦人淫亂敗壞國政，其內容大略是說：「彼婦人之猖狂，不如鵲之彊彊。彼婦人之婬昏，不如鶉之奔奔。坦蕩君子，無悅簧言。」又說：「妲己滅紂，褒女惑周。漢祖呂氏，食其在傍。秦皇太后，毒亦淫荒。螮蝀作昏，遂掩太陽。萬乘尚爾，匹夫何傷。詞殫意窮，心切理直。如或妄談，昊天是殛。」我體味此詩，莫非楊貴妃與安祿山私通淫亂，李白曾揭發過他們的醜事嗎？否則的話，「飛燕在昭陽」這樣的句子，怎能引起楊貴妃怨恨李白呢？

【研析】洪邁摘引李白〈雪讒詩〉認為「飛燕在昭陽」之句，不足以造成楊貴妃的深恨。此論有一定的道理。因為〈清平調〉樂詞三章實為讚美楊貴妃的美貌和她深得玄宗的寵愛。當時的環境和詩的內容就是如此。至於〈雪讒詩〉多載妲己、褒姒、秦皇太后、高祖呂后等婦女「淫亂敗國」之事，則寫作時代當在安祿山叛亂、兩京失守之後。兩者不能相提並論。後人論此詩，如蘇東坡、劉克莊等均與洪邁同持「飛燕在昭陽」之句不足造成楊貴妃的深恨，所見略同。洪邁頗疑李白曾揭發貴妃與安祿山淫亂行為，佐證尚嫌不足。今按：李陽冰《李太白集》序云：李白「醜正同列，害能成謗，格言不入，帝用疏之」。又《李太白集》中有〈書情題蔡舍人雄〉詩云：「遭逢聖明主，敢進興亡言。白璧竟何辜，青蠅遂成冤。」又〈贈崔司戶文昆季〉詩云：「布衣侍丹墀，密勿草絲綸。才微惠渥重，讒巧生緇磷。」據上引李白在翰林正值政治上飛揚之時，他心懷匡國之志，必有上章直言，指斥時政之舉，從而得罪於貴幸近臣。在〈雪讒詩〉中，李白自稱：「立言補過，庶存不朽。」又言「白璧何辜，青蠅屢前」，「眾毛飛骨，上凌青天。」皆是說他的「敢進興亡言」為眾人所讒。事實上，玄宗之待李白只是視為詞客弄臣。玄宗對高力士說：「此人（指李白）固窮相。」（見《酉陽雜俎》）這與李白自視為王佐之才，反差可謂天壤之別。君臣關係如此，李白「心切理直」的結果，只能是醉臥酒家，用脫靴狂態橫眉掃視權貴了。

漢昭順二帝

漢昭帝❶年十四，能察霍光之忠，知燕王上書之詐，誅桑弘羊、上官桀❷，後世稱其明。然和帝時，竇憲兄弟專權，太后臨朝❸，共圖殺害。帝陰知其謀，而與內外臣僚莫由親接，獨知中常侍鄭眾不事豪黨，遂與定議誅憲。時亦年十四❹，其剛決不下昭帝，但范史❺發明不出，故後世無稱焉。順帝時，梁商為大將軍輔政❻，商以小黃門曹節用事於中，遣子冀與交友❼，而宦官忌其寵，反欲害之。中常侍張逵、蘧政、楊定等，與左右連謀，共譖商及中常侍曹騰、孟賁❽，云欲議廢立，請收商等按罪。帝曰：「大將軍父子我所親，騰、賁我所愛，必無是，但汝曹共妒之耳。」逵等知言不用，遂出矯詔收縛騰、賁。帝震怒，收逵等殺之。此事尤與昭帝相類。霍光忠於國，而為子禹覆其宗❾，梁商忠於國，而為子冀覆其宗❿，又相似。但順帝復以政付冀，其明非昭帝比，故不為人所稱。

【注釋】❶漢昭帝　劉弗陵，漢武帝之少子。武帝後元二年（西元前八七年）立為太子，不久，武帝崩，太子即位，時年八歲，以霍光、金日磾、上官桀輔少主。❷年十四四句　燕王旦自以昭帝兄，常有怨望，於元鳳元年（西元前八〇年）上書稱：「光專權自恣，疑有非常。臣旦願歸符璽，入宿衛，察奸臣變。」上官桀等候光出沐之日奏之，欲從中下其事，由桑弘羊與諸大臣執光。次日，光聞之，不入。昭帝問：「大將軍安在？」於是詔大將軍霍光入，昭帝即云：「朕知燕王書詐也。」並云：「大將軍忠臣，先帝所屬以輔朕身，敢有毀者坐之。」事後，上官桀等復謀伏兵格殺霍光，因廢昭帝，立燕王為天子之陰謀被揭發，於是霍光盡誅殺上官桀及其子安與桑弘羊等。年十四，指昭帝十四歲時，即元鳳元年（西元前八〇年）。霍光，字子孟，河東平陽（今山西臨汾）人，霍去病之弟，武帝時為奉車都尉，出則奉車，入侍左右，出入禁闥二十餘年，為武帝所親信。昭帝即位時，受遺詔輔政，任大司馬大將軍。燕王，即燕剌王劉旦，漢武帝之子。桑弘羊，《漢書・食貨志》稱其為洛陽賈人之子，年十三侍中。武帝時，先後任治粟都尉領大司農、御史大夫。上官桀，少時為羽林期門郎，以材力得武帝寵幸，先後任未央廄令，侍中，太僕。

❸和帝時三句　和帝未成帝時，竇后臨朝，憲以侍中，內干機密，出宣誥命，專制朝政。和帝，東漢皇帝劉肇，孝章帝第四子，母梁貴人，為竇皇后所譖，憂卒，竇皇后養帝為己子。建初七年（西元八二年）立為皇太子，永元元年（西元八九年）即皇帝位，時僅十歲，故由竇太后臨朝。竇太后為竇融之曾孫，扶風平陵（今陝西咸陽西北，漢五大陵之一）人，其父、祖皆因事被處死。故其姊妹早年一起選入掖庭，為章帝所好，立為皇后。史稱其「寵幸殊特，專固後宮」。竇憲，字伯度，因其妹被立為皇后，拜憲為郎，稍遷侍中、虎賁中郎將。其弟篤為黃門侍郎，景、瓌並為中常侍。

❹獨知中常侍鄭眾三句　和帝時，竇太后臨朝，后兄竇憲執政，而鄭眾一心王室，不事豪黨，帝親信於他。眾與和帝首謀誅竇憲兄弟，時帝年僅十四歲，實際主持其事的是鄭眾。《後漢書・宦者列傳》稱：「和帝即阼幼弱，而竇憲兄弟專總權威，內外臣僚莫由親接，所與居者唯閹宦而已，故鄭眾得專謀禁中，終除大憝。」中常侍，東漢由宦官專任，掌侍皇帝左右，出入宮內，定員四人。鄭眾，字季產，南陽（今屬河南魯山縣）人。初給事太子，肅宗即位，拜小黃門，遷中常侍，史稱其為人謹敏有心機。

❺范史　指范曄所撰之《後漢書》。

❻順帝時二句　順帝，東漢皇帝劉保，安帝之子。永寧元年（西元一二〇年）立為太子，永建元年（西元一二六年）即帝位，時年十一歲。在位十九年，卒年三十。梁商，字伯夏，安定烏氏（今寧夏固原東南）人，少以外戚拜郎中，陽嘉元年（西元一三二年）其女立為皇后，三年以商為大將軍，輔政。

❼商以小黃門曹節二句　小黃門，宦官名，常侍君王左右，關通中外，定員十人。曹節，字漢豐，南陽新野（今河南新野）人。順帝初，以西園騎遷小黃門。冀，即梁冀，梁商之子，字伯卓，初為黃門侍郎，後拜河南尹，居職暴恣。商薨，順帝以冀為大將軍。史載商：「性慎弱，無威斷，頗溺於內豎，以小黃門曹節等用事於中，遂遣子冀、不疑與為交友。」

❽宦官忌其寵五句　這是宦官張逵等企圖發動的一場未遂宮庭政變。《後漢書・梁商傳》載其事之經過云：「（時）宦者忌商寵任，反欲陷之。永和四年（西元一三九年）中常侍張逵、蘧政、內者令石光、尚方令傅福、冗從僕射杜永連謀，共譖商及中常侍曹騰、孟賁，云欲徵諸王

子，圖議廢立，請收商等案罪。帝曰：『大將軍父子我所親，騰、賁我所愛，必無是，但汝曹共妒之耳。』逵等知言不用，懼迫。遂出矯詔收縛騰、賁於省中。帝聞震怒，敕宦者李歙急呼騰、賁釋之，收逵等，悉伏誅，辭所連，染及在位大臣。」曹騰，字季興，沛國譙（今安徽亳州）人。安帝時，除黃門從官，在東宮侍皇太子書，特見親愛。及順帝即位，騰為小黃門，遷中常侍。❾霍光忠於國二句　霍光前後秉政二十年，昭帝死後，立昌邑王劉賀為帝，不久即廢，迎立武帝曾孫病已，是為宣帝。地節二年（西元前六八年），霍光去世，其子霍禹為右將軍。宣帝始立，立微時許妃為皇后，霍光妻顯使乳醫毒殺許后，納霍光幼女為后。霍光死後，此事洩露，顯遂與諸婿昆弟謀作亂，事發覺，禹被腰斬，顯及諸女昆弟皆棄市，與霍氏相連坐誅滅者數千家。❿梁商忠於國二句　梁商執政，起於陽嘉四年（西元一三五年）為大將軍，終於永和六年（西元一四一年），前後僅六年時間，政局相對穩定，故《後漢書》稱：「順帝之世，梁商稱為賢輔。」商薨，順帝即以冀為大將軍執政，前後十八年。他與妹梁太后先後立沖、質、桓三帝，驕奢橫暴，兇狠殘忍。桓帝與宦官單超等五人定議，誅滅梁氏，諸梁無少長皆棄市，連及公卿列校刺史二千石死者數十人，故吏賓客免黜者三百餘人，朝廷為空。沒收冀宅之財產三十餘萬萬，用減天下稅租之半。

【語譯】漢昭帝十四歲時，便能洞察霍光是忠臣，知道燕王上書的事中有詐，因此而誅桑弘羊、上官桀，後世因此而稱讚昭帝明於事理。東漢和帝時，竇憲兄弟專權，太后臨朝，圖謀殺害和帝。和帝雖然發覺他們的陰謀，但沒有辦法與內外大臣接觸，他只知道中常侍鄭眾不巴結豪門奸黨，所以與他密謀商議。和帝誅殺竇憲時，也還只有十四歲，他剛毅決斷的能力不下於漢昭帝，但是范曄的《後漢書》沒有把這一點交代清楚，所以後世沒有人稱道和帝的英明果斷。漢順帝時，梁商作為大將軍輔助順帝執政，梁商看到小黃門曹節在宮內侍奉於皇帝的左右，特地讓他兒子梁冀與曹節這樣的宦官結交為朋友以討好宦官，然而有宦官嫉妒梁商的權勢，反而要設計謀害於他。那時中常侍張逵、蘧政、楊定等人，與其左右串通一氣，策劃誣陷梁商及中常侍曹騰、孟賁，他們商議並準備廢掉順帝，另立他人為帝，希望順帝收捕梁商等人並論罪處罰。順帝知道以後，對他們說：「大將軍梁商父子是我最親近的人，曹騰、孟賁是我信任喜歡的人，不可能如你們所說會加害於我，那是你們妒忌他們而已。」張逵他們知道自己的話沒有被順帝接受，於是便假託皇帝的詔令逮捕了曹騰與孟賁。順帝知道後非常憤怒，下令把張逵等抓起來全部處死。這件事與漢昭帝相信霍光的事類似。然而事態的發展是儘管霍光忠於國家，而他兒子霍禹卻因謀反而使其宗族覆滅，梁商也是忠於國家的，結果因他兒子梁冀暴虐無狀而導致其宗族的覆滅，二者的結局又那麼相似。但不同的是順帝仍然把權力交付給梁冀，順帝的聰明才智比不上漢昭帝，所以順帝在歷史上的地位，不被後人所稱讚。

【研　析】洪邁這一條是比較西漢昭帝處置霍光與上官桀之間的矛盾，東漢順帝處置中常侍張逵等與梁商之間的矛盾，認為昭帝比順帝要高明一些。實際上這一條還涉及東漢和帝處置竇憲的事，西漢宣帝處置霍光的兒子霍禹的事，東漢桓帝處置梁冀的事。這些事例，都是圍繞著帝王權力結構層出不窮地出現的一次又一次宮廷政變而已。

東方政治文化的核心是皇帝制度，政府和國家的權力集中在君王一個人身上，它是世襲的，同時也是終身的。既是終身的，便沒有年齡的限制，不管是剛出生的幼兒，還是古稀老人，都不妨礙他占有帝王的寶座，一個人要掌握整個國家權力，處理所有的國家事務，人們習慣地稱為日理萬機。這靠一個人的力量是辦不了也辦不好的，它需要一支龐大的官僚隊伍來管理國家的日常和各種應急的事務。君王個人生活的安置，它也需要有一個宮廷，在宮廷內便有后妃這一群體，包括君王的母系及妻族，由此而延伸為外戚的系統。它需要有一個為其生活服務的僕從，那就是近侍的系統，也就是宦官的系統。為操縱整個國家機器，需要有一些人為他決策提供諮詢，為他的決策書寫詔令，那就是近臣的系統，也就是宰相或內閣。為了王位的繼承，自身父子系統的親屬還有一個宗室及太子和諸王的群體。儘管名義上權力集中在帝王個人身上，但權力結構的組合始終就是這幾個系統之間的矛盾和不斷重新組合的過程。這個矛盾的處置缺少嚴格法定的程序，它往往是通過宮廷政變的形式出現，採取突然襲擊的方式實現權力結構的重組，而這種突然襲擊式的宮廷政變有成亦有敗，最終往往決定於君王這一票傾向於哪一邊。因為在東方政治文化的法理上，國家的最高權力在名義上屬於君主。但也不是絕對的，那得看當時各種力量對比的情況而變化。弄清楚這些基本道理，那麼〈漢昭順二帝〉這個條目中所列舉的那些事變的前因後果便可以非常清晰明白了。

漢昭帝是八歲即皇位的，和帝是十歲即皇位的，順帝是十一歲即位的，處置霍禹的宣帝是十八歲即位的，處置梁冀的桓帝是十五歲即皇位的。漢代那麼多幼主嗣位，那麼王朝的權力必然旁落到女主手上，而女主執政只能仰仗宦官來溝通內外，依仗外戚來執掌朝政。因而國家權力結構上，君王成了虛的，實際上變成外戚與宦官專權。帝王權力又是排他的，一旦少主成年，羽翼豐滿，勢必顛覆原來的權力結構，重組新的權力關係。同時原來的權力組合，也不是穩定的，它的裂痕為權力的重組提供了各種機會。古往今來，中國歷史上那麼多的宮廷政變，都離不開這個基本套路。西漢的昭帝、宣帝，東漢的和帝、順帝、桓帝時期的那幾次宮廷政變都沒有離開這個套路。

漢武帝即位時，只有十六歲，十六歲的青年應該說已經懂事了，但是他作不了主，在他之上有太皇太后竇氏和皇太后王氏，她們隨時隨地都可以否定他的重大決策，為他作主。不僅是武帝，即便是他的父親景帝，當年也得看竇太后的顏色行事。執政者田蚡是王太后的同母弟，官員任免的權力都在田蚡手上，所以漢武帝會對田蚡說：「君除吏盡未？吾亦欲除吏。」漢武帝要等竇太后去世以後，才能有所作為啊！漢武帝對外戚的專權深有所感，故在立年僅八歲的昭帝弗陵之前，先要處死其母親鉤弋夫人。武帝左右問他，你既然要立她兒子為帝，為什麼要除去他的母親呢？漢武帝回答說：「往古國家所以亂，由主少，母壯也。女主獨居驕蹇，淫亂自恣，莫能禁也。汝不聞呂后邪！故不得不先去之也。」武帝所以如此是為了防止女主臨朝，外戚專權，這是他早年深所痛惡的事情啊！然而帝王制度是宗法制度衍伸開來的，而宗法制度是以血緣關係為其基礎。血緣關係包括父系與母系兩個方面，父系便是宗室貴族，母系包括妻族，那便是建立在姻親基礎上的外戚，外姓是通過聯姻來建立血緣關係的。漢武帝遺詔輔政的三個人，金日磾是退縮在後面的，而且死得早。霍光與上官桀則都是積極謀取權力的人，他們都希望通過姻親的關係來鞏固相互間以及與昭帝的關係。霍光的女兒成了上官桀兒子上官安的妻子，他們之間成了兒女親家。上官安的只有五歲的女兒被安置在宮內成為昭帝的后妃，那昭帝也就成了霍光的外孫女婿。他們是想通過這樣的婚姻關係來鞏固其政治權力的聯盟，結果親家成了冤家，上官桀聯合桑弘羊、蓋主及宗室燕王上書，想把霍光從權力中心排除出去，結果因昭帝傾向於霍光，而上官桀集團這一次宮廷密謀以失敗告終。然而在宣帝時，霍光又重蹈了上官桀的覆轍。漢宣帝是霍光冊立的，宣帝立微時許妃為后，霍光妻顯派人把許氏毒死，納霍光之小女成君，並立為后。這件事在霍光死後被洩露，導致霍禹滅其宗。漢宣帝到了地節二年（西元前六八年），那年宣帝二十四歲時，才處置霍氏家族的問題，他足足隱忍了六年，待霍光死了以後，才伺機發動這次事變。實際上宣帝即位時，霍光驂乘，宣帝便有「芒刺在背」的感覺。威震主上者不畜，霍氏家族的敗亡只是時間問題了。如果昭帝不死，霍氏滅宗之禍同樣也只是時間問題。帝王權力的排他性，決定了霍氏必亡。姻親關係不僅挽救不了而且加速了他們家族的覆亡。東漢和帝處置竇憲，桓帝處置梁冀，其性質與宣帝處置霍光基本都是相似的。儘管漢武帝注意到外戚專政的問題，漢宣帝處理了霍家的宗族，最終顛覆西漢王朝的仍然是外戚。漢元帝的皇后王家的專權，導致王莽代漢，外戚取代了劉氏宗室來執掌權力。

當然，外戚執政，並非都是結局不好的，如果比較低調，謹小慎微一點，也不是沒有善始善終的。如梁商，始終保持低調，嚴格管束子弟及身邊的人，亦還是得了善終。中常侍張逵、蘧政、楊定這幾個人企圖發動政變，排斥梁氏家族，最後以失敗告終。梁商也沒有因此而大肆誅殺異己並且主動提出罪止首惡、刑不淫濫的原則，認為：「大獄一起，無辜者眾，死囚久繫，纖微成大，非所以順迎和氣、平政成化也，宜早訖竟，以止逮捕之煩。」（《後漢書・梁商傳》）這還是對的，大規模的自相殘殺，傷害的是王朝自身的元氣。在外戚專權的情況下，能夠幫助帝王顛覆權力結構的，是帝王身邊的近侍，也就是宦官，所以梁商主動讓自己兒子梁冀去結交順帝身邊的宦官曹節，謀求協調相互之間的關係。同樣的道理，如果外戚專政，過於張揚，一旦君王成年，那麼君王身邊的宦官就會幫助皇帝顛覆原來的權力結構。和帝時顛覆竇憲的是鄭眾這些和帝身邊的宦官，他們利用竇憲班師回朝毫無思想準備的情況下，發動突然襲擊來處理竇家，竇憲當時猝不及防，毫無招架餘地。漢桓帝處理梁冀也是如此。反之，由宦官取代了外戚來執掌政權，政局的情況是否會有所改善呢？那就很難說了。如幫助桓帝除掉梁冀的單超、左悺、徐璜、具瑗、侯覽這五個人都是小人，缺乏基本的教養，所以他們執政，東漢政局狀況更糟了。結果是天下仕宦，無一非宦官之兄弟姻親，他們在地方上可以窮暴極毒，貪汙穢濁，而且無人敢問。

如果回過頭來看〈漢昭順二帝〉所列舉的宮廷政變，還不能以成敗論是非。和帝處置竇憲並不見得公允，竇憲北伐匈奴畢竟還是有功的，其執政雖有張揚之處，但也還沒有篡弒之心，他北擊匈奴的功績不亞於衛青和霍去病。孔子在《論語》中講：「紂之不善，不如是之甚也。是以君子惡居下流，天下之惡皆歸焉。」故對於失敗者的功過是非，不能單憑勝利者的一面之詞，還得具體情況具體分析。對古往今來所有的宮廷政變的記錄，都得留一個心眼兒，不能偏信勝利者的胡言亂語啊！如果要建立法制，那麼單憑宮廷政變這種運作模式而言更是應該永遠摒棄的東西，怎麼能為這種手段歌功頌德呢？

《容齋隨筆》卷四

為文矜夸過實❶

文士為文，有矜夸過實，雖韓文公❷不能免。如〈石鼓歌〉❸極道宣王之事偉矣❹，至云：「孔子西行不到秦，掎摭星宿遺羲娥。陋儒編《詩》不收拾，二〈雅〉褊迫無委蛇❺。」是謂三百篇皆如星宿，獨此詩如日月也。「二〈雅〉褊迫」之語，尤非所宜言。今世所傳石鼓之詞尚在，豈能出〈吉日〉、〈車攻〉之右❻，安知非經聖人所刪乎？

【注釋】❶矜夸過實　指其為文過於誇張而脫離客觀實際。❷韓文公　即韓愈。❸石鼓歌　韓愈歌唱〈石鼓文〉的詩歌。此詩的起首便是「張生手持〈石鼓文〉，勸我詩作〈石鼓歌〉」，這個張生即為張籍。而〈石鼓文〉則是唐初在天興（今陝西鳳翔）出土的十枚石鼓，石上刻有用小篆書寫的文字。石形如鼓，故稱〈石鼓文〉，是我國現存最早的石刻文字。從文字結構上看是十首四言詩，文體和《詩經》的〈大雅〉、〈小雅〉相仿。〈石鼓文〉被發現後，歐陽詢、虞世南、褚遂良等人皆推重其書法。韋應物與韓愈則推重其詩歌，兩人都曾以〈石鼓歌〉為題作詩，讚詠其事。❹極道宣王之事句　韓愈在〈石鼓歌〉中盛讚宣王刻石表功，其詞云：「周綱陵遲四海沸，宣王憤起揮天戈。大開明堂受朝賀，諸侯劍珮鳴相磨。蒐于岐陽騁雄俊，萬里禽獸皆遮羅。鐫功勒成告萬世，鑿石作鼓隳嵯峨。從臣才藝咸第一，揀選撰刻留山阿。」宣王，周宣王（西元前八二七—前七八二年在位），姓姬名靜，西周後期的國王。據《史記‧周本紀》載，宣王之父厲王暴虐無道，國人叛亂，厲王奔於彘（今山西霍州），共伯和執政，共和十四年厲王死於彘，共伯使諸侯奉姬靜為宣王，前後在位四十六年。❺孔子西行不到秦四句　孔子周遊列國，曾打算西去晉國，但到黃河邊就折回來了，生平足跡未到秦國。當時秦國被視為夷狄之邦，是被孔子所看不起的。孔子編訂《詩經》時，未能採錄〈石鼓文〉，猶如只注意到一般的星宿而遺漏了太陽和月亮。古代的采風者和編纂者，目光淺陋，未能把〈石鼓文〉採錄收入《詩經》。二〈雅〉中儘管收有讚美周宣王時政的詩歌多篇，但不收〈石鼓文〉，畢竟是內容狹小迫促的表現。此是洪邁引〈石鼓歌〉之文字，韓愈原句是「陋儒編詩不收入，二〈雅〉褊迫無委蛇」，在「孔子西行不到秦」之句前。這二句詩文之下，尚有「嗟余好古生苦晚，對此涕淚雙滂沱」之句，表示自己的感嘆，感慨自己生得太晚了，再也無法挽回《詩經》未收〈石鼓文〉的缺憾。掎摭，採取。羲，羲和，相傳為太陽神。娥，嫦娥，相傳為月亮上的仙女。此處羲娥即指日月。陋儒，謂淺陋的儒生，指古詩的編纂者。古代有采風者，採集詩歌，相傳古時採集的詩有三千餘篇，經孔子刪訂，只留下了三百零五篇，即現存的《詩經》。收拾，他本有作「得入」或「收入」者。二雅，指《詩經》中的〈大雅〉與〈小雅〉。褊，狹小。迫，局促。委蛇，從容不迫。❻今世所傳二句　洪邁認為，〈石鼓文〉中〈吾車〉與〈田車〉這二篇也都是講駕車田獵的場景，其描述無論如何還是不如《詩經・小雅》中〈吉日〉、〈車攻〉那二篇來得精彩而又生動。今世，指洪邁所處的南宋初年。石鼓之詞，指〈石鼓文〉。按：〈石鼓文〉在唐初被發現後，先遷至鳳翔之孔廟。五代時，一度散失，宋初復置於府學，而亡失其一。宋仁宗皇祐四年（西元一〇五二年）求於民間，十鼓乃足。徽宗大觀中遷於汴京（今河南開封），北宋滅亡後金人將石鼓運至燕京（今北京市）。從文字講，宋時〈石鼓文〉尚存四百六十多字，現存三百二十多字。從文體講，〈石鼓文〉是十首四言古詩。從內容講，都是描述當時君王在郊外漁獵的盛況。從寫作時間上講唐人包括韋應物和韓愈都認為是周宣王時的作品，南宋鄭樵則認為是戰國時秦國的作品，至於具體的年代迄今尚未有一致的意見，有春秋秦襄公時、秦文公時、秦穆公時，戰國秦獻公時四種不同的說法。十首詩排列的次序亦有不同的說法。其中〈吾車〉與〈田車〉二首都是描述周宣王田獵時的宏偉場景。〈吉日〉、〈車攻〉是《詩經・小雅》二篇的篇目，都是四言詩，內容則都是描述田獵的作品。〈車攻〉有八章，每章四句。〈吉日〉則只有四章，每章都是六句。內容為歌頌宣王能內修政事，外攘夷狄，復文王、武王的疆土，修車馬、備器械，復會諸侯於東都，因田獵而選車徒。

【語　譯】文人作文，難免有喜歡誇張失實的地方，雖然如韓愈那樣的一代文豪往往也難免會如此。如他所作的〈石鼓歌〉極力稱道周宣王事功的宏偉壯觀，甚至講：「孔子西行不到秦國，刪編古詩時，未能採錄〈石鼓文〉，猶如只注意到一般的星宿，卻遺忘了太陽和月亮。陋儒們編集《詩經》時不曾收錄〈石鼓文〉，因此〈大雅〉和〈小雅〉便顯得狹窄和局促，缺少那種從容不迫的境界。」那是說《詩經》的三百篇都如同星宿，獨有〈石鼓文〉才如同詩中的日月。把〈大雅〉和〈小雅〉講成狹窄和局促的說法，尤其不能成立。〈石鼓文〉

的詞句迄今還在流傳，它怎麼可能超越《詩經．小雅》中同樣題材的〈吉日〉和〈車攻〉，怎麼能知道這不是經過孔聖人判定而被刪除的呢？

【研　析】洪邁是從對〈石鼓文〉作為詩歌的評價上，認為韓愈的〈石鼓歌〉有一點言過其實，為了抬高〈石鼓文〉，過於貶低《詩經》的〈大雅〉和〈小雅〉。對詩歌的評價，多少包含著個人主觀上的愛好，其實可以各有不同。〈石鼓文〉自唐初被發現以後，許多人從不同的角度來考察它的價值。書法家從書法的角度去考察和分析它，歷來泰山秦的刻石中，以李斯的筆跡被視為最古，那麼〈石鼓文〉的筆跡就更早一些，處於倉頡與李斯之間。由此提出「史籀之後，始用大篆。秦人之後，始用小篆」，認為〈石鼓文〉這十篇都屬於秦篆，秦篆則是屬於小篆。亦有從製作的時間上去考察，如韋應物，韓愈則認為它是周宣王時的東西，史籀的筆跡，是周宣王大蒐岐山之陽而鐫功的碣石。宋代以後則慢慢傾向於是秦國的作品，其成型的具體時間則又各說不同。各個時代的文人學士幾乎都給出了不同的說法，但有一點是共同的，它是秦統一六國以前的作品。這十首四言詩，主題是二點，一是漁獵，一是田獵。從詩文中可以看到當時黃土高原上的自然環境比現在要好，幾千年來人類頻繁的活動，破壞了那裡的自然環境。如〈汧沔〉與〈吾水〉二首，告訴我們那時的水資源非常豐富，不亞於今天江南的水鄉澤國。汧水，也就是今天的千水，它是渭水的支流，在寶雞流入渭河。那時水量是那麼充沛，鰋魚和鯉魚是那麼肥大，人們可以在河裡捕魚，還有黃色和白色的鱮魚，還有鰟魚和鮑魚，野生魚兒可以在水中肆無忌憚的搶食，河的兩岸楊樹和柳樹林立。〈霝雨〉那篇描寫那兒雨水充沛的景象，那條汧河還能行船。〈吾車〉和〈田車〉那兩首是描述田獵的景象，從中可以看到田野林木中還有那麼多的野生動物，如麋鹿和野豬可以在那裡四處飛快地奔跑。這種壯麗而又美好的景象，當代人在那個地方是永遠也看不到了。人們怎麼能不節制自己對大自然的侵害呢？實際上是人們破壞了自身的生存環境啊。因為秦國落後、野蠻，所以孔子沒有去，受儒家的影響也最小，而秦國接受的卻是商鞅和韓非的思想，後來統一六國的卻是秦國。對〈石鼓歌〉和〈石鼓文〉的研讀和思考，歷來是因人因時而異，並且是各取所需的啊！

噴嚏

今人噴嚏❶不止者，必噀唾❷祝云❸「有人說我」，婦人尤甚。予按〈終風〉❹詩：「寤言不寐，願言則嚏❺。」鄭氏箋❻云：「我其憂悼而不能寐，女思我心如是，我則嚏也。今俗人嚏，云『人道我』，此古之遺語也。」乃知此風自古以來有之。

【注　釋】❶噴嚏　以鼻噴涕。《莊子・秋水》：「子不見夫唾者乎，噴則大者如珠，小者如霧，雜而下者不可勝數也。」崔灝《通俗編》云：「蘇軾〈元日〉詩：『曉來頻嚏為何人？』康進之〈負荊曲〉：『打嚏耳朵熱，一定有人說。』」均言及習俗認為噴嚏是禱祝所引起的。❷噀唾　噴唾液。❸祝云　即口中言語祝願之辭。❹終風　《詩經・邶風》之篇名。詩共四章，各四句。從詩的內容看，當為一位婦女被男子玩弄嘲笑後的一種哀怨。❺寤言不寐二句　意謂夜間獨語難以入眠，如果他思我也如此，那麼我會打噴嚏。寤言，醒著自言自語。不寐，無法入睡。願，思。言，我。❻鄭氏箋　鄭氏，即鄭玄，字康成，北海高密（今山東高密）人，東漢末著名的經學家。箋，指鄭玄箋注的毛傳《詩經》。

【語　譯】現在人們打噴嚏不止時，必然會噴吐口水說「有人在說我了」，婦女們尤其會這樣說。我看《詩經・邶風・終風》有：「夜半獨語難入眠，若汝也思念我，那我會打噴嚏。」鄭玄箋注這詩句時說：「我是那麼憂傷地思念你而不能入眠，如果你也是那樣的思念我，我會噴嚏不止的。現在人們打噴嚏時，也會說『有人在講我了』，這可是古人之遺語啊。」由此可以知道，自古以來就有這種風俗了。

【研　析】此俗迄今仍存，口口相傳，幾千年了，這大概也是中華民族特有的習俗。

《容齋隨筆》卷四

王文正公❶

祥符❷以後，凡天書禮文❸、宮觀典冊❹、祭祀巡幸❺、祥瑞頌聲❻之事，王文正公旦實為參政宰相，無一不預❼。官自侍郎至太保❽，公心知得罪於清議❾，而固戀患失，不能決去❿。及其臨終，乃欲削髮僧服以斂⓫，何所補哉？魏野⓬贈詩，所謂「西祀東封今已了，好來相伴赤松游⓭」，可謂君子愛人以德，其箴戒⓮之意深矣。歐陽公〈神道碑〉⓯，悉隱而不書，蓋不可書也⓰。雖持身公清，無一可議⓱，然特張禹、孔光、胡廣之流云⓲。

【注釋】❶王文正公　指宋真宗朝宰相王旦。文正為其謚號。王旦，大名莘縣（今山東莘縣一帶）人，字子明。太宗太平興國間進士，真宗咸平四年（西元一〇〇一年）以參知政事拜相。澶淵之役，真宗親征，以旦留鎮京師。旦在執政時期，曾拒絕契丹、西夏要求增加歲給錢帛的請求。為政秉公無私，有度量，能寬政恤刑，知民疾苦。任相十餘年，為善終之大臣。真宗時，大搞封禪、天書、祭祀等事以提高其威信。旦對真宗的神道設教雖心中不以為然，但一意附和、不表示反對，故能久安其位。天禧元年（西元一〇一七年）卒於家，年六十一。後仁宗題篆其神道碑首曰「全德元老之碑」。洪邁此篇譏評王旦附和真宗大搞天書、祭祀等事，雖身居相位，持身公清，但俯仰隨時，比之為漢宰相張禹、孔光、胡廣之輩。其事蹟見《宋史・王旦傳》。❷祥符　宋真宗大中祥符年號的簡稱。前後共九年（西元一〇〇八—一〇一六年）。該年號的得名，由於真宗夜夢神人授以天書《大中祥符》三篇，遂據之改元。此後真宗大搞神道設教之事以應祥符，於是，宮觀、祭祀、巡幸、祥瑞之事年年不斷，朝廷諸臣亦頌聲不絕以附會天下太平。❸天書禮文　天書，即真宗偽託夜夢神人授以天書《大中祥符》三篇。

據《續資治通鑑長編》卷六十八真宗大中祥符元年所載：正月乙丑，皇城司奏左承天門屋之南角，有黃帛曳於鴟吻之上，其帛長二丈有餘，緘有一物如書卷，纏以青縷三重，封緘處隱隱有字。真宗即率侍臣步行至承天門焚香禱拜，命啟封，帛上有文字云：「趙受命，興於宋，付於恆（真宗名）。居其器，守於正。世七百，九九定。」其書黃字三幅，文辭頗似《尚書・洪範》、老子《道德經》的語氣，開首講真宗能以至孝至道紹世，其次諭以清靜簡儉，最後述世祚延綿永久之意。禮文，與天書有關的禮儀、文字。❹宮觀典冊　宮觀，道教祀天神的祠廟，即道宮、道觀的合稱。《史記・封禪書》記載漢武帝時作甘泉宮、蜚廉觀、益壽觀，廣置祭具而候天神之降臨。此後為道教之人所承用。唐、宋統治者崇道設教，於全國各地廣置道觀和道宮，歲時奉祭。其規模宏大者稱宮，規模較小者稱觀。宋代，高級官員帶職，罷閒退休有提舉某某宮、某某觀的稱號，亦稱祠官，可得一定的俸祿。典冊，設置或祭祀宮觀時所撰寫的各類文字。❺祭祀巡幸　古人崇尚迷信，以肅敬之心用一定的禮儀奉獻美食使神、鬼與人相交接，稱為祭祀。細析之：則祭天神稱祀，祭地祇稱祭，祭宗廟稱享；統言之，則曰祭祀。《事物紀原・禮祭郊廟部・祭祀》引王子年《拾遺記》載：「《黃帝內傳》曰：黃帝始祠天祭地，所以明天道。」《後漢書》有〈祭祀志〉記載後漢帝王各項重大的祭祀活動。巡幸指皇帝巡歷各地祭拜天地祀廟，視察官民風俗，同時接見各地朝見的州郡長官，或舉用人才，或宴會賞賜，或審案慮囚、行赦，因皇帝有恩幸，故稱巡幸。《漢書・郊祀志》：「（武帝）始巡幸郡縣，寖尋於泰山矣！」❻祥瑞頌聲　祥瑞，吉祥的信符和徵兆。古代迷信天人相應說，認為帝王修德，天下太平，就有祥瑞的出現。《史記・禮書》：「或言古者太平，萬民和喜，瑞應辨至，乃采風俗，定制作。」祥瑞至唐宋，有大瑞、中瑞、小瑞之別。諸如河出圖、洛出書、鳳凰至、麒麟見、嘉禾生、靈芝現等等，皆是天地萬物中的吉祥感應。但有些是人造作偽，假託天意。宋真宗的偽造天書和改元大中祥符就是一個例證。頌聲，歌頌讚美帝王獲得祥瑞告於神明的聲音，亦指賀祥瑞的一切表章文辭。《公羊・宣公十五年》：「什一行而頌聲作矣！」注：「頌聲者，太平歌頌之聲。」《漢書・平帝紀贊》：「休徵嘉應，頌聲并作。」❼王文正公旦二句　此句指王旦以宰相之職，對天文禮書、宮觀典冊、祭祀巡幸、祥瑞頌聲諸事，無一不參預。《宋史・王旦傳》載其在大中祥符之初為天書儀仗使，從封泰山為大禮使，受詔撰〈封祀壇頌〉。四年，祀汾陰又為大禮使，仍撰〈祠壇頌〉，又兼玉清昭應宮使。五年，為玉清奉聖像大禮使，景靈宮朝修使。七年，刻天書，又兼刻玉使。旦為天書使時，每有大禮，輒奉天書以行。此即洪邁所舉的無一不預的具體例證。參政宰相指王旦以參知政事居宰相之職。真宗咸平四年王旦以工部侍郎參知政事。❽官自侍郎至太保　侍郎，尚書六部的副長官。唐、宋制，宰相之下有吏、戶、禮、兵、刑、工六部，分掌軍、民、刑、政等事。長官為尚書，副長官為侍郎，侍郎為正四品官。太保，西周置，為輔政之官。漢置太師、太傳、太保，號稱三公。太保位次太傅。隋唐以後，歷代多以師、保官為加官，以示對高品官員的一種尊榮，太保為正一品加官，但並無實際職權。旦在真宗天禧初，進位太保。❾清議　朝廷上下的公正評論。古代指鄉里、學校、州郡人士對政府官員的批評言論。漢代的黨錮之禍，就開始於清議。《日知錄．清議》：「兩漢以來，猶循此制，鄉舉里選，必先考其生平，一玷清議，終身不齒。」這裡指王旦心知其天書禮文等事，附和皇帝意旨而得罪了清議人士。❿而固戀患失二句　此指王旦留戀官位名祿，患得患失，不能下決心辭去官職。《漢書．蘇武傳》：「李陵與蘇武決去。」注：「決，別也。」⓫僧服以斂　此句指王旦臨危時，欲剃去頭髮，穿上僧衣以表示自己內心中的懺悔。斂，與殮的意義相通。殮是人死後給屍體換上衣服，以備下放到棺材中去。有小殮、大殮之別。給死者著衣為小殮，下棺為大殮。《儀禮．士喪禮》：「主人奉尸斂于棺。」《禮記．檀弓》：「小斂於戶內，大斂於阼。」僧衣，和尚的衣服，如袈裟、衲衣之類。服僧衣，表示清淨無垢的用意。⓬魏野　北宋詩人，字仲先，陝州（今河南陝縣）人。性好吟詠，自築草堂，賦詩彈琴以自樂，著有《草堂集》，自號草堂居士。其文名遠馳域外，地方長吏敬重其人，屢加推薦，均為其所辭謝。事蹟見《宋史．魏野傳》。⓭西祀東封今已了二句　此句指王旦從駕東封及祭祀等事都已完成，今後可以好好伴隨赤松子遊仙了。東封，指東向封禪泰山。赤松，亦稱赤松子。古代神話中的仙人。相傳神農氏時為雨師，一說為帝嚳之師，後世為道教所信奉的仙人之一。《漢書．張良傳》：「願棄人間事，從赤松子游耳！」顏師古注：「赤松子，仙人號也。」事見劉向《列仙傳》。⓮箴戒　箴，文體的一種。戒，訓誡。用作為規勸訓誡的言辭。漢揚雄有〈五箴〉，劉勰《文心雕龍》有〈銘箴〉，皆是箴言。柳宗元〈先侍御府君神道碑〉：「用圖史箴誡，以施其教。」⓯歐陽公神道碑　歐陽公，指歐陽脩，江西廬陵（今江西吉安）人，字永叔，自號醉翁。仁宗慶曆初，知諫院，論事切直，後出知滁州、揚州、潁州等地，入為翰林學士。嘉祐間，拜參知政事，與韓琦一同輔政。神宗熙寧時行新法，與王安石議論不合，以太子少師致仕。一生博覽群書，文章冠天下，後人列為唐宋八大家之一，卒諡文忠，人稱歐陽文忠公。晚年，標示自己讀書、娛樂的清閒生活，又自號「六一居士」。六一，意指自著《集古錄》一千卷，有藏書一萬卷，琴一張，棋一局，酒一壺，鶴一雙。其史學著作有《新唐書》、《新五代史》，文集有《歐陽文忠集》等，事蹟詳見《宋史．歐陽脩傳》。神道碑指置在墓道前記載死者生平事蹟的石碑。起於漢代，初在墓道前建石柱作為標誌，稱為神道。晉以後，易以為碑刻。碑制據官員職位高低而各有不同規格。神道碑則施行於高級大臣。詳見《事物紀原．吉凶典制部．神道碑》及清趙翼《陔餘叢考》卷三十二〈神道〉。⓰悉隱而不書二句　此處指歐陽脩在所作王旦的〈神道碑〉中，對其附會真宗所搞的天書迷信等事都隱去不寫，這是由於為聖君賢臣避諱，所以不能寫進去。⓱雖持身公清二句　此句指王旦雖然立身公正、清廉，沒有可議論的。公清，公正清廉。《三國志・吳書・潘濬傳》：「潘濬公清割斷，陸凱忠壯質直，皆節概梗梗，有大丈夫格業。」⑱然特張禹句 張禹、孔光、胡廣為兩漢時宰相，在位時皆以持祿保位、俯仰於時而著稱。洪邁以王旦行事頗與他們相似，故予以批評。張禹，漢河內軹（今河南濟源東南）人，以經學博士為元帝太子授經。成帝時，尊以師禮，任丞相，秉國政。禹慎言行，時有上奏及薦人，唯恐人知，或問朝省政事，光默然處之。時成帝疑王氏專權，嘗問禹，禹年老為保持門庭及官位，依違其間，不敢直言。時人朱雲譏之為「佞臣」。孔光，孔子後裔，字子夏，漢大臣，魯國（今山東曲阜）人。成帝時為博士，明習制度法令，累進尚書令、御史大夫、丞相，先後掌典樞機十餘年。為政慎行自守，不結黨友，對君主雖不希旨面從，亦不強諫，從容守位而已。平帝時，外戚王莽擅權，孔光畏懼其權勢，每事多有遷就。晚年憂禍，以老病乞請致仕。元始五年（西元五年）卒，年七十。贈太傅、博山侯。胡廣，後漢人，字伯始，安帝時舉孝廉第一。拜尚書郎，累遷司徒，以定策功拜太尉、太傅，為政練達事體，明解朝章，在公臺三十餘年，歷事安、順、沖、質、桓、靈六帝，禮任甚隆。為政懼罪避禍，但俯仰於時，無謇直之風。時諺有云：「萬事不理問伯始，天下中庸有胡公。」事蹟見《後漢書・胡廣傳》。《漢書》張禹、孔光傳贊曰：「張禹、孔光咸以儒宗居宰相位，服儒衣冠，傳先王語，其醞藉可也。然皆持祿保位，被阿諛之譏。」洪邁的批評是有歷史根據的。

【語　譯】宋真宗大中祥符以後，諸如天書禮文、宮觀典冊、祭祀天地、巡幸州郡各地、吉祥瑞符、歌功頌德等事情，文正公王旦身為宰相，都參預其事。王旦做官，自四品侍郎到三師之一的太保，地位不斷上升到一品，他自己知道所作的一些事情為社會輿論所不滿，遭到人們的議論和批評，然而由於患得患失，不能夠堅決辭去職務。一直到他臨終之前，才想到要剃髮為僧並要求死後家人用僧衣入殮，表示自己最後要皈依佛門，但這於事又有何補益呢？宋有名的隱士魏野曾作過一首詩贈給王旦，詩中說「西祀東封今已了，好來相伴赤松游」，這可說是君子愛人以德，詩中所含的規戒意義是很深刻的。歐陽脩為王旦所作的〈神道碑〉，碑文中對此都隱去不寫，這大概是古人為聖賢避諱，所以不能寫吧。王旦為官雖然公正清廉，使人沒有話說，但亦不過是歷史上漢張禹、孔光、胡廣這類明哲保身、與時俯仰的人物罷了。

【研　析】人物評價，當須知人論世，結合時代，察其生平。王旦有文名，自太宗太平興國初年進入仕途，由知平江縣，監潭州銀場，入為著作佐郎，參預《文苑英華》的編纂，遷鄭州通判，又入朝以右正言、知制誥，在朝大臣如王禹偁、錢若水、李沆等人，皆屢薦其才能。真宗即位，賞識他的才識，數年間，進拜中書舍人、翰林學士、知審官院、知貢舉，同知樞密院事。咸平四年，遂以工部侍郎、參知政事，入預樞機。景德三年（西元一〇〇六年）再以工部尚書、同平章事拜相。其仕途亨通，先後為相達十餘年。

王旦在朝秉政，能據守法度，處事小心謹慎秉公無私。機密之事，從不外露。為人有大度量，薦人不以私。即使人有非議，亦不記恨。寇準對他不滿，他能含容不計，且向真宗密薦其才能堪當大用。他對於國計民生，能體恤民間疾苦。薛奎任江淮發運使，向他面辭時，他口無多言，僅說：「東南民力竭矣！」張士遜任江西轉運使，行前向他請示，他說：「朝廷榷利至矣。」殷殷告戒掌管財經的地方長官，要遵守常制，關注民瘼，不要多斂取民財。在國防事務上，自澶淵之盟後，力守和約，保持邊防和平安定局面。此為王旦的行事大略。（詳可參閱《宋史・王旦傳》及《宋朝事實類苑・名臣事迹》）蘇轍在《龍川別志》中說王旦「為人類馮道，皆偉然宰相器也」。寇準稱其有「度量」，自嘆不如。歐陽脩作王旦〈神道碑〉，對其為相事蹟，頌讚備至。可見時人評議之一斑。大中祥符造作天書、祥瑞、祭祀等事，首倡者為王欽若，他蠱惑真宗行漢武帝、唐明皇之事，用神道設教的辦法來提高皇帝的神聖權威，標榜天下太平、國祚綿長。繼之以陳堯叟、陳彭年、丁謂、杜鎬等人，在理論上以經義附和其說，這種活動在祥符年間造成舉國上下趨之若狂；君臣之間大話、假話、謊話連篇累牘，蔚然成風。於是，東封泰山，西祠后土，祥瑞奏報連年不斷，天書屢次降臨，宮、觀興作頻繁，祭祀鬼神連年不絕。

王欽若假神道設教、獻諛求媚，大樹皇帝靈威，當然得到年輕欲有所為的真宗皇帝歡心，並受到讚許。但真宗唯恐宰相王旦不同意，一則命王欽若向王旦喻意，再則親自召對王旦賜以美酒一罇，實則內藏珍珠。實際上是要塞王旦之口。在君主專制下，君臣名分已定，宰相不過是皇帝奴才。王旦若不贊同，辭職歸田，這在現實的政治條件下是十分困難的。王旦主要想到的是君臣知遇之恩，雖心知其非，但身在其位，猶如騎在虎背，不得不行，此為王旦的苦衷。於是每逢天書迎奉，祭祀天地等典禮之事，皆由其出面主持。但這些行事，畢竟是違心之舉。故他到臨終前遂有欲僧服以殮用以表示懺悔之意。平心而論，王旦附和皇帝，與那些倡導神道設教、別有居心的人還是有差別的。

洪邁此篇論王旦採中庸之道，與時俯仰自是篤論。但細味其旨，頗疑他實有所指，即明說真宗、王旦，暗中卻對前朝宋徽宗君臣崇道、大興宮觀土木的一種婉轉而又隱諱的批評。從歷史上看，君王迷戀於宗教活動和各種意識形態，其後果皆不好。宋代君主許多人皆迷戀於道教，故宋人文集中多有各種青詞、齋文、天書之類迷信文字，以討好時君。這些東西時過境遷，在思想文化上不可能有任何積極的社會歷史意義。

二疏贊❶

作議論文字，須考引事實無差忒，乃可傳信後世。東坡先生作〈二疏圖贊〉云：「孝宣中興，以法馭人❷。殺蓋、韓、楊，蓋三良臣❸。先生憐之，振袂脫屣。使知區區，不足驕士❹。」其立意超卓如此。然以其時考之，元康三年二疏去位❺，後二年蓋寬饒誅❻，又三年韓延壽誅❼，又三年楊惲誅❽。方二疏去時，三人皆亡恙❾。蓋先生文如傾河，不復效常人尋閱質究也。

【注釋】❶二疏贊　本篇主題是作者洪邁對蘇軾〈二疏圖贊〉作出自己的評論。二疏，指疏廣與疏受。疏廣，字仲翁，東海蘭陵（今山東蒼山縣之蘭陵鎮）人，漢宣帝時為太子太傅。疏受，疏廣之兄子，以賢良舉為太子家令，遷太子少傅。漢元帝為太子時，太傅在前，少傅在後，二人並為師傅，在位五年。太子十二歲時，已通《論語》、《孝經》。疏廣對疏受說，我們應該功成身退了，此時不去，懼有後悔。於是兩人皆稱疾告退，以壽終於鄉。贊是一種文體，劉勰在《文心雕龍》中講：「贊者，明也，助也。」指通過讚嘆的文辭，幫助把事情說得更加清楚明白，還說：「然本其為義，事生奬嘆，所以古來篇體，促而不廣，必結言於四字之句，盤桓乎數韻之辭，約舉以盡情，昭灼以送文，此其體也。」意思是講推原贊的本義，產生於對人和事的讚嘆，所以自古以來贊的篇幅都很短促，大體上都是四字一句，短短數韻，簡約地說明事情的原由，文字明白地作出總結，這就是贊在文體上最基本的要求。❷孝宣中興二句　漢宣帝在位時，崇尚法家思想，宣帝講過他自己實行的漢家制度是「霸王道雜之」，是雜用儒法二家。班固在《漢書．宣帝紀》末「贊曰：孝宣之治，信賞必罰，綜核名實，政事文學法理之士咸精其能，至于技巧工匠器械，自元、成間鮮能及之。亦足以知吏稱其職，民安其業也。」孝宣，指漢宣帝劉詢，他是漢武帝的曾孫，戾太子的孫子，自幼乳養在民間。十八歲時，被霍光立為帝。在位二十五年，終年四十三。❸殺蓋韓楊二

句　蓋、韓、楊三人皆是郡太守及郎官中之賢良者，故蘇軾稱三人皆為良臣。蓋，指蓋寬饒，字次公，魏郡（郡名，轄今冀魯豫交界的地區，治所在鄴）人，以對策高第，拜官為衛司馬，歷任太中大夫，遷司隸校尉。史稱其「刺舉無所迴避，小大輒舉，所劾奏眾多……京師為清」。其為人剛直奉公，廉潔自律，然深刻喜陷害人，結怨於貴戚及在位者。在宣帝面前，又好言事刺譏，故被有司劾奏，自殺。韓，即韓延壽，字長公，燕（今北京市）人，少為郡文學。霍光執政時，因其父韓義為燕王錯殺，擢其為諫大夫，遷淮陽太守，徙治潁川，有治績，復徙為東郡太守，以仁義教民，轉左馮翊（治所在今陝西之大荔）。能令行禁止，有恩信於民，考功為天下之最。楊，即楊惲，字子幼，華陰（今陝西華山之北）人，其父楊敞曾為御史大夫及丞相，其母為司馬遷之女。惲為中郎將，廉潔無私，郎官皆稱其公平，然恃才忌能，性好刻害，發人陰私，由是結怨於同僚。❹先生憐之四句　此贊圖中的二疏對宣帝隨意殺戮大臣的做法，不屑一顧，同情那些無辜被殺害的良臣，這種傲慢無禮的辦法，不足以使士子們心悅誠服。袂，衣袖。屣，鞋。❺元康三年句　西元前六三年四月，疏廣與疏受辭去太子太傅、少傅的職位，返鄉養老。元康，漢宣帝的年號。❻後二年蓋寬饒誅　後二年，指宣帝神爵二年，西元前六〇年。是年蓋寬饒上疏諫宣帝重用宦官，好使刑法，其奏疏稱：「方今聖道浸廢，儒術不行，以刑餘為周召，以法律為詩書。」宣帝以其言涉怨謗，「大逆不道」，下其書議罪，九月，蓋寬饒自剄而死。❼又三年韓延壽誅　又三年，指宣帝五鳳元年，西元前五七年。韓延壽之死，起因於他與蕭望之之間的矛盾。韓延壽代蕭望之為左馮翊，而望之遷為御史大夫。蕭望之派人去審計韓延壽任東郡守的問題，而韓延壽就審蕭望之任左馮翊時的問題。這件事震動了漢宣帝，蕭望之劾奏延壽在東郡僭制不道，延壽因而坐棄市。延壽被解送臨刑時，百姓流涕送行。❽又三年楊惲誅　又三年，指宣帝五鳳四年，西元前五四年。楊惲在五鳳二年，以言獲罪，被免為庶人，在家三年，復有人上書告惲：「驕奢不悔過。日食之咎，此人所致。」章下廷尉，以訕謗君上，「大逆無道」，處腰斬。諸在位與惲厚善者皆免官。司馬光在《資治通鑑》中對漢宣帝殺此三人之評語稱：「趙（廣漢）、蓋、韓、楊之死，皆不厭眾心，其為善政之未大矣！」「若廣漢、延壽之治民，可不謂能乎！寬饒、惲之剛直，可不謂賢乎！然則雖有死罪，猶將宥之，況罪不足以死乎！」❾二疏去時二句　此言二疏去職時，蓋、韓、楊三人皆在位，不足以為此三人之遭遇抱不平之情，意謂蘇軾為二疏之圖所發之議論缺乏事實的根據。

【語　譯】作議論性的文字，必須考察所引用的事實沒有任何差失，才能使議論傳信於後世。蘇東坡先生所作的〈二疏圖贊〉說：「孝宣帝的中興，靠的是以法術來駕馭臣民。殺蓋、韓、楊三人，這三位都是賢能之良臣。二位先生憐恤他們死得太冤，在畫中的他們甩起衣袖，脫掉鞋子，憤然表示不平之情。使人們懂得，僅憑殺戮這種區區雕蟲小技，不可能使士子們屈從於帝王的高壓。」蘇東坡這些話的立意確實高超卓越。然而從時間上考量，早在元康三年時，二疏已離職回鄉了，此後在神爵二年時，蓋寬饒才被誅殺，到了五鳳元年時，韓延壽才被誅殺，在五鳳四年時，楊惲才被誅殺。疏廣、疏受去職時，這三個人都還安然無恙。大概東坡先生的文思如江河傾瀉，沒有如普通人那樣先尋找考究一下事實根據吧！

【研　析】洪邁這一條札記是批評蘇東坡〈二疏圖贊〉脫離當時最基本的史實，因為二疏去職在前，蓋、韓、楊三人被殺於後，二疏不在廟堂，怎麼能對此表示其憤憤不平之情呢？然亦不否定蘇軾之贊語立意超卓。實際上蘇軾的這段贊語是借題發揮之夫子自道，並批評漢宣帝以法術馭臣下。札記中只引了贊文中的幾句，全文不長，今引錄於下：

「惟天為健，而不干時。沈潛剛克，以爕和之。於赫漢高，以智力王。凜然君臣，師友道喪。孝宣中興，以法馭人。殺蓋、韓、楊，蓋三良臣。先生憐之，振袂脫屣。使知區區，不足驕士。此意莫陳，千載于今。我觀畫圖，涕下沾襟。」

前面四句十六個字，出自《周易》乾卦的象辭：「天行健，君子以自強不息。」初九的爻辭是潛龍勿用，意謂君子雖然隱居不出，靜處不動，不干時政，仍然自強不息，剛強而自我克制，協調好社會的和諧與穩定。其次的四句是批評漢初自高祖劉邦起，在處理君臣關係上，君王以霸道駕馭臣下，君臣之間那種以師友相處溫情脈脈的相互關係遭到了破壞，它變成了一種冷若冰霜的相互關係。漢宣帝是人們公認的中興之主，他崇尚法治，元帝為太子時，與宣帝之間關於如何治國的問題上有過一段對話，史稱其「見宣帝所用多文法吏，以刑名繩下，大臣楊惲、蓋寬饒等坐刺譏辭語為罪而誅，嘗侍燕從容言：『陛下持刑太深，宜用儒生。』宣帝作色曰：『漢家自有制度，本以霸王道雜之，奈何純任德教，用周政乎！且俗儒不達時宜，好是古非今，使人眩於名實，不知所守，何足委任！』乃嘆曰：『亂我家者，太子也。』」（《漢書・元帝紀》）從這一段對話，可知「漢家自有家法」，這個家法便是以霸道治臣下，換一句話說，對官員必須採取嚴格管教的辦法。對老百姓，漢代是比較寬鬆的，劉邦進咸陽時，不過約法三章，並沒有立即恢復嚴刑峻法。對那些一起打敗項羽的功臣，自韓信起，他毫不留情，不如此漢初很難有一個穩定的局面，故漢代多酷吏。漢代刺史周行郡國時，以「六條問事」，有五條是對著郡守二千石，一條是對著地方上的強宗豪右的。官是治民的，但治官要嚴於治民。嚴於治官，當然有錯案、冤案，如蓋、韓、楊三人便屬於錯殺的了。漢宣帝親政的最初幾年，經濟得到發展，社會穩定。《漢書‧宣帝紀》載元康四年（西元前六二年）：「是時，比年豐稔，穀石五錢。」《漢書‧丙吉傳》班固的贊語中講：「是故君臣相配，古今常道，自然之勢也。近觀漢相，高祖開基，蕭、曹為冠，孝宣中興，丙、魏有聲。是時黜陟有序，眾職修理，公卿多稱其位，海內興於禮讓，覽其行事，豈虛乎哉！」故錯殺了好人，只是宣帝善政之累而已。從嚴治官這個基本面還是不能否定的啊！

由於宣帝從嚴治官，所以那時郡守中廉潔奉公的多，如尹翁歸、朱邑這些地方官壽終時，宣帝賜其子黃金百斤，其勸士者在榮而不在財。人們沒有把對物質財富的追逐放在首位。疏廣退休回家時，宣帝賜黃金二十斤，皇太子贈以五十斤，這在當時可是一筆巨額現金了，有人勸其為子孫計，多買一些田宅。疏廣說：「吾豈老誖不念子孫哉？顧自有舊田廬，令子孫勤力其中，足以共衣食，與凡人齊。今復增益之，以為贏餘，但教子孫怠惰耳。賢而多財則損其志，愚而多財則益其過。且夫富者，眾之怨也。吾既亡以教化子孫，不欲益其過而生怨。又此金者，聖主所以惠養老臣也，故樂與鄉黨宗族共饗其賜，以盡吾餘日，不亦可乎！」這些話還是有道理的，要養成這樣的風氣，來之不易。而楊惲在這個問題上，就極不清醒了。史載：「楊惲既失爵位，家居治產業，以財自娛。」他以宰相之子，免職回鄉，當然可以利用其父過去的影響招財進寶了。當時他的好朋友孫會宗寫信勸他說：「大臣廢退，當闔門惶懼，為可憐之意，不當治產業，通賓客，有稱譽。」楊惲對友人的忠告，並不接納，表示自己「誠荒淫無度，不知其不可也」。結果還是因此而獲罪，喪命破家，還害了在位與其厚善者皆免官。故宣帝時的社會風氣比元成哀平時放縱官僚為非作歹的風氣要好得多。蘇軾對漢宣帝以法馭人的批評有不盡其然之處。當然這對士大夫自身的要求來講，還是有它合理的一面。要君王以師友相處，那你自身要有為師友的樣子。魏文侯以卜子夏、田子方、段干木為師，那是因為他們確實能為人之師表，其出處去就，自有其為人之準則。唯其如此，才能四方之賢士皆歸之。蘇軾在〈秦少游真贊〉中說：「以君為將仕也，其服野，其行方。以君為將隱也，其言文，其神昌。罷而不求，君不即，即而求之君不藏。」秦觀是蘇門四學士之一。他給秦觀像所題之贊詞也是夫子之自道。大丈夫無論入仕還是退隱，無論出處去就，都應該有一種器宇軒昂的精神和立身為人的準則。故洪邁稱其贊語「立意超卓」還是有一定道理的。

李宓伐南詔❶

唐天寶中❷，南詔叛❸，劍南節度使鮮于仲通❹討之，喪士卒六萬人。楊國忠掩其敗狀，仍敘其戰功❺。時募兵擊南詔，人莫肯應募，國忠遣御史分道捕人，連枷❻送詣軍所，行者愁怨，所在哭聲振野。至十三載，劍南留後李宓將兵七萬往擊南詔❼，南詔誘之深入，閉壁不戰，宓糧盡，士卒瘴疫及飢死什七八，乃引還。蠻追擊之，宓被擒，全軍皆沒。國忠隱其敗，更以捷聞，益發兵討之。此《通鑑》所紀❽。《舊唐書》云：「李宓率兵擊蠻於西洱河，糧盡軍旋，馬足陷橋，為閤羅鳳所擒。」❾《新唐書》亦云：「宓敗死於西洱河。」❿予案《高適集》中有〈李宓南征蠻詩〉⓫一篇，序云：「天寶十一載，有詔伐西南夷，丞相楊公兼節制之寄，乃奏前雲南太守李宓涉海自交趾擊之⓬，往復數萬里，十二載四月，至于長安。君子是以知廟堂⓭使能，而李公効節。予忝斯人之舊，因賦是詩。」其略曰：「肅穆廟堂上，深沉節制雄。遂令感激士，得建非常功。鼓行天海⓮外，轉戰蠻夷中。長驅大浪破，急擊群山空。餉道忽已遠，縣軍垂欲窮。野食掘田鼠，哺餐兼僰僮⑮。收兵列亭候⑯，拓地彌西東。瀘水⑰夜可涉，交州今始通。歸來長安道，召見甘泉宮⑱。」其所稱述如此。雖詩人之言，未必皆實，然當時之人所賦，其事不應虛言，則宓蓋歸至長安，未嘗敗死，其年又非十三載也。味詩中掘鼠餐僮之語，則知糧盡危急，師非勝歸明甚。

【注釋】❶李宓伐南詔　此篇敘述朝廷發動戰爭的擾民和戰爭的慘烈，並考論李宓戰死的年代不在天寶十三載（西元七五四年）。然此考論綜理史實有明顯的失誤。李宓為天寶時期劍南道的官員，受朝廷之命，討伐南詔。其間轉戰千里，歷經艱險，最終為南詔所困，戰死於雲南之西洱河橋。❷天寶中　天寶為唐玄宗在位繼「開元」之後的第二個年號，自西元七四二至七五六年，前後凡十五年。此年，玄宗浸沉在神道設教的神仙之說中，因於弘農得天賜之寶物，故改元天寶。又天寶三年，唐改「年」為「載」，自此之後稱三載、四載直至天寶十五載。見《舊唐書》、《新唐書》之〈玄宗本紀〉。天寶時期是玄宗統治由盛轉衰的轉折。❸南詔叛　南詔為唐代時期由「蠻族」蒙氏在雲南地區所建立的政權，其部民以「烏蠻」為主體，亦包括屬於西部的「白蠻」。因其地處唐的南境，故史書中亦稱「南詔蠻」。詔，譯意為部族之王。初，南詔地區分為六詔，六詔中，居地最南的烏蠻別種蒙舍詔勢力漸大，統一六詔，故唐人稱為南詔。其王在唐高宗、武后期間數次入朝。玄宗開元二十六年（西元七三八年），南詔第四王皮邏閣受唐冊封為雲南王，賜名蒙歸義，治大和城（今雲南大理南）。後來宋代的大理國即是沿承南詔而來。南詔之叛，據《舊唐書》、《新唐書》及《資治通鑑》所載，起於劍南節度使鮮于仲通撫馭無方，失蠻夷心。又雲南太守張虔陀貪婪淫虐，多有徵求，又誣奏其罪。南詔王閣羅鳳不滿其所為，遂於天寶九載（西元七五〇年）起兵抗唐，陷姚州，張虔陀自殺身亡。❹鮮于仲通　名向，字仲通，以字行。閬中新政（今四川南部縣東南新政鎮）人。父、祖以才雄，名動巴蜀。仲通少尚俠，輕財，重然諾，後折節讀書。開元二十年（西元七三二年）舉進士，調補益州新都尉。二十七年（西元七三九年），劍南長史張宥奏充劍南採訪支使。章仇兼瓊為節度使，令攝判使事，監越嶲兵馬，復奏充採訪支使。天寶五載（西元七四六年），節度使郭虛己委以幕府軍政，以功名聞京師。玄宗授以蜀郡大都督府長史兼御史中丞，持節充劍南節度副大使。天寶九載，南詔反叛，陷姚州。次年以節度使奉命率軍十萬討伐南詔，進至瀘水之南，為南詔及吐蕃聯軍所圍，大敗於西洱河口，士卒死者六萬人，大將王天運及仲通子鮮于昊皆戰死。十一載（西元七五二年），召拜京兆尹。十二載以軍敗論罪貶邵陽郡司馬，移漢陽郡太守。次年死於任所，年六十二。著有《鮮于向集》，及《坤樞》十卷。顏真卿撰有〈鮮于公（仲通）神道碑銘〉，見《顏魯公文集》。❺楊國忠二句　此句指楊國忠掩蓋鮮于仲通南征的失敗，反而敘錄其戰功，欺瞞朝野人士。事見《資治通鑑》卷二百十六天寶十載四月壬午條。楊國忠，本名釗，國忠為玄宗賜名，蒲州永樂（今山西永濟）人，楊貴妃玉環堂兄。天寶初，貴妃為玄宗寵幸，國忠因外戚關係得到玄宗的信任和提拔。天寶十一載，宰相李林甫死，玄宗以國忠為右相，兼吏部尚書、判度支等要職，身兼四十餘使，權傾內外，先後兩次發動對南詔的戰爭。天寶十四載（西元七五五年），范陽節度使安祿山以誅討楊國忠為名，發動叛亂。長安將陷，玄宗逃蜀。楊國忠隨行，至馬嵬驛（今陝西興平）被士兵所殺。《舊唐書》、《新唐書》均有傳。❻連枷　指用繩索將枷彼此連在一起，以防逃脫。枷，木製的枷，古代架鎖在犯人頭頸上的刑具。❼至十三載二句　此時，楊國忠為相，仍兼劍南節度使，故置劍南留後，以李宓充任。將兵七萬往擊南詔，據《新唐書・南蠻傳》記載：楊國忠「調天下兵凡十萬，使侍御史李宓討之」。又《舊唐書・南蠻傳》記載：「十二年，劍南節度使楊國忠執政，仍奏徵天下兵，俾留後侍御史李宓將十餘萬」討南詔，均與《資治通鑑》所載七萬的士兵數字不符。今按：七萬之說，又見《舊唐書》卷一百零六〈楊國忠傳〉：「國忠又使司馬李宓率師七萬再討南蠻。」留後，職官名。唐制：節度使或入朝，或出征，或死亡，其職任暫時未有人正式接替，皆置「知留後事」，簡稱留後，以主持軍中常務。❽通鑑所紀事見《資治通鑑》卷二百十七天寶十三載六月條。❾舊唐書云五句　事見《舊唐書・玄宗本紀》天寶十三載六月。其文云：「李宓率兵擊雲南蠻於西洱河，糧盡軍旋，馬足陷橋，為閣羅鳳所擒，舉軍皆沒。」《資治通鑑》亦載，「宓被擒，全軍皆沒。」西洱河，一稱洱河，源出雲南大理東北之洱海，經下關市注入漾鼻江，其下游沿山勢形成深峽，水流湍急。李宓軍隊受南詔及吐蕃軍夾擊，大敗於此。❿新唐書亦云二句　《新唐書》卷五〈玄宗本紀〉載天寶十三載六月，「劍南節度留後李宓及雲南蠻戰于西洱河，死之。」今按：〈南詔德化碑〉載此役：「三軍潰衂，元帥沉江。」元帥即指李宓，當戰死無疑。《舊唐書》載「宓被擒」，疑誤。⓫高適集句　《高適集》一稱《高常侍集》，今通行本有八卷和十卷的差別，但均非全本。《舊唐書・高適傳》稱：「有文集二十卷。」《新唐書・藝文志》亦載：「《高適集》二十卷。」可見宋以後已有殘闕。高適，渤海蓨（今河北景縣）人，開元間，應試不第，優遊河南北等地。天寶八載（西元七四九年），因宋州刺史張九皋薦舉有道科，解褐汴州封丘（今河南封丘）縣尉。天寶十一載（西元七五二年），入河西節度使哥舒翰幕，充掌書記。後以軍功歷任淮南、西川節度使。生平工詩，因熟悉軍旅生活，以所作邊塞詩聞名於世。高適官位終散騎常侍，故其文集人稱《高常侍集》。李宓南征蠻詩，應作〈李雲南征蠻詩〉，「宓」字誤。雲南指李宓曾任雲南太守。唐人詩文中多在姓後加官稱以稱親朋及同僚。此詩為高適在天寶十二載夏所作。同時，儲光羲亦有〈同諸公送李雲南伐蠻詩〉。⓬有詔伐西南夷三句　西南夷，泛指散居於巴蜀西南地區的諸少數民族，包括今甘肅南部、四川西南、雲南及貴州西南諸地。《史記》、《漢書》、《後漢書》均有〈西南夷傳〉。這是沿用舊稱，但專指南詔而言。丞相楊公兼節制之寄，指右相楊國忠兼領劍南節度使。《舊唐書・玄宗本紀》：「天寶十載十一月，兵部侍郎兼御史中丞楊國忠兼領劍南節度使。」「十一載十一月乙卯，尚書左僕射兼右相晉國公李林甫薨於行在所，庚申，御史大夫兼蜀郡長史楊國忠為右相兼吏部尚書。」今按：「丞相」當作「右相」。天寶元年改侍中為左相，中書令為右相。此句指右相楊國忠兼領劍南節度使。前雲南太守李宓涉海自交趾擊之。雲南，郡名，即姚州（今雲南姚安）。天寶元年改州刺史為郡太守，故稱前雲南太守。雲南係沿襲漢雲南縣故名。此地為瀘南（金沙江以南）的屏障，亦為控馭吐蕃及雲南諸蠻的要地。西至南詔太和城（即羊苴咩城，今大理）三百里，東南沿水陸可至交趾。交趾，郡名，即交州（今越南河內）。唐於此地置安南都護府，統轄十三州三十九縣。（見《元和郡縣圖志・嶺南道五》）《新唐書・地理志》：「安南中都護府本交趾郡。武德五年曰交州，治交趾。調露元年曰安南都護府。」⓭廟堂　指朝廷。古代帝王每遇大事，必告於祖宗之廟，議論於明堂的聽政之所。初，太廟與明堂合一，後乃分置。廟堂是帝王聽政、議論之所。《楚辭・九歎・逢紛》王逸注：「言人君為政舉事，必告於宗廟，議之於明堂也。」這裡的廟堂則指唐玄宗。⓮天海　形容空曠遼遠、天海相接之地。孔稚珪〈褚先生伯玉碑文〉：「子晉笙歌，馭鳳于天海。」李商隱〈柳枝詩序〉：「作天海風濤之曲。」白居易〈讀謝靈運詩〉：「大必籠天海。」或有釋天海為雲南大理東之洱海。洱海，湖泊名。古稱葉榆澤。因湖水周邊形如耳朵形狀，故稱。洱海匯西洱河及點蒼山麓諸水後，經漾鼻江入瀾滄江，四周山勢險峻，西有點蒼山，南北綿亙百餘里，峰巒岩岫，縈雲披雪，四時不消，飛瀑噴泉，水境清澈。⓯餉道忽已遠四句　此四句意為軍隊孤軍深入，被敵包圍，糧食斷絕，為避免餓死，只得捕鼠作餐，且不得不在黃昏飢餓無法忍受時兼餐僰人之肉了。縣軍，即懸軍，意為深入到敵方遠地的孤軍。杜甫〈秦州雜詩〉：「候（堠）火雲峰峻，懸軍幕井乾。」晡，十二時辰之申時，當傍晚黃昏時分。《廣韻》：「晡，申時。」杜甫〈徐步〉詩：「荒庭日欲晡。」僰僮，僰為古國或少數族名，其居地約在今川南以及雲南東部一帶地區。《史記・西南夷列傳》：「取其筰馬僰僮。」唐張守節《正義》：「今益州南戎州北臨大江，古僰國。」戎州治所在僰道縣（今宜賓市）。漢開南夷以通僰人之道，置僰道縣。《元和郡縣圖志・劍南道上》：「戎州……古僰國也。……至漢武帝建元六年，遣唐蒙發巴蜀卒通西南夷。自僰道抵牂柯，鑿石開道二十餘里，通西南夷，置僰道縣，屬犍為郡。今州即僰道縣也。戎獠之中，最有人道，故其字從人。」僰僮即僰人，漢唐間，常被掠賣為奴隸，供人役作。⑯亭候　一作亭堠。古代在軍事上用來偵察或瞭望敵方的崗亭。《後漢書・光武帝紀》：「築亭候，修烽燧。」⑰瀘水　古代水名。在今雅礱江下游和金沙江會合雅礱江以後的河流，三國時諸葛亮征南中時所渡之地。《後漢書・西南夷列傳》：建武十九年，劉尚「渡瀘水，入益州界。」諸葛亮〈出師表〉：「五月渡瀘，深入不毛。」《太平御覽》卷六十五引《十道記》：「瀘水出蕃中……四時多瘴氣，三四月間發，人沖之，立死。」樊綽《蠻書・山川江源》：「牦牛河……南流過鐵橋上下磨些部落，即謂之磨些江。至尋傳，與東瀘水（即雅礱江）合，東北過會同川，總名瀘水。」⑱召見甘泉宮　這裡借指唐玄宗在宮殿中召見即將離京赴任的李宓。甘泉宮為漢武帝時所建的帝王別宮，係在秦代雲陽宮、林光宮故址上增築擴建而成。故址在今陝西淳化西北之甘泉山，因地而名。漢武帝常於此避暑納涼，亦於此接見諸侯王及國外使臣、君長。

【語　譯】唐玄宗天寶年間，南詔舉兵反叛，劍南節度使鮮于仲通率兵征討，結果損失士卒達六萬人之多。宰相楊國忠隱瞞了戰爭失敗之事，仍然給他敘錄戰功。當時招募士兵攻打南詔，但人們都不願應募，楊國忠就派御史到各道去抓人，抓到後就給他們帶著枷鎖並用繩子串連起來送到軍營中，被抓的人心中積滿愁怨，所到之處哭聲遍野。到了天寶十三載，劍南留後李宓率兵七萬前往攻打南詔，南詔誘敵深入，高壘不戰，李宓久攻不下，軍糧皆盡，士兵因得瘟疫和餓死者達十之七八，李宓無奈只得率兵返回。南詔引兵追擊，李宓被擒獲，全軍覆沒。楊國忠隱瞞其敗績，反而聲稱取得勝利，報捷然後又派遣軍隊征討南詔。這是《資治通鑑》中的記載。《舊唐書》中說：「李宓率軍攻擊南詔於西洱河，在糧盡軍回時，馬足陷於河橋，被南詔王閤羅鳳擒獲。」《新唐書》中也說：「李宓戰敗死於西洱河。」我查考唐《高適集》中有一篇〈李宓南征蠻詩〉，序文說：「天寶十一載，皇帝下詔討伐南詔，宰相楊國忠兼劍南節度使主持此事，上奏皇帝推薦前雲南太守李宓渡海自交趾攻擊南詔，來往數萬里，十二年四月，李宓回到長安。人們因此知道朝廷所派之人很有才幹，而李宓也確實效忠朝廷。我作為李宓的舊友，因而寫下了這首詩。」他的詩大體上是這樣寫的：「肅穆廟堂上，深沉節制雄。遂令感激士，得建非常功。鼓行天海外，轉戰蠻夷中。長驅大浪破，急擊群山空。餉道忽已遠，縣軍垂欲窮。野食掘田鼠，晡餐兼僰僮。收兵列亭候，拓地彌西東。瀘水夜可涉，交州今始通。歸來長安道，召見甘泉宮。」他對李宓的稱述大略如此。雖然詩人的話，不一定完全真實可信，但作為當時人所作的詩，當不會有虛構的話，既然這樣，那麼李宓大概還活著回到了長安，並沒有戰敗而死，其年代也不是在天寶十三載。體味詩中有掘田鼠、餐蛺僮之語，則知道當時軍糧已盡，形勢十分危急，顯然李宓所統率的軍隊並非戰勝歸來這也是很明白的。

【研　析】唐玄宗天寶年間，對南詔的征討主要有二次。第一次是天寶九載劍南節度使鮮于仲通奉詔率大軍分三路進攻南詔。次年四月，軍隊南進至西洱河，為南詔誘殲，士卒死喪者達六萬人。(見《資治通鑑》及《舊唐書・玄宗本紀》）在此前後，特進何履光亦從安南（交趾）統十道軍由水陸並進，取安寧城，及鮮于仲通大敗，率師退回。(見樊綽《蠻書》）第二次是天寶十二載四月，由劍南留後李宓率軍七萬討雲南。次年李宓揮軍進逼邆川，直指大和城，為南詔、吐蕃聯軍合圍，結果是三軍潰衂，「元帥沉江。」（見《全唐文》卷九九九鄭回〈南詔德化碑〉）這兩次戰役喪師近二十萬，對唐室影響極大，直接導致了南詔與吐蕃結盟，所得西南邊地盡失，雲南諸蠻為南詔所統一，以及緊接著發生在天寶十四載的安史之亂，唐王朝自此由盛轉衰。

洪邁此篇引高適〈李雲南征蠻詩〉說：李宓征南詔：「蓋歸至長安，未嘗敗死，其年又非十三載也。」否認《資治通鑑》、《舊唐書》、《新唐書》所載李宓於十三載敗死的事實。《資治通鑑》、《舊唐書》、《新唐書》本紀言之鑿鑿，《舊唐書・楊國忠傳》亦載：「李宓率軍七萬，再討南蠻。宓渡瀘水，為蠻所誘，至大和城，不戰而敗，李宓死於陣。」再證之以〈南詔德化碑〉所述：天寶十三載「漢（指唐）又命前雲南郡都督兼侍御史李宓、廣府節度何履光……總秦隴英豪，兼安南子弟……廣布軍威……水陸俱進。」「李宓……進逼邆川。時神州都知兵馬使論綺里徐（吐蕃將領）來救，已至巴蹻山。我命大軍將段附克等內外相應，競角競沖……三軍潰衂，元帥沉江」的紀事。李宓戰死於天寶十三載已無庸置疑。洪邁此論失實，其原因在於他未見鄭回的〈南詔德化碑〉，分不清李宓在兩次戰役中都參加了討伐：第一次戰役是受特進何履光的節制，以十道之一的偏軍自交趾出發北征；第二次戰役是作為主帥自劍南渡瀘水，攻大和城。洪邁卻把這二事混合在一起看待，從而也就誤讀了〈李雲南征蠻詩〉的內容了。

李宓第一次參加征討南詔，是配合鮮于仲通從劍南出兵。他是自交趾沿水路北上，直插大和城的。高適詩序稱：「天寶十一載，有詔伐西南夷，右相楊公兼節制之寄，乃奏前雲南太守李宓涉海自交趾擊之，道路險艱，往復數萬里，……十二載四月至于長安。」詩中所述「鼓行天海外，轉戰蠻夷中。……長驅大浪破，急擊群山空。餉道忽已遠，縣軍垂欲窮。……瀘水夜可涉，交州今始通」即指此戰役而言，其目的是讚頌李宓英勇、艱苦的奮戰精神。

李宓參加第二次征南詔，是由於他以前曾做過雲南太守，熟悉南蠻邊防軍政，且曾參加過第一次征南詔，故得到楊國忠推薦，由玄宗親自召見，任命他以侍御史、劍南留後的身分統軍七萬征討南詔。這是玄宗不甘於鮮于仲通的失敗，企圖在南邊挽回頹勢，重振大唐權威的舉動。〈李雲南征蠻詩〉乃是高適在天寶十二載（西元七五三年）夏為餞別李宓，讚詠其智勇卓絕，以壯軍行的詩歌。與此同時，還有儲光羲〈同諸公送李雲南伐蠻詩〉。兩詩的思想內容基本一致，可互相印證。儲詩有「劍關掉鞅歸，武弁朝建章。龍樓加命服，獬豸擁秋霜」之句，即是他追述李宓此前轉戰數千里，自瀘南過劍閣，北返長安，穿著軍服，朝見玄宗。玄宗命他為侍御史、劍南留後，主持南征事蹟的讚歌。這次李宓是以主帥的身分出場的。但這次出征，大出於君臣朝野的意料之外。十三載六月，李宓慘敗戰死。唐王朝極盛的聲譽，自此一落千丈。

天寶年間兩次征討，論者多歸罪於楊國忠和雲南太守張虔陀惹起事端，但事情本質乃是在於唐和南詔為爭奪對雲南境內諸蠻的控制權。這只要看天寶年間歷任的劍南節度使，如章仇兼瓊、郭虛己、鮮于仲通等人積極開拓南疆便可一目了然。但是事態發展卻使唐與南詔的矛盾愈演愈烈，終於導致了軍事上大規模的直接對抗。應該說，對南詔的用兵乃是出於玄宗開疆拓邊的需要，是廟堂決策。楊國忠只是迎合了玄宗的意見，當然也不排除他想乘此機會立功揚名，使自己的權威獲得鞏固的內心打算。

《舊唐書》、《新唐書》為帝王諱，開脫了玄宗的錯誤決策，把罪魁禍首移加到楊國忠身上，於是楊國忠也就成了政治上的替罪羊，遭人唾罵，歷史上這類事情可說是太多了。

這次戰爭對當時唐代社會生活的影響也非常深遠。六十年後，白居易在〈新樂府〉的〈新豐折臂翁〉中描寫了當時人們對戰爭前後悲慘遭際的回憶。詩云：「無何天寶大徵兵，戶有三丁點一丁。點得驅將何處去，五月萬里雲南行。聞道雲南有瀘水，椒花落時瘴煙起。大軍徒涉水如湯，未過十人二三死。村南村北哭聲哀，兒別爺娘夫別妻。皆云前後征蠻者，千萬人行無一回。是時翁年二十四，兵部牒中有名字。夜深不敢使人知，偷將大石鎚折臂。張弓簸旗俱不堪，從茲始免征雲南。骨碎筋傷非不苦，且圖揀退歸鄉土。此臂折來六十年，一肢雖廢一身全。至今風雨陰寒夜，直到天明痛不眠。痛不眠，終不悔，且喜老身今獨在。不然當時瀘水頭，身死魂孤骨不收。應作雲南望鄉鬼，萬人冢上哭呦呦。」窮兵黷武導致「千萬人行無一回」，新豐的壯丁自殘身體以逃避兵役，這多麼令人感到哀傷啊！

六卦有坎❶

《易》❷乾❸、坤❹二卦之下❺，繼之以屯❻、蒙❼、需❽、訟❾、師❿、比⓫，六者皆有坎，聖人防患備險之意深矣⓬。

【注釋】❶六卦有坎　卦是《周易》中用以象徵自然和人事變化的一套符號，它由陽爻一和陰爻--相配合而成，由三個爻不同的組合構成八個經卦，由八個經卦的重疊組合構成六十四卦，被稱為別卦。本文所言之六卦是指別卦中前八卦中的六個卦，即文中所言之屯、蒙、需、訟、師、比六卦。在此前尚有乾、坤二卦。在六卦的組合中都有經卦中的坎卦。坎卦三爻的符號是由☵組成。它的象徵意義，在自然界是水和雨，在社會意義上是象徵險難和災害，在卦象類別上屬於陽卦，表示剛強的意思。文中所言之六別卦的組合上都有坎卦這個經卦。❷易　《周易》的簡稱，亦稱《易經》。儒家經典之一，相傳伏羲作八卦，文王作辭。其雛形可能成於殷周之際，其內容包括經和傳兩部分。經是指六十四卦，每卦六爻共三百八十四爻。卦有卦辭，包括卦形，指每卦六爻的組合卦的名稱，若乾、坤之類，每爻皆有爻辭。傳是指對經的闡釋，有七種，分為十篇。一為〈彖〉，分上、下兩篇；二為〈象〉，亦分上、下兩篇；三為〈文言〉，一篇；四為〈繫辭〉，亦分上、下兩篇；五為〈說卦〉，一篇；六為〈序卦〉，一篇；七為〈雜卦〉，一篇。共為十篇。《史記・孔子世家》稱：「孔子晚而喜《易》」，「讀《易》，韋編三絕。曰：『假我數年，若是，我於《易》則彬彬矣。』」❸乾　卦名，別卦的乾卦，為上下皆為經卦的乾卦，由六陽爻組成，卦形為䷀。卦辭為元亨。利貞。古人祭祀先祖或帝王祭天，筮遇此卦時，可舉行大享之祭祀，為有利之占問。〈象辭〉解析此卦為「天行健，君子以自強不息」，意為天道剛健，君子觀此卦象，以天為法，從而自強不息。❹坤　卦名。別卦的坤卦，為上下皆為經卦的坤卦，由六陰爻組成。卦形為䷁。其卦辭為元亨。利牝馬之貞。意思是君子筮遇此卦，可舉行大享的祭祀，有利於乘駕牝馬出征或遠行。〈象〉曰：「地勢坤。君子以厚德載物。」乾是象徵天，坤是象徵地，地要順應天道。君子獲此卦象，要取法於地，以厚德載物，也就是待人以厚德。❺二卦之下　指別卦排列有序，乾卦為首，坤卦為次。乾坤二卦之下皆有固定的次序。❻屯　卦名。在別卦排列第三，次於乾坤二卦。屯卦由經卦下震上坎組成，六爻為二陽爻四陰爻。卦形是䷂。〈彖辭〉對屯卦的解釋是「剛柔始交而難生。動乎險中，大亨貞。」震為陽剛，是雷的象徵，坎為陰柔，是雨水的象徵，所以說它是剛柔始交。故屯卦之卦象為雷雨並作，會出現艱難險阻。震代表動，坎代表險，動於險中，也就是要迎著風險而動。然而萬物的生長又有賴於雷以動之，雨以潤之。驚蟄這個節令，便是借助於春雷和雨水，促成萬物的成長，君子遇此卦，要把艱險困難看作鍛鍊自己成長的機會。❼蒙　卦名。在別卦排列第四。其上卦為艮，下卦為坎，卦形是䷃。六爻亦為二陽爻四陰爻。艮象徵著山，是停止的意思，坎象徵著陰，故〈彖辭〉對蒙卦的解釋為「山下有險，險而止」。君子遇此卦，應是山下有險，遇險而止，因其不明於險之情況。❽需　卦名。在別卦排列第五，由下乾上坎組成，卦形為䷄，六爻為四陽爻二陰爻。〈彖辭〉：「需，須也。險在前也，剛健而不陷。其義不困窮矣」。需的須，是須要等待時機，坎，代表著前有險阻。乾則代表剛健，故需卦的意思是人有剛健之德，遇有險阻，須等待時機，不要輕易冒險，如此則君子宜於不遭受困窮和艱難。❾訟　卦名。在別卦排列第六。由下坎上乾組成。六爻亦是由四陽爻二陰爻組成，卦形為䷅。上卦乾代表剛強，下卦坎代表險阻。〈彖辭〉：「訟，上剛下險，險而健，訟。」遇此卦之人，顯示其好爭訟，須持剛健正中之道，才能氣壯不撓，理直不曲。❿師　卦名。在別卦排列的次序為第七。由下坎上坤組成。其卦形為䷆。六爻是由五陰爻一陽爻組成，〈彖辭〉：「師，眾也。貞，正也。能以眾正，可以王矣。剛中而應，行險而順，以此毒天下，而民從之，吉又何咎矣。」師是代表眾人的意思，一陽爻代表大人能使眾人皆正，則可以成就帝王之業。大人能守正中之道，必得上下眾人之應和，即使遇到風險阻難，也能順利克服，因為坎象徵險，坤象徵順利，毒是治的意思，以此來治理天下民眾皆能順從於他，所以吉利而無凶。⓫比　卦名。在別卦排列的次序是第八，由下坤上坎組成，其卦形為䷇。六爻亦由五陰爻一陽爻組成。卦辭：「吉。原筮元永貞。无咎。不寧方來。後夫凶。」此卦原有占筮，見《左傳．昭公七年》（西元前五三五年）。它是占問長期之吉凶，為吉而無凶，大國若公侯，小國若子男，皆應和君王來朝，即使不安之國亦趕來朝賀，後至之人則有凶災。《國語．魯語》：「昔禹致群神於會稽之山，防風氏後至，禹殺而戮之。」⓬六者皆有坎二句　指上述之卦的組合中都包含有坎卦，包含著各種不同的風險狀態，不同的處置方式，不同的結果。孔子闡釋《易經》借坎卦強調防患備險之深意。〈繫辭〉稱：「子曰：『危者，安其位者也。亡者，保其存者也。亂者，有其治者也。是故君子安而不忘危，存而不忘亡，治而不忘亂，是以身安而國家可保也。』」它的意思是任何一個王朝都是由安而轉危，由存而轉為亡，治而轉為亂，今天的危、亡、亂者都是由昔日之安其位，保其存，有其治者轉化來的。所以憂患意識是君子們安身保家衛國之寶，這就是作者所說的防患備險的深意，也是我們民族在各種危難險阻中得以長期存續的優良傳統。

【語　譯】《易經》中在乾、坤二卦的次序下面，接著便是屯、蒙、需、訟、師、比諸卦，這六卦之中都有坎這個經卦，聖人為後人防憂患、備凶險的用意，它的意義實在太深遠了。

【研　析】《易經》是一本講占卜的書，爻辭是卜師們卜筮的記錄。在遠古的時候，巫與史是不分的。《禮記・禮運》說過「王前巫而後史」。司馬遷在〈報任少卿書〉中講：「僕之先人非有剖符丹書之功，文史星曆近乎卜祝之間，固主上所戲弄，倡優畜之，流俗之所輕也。」這當然是他的一句牢騷話。然而考察一下他父親司馬談的經歷，他說：「太史公學天官於唐都，受《易》於楊何，習道論於黃子。」既是史官，又要懂得天文，還要懂得《易》，並且講道家、講理論，那麼史官的職責，就不僅是記載已經發生的事件，還包括預測未來，以備王者的顧問。所以在古人心目中，文史星曆與卜祝是不分家的。對爻辭的記錄當然是有所選擇的，反映了求卜者在各種不同狀況下，對未來預測的需要。《易經》不過是把這些爻辭依照一定的規則加以排列組合，以適應求卜者的需要。《周禮・春官・太卜》提到太卜「掌三易之法，一曰連山，二曰歸藏，三曰周易」。學者一般認為三易實際上是夏、商、周三代研究筮法的三部書，現在保留下來的只有《周易》這一部書了。在先秦典籍中，記載《易》筮案例最多的是《左傳》，如果把這些案例與《周易》的爻辭對照，亦有不少差異，可見現在我們看到的這部《周易》是周秦到漢代經過許多人整理加工而成的。實際上爻辭是古人長期以來對世事人生經驗總結的概括。象數只是它帶有神祕色彩的占卜形式，而其爻辭和〈易傳〉才是它對世事人生經驗總結基礎上對未來預測的一種理性的抽象思維。比如乾卦的〈繫辭〉：「天行健，君子以自強不息。」是鼓勵人們無論在順境還是逆境都要保持一種剛健的氣質，發憤圖強，對自己要抱有充分的信念。又如坤卦的〈象辭〉：「君子以厚德載物。」強調的是要寬以待人，要以德報怨。它初六的爻辭：「履霜，堅冰至。」〈文言傳〉云：「積善之家，必有餘慶，積不善之家，必有餘殃。」這幾乎成了我國家喻戶曉的人生格言。就總的思想體系上講，它是把天地自然與人生世事直接對應起來的天人合一的觀念，通過陽爻一與陰爻--的不同組合來演繹對世事的預言。在六十四別卦的前八個別卦，在乾、坤之後的六卦，都有「坎」組合在內。它集中起來講一個中心問題，也就是要有憂患意識，對未來的預測無非是吉凶悔咎，不能只想好事，還必須時刻準備災禍的來臨，這個災難有來自自然，也有來自外敵，更多的則是來自自身有沒有充分的思想準備。《易經》貫穿始終最優良的是它的憂患意識而不是它那神祕主義的象數之學。歷史告訴我們，在中國歷史上無論哪一個朝代，漢、唐、明、清，在盛世後面將是衰世，可不能忘乎所以啊！少唱一些盛世的讚歌，多警惕一些危世的徵兆。還是〈繫辭〉引用孔子講的話：「子曰：『危者，安其位者也。亡者，保其存者也。亂者，有其治者也。是故君子安而不忘危，存而不忘亡，治而不忘亂，是以身安而國家可保也。』」要研究《易經》，要發揚中國優秀的文化傳統，最根本的一條，還是時刻不能丟掉憂患意識這個最為寶貴的傳統，這是中華民族得以自立於世界各民族之林最為寶貴的經驗，也是中華民族得以永世長存的根本道理。從為人上講，記住這一點才能長期保持謙遜的人生態度，終身受益。洪邁從「六卦有坎」中，突現聖人防患備險之意確實是非常深刻的。這也是洪邁告誡當時君主不要偏安江左，要克服困難勵精圖治。

韓退之

《舊唐史・韓退之傳❶》初言：「愈常以為魏、晉已遠，為文者多拘偶對❷，而經誥之指歸，不復振起❸。故所為文抒意立言，自成一家新語❹，後學之士取為師法❺。當時作者甚眾，無以過之，故世稱韓文。」而又云：「時有恃才肆意，亦盭孔、孟之旨❻。若南人妄以柳宗元為羅池神，而愈撰碑以實之❼。李賀父名晉，不應進士，而愈為賀作〈諱辯〉，令舉進士❽。又為〈毛穎傳〉，譏戲不近人情。此文章之甚紕繆者❾。撰《順宗實錄》，繁簡不當，敘事拙於取捨，頗為當代所非❿。」裴晉公有〈寄李翺書〉⓫云：「昌黎韓愈，僕識之舊矣，其人信美材也。近或聞諸儕類云，恃其絕足，往往奔放，不以文立制，而以文為戲，可矣乎？今之不及之者，當大為防焉爾⓬。」舊史謂愈為紕繆，固不足責，晉公亦有是言，何哉？考公作此書時，名位猶未達⓭，其末云：「昨弟來，欲度及時干進，度昔歲取名，不敢自高。今孤煢若此，游宦謂何？是不能復從故人之所勉耳⓮！但寘力田園，苟過朝夕而已。」然則公出征淮西，請愈為行軍司馬，又令作碑⓯，蓋在此累年之後，相知已深，非復前比也。

【注釋】❶舊唐史韓退之傳　舊唐史，即《舊唐書》，五代時後晉劉昫等撰，原稱《唐書》，為了區別於北宋歐陽脩、宋祁等人編撰的《新唐書》，故稱《舊唐書》。全書分本紀、志、列傳三部分，共二百卷。韓退之傳，即〈韓愈傳〉，見《舊唐書》之列傳第一百一十。退之，為韓愈之字，河南河陽（今河南孟州）人，自謂郡望昌黎，故世稱其為韓昌黎。唐代著名的文學家、思想家，古文運動的倡導者。❷愈常以為二句　韓愈認為駢儷的風行，使文章走上單純追求文字形式的歧途。偶對，指駢儷文中的對仗，有事對與言對之分，事對與言對又各有正反之分，即正對與反對，在句式上是上四下六，在聲律上則要平仄交錯，用辭上講究藻飾。全篇以雙句，即儷句、偶句為主。這是魏晉以下，經南北朝至初唐流行的一種文體。❸經誥之指歸二句　此謂自從駢體文流行以後，三代經誥所倡導的宗旨，不再能夠振作興盛。《舊唐書・韓愈傳》之原文為：「經誥之指歸，遷雄之氣格，不復振起矣。」經，指五經，即《詩》、《書》、《禮》、《易》、《春秋》。誥，指文告。用於上告下，帝王訓誡勉勵臣民的文告。《尚書・大誥》：「猷大誥爾多邦，越爾御事。」指歸，謂先秦三代之經典與文誥之宗旨。遷，指司馬遷，雄指揚雄。❹故所為文二句　指韓愈所作的文章，其所表達的意念，所用的語言，皆自成一家，完全擺脫駢文的風格，故以新語相稱。韓愈在〈答李翊書〉中稱自己「學之二十餘年矣，始者非三代兩漢之書不敢觀，非聖人之志不敢存」，「當其取於心而注於手也，惟陳言之務去。」言其為文之目標是「行之乎仁義之途，游之乎詩書之源，無迷其途，無絕其源，終吾身而已矣」。其立言為三代兩漢古文之風格，其抒意則為孔孟之道。與當時尚流行的駢儷之文體相比，則為自成一家之新語。實為三代兩漢散文之古風。❺後學之士句　在韓愈書信中，顯示當時確有不少士子，寫信表示願相從學其為文之道，他在〈答李秀才書〉中稱「子之言以愈所為不違孔子，不以琢雕為工，將相從於此」。這兒的李秀才即李觀。〈答陳生書〉：「足下求速化之術，不於其人，乃以訪愈。」即向愈求教書寫古散文速成之術。此外若李翺、張籍皆以韓愈之文為師法。故韓愈在〈送孟東野序〉中稱：「孟郊東野始以其詩鳴，其高出魏晉，不懈而及於古，其他浸淫乎漢氏矣。從吾遊者，李翺、張籍其尤者也。」❻又云三句　意謂《舊唐書》曾批評韓愈為文時，有憑恃才能恣意妄為的時候，因而這一類文章也就背離了孔孟為文的宗旨。盭，戾，違背的意思。❼若南人二句　長慶二年（西元八二二年）韓愈撰寫〈柳州羅池廟碑〉，敘述了柳宗元在柳州的良好政績，柳州人以柳宗元為羅池神，及謀求為其立碑的過程。其中言及柳宗元，「嘗與其部將魏忠、謝寧、歐陽翼飲酒驛亭，謂曰：「吾棄於時，而寄於此，與若等好也。明年吾將死，死而為神，後三年為廟祀我。」及期而死。三年孟秋辛卯，侯降于州之後堂，歐陽翼等見而拜之。其夕，夢翼而告曰：「館我於羅池。」其月丙辰，廟成大祭，過客李儀醉酒慢侮堂上，得疾，扶出廟門即死。明年春，魏忠、歐陽翼使謝寧來京師，請書其事于石。余謂柳侯生能澤其民，死能驚動禍福以食其土，可謂靈也。」其廟立於羅池，羅池在柳州府城東，水可溉。至宋哲宗元祐五年（西元一〇九〇年）六月，賜羅池神廟為「靈文神廟」。此事從當地講有裝神弄鬼的成分。從韓愈講，亦還有為柳宗元棄於時，遭流落以死於異鄉抱不平的用意。故不能以此文語怪而非之。實際上它是一篇韓愈弔唁柳宗元的好文章。❽李賀父名晉四句　李賀父名晉肅，因晉與進同音，為避家諱，不得舉進士。賀與愈相善，韓愈與李賀書，勸李賀舉進士。賀應進士試，以其有名，愈在〈諱辯〉中稱：「與賀爭名者毀之，曰：『賀父名晉肅，賀不舉進士為是。』勸之舉者為非，聽者不察也，和而唱之，同然一辭。」正因為這個原因，韓愈才作〈諱辯〉一文，他在文章中依據唐律「二名不偏諱」與「不諱嫌名」，說明賀父名晉肅，賀舉進士，並不犯律。如果「父名晉肅，子不得舉進士；若父名『仁』，子不能為人乎？」韓愈更以周公、孔子、曾參及《春秋》不避諱，唐代的詔令不避諱，列祖列宗名之同音字為例，說明不能以進士避晉肅之諱。《舊唐書．李賀傳》認為韓愈作〈諱辯〉之後，「賀竟不就試」。其實李賀原是參加進士考試的，李賀有〈示弟〉一詩是他應進士試失敗而回家時，訴說當時憤恨不平的心情。李賀，字長吉，福昌（今河南宜陽西）人。唐宗室鄭王之後，家世早已沒落，生活困頓。❾又為毛穎傳三句　此謂韓愈這一類諷刺性的雜文最為邪曲而錯謬。然當時亦有人為其辯白，此人便是柳宗元。柳在文章中說：「時言韓愈為〈毛穎傳〉，不能舉其辭，而獨大笑以為怪，而吾久不克見。揚子誨之來，始持其書，索而讀之。」「其大笑固宜，且世人笑之也不以其俳乎，而俳又非聖人之所棄者。詩曰：『善戲謔兮，不為虐兮。』太史公書有〈滑稽列傳〉，皆取乎有益于世者也。」「韓子窮古書，好斯文，嘉穎之能盡其意，故奮而為之傳，以發其鬱積。而學者得之勵，其有益于世歟！」（〈讀韓愈所著毛穎傳〉）毛穎傳，是韓愈在貞元初年寫的一篇遊戲文章，仿司馬遷的史傳體。毛穎是他虛構的人名。毛，指毛筆。穎，為筆鋒的尖端。韓愈在文章中把毛筆擬人化，並為其立傳。執筆者是文人，韓愈是在借毛穎的遭際，為歷代文人鳴不平。秦始皇封毛穎於管城，號曰管城子，實際上也就是筆桿子之代稱而已。他在文章中說：「自秦皇帝及太子扶蘇、胡亥、丞相斯、中車府令高，下及國人，無不愛重。」那是說上自帝王、下至國人，沒有人可以離開筆桿子。為什麼喜歡它呢？因其「善隨人意，正直、邪曲巧拙，一隨其人，雖後見廢棄，終默不泄」。那就是筆桿子只是工具，一切皆隨主人的意志，即便被主人拋棄，亦絕不洩露主人的陰私。「惟不喜武士，然見請亦時往。」是說按筆桿子的本性，就是不喜歡槍桿子，然而槍桿子要用它，它也不得不去。它最高的官職便是中書令，即借助於筆桿子為皇上起草詔令。筆桿子用久了，筆尖便會變禿，失去當年的鋒穎。文章稱：「上見其髮禿，又所摹畫不能稱上意。上嘻笑曰：『中書君老而禿，不任吾用。吾嘗謂君中書，而今不中書耶！』對曰：『臣所謂盡心者。』」文章仿太史公曰：「穎始以俘見，卒見任使。秦之滅諸侯，穎與有功，賞不酬勞，以老見疏，秦真少恩哉！」儘管這是一篇寓言式的傳記，它生動地刻畫了專制時代帝王和御用文人的共相。即使放到近數十年，相關人物的形象皆栩栩如生。韓愈這篇文章流傳以後，立即觸犯了無數文人的尊嚴，所以成為人們攻擊的對象。譏戲，謂其諷刺挖苦得不近人情。紕繆，邪曲錯誤。

❿撰順宗實錄四句　《順宗實錄》是憲宗繼位以後，讓史官為順宗編撰的實錄。順宗在位時間極短。憲宗即位，時宰相裴度引韋處厚值史館，修《德宗實錄》五十卷，接著修《順宗實錄》三卷，至元和八年（西元八一三年）春，韓愈改任比部郎中、史館修撰。目的是為了重修韋處厚所撰的《順宗實錄》。他在〈答劉秀才論史書〉中，講了修史之難，視之為畏途。他認為史家沒有一個人有好的結局，對於值史館這個職務，他「行且謀引去」，只是想著開溜。至於修當代史，他說：「且傳聞不同，善惡隨人所見，甚者附黨，憎愛不同，巧造語言，鑿空構立善惡事迹，於今何所承受取信，而可草草作傳記令傳萬世乎？若無鬼神，豈可不自心慚愧。若有鬼神，將不福人。」儘管如此，他畢竟還是被推而召集重修《順宗實錄》。他在〈進順宗實錄表狀〉中說：「八年十一月，臣在史職，監修李吉甫授臣以前史官韋處厚所撰《先帝實錄》三卷，云未周悉，令臣重修。臣與修撰左拾遺沈傳師、直館京兆府咸陽縣尉宇文籍等共加採訪，并尋檢詔敕，修成《順宗皇帝實錄》五卷，削去常事，著其繫於政者。比之舊錄，十益六七。忠良姦佞，莫不備書。苟關於時，無所不錄。」監修是李吉甫，因為對宮內事變說得太切直了，所以李吉甫至死也不敢對此書拍板定稿，後來又讓韓愈修改了一次。那麼韓愈這本《順宗實錄》怎麼會被《舊唐書》說成繁簡不當，敘事拙於取捨，頗為當代所非的呢？《舊唐書．路隨傳》講到文宗大和二年（西元八二八年），路隨為相，加監修國史，「初韓愈撰《順宗實錄》，說禁中事頗切直，內官惡之，往往於上前言其不實，累朝有詔改修。」路隨上奏稱：「韓愈所書，亦非己出，元和之後，已是相循。」希望「條示舊記最錯誤者，宣付史官，委之修定」。要求皇帝明示一個必須修改的範圍，於是「詔曰：『其實錄中所書德宗順宗朝禁中事，尋訪根柢，蓋起謬傳，諒非信史。宜令史官詳正刊去，其它不要更修。』」劉夢得在〈子劉子自傳〉中稱：「時上（指順宗）素被疾，至是尤劇，詔下內禪，自為太上皇。後謚曰順宗。東宮即皇帝位。是時，太上久寢疾，宰臣及用事者都不得召對，宮掖事祕，而建桓立順，功歸貴臣。」說到底，自德宗末經順宗到憲宗，帝王更迭之事，都是內廷宦官二派鬥爭，互相搞宮廷政變的結果。所謂「說禁中事頗切直，內官惡之」，也就是宦官們特別是當時尚在位的宦官首領仇士良等，並不希望把這些不光彩的宮廷政變暴露於史籍。《舊唐書》所謂為當代所非，即是

為當代執政之宦官們所非。《韓昌黎文集》中的五卷《順宗實錄》，是唐代唯一保存至今的實錄，這當然是已經被修改過的實錄，可以多少看到有被修改的痕跡，但它畢竟基本保存了當時的史實。實錄，最早見於梁周興嗣等撰《梁皇帝實錄》，記梁武帝事，體例為編年大事記。唐以後，每一個皇帝死後，繼位之君，必教史臣撰修實錄，沿為定制。⓫裴晉公句　這次裴度給李翺寫信，是因為李翺託人帶了幾篇向裴度宣傳古文運動的文章給他，故裴度在這封書信中稱：「觀弟近日制作大旨，常以時世之文多偶對儷句，屬綴風雲，羈束聲韻為文之病甚矣，故以雄詞遠志，一以矯之，則是以文字為意也。」裴晉公，即裴度，字中立，河東聞喜（今山西聞喜東北）人，貞元五年（西元七八九年）進士，八年登博學宏詞科，吏部初選，裴度與韓愈一起銓定，複審時韓愈被中書駁下。裴度從此登上仕途，授河陰縣尉，遷監察御史，升為御史中丞。由於他力主削除藩鎮，得憲宗之寵信，轉升為宰相。元和十二年（西元八一七年）督師蔡州，擒吳元濟，藩鎮大懼，因功封晉國公，故稱裴晉公。李翺，字習之，隴西成紀（今甘肅秦安西北）人，貞元十四年（西元七九八年）進士，有《李文公集》傳世。李翺與裴度是表兄弟關係，裴度年長，故稱李翺為弟。⓬而以文為戲四句　此係裴度信中語，是告誡李翺，不要追隨韓愈學作那種遊戲文章。從信的全文看，裴度對李翺追隨韓愈倡導的古文運動亦抱保留態度。他認為：「文之異在氣格之高下，思致之淺深，不在其磔裂章句，隳廢聲韻也。」⓭考公作此書時二句　裴度名位的變化是在元和九年（西元八一四年）改任御史中丞時，那麼這封書信當在此前所製作。⓮昨弟來七句　此是裴度自謙之詞。弟，指李翺。及時干進，指希望裴度能在仕途上亟求上進。昔歲取名，指德宗貞元五年裴度進士及第，八年登博學宏詞科，應制對策列高等。不敢自高，指不是自己高明，而是有貴人提攜的結果。孤煢，孤單無所依靠。遊宦，謂遊走於仕宦。指裴度遷監察御史後，因密疏論權幸，語切忤旨，出為河南府功曹。貞元年間，裴度在仕途上一直處於形影孤單、停滯不前的狀態。故人，指當年應試時，曾提攜他的長安權貴名流。意謂自己所以在仕途上遊走不前，原因是沒有聽從當初提攜自己的名流們所誡勉的為官之道。⓯公出征淮西三句　此前討伐淮西吳元濟的戰事，延續了三年有餘，進展不大。至元和十二年（西元八一七年）七月，裴度自請督戰。於是憲宗命裴度以宰相兼彰義節度使、充淮西宣慰招討處置使，前往淮西督戰。於是裴度奏請韓愈以右庶子兼御史中丞，充彰義軍行軍司馬，隨大軍往淮西。淮西平定以後，群臣請刻石紀功，並決定由韓愈來撰寫碑文。韓愈誠惶誠恐地說當時「聞命震駭，心識顛倒，非其所任，為愧為恐，經涉旬月，不敢措手」（〈進撰平淮西碑文表〉）。至元和十三年（西元八一八年）三月，韓愈才將碑文呈憲宗。〈平淮西碑〉樹於蔡州的紫極宮。

【語　譯】《舊唐書》的〈韓愈傳〉先介紹：「韓愈認為魏、晉以來，寫文章的人都喜歡講究駢儷對偶，忽視經典和文誥的宗旨。所以他一再寫文章抒發自己為文立言的宗旨，能自成一家之言，以致年輕的學子們都以師法他的文章為時髦。當時作文者甚眾，但還沒有人能超過他，所以社會上稱韓愈的文章叫韓文。」但〈韓愈傳〉接著又講他：「時常有憑恃才氣肆意為文，有違孔孟的意旨。如南人妄以柳宗元為羅池的神，而韓愈就為其撰寫碑文以坐實其事。李賀的父親名叫晉肅，不應該參加進士科的考試，而韓愈便專門寫了一篇〈諱辯〉的文章，鼓動他去考進士科。他還寫過一篇題目是〈毛穎傳〉的文章，在文章中諷刺挖苦到不近人情的地步。這些都是他文章中最為有紕繆和差錯的地方。另外他還奉命撰寫過《順宗實錄》，由於繁簡失當，對事件的取捨不妥，因而頗為當代的人們所非議。」裴晉公曾經寫過一篇〈寄李翺書〉，他說：「關於韓昌黎這個人，我早就知道他了，這個人確實是個很有才華的人。近來聽到不少關於他的傳聞，說他依仗自己的才華，為文奔放而不受約束，不是用文章來建立為人的規制，而是拿文章來做遊戲，能這樣做嗎？如今寫文章名氣還不如他的人，這可是他們必須引以為戒的啊！」《舊唐書》批評韓愈文章有紕繆有錯誤，這不足為怪，為什麼裴度也這樣責難於他呢？考證裴度寫這封書信的時間，是在他名位尚未發達的時候，他在給李翺的書信末尾便曾講到：「昨天你李翺兄弟來探望我，希望我裴度在仕途上必須積極進取，我裴度往年取得功名時，不敢認為自己有多高明的地方。現在我為什麼在仕途上如此孤立無援地遊走於宦途呢？實在是我沒有聽從故人對我的勸勉和教誨啊！現在只能努力看管好自己的田園，苟且地過好眼前的時日而已。」然而後來在裴度出征淮西時，仍請求以韓愈為行軍司馬，勝利班師回朝時，又令韓愈為之撰寫〈平淮西碑〉，那是因為經若干年相處，二人相互瞭解深入以後，不再是過去那種情況所能比擬的了。

【研　析】唐代提倡古文運動不自韓愈始，在初唐便有陳子昂大力提倡古文，在開元時期更有不少人一起倡導古文運動。到了韓愈的倡導，才成為一種廣泛的文化思想運動。為什麼韓愈會有如此的影響，因為他比前人更加鋒芒畢露。這從裴度〈寄李翺書〉中也可以看出一些端倪。若裴度云：「觀弟近日制作大旨，常以時世之文多偶對儷句，屬綴風雲，羈束聲韻為文之病甚矣，故以雄詞遠志，一以矯之。」這當然不是李翺的倡議，而是李翺複述韓愈的宗旨。裴度的批評不是對著李翺，而是對著韓愈講的。駢文在當時還處於統治的地位，在貞元時期，陸贄與權德輿還都是當時駢文的大家，考進士，考博學宏詞還得考通行的駢文。他考禮部的進士，四舉而後成，考吏部博學宏詞，三試於吏部不售，初試曾得之，又黜於中書。他在〈答崔立之書〉中，把這類應試文章比作「類乎俳優之辭」，還說：「夫所謂博學者，豈今之所謂者乎？夫所謂宏辭者，豈今之所謂者乎？誠使古之豪傑之士，若屈原、孟軻、司馬遷、相如、揚雄之徒進於是選，必知其懷慚乃不自進而已耳。設使與夫今之善進取者競於蒙昧之中，僕必知其辱焉。」這不僅把考官們、而且把所有應試的舉子們都罵了個狗血噴頭，在當時他之成為眾矢之的也就非常自然的事了。從性格上講，他與裴度不同，裴度是做官的料，他不是做官的料，裴度沒有把仕途上的挫折化作牢騷去責罵權貴們，而是反省自己，說自己「不能從故人之所勉耳」。而韓愈的態度則完全不同，他對自己仕途的失意，則不僅是牢騷滿腹，而且怪話連篇。他那些譏戲諧謔之文背後，都是他內心不平的宣洩。看來會罵既是一種學問，也是一種揚名的手段。當然要罵得有道理，罵得巧妙。他有一篇〈送李愿歸盤谷序〉，借李愿之口講：「人之稱大丈夫者，我知之矣。利澤施於人，名聲昭於時。坐於廟朝，進退百官，而佐天子出令。其在外，則樹旗旄，羅弓矢，武夫前呵，從者塞途，供給之人，各執其物，夾道而疾馳。喜有賞，怒有刑，才畯滿前，道古今而譽盛德，入耳而不煩。曲眉豐頰，清聲而便體，秀外而惠中。飄輕裾，翳長袖，粉白黛綠者，列屋而閒居，妒寵而負恃，爭妍而取憐。大丈夫之遇知於天子，用力於當世者之所為也。吾非惡此而逃之，是有命焉，不可幸而致也。」在大丈夫之旁，還有一些小人物，「伺候於公卿之門，奔走於形勢之途。足將進而趑趄，口將言而囁嚅。處汙穢而不羞，觸刑辟而誅戮。僥倖於萬一，老死而後止者，其於為人賢不肖何如也？」這真是一篇絕妙的諷刺小品。古往今來大官小官們的形象活龍活現地呈現在人們面前，古今熱衷於官場中的人們讀後之感想也就可想而知了。士大夫中的失意者讀了會有痛快而會意的一笑。蘇軾在失意時，作〈跋退之送李愿序〉云：「歐陽文忠公嘗謂晉無文章，惟陶淵明〈歸去來〉一篇而已。余亦以謂唐無文章，惟韓退之〈送李愿歸盤谷序〉一篇而已。平生願效此作一篇，每執筆輒罷，因自笑曰：『不若且放，教退之獨步。』所以韓愈生前身後始終是一個有爭議的人物，因為官場容不下那麼多士大夫，總有一部分失意者。對於韓愈的諷刺文章，在位和熱衷於仕途者則搖頭不迭，失意者或看透官場之醜陋者則盛讚不已。所以自唐以來，韓愈的文章和為人始終是人們爭論的一個議題。至於裴度征淮西時轉而啟用韓愈為行軍司馬，及令其作〈平淮西碑〉，那是因為二人在平定淮西吳元濟叛亂的問題上，意見是完全一致的。韓愈在元和十一年（西元八一六年）拜中書舍人，曾經寫過一篇〈論淮西事宜狀〉，支持裴度，卻得罪了李逢吉，因而被降為太子右庶子。故次年裴度出征淮西時，啟用他為行軍司馬，並非裴度此時轉而贊成韓愈在古文運動上的言論。

陶淵明

陶淵明高簡閑靖，為晉、宋第一輩人❶。語其飢則簞瓢屢空，缾無儲粟❷。其寒則短褐穿結，絺綌冬陳❸。其居則環堵蕭然，風日不蔽❹。窮困之狀，可謂至矣。讀其〈與子儼等疏〉❺云：「恨室無萊婦，抱茲苦心❻。汝等雖不同生，當思四海皆兄弟之義。管仲、鮑叔分財無猜，他人尚爾，況同父之人哉❼！」然則猶有庶子❽也。〈責子〉詩云：「雍端年十三。」此兩人必異母爾❾。淵明在彭澤，悉令公田種秫，曰：「吾常得醉於酒足矣。」❿妻子固請種秔，乃使二頃五十畝種秫，五十畝種秔⓫。其自敘亦云：「公田之利，足以為酒，故便求之。」然猶望一稔而逝，然仲秋至冬，在官八十餘日，即自免去職⓬。所謂秫秔，蓋未嘗得顆粒到口也，悲夫！

【注釋】❶陶淵明高簡閑靖二句　陶淵明為人高潔簡明，閒靜而有節操，故稱其品行為晉、宋之際的第一流人物。陶淵明，字元亮，入宋更名為潛。《南史・隱逸傳》稱其「字淵明，或云字深明，名元亮。」並列其為隱逸之首。潯陽柴桑（今江西九江市西南）人，世號靖節先生。生於晉興寧三年（西元三六五年），卒於宋元嘉四年（西元四二七年），享年六十三。❷語其飢二句　此言陶淵明家無糧儲。陶在早年作〈五柳先生傳〉時，稱自己「簞瓢屢空」，晚年之〈有會而作〉則云：「弱年逢家乏，老至更長飢。菽麥實所羨，孰敢慕甘肥！」簞，食品的盛器。瓢，用以盛水的飲器。缾即瓶，古人用瓶罐這一類容器以盛放糧食。《論語・雍也》：「一簞食，一瓢飲，在陋巷，人不堪其憂，回也不改其樂。賢哉回也！」這是孔子對顏回「君子固窮」的稱賞。❸其寒則短褐穿結二句　此謂陶淵明在冬天穿著穿孔打結的襦衣，衣料都是夏衣用的葛布。語亦見於〈五柳先生傳〉。裋褐，粗布短衣。絺，細葛布。綌，粗葛布。《詩經・邶風・綠衣》：「絺兮綌兮，淒其以風。」意為穿夏衣而遇寒風。❹其居則環堵蕭然二句　指其所居之窮巷陋屋，家徒四壁，夏不蔽日，冬不蔽風。❺與子儼等疏　此既為陶淵明訓誡諸子，也是自己向家人言志，並表示歉疚之辭，他說：「吾年過五十，少而窮苦，每以家弊，東西遊走，性剛才拙，與物多忤。自量為已，必貽俗患，僶俛辭世，使汝等幼而飢寒。」陶淵明共有五子，舒儼為其長子。〈與子儼等疏〉作於宋武帝永初二年(西元四二一年)，那一年他五十七歲，自己覺得來日不多，故不得不對諸子有所訓誡。❻恨室無萊婦二句　陶之原文為：「但恨鄰靡二仲，室無萊婦，抱茲苦心，良獨內愧。」萊婦，老萊子之妻。劉向《列女傳》：「楚老萊子逃世，耕於蒙山之陽。楚王欲使守楚國之政，妻曰：妾聞之，可食以酒肉者，可隨以鞭捶。可授以官祿者，可隨以鈇鉞。今先生食人酒肉，受人官祿，為人所制也，能免於患乎？」陶淵明此句是向諸子明其退隱避禍之苦心。❼汝等雖不同生五句　此處淵明以管鮑之交勉其諸子要有兄弟之愛。陶有五子，同父異母，淵明前後二次娶妻，其前妻姓氏不詳，後妻翟氏。《南史・隱逸傳》稱：「其妻翟氏，志趣亦同，能安苦節，夫耕於前，妻鉏於後。」淵明前面四個兒子都是前妻所生，幼子佟為翟氏所生，均已成人，故作文勉勵他們。管仲，字夷吾，春秋齊穎上(今安徽穎上)人。鮑叔，齊大夫，姒姓之後，又名叔牙。管仲少時常與鮑叔牙遊。分財無猜，《呂氏春秋》：「管仲與鮑叔同賈南陽，及分財利，而管仲嘗欺鮑叔，多自取。鮑叔知其有母而貧，不以為貪也。」《史記・管晏列傳》載管仲云：「吾始困時，嘗與鮑叔賈，分財利多自與，鮑叔不以我為貪，知我貧也。吾嘗為鮑叔謀事而更窮困，鮑叔不以我為愚，知時有利不利也。吾嘗三仕三見逐於君，鮑叔不以我為不肖，知我不遭時也。吾嘗三戰三走，鮑叔不以我為怯，知我有老母也。」「生我者父母，知我者鮑子也。」陶淵明有〈讀史述九章〉之〈管鮑〉云：「知人未易，相知實難。」❽庶子　與嫡子相對，妾所生子為庶子，此謂陶淵明尚有庶子。❾責子詩云三句　這是洪邁的推測。關於陶淵明諸子的生母，因「汝等雖不同生」及「況同父之人哉」這二句有諸多不同的說法。有說儼為前妻所生，餘皆為後妻所生。有說前三子為前妻所生，後二子為後妻所生。有說雍、端二人，雍為前妻所生，端為侍妾所生。然而顏延之作為當時之人，認為淵明「居無僕妾」，一輩子窮困的陶淵明何來侍妾。雍、端二子同年生，或許是孿生子。故洪邁的論斷，並不一定可靠。長子與雍、端相差僅三歲，以陶淵明三十歲喪妻言，那麼前四子皆為前妻所生，生下雍、端後不久，前妻即故世，過了一段時間續妻翟氏，故佟與雍、端相差四歲。長期與淵明共同生活的是翟氏，非其前妻。❿淵明在彭澤四句　陶淵明是在義熙元年（西元四〇五年）八月補彭澤令的，那年淵明四十一歲，這是他自己要求去的。淵明〈歸去來兮辭序〉云：「余家貧，耕植不足以自給，幼稚盈室，缾無儲粟，生生所資，未見其術。親故多勸余為長吏，脫然有懷，求之靡途，會有四方之事，諸侯以惠愛為德，家叔以余貧苦，遂見用於小邑。於時風波未靜，心憚遠役，彭澤去家百里，公田之利，足以為酒，故便求之。」淵明求為彭澤令的理由，一是離家近，二是有公田可以種秫製酒。彭澤，今江西九江市東北，漢置縣，以境內有彭蠡澤得名。秫，即粘高粱，多用以釀酒。⓫妻子固請種秔三句　妻子，指翟氏。秔，即粳稻，語見《宋書·陶潛傳》。⓬猶望一稔而逝四句　事互見於〈歸去來兮辭序〉及《宋書·陶潛傳》，淵明云：「及少日，眷然有歸歟之情，何則？質性自然，非矯厲所得，饑凍雖切，違己交病。嘗從人事，皆口腹自役，於是悵然慷慨，深愧平生之志。猶望一稔，當斂裳宵逝。尋程氏妹喪於武昌，情在駿奔，自免去職。仲秋至冬，在官八十餘日。」《宋書·陶潛傳》則云：「郡遣督郵至，縣吏白，應束帶見之，潛嘆曰：『我不能為五斗米折腰向鄉里小人。』即日解印綬去職。」其實程氏妹喪與不為五斗米折腰都是藉口，回歸自然才是其本意。稔，指莊稼成熟，一稔指莊稼一熟的時間。

【語　譯】陶淵明為人高潔閒靜淡泊而有節操，是晉宋之際第一流人物。說他長年飢餓的狀況，可以講他飲食用的簞瓢經常是空的，瓶罐沒有儲備的糧食。他在冬天還是穿孔打結的舊衣襦，衣料還是葛布。他住的茅屋則是冬天不蔽風、夏天不遮太陽。由此可以知道他窮困的狀況，已到極點了。讀他在〈與子儼等疏〉一文中說：「恨家室中沒有如老萊子夫人那樣賢明的妻子，能抱定一片苦心。你們雖然不是同母所生，應當懂得四海之內皆兄弟的道理。歷史上有過管仲、鮑叔那樣相知的朋友，在分配財富時沒有一點猜疑之心，外人之間尚且能如此，何況你們是同父的兄弟呢！」這說明陶淵明諸子中，必定有異母兄弟。他在〈責子〉詩中說：「雍、端都是十三歲。」這二兄弟必定是異母所生。陶淵明任彭澤令時，曾經命令給他作職田的公田都要種上高粱，他說：「我可以經常醉於酒鄉，那就非常滿足了。」他的妻子堅持要他種上粳稻，於是用二頃五十畝種高粱，五十畝種上粳米。他在〈歸去來兮辭〉的序文中說：「由於有公田的好處，足以供我喝酒，所以求為彭澤縣令。」他希望任滿一熟作物的時間，結果從仲秋到冬天，在官只有八十多天，就自動辭職離去。所謂種高粱還是種粳稻的爭論，結果是一粒糧食也沒有到嘴，想來實在讓人感到悲哀！

【研析】本篇的主旨不是講陶淵明的作品，而是講陶淵明如何為人及其矛盾的性格。他作為一家之主，自應出仕謀生來養家活口，以祿代耕自是常情，且陶淵明在母老子幼耕植不足以自給的情況下，出仕救窮也就很自然了。故《宋書．陶潛傳》稱其「親老家貧，起為州祭酒」。他起為州祭酒是在太元十八年（西元三九三年），那年他二十九歲，做了沒有多少日子就退下來了。次年又召為州主簿，不就，仍然在家裡躬耕自資。在隆安二年（西元三九八年）他三十四歲時，出仕江陵，在桓玄幕下。元興三年（西元四〇四年）他四十歲時，遷為鎮軍參軍。至義熙元年（西元四〇五年）出任建威將軍參軍。在這十年左右的時間，他幾次出仕都很短促。可見他實在不是做官的料。他在〈五柳先生傳〉中講自己的性格是「閑靜少言，不慕榮利，好讀書，不求甚解。每有會意，便欣然忘食。」在〈與子儼等疏〉中講自己「少學琴書，偶愛閑靜，開卷有得，便欣然忘食」，又說自己「意淺識罕，謂斯言可保，日月遂往，機巧好踈」，不願意捲入官場的勾心鬥角之中。故其對仕途的去就看得很淡泊。他在〈歸去來兮辭〉中說：「富貴非吾願，帝鄉不可期。」讓自己的生活回歸於自然。他說：「木欣欣以向榮，泉涓涓而始流。羨萬物之得時，感吾生之行休。已矣夫，寓形宇內復幾時？曷不委心任去留！」可見他心目中只有自然，根本沒有把仕途的得失去留放在心上。他就任彭澤令，是看上了離家近，有公田可以種秫釀酒，滿足自己飲酒的願望。他從不以窮困為羞恥，而且他有〈詠貧士七首〉，藉以自喻。其一與其二，皆為自詠，其二云：「淒厲歲雲暮，擁褐曝前軒。南圃無遺秀，枯條盈北園。傾壺絕餘瀝，窺灶不見煙。詩書塞座外，日昃不遑研。閒居非陳厄，竊有慍見言。何以慰吾懷，賴古多此賢。」這是他日常生活的寫照。他不以窮困為恥，反以為榮，因為古來聖賢皆如此。顏回「一簞食，一瓢飲，在陋巷，人不堪其憂，回也不改其樂」。而孔子稱他「賢哉，回也」。陶淵明的作品好在有他的人品作襯墊，他窮得有志氣，有節操，他能持守正道，獨立為萬世之表。同時，讀他的作品又顯得那麼親切而平淡，沒有一點矯情做作的感覺，所以一千多年來這些作品能不斷激起人們對他詩文和人生的共鳴與敬重。在晉代也有以窮奢極侈為尚的人物，如西晉初年的何曾，「性奢豪，務在華侈。帷帳車服，窮極綺麗，廚膳滋味，過於王者」，「食日萬錢，猶曰無下箸處。」（《晉書．何曾傳》）又石崇與王愷以鬥富為尚，史稱：「愷以飴澳釜，崇以蠟代薪。愷作紫絲布步障四十里，崇作錦步障五十里以敵之。崇塗屋以椒，愷用赤石脂。愷有珊瑚樹，高二尺許，枝柯扶疏，世所罕比。愷以示崇，崇便以鐵如意擊之，應手而碎，愷既惋惜，崇曰：『不足多恨，今還卿。』乃命左右悉取珊瑚樹，有高三四尺者六七株，條幹絕俗，光彩耀日，如愷比者甚眾。」二人如此爭富鬥豔，幾成為一時之社會風尚。儘管石崇富可敵國，見了外戚賈謐，還要趨炎附勢「降車路左，望塵而拜」。（《晉書·石崇傳》）仍是卑佞小人的模樣。如果從陶淵明與石崇所代表的這二種不同的生活方式和為人之道進行取捨的話，亦多少能看到他們為人的品位。當然這樣說不是為了崇尚窮困，而是追慕他那種既平和親切地從愛心出發對待自己、家人和親友，而又那麼卓爾不群、峻拔挺立、不屈不撓地堅守自己的為人操守和氣節。

東晉將相

《容齋隨筆》卷八

西晉南渡，國勢至弱，元帝為中興主，已有雄武不足之譏[1]，餘皆童幼相承，無足稱算[2]。然其享國百年，五胡雲擾，竟不能窺江、漢[3]。苻堅以百萬之眾，至於送死肥水[4]。後以強臣擅政，鼎命[5]乃移，其於江左[6]之勢，固自若也。是果何術哉？嘗攷之矣。以國事付一相，而不貳其任；以外寄付方伯[7]，而不輕其權。文武二柄既得其道，餘皆可槩見矣。百年之間，會稽王昱、道子、元顯以宗室[8]，王敦、二桓以逆取[9]，姑置勿言，卞壼[10]、陸玩[11]、郗鑒[12]、陸曄[13]、王彪之[14]、坦之[15]不任事，其真託國者，王導[16]、庾亮[17]、何充[18]、庾冰[19]、蔡謨[20]、殷浩[21]、謝安[22]、劉裕[23]八人而已。方伯之任，莫重於荊、徐[24]，荊州為國西門，刺史常都督七八州事，力雄強，分天下半，自渡江訖于太元[25]，八十餘年，荷閫寄[26]者，王敦、陶侃[27]、庾氏之亮、翼[28]、桓氏之溫、豁[29]、沖[30]、石民[31]八人而已，非終於其軍不輒易，將士服習於下，敵人畏敬於外，非忽去忽來，兵不適將，將不適兵之比也。頃嘗為主上論此[32]，蒙欣然領納，特時有不同，不能行爾。

【注　釋】❶元帝為中興主二句　西晉自司馬炎伐吳統一全國，結束漢代以來長期分立割據的局面。但大封宗室諸王，釀成了宗室內訌的八王之亂。在北方邊防上，大量外族內徙的矛盾，又造成了五胡內擾的局面。西晉僅歷武帝、惠帝及懷、愍二帝，三世而亡。其時宗室中的一支，琅邪王司馬睿為安東將軍，鎮建鄴（今江蘇南京）得到了自北方南渡的士族官僚及江南豪族的擁戴，遂在江南立國即帝位，是為晉元帝。史家稱之為晉室的「中興之主」。但元帝權威下移，失去對強臣的控馭。王敦自武昌起兵反叛，進犯京師，自稱丞相、都督中外諸軍、錄尚書事，總攬軍政大權。元帝被挾制，憂憤而死，年僅四十七歲。《晉書．元帝紀》稱他在位時，「元戎屢動，不出江畿，經略區區，僅全吳楚。終於下陵上辱，憂憤告謝。恭儉之德雖充，雄武之量不足。」❷餘皆童幼相承二句　東晉自元帝建國後，歷明帝、成帝、康帝、穆帝、哀帝、廢帝、簡文帝、孝武帝、安帝、恭帝，先後相繼有十一個。除成帝、穆帝、孝武帝、安帝在位時間稍長外，其餘諸帝在位，時間少則三五年，多亦不及十年，且大多數是幼年繼位，柔弱少援，治國經驗不足，強臣專權牢不可拔。是故洪邁稱他們「無足稱算」。❸五胡雲擾二句　五胡，指自北方內徙入中原地區的匈奴、鮮卑、羯、氐、羌五個少數族。他們被泛指為胡或胡人。雲擾，指各族紛亂擾攘，干戈紛起，猶如天空上雲彩飄移不定。《漢書．敘傳》：「天下雲擾，大者連郡，小者據縣邑。」江漢，泛指長江以北、漢江下游的湖北地區。後世詩人常用此詞入詩。如杜甫〈江漢〉詩：「江漢思歸客，乾坤一腐儒。」又〈地隅〉詩：「江漢山重阻，風雲地一隅。」皆指此一帶地區。❹苻堅以百萬之眾二句　孝武帝太元八年（西元三八三年），苻堅在淝水之戰中大敗而歸。二年後為羌族首領姚萇所殺。苻堅，十六國時期前秦的皇帝，氐族人，居略陽臨渭（今甘肅秦安東南），初為東海王，後自立，任用王猛為相，先後滅前燕、前涼、代國，統一大部分北方地區，並奪取東晉的益州，勢力強盛，欲統一全國，乃興兵號稱百萬之師南下攻晉。肥水，即淝水，源出今安徽合肥之西北。北流後分二支：一支流向東南入巢湖；一支流向西北至壽縣，又經八公山南入淮河。見《讀史方輿紀要．江南．肥水》。❺鼎命　國家的命運。鼎是古代夏商周的國家重器，通常比喻作國家。若國滅則鼎遷。亦用以比作帝王之位，其意與鼎祚略同。《宋書．長沙景王道憐傳》：「時齊王輔政，四海屬心，（劉）秉知鼎命有在，密懷異圖。」❻江左　指長江下游以東地區。古人敘地理，以東為左，以西為右。長江東流至今安徽蕪湖市逕北流向至江蘇南京，故人們稱江之西為江右，江之東為江左，亦稱江東。自三國吳至東晉南朝皆建都建康（今江蘇南京），故俗又稱其統治範圍內的全部地區為江左。李白〈贈宣州靈源寺仲濬公〉：「風韻逸江左，文章動海隅。」參閱唐丘光庭《兼明書》卷五〈江東〉、〈江左〉。❼方伯　四方諸侯之長。《史記．周本紀》：「周室衰微，諸侯強兼弱，齊、楚、秦、晉始大，政由方伯。」後世則泛稱地方長官如漢之州牧；漢魏以後督領諸州的將軍、兼領州郡的刺史、郡守；唐代的節度使、觀察使；明代的布政使等。

❽會稽王句　會稽王，封爵名。昱指司馬昱，為晉元帝少子，初封會稽王，廢帝時，以宗室之親拜丞相、錄尚書事。桓溫挾兵權，迎立昱即位，是為簡文帝，年號咸安。他因受桓溫挾制，常畏懼被黜廢，在位僅二年，以憂死，廟號太宗。史家比之為周赧王、漢獻帝。道子，簡文帝昱之子，初封為琅邪王，官拜丞相、揚州牧、都督中外諸軍事，權勢傾天子，與桓溫爭權不和。道子秉政時，委任群小，大樹朋黨，處事昏惑，又常沉醉於酒，由此頗受時論指摘，釀成地方軍將連兵反抗，乃委政事於其子司馬元顯。父子兩人先後專政，時稱為「東錄」、「西錄」。元顯既總機權，自以為天下英傑，志欲奪荊州鎮將桓玄兵權。安帝元興元年（西元四〇二年），桓玄據荊州起兵反抗，軍隊順流直入石頭城，執道子、元顯父子，兩人先後皆被殺。

❾王敦二桓以逆取　王敦，晉臨沂人，字處仲，為人雄豪有膽略。娶晉武帝女襄城公主，拜駙馬都尉。五胡亂華，元帝渡江。敦與從兄王導同心翼戴助元帝成王業，以元勳功拜征東大將軍、兼都督六州諸軍事，領江州刺史，不久，又領荊州刺史。敦既擁有重兵，漸有跋扈之心，意欲專制朝廷政事。元帝左右謀奪其權。王敦遂於永昌元年（西元三二二年）以「清君側」為名，自荊州起兵反，軍隊既入石頭城，遂挾制元帝，自為丞相，專制中外。及元帝以憂死，王敦乃退兵屯姑孰（今安徽當塗），自為揚州牧。明帝太寧二年（西元三二四年），又復萌故態，再次起兵反。但遭到王導等人的反對。敦進軍途中病死，年五十九。其軍隊亦先後敗退、投降。王敦勢力盛時，將相州牧，多出其門。時人稱「王與馬，共天下」。王指琅邪王氏，馬指皇室司馬氏，意謂天下大權係由兩姓之門共同執掌。事見《晉書・王敦傳》。二桓，指桓溫、桓玄父子二人。桓溫，龍亢（今安徽懷遠）人，桓彝之子，晉元帝時尚南康長公主，拜駙馬都尉。明帝時，桓溫率軍西伐巴蜀，滅李勢；北征中原，討苻健、姚襄，進軍河、洛，軍勢甚盛。回朝後，進位大司馬，都督中外諸軍事，加九錫，權勢傾人主，漸有不臣之心，但受到朝廷大臣的反對而未果。嘗嘆曰：「男子不能流芳百世，亦當遺臭萬年。」後復領軍北伐，為慕容垂所敗於枋頭（今河南浚縣西），引軍回朝後，挾勢擁立簡文帝以令諸侯。但他僭位之心不死，謀奪晉室江山，因遭到朝廷大臣謝安、王坦之的反對未成。孝武帝時病死，年六十二。事見《晉書・桓溫傳》。桓玄，字敬道，一名靈寶。桓溫子，為人雄豪，有才略，博通書藝，以出自元勳之門，太元末，補義興（治所在陽羨，今江蘇宜興）太守。安帝隆安（西元三九七－四〇一年）初，詔玄督交、廣二州軍事、廣州刺史。不久，都督荊州四郡。隆安中，玄以平荊、雍功加都督荊、江、司、雍、秦、梁、益、寧八州軍事，荊、江二州刺史，由此盡握上游軍權。時會稽王道子及其子元顯秉政，忌其權勢，奉詔出兵討伐。玄遂舉兵反，軍隊順流而下，入京城，殺元顯父子，矯詔自加太尉，總百揆，都督中外諸軍事、丞相、錄尚書事，總攬軍政大權，不久，又自封楚王、加九錫，遂篡奪安帝皇位而自立，改元永始。他大樹權威，大肆殺戮反對者，導致朝野失望。於是方鎮諸將劉

裕、劉毅、何無忌等聯兵對抗桓玄。桓玄政治上名位不正，軍隊又連戰連敗，乃棄石頭城退兵江陵，計欲入川自立，終被部下所殺。計桓玄稱帝先後八十日。死時年僅三十六歲。晉室終賴諸鎮協力與之對抗，乃轉危而暫安。事見《晉書・桓玄傳》。

❿卞壼　字望之，濟陰冤句（今山東曹縣西北）人，西晉末，任廣陵相，元帝初至江東，任他為從事中郎，後累官至御史中丞，執法嚴明，權貴斂跡。明帝時，領尚書令，與王導等同受顧命輔幼主。成帝即位時，與庾亮共參機要。蘇峻反，壼率軍保衛京城，戰死，年四十八。事見《晉書・卞壼傳》。⓫陸玩　吳郡人，世為江東名族，器量博雅，有美譽。晉室再建，丞相王導以他是江東人物，甚加器重。蘇峻反，他與兄陸曄同率軍守衛宮城，後拜尚書令，以機務繁重，屢求辭退。王導、郗鑒、庾亮等諸大臣相繼去世，朝廷以他有德望，遷拜侍中、司空。玩性格通雅而又自謙，不很看重名位，嘗對賓客說：「以我為三公，是天下為無人。」故洪邁稱他為「不任事」。⓬郗鑒　字道徽，高平（治所在今山東巨野南）金鄉人。西晉末，以宗主率數千家避難於魯之嶧山（今山東鄒縣東南）。元帝初，授兗州刺史、都督兗州諸軍事，眾至數萬，外禦強敵。明帝初，拜安西將軍、兗州刺史、都督揚州、江西諸軍，假節，鎮合肥。朝廷恃以為援。王敦黨錢鳳攻京都，鑒以尚書令領諸屯營護駕，事平，授車騎將軍，督徐、青、兗三州軍事、兗州刺史，鎮廣陵（今江蘇揚州）。明帝崩，與王導、卞壼、溫嶠、庾亮、陸曄等並受遺詔輔少主。成帝咸和初，祖約、蘇峻反，進都督揚州八郡軍事，守衛京城，以有功拜司空，加侍中、進太尉。郗鑒體識弘遠，忠亮雅正，歷位內外，社稷賴以安寧，後以老病辭位，卒年七十一。（見《晉書・郗鑒傳》）⓭陸煜　當為陸曄，四庫本避康熙帝諱改。字士光，吳郡人。元帝時，以江東名族徵拜為侍中。明帝時，拜為尚書右僕射、領太子少傅，以清貞著聞。明帝崩，與王導、卞壼、庾亮、溫嶠、郗鑒等並受遺詔輔少主。成帝咸和時，歸老鄉里，以疾終，享年七十四。史臣論之曰：「陸曄等並以時望國華，效彰歷試，迭居端揆，參掌機衡，然皆率由舊章，得免祇悔。」（《晉書》卷七七傳贊）說明他只是個充位的宰相而已。⓮王彪之　字叔武，哀帝、廢帝時，官拜會稽內史、吏部尚書、僕射，忠於職守。簡文帝時，桓溫專政，自廣陵引軍入京城，行廢立。彪之知溫有不臣之心，但不能奪其志，乃以定朝儀為由，以延緩其事。簡文帝即位二年死，孝武帝以幼年當繼位，群臣疑慮，多言當取問於桓溫以作定奪。彪之正色道：「君崩，太子代立，大司馬何能異！」朝議乃定。孝武帝初立，桓溫求九錫，已成文辭。彪之以桓溫被疾，遂延緩其事。不久，溫死。遷尚書令，與謝安共掌朝政。嘗云：「任天下事，當保國寧家，朝政惟允。」謝安每曰：「朝之大事，眾不能決者，諮王公無不得判。」孝武帝太元二年（西元三七七年）死，年七十三。事見《晉書・王彪之傳》。⓯坦之　即王坦之。宰相王述之子，字文度，弱冠即有重名，時人稱之為「江東獨步」。簡文帝初為撫軍將軍時，辟為掾屬，又出為桓溫長史。時桓溫專權，廢帝被廢為海西公，簡文帝立，

領左衛將軍。簡文帝臨崩，詔以桓溫依周公居攝故事。坦之不受，毀詔，對帝言曰：「天下，宣、元之天下，陛下何得專之。」及桓溫病死，坦之與謝安共輔幼主，遷中書令、領丹陽尹，授都督徐、兗、青三州諸軍事，徐、兗二州刺史，鎮廣陵。終年四十六。「臨終，與謝安、桓沖書，言不及私，惟憂國家之事，朝野甚痛惜之。」事見《晉書．王坦之傳》。⑯王導　晉臨沂（今山東東南部，臨沂水）人，王覽之孫，字茂弘。西晉末，中原大亂，元帝司馬睿以琅邪王、安東將軍居建康，導素與王相親善，入參將軍府，為司馬，軍謀密策，知無不為，勸王招集天下賢俊以結人心，成王霸之業。後元帝即位，命導升御座共坐，導力辭，拜為丞相，號為「仲父」，為政務在清靜，保持政權的穩定。他先後歷事元帝、明帝、成帝三朝，出將入相，官至太傅。咸康五年（西元三三九年）卒，年六十四。後人稱其功勳事業可比殷之伊尹、周之姬旦、春秋齊國之管仲、三國蜀之諸葛亮。事見《晉書．王導傳》。⑰庾亮　字元規，明帝庾皇后之兄。元帝時，以翼戴功拜中書郎、侍講東宮。明帝即位，以討平王敦黨，累遷中書監，執掌朝政。明帝病危，與王導受遺詔輔幼主。成帝時遷中書令，以帝舅專權用事，引起蘇峻、祖約叛亂，亮引咎求出鎮，都督江、荊、豫、益、梁、雍六州諸軍事，領江、荊、豫三州刺史。亮據上游，擁重兵，有恢復中原之謀，為朝廷所抑止。成帝咸康六年（西元三四〇年），以憂慨發病而死，年五十二。事見《晉書．庾亮傳》。⑱何充　字道次，廬江（今安徽舒縣）人，宰相王導外甥，妻為明帝庾皇后之妹。王導、庾亮並言於明帝，薦其有器識，堪當重任，故早歷顯官。成帝時，遷給事黃門侍郎、東平太守、會稽內史等職，均有政聲。後王導去世，與中書監庾冰參錄尚書事，遷尚書、中書令，擔當起「總錄朝端」的重任。康帝建元（西元三四三年）初出任都督徐、揚之晉陵諸軍事，領徐州刺史，鎮京口（今江蘇鎮江）。不久又遷都督揚、豫、徐之琅邪諸軍事，領揚州刺史。康帝死，穆帝以幼年即位，充以中書監錄尚書事秉政。他居相位，「強力有器局」，以社稷為己任，選用人才「以功臣為先，不以私恩樹親戚」。穆帝永和二年（西元三四六年）卒於位，年五十五。事見《晉書．何充傳》。⑲庾冰　字季堅，權臣庾亮之弟，歷官祕書郎，吳國、會稽內史，又入為中書監、揚州刺史，都督揚、豫、兗三州軍事。冰既掌軍政大權，經綸時務，不舍晝夜，禮接賢士大夫，選拔後進人才，深得朝野讚譽，稱為賢相。康帝即位，冰求外任，以車騎將軍都督江、荊、寧、益、梁、交、廣七州，豫州四郡軍事，領江州刺史，鎮武昌。後以病死於位，年四十九。事見《晉書．庾冰傳》。⑳蔡謨　字道明，陳留考城（今河南蘭考）人，元帝時，歷官中書侍郎、義興太守，遷侍中。平定蘇峻有功。成帝時，都督徐、兗、青三州，揚州之晉陵，豫州之沛郡諸軍事，領徐州刺史。康帝即位，代殷浩為揚州刺史，錄尚書事，遷侍中、領司徒。謨施政對內以穩定社會，對外採防禦措施，不主張用兵。穆帝時，與施政者議論不合，上疏屢求乞退，後以不應詔，「違慠上命」，解職居於家。穆帝永和十二年（西元三五六年）卒，年七十六。㉑殷浩　字深源，陳郡長平（今河南西華東北）人。初為庾亮、庾翼府僚，善玄言，為風流清談者所崇尚，後隱居於家幾近十年，時人擬為管仲、諸葛亮，有王佐之才。康帝建元初，庾冰兄弟、何充等人相繼去世，琅邪王司馬昱專總樞政，大司馬桓溫控軍政大權。殷浩被徵為建武將軍、揚州刺史，用以牽制桓溫，遂得參綜朝權。穆帝永和五年（西元三四九年）後趙石季龍（石虎）死，北方大亂。殷浩欲乘機掃平關、河，建立大功，詔命以中軍將軍，都督揚、豫、徐、兗、青五州軍事，北征許、洛。師次壽陽，王師敗績，浩乃退保譙城。桓溫奏其罪，被罷官。穆帝永和十二年（西元三五六年）死於徙所。桓溫嘗對郗超說：「浩有德有言，向使作令僕，足以儀刑百揆，朝廷用違其才耳！」事見《晉書・殷浩傳》。㉒謝安　字安石，陳郡陽夏（今河南太康）人，士族出身，渡江後，寓居會稽，有重名。簡文帝時，徵拜侍中，遷吏部尚書、中護軍。時桓溫欲移晉祚，安及王坦之匡翼王室，用計以阻止桓溫野心的實現。孝武帝時，累遷至中書監、錄尚書事，位居朝端。其時前秦強盛，苻堅統一了北方大部，遂南下攻城掠地，屢敗晉軍。安命其弟謝石、侄謝玄等為將，加強沿邊防禦。太元八年（西元三八三年），苻堅統軍，號稱百萬，大舉南下攻晉，江東為之震動。謝安被命為征討大都督，指揮三軍。他料敵畫策，鎮之以靜。經謝石、謝玄、謝琰、桓伊諸將力拒，淝水之戰，大挫秦軍，並乘機收復洛陽及北方部分地區。時會稽王司馬道子執政專權，忌謝氏勢力，乃排擠他出鎮廣陵之新城。太元十年（西元三八五年），謝安病亡，年六十六。㉓劉裕　東晉末年的權臣、南朝宋的創建者，即宋武帝。裕，小字寄奴，先世彭城（今江蘇徐州）人，遷居京口（今江蘇鎮江市），初為北府軍將領，從劉牢之討平孫恩起義。安帝隆安、元興間，殷仲堪等起兵反叛，推桓玄為盟主，討司馬元顯。桓玄入石頭，僭位稱帝。時劉裕以建武將軍倡舉義兵討桓玄。桓玄敗死。安帝復位，加劉裕為侍中、車騎將軍、都督中外諸軍事。劉裕既擁有軍政大權，遂挾天子以命諸侯。安帝義熙以後，劉裕北滅南燕，西取巴蜀，出兵關中，滅後秦，對內則討伐異己，由此權威大盛。恭帝元熙二年（西元四二〇年）遂廢恭帝行禪代，即位稱帝，建國號為宋，至此晉室遂亡。㉔荊徐　指荊州和徐州。荊州治所在江陵（今湖北江陵），扼長江中游，為晉室西方的重鎮。徐州，治所在今江蘇徐州，地處南北要衝，為晉室北邊的門戶。兩地皆有重兵駐守。又荊州刺史常督六七州軍事，繫國家安危，故又為閫外之寄的重中之重。㉕自渡江訖于太元　渡江指北方人士為避五胡之亂的兵禍渡長江南下寓居江南。通常亦用以喻西元三一七年晉元帝在江南建立東晉王朝。太元，為孝武帝年號，共二十一年，起自西元三七六年，至西元三九六年。若自東晉建國迄於太元，當是八十年，洪邁說是「八十餘年」，係大略計算。因北人南渡，時間亦有先後。㉖閫寄　指委託在外的武將以軍權。閫，意指國門。《史記・馮唐傳》：「閫以內者，寡人制之；閫以外者，將軍制之。」㉗陶侃　字士行，晉鄱陽人，移家潯陽（今江西九江市），初為縣令，有能名。劉弘為荊州刺史，辟為南蠻長史、江夏太守，以軍功遷龍驤將軍、武昌太守。先後擊討張昌、陳敏、杜弢之亂，西境得以安寧。以功拜寧遠將軍、南蠻校尉、荊州刺史，領西陽、江夏、武昌，鎮於沌口（今湖北漢陽西南沌水入長江處）。明帝初，王敦反，侃與諸將起兵討平，遷都督荊、雍、益、梁諸軍事，領護南蠻校尉、征西大將軍、荊州刺史，又平蘇峻之亂，錄功，進拜侍中、太尉，封長沙縣公，加都督交、廣、寧七州軍事，後復加都督江州，領江州刺史，鎮武昌。權力所及，幾占晉國土地之半。侃鎮守西邊，在軍中四十餘年，處事雄毅明決，聲威卓著。志欲西平巴蜀李雄、北吞後趙石勒，惜雄心未酬。成帝咸和七年（西元三三二年）卒於軍中，年七十六。㉘翼　即庾翼，字稚恭，庾亮弟，少有經綸大略，初任陶侃太尉府參軍，累官鄱陽、西陽太守，能撫和百姓。遷南蠻校尉，領南郡太守。庾亮卒，領其眾，授都督江、荊、司、雍、梁、益六州諸軍事，荊州刺史，駐武昌。在鎮竭志勤勞，軍政嚴明。他以滅胡、平蜀為己任，屢請悉眾北伐。康帝時，師次襄陽，為朝議所止，還鎮江州。乃繕修軍器，大佃積穀，以圖再舉。穆帝永和元年（西元三四五年）盛年而逝，年四十一。㉙豁　即桓豁，字朗子。桓彝子。簡文帝時，召為撫軍從事中郎，時河南諸地相繼陷於北寇，西藩騷動，桓溫命豁督沔中七郡軍事，新野、義成二郡太守北擊慕容氏。溫內鎮石頭，復以豁監荊、揚、雍、寧、益五州軍事，領護南蠻校尉、荊州刺史。桓溫死，又進督交、廣、並前五州軍事。孝武帝太元初，遷征西大將軍、開府。豁為人有器度，防守北鄙，屢敵強寇，但「階藉門寵」，「功業不建。」太元二年（西元三七七年）死，年五十八。事見《晉書・桓豁傳》。㉚沖　即桓沖，字幼子。桓彝子，在桓溫諸弟中最有博識武幹，溫甚器重，常從征戰。有功，遷振威將軍、江州刺史，領鎮蠻護軍，西陽、譙二郡太守。在江州凡十三年而溫死。孝武帝命沖為中軍將軍，都督揚、江、豫三州軍事，揚、豫二州刺史，接替桓溫軍權。沖盡忠王室，謙和自處。時謝安執政，沖求解揚州、徐州二鎮，以車騎將軍都督豫、江二州之六郡軍事，自京口遷鎮姑孰。及桓豁卒，代其職，出鎮江陵，北抗強敵苻堅。孝武帝太元九年（西元三八四年）病死，時年五十四。事見《晉書・桓沖傳》。㉛石民　即桓石民，桓豁子，弱冠知名，為謝安參軍。叔父沖上疏他版督荊、江、豫三州之十郡軍事，領襄城太守，戍夏口。沖死，詔以石民監荊州軍事、西中郎將、荊州刺史。桓氏世代執掌荊州軍政，石民以才望為時人所仰重。事見《晉書・桓石民傳》。㉜頃嘗為主上論此　今按洪邁《容齋隨筆》成書於孝宗淳熙七年（西元一一八〇年）。論〈東晉將相〉當在此前作。考《宋史・洪邁傳》載邁：「（乾道）三年（五月）遷起居郎，拜中書舍人、兼侍讀，直學士院，仍參史事。……上時召入談論至夜分。」至乾道四年（西元一一六八年）六月，被人彈劾，罷職，提舉宮觀。則洪邁進此說當在乾道三年五月至四年六月間之事。因洪邁任起居郎、直學士院時，才能有充裕時間與孝宗談論古今以至夜分方休。主上，君主的尊稱，這裡指南宋孝宗。

【語　譯】晉室南渡，國勢十分衰弱，晉元帝作為中興之主，已有雄武不足的評議，其餘皇帝大多是幼年相繼承，沒有什麼可稱。然而東晉享國百年之久，當「五胡」擾亂之際，竟不能窺越江、漢地區。前秦苻堅軍隊號稱「百萬」之眾，竟大敗死喪在淝水之戰中。此後，東晉強臣專權，皇位乃被轉移，但江左的形勢，並沒有根本改變。這究竟是什麼方針策略能做到呢？我曾加以考察。把國家大政交託給一個宰相，信任而不猜疑；把地方的軍政，託付給鎮守一方的鎮將牧守，而不削弱其權力。文武兩個方面的權柄都能得到妥善的處置，其他方面的問題也就可概想而知了。東晉立國百年間，會稽王司馬昱、司馬道子、司馬元顯皆以宗室執政柄，王敦及桓溫、桓玄以背逆篡取權力，姑且置之不論，卞壼、陸玩、郗鑒、陸曄、王彪之、王坦之任職而無所作為，其真正可以託付國家大政的，僅有王導、庾亮、何充、庾冰、蔡謨、殷浩、謝安、劉裕八人而已。方鎮牧守的職任，以荊州、徐州最為重要，荊州為國家的西邊門戶，刺史經常都督七八個州的軍事，實力雄厚強大，分天下一半的權勢，自元帝渡江到孝武帝太元，八十餘年中，擔負著荊州軍政大權的人，僅有王敦、陶侃、庾氏之庾亮、庾翼、桓氏的桓溫、桓豁、桓沖、桓石民八人而已。他們的方伯之任若非死於軍中就不改易，內部將士習慣於服從軍令，外部敵人敬重而又懼怕，這與那種忽來忽去，士兵不適應將帥，將帥不適應士兵的情況是不可以相比較的。近來，我曾把此事向皇上奏對，皇上也欣然領納我的意見，只是由於時代不同，不能實行罷了。

【研　析】洪邁此篇是以東晉的歷史經驗為南宋孝宗提供治國用人的史論文章。宋室南渡與北方的金國相抗衡，這與東晉的偏安江左與北方諸胡所建立的後趙、前秦諸國相對抗的狀況是十分相似的。洪邁為南宋的國運長遠出謀劃策，認為東晉王室微弱，能北抗強胡，其關鍵在於將相各有權任。即「以國事付一相，而不貳其任；以外寄付方伯，而不輕其權」，「荷閫寄者……非終於其軍不輒易」數語而已。此議雖得到孝宗「領納」，但由於「時有不同」，而不能付之實行。

時有不同乃是古今異勢。東晉時，有門閥，有世族，有世姻，有世官，有世將，有世兵，王室只是這些大大小小門閥的共主。東晉將相即世族有權者的代表。世族們為維護自身家族和宗族的利益需要，在彼此矛盾中相互妥協，和衷共濟，才能共存共榮。他們需要擁戴正統的王室作為政治號召力量，用以共同對抗北方的強胡。離則亡，合則存，這是晉室南渡飽經戰亂而又能達國祚百年的關鍵所在。

但是到了南宋，無門閥，無世姻，無世官，無世兵，科舉考課，為官者三年一任，四年一遷，移轉遷調猶如飄萍；為將者不專地、不專任、不專兵，軍無常帥，將不識兵，忽來忽去，猶如走馬。君主專制的官僚政治體制，到了宋代已臻成熟。強幹弱枝，杯酒釋兵權已成為歷朝沿之已久的政治常策。故洪邁之說也只能是做不到的空論而已。

人君壽考

三代以前，人君壽考有過百年者❶。自漢、晉、唐，三國、南北下及五季，凡百三十六君，唯漢武帝、吳大帝、唐高祖至七十一，玄宗七十八，梁武帝八十三❷，自餘至五六十者亦鮮。即此五君而論之，梁武召侯景之禍，幽辱告終，旋以亡國❸。玄宗身致大亂，播遷失意，飲恨而沒❹。享祚久長，翻以為害，固已不足言。漢武末年，巫蠱事起，自皇太子、公主、皇孫皆不得其死❺，悲傷愁沮，群臣上壽，拒不舉觴❻，以天下付之八歲兒❼。吳大帝廢太子和，殺愛子魯王霸❽。唐高祖以秦王之故，兩子十孫同日併命，不得已而禪位，其方寸為如何❾！然則五君者，雖有崇高之位，享耆耋❿之壽，竟何益哉！若光堯太上皇帝之福，真可於天人中求之⓫。

【注釋】❶三代以前二句　魏晉間有皇甫謐著《帝王世紀》稱黃帝在位百年，年一百一十一歲。帝嚳，在位七十年，年百五歲。帝堯，年百一十八歲，在位九十八年。帝舜，《史記．五帝本紀》稱其「二十以孝聞，年三十堯舉之，年五十攝行天下事，年六十一代堯踐帝位，踐帝位三十九年，南巡狩，崩于蒼梧之野」。舜壽正好一百歲。這一切都僅是傳說而已。三代，指夏、商、周三代，此前為傳說中的五帝。❷唯漢武帝三句　漢武帝，劉徹，他是七歲為太子，十七歲即位為天子，在位五十四年，壽七十一。吳大帝，孫權，十九歲時，其兄孫策被刺客所害，即位五十二年。唐高祖，李淵，五十三歲時，自太原起兵進長安，即位稱帝，在位九年，禪位於太子李世民，為太上皇九年，終年七十一歲。玄宗，李隆基，他是通過宮廷政變，打敗了太平公主之後，其父睿宗退居上皇，李隆基即帝位，改年號為開元，那年他二十九歲，在位四十四年，被迫退位，做了六年太上皇，終年七十八歲。梁武帝，蕭衍，三十九歲即帝位，建國號梁，在位四十七年，終年八十六歲。洪邁記八十三有誤。❸梁武召侯景之禍三句　高歡執政時，侯景率兵專制河南。高歡去世前欲除之，侯景轉而投靠梁，梁武帝納其降。侯景為北齊文襄帝高洋所敗，梁武帝允其渡淮，仍授以豫州牧。梁武帝與北齊連和，侯景便起兵作亂，並以梁武帝之養子蕭正德為內應，至京口渡江，梁武帝困守京師，最終餓死在淨居殿。侯景，字萬景，朔方（今內蒙古杭錦旗北）人，北魏末為爾朱榮的部屬，靠鎮壓六鎮流民反抗起家，葛榮為其所害。❹玄宗身致大亂三句　天寶十四載（西元七五五年）十一月，安祿山自幽州以誅楊國忠為名，起兵作亂，次年安祿山陷潼關，兵鋒直指京師。玄宗倉惶出奔，至馬嵬驛發生兵變，楊國忠被殺，楊貴妃賜自盡。玄宗幸蜀，太子李亨率兵至靈武，即位為肅宗，改元至德，次年收復京師。年底玄宗自蜀返京師，為太上皇。先居興慶宮，後被宦官李輔國所迫移居西內，與外界隔絕。至上元二年（西元七六一年）四月肅宗李亨重病時，玄宗便飲恨而沒。玄宗，李隆基，實際在位四十四年，開元為二十九年，天寶是十五年。❺漢武末年三句　征和元年（西元前九二年），丞相公孫賀被人告發其子與公主私通，並埋木偶於馳道，以詛咒武帝。公孫賀父子因此死獄中，事連諸邑公主與陽石公主。次年江充又誣告太子宮中埋有木偶以詛咒武帝。太子劉據被迫起兵誅江充，漢武帝為此發兵追捕，父子兵戎相見。太子兵敗，自經而死，二皇孫同時遇害。❻悲傷愁沮三句　群臣給漢武帝上壽，是後元元年（西元前八八年），漢武帝七十歲時之事。觴，為酒器。其事見《漢書・車千秋傳》：丞相田千秋「與御史、中二千石共上壽頌德美，勸上施恩惠，緩刑罰，玩聽音樂，養志和神，為天下自娛樂」，上報曰：「朕之不德……何壽之有？敬不舉君之觴。謹謝丞相、二千石各就館。《書》曰：『毋偏毋黨，王道蕩蕩。』毋有復言。」❼以天下句　指漢武帝臨終前立劉弗陵為太子，時年八歲，並將其母趙婕妤賜死，左右問武帝：「且立其子，何去其母？」漢武帝的回答是：「汝不聞呂后邪！故不得不先去之也。」於是以霍光、金日磾、上官桀受遺詔輔政。並以桑弘羊為御史大夫，託以身後之事。❽吳大帝廢太子和二句　吳大帝，指孫權，建安五年（西元二〇〇年）執政，時年十九歲，在位五十二年。廢太子和，即孫和，孫權之第三個兒子，赤烏五年（西元二四二年）立為太子，那時孫權已六十一歲。魯王霸，即孫霸，孫和之同母弟。兄弟二人，在同年一為太子，一為魯王，然而兄弟不睦，結果使朝臣亦因之一分為二。裴松之注引殷基的《通語》云：「權患之，謂侍中孫峻曰：『子弟不睦，臣下分部，將有袁氏之敗，為天下笑。一人立者，安得不亂。』」結果是廢太子，孫霸賜死。朝堂為之一空，大部分高級官僚都因捲入這場家禍而被牽連誅殺。❾唐

高祖四句　武德元年（西元六一八年）李淵以長子建成為太子，次子李世民為秦王。李淵自太原起兵時，二人皆有功績，都能帶兵善戰，都有一批文臣武將在其周圍，然二人水火不相容。諸子中齊王元吉與太子建成相善。武德九年（西元六二六年）六月，李世民在玄武門對建成、元吉發起突然襲擊，二人皆被殺，建成與元吉各有五子，亦同時被殺。李淵被迫禪位於李世民，退居弘義宮。至貞觀九年（西元六三五年）終於徙處。其晚年兵交愛子，矢集十孫，幽居深宮。❿耆耋　古人以壽至七十為耆，八十、九十為耋，以耆耋形容長壽之老人。⓫若光堯太上皇帝二句　光堯太上皇帝，即宋高宗趙構，為宋徽宗之第九子，被封為康王。徽、欽二帝被擄後，他南遁至應天府即帝位，是年二十八歲，在位三十六年，五十八歲時遜位為太上皇，由其養子趙眘即位，即孝宗。光堯太上皇帝是孝宗所上尊號，為太上皇二十三年，至八十一歲壽終。趙眘是宋太祖趙匡胤的七世孫，自幼被選入育於宮中，由張婕妤撫養長大，紹興三十年（西元一一六〇年）始立為皇子，次年金主完顏亮南侵，高宗親征，兩淮失守，迫於戰爭失利，高宗在紹興三十二年立趙眘為皇太子，自己則以倦勤遜位。高宗在位時，因其無子，故未有諸子爭位的悲劇，遜位後，安享晚年長達二十三年。故洪邁稱其真可於天人中求之。

【語　譯】夏、商、周三代以前，君王的壽命有超過一百歲的。自漢、兩晉、三國、南北朝、唐、宋至五代，凡一百三十六個帝王，只有漢武帝、吳大帝、唐高祖至七十一歲，唐玄宗至七十八歲，梁武帝至八十三歲，其他在位的君王能至五六十歲的都很少。就這五位君主而言，如梁武帝晚年招致侯景之亂，自己被囚禁受辱而死，不久梁便因此而亡。玄宗晚年也招致安史之亂，自己流亡到四川，最終是失意飲恨而死。享受在位的時間長久，往往反而給自己招致更深重的禍害，這已是人盡皆知的事實，不必多說了。漢武帝末年，巫蠱之禍，使其太子、公主、皇孫都死於非命，結果他自己晚年一個人悲傷哀愁到極點，群臣給他上壽，他都推拒不肯舉杯，最終以天下交付給八歲的幼兒。吳大帝孫權晚年廢太子孫和，誅魯王霸。唐高祖因秦王李世民的玄武門之變，導致他的兩個兒子、十個孫子皆死於非命，自己則被迫禪位於李世民，他內心的痛苦，可想而知！這五個君王，雖都有崇高的威望，享耆耋之高壽，究竟於人於己有什麼益處！只有本朝像光堯太上皇帝的福分，真只有在天上的神人中才找得到啊！

【研　析】洪邁這一條目的目的是為了討好今上即南宋的孝宗和太上皇高宗。因為初筆完成於淳熙七年（西元一一七九年），而高宗去世是在淳熙十四年，故其寫作時，孝宗正在位，高宗那時年已七十四歲，還逍遙自在地做他的太上皇呢！他們兩人如果看到了這一條目，當然都會高興。然而這一條目告訴我們，君王在位時間太長，確實於人於己，於國於民都不是有福之事。往往是一場災難。這裡只借五個案例說了「然」，並沒有說明其「所以然」。從這五個君王的悲劇結局看，還可以分成二類，一類是梁武帝與唐玄宗，他們早年都曾英姿風發，創造過一番事業，晚年昏庸遭災。一類是漢武帝、吳大帝與唐高祖，其晚年的蕭索，皆源於諸子爭奪的失控。其實這二類案例並非個案，也並非一定要到了耄耋之壽才發生，只要執政時間長了，都很難避免類似的歷史悲劇，所以分析一下這二類案例，對理解歷代帝王的宮廷悲劇還是有益的。

先說第一類。梁武帝早年確實是頭腦清醒，有主見，並且是一個果敢有為的君王，他在任雍州刺史鎮守襄陽時，對南朝齊東昏王即位後形勢的判斷便很正確。他說：「政出多門，亂其階矣。詩云：『一國三公，吾誰適從？』況今有六，而可得乎！嫌隙若成，方相誅滅，當今避禍，惟有此地。」他起兵以後，曹景宗曾勸他迎南康王都襄陽。他說：「若使前途大事不捷，故自蘭艾同焚。若功業克建，威讋四海，號令天下，誰敢不從，豈是碌碌受人處分？」說明他有主見，不願受制於人。進軍時他提出「用兵之道，攻心為上，攻城次之，心戰為上，兵戰次之，今日是也」。在打仗上他能用將，如曹景宗、陳慶之、韋睿都是一時的名將。他能沿江而下建立梁王朝，北面與北魏相抗衡，不是偶然。這個人在才能上，史稱其「草隸尺牘，騎射弓馬莫不奇妙」，而且「勤於政務，孜孜無怠，每至冬月，四更竟，即敕把燭看事，執筆觸寒，手為皴裂」。其在飲食上，「日止一食，膳無鮮腴，惟豆羹糲食而已。」在穿著上「身衣布衣，木棉皁帳，一冠三載，一被二年。常克儉於身」，更為難得的是「五十外便斷房室」，而且後宮貴妃以下，「皆衣不曳地，傍無錦綺。」並且「不飲酒，不聽音樂」，始終保持「恭儉莊敬」。這樣處處勤政節儉的人，到了晚年，由於過於自信，反而在大事上糊塗。史稱其：「及乎耄年，委事群倖，然朱異之徒，作威作福，挾朋持黨，政以賄成。」（《梁書．高祖本紀》）結果是「專聽生姦，獨任成亂」，其根本的失策是接納北方的叛臣侯景。他所以接納侯景，據《梁書．朱異傳》稱：「高祖夢中原平，舉朝稱慶，旦以語異，異對曰：『此宇內方一之徵。』」這樣便決定接受侯景的歸降，接著又聽從朱異的建議，與北方東魏議和，促使侯景作亂，把禍水引到自己身邊。侯景反了，朱異又抑而不奏，所以梁處於毫無準備的情況下，讓侯景的軍隊過江來圍困石頭城。城陷，梁武帝在宮廷被侯景所困，《資治通鑑・梁紀》稱其「飲膳亦為所裁節，憂憤成疾。五月，丙辰，上臥淨居殿，口苦索蜜，不得，再曰：『荷荷。』遂殂，年八十六」。臨終前，曾嘆曰：「自我得之，自我失之，亦復何恨。」他實際上是餓死的。

唐玄宗李隆基發動宮廷政變，消滅太平公主的勢力即帝位以後，也確實顯示了他早年奮發有為的一面。他先後啟用姚崇、宋璟為相。他在啟用姚崇時，姚崇提了十條建議作為任職的條件。他說：「垂拱以來，以峻法繩下，臣願政先仁恕，可乎？朝廷覆師青海，未有牽復之悔，臣願不幸邊功，可乎？比來壬佞冒觸憲網，皆得以寵自解，臣願法行自近，可乎？後氏臨朝，喉舌之任，出閹人之口，臣願宦豎不與政，可乎？戚里貢獻以自媚于上，公卿方鎮寖亦為之，臣願租賦外一絕之，可乎？外戚貴主更相用事，班序荒雜，臣請戚屬不任臺省，可乎？先朝褻狎大臣，虧君臣之嚴，臣願陛下接之以禮，可乎？燕欽融、韋月將以忠被罪，自是諍臣沮折，臣願群臣皆得批逆鱗、犯忌諱，可乎？武后造福先寺，上皇造金仙、玉真二觀，費巨百萬，臣請絕道佛營造，可乎？漢以祿、莽、閻、梁亂天下，國家為甚，臣願推此鑑戒為萬代法，可乎？」姚崇這十條建議，雖只有三百多字，卻是針對武則天、中宗、睿宗執政時期的種種弊政而來。歸納起來，這十條一是不要任用酷吏，行仁政；二是不再貪圖邊功；三是執法要從近者始；四是不讓宦官參政；五是不收公卿大臣的禮物；六是不讓貴戚出任公職；七是君臣要以禮相待；八是要允許大臣諫諍；九是禁止營造佛寺道觀；十是要以兩漢外戚之禍為鑑戒。這是要為過去的執政路線結一次帳，如何從過去所犯的錯誤中反省過來，才能不犯過去同樣的錯誤。唐玄宗當時向姚崇表示「朕能行之」。那麼李隆基是否真能行之，那就是一個問題了。唐憲宗李純在元和十四年（西元八一九年）曾與其臣下討論過玄宗執政前後為什麼發生那麼大的變化。《舊唐書・憲宗本紀》云：「上顧謂宰臣曰：『朕讀《玄宗實錄》，見開元初銳意求理，至十六年已後，稍似懈倦，開元末，又不及中年，何也？』崔群對曰：『玄宗少歷民間，身經迍難，故即位之初，知人疾，躬勤庶政。加之姚崇、宋璟、蘇頲、盧懷慎等守正之輔，孜孜獻納，故致治平。及後承平日久，安於逸樂，漸遠端士，而近小人。宇文融以聚斂媚上心，李林甫以奸邪惑上意，加之以國忠，故及於亂。願陛下以開元初為法，以天寶末為戒，即社稷無疆之福也。』」開元後期與天寶年間李隆基的問題，實質上還是背棄了當初他對姚崇十條政綱的承諾。安祿山、史思明所以坐大，是因為他好邊功。他啟用楊國忠，與他寵愛楊貴妃有關，那還不是外戚專權嘛，還不是重複漢代重用呂祿、王莽、梁冀同樣性質的問題。他重用高力士，還不就是啟用宦官，他啟用宇文融，還不是違背了租賦外一概絕之的承諾嘛。李隆基不同於蕭衍的地方，是他好酒色，而且荒淫無度。這個問題，李絳比崔群說得更明白而直接。他說：「臣聞理生於危心，亂生於肆志……明皇乘思理之初，亦勵精聽納，故當時名賢在位，左右前後，皆尚忠正。是以君臣交泰，內外寧謐。開元二十年以後，李林甫、楊國忠相繼用事，專引柔佞之人，分居要劇，苟媚于上，不聞直言。嗜欲轉熾，國用不足，姦臣說以興利，武夫說以開邊。天下騷動，姦盜乘隙，遂至兩都覆敗，四海沸騰，乘輿播遷，幾至難復。蓋小人啟導，縱逸生驕之致也。至今兵宿兩河，西疆削盡，甿戶凋耗，府藏空虛，皆因天寶喪亂，以至於此。安危理亂，實係時主所行。」《舊唐書．李絳傳》唐文宗時，大臣李珏論及開元天寶政事時，指出：「人君明哲，終始尤難。」《舊唐書．陳夷行傳》結果還是「靡不有初，鮮克有終」。

再說第二類，也有二種情況，漢武帝是父子之間的衝突，而吳大帝與唐高祖則是諸子兄弟之間的矛盾失控。我們先說漢武帝那種悲劇。從事件的表面看，誘發父子之間兵戎相見的原因，是巫蠱之禍。漢武帝太迷信鬼神了，用現代的話講，是他意識形態的色彩太濃了。如貫穿漢武帝一生來看，那麼早期曾經束縛漢武帝執政的，是母后專制。太皇太后竇氏是他的祖母，竇氏在時，專制朝政的是竇嬰，竇氏去世後，則是他的母親王夫人，實際執政的是太后的兄弟田蚡。蚡為丞相，薦人及起家為二千石，其所言，武帝只能聽之。有一次武帝發火了，他對田蚡說：「君除吏盡未？吾亦欲除吏。」漢代標榜的是以孝治天下，天子每天上朝完畢，便要去母后那兒「上食太后」，太后也可以派人旁聽朝廷議政。有一次灌夫、竇嬰與田蚡酒後大吵，事情是田蚡失禮，仗勢欺人。廷議後，武帝返後宮，給王太后上食，結果是「太后怒，不食，曰：『我在也，而人皆藉吾弟，令我百歲後，皆魚肉之乎！且帝寧能為石人邪！』」（《漢書．田蚡傳》）故漢武帝不得不偏袒田蚡，為了酒後失禮一點細事，竇嬰被殺，灌夫被族，武帝受這些事的刺激很深。他一生最忌母后及外戚專政。巫蠱之禍起因於公孫賀之子。公孫賀的夫人是衛皇后的姊姊。舉告的罪狀是他的兒子賀敬聲與陽石公主私通，在馳道埋偶人，使巫祭祠咒詛武帝，結果這個案子使公孫賀父子死獄中，家族遭戮，此案牽連而及衛皇后的二個女兒諸邑公主與陽石公主，衛青的兒子衛伉。這個案子的深化，就牽連到太子了。後來武帝殺劉屈氂，貳師將軍李廣利降匈奴，也是因為有人告發他與貳師將軍共謀請立其姊李夫人之子昌邑王，結果是劉屈氂腰斬，李廣利的妻子亦收入獄，故李廣利降匈奴而不歸。再說武帝立劉弗陵為太子時，卻先賜其母鉤弋夫人死。有人問武帝為什麼如此，武帝說：「汝不聞呂后邪！故不得不先去之。」故其臨終立八歲的弗陵為帝時，讓身邊的大臣霍光、金日磾、上官桀、桑弘羊等輔政。正是為了防止母后臨朝、外戚專權。其實，這個問題並未解決。連霍光與上官桀都想以兒女與昭帝連姻，想通過姻親以鞏固自己的權力和地位。西漢政權還是亡在外戚專政上，王莽便是孝元王皇后兄弟的兒子，即其侄子。王氏一家有九侯、五大司馬。成帝、哀帝、平帝時期，都是王氏家族在專政。西漢是如此，東漢何嘗例外。為什麼如此呢？因為帝王權力的繼承是建立在血緣關係的基礎上，在父子便是兄弟與宗室諸王之間的爭奪，在母子無非是外戚的專權。母后臨朝，勢必讓宦官口含天憲。惡果的根子，是由於權力繼承關係以血緣為基礎的緣故。漢景帝處置了吳楚七國之亂以後，漢武帝接受了主父偃的建議，實施「推恩令」，大大削弱了宗室的力量，然而外戚專權的問題，始終困擾著歷代封建皇朝，越是君王的晚年，兒子年幼，無法迴避母后垂簾、外戚執政、宦官弄權的局面。比宗室尾大不掉的問題更加難辦。

接著講第二類的第二種情況，即吳大帝孫權、唐高祖李淵晚年諸子爭奪繼承權的衝突。這也是歷代帝王晚年，在身後皇位繼承問題上很難避免的一個矛盾。孫權晚年看到孫和與孫霸對立，朝臣分為二派，說過「子弟不睦，臣下分部，將有袁氏之敗，為天下笑」。孫權晚年，孫和與孫霸之間的矛盾，實際上還是孫權自己引起的，矛盾是「孫權既已立和而復寵霸，坐生亂階，自構家禍」，為什麼呢？因為孫權諸子之間還有一個他所寵愛的女兒全公主，她看準了孫權喜歡少子孫亮，而孫和之母王夫人與全公主有隙，於是挑撥孫權與孫和父子之間的矛盾，孫霸乘虛而入，與孫和爭位，結果兩敗俱傷，促使孫權在病危時立孫亮為太子。那時的孫亮只有十歲，故陳壽稱「孫亮童孺而無賢輔，其替位不終，必然之勢也」。孫亮被廢黜時只有十六歲。孫權去世以後，東吳政權便一蹶不振，到孫皓投降亡國，只維持了二十多年。亡國的根子還是交接班的問題沒有處理好。

再說唐高祖李淵，沒有處理好秦王與太子建成之間的關係，一山容不得二虎，兩股力量火併，秦王李世民靠玄武門之變，取得了權力。從李淵個人講是一個無可奈何的悲劇結局。從唐太宗講，他固然是一個有能力有主見的英主，他統治的二十三年，史稱貞觀之治。然而從此以後，唐王朝圍繞帝王交接班的問題上，由於李世民開了一個非常惡劣的先例，使得整個唐王朝帝王的交接班或是在極其血腥的帝室內部自相殘殺中完成，或是寄託於宦官發動的各種政變中苟且偷生。有唐一代，包括武則天在內，共二十一帝，除李淵起兵太原外，其餘二十帝，前期藉宮廷政變的接班為帝的有李世民、武則天、中宗、睿宗、玄宗五人，由大臣力爭而即位的只有高宗一人。後期在外擁兵自立的有肅宗一人。由長子立為太子的僅德宗、順宗二人，此後憲宗、穆宗、敬宗、文宗、武宗、宣宗、懿宗、僖宗這八個皇帝即帝位，都是宦官們通過宮廷政變在操作的。只要讀一下《舊唐書》、《新唐書》的宦官傳，可以知道宦官們操縱帝室之影響的深遠。《資治通鑑·唐紀》開成四年（西元八三九年）十一月，唐文宗與周墀有一次對話：「問曰：『朕可方前代何主？』對曰：『陛下堯舜之主也。』上曰：『朕豈敢比堯舜，所以問卿者，何如周赧、漢獻耳？』墀驚曰：『彼亡國之主，豈可比聖德。』上曰：『赧、獻受制於強諸侯，今朕受制於家奴，以此言之，朕殆不如。』因泣下沾襟，墀伏地流涕，自是不復視朝。」從唐文宗這一番心裡話，可見主僕關係顛倒後，作為君主內心的一番苦澀味。心聲流露以後，那麼他這個傀儡皇帝也當不成了，連傳位給太子也不成，只能傳位給兄弟，是為武宗，最終還是武宗依靠另一批宦官收拾了仇士良。自從李世民開啟了宮廷政變的先例，並自以為得意，連「下不為例」也不說一聲，結果是後患無窮。唐朝的帝王時時提心吊膽地不知什麼時候那把達摩克利劍會懸在自己的頭上。現在市場上的商品和服務，都喜歡以皇帝來包裝自己，在螢幕和舞臺上，皇帝成了主角，但在歷史上，它可是一個最苦惱的差使，因為大利與大害是並存的啊！君王到了晚年，交接班的日子可以倒數計時了，那時皇位這個大利，勢必成為各種力量爭奪的焦點，這個大利便轉化為潛在的大害了。

韓文公佚事

韓文公自御史貶陽山，新、舊二《唐史》皆以為坐論宮市事❶。案公〈赴江陵途中〉詩，自敘此事甚詳❷，云：「是年京師旱，田畝少所收。有司恤經費，未免煩誅求❸。傳聞閭里間，赤子棄渠溝。我時出衢路，餓者何其稠。適會除御史，誠當得言秋。拜疏移閤門，為忠寧自謀。上陳人疾苦，無令絕其喉❹。下言畿甸內，根本理宜優。積雪驗豐熟，幸寬待蠶麰❺。天子惻然感，司空歎綢繆。謂言即施設，乃反遷炎洲❻。」皇甫湜作公〈神道碑〉❼云：「關中旱饑，人死相枕藉，吏刻取恩，先生列言天下根本，民急如是，請寬民徭而免田租，專政者惡之，遂貶。」然則不因論宮市明甚。碑又書三事云：「公為河南令❽，魏、鄆、幽、鎮各為留邸，貯潛卒以橐罪亡❾。公將擿其禁，斷民署吏，俟日發❿，留守尹大恐，遽止之⓫。是後鄆邸果謀反，將屠東都，以應淮、蔡⓬。及從討元濟，請於裴度，須精兵千人，間道以入，必擒賊⓭。未及行，李愬自文城夜入，得元濟⓮，三軍之士為公恨。復謂度曰：『今藉聲勢，王承宗可以辭取，不煩兵矣。』⓯

得柏者，口授其詞，使者執筆書之，持以入鎮州，承宗遂割德、棣二州以獻⑯。」李翺作公行狀，所載略同⑰。而《唐書》並逸其事，且以鎮州之功專歸柏耆，豈非未嘗見湜文集乎⑱！《資治通鑑》亦僅言者以策干愈，愈為白度，為書遣之耳⑲。

【注釋】❶韓文公二句　《舊唐書・韓愈傳》：「德宗晚年，政出多門，宰相不專機務，宮市之弊，諫官論之不聽。愈嘗上章數千言極論之，不聽，怒貶為連州陽山令。」《新唐書・韓愈傳》則稱：「調四門博士，遷監察御史。上疏極論宮市，德宗怒，貶陽山令。」《舊唐書》、《新唐書》皆言其貶陽山令的原因是因其極論宮市之弊。韓文公，指韓愈。御史，指貞元十九年（西元八〇三年）秋冬之際，韓愈四門博士職屆滿，遷監察御史，監察御史屬御史臺之察院，定員為八至十員，在御史臺與韓愈同事的有劉禹錫、柳宗元、張署等。貶陽山，指韓愈因言事被貶。陽山，屬連州，唐屬江南道，今廣東韶關西南。新舊二唐史，指《新唐書》與《舊唐書》。宮市，指唐德宗時，派宦官在長安市易中抑價強買宮中所需之物品，形同搶劫，擾民不寧。但在韓愈的文集中，並沒有論宮市的疏狀。❷案公二句　〈赴江陵途中〉詩題當為〈赴江陵途中寄贈王二十補闕、李十一拾遺、李二十六員外翰林學士〉，他寫作這首詩的時間是在永貞元年（西元八〇五年）十月下旬，寫作地點是在岳州的治所岳陽（今湖北岳陽）。這個時間是在唐憲宗即位以後，王伾、王叔文在八月被貶，劉禹錫、柳宗元在九月被貶，韋執誼尚在位，已惶然失色。中央執政的班子正在作大的調整。韓愈在是年夏秋間得到赦令待命郴州（今湖南衡陽），那時憲宗李純已被冊立為太子，憲宗即位以後再次頒令任韓愈為江陵府法曹參軍。此詩寄贈的王二十補闕即王涯，李十一拾遺為李建，李二十六員外為李程。韓愈選擇這三人作為寄詩投贈的對象，是因為王涯與韓愈是同榜進士，王涯與李程是奉命入金鑾殿起草立太子制文的人，他們提出「立嫡以長」呈順宗，得到順宗的首肯。而李建是順宗在位時，因事與王叔文有爭執而被貶的。此三人當時都是二王與韋執誼的對立面。韓愈寫這首詩並寄贈他們三人的動因是說明自己被貶至陽山，是因為二王他們在暗中排擠自己，以及與二王、劉、柳在政治上劃清界限，希望藉此能夠得到王涯他們的提攜，為自己的仕途開闢新的前景。全詩有七百言，從內容上看，一方面是敘述自己被貶陽山的起因，即引詩中所言貞元十九年秋冬之際所見京畿諸縣旱情及自己上疏的過程。其中還表白自己在劉、柳面前對二王與韋的政治品行頗有微辭，故被二王貶至陽山，藉以撇清他曾與劉、柳親近的關係。另一方面是訴說自己在貶地所遭遇的苦難。一肚子怨恨盡情地傾訴於詩中，期望王涯他們對自己的同情和幫助。塗中，是指韓愈從郴州赴江陵途中經岳陽時所寫的詩。❸是年京師旱四句　摘引自〈赴江陵塗中〉詩。是年，指貞元十九年，京師旱，《資治通鑑》載是年京師「自正月不雨至于秋七月」。旱情繼續至次年的春夏之間。有司，指當時的京兆尹李實。《舊唐書·李實傳》云：「二十年春夏旱，關中大歉，實為政猛暴，方務聚斂進奉，以固恩顧，百姓所訴，一不介意。因入對，德宗問人疾苦。實奏曰：『今年雖旱，穀田甚好。』由是租稅皆不免，人窮無告，乃徹屋瓦木，賣麥苗以供賦斂。」引詩中「傳聞閭里間，赤子棄渠溝。我時出衢路，餓者何其稠」皆是韓愈當時在長安所聞所見之悲慘景象。❹適會除御史六句　韓愈在貞元十九年十一月三十日上〈論天旱人饑狀〉，此疏狀載《韓昌黎文集》。韓愈在此疏狀中直言：「今年已來，京畿諸縣逢亢旱，秋又早霜，田種所收，十不存一。」還說民間「有棄子逐妻以求口食，拆屋伐樹以納稅錢，寒餒道途，斃踣溝壑。有者皆已輸納，無者徒被追徵」。他這一份奏疏是針對京兆尹李實的，是得罪人的事，所以他講為了忠於國事，怎麼還能為自己的仕途謀劃呢。適會，指貞元十九年秋冬之際。除御史，指韓愈除監察御史。言秋，指上疏言今秋之賦宜暫停徵收。拜疏，指以監察御史的身分上疏給朝廷以言政事。❺下言畿甸內四句　意謂對畿甸內的百姓理應優惠稅賦，減輕其負擔，根據冬春積雪的狀況推斷來年收成豐熟的程度，寬減的秋賦待明年麥收時再徵收。即其在奏疏中所言：「特敕京兆府，應今年稅錢及草粟等在百姓腹內，徵未得者並且停徵，容至來年蠶麥，庶得少有存立。」畿甸，指首都所在地區。❻天子惻然感四句　韓愈被貶的時間是那年的十二月九日，上疏以後的第九天，他就被貶了。這次被貶，實出韓愈的意外，他感到上疏得罪的僅僅是京兆尹李實，怎麼會落得貶官至陽山呢？他總覺得其中另有蹊蹺。惻然，指天子讀了奏疏所言災情以後，感到愴傷。司空，三公之一，泛指執政者，當時是指杜佑。綢繆，提前作準備，指執政者對他提出為下一年謀劃的設想發出感嘆。即施設，指朝廷對災情即將採取對應措施。乃反遷炎洲，指其奏疏的結果，自己反被貶至南方炎熱的連州之陽山。❼皇甫湜句　皇甫湜，字持正，睦州新安（今浙江淳安）人，元和元年（西元八〇六年）進士，與李翺同出韓愈門下。翺得愈之醇，湜得愈之奇崛。韓愈有詩〈寄皇甫湜〉：「敲門驚晝睡，問報睦州吏。手把一封書，上有皇甫字。拆書放床頭，涕與淚垂泗。昏昏還就枕，惘惘夢相值。悲哉無奇術，安得生兩翅。」可見韓愈對其思念情深。其所作韓公之〈神道碑〉，見《皇甫持正文集》卷六。❽公為河南令　元和五年（西元八一〇年）冬，韓愈自東都分司都官員外郎改官河南令。唐代河南縣為京縣，屬河南尹，以洛水為界，隔河與洛陽縣相對，縣令屬正五品上。❾魏鄆幽鎮二句　魏，指魏博，唐時河北方鎮之一，治所在魏州（今河北大名）。魏博的轄區包括當時魏、博、貝、衛、相、澶六州，時任魏博節度使的是田承嗣之孫田季安。鄆，州名，治所在須昌（今山東東平西北）。當時鄆州是淄青平盧節度使的治所，以方鎮名則為淄青。元和初，李師道為淄青節度使，兼鄆州大都督府長史。幽，州名，治所在今北京城西南，亦為唐代范陽鎮的治所。范陽的轄境領有幽、燕、薊、平、檀、嬀諸州。時劉濟為幽州節度使，轄原范陽地區，故稱幽。鎮，州名，治所在河北真定（今河北正定），原名恆州，時王承宗為鎮州大都督府長史，鎮、冀、深、趙等州觀察使。各為留邸，指魏、幽、鄆、鎮各方鎮的節度使，在首都長安和東都洛陽都有各自的邸宅，其功能類似當今各省市駐京的辦事處。當時這些方鎮的節度使皆專其地以自相傳襲，方鎮之間忽而連衡抗朝廷，忽而相互間以力爭鬥。朝廷對之無可奈何。橐，口袋。指各地留邸吏在京師潛藏士卒，招納亡命，窩藏罪犯。即使他們在京師為非作歹，朝廷也不敢開罪於他們。⑩公將擿其禁三句　此言韓愈將捕諸留邸軍吏之事，他在〈上留守鄭相公啟〉中，云：「坐軍營操兵守禦，為留守出入前後驅從者，此真為軍人矣。坐坊市賣餅又稱軍人，則誰非軍人也？愚以為此必奸人，以錢財賂將吏，盜相公文牒，竊注名姓於軍籍中，以陵駕府縣。」但這件事牽涉到魏、鄆、幽、鎮各方鎮在京師的利益，連朝廷也害怕方鎮藉故起兵作亂，故亦引起當地其他官員的恐慌。⑪留守尹大恐二句　時洛陽的留守是鄭餘慶，河南尹是房式，他們受到另一方面的壓力，都害怕因此而開罪於諸方鎮，故急遽制止韓愈追捕方鎮留邸之軍人，反追捕受辱罵之告狀者。此事件後，皇甫湜在〈韓文公神道碑〉中尚言「有使還為言。憲宗悅曰：『韓愈助我者。』」可見諸方鎮留邸的諸軍人，正是朝廷在長安和洛陽的心腹之患。⑫是後鄆邸果謀反三句　憲宗元和九年（西元八一四年）九月，淮西吳少陽死，其子吳元濟在蔡州領淮西軍，縱兵侵掠，兵鋒及於東都。次年憲宗討之，元濟遣人求援於鎮州王承宗、淄鄆李師道，二人上表於朝廷請赦吳元濟，不許。五月承宗、師道遣盜燒河陰倉。六月又遣盜於京師，殺宰相武元衡，傷御史中丞裴度。七月「李師道遣嵩山僧圓淨結山賊與留邸兵，欲焚燒東都，先事敗而禍弭」（《舊唐書・吳元濟傳》）。時任東都留守者為呂元膺，《舊唐書・呂元膺傳》亦載此事。⑬及從討元濟五句　韓愈在元和十年（西元八一五年），有〈論淮西事宜狀〉，主張對淮西用兵，認為以天下之全力，對淮西三州殘弊困劇之餘，其破敗可立而待。十二年（西元八一七年）八月裴度出討淮西，以韓愈為彰義軍行軍司馬。八月末，韓愈隨大軍至郾城。李翺〈韓公行狀〉稱愈「從丞相居於郾城，公知蔡州精卒悉聚界上以拒官軍，守城者率老弱，且不過千人，亟白丞相，請以兵三千人，間道以入，必擒吳元濟」。⑭未及行三句　元和十一年（西元八一六年）用兵討蔡州吳元濟時，憲宗以李愬為隨、唐、鄧節度使，率兵討伐吳元濟。愬長算，有謀略，推誠待士，善待降者。文城是吳元濟悍將吳秀琳之營柵駐地，吳秀琳率眾數千降於李愬。愬又設計生擒吳元濟之勇將李祐，優禮之。吳元濟悉以精卒抗李光顏。十月，愬乘其無備，十日夜，以李祐率兵三千出文城柵，夜襲蔡州，登墉而入，直奔吳元濟宅。元濟出城請罪，檻送京師。自元濟就擒，愬在蔡州不戮一人，其為元濟下屬者，皆復其職，使之不疑。裴度未及行韓愈之策，李愬已於十月十一日取蔡州。裴度次日即入城，李愬以軍禮迎度。度云：「元惡就擒，蔡人即吾人也。」於是整個淮西即時平定。李愬，隴右臨洮人，父李晟，李愬以父蔭起家。⑮復謂度曰四句 此是韓愈對裴度的建議。自王武俊復起，至王士真、王承宗，世為鎮、冀、深、趙等州的主帥，割據一方，不奉朝命。裴度、李愬平定吳元濟後，韓愈說裴度，藉此聲勢遊說王承宗歸順朝廷，可以不必動用軍隊。王承宗，王士真之長子。⑯得柏耆五句 《舊唐書・柏耆傳》與〈神道碑〉所言略異，此事當是柏耆通過韓愈見裴度，並共同策劃，由柏耆赴鎮州實施。實際上當時有郗士美率軍逼鎮州境，吳元濟敗，王承宗懼，求救於田弘正。元和十三年（西元八一八年）三月，由魏博之田弘正「遣人送承宗男知感、知信及其牙將石汎等詣闕請命。……又獻德、棣二州圖印。」（《舊唐書・王承宗傳》）此事當是在多種因素的影響下，鎮州的問題才以妥協告終。德，即德州，今山東德州。棣，即棣州，轄境相當於今山東之濱州、陽信、惠民、商河、利津等市縣。⑰李翺作公行狀二句 李翺有《李文公集》，唐〈藝文志〉作十八卷。〈韓公行狀〉在十一卷，另有〈祭吏部韓侍郎文〉在十六卷。其文云：「蔡州既平，布衣柏耆以計謁公，公與語，奇之。遂白丞相曰：『淮西滅，王承宗膽破，可不勞用眾，宜使辨士奉相公書，明禍福以招之，彼必服。』丞相然之。公令柏耆口占為丞相書，明禍福，使柏耆袖之以至鎮州。承宗果大恐，上表請割德、棣二州以獻。丞相歸京師，公遷刑部侍郎。」李翺，字習之，隴西成紀（今甘肅秦安西北）人。翺小於韓愈六歲，貞元十三年（西元七九七年）在汴州與韓愈相識。他在汴州耽留一年，與韓愈處於師友之間，故二人過從甚密。其稱韓愈之文，「非茲世之文，古之文也；非茲世之人，古之人也。其詞與其意適，則孟軻既沒，亦不見有過於斯者。」（〈與陸傪書〉）而愈亦器重翺，且以從兄之女嫁翺。⑱而唐書並逸其事三句 唐書，指《舊唐書》與《新唐書》之〈韓愈傳〉。並逸其事，指都沒有細講皇甫湜在〈神道碑〉所言之事。以鎮州之功，專歸柏耆，事見《舊唐書・柏耆傳》。⑲資治通鑑三句 《資治通鑑》繫其事於元和十三年（西元八一八年）。資治通鑑，司馬光編著的編年體通史。

【語 譯】 韓文公自監察御史被貶到陽山，《新唐書》、《舊唐書》都認為韓愈是因為諫止宦官宮市之事而被貶黜的。韓愈在自己所撰述的〈赴江陵途中〉一詩中，對這件事的過程敘述得非常詳盡，他說：「那一年京師旱災，田畝的收成大減。而官吏顧恤國家經費收入，苛刻地向百姓誅求。當時閭里之間，就曾傳說百姓不得已而拋子棄女的慘狀。我經過街道時，親眼看到有那麼多人在飢餓掙扎。恰巧我被任命為監察御史，正當言事的時候。我上疏交給朝廷，是為了忠於職守，怎能顧慮自身安危呢。疏中先陳述人民的疾苦，不能讓他們活活餓死啊。接著講京師畿甸之內，是國家的根本所在，在稅收上應該給以寬緩。根據積雪的狀況推斷收成豐熟的程度，今年的秋稅應該寬延到明年蠶麥收成的時候。天子看了我的奏疏，惻然被感動，司空對災情也感嘆係之。還說應該立即採取措施，結果我反而被貶到南面炎熱的遠方。」皇甫湜曾經為韓愈作過一篇〈神道碑〉，在碑文中也講到：「關中因乾旱而鬧饑荒，死者相枕而臥，官吏刻剝百姓以取恩寵於朝廷，先生上疏說關中是天下的根本，百姓急難如此，請求朝廷寬限百姓的傜役，減免田賦，當政的官員憎恨他多言，所以把他貶謫出朝廷。」顯然韓愈被貶到陽山，明明不是由於他議論宮市害民的緣故。〈神道碑〉的碑文中還講了三件事：「韓公為河南縣令時，魏州、鄆州、幽州、鎮州這些方鎮在洛陽都設有留守的藩邸，暗中貯藏兵卒，並且窩藏逃亡的罪犯。韓愈準備禁止他們的種種違法之事，部署官吏處置他們侵犯百姓的行為，準備在次日採取行動時，朝廷在洛陽的留守和河南尹，為此大為恐慌，立即制止韓愈所要採取的行動。後來鄆州李師道果然命令其在洛陽留邸的兵卒準備謀反，妄圖血洗東都，響應在淮西蔡州叛亂的吳元濟。後來韓愈隨從裴度討伐吳元濟時，曾建議裴度，用精兵一千人，從小路直插蔡州，必定能夠抓住吳元濟。此計還未及付諸實施，李愬帶兵自文城柵夜襲蔡州，便活捉了吳元濟，三軍之士都曾因此為韓愈表示遺憾。韓愈還曾對裴度說：『憑藉著這次平定淮西的威勢，割據在鎮州的王承宗可以通過言詞曉以利害便能取下，不必再動用軍隊了。』那時有個名叫柏耆的人，自告奮勇願意前往遊說，於是韓愈口授了丞相裴度給鎮州王承宗的信件，由柏耆筆錄，憑這封書信柏耆到了鎮州，王承宗果然答應割德、棣二州獻給朝廷。」李翱為韓愈作行狀時，其記載與〈神道碑〉大體相同。然而《舊唐書》、《新唐書》都沒有記載這件事，而且把平定鎮州的功績，歸於柏耆一人，難道他們都沒有看過皇甫湜的文集！《資治通鑑》也僅僅講柏耆以他的計策見韓愈，韓愈報告給裴度，並替丞相口授了一封書信派他送去鎮州罷了。

【研　析】對於史籍的糾謬和補遺是《容齋隨筆》的一個重要特色。洪邁糾謬和補遺的方法，一是以詩文證史，一是以金石碑刻證史。本篇〈韓文公佚事〉，洪邁便是引韓愈〈赴江陵塗中〉詩以證《舊唐書》、《新唐書》皆以韓愈以坐論宮市事自御史貶陽山之誤，並以皇甫湜之〈韓文公神道碑〉和李翺〈韓文公行狀〉進一步證實他是在御史任上上疏〈論天旱人饑狀〉因而被貶至陽山的。這便是以詩文和碑文證史的案例。以〈神道碑〉文補《舊唐書》、《新唐書》所遺佚之三事，一是為河南令時，禁斷魏、鄆、幽、鎮各留邸潛卒擾亂治安危害百姓之事；二是從裴度討吳元濟時曾建議以精兵千人，乘虛入蔡州擒元濟；三是在擒蔡州吳元濟後，借勝勢以辭取鎮州之王承宗。其實這三件事，在《舊唐書》、《新唐書》其他傳記皆曾言及，因韓愈不是主要的當事人，故《舊唐書》、《新唐書》之〈韓愈傳〉沒有提及。以詩文和金石碑文證史都不是很容易的事，稍有不慎，就會出現差錯。如洪邁在〈唐平蠻碑〉條中，以成都唐〈平南蠻碑〉證明唐以中人主兵柄是碑文所載始於開元十九年（西元七三一年）明皇遣內常侍高守信討南蠻。其實不然。在此前之開元初明皇便遣宦官楊思勗領兵討伐反叛之安南蠻，至開元十二年（西元七二四年）又以楊思勗率兵討平五溪蠻。洪邁在〈李宓伐南詔〉條中，以高適〈李雲南征蠻詩〉否認天寶十三載（西元七五四年）李宓敗死於西洱河，其實不然，撇開《舊唐書》、《新唐書》的記載，鄭回的〈南詔德化碑〉的碑文也證實了李宓確實敗死於西洱河。洪邁所以失實，是因為他未見鄭回的〈南詔德化碑〉，忽略了高適的〈李雲南征蠻詩〉是高適在天寶十二載（西元七五三年）夏為李宓餞別的。洪邁沒有分清李宓曾二次參加對南詔的討伐，第一次他是回到了長安，受到過玄宗的召見。第二次對南詔的討伐才死於西洱河。我說這一些，一方面是為了說明以詩文和金石碑文證史是對正史糾謬補遺的好方法。如最近在西安發現韋蘇州一家的墓誌，《舊唐書》、《新唐書》沒有為韋應物立傳，其生平一直缺乏具體記載。碑文詳細交待了他歷官一十三任的經歷，補正了《舊唐書》、《新唐書》之遺缺。但是需要注意的是採用這種方法一定要小心謹慎，否則很容易造成新的錯失，必須全面考察相關材料。即使如此，像洪邁那樣的大家，也難免有失。當然，本篇糾謬和補遺多少還是有一點根據的。但此事亦還有不同的說法，宮市在當時是一大禍害，《舊唐書·王叔文傳》載順宗為太子時，王在太子身旁，「太子嘗與侍讀論政道，因言宮市之弊，太子曰：『寡人見上，當極言之。』諸生稱贊其美，叔文獨無言。罷坐，太子謂叔文曰：『向論宮市，君獨無言，何也？』叔文曰：『皇太子之事上也，視膳問安之外，不合輒預外事。陛下在位歲久，如小人離間，謂殿下收取人情，則安能自解？』太子謝之曰：『苟無先生，安得聞此言！』」《舊唐書》上的這一段對話，就是根據韓愈《順宗實錄》來的，可見宮市之害眾人皆知。白居易〈新樂府〉中有〈賣炭翁〉，亦言宮市之害。王叔文的話固然講了德宗與皇太子李誦之間有難以相處的關係，這個「小人離間」只能是宦官，因為罷宮市牽涉到宦官的特權。那時是太監們掌握實權，《舊唐書》、《新唐書》及他書提及韓愈因論宮市事而貶陽山，當亦不是空穴來風。韓愈文集中不載其論宮市之事，並不一定沒有此事，因為此事涉及宦官之諱，韓期望被重新啟用，當然要避開此事。如果說韓愈貶官是因〈論天旱人饑狀〉，那麼京兆尹李實是因此被王叔文他們貶為通州長史的，此事在韓愈編撰的《順宗實錄》中有明確的記載。再說順宗即位後，關於宮市的問題，韓愈在《順宗實錄》中說：「諫官御史數奏疏諫，不聽。上初登位，禁之。至大赦，又明禁。」從這二件事上，可以看到二王與劉、柳在政見上與韓愈沒有什麼分歧。再說韓愈地位不高，也不是王叔文他們執政上的障礙，他們為什麼一定要貶韓愈呢？韓愈被貶是在貞元十九年十二月九日，那時順宗尚未即位，二王還未執政，貶韓愈的不可能是他們。順宗冊立皇太子是在貞元二十一年夏秋間韓愈才得到待命郴州的命令，那應是四月間冊立皇太子頒大赦令時對韓愈的處分，那時二王已是失勢了，對韓愈的赦書是憲宗頒的。故韓愈的〈赴江陵途中〉詩，只是為了討好當時的執政者，希望自己有復出的機會。至於其貶官真正的原因，恐怕還是一個謎。然有一點是可以肯定的，與二王沒有什麼直接的因緣關係。所以遲遲啟用他，恐怕是與執政者懷疑他與二王及劉、柳在政治上有染相關。正是這一點，促使韓愈在〈赴江陵途中〉一詩所以要急於撇清的。這樣的話，那首詩中所言難免有不實事求是的地方了。所以讀《容齋隨筆》時，自己查找資料去加以印證、補充，甚至親自做一些糾謬的工作，還是非常有趣的。前人說過「盡信書不如無書」，讀書還得用腦子去獨立思考，唯有如此讀書，我們才能真正有所收穫。在注文中，我當然只能順著原文講。在研析中我才能試著作一點獨立的分析，讓讀者從矛盾的陳述中去思考和分析，作出自己獨立的判斷。

論韓文公❶

劉夢得❷、李習之❸、皇甫持正❹、李漢❺皆稱誦韓公之文，各極其摯。劉之語云❻：「高山無窮，太華削成。人文無窮，夫子挺生❼。鸞鳳一鳴，蜩螗革音❽。手持文柄，高視寰海。權衡低昂，瞻我所在❾。三十餘年，聲名塞天❿。」習之云⓫：「建武以還，文卑質喪。氣萎體敗，剽剝不讓⓬。撥去其華，得其本根。包劉越嬴，並武同殷⓭。六經之風，絕而復新。學者有歸，大變于文⓮。」又云⓯：「公每以為自揚雄之後，作者不出⓰，其所為文，未嘗效前人之言而固與之並，後進之士有志於古文者，莫不視以為法⓱。」皇甫云⓲：「先生之作，無圓無方，主是歸工⓳。抉經之心，執聖之權。尚友作者，跂邪觝異。以扶孔子，存皇之極⓴。茹古涵今，無有端涯。鯨鏗春麗，驚耀天下㉑。栗密窈眇，章妥句適㉒。精能之至，鬼入神出㉓。姬氏以來，一人而已㉔。」又云㉕：「屬文意語天出，業孔子、孟軻而侈其文㉖，焯焯烈烈，為唐之章㉗。」又云㉘：「如長江秋注，千里一道，然施於灌激，或爽於用。」此論似為不知公者㉙。漢之語云㉚：「詭然而蛟龍翔，蔚然而虎鳳躍，鏘然而韶鈞鳴㉛，日光玉潔，周情孔思，千態萬貌，卒澤於道德仁義，炳如也㉜。」是四人者，所以推高韓公，可謂盡矣。及東坡之碑㉝一出，而後眾說盡廢。其略云：「匹夫而為百世師，一言而為天下法，是皆有以參天地之化，關盛衰之運㉞。自東漢以來，道喪文弊，歷唐貞觀、開元而不能救，獨公談笑而麾之，天下靡然從公，復歸於正。文起八代之衰，道濟天下之溺㉟，豈非參天地而獨存者乎！」騎龍白雲之詩，蹈厲發越，直到〈雅〉、〈頌〉，所謂若捕龍蛇、搏虎豹者，大哉言乎㊱！

【注釋】❶論韓文公　此是《四庫》本之題，《四部備要》本之題作〈論韓公文〉，二題皆可。❷劉夢得　即劉禹錫，字夢得，唐代著名文學家，家居洛陽（今河南洛陽）。貞元九年（西元七九三年）登進士第，貞元十九年（西元八〇三年）與韓愈、柳宗元同任監察御史裏行，劉與柳皆長於文辭，他們之間是談詩論文的摯友。長慶四年（西元八二四年）八月，韓愈去世，劉禹錫曾作〈祭韓吏部文〉，文中盛讚韓愈在文學上的成就。❸李習之　即李翺，字習之。貞元十四年（西元七九八年）進士第，授校書郎，三遷至京兆府司錄參軍，轉國子博士，史館修撰。官至山南東道節度使，檢校戶部尚書。李翺小於韓愈六歲，是韓的侄女婿，早年學古文於韓，故韓在〈與馮宿論文書〉中曾言：「近李翺從僕學文，頗有所得，然其人家貧多事，未能卒其業。」李翺亦極推重韓愈，他在〈與陸傪書〉中稱：「我友韓愈，非茲世之文，古之文也；非茲世之人，古之人也。其詞與其意適，則孟軻既沒，亦不見有過於斯者。」他在韓愈去世後，曾作〈韓公行狀〉與〈祭吏部韓侍郎文〉。分別見於《李文公集》卷十一和卷十六。❹皇甫持正　即皇甫湜，字持正。睦州新安（今浙江淳安）人，元和元年（西元八〇六年）進士第，為陸渾尉，歷仕至工部郎中，著有《皇甫持正文集》六卷。韓愈有〈寄皇甫湜〉詩：「敲門驚晝睡，問報睦州吏。手把一封書，上有皇甫字。拆書放床頭，涕與淚垂泗。」《四庫提要》稱：「其文與李翺同出韓愈，翺得愈之醇，而湜得愈之奇崛。」

文集卷六錄有〈韓文公神道碑〉及〈韓文公墓銘〉。❺李漢　字南紀，隴西（泛指今甘肅隴山以西地區，唐置隴西郡，治所在今甘肅臨洮南）人，唐宗室之後。元和七年（西元八一二年）進士第，累辟使府，長慶末為左拾遺，文宗即位為屯田員外郎，史館修撰，預修《憲宗實錄》，書宰相李吉甫事切直，李德裕惡之，會李宗閔當國，擢知制誥，並進御史中丞。後李宗閔罷相，李德裕用事，李漢坐其事，出為汾州刺史，復貶為州司馬，長期不得錄用。漢少師事韓愈為文，長於古文，性剛訐亦類愈，愈愛重其人，以女妻之。愈卒，為愈編《昌黎先生集》，並為之作序，行於世。❻劉之語云　劉禹錫讚頌韓愈之文字，指〈祭韓吏部文〉錄文。❼高山無窮四句　劉禹錫此句以太華山的險削超於群山來譬喻韓愈之詩文及其為人奇崛挺拔高於眾人。太華是華山的主峰，古稱西嶽。華山在陝西華陰南，地形屬秦嶺東段，山勢險削，上接藍天，下臨深谷。❽鸞鳳一鳴二句　此以鸞鳳喻韓愈的文章，以蜩螗喻當時流行的駢文，意謂韓愈倡導的古文，如鸞鳳和鳴，一鳴驚人，而風行一時的駢文則如蜩螗聒噪逐漸銷聲匿跡。鸞是傳說中的神鳥，雞身赤毛，色備五采，聲中五音。鸞見，則天下安寧。鳳也是傳說中的神鳥，羽毛備五色，鳳飛則群鳥相從，能翱翔於四海之外，越昆侖，宿風穴，鳳見則天下大安寧。鸞與鳳相佐，均為祥瑞之鳥。蜩螗，皆為蟬之別稱。由於地域不同，有的稱蜩，有的稱螗，亦有連稱蜩螗。《詩經．豳風．七月》有「五月鳴蜩」之語，是謂物候。❾手持文柄四句　意謂韓愈手持文章評論的權柄，俯視寰海之內，權衡世人文章的高下，處處顯示自己的存在。柄，權柄。❿三十餘年二句　謂其文章的名聲，三十餘年來，可與天比高。⓫習之云　指李翺在〈祭吏部韓侍郎文〉中所云。⓬建武以還四句　意謂自東漢以來，文風卑弱，文氣萎靡，體質衰敗，文人之間還彼此攻擊，互不相讓。建武，東漢光武帝的年號。剽剝，砭刺割裂。《史記．老子韓非列傳》：「然善屬書離辭，指事類情，用剽剝儒墨。」⓭撥去其華四句　意謂韓愈的文章撥去魏晉以來的浮華之風，包含漢代，超越秦人，與商周古風並駕齊驅。華，浮華。劉，指漢代。嬴，指秦代。武，指周代。殷，指商代。⓮六經之風四句　意謂六經樸實的文風，自魏晉以來斷絕得以再生，學子們作文有所歸依，天下之文風由此大變。六經，指《詩》、《書》、《禮》、《樂》、《易》、《春秋》。⓯又云　指李翺在〈賜紫金魚袋贈禮部尚書韓公行狀〉中所云。⓰公每以為二句　韓愈在〈答劉正夫書〉中稱：「漢朝人莫不能為文，獨司馬相如、太史公、劉向、揚雄為之最。」在〈送孟東野序〉中宣稱魏晉以下，不及於古，「就其善鳴者，其聲清以浮，其節數以急，其詞淫以哀，其志弛以肆，其為言也，亂雜而無章。」故在韓愈心目中，自揚雄以下，魏晉以來，再沒有像樣的文章作者。公，指韓愈。揚雄，西漢的文學家和思想家，字子雲，蜀郡成都（今屬四川）人。他主張一切言論和文章要以五經為準繩，其主要著作有《法言》。⓱其所為文四句　韓愈在〈答劉正夫書〉中有一段對話：「或問：為文宜何師？必謹對曰：宜師古聖賢人。曰：古聖賢人所為書具存，辭皆不同，宜何師？必謹對曰：師其意，不師其辭。又問曰：文宜易宜難？必謹對曰：無難易，惟其是爾。」正由於師古聖賢之意，師其所是，非師其文辭，故韓愈之文，非效前聖賢之言，而與聖賢之意合。故後人有志於古文者，皆以韓愈所言為作文之準則。

⑱皇甫云　指皇甫湜在〈韓文公墓銘〉一文中所言。⑲先生之作三句　意謂韓愈作文，並無固定的規矩，全依靠其長期努力研讀和體會聖賢書的結果。其〈答李翺書〉云：「學之二十餘年矣，始者非三代兩漢之書不敢觀，非聖人之志不敢存。處若忘，行若遺，儼乎其若思，茫乎其若迷，當其取於心而注於手也，惟陳言之務去，戛戛乎其難哉。」此述其專心致志於聖賢，達到忘乎一切境界的艱難過程，等到「當其取於心而注於手也，汩汩然來矣」。圓與方，需規矩方成。⑳抉經之心六句　抉經之心，謂挖出六經內涵的核心。抉是挑出、挖出之意。尚友作者，指推重與其志向相友好的文章作者。跂邪觝異，抵觸各種異端邪說，指其在文章中斥責佛道二說，以扶翼孔學。存皇之極，謂其文以載道，是為了扶持聖人之學，傳承文武周公孔子之道，以存三代先皇之宗旨。㉑鯨鏗春麗二句　意謂韓愈的文章和言論，若王者聲響和春天的麗陽，驚耀天下之士子。鯨，魚中之王者。鏗，音響。㉒栗密窈眇二句　意謂韓愈的文章結構縝密，文字美妙，章句的安排妥帖而適當。栗密，如栗那樣密實。《禮記・聘義》有「縝密以栗」之句。窈眇，美妙。㉓精能之至二句　指韓愈的文字所表達的精神及其文字表達的能力，到了出神入化的程度。㉔姬氏以來二句　謂韓愈文章的水平，自周秦以來一人而已。姬氏，指周代。㉕又云　指皇甫湜在〈韓文公神道碑〉所云。㉖屬文意語天出二句　〈神道碑〉的原文為「七歲屬文，意語天出。長悅古學，業孔子、孟軻而侈其文」。謂韓愈在七歲開始習文，所表達的思想語言若天生，又長期喜歡古學，以孔孟儒學為業，從而張大其文風。㉗焯焯烈烈二句　意謂韓愈的文章光彩而又顯赫，為唐代士子樹立了如何作文的章法。〈神道碑〉原文「焯焯」作「炳炳」。焯焯，光彩鮮明。焯，同「灼」，與炳同義。烈烈，顯赫。章，條理。㉘又云　下文出自皇甫湜在〈諭業〉一文中所云，見《皇甫持正文集》卷一。㉙如長江秋注五句　皇甫湜在〈諭業〉一文中有論韓愈之文，引文與原文略異，原文如下：「韓吏部之文，如長江千里，一道衝飆激浪，瀚流不滯，然而施於灌激，或爽於用。」意謂韓愈之文若長江千里，猶如一道秋天的波濤激流奔蕩而下，要把如此激流施於如灌溉那樣日常應用，或許失於所用。洪邁認為皇甫湜這個論點，好似並不理解韓愈文章的功用。如果從文體上講，由駢文轉向散文，它為古文在應用文字上開闢了廣闊的途徑。韓愈書札、雜說、哀祭文、碑誌、贈序都是應用文字。儘管韓愈的文章氣勢極盛，但於認知社會實際問題確亦無所裨補。施於灌激，喻韓文施於日常的應用的文字。爽，失。㉚漢之語云　指李漢在〈昌黎先生韓愈文集序〉一文中所言。㉛詭然而蛟龍翔三句　詭然，怪異狀。謂其文風如蛟龍翱翔那樣怪異。蔚然，薈萃；聚集。謂其文章聚集在一起如虎躍鳳飛那樣。鏘然，高昂的音響。韶鈞，傳說為舜時的樂曲，周代用以祭

祀四方山川之神，相傳孔子聞〈韶〉樂而三月不知肉味。意謂韓愈的文氣似高昂的音響，顯示著似神聖的樂曲在那兒鳴奏。㉜日光玉潔五句　謂韓愈的文章如日光那樣明亮，白玉那樣潔淨，體現周公的情懷和孔子的思想。千種姿態，萬般相貌，最終都是為了潤澤於道德仁義之說，這些特徵都是那麼具有光彩而鮮明。㉝東坡之碑　指宋人蘇軾所撰之〈潮州韓文公廟碑〉。宋神宗元豐七年（西元一〇八四年）詔封韓愈為昌黎伯，故廟稱「昌黎韓文公之廟」。潮人在宋哲宗元祐五年（西元一〇九〇年）為韓愈立新廟於州城之南，次年廟成，此為潮人請蘇軾為新廟所撰之碑文。下之引文，皆摘引自蘇公之碑文。㉞匹夫而為百世師四句　這是碑文起首一問一答的二句話，問的是如韓愈那樣起於匹夫，而能為百世之師，為什麼他的一言一行能成為天下的榜樣。答的是他一言一行能參乎天地的變化，關乎世運之盛衰。他還以孟子所言的浩然之氣為喻，說它是「寓於尋常之中，塞乎天地之間」，是「不恃力而行，不待生而存，不隨死而亡者」。蘇軾還在文中稱：「嘗論天人之辨，以謂人無所不至，惟天不容偽。智可以欺王公，不可以欺豚魚。力可以得天下，不可以得匹夫匹婦之心。故公之精誠，能開衡山之雲，而不能回憲宗之惑。能訓鱷魚之暴，而不能弭皇甫鎛、李逢吉之謗。能信於南海之民廟食百世，而不能使其身一日安於朝廷之上。蓋其所能者，天也。其所不能者，人也。」這裡蘇軾不僅在講韓愈，也是在訴說對自己遭遇的不平。㉟文起八代之衰二句　指韓愈倡導的古文運動，能起八代古文的衰落，韓愈的辟佛斥道，使人心復歸於儒家的正道。八代，指魏、晉、宋、齊、梁、陳、隋、唐。道，指孔子所倡導的文武周公之道。溺，指長期以來人們溺於釋道二教。㊱騎龍白雲之詩五句　騎龍白雲，是蘇軾作的頌詩之首句，使潮人歌以祀之。謂韓愈昔日騎著蛟龍遨遊於白雲之鄉。蹈厲發越，言其詩句慷慨激越，振奮人的精神。雅頌，是《詩經》中周人在廟堂上歌頌祖先的贊詞。謂蘇軾的這首詩句可以與〈雅〉、〈頌〉相媲美。大哉言乎，指蘇軾詩中的語言，表現了那麼宏大的氣概啊！

【語　譯】劉夢得、李習之、皇甫持正、李漢四人都極其誠摯地推重韓愈的文章。劉夢得在〈祭韓吏部文〉中說：「天下的高山無窮無盡，只有太華山的險峻峭削超於群山。天下的詩文無窮無盡，只有韓愈的詩文奇崛挺拔而高於眾人。一旦它如鸞鳳那樣鳴唱，那麼蜩螗的蟬聲也就隨之停息了。他手持文章的權柄，俯視海內的文章。權衡它們的高低，處處顯示他的存在。前後三十多年，他的聲名充塞於天地之間。」李習之也在祭文中說：「自東漢建武以來，文風卑弱。文氣萎靡，文體衰敗，文人之間還彼此攻擊，互不相讓。韓愈撥去浮華的文風，得到文章的根本。它包含劉漢，超越嬴秦，與周武、殷商並肩。使六經的風氣，得以從絕處新生。使學者們有所歸依，一代的文風為之大變。」他在〈韓公行狀〉中還說：「韓公常常以為自西漢揚雄以後，再沒有出現過文章的大家，他寫文章從不仿效前人文章，卻能與那些文章的大家並駕齊驅，後進的士子有志於學習古文的，沒有不以他的文章作為規範。」皇甫持正在〈韓文公墓銘〉中說：「先生的文章，沒有什麼現成的規矩，主要是靠他長期艱苦努力的結果。他能抉取六經思想的核心，執聖人權衡是非的標準。崇尚文章與其志同道合的朋友，抵制各種異端邪說。以扶持孔子的儒學，保存王道。包含古今，而無始無終。他的文章似鯨魚發出的鏗鏘之音調和春天溫暖的太陽，驚動和照耀天下的士子。他文章的結構是那麼嚴密而又美妙，每章每句都是那麼妥帖而恰當。精妙之至，達到出神入化的境地。自周代以來，僅此一人而已。」他在〈神道碑〉中還說：「他早年作文時，其意境和語言，若天然而成，他繼承孔子和孟子的文風，並加以發揚光大，他的影響真是轟轟烈烈，他的文章則成為有唐一代作文的章法。」他在其〈諭業〉一文中則說：「韓公的文章如秋天長江的洶湧波濤那樣，千里一道，奔流而下，如果要把它用於日常灌溉，那不就是大才小用了嘛。」這個論點似乎並不理解韓公文章在應用文上的價值。李漢在《昌黎先生韓愈文集》的序文中說：「韓公的文章是那麼詭異而又奇崛，好似蛟龍的翱翔，蔚蔚然如鳳飛虎躍，語辭的鏗鏘似〈韶〉樂的鳴奏，它像陽光那樣溫暖，白玉那樣潔淨，周公的情懷，孔子的思想，千態萬貌，都落腳於對道德仁義的潤澤，真是光彩鮮明啊。」上面這四個人，對韓愈文章的推重頌揚，幾乎把話都說盡了。然而蘇東坡所撰的〈韓文公廟碑〉出來以後，所有他人的說法都被他的話壓倒了。他碑文的大意是：「匹夫可以成為百代的宗師，一個人的言論可以為天下士子所遵循，那是因為它參預了天地間的造化，關係到時代命運的盛衰。自從東漢以來，道德淪喪，文風敗壞，即使在唐代經歷貞觀、開元的盛世，也不能挽救其日趨衰敝，只有韓公在談笑之間揮斥邪說，天下士子人人為之傾倒而追隨於他，由是文風復歸於正道。他的文風能起八代之衰，講的道理能使人擺脫對釋道的沉溺，這難道不是由於參預天地孕育萬物而能獨存於天下嘛！」在碑文之後，蘇公那騎龍白雲般的詩文，慷慨而激昂，可以上推與〈雅〉、〈頌〉並驅，其文真所謂如捕龍蛇、搏虎豹那般表現了宏偉的氣概啊！

【研　析】洪邁引劉夢得、李習之、皇甫持正、李漢四人評述韓愈文章的文字皆出於祭文或者碑文，他們對逝者的讚美往往有虛譽之辭。李習之、皇甫持正、李漢都是韓愈的學生，對老師的溢美自在情理之中，而劉夢得則有所不同。從整個祭文看，劉禹錫還是有所保留。洪邁只摘引其褒的部分，沒有引其對韓文有所保留的部分。劉禹錫在祭文中講到韓愈的碑文，「公鼎侯碑，志隧表阡。一字之價，輦金如山。」那是譏刺韓愈向公侯們索取諛墓之金。講到「天人之學，可與論道」，那是指韓愈與柳宗元之間在天論問題上的爭論。劉禹錫作〈天論序〉，講到「柳子厚作〈天說〉以折韓退之之言，文信美矣。蓋有激而云，非所以盡天人之際。故余作〈天論〉以極其辯云。」劉禹錫是站在柳子厚這一邊的。韓愈有〈答劉秀才論史書〉，柳宗元作〈與韓愈論史官書〉，二人就史官問題展開了辯論。韓愈所作書信是反映他在史官任上遭遇的多重困惑，故而發出為史者「不有人禍，則有天刑」的感慨，顯示出畏懼的心態。韓愈的《順宗實錄》所以有可議之處，也正是出於這一點。柳宗元則強調「凡居其位，思直其道；道苟直，雖死不可回也」，講的是大道理。從道理上講，柳宗元是對的，所以劉禹錫在祭文中還說：「子長在筆，予長在論，持矛舉楯，卒不能困，時惟子厚，竄言其間。」六朝以來以單行之文為筆，此言韓之工為古文，人無異詞，然韓之持論多不堅實，若與剖析名理，韓將詞窮。在立論上，韓不如劉禹錫和柳宗元堅實。

唐宋八大家，屬於唐代的僅韓愈、柳宗元二人，其他六人都是宋人，從歐陽脩起，包括王安石、蘇洵、蘇軾、蘇轍、曾鞏。古文運動真正的興起應是在宋代，韓愈在世時還是一個有爭議的人物。過了三百年，經過歐陽脩、蘇軾他們的倡導，韓愈提倡的古文才取得支配的地位。歐陽脩在〈蘇氏文集序〉中稱：「韓李之徒出，然後元和之文始復於古。唐衰兵亂，又百餘年，而聖宋興，天下一定，晏然無事，又幾百年，而古文始盛於今。」他在〈記舊本韓文後〉講到自己舉進士及第，官洛陽，與尹師魯之徒，相與作古文，「其後天下學者亦漸趨於古，而韓文遂行於世。至於今，蓋三十餘年矣，學者非韓不學也，可謂盛矣。嗚呼！道固有行於遠而止於近，有忽於往而貴於今者，非惟世俗好惡之使然，亦其理有當然者。而孔孟惶惶於一時而師法於萬世，韓氏之文沒而不見者二百年，而後大施於今，此又非特好惡之所上下。蓋其久而愈明，不可磨滅，雖蔽於暫而終耀於無窮者，其道當然也。」蘇軾「文起八代之衰，道濟天下之溺」這二句話，是對韓愈一生為文行事最集中的概括，也是最高的評價了。他寫的〈韓文公廟碑〉也是傾注了作者自身一生經歷的辛酸在內。他在〈儋耳夜書〉一文中說：「吾平生遭口語無數，蓋生時與韓退之相似。」所以那篇碑文不僅僅是寫韓愈，也是寫他自己。然而他對韓愈的思想理論還是有分析的。他在〈韓愈論〉一文中說：「韓愈之於聖人之道，蓋亦知好其名矣，而未能樂其實。何者？其為論甚高，其待孔子、孟軻甚尊，而拒楊、墨、佛、老甚嚴，此其用力，亦不可謂不至也。然其論至於理而不精，支離蕩佚，往往自叛其說而不知。」「韓愈者，知好其名而未能樂其實者也。」這與劉、柳二人對韓的認識有一致的地方。韓愈對於道的闡釋畢竟比較粗淺，往往經不起細緻的推敲。他的為人，畢竟對功名利祿也過於熱衷。

治生從官

韓詩曰：「居閑食不足，從仕力難任。兩事皆害性，一生常苦心。」❶然治生從官，自是兩塗，未嘗有兼得者。張釋之以貲為郎，十年不得調，曰：「久宦減兄仲之產，不遂。」欲免歸❷。司馬相如亦以貲為郎，因病免，家貧無以自業，至從故人於臨邛，及歸成都，家徒四壁立而已❸。

【注釋】❶韓詩曰五句　韓詩，指韓愈在唐德宗貞元十七年（西元八〇一年）所作之五言古詩，題為〈從仕〉。居閑食不足，指韓愈閒居在家。他原在徐泗濠節度使張建封幕下，張建封病逝，罷去幕職，失去了經濟來源，家口三十餘，衣食不足。那時他離開徐州，遷居東都洛陽，前後有一年半時間，他與家人的生活陷入困境。他在洛陽〈與衛中行書〉中講到自己「窮居荒涼，草樹茂密。出無驢馬，因與人絕」。從仕力難任，此句反映韓愈為了擺脫經濟上的困境，急於求仕而又不能實現的那種心情。貞元十六年（西元八〇〇年）冬，韓愈與孟郊一起入長安應銓選，次年春孟郊得授溧陽尉，而韓愈因沒有人薦舉而落選。他只能回洛陽，故在〈將歸贈孟東野房蜀客〉詩中說：「君門不可入，勢利互相推。借問讀書客，胡為在京師。舉頭未能對，閉眼聊自思。倏忽十六年，終朝苦寒飢。宦途竟寥落，鬢髮坐差池。」兩事皆害性，謂窮困與力不足從仕皆傷害其本性。性，指其志向，是為了行道。他在〈與衛中行書〉中說：「其所不忘於仕進者，亦將小行乎其志耳。」一生常苦心，韓愈從貞元二年（西元七八六年）去長安求仕，到十六年再次去長安求仕，這十多年時間，他從未在仕途上得意過。貞元十七年韓愈三十五歲，他始終處於對仕途的苦心追求中，由於多次失敗，那時的韓愈有一點心灰意懶地想放棄對仕途的追求了。〈從仕〉下面的幾句便是他這種心態的流露，他說：「黃昏歸私室，惆悵起嘆音。棄置人間事，古來非獨今。」❷張釋之以貲為郎六句　張釋之，字季，南陽堵陽（今河南方城）人。以貲為郎，漢制，注貲五百萬得為常侍郎，如果受皇帝的賞識可以由此選官。張釋之便是通過捐貲為漢文帝的常侍郎。十年不得調，調，即遷調，經銓選授官。此謂張釋之因為沒有名聲，做常侍郎十年還沒有被選官。久宦滅仲兄之產，張釋之與仲兄同居共產，十年不選，故云滅損仲兄之產業。不遂，謂不能達到心願。欲免歸，謂張釋之欲辭去郎官，退職回家，放棄仕途。❸司馬相如六句　司馬相如，字長卿，蜀郡成都（今四川成都）人。小名犬子，因慕藺相如之為人，更名為相如。相如亦以貲為郎，事漢景帝，為武騎常侍。相如善辭賦，非景帝所好，故以病免，而客遊於梁孝王。梁孝王薨，相如歸家。家貧無以自業至從故人於臨邛，臨邛，今四川邛崍。故人，指臨邛令王吉。司馬相如本與王吉相善，故去臨邛從王吉。及歸成都家徒四壁立而已，謂司馬相如回成都家中，一貧如洗，四壁徒立，無以為生。

【語　譯】韓愈在〈從仕〉一詩中說：「居閑食不足，從仕力難任。兩事皆害性，一生常苦心。」然而謀生與為官，從來是兩種不同的途徑，這兩者是很難兼得的啊。漢代張釋之通過納貲捐了一個郎官，然而花費了十年時間還沒有選到官職，便說：「長期任郎官，沒有收入，所以反而減損了哥哥的產業，沒有達到目的。」就想著辭掉郎官回家。司馬相如也是靠納貲捐了郎官，同樣長期不得志，因為生病而被免去郎官。回到家裡後因貧困而找不到可以謀生的辦法，不得已只好去投奔在臨邛為官的故人，從臨邛再回到成都時，家裡只有四面牆壁，空空如也。

【研　析】洪邁這一條隨筆的主題是講為官與置業是二回事，不能兼而得之。為官之道，絕不能為了謀財。從官是為了處理好社會的公共事務，而不是以權謀私，不是為了個人發財。他舉的三個例證則不甚妥貼。韓愈那首詩中表達的是想要從仕而力難勝任的苦惱，並沒有講到追求仕途與治理產業的關係。張釋之與司馬相如這二個案例，講的也是他們為官之前的苦惱，洪邁並沒有講到他們為官以後與購置產業的關係。因為郎官是待選的官僚，除了在宮廷侍從於皇帝周邊之外，並沒有別的官位和職權。他們需要自己拿錢來維持個人和家庭的生活。從實際生活看，為官與置業還是有緊密關係的。從歷史上看，為官至死能始終保持一身清廉者，只能是有道德操守的少數人。

《容齋隨筆》卷九

尺棰取半

《莊子》❶載惠子❷之語曰：「一尺之棰，日取其半，萬世不竭❸。」雖為寓言，然此理固具。蓋但取其半，正碎為微塵，餘半猶存，雖至於無窮可也。特所謂卵有毛❹、雞三足❺、犬可以為羊❻、馬有卵❼、火不熱❽、龜長於蛇❾、飛鳥之景未嘗動❿，如是之類，非詞說所能了也。

【注釋】❶莊子　《漢書・藝文志》著錄《莊子》五十二篇，現僅存郭象注本保留下來的三十三篇，其中〈內篇〉七篇，〈外篇〉十五篇，〈雜篇〉十一篇。相傳〈內篇〉為莊子的著作，〈外篇〉、〈雜篇〉為其門人的著錄。莊子，名周，戰國時蒙（今河南商丘）人，生卒年約在西元前三六九－前二八六年之間，曾任蒙地的漆園吏。❷惠子　指惠施，宋國人，戰國時名家的代表人物，生卒年約在西元前三七〇－前三一〇年之間，與莊子為友，在魏惠王時曾任魏相，為縱橫派中合縱的實施者，主張聯合齊、楚以抗秦。惠施以善辯著名，是名家中「合同異」的領軍人物。他認為萬物差異都是相對的，都能找到其共同之處。與其相對應的是以公孫龍為代表的「離堅白」派，認為同一事物的各種要素都可以區別開來分析和研究的。❸一尺之棰三句　意謂事物是無限可分的。語出《莊子》的〈天下〉篇，是為惠施與諸辯者論辯的論題之一。莊子〈天下〉篇稱：「辯者以此與惠施相應，終身無窮。」〈天下〉篇中列舉了當時辯論的題目有二十一個之多。「一尺之棰，日取其半，萬世不竭」為其中之一。棰，木杖。❹卵有毛　卵是卵，毛是毛，這是兩個不同的事物，惠施認為這兩個不同的事物可以合在一起，也就是合同異。胡適曾解釋這一命題，認為生物進化的前一級，須含有後一級的可能性，雞卵中已含有長毛的雞。❺雞三足　雞只有二足，所以雞與三足不能合在一起。公孫龍曾說：「謂雞足一，數足二，故三」。這把雞足作為一個概念，計數雞足為二，合在一起成為雞足三。這是把事物和概念區分開來計算的概念遊戲。❻犬可以為羊　犬與羊是不同的事物，若求之以共相，則皆為四足，故犬與羊是一回事，這就是合同異。❼馬有卵　馬與卵是二個迴異之物，如果從另一視角觀察，馬是胎生的，雞是卵生的，二者都是動物，可以「合異以為同」。(《莊子・則陽》)❽火不熱　火與熱是一個事物表現為兩種要素，火是氧化燃燒的過程，熱是人在燃燒過程中對溫度變化的主觀感覺。依照公孫龍「離堅白」的思維方式，一分為二，火是火，熱是熱，因而可以說火不等於說熱，說熱不等於說火，把同一事物分列為兩個不同的概念。❾龜長於蛇　依照常識是蛇長於龜，然而從度量的長短講，都是相對的。龜是短的，有比龜更短的；蛇是長的，有比蛇更長的。所以龜蛇長短的區分只是相對的，有時候龜也會長於蛇，若把一個巨龜與剛出卵的幼蛇比，龜能長於蛇。這當然是詭辯。❿飛鳥之景未嘗動　景即影，飛鳥在動，怎麼其影又未嘗動呢？看似矛盾，其實此題是論述動與靜之間存在著相對的關係。如果把一個運動所經過的時間及空間加以分割，在某一時空相關點上，飛鳥的影子曾停留在那兒未嘗移動。

【語　譯】《莊子》記載惠施的話說：「一尺長的木杖，每天截去它的一半，那麼即使一萬代也分割不完。」這雖然只是一個寓言，其中還是包含著科學的道理。如果每次只截取它的一半，那麼即使只剩下微塵那麼短小，還是可以繼續不斷地分割下去，那微塵的另一半還是存在著，分割的過程應該可以無窮無盡地進行下去。至於它提到的卵有毛、雞三足、犬可以是羊、馬有卵、火不是熱、龜比蛇要長、天上飛鳥的影子沒有動，如此之類的論題，那就不是一般詞語所能說得清楚的了。

【研　析】《莊子》的〈天下〉篇是中國古代學術思想批評史中最早的一篇，它對墨翟、禽滑釐、宋鈃、彭蒙、尹文、田駢、慎到、關尹、老聃、莊周、惠施、公孫龍等人的學說都有所評述。〈天下〉篇的最後一節是介紹惠施與人論辯時的一些論題。本文只是列舉了其中的一部分論題，這個論題，講了物質的無限可分，有一點辨證的觀念。

關於惠施，荀子在〈非十二子〉篇，把他與鄧析並提。《呂氏春秋》的〈離謂〉篇較早地介紹了名家的創始者、我國最早的邏輯學家鄧析及其思想。呂不韋對名辯是抱著完全否定的態度。名家實際上是把人類思維和語言從其表達的對象和內容分離開來，對思維的規律及其形式作獨立的研究。「離謂」就是把語言與意義、思維的形式與內容分離開來，運用相同的邏輯推理，在同一論題上，由論者的視角與立場不同，可以形成兩種對立的互不相容的結論，即「兩可之說」。如「卵與毛」這個命題，看你從哪個視角去說，從事物的表象看是兩個不同的事物；從事物發展過程講，「卵有毛」這一命題也能成立。《列子・力命》說：「鄧析操兩可之說，設無窮之辭。」這樣一來在司法審判上講，往往變成公說公有理，婆說婆有理，斷案就非常困難了。《呂氏春秋・離謂》講了鄧析與子產之間矛盾鬥爭的故事：子產在鄭國執政，不允許人們擁有用書面公開發表對政府法令不同意見的自由。鄧析進行了書面抗辯，子產下令不許抗辯，鄧析仍然依照法令進行抗辯。這樣雙方辯對無窮無盡，從而影響到政府法令的貫徹執行，為此子產便把鄧析給殺了。故在中國主流的傳統觀念中，對名辯家抱否定的態度。荀子在〈非十二子〉中說，他們「不法先王，不是禮義，而好治怪說，玩琦辭，甚察而不惠，辯而無用，多事而寡功，不可以為治綱紀，然而其持之有故，其言之成理，足以欺惑愚眾，是惠施、鄧析也。」所以，在中國名辯的學說，也就是邏輯學、思維科學得不到充分的發展。因為中國歷來就不允許思想與言論的自由，思想言論必須統一於聖賢之說。

楚懷王❶

秦、漢之際，楚懷王以牧羊小兒，為項氏所立，首尾才三年❷。以事攷之，東坡所謂天下之賢主也❸。項梁之死❹，王并呂臣、項羽軍自將之，羽不敢爭❺。見宋義論兵事，即以為上將軍❻，而羽乃為次將。擇諸將入關，羽怨秦，奮勢願與沛公西，王以羽慓悍禍賊，不許，獨遣沛公，羽不敢違❼。及秦既亡，羽使人還報王，王曰：「如約。」令沛公王關中❽。此數者，皆能自制命，非碌碌孱王受令於強臣者，故終不能全於項氏❾。然遣將救趙滅秦，至於有天下，皆出其手❿。太史公作《史記》⓫，當為之立本紀，繼於秦後，迨其亡，則次以漢高祖可也。而乃立〈項羽本紀〉，義帝之事特附見焉，是直以羽為代秦也，其失多矣。高祖嘗下詔⓬，以秦皇帝、楚隱王亡後，為置守冢，并及魏、齊、趙三王，而義帝乃高祖故君，獨缺不問，豈簡策脫佚乎？

【注釋】❶楚懷王　熊氏，名心，戰國時楚懷王之孫。秦滅楚後，流落在民間為人牧羊。生年不詳，卒年為西元前二〇五年。秦二世元年（西元前二〇九年），被反秦諸將擁立為王。❷為項氏所立二句　秦二世元年陳勝起兵抗秦，項梁在江東起兵，率八千子弟兵過江響應陳勝。次年陳勝戰死。項梁在薛（今江蘇睢寧）召集起兵諸將商討應對的辦法，劉邦亦參加了這次會議。會上范增建議：「秦滅六國，楚最無罪。自懷王入秦不反，楚人憐之至今。故楚南公曰：『楚雖三戶，亡秦必楚』也。今陳勝首事，不立楚後而自立，其勢不長。今君起江東，楚蜂起之將皆爭附君者，以君世世楚將，為能復立楚之後也。」（《史記・項羽本紀》）項梁接受了這個建議，立楚懷王之孫心為王，亦稱楚懷王，以號召楚地民眾。西元前二〇六年，項羽引兵入咸陽，自立為西楚霸王，分天下王諸將，以楚懷王為義帝，遷江南，暗中命英布追殺於江中。楚懷王心前後在位時間首尾僅三年。項氏，指項梁，楚名將項燕之子，項羽的季父。❸東坡句　蘇軾在〈論項羽范增〉一文中稱：「吾嘗論義帝，天下之賢主也。」東坡，即蘇軾，字子瞻，眉州眉山（今四川眉山市）人，號東坡居士。❹項梁之死　時間在秦二世二年（西元前二〇八年）。七、八月間，項梁先破秦章邯軍於東阿（今山東東阿），至定陶（今山東定陶），再破秦軍，再戰於雍丘（今河南杞縣），殺秦將李由，連戰連勝而輕敵。二世悉起兵益章邯擊項梁軍，再大戰於定陶，項梁戰死。❺王并呂臣二句　項梁戰死後，楚軍驚恐，項羽、劉邦、呂臣一起率軍東撤至彭城（今江蘇徐州），徙楚懷王自盱台（今江蘇淮陰之盱城鎮）都彭城。是年閏九月，楚懷王因定陶之敗，併呂臣、項羽軍自將之，以劉邦為碭郡長，封武安侯，將碭郡兵；封項羽為長安侯，號魯公；呂臣為司徒，其父呂青為令尹。項羽在兵敗之後，不敢與楚懷王相爭。❻見宋義論兵事二句　宋義在項梁屢敗秦軍之後，曾諫項梁稱：「戰勝而將驕卒惰者敗，今卒少惰矣，秦兵日益，臣為君畏之。」梁不聽宋義的忠告，派宋義出使齊，道遇齊之使者高陵君顯，談及項梁，他說：「武信君必敗，公徐行即免死，疾行則及禍。」項梁戰死以後，高陵君顯見楚懷王，言見宋義論及武信君必敗。後來項梁果敗，於是楚懷王召宋義與計事論兵，因置宋義為上將軍。❼獨遣沛公二句　《漢書・高帝紀》載其事云：「羽怨秦破項梁，奮勢，願與沛公西入關。懷王諸老將皆曰：『項羽為人慓悍禍賊，嘗攻襄城（今河南襄城），襄城無噍類，所過無不殘滅。……不如更遣長者扶義而西，告諭秦父兄。秦父兄苦其主久矣，今誠得長者往，毋侵暴，宜可下。項羽不可遣，獨沛公素寬大長者。』」故懷王不許羽而遣沛公西入關中。這是劉邦美化自己的一面之辭。楚軍主力掌握在項羽手中，秦軍主力章邯駐軍在河北，劉邦是以偏師西入關中。那時，主戰場在河北，楚以宋義、項羽之楚軍主力正面迎戰秦軍主力，自是情理中事。沛公，即劉邦。沛，今江蘇徐州東北，秦置縣。劉邦起兵後，占領沛縣，被推為沛公。羽，指項羽。❽王曰三句　《漢書・高帝紀》：「初懷王與諸將約，先入定關中者王之。」在劉邦先入關中之後，項羽也率兵西進咸陽，「使人還報懷王。懷王曰：『如約』。」即依照懷王當初與諸將「先入定關中者王之」的約定，令沛公王關中。王，指楚懷王。關中，秦都咸陽，這裡指函谷關以西秦首都所在地區。❾非碌碌二句　碌碌，平庸貌。孱王，懦弱的君主。不能全於項氏，指楚懷王最終被項羽所殺害。《史記》載項羽入咸陽後，自立為楚霸王，尊楚懷王為義帝，使人徙義帝於長沙郴縣，又陰令人擊殺義帝於江中。⑩救趙滅秦三句　秦軍章邯破項梁後，渡河北擊趙。趙王歇守鉅鹿城，求救於楚。楚懷王以宋義為上將軍，項羽為次將，范增為末將率軍北上救趙，與秦軍決戰。另派劉邦率偏師西入咸陽，滅秦。此二項重大決策皆由楚懷王發令。⑪太史公作史記　太史公，即司馬遷，司馬談之子，漢武帝時，任太史令，著《史記》，人稱其書為《太史公書》。⑫高祖嘗下詔　《漢書・高帝紀下》：十二年十二月，詔曰：「秦皇帝，楚隱王，魏安釐王、齊愍王、趙悼襄王皆絕亡後，其與秦始皇帝守冢二十家，楚、魏、齊各十家，趙及魏公子亡忌各五家，令視其冢，復亡與它事。」楚隱王即陳勝。魏安釐王即魏昭王之子，姓畢名圉。齊愍王，齊宣王之子，姓田名地。趙悼襄王，孝成王之子，姓趙名偃。高祖，指劉邦。下詔，帝王發布命令的文書為下詔。

【語　譯】秦、漢之際，楚懷王只是一個牧羊小兒，被項梁擁立為楚的君王，前後只有三年時間。根據他所經歷的事實考量，蘇東坡所以稱他為天下賢能之主，並非虛譽。項梁戰死，懷王能合併呂臣、項羽的軍隊，親自統領，項羽不敢與他抗爭。接見宋義，與他議論軍事，立即讓他作上將軍，項羽作次將。派兵西入關中時，項羽與秦軍怨恨深，奮力表示願意與劉邦一起率兵西入關中，懷王認為項羽行軍時慓悍而殘忍，故不允許項羽，而單獨派遣劉邦進兵關中，項羽不敢抗命。秦國滅亡以後，項羽率軍進入咸陽，派人報告懷王，懷王答覆：「仍按原先約定，誰先進入關中，就王於關中。」於是下令，讓劉邦為王於關中。這幾件事，都是懷王獨立自主的主張，可見他並不是一個受制於強臣的平庸而懦弱的君王，正因為如此，他才不能為項羽所容忍。當時他決策派遣軍隊救援趙國，派偏師入關中滅秦，以至於獲取秦的天下，都是出於他自定的決策。太史公寫《史記》時，應該為他立本紀，繼於〈秦始皇本紀〉之後，他死亡以後，再續以劉邦的〈高祖本紀〉。然而《史記》卻立〈項羽本紀〉，把義帝的事蹟附在〈項羽本紀〉中，直接以項羽來接續秦朝，這也應算是《史記》的失誤罷。漢高祖曾經下詔書，以秦始皇、楚隱王亡故沒有後代，為他們設置守冢的人家，而且還為魏國、趙國、齊國三王的陵墓設置守冢的人家，而義帝原來是劉邦的故主，偏偏遺忘而不作安排，難道是記載史事的簡策有所脫漏和亡佚嗎？

【研　析】洪邁這篇感慨和議論是由蘇東坡在〈論項羽范增〉這篇論文中，有關義帝的議論引申開來，其宗旨是為義帝鳴不平。論才能，義帝雖然出身於牧羊小兒，但亦不是庸碌之輩。他有主張，有見地。然而從他所處的地位看，客觀的形勢不允許他有自己獨立自主的主張和作為。他只是諸起事將領們所擁立的一個共主，不是擁有權威君臨於諸將之上的天子。他地位的穩定，是諸起事將領之間的平衡關係。諸將所以推他為共主，僅僅因為他是戰國楚懷王的孫子，可以借他的出身號召楚地的民眾，並非他有真正的實力能控馭諸起事將領。項家既能立他為君主，在條件變化時，當然也能廢黜他。從這一點上講，他畢竟是被玩弄於諸起事將領股掌之上的傀儡。他所以能併呂臣、項羽軍，自將之，讓宋義為上將軍，那是因為項梁敗死以後，項羽還抬不起頭，起事諸將領之間還處於平衡的狀態。他還能號令於一時。一旦項羽帶了軍隊到了河北，義帝對他就無可奈何了。項羽殺了宋義，諸將共立羽為假上將軍。楚懷王只能承認既成事實，追認項羽為上將軍。項羽打敗章邯的秦軍，進入關中，到達咸陽，自稱楚霸王，直接分封諸王，否認劉邦王於關中，這時楚懷王再說「如約」的話，項羽當然不會聽從。在項羽心目中楚懷王自身也已經是一個多餘的人，被廢、被殺也就很難避免了。動盪時期的君主地位只是共主而已，若能駕馭住諸共事的功臣宿將，地位就能鞏固，一旦失去均衡，這些功臣宿將們便會自立或擁戴出新的領袖作為自己的君主，這幾乎是歷史運行的規律。劉邦作為天子，也是功臣宿將們所擁立的。垓下之戰，劉邦消滅項羽之後，是由楚王韓信、淮南王英布、梁王彭越、衡山王吳芮、趙王張敖、燕王臧荼等共同推舉為皇帝的，理由是劉邦的「功最多」。劉邦自己也說：「諸侯王皆推高寡人」，所以劉邦的皇位是諸侯王公推的結果。劉邦在登上皇帝寶座以後，議論到自己所以能取得勝利、項羽所以失敗的原因時，王陵的對話很有趣。他說：「陛下使人攻城略地，所降下者，因以與之，與天下同利也。項羽妒賢嫉能，有功者害之，賢者疑之，戰勝而不與人功，得地而不與人利，此其所以失天下也。」（《漢書・高帝紀下》）這話用現代話來講：你劉邦能論功行賞，功勞最大的做皇帝，也就是當他們的領袖，其他人依功勞大小行賞，讓打天下的人來坐天下，這就是劉邦所以能登上皇帝寶座的訣竅。這也幾乎是每一次改朝換代，重新逐鹿天下所通行的歷史規則。什麼「白帝之子化為蛇，當道，赤帝之子斬之」，都是劉邦騙人的鬼話，所有天命觀都是用來唬人的。根本還是取決於你能否帶領這幫起事的將領奪取天下，取了天下能不能讓他們一起來坐天下。做不到這一點，那就另請高明。楚懷王所以被廢棄和追殺，就是因為他失去了這個條件。項羽在打敗秦軍以後，已在實際上成為諸侯王共推的領袖了。項羽之所以最終失敗，也由於不能平衡各諸侯王之間的相互關係，四面樹敵。儘管與劉邦之間他屢打勝仗，但最後還是被各路諸侯王群起而攻之，敗亡於垓下，最終在烏江自刎。至於洪邁說的太史公沒有為義帝立本紀的問題，其實司馬遷亦有難處。陳涉也只列在世家，義帝畢竟是一個傀儡。不以項羽失敗而仍為其立本紀，正反映出司馬遷不以成敗論英雄的長處。總結失敗者的教訓，比給勝利者歌功頌德更有歷史的價值。至於漢高祖為什麼沒有為義帝設守冢戶呢？那是義帝是被殺於江中，沒有陵墓，又能到哪裡去為他設置守冢戶呢？故不可能存在「簡策脫佚」的問題。

唐書判

唐銓選❶擇人之法有四：一曰身，謂體貌豐偉；二曰言，言辭辯正；三曰書，楷法遒美；四曰判，文理優長。凡試判❷登科謂之入等，甚拙者謂之藍縷❸，選未滿而試文三篇謂之宏辭，試判三條謂之拔萃。中者即授官❹。既以書為藝，故唐人無不工楷法，以判為貴，故無不習熟。而判語必駢儷❺，今所傳《龍筋鳳髓判》❻及白樂天集〈甲乙判〉❼是也。自朝廷至縣邑，莫不皆然，非讀書善文不可也。宰臣每啟擬一事，亦必偶數十語，今鄭畋敕語、堂判猶存❽。世俗喜道瑣細遺事，參以滑稽，目為花判❾，其實乃如此，非若今人握筆據案，只署一字亦可。國初尚有唐餘波，久而革去之。但體貌豐偉，用以取人，未為至論。

【注釋】❶銓選　衡量和選用人才，授以官職。唐制通常官員的選用，權歸吏部，故吏部又可稱銓部。吏部有三銓：由尚書主持，稱尚書銓；由侍郎分銓，稱中銓、東銓。《唐六典・尚書吏部》：「以三銓分其選，一曰尚書銓，二曰中銓，三曰東銓。」凡新進士及第、具有入官資格的選人以及官員去職重新起用，均需到吏部聽候銓選，授以官職。武官的銓選則歸兵部。❷判　公文案件的判決。唐制：官員斷案，須書寫簡短文字，申明判決的理由。故銓選時，判成為選擇選人是否入官的四項標準中的主要一項，其要求是文章說理須達到優良的水平。❸登科謂之入等二句　登科，指文詞優良，進入等第，亦稱科第及第。《通典・選舉典・歷代制下》：唐制：「佳者登於科第，謂之入等。」藍縷，指知識淺陋、文詞拙劣不工。即不合格。

文見《新唐書・選舉志下》吏部選人。

❹選未滿三句　文見《新唐書・選舉志下》。意指選人未到規定的期限內，申請吏部試。考試文章三篇稱「宏辭」；考試判語三條稱「拔萃」。兩者合格，即可以銓注授官。由吏部發給憑證赴任。

❺判語必駢儷　判語指判案的文詞。駢儷，指用四言、六言的句子對偶排比的一種文體，亦稱駢文、駢體文、四六文。此種文體，起源於漢、魏，盛行於南北朝及隋唐。中唐以後古文興起，但官文書中仍流行駢體。

❻龍筋鳳髓判　唐張鷟撰。凡四卷。判語以事件分繫各官府之下，文詞駢儷，取備於程試之用，但多堆砌故事。此書後世有注文，為明世宗嘉靖時人劉允鵬所輯，所注文字搜羅採集頗為詳備。見《四庫總目提要・子部・類書類》。張鷟，字文成，深州陸澤（今河北深州）人，自號浮休子，高宗調露年間登進士第，授岐王府參軍，多次應制舉，皆登甲科。累官長安尉、鴻臚丞，四次參選判策，以文辭優美為吏部銓選之最。玄宗開元初，因事貶官嶺南，後得入調，官司門員外郎。其作品除《龍筋鳳髓判》外，尚有筆記小說《朝野僉載》、《遊仙窟》等。其所作文詞，當時的名士員半千稱「猶如青銅錢，萬簡萬中」。故時人號「青錢學士」。鷟事蹟《新唐書》附見於其孫〈張薦傳〉中。

❼白樂天集甲乙判　此白樂天集即是指《白氏長慶集》。〈甲乙判〉收入該集中。其名甲乙判，乃是對某甲、某乙等發生的事件所作的判語。其文亦散見於《太平御覽》及《文苑英華》等類書中。洪邁《容齋續筆・龍筋鳳髓判》中記有若干條，略可見其體例。如云：「甲去妻，後妻犯罪，請用子蔭贖罪，甲不許。判云：『不安爾室，盡孝猶慰母心；薄送我畿，贖罪寧辭子蔭？縱下山之有怨，曷陟屺之無情？』」又「乙為三品，見本州刺史不拜，或非之，稱『品同』。判云：『或商、周不敵，敢不盡禮事君；今鄭、晉同儕，安得降階卑我？』」皆四六對偶為文，說明判決的理由，但亦多堆砌典故。這是當時的文體所趨。這裡《容齋隨筆》所引文稍有節略，非全部抄錄白集中判語。白樂天，即白居易。

❽今鄭畋句　鄭畋，唐宰相，滎陽（今河南滎陽）人，武宗會昌年間進士，歷任翰林學士、知制誥、兵部侍郎、門下侍郎同中書門下平章事。唐末，黃巢軍占領長安，他以鳳翔節度使起兵勤王，充京西諸道行營都統，與諸軍圍攻長安，敗黃巢軍。後復拜相，軍務一以諮決，以宦官專權，乃請以散官養病。卒年六十三，贈太傅。敕語，皇帝的詔書、命令。此指鄭畋任翰林學士時代替皇帝所草擬的詔書命令。堂判，宰相在中書省政事堂對文案所作的判語。《宋史・藝文志・故事類》載有鄭畋《敕語堂判》五卷。

❾花判　判語作駢儷文體，文中雜以民間瑣細遺事及詼諧、滑稽的語言，稱為花判。唐范攄《雲溪友議》卷上載顏真卿為臨川內史時，判士人楊誌堅之妻嫌夫窮至州訴求離婚。顏判語云：「楊誌堅素為儒學，遍覽九經，篇詠之間，風騷可摭。愚妻睹其未遇，遂有離心。王歡之廩既虛，豈遵黃卷；朱叟之妻必去，寧見錦衣。汙辱鄉閭，敗傷風俗。若無褒貶，僥倖者多……。」略可見時俗之狀。王歡，十六國前燕時人，好學安貧，其妻嫌家貧，焚其書，求改嫁。王歡為她講漢朱買臣的故事，聞此言的人

書》及《漢書·朱買臣傳》。

多笑他為書呆子。朱叟之妻即指朱買臣妻，嫌夫窮而改嫁。朱買臣後晚年得官，其妻懊悔，求復婚。朱拒之。事分別見《晉

【語　譯】唐代選拔官員的條件有四個方面：一是身，即身體相貌要豐滿高大；二是言，即言談要雄辯有理；三是書，即指書法式要剛勁美觀；四是判，即判案文辭要優美通暢。凡是到吏部考試判文合格進入科第的稱為「入等」，考試拙劣、不合格的稱為「藍縷」，選期未滿而參加考試詩賦文章三篇合格者稱為「宏辭」，試判三條合格的稱為「拔萃」。選中的人即可以授官。既然考試以書法為條件，因此之故，唐人沒有一個不擅長書法的，既然以判文為重要條件，因此之故，唐人沒有一個不學習熟練的。而寫作判語，必須用四六文體，對偶齊整，現今流傳的《龍筋鳳髓判》以及白樂天集〈甲乙判〉就是這類文體。上自朝廷，下至縣邑無不如此，非讀書廣博善於寫文章就不行。朝廷宰相每啟奏或草擬詔命等事，亦必要用數十句對偶文字，現今鄭畋敕語、堂判都還保存下來。世俗間喜歡論說瑣細的故事，夾雜著詼諧滑稽的語言，稱之為「花判」，其實當時真是這樣，不像今日人們握筆據案，只簽上一個名字就可以了。宋初還有唐代的遺風，經過長久時間，也就革去不存在了。但唐人用體貌豐偉來取用人才，則不是至當的言論。

【研　析】洪邁此篇所論實為政治與文學的關係，兩者互為影響。唐制：選拔官員的途徑很多，主要有三個：一是門蔭入仕，即以父祖任高官，其子弟以蔭庇而獲取官職。二是流外入仕，即在政府中任吏員經一定年限，得從流外轉入流內任官。三是由科舉入仕，即士人經過府州考試推薦再經省試合格而入仕。以貢舉選士而言，省試還須經兩重考試：應舉人須先經禮部試，取得科第；然後再經吏部試合格方得任官。禮部試僅獲得科第，取得出身；還須經最終的一次吏部選官考試合格，才能銓注授官，進入仕途。故吏部選官擇人是最重要的一道程序。如韓愈三次經吏部試未能通過，只得應節度使董晉、張建封的徵辟去做幕僚；詩人李商隱也由於同樣原因，應聘為節度使王茂元的府屬。他們都不是由中央正式授官。非若宋以後選拔官員的途徑主要是科舉，只要進士及第立即可以任命授官。考試制度亦由此趨於簡化、嚴密。又唐人選官，有身、言、書、判四個標

準，其中尤看重書、判。要求楷書端正、剛勁美觀；判語要文理兼長，對處理現實政治中的判案具有判斷和分析的能力，對文學修養也要求嚴格。因此之故，唐代士人個個都能寫出一手端正漂亮的好書法，也能寫上洋洋灑灑駢儷判語，寓文采於事理之中。非若宋以後長官斷案，書寫多出於吏胥之手。判語逐漸從簡從省，乃至寫上一二個字，用畫押簽字的方式批示就可以算數。這是唐、宋兩代選官、判事的差異。

唐人取士的科舉錄取人數，每年大約在二十人至四十人，考試內容，著重詩賦文章，才藝學識及判事能力，故士人多博學能文，選擇人才亦精選細挑。及至宋代取士，人數比唐代多至數十百倍，禮部考試內容，不得不從簡、從易。考試官閱卷亦未暇一一細覽。又唐代官文書沿漢魏六朝駢儷風格，行四六文體，辭藻堆砌，典故繁多。宋以後文章由駢入散，士人習讀應用，皆忽視駢體之作，非若唐人個個能執筆書寫四六判語，多數人把它束之高閣，視駢體判語為罔然。又社會愈到晚近，官員處理日常公務，愈益煩雜。公文案牘，堆積如山，哪有閒情逸致從容書寫判語，因此只能寫上幾個字，簽個名，畫個押，表明看過，給個說法而已。今日所行的畫圈，則又簡之又簡，昔日唐人的所謂「花判」，則已成為歷史的歷史了。

再以唐人的判語來說，唐初張鷟的《龍筋鳳髓判》，係沿襲前朝駢體風格，文字對偶排列，堆砌典故，所繫事項，分列官衙，體現一種行文的程式，指事不實，說理不透，泛泛而論，流於空洞。用洪邁的話來說，「純是當時文格，全類俳體，但知堆砌故事，而於蔽罪議法處不能深切」，讀之使人生倦意。及至中唐之後，白居易的〈甲乙判〉則文字流暢，內容具體明白。用洪邁的話說，就是「不背人情，合於法意，援引經史，比喻甚明」。唐代判語逐漸接近於實用，讀之「使人不厭」。（見《容齋續筆》卷十二〈龍筋鳳髓判〉）此是唐代判語接近實用、和文風改變而影響到判語的又一個例證。

政治上選官用人制度的變化和文章風格上的由駢入散，判語由繁入簡，都是隨著時移世變而不斷演進的。它顯然有著自己運行的內在規律。揭示出這一點或許對理解此篇有著一定的意義。

玉蕊杜鵑❶

《容齋隨筆》卷十

物以希見為珍，不必異種也。長安唐昌觀玉蕊，乃今瑒花❷，又名米囊❸，黃魯直易為山礬❹者。潤州鶴林寺杜鵑，乃今映山紅，又名紅躑躅者❺。二花在江東彌山亙野，殆與榛莽❻相似。而唐昌所產，至於神女下游，折花而去，以踐玉峯之期❼。鶴林之花，至以為外國僧鉢盂中所移❽。上玄命三女下司之已踰百年，終歸閬苑❾。是不特土俗罕見，雖神仙亦不識也。王建〈宮詞〉❿云：「太儀前日暖房來⓫，囑向昭陽乞藥栽⓬。敕賜一窠紅躑躅，謝恩未了奏花開⓭。」其重如此⓮，蓋宮禁中亦鮮云⓯。

【注釋】❶玉蕊杜鵑　此篇述玉蕊、杜鵑的各種異名。旨在說明植物以稀見為珍貴，但古今亦有變化。古代視為珍異，今時則已成為常見。玉蕊、杜鵑皆花名。玉蕊花，白色如玉，春時花發，若瓊林瑤樹。是一種珍異植物，唐宋詩人，多有吟詠。杜鵑花，亦稱映山紅，春季開花，花冠呈漏斗形，花紅色，遍產於江南山坡上，亦有栽培在庭園之內，是一種常見的美麗觀賞植物。❷長安唐昌觀玉蕊二句　唐昌觀，唐女觀名。在長安安業坊南。唐玄宗女唐昌公主入道為女冠，以此而得名。觀中有玉蕊花，相傳為公主手植。每當春時，花發茂盛，猶如玉樹瓊瑤，京城士人多往觀中遊賞，故常為詩人吟詠之題材。（宋敏求《長安志》九）唐代詩人劉禹錫、王建、楊凝、楊巨源、嚴休複、張籍、司空曙等都有唐昌觀玉蕊花詩。見《全唐詩》，這裡不一一具引。瑒花，宋葛立方《韻語陽秋》卷十六：「江南野中有小白花，本高數尺，春開極香，土人呼為瑒花。瑒，玉名，取其白也。」宋黃庭堅名之為「山礬」。曾慥《高齋詩話》稱此花即是唐昌觀玉蕊花，與洪邁之說同。但葛立方對此說有懷疑，他說：「玉蕊，佳名也，此花自唐流傳至今，當以玉蕊得名，不應捨玉蕊而名山礬也。豈端伯（曾慥字）別有所據耶？」❸米囊　米囊子開的花，為罌子粟花的別名，其米如粟。李時珍《本草綱目．穀部》：「罌子粟，釋名：米囊子、御米、象穀。其實狀如罌子，其米如粟，乃象乎穀而可以供御，故有諸名。」雍陶〈西出斜谷〉詩：「無限客愁今日散，馬頭初見米囊花。」❹山礬　植物名。樹木的小枝葉芽無毛，葉互生，廣披針形。早春開花，花白色，核果圓錐形，生於山林間。取其葉燒灰煮煎可以染色成黃、紫、黑，不用礬，故名山礬。宋黃庭堅指瑒花為山礬。《韻語陽秋》云：江南野中有小白花，土人呼為瑒花。魯直云：「荊公欲作詩而陋其名，余謂名曰山礬。野人取其葉以染黃，不藉礬而成色，故以名爾。」嘗有絕句云「高節亭邊竹已空，山礬獨自倚春風」是也。❺潤州鶴林寺杜鵑三句　潤州，今江蘇鎮江市。《元豐九域志．兩浙路》：潤州，丹陽郡，鎮江軍節度使。領丹徒、丹陽、金壇三縣。鶴林寺，在今鎮江市南，晉建，為江南名寺。唐許渾有〈鶴林寺中秋玩月〉，李嘉祐有〈奉陪韋蘇州遊鶴林寺〉，顧況有〈寄江南鶴林寺石冰上人〉，李涉有〈題鶴林寺壁〉等詩。南唐沈汾《續仙傳．殷文祥傳》：「鶴林寺杜鵑高丈餘，每春末花爛漫。」又云：「鶴林之花，天下奇花。」杜鵑，指杜鵑花。此花約在陰曆二、三月間杜鵑啼叫時開花，花色多紅紫，間亦有白花，為合瓣花冠，分裂為五片，今江南一帶山野遍處皆有。白居易〈雨中赴劉十九二林之期及到寺劉已先去〉詩：「最惜杜鵑花爛漫，春風吹盡不同攀。」施肩吾〈杜鵑花詞〉：「杜鵑花時夭豔然，所恨帝城人不識。」均為歌詠杜鵑花開時夭豔爛漫之狀。施肩吾，唐憲宗元和間進士，他稱「所恨帝城人不識」，則北方杜鵑花當時還是稀少植物。映山紅，杜鵑花俗名，又稱紅躑躅。《本草》附錄：杜鵑花，「一名山躑躅，一名紅躑躅，一名山石榴，一名映山紅。」❻榛莽　雜亂叢生的草木。榛，叢生之木。《廣雅．釋木》：「木叢生曰榛。」莽，草木叢生而深邃。高適《高常侍集．同群公出獵海上》詩：「鷹隼何翩翩，馳聚相傳呼。豺狼竄榛莽，麋鹿罹艱虞。」❼而唐昌所產四句　唐康駢《劇談錄》記天寶以來雜事，內有神女遊唐昌觀折花而去踐玉峰之會的傳說故事。又唐嚴休復〈唐昌觀玉蕊花折有仙人遊悵然成二絕〉小注云：「《劇談錄》長安安業坊唐昌觀有玉蕊花，每發若瓊林瑤樹。元和中見一女子，年可十七八，容色婉娩，從二女冠造花所，佇立良久，折花數枝曰：『曩玉峰之期，可以行矣。』行百許步，不復見。」張籍有〈同嚴給事聞唐昌觀玉蕊開近有仙過，因成絕句二首〉其一，「千枝花裡玉塵飛，阿母宮中見亦稀。應共諸仙鬥百草，獨來偷得一枝歸。」其二，「九色雲中紫鳳車，尋仙來到洞仙家。飛輪回處無蹤跡，唯有斑斑滿地花。」即是詠神女下遊唐昌觀折花以踐玉峰之期的篇章。❽鶴林之花二句　南唐沈汾《續仙傳》：「潤州鶴林寺杜鵑，高丈餘。每春末，花爛漫。寺僧相傳言：貞元年中有外國僧自天台缽盂中以藥養其根來種之。自後構飾，花院鎖閉，人或窺見女子紅裳豔麗，遊於樹下，有輒採花折枝者必為所祟，俗傳女子花神也。是以人共保惜，故繁盛異於常花。……其後一城士庶，四方之人無不酒樂游從，連春入夏，自旦及昏，閭里之間，殆於廢業。」鶴林之花，指鶴林寺所植的杜鵑花。鶴林寺又名竹林寺，地在今江蘇鎮江市南黃鵠山下，晉代始建。鶴林寺的得名，則取自佛說，《涅槃經》：「佛在娑羅樹下入滅時，林色變白如白鶴群棲，以故名寺。」❾上玄二句　《續仙傳》下：「殷七七名文祥，又名道筌。……往鶴林寺宿焉。中夜女子來謂七七曰：「道者欲開此花耶？」七七乃問：「女子何人，深夜到此？」女子曰：「妾為上玄所命，下司此花。然此花在人間已逾百年，非久即開閬苑去，今與道者共開之。」上玄，上指上天。玄為玄遠、幽渺，上天之色。《易》稱：「天地玄黃。」終歸閬苑，指花凋謝，終於回歸仙境。閬苑，傳說中仙人所居的仙境。亦常用於稱帝王的宮苑。唐李商隱〈碧城〉詩之一：「閬苑有書多附鶴，女牆無處不棲鸞。」❿王建宮詞　王建所作〈宮詞〉百首，對帝王宮廷侈靡及後宮婦女生活多有細膩的描寫。此類宮體詩，膾炙人口，尤為宮廷內外人士所傳誦。宮詞，詩題名。王建，唐穎川（今河南許昌）人，字仲初，代宗大曆十年（西元七七五年）進士，初任渭南縣尉，後累官侍御史、陝州司馬，從軍塞上，後歸咸陽。平生工樂府詩，與詩人張籍齊名一時。王建著作有《王司馬集》。⓫太儀前日暖房來　太儀為唐公主母親的封號。德宗據柳冕的建議，定公主母封號為太儀。以公主本封加太儀之上。（見《唐會要・雜錄》）「太」者，高大之意，謂因子而尊，儀謂母儀之盛。故稱太儀。（詳參《全唐文》柳冕〈請定公主母稱號狀〉）暖房是親友或鄰里備禮向主人祝賀遷入新居或新婚、生日的禮節名稱。清趙翼《陔餘叢考・暖房》：「俗禮有所謂暖房者，生日前一日親友治具過飲曰暖壽。新遷居者，鄰里送酒食過飲曰暖房。《輟耕錄》亦曰暖屋，又曰暖室。按王建〈宮詞〉：『太儀前日暖房來』，《五代史》後唐同光二年，張全義及諸鎮進暖殿物，則暖房之名由來久矣。」暖房亦稱暖室。宋周煇《清波別志・暖屋》：「里巷間有遷居者，鄰里醵金治具過之，名暖屋，乃古考室之義。」所謂考室，乃是古代新建宮室落成時所行的一種祭禮。（見《詩・小雅・斯干》序及《漢書・翼奉傳》注）⓬囑向昭陽乞藥栽　這句的詩意是指太儀囑咐到宮殿中向皇帝討取花圃中的異花來栽植。昭陽，漢武帝時宮殿名稱，即未央宮內的昭陽殿。（《三輔黃圖・未央宮》）成帝時為寵后趙飛燕所居。《唐詩紀事》：王昌齡〈長信宮〉詩：「玉顏不及寒鴉色，猶帶昭陽日影來。」後世詩人諷詠多以昭陽指皇后所居之宮殿。藥，指花藥。詩人常以芍藥簡稱為藥。謝朓〈直中書省〉詩：「紅藥當階飛。」紅藥即指紅芍藥。⓭敕賜一窠紅躑躅二句　此句詩意是指皇帝所賜的杜鵑，在謝恩時就已開花了。敕賜，皇帝敕命所賜。紅躑躅，即杜鵑花，一名映山紅。見❺。⓮其重如此　指杜鵑花為稀貴的品種，受到貴婦人的重視，還要求皇帝敕賜。從王建的〈宮詞〉中看到杜鵑乃是宮禁中所栽植，為民間少有。⓯蓋宮禁中亦鮮云　此謂杜鵑花即使在宮苑中也是少見的。宮禁指帝王所居住的宮庭。因有侍衛守值，禁衛森嚴，非常人能入，故稱。鮮，稀少。

【語　譯】物品以稀見為珍貴，並不一定是異種才稱得上。長安唐昌觀玉蕊花，乃是今日所稱的瑒花，又名米囊花，黃庭堅改稱它的名字為山礬。潤州鶴林寺杜鵑，乃是今日所稱的映山紅，又名紅躑躅。這兩種花在江東一帶滿山遍野，幾乎與叢生的灌木雜草一樣地多。然而唐昌觀所產的玉蕊，至於引起神女下凡遊賞，把花枝攀折而去踐玉峰仙境的約期。鶴林寺中的杜鵑花，人們傳說甚至認為是從國外僧人的缽盂中所移植來的。上天命令三位仙女主管杜鵑花，已經超過了百年之久，但最終仍舊要回歸到閬苑仙境中去。由此可見這玉蕊、杜鵑兩種花當時不僅在民間很少見到，就連神仙也不認識。王建的〈宮詞〉詠道：「太儀前日暖房來，囑向昭陽乞藥栽。敕賜一窠紅躑躅，謝恩未了奏花開。」詩人王建對杜鵑花如此看重，這是因為它在宮廷禁苑中也是很稀少的緣故。

【研　析】唐代士人愛花、愛酒、愛聲樂歌舞、愛自我張揚。其愛花、賞花、詠花，以花寄託情思的詩篇可說俯拾即是。常見的看花詩有劉希夷詩：「洛陽城東桃李花，飛來飛去落誰家？」「今年花落顏色改，明年花開復誰在？」「年年歲歲花相似，歲歲年年人不同。」崔護詩：「去年今日此門中，人面桃花相映紅。人面不知何處去，桃花依舊笑春風。」韋應物詩：「把酒看花想諸弟，杜陵寒食草青青。」曹松詩：「心似百花開未得，年年爭發被春催。」無名氏詩：「有花堪折直須折，莫待無花空折枝。」諸此等等，比比皆是。又《唐摭言》載：唐代進士及第，同年諸人相聚燕樂，初宴在長安城南的曲江杏園，稱探花宴，推選其中年齡最小的「少俊」者二人，稱為「探花使」，使遍訪京城各處名園，探花賞花。若他人先折得名花，則二位探花郎便要被判處罰酒。後世進士中第三名探花，即是出於這個典故。詩人孟郊考試及第，得意忘形，賦詩一首，中有「春風得意馬蹄疾，一日看盡長安花」，便是詠他跨馬探花，春風得意時的情景。從這些詩文中都可以看出唐人愛花、賞花、吟花的時代風尚。

《容齋隨筆》此篇專講唐昌觀玉蕊和鶴林寺杜鵑兩種花。以唐昌觀玉蕊花而言，唐詩人為之詠唱的即有王建、武元衡、楊凝、楊巨源的〈唐昌觀玉蕊花〉詩；有司空曙〈唐昌公主院看花〉詩；有嚴休復的〈唐昌觀玉蕊花折有仙人遊〉詩；有劉禹錫、元稹〈和嚴給事聞唐昌觀玉蕊花下有遊仙〉詩；均是對應嚴休復給事的唱和詩。這些詩篇具載於各人的詩文集或《全唐詩》中，讀者通過檢索，自可翻閱。

通過洪邁對唐昌觀玉蕊和鶴林寺杜鵑的敘事，可以看出：一是唐宋人賞玩名花已成為時代風俗。每當春時花發，都人士庶皆群從出遊，賞名花，飲美酒，賞花之餘，詩歌相和，文化氣息盎然紙上。二是凡有名聲的佛剎道觀，皆栽種有特色的花卉，以供遊人賞覽。伴隨著名花，且有仙女下凡，攀折花枝而去以赴玉峰之會的種種美妙神奇的故事，彼此相附麗在一起，更增添了人們賞花時的遐思和神往。三是玉蕊、杜鵑以及其他諸花，由於地理上的差異，氣候土壤等因素的不同，人們觀賞的喜好也會因時間的推移呈現出不同的土風民俗。杜鵑花在唐代北方長安、洛陽一帶，當時尚屬稀見的奇異植物，以致公主的母親還要向宮禁中去乞討。但在南宋之初，江南一帶則是滿山遍野叢生，民間絲毫不以為貴。又唐代長安的玉蕊，在當時是名花貴種，可是在宋代江南一帶，已遍生於山野之中。宋代葛立方在《韻語陽秋》中說到：「江南野中有小白花，本高數尺，春開極香，土人呼為瑒花。」瑒花即《容齋隨筆》所說的玉蕊。這時的玉蕊盛開繁多，對於士庶百姓來說恐亦減少了觀賞的價值，因此見之於詩人的歌詠唱和也就不如唐人多了。再說唐代牡丹，是珍貴名花。唐以前很少見到詩人題詠，但中唐以後，歌詠者蜂起，譽為「國色天香」。名貴品種甚至一叢即價值千金。但到了宋代以後，名園別墅也都廣為培植了。又如紫蘭、茉莉、山茶、瓊花，在宋代號稱難植。揚州后土祠的瓊花，或有人稱為玉蕊，這是認識理解上的錯誤。此花名聞全國，觀賞者如雲，但一經移植到北方便會枯萎不發，這便是受土壤、氣候的影響。物以稀為貴，誠不虛言。

曹操用人

《容齋隨筆》卷十二

曹操為漢鬼蜮❶，君子所不道，然知人善任使，實後世之所難及。荀彧、荀攸、郭嘉皆腹心謀臣❷，共濟大事，無待贊說。其餘智效一官，權分一郡，無小無大，卓然皆稱其職。恐關中諸將為害，則屬司隸校尉鍾繇以西事，而馬騰、韓遂遣子入侍❸。當天下亂離，諸軍乏食，則以棗祗、任峻建立屯田❹，而軍國饒裕，遂芟群雄。欲復鹽官之利，則使衛覬鎮撫關中❺，而諸將服。河東未定，以杜畿為太守，而衛固、范先束手禽戮❻。并州初平，以梁習為刺史，而邊境肅清❼。揚州陷於孫權，獨有九江一郡，付之劉馥，而恩化大行❽。馮翊困於鄜盜，付之鄭渾，而民安寇滅❾。代郡三單于，恃力驕恣，裴潛單車之郡❿，而單于讋服。方得漢中，命杜襲督留事，而百姓自樂，出徙於洛、鄴者，至八萬口⓫。方得馬超之兵，聞當發徙，驚駭欲變，命趙儼為護軍，而相率還降⓬，致於東方者亦二萬口。凡此十者，其為利豈不大哉？張遼走孫權於合肥⓭，郭淮拒蜀軍於陽平⓮，徐晃卻關羽於樊⓯，皆以少制眾，分方面憂。操無敵於建安之時，非幸也。

【注　釋】❶曹操為漢鬼蜮　此言曹操對東漢王朝而言，是用心險惡的陰謀家、野心家。曹操，字孟德，沛國譙（今安徽亳州）人，東漢末年的政治家、軍事家。鬼蜮，謂用心險惡的人。❷荀彧句　荀彧，字文若，潁川潁陰（今河南許昌）人，曹操之謀士，曹操曾稱其為「吾之子房也」，軍國事皆與彧籌劃。荀攸，字公達，荀彧之從子，曹操以之為軍師，並稱其「自初佐臣，無征不從，前後克敵，皆攸之謀也」。郭嘉，字奉孝，潁川陽翟（今河南禹州）人，初投袁紹，以紹好謀無決，難以成事，轉投曹操。其多謀善斷，官渡之戰前郭嘉曾分析紹有十敗，操有十勝。先後從操征伐十一年，謀無不勝。故洪邁稱此三人為曹操心腹之謀臣。❸屬司隸二句　指曹操以鍾繇為司隸校尉，督關中諸軍，平定關中諸將爭鬥。《三國志・魏書・鍾繇傳》載其事云：「時關中諸將馬騰、韓遂等各擁兵相與爭。太祖方有事山東，以關右為憂。乃表繇以侍中守司隸校尉，持節督關中諸軍，委之以後事，特使不拘科制。繇至長安，移書騰、遂等，為陳禍福，騰、遂各遣子入侍。」曹操與繇書云：「關右平定，朝廷無西顧之憂。足下之勳也。昔蕭何鎮守關中，足食成軍，亦適當爾。」鍾繇，字元常，潁川常社（今河南長葛東）人。東漢末，為黃門侍郎，隨獻帝出長安東走洛陽，曹操迎獻帝都許昌，鍾繇遂從操。❹諸軍乏食二句　事見《三國志・魏書・任峻傳》：「是時歲飢旱，軍食不足，羽林監潁川棗祗建置屯田，太祖以峻為典農中郎將，募百姓屯田於許下，得穀百萬斛。郡國列置田官，數年中所在積粟，倉廩皆滿。」「軍國之饒起於棗祗而成於峻。」棗祗，潁川（今河南許昌）人。本姓棘，先人避難，易為棗。歸曹操後，使領東阿令，建置屯田。任峻，字伯達，河南中牟（今河南鄭州東）人。漢末擾亂，任峻在中牟舉兵自守，曹操入中牟界，任峻舉郡歸操，並帶宗族及賓客家兵數百人相從。❺欲復鹽官之利二句　衛覬，字伯儒，河東安邑（今山西夏縣西北）人，曹操曾徵辟其為司空掾屬，使其以治書侍御史使益州，至長安，道路不通，遂留鎮關中。其書與荀彧稱：「關中膏腴之地，頃遭荒亂，人民流入荊州者十餘萬家，聞本土安寧，皆企望思歸，而歸者無以自業。」「夫鹽，國之大寶也，自亂來散放，宜如舊置使者監賣，以其值益市犁牛，若有歸民，以供給之，勤耕積粟，以豐殖關中。遠民聞之，必日夜競還。」彧以白操，操從之。曹操在關中的統治得以穩定，受益於鍾繇與衛覬二人。❻河東未定三句　時高幹舉并州反，河東人衛固、范先謀以河東應并州。操以河東為當今天下之要地，四鄰多變，乃以杜畿為河東太守以鎮之。杜畿至河東，以計擒戮衛固、范先。時天下郡縣皆殘破，河東最先定。畿治河東十六年，百姓勤農，家家豐實，治績為天下之最。杜畿，字伯侯，京兆杜陵（今陝西西安東南）人。杜畿少有大志，操辟為西平太守。❼并州初平三句　曹操平定高幹之亂後，以梁習為并州刺史。《三國志・魏書・梁習傳》稱：「習到官，誘諭招納，皆禮召其豪右，稍稍薦舉，使詣幕府；豪右已盡，乃次發諸丁強以為義從；又因大軍出征，分請以為勇力。吏兵已去之後，稍移其家，前後送鄴，凡數萬口。」在其治下，「單于恭順，名王稽顙，部曲服事供職，同於編戶。邊境肅清，百姓布野，勤勸農桑，令行禁止。」梁習，字子虞，陳郡柘（今河南柘城）人。❽揚州陷於孫權四句　袁術據壽春，劉繇為揚州刺史，治曲阿（今江蘇丹陽），領江東之地。江東後為孫策所有，孫權則憑之以起家，故稱揚州陷於孫權。九江一郡，九江郡不是江西的潯陽，而是今安徽合肥地區。漢代的揚州包括淮河、長江下游地區。袁術敗沒後，曹操在揚州地區能控制的只有合肥附近的九江郡。揚州，東漢末治所在壽春（今安徽壽縣）。劉馥避亂於揚州，曹操當時正忙於對付袁紹，認為劉馥可以任東南之事，於是表馥為揚州刺史。史稱：「馥既受命，單馬造合肥空城，建立州治，南懷（雷）緒等，皆安集之，貢獻相繼。數年中恩化大行，百姓樂其政，流民越江山而歸者以萬數。於是聚諸生，立學校，廣屯田，興治芍陂及茹陂、七門、吳塘諸堨以溉稻田，官民有畜。」（《三國志・魏書・劉馥傳》）劉馥，字元穎，沛國相（今安徽濉溪縣）人。❾馮翊困於鄜盜三句　時有盜梁興等掠吏民五千餘家。鄭渾乃聚斂吏民，治城郭為守禦之備。興等將眾聚鄜城，鄭渾與夏侯淵等擊之，斬梁興及其支黨。前後歸附四千餘家，由是山賊皆平，民安產業。馮翊，郡名，轄境相當於今陝西韓城地區，治所在臨晉（今陝西大荔）。鄜，在陝西省中部的富縣。鄭渾，字文公，河南開封（今河南開封）人，曹操聞其有篤行，辟為丞相掾屬。遷為左馮翊。❿代郡三單于三句　此言曹操以裴潛撫平代郡烏丸三單于事。史稱：「時代郡大亂，以潛為代郡太守。烏丸王及其大人，凡三人，各自稱單于，專制郡事。太祖（曹操）欲授潛精兵以鎮討之。潛辭曰：『代郡戶口殷眾，士馬控弦，動有萬數。單于自知放橫日久，內不自安。今多將兵往，必懼而拒境，少將則不見憚。宜以計謀圖之，不可以兵威迫也。』遂單車之郡。裴潛在代郡三年，撫之以靜，單于以下脫帽稽顙，悉還前後所掠婦女、器械、財物。」（《三國志・魏書・裴潛傳》）代郡，東漢時轄境在山西、河北之間，治所高柳，北鄰烏丸、匈奴。裴潛，字文行，河東聞喜（今山西聞喜）人。⓫方得漢中五句　杜襲曾任曹操的丞相軍祭酒與長史，史稱其「隨太祖到漢中討張魯，太祖還，拜襲駙馬都尉，留督漢中軍事。綏懷開導，百姓樂出徙洛、鄴者八萬餘口」。（《三國志・魏書・杜襲傳》）杜襲，字子緒，潁川定陵（今河南葉縣東）人。漢中，以漢水中游得名，治所在南鄭（今陝西漢中東），東漢末漢中為張魯所控制。洛，即河南洛陽。鄴，今河北臨漳西南。洛與鄴皆為曹操的政治重心地，故徙民於此。⓬方得馬超之兵五句　時曹操從關中遷出韓遂、馬超兵五千人，以殷署為督軍，由趙儼護軍出關中。中途發生兵變，趙儼能以寬待人，邊慰勞，邊警戒，以信待人，使士兵表示「死生當隨護軍，不敢有二」，既保障了曹操在關中的統治，又為曹操在洛陽地區輸送了兵員與人口。馬超，字孟起，扶風茂陵（今陝西興平東北）人，領有其父馬騰部屬。趙儼，字伯然，潁川陽翟（今河南禹州）人。事曹操，先後任郎陵長，領章陵太守、丞相主簿，遷扶風太守。操以儼為關中護軍。⓭張遼句　建安二十年（西元二一五年）八月，曹操使張遼與樂進、李典等將七千餘人屯合肥，留下計策，云孫權兵至乃發。史載：「俄而權率十萬眾圍合肥，乃共發教，教曰：『若孫權至者，張、李將軍出戰，樂將軍守護軍，不得與戰。』」「於是遼夜募敢從之士，得八百人，椎牛饗將士，明日大戰。平旦，遼披甲持戟，先登陷陣，殺數十人，斬二將，大呼自名，衝壘入，至權麾下。」「自旦戰至日中，吳人奪氣，還修守備，眾心乃安，諸將咸服。權守合肥十餘日，城不可拔，乃引退。」（《三國志・魏書・張遼傳》）張遼，字文遠，雁門馬邑（今山西朔州）人，少為郡吏，并州刺史丁原召為從事，使將兵詣京師，何進遣詣河北募兵，得千餘人，還，進敗，以兵屬董卓，卓敗，以兵屬呂布，曹操破呂布，遼降於操，以為中郎將，數有戰功。⑭郭淮句　建安二十年（西元二一五年）三月，郭淮從曹操征漢中，張魯降，郭淮與夏侯淵留守漢中，至建安二十四年，夏侯淵與劉備戰於陽平，為備所殺。「軍中擾擾，淮收散卒，推盪寇將軍張郃為軍主，諸營乃定。其明日，備欲渡漢水來攻。諸將議眾寡不敵，備便乘勝，欲依水為陳以拒之。淮曰：『此示弱而不足挫敵，非算也。不如遠水為陳，引而致之，半濟而後擊，備可破也。』既陳，備疑不渡，淮遂堅守，示無還心。以狀聞，太祖善之。」（《三國志・魏書・郭淮傳》）郭淮，字伯濟，太原陽曲（今山西定襄）人。⑮徐晃却關羽於樊　建安二十四年（西元二一九年）七月，曹操遣于禁助曹仁擊關羽，但于禁七軍為漢水所沒，羽獲禁，遂圍曹仁，於是曹操遣徐晃助曹仁討關羽。晃所將多新兵，以羽難於爭鋒，晃得偃城，去關羽營柵僅三丈距離，關羽在圍頭、四塚二地有兵營，「晃揚聲當攻圍頭屯，而密攻四冢。羽見四冢欲壞，自將步騎五千出戰，晃擊之，退走，遂追陷與俱入圍。破之，或自投沔水死。」後曹操表彰其戰功之令稱：「及所聞古之善用兵者，未有長驅徑入敵圍者也。且襄、樊之在圍，過於莒、即墨，將軍之功，逾於孫武、穰苴。」（《三國志・魏書・徐晃傳》）徐晃，字公明，河東楊縣（今山西洪洞東南）人。隨漢獻帝歸曹操，拜裨將軍，先後從征呂布，破劉備，討關羽於漢津，擊周瑜於江陵，拒劉備於陽平。

【語譯】曹操對於東漢王朝而言，是用心險惡的人，故為世之君子們所不願道及，然而他的知人善任，實在是後世人們所難以匹敵的。如荀彧、荀攸、郭嘉都是他的心腹謀臣，他們在與曹操共同謀劃重大決策中的作用，用不到我再來贊說一通。至於其餘的文臣武將們，其智謀能與其職務相稱，在地方上能分管一郡，無論官職高低和郡之大小，都能卓然稱職。他擔心關中諸將發生內亂，命司隸校尉鍾繇負責西邊關中地區的事務，馬騰、韓遂便俯首聽命，派遣自己的兒子到朝廷來作人質。那時天下戰亂紛起，諸軍糧食供給緊缺，他能以棗祗、任峻建立屯田制度，保障了軍糧的供給，使全國都能豐衣足食，憑此以削平群雄。他想恢復官府專營鹽鐵之利時，便讓衛覬去鎮撫關中，使關中的將領都能服從中央。河東地區不穩定時，他派杜畿去擔任太守，在那裡作亂的衛固、范先都束手就擒。并州剛平定時，委任梁習為并州刺史，北方的邊境得以肅清而趨於安定。當揚州地區被孫權占領以後，只剩下江北九江一個郡的地盤時，讓劉馥去做揚州刺史，結果使那個地區的恩德教化大行。當關中馮翊地區的治安受困於鄜縣山寇梁興時，曹操讓鄭渾管轄那個地區，很快就消滅了山寇，使百姓得以安居樂業。代郡地區有烏丸的三個單于恃強而恣意橫行時，曹操派裴潛乘一輛單車赴代郡去做地方官，用安撫的辦法，使烏丸的單于們折服，邊境的百姓得以安心。他剛平定漢中的張魯，使杜襲督軍以管理地方事務，那兒百姓樂於安定，被遷移到洛陽和鄴都的有八萬口。在曹操剛降服馬超所屬的軍隊，並準備把他們發徙到東部地區時，發生了兵變，於是派遣趙儼為護軍，設法使這些兵變的士兵相繼回來，遷到東部的人數也多達兩萬餘口。從以上十件事看，它所產生的利益難道還不巨大嗎？又如張遼能在合肥地區，趕走占優勢的孫權的軍隊，郭淮在陽平地區抵禦蜀國劉備的軍隊，徐晃能在樊城阻擋關羽的軍隊，這些案例都是在處於頹勢的情況下，以少勝多，分擔曹操一個方面的憂患。從這些事例可以看到曹操在建安時所以沒有可以與之相抗衡的敵手，絕不是他一時的僥倖，而是有他內在深刻的原因。

【研析】在東漢末年無論中央政權的人物，若何進、董卓、王允，還是地方霸主，若冀州的袁紹、幽州的公孫瓚、揚州的袁術、徐州的呂布、荊州的劉表、益州的劉璋，都是一時之梟雄。最終留下魏、蜀、吳三國，比較起來還是曹操的地盤和勢力最為強大，要遠遠壓過偏處一隅的孫權與劉備。從起點上講，可以說曹操與劉備都是從夾縫中成長起來的。從為人處世的格局上講，劉備也比不上曹操。當然這與曹操能善於識人和用人有關。建安十五年（西元二一〇年），曹操曾頒布過一條〈唯才是舉令〉，他在這條令中說：「自古受命及中興之君，曷嘗不得賢人君子與之共治天下者乎！及其得賢也，曾不出閭巷，豈幸相遇哉！上之人不求之耳。」「若必廉士而後可用，則齊桓其何以霸世！今天下得無有被褐懷玉而釣于渭濱者乎？又得無盜嫂受金而未遇無知者乎？二三子其佐我明揚仄陋，唯才是舉，吾得而用之。」（《三國志・魏書・魏武本紀》）曹操那個時代是亂世，亂世的人才，其經歷都比較複雜，出身也比較低賤，他們的才能也只有通過複雜的經歷磨練成才。幫助齊桓公稱霸的管仲，幫助周文王、武王滅商的呂尚，幫助劉邦打敗項羽的陳平都是如此。如果講出身，講品德，這些人都不夠格。若要人才來輔佐你，只能是「唯才是舉」。人才有其長處，當然也有其短處，問題是你如何用他，怎樣揚長避短。曹操這條「唯才是舉」的令雖然頒布得比較晚，然而他用人的原則是一貫的。如郭嘉原來是袁紹那邊的人，曹操依靠他的謀略打敗了袁紹，赤壁之敗，曹操還感嘆地講，如果郭嘉還活著，「不使孤至此。」張遼的歷史夠複雜了，曹操對張遼誠心相待，絲毫不疑。張郃本來是袁紹的愛將，一旦歸於曹操，曹操把他譬作「韓信歸漢」。沒有寬廣的胸懷，怎能做到不以彼在歷史上的過隙為意，以誠相待呢？

要得人之力，得先廣開言路，要善於傾聽各種謀略，擇善而從。建安十年（西元二〇五年）裴松之注引《魏書》載其十月乙亥令曰：「夫治世御眾，建立輔弼，誡在面從，《詩》稱『聽用我謀，庶無大悔』，斯實君臣懇懇之求也。吾充重任，每懼失中，頻年以來，不聞嘉謀，豈吾開延不勤之咎耶？自今以後，諸掾屬治中、別駕，常以月旦各言其失，吾將覽焉。」那是高價尋求別人對自己的批評和建議了。不僅能聽別人的意見，而且要虛懷若谷地聽取各種不同的意見。即使已經決定的問題，有更好的辦法，也能更改舊法，擇善而從。比如棗祗與任峻屯田的建議，這件事發生在建安元年（西元一九六年），裴松之注引《魏書》曰：「自遭荒亂，率乏糧穀，諸軍並起，無終歲之計，飢則寇略，飽則棄餘，瓦解流離，無敵自破者不可勝數。袁紹之在河北，軍人仰食桑椹。袁術在江淮，取給蒲蠃。民人相食，州里蕭條。公曰：『夫定國之術，在于強兵足食，秦人以急農兼天下，孝武以屯田定西域，此先代之良式也。』是歲騎都尉任峻為典農中郎將，乃募民屯田許下，得穀百萬斛。」這是講屯田的緣由，然而在如何設置屯田的方法上還是有爭論的。裴松之注引《魏武故事》載討論如何屯田時，「議者皆言當計牛輸穀，佃科以定。施行以後，祗白以為僦牛輸穀，大收不增穀，有水旱災除大不便。反復來說，孤猶以為當如故，大收不可復改易。祗猶執之，孤不知所從，使與荀令君議之。時故軍祭酒侯聲云：『科取官牛，為官田計。如祗議，於官便，於客不便。』聲懷此云云，以疑令君。

祇猶自信，據計劃還白執分田之術。孤乃然之，使為屯田都尉，施設田業。其時歲則大收，後遂因此大田，豐足軍用，摧滅群逆，克定天下，以隆王室。」從這件事的過程，棗祇的意見與曹操不同，操能虛心傾聽，沒有把握時，發揚民主，讓大家議論。棗祇處於少數派被孤立的狀態，曹操再次傾聽他的意見，覺得有道理，便接受了他「分田之術」的意見，也就是分田到戶，調動了屯田戶的生產積極性，農業得到大豐收。

曹操所以能得人之力，那就是盡量使部屬安心，不自疑。當曹操與袁紹對峙於官渡時，袁強曹弱，曹操屬下各郡，皆通書於袁紹，曹操打敗袁紹以後，「收紹書中，得許下及軍中人書，皆焚之」。裴松之引《魏氏春秋》曰：公云：「當紹之強，孤猶不能自保，而況眾人乎！」實際上曹操對自己屬下與袁紹的書信，他都看過，所以焚之，是為了使眾人安心，以免人人自危，反而亂了自己內部的陣腳。內部穩定了，才能使「冀州諸郡多舉城邑降者」。他安撫內部的另一手是他能時時表彰自己部屬的戰功，好話說得多，而且還能即時的論功行賞。他在建安十二年（西元二〇七年）曾下令曰：「吾起義兵誅暴亂，於今十九年，所征必克，豈吾功哉？乃賢士大夫之力也。天下雖未悉定，吾當要與賢士大夫共定之；而專饗其勞，吾何以安焉！其促定功行封。」（《三國志・魏書・魏武本紀》）此外，他對於死於王事之遺孤，亦能優待其家，「以租穀及之」。唯其如此，才能使其部屬以生死相託。

漢士擇所從

漢自中平黃巾之亂❶，天下震擾，士大夫莫不擇所從，以為全身遠害之計，然非豪傑不能也。荀彧少時，以潁川四戰之地❷，勸父老亟避之，鄉人多懷土不能去，彧獨率宗族往冀州❸，袁紹❹待以上賓之禮，彧度紹終不能定大業，去而從曹操❺，其鄉人留者，多為賊所殺。袁紹遣使迎汝南士大夫，和洽獨往荊州❻，劉表❼以上客待之。洽曰：「所以不從本初❽，避爭地也。昏世之主，不可黷近❾，久而不去，讒慝❿將興。」遂南之武陵⓫，其留者多為表所害。曹操牧兗州⓬，陳留太守張邈⓭與之親友。郡士高柔⓮獨以為邈必乘間為變，率鄉人欲避之，眾皆以曹、張相親，不然其言。柔舉宗適河北，邈果叛操。郭嘉⓯初見袁紹，謂其謀臣辛評等曰：「智者審於量主，袁公多端寡要，好謀無決，難與共濟大難，吾將更舉以求主，子盍去乎⓰？」評等曰：「袁氏今最強，去將何之？」嘉不復言，遂去依曹操。操召見，與論天下事。出曰：「真吾主也。」⓱杜襲、趙儼、繁欽避亂荊州⓲，欽數見奇於表，襲曰⓳：「所以俱來者，欲全身以待時耳。子若見能不已，非吾徒也。」及天子都許，儼曰：「曹鎮東必能濟華夏，吾知歸矣。」遂詣操。河間邢顒在無終⑳，聞操定冀州，謂田疇㉑曰：「聞曹公法令嚴，民厭亂矣，亂極則平，請以身先。」遂裝還鄉里。疇曰：「顒，天民之先覺者也㉒。」孫策定丹陽㉓，呂範請暫領都督㉔，策曰：「子衡已有大眾，豈宜復屈小職！」範曰：「今捨本土而託將軍者，欲濟世務也。譬猶同舟涉海，一事不牢，即俱受其敗，此亦範計，非但將軍也。」策從之。周瑜聞策聲問，便推結分好㉕，及策卒權立㉖，瑜謂權可與共成大業，遂委心服事焉。諸葛亮在襄陽㉗，劉表不能起，一見劉備，事之不疑㉘。此諸人識見如是，安得困於亂世哉！

【注釋】❶中平黃巾之亂　事見《後漢書‧靈帝紀》及〈皇甫嵩傳〉。中平，東漢靈帝劉宏的年號。靈帝時期先後有建寧、熹平、光和、中平四個年號。中平計六年，自西元一八四至一八九年。黃巾之亂，指中平元年由太平道首領張角等所發動的反抗運動。他們提出「蒼天已死，黃天當立。歲在甲子，天下大吉」的口號，意指要在甲子年發動全國黨徒推翻東漢黑暗統治。因他們都用黃巾包頭，故又稱為黃巾軍。❷荀彧少時二句　《三國志‧魏書‧荀彧傳》載其離鄉北奔袁紹，復投曹操之事云：「(彧)謂父老曰：『潁川，四戰之地也，天下有變，常為兵衝，宜亟去之，無久留。』鄉人多懷土猶豫……彧獨將宗族至冀州。……袁紹……待彧以上賓之禮。……彧度紹終不能成大事，時太祖(曹操)為奮武將軍，在東郡。初平二年，彧去紹從太祖。」潁川，郡名。地在潁水之上，即今河南許昌。荀彧，字文若，潁川潁陰(今河南許昌)人，祖父荀淑，東漢末名士，有子八人，號稱「八龍」。荀彧少年時即知名，人稱有王佐之才。董卓之亂後，群雄四起，彧初附袁紹，初平二年(西元一九一年)歸附曹操。曹操以為司馬，稱道他是「吾之子房」，倚為心腹。凡軍謀策劃，曹操多從其議。他勸說曹操迎漢獻帝遷都許昌；力勸曹操北抗袁紹於官渡。所議軍謀大計，多立奇勳。後任尚書令，參與軍國大事。❸冀州　地名。《書・禹貢》所載的古代九州之一。漢武帝時分全國各地置十三刺史部，冀州為十三部之一。統轄地區比古冀州縮小，大約相當於今河北中南部，山東西部及河南北部地區。東漢時治所在高邑（今河北柏鄉北），後期遷至鄴縣（今河北臨漳西南）。此時冀州為袁紹所據有。❹袁紹　東漢末，汝南汝陽（今河南商水縣西南）人，字本初，家世顯赫。初為司隸校尉，與何進謀，誅宦官，失敗。董卓入京，專制朝廷。袁紹逃奔到冀州，號召各地方諸侯，聯盟討董而為盟主。後據有冀、青（今山東東北部）、幽（今河北北部）、并（今山西）四州，為當時占地最廣的割據勢力。漢獻帝建安五年（西元二〇〇年）在官渡與曹操對抗，大敗，退回冀州，不久病死。❺曹操　字孟德，小字阿瞞，譙（今安徽亳州）人，東漢末，起兵討黃巾軍，逐步擴充軍事力量，據有兗州為根據地，招攬各方人才，勢力漸強。建安元年（西元一九六年）迎漢獻帝都許（今河南許昌），挾天子以令諸侯。官渡之戰，大破袁紹軍。建安十三年（西元二〇八年）在統一北部中國之後，南下取荊州，進兵赤壁，為孫權、劉備聯軍所敗。北歸，由丞相進封魏王。子曹丕廢漢建魏，尊稱為武帝。他能延攬人才，善於用兵，在軍事實踐中，著有《孫子略解》、《兵書接要》等書，對孫子學作出了一定貢獻。❻袁紹遣使二句　袁紹據冀州，遣使迎汝南士大夫，洽不就。《三國志・魏書・和洽傳》稱：「洽獨以冀州土平民強，英傑所利，四戰之地。本初乘資，雖能強大，然雄豪方起，全未可必也。荊州劉表無他遠志，愛人樂士，土地險阻，山夷民弱，易依倚也。遂與親舊俱南從表。表以上客待之。」汝南，郡名，轄地處於河南西南部，西與荊州緊鄰，治所在今河南汝南。荊州，為〈禹貢〉古九州之地。漢武帝時十三刺史部之一。東漢治所在漢壽（今湖南常德東北），劉表為荊州牧，治地在襄陽（今湖北襄樊）。東晉時，荊州始移置江陵（今湖北江陵）。和洽，汝南西平（今河南西平西）人，當地名士。❼劉表　東漢末，山陽高平（山東魚臺東北）人，字景升，東漢帝室疏族。少知名，號「八俊」。初平元年（西元一九〇年）自北軍中侯出任荊州刺史。時天下大亂，劉表取得當地豪族支持，勢力擴大到今湖南、湖北等地，自稱荊州牧。「地方數千里，帶甲十餘萬。」但胸無大志，僅劃境自守而已。劉備為曹操所敗，一度投奔於他，駐軍新野，但未得到重用。建安十三年（西元二〇八年）曹操南征荊州，軍未至，劉表病死，其子劉琮繼立，逼於形勢，舉州降於曹操。❽本初　袁紹字。袁紹事見注❹。❾黷近　意為輕慢不可親近。《公羊傳・桓公八年》：「亟則黷，黷則不敬。」❿讒慝　意指奸人惡意挑撥離間，揭人隱私。《國語・鄭語》：「今王棄高明昭顯，而好讒慝暗昧。」⓫武陵　郡名，東漢移置，地在今湖南常德。⓬兗州　〈禹貢〉兗州之地兼有徐州。春秋時為魯國。漢仍沿舊名。其治所變更不定。漢獻帝初平三年（西元一九二年）移兗州治所於濟陰之鄄城（今山東鄄城），以曹操為兗州牧。⓭張邈　字孟卓，東平壽張（今山東東平南）人，東漢末拜陳留太守。董卓之亂，曹操與邈首舉義兵，兩人頗相親友。曹操出征徐州陶謙，曾以家口相託。興平元年（西元一九四年）曹操再征陶謙，張邈與呂布、陳宮聯結，迎呂布為兗州牧。曹操回軍破呂布，邈向袁術求救，兵未至，為部下所殺。⑭高柔　陳留圉（今河南杞縣南之圉鎮）人，知名鄉里。東漢末，天下大亂，柔以為陳留為四戰之地，為群雄所必得，曹操雖據兗州，張邈為陳留太守，兩人必猜疑相並。柔從兄高幹為袁紹招柔去河北，柔棄近就遠，舉宗北走冀州。後張邈果叛曹操，柔有先見之明。《三國志・魏書・高柔傳》：「（柔）謂邑中曰：『今者英雄並起，陳留四戰之地也。曹將軍雖據兗州，本有四方之圖，未得安坐守也。而張府君（邈）先得志於陳留，吾恐變乘間作也，欲與諸君避之。』眾人皆以張邈與太祖善，柔又年少，不然其言。柔從兄幹，袁紹甥也，在河北呼柔，柔舉宗從之。」⑮郭嘉　字奉孝，潁川陽翟（今河南禹州）人，為人有遠識，初北上見袁紹，時知難與共圖大業，遂去袁紹而投奔曹操，為其心腹謀士。《三國志・魏書・郭嘉傳》載其事云：「初，北見袁紹，謂紹謀臣辛評、郭圖曰：『夫智者審於量主，故百舉百全而功名可立也。袁公徒欲效周公之下士，而未知用人之機。多端寡要，好謀無決，欲與共濟天下大難，定霸王之業難矣！』於是遂去之。」後終輔佐曹操成霸業。惜年僅三十八歲，病死軍中。⑯子盍去乎　此句是說辛評等為何不離開袁紹而另謀出路呢？子，指袁紹謀臣辛評。盍，釋意為「何不」、「為何」。《管子・戒》：「盍不出從乎？君將有行。」⑰出曰二句　郭嘉稱曹操為自己之真主，事見《三國志・魏書・郭嘉傳》：「（荀）彧薦嘉。召見，論天下事。太祖曰：『使孤成大業者，必此人也。』嘉出，亦喜曰：『真吾主也。』」表為司空軍祭酒。」⑱杜襲趙儼繁欽句　杜襲，字子緒，潁川定陵（今河南葉縣東近汝河之地）人，知名當地，其事蹟詳見《三國志・魏書・杜襲傳》。趙儼，字伯然，潁川陽翟（今河南禹州）人。避亂荊州，與杜襲、繁欽通財同計，合為一家。曹操迎漢獻帝都許。儼對繁欽說：「曹鎮東（曹操時為鎮東將軍）應期命世，必能遠濟華夏，吾知歸矣！」建安二年，絜合族老弱歸許，曹操以為朗陵長。其事蹟詳見《三國志・魏書・趙儼傳》。繁欽，字休伯，潁川人。文才機辯，少得名於汝、潁。與邯鄲淳、路粹、丁儀、楊修等齊名。長於書記，善為詩賦。自歸曹操後，累官至丞相府主簿。事見《三國志・魏書・劉楨傳》後附傳注引《典略》。⑲襲曰　《三國志・杜襲傳》載其語及事云：「襲避亂荊州，劉表待以賓禮。同郡繁欽數見奇於表，襲喻之曰：『吾所以與子俱來者，徒欲龍蟠幽藪，待時鳳翔。豈謂劉牧當為撥亂之主，而規長者委身哉？子若見能不已，非吾徒也。吾其與子絕矣。』欽慨然曰：『請敬受命。』襲遂南適長沙。建安初，太祖迎天子都許。襲逃還鄉里，太祖以為西鄂長。」杜襲與繁欽南遷長沙，是為避禍遠離劉表，然後逃歸鄉里擇主而從。⑳河間邢顒在無終　東漢末，四海鼎沸，邢顒避亂北上，居右北平之無終。河間，郡名，屬幽州。地在今河北中南部，治樂成（今河北河間）。邢顒，字子昂，河間鄚（今河北鄚州）

人。無終（今河北薊縣），其東南有徐無山，地形險峻。其北有盧龍塞，為通往東北之軍事要衝。

㉑田疇　字子泰，右北平無終人。東漢末，天下兵起，幽州牧劉虞辟為從事。劉虞為公孫瓚所害，田疇義不事二主。當時稱為義士。他為避世亂，率宗族及其他附從數百人，入徐無山中，「營深險平敞地而居，躬耕以養父母，百姓歸之，數年間至五千餘家」。建安十二年，曹操北征烏桓，署為司空掾，隨軍為嚮導，從盧龍口越白檀之險，至柳城，大敗烏桓之眾。其事蹟詳見《三國志・魏書・田疇傳》。

㉒顒二句　《三國志・邢顒傳》云：「適右北平，從田疇游。積五年，而太祖定冀州。顒謂疇曰：『黃巾起來二十餘年，海內鼎沸，百姓流離。今聞曹公法令嚴，民厭亂矣，亂極則平，請以身先。』遂裝還鄉里。田疇曰：『邢顒，民之先覺也。』乃見太祖，求為鄉導，以克柳城。」顒，即邢顒，事蹟見注⑳。

㉓孫策定丹陽　興平二年（西元一九五年）孫策率部千餘人渡江作戰，及至歷陽，有眾五六千人。所至各割據勢力，莫敢當其鋒，遂平定江東，奄有吳、會稽等五郡之地，後又奪取盧江郡，在江東建立孫氏政權。曹操安撫江東，表策為討逆將軍。孫策，吳郡富春（今浙江富陽）人，父孫堅，東漢末為長沙太守，與袁術合兵攻董卓，入洛陽，名聲大振。堅與劉表將黃祖戰，中箭死。其部曲由孫策繼領，依附於袁術。策青年時居住壽春，多與江淮間人士結交。建安五年（西元二〇〇年）策出獵遇刺而死，年僅二十六歲。丹陽，郡縣名。古縣，稱曲阿，東漢末，劉繇為揚州刺史，割據江東，乃移舊治壽春於此。孫策定江東，置揚州，以建業（今江蘇南京）為治所，丹陽仍為郡名，其地即今江蘇丹陽。丹陽，一作丹楊。

㉔呂範請暫領都督　此言呂範與孫策之間，相互都能推心置腹。事見《三國志・呂範傳》注引《江表傳》曰：「策從容獨與範棋。範曰：『今將軍事業日大，士眾日盛，範在遠，聞綱紀猶有不整者，範願暫領都督，佐將軍部分之。』策曰：『子衡！卿既上大夫，加手下已有大眾，立功於外，豈宜復屈小職，知軍中細碎事乎！』範曰：『不然。今捨本土而託將軍者，非為妻子也。欲濟世務，猶同舟涉海，一事不牢，即俱受其敗。此亦範計，非但將軍也。』策笑，無以答。範出，便釋褠，著袴褶，執鞭，詣閤下啟事，自稱領都督。策乃授傳，委以眾事。由是軍中肅睦，威禁大行。」呂範，字子衡，汝南人，少為縣吏，避亂壽春，傾心結交孫策，率私客百餘人歸附。範每戰「跋涉辛苦，危難不避」，以軍功拜都督。

㉕周瑜聞策聲問二句　東漢末，孫堅起兵討董卓，安頓家屬於舒。孫策與周瑜同年，兩人「獨相友善」。周瑜以大宅安頓策及其母，有無通共。及孫策將兵渡江，瑜亦自丹陽率兵迎策。從策定江東。策死，孫權代立，瑜以中護軍與長史張昭共掌眾事。周瑜，字公瑾，廬江舒（今安徽舒城）人，名族之後，父為洛陽令。其事蹟詳見《三國志・吳書・周瑜傳》。聲問，亦作聲聞，指名聲。推結，指推誠結交。分好，情誼。

㉖及策卒權立　《三國志・吳書・孫破虜討逆傳》載：建安五年，孫策為前吳郡太守許貢門客所刺殺。死前，謂張昭等曰：「中國方亂，夫以吳、越之眾，三江之固，足以觀成敗。

公等善相吾弟。」呼權佩以印綬，謂曰：「舉江東之眾，決機於兩陣之間，與天下爭衡，卿不如我；舉賢任能，各盡其心，以保江東，我不如卿。」權，指孫策弟孫權，字仲謀，年十五，即已為陽羨長，從策征戰。建安五年，策死，權立，用張昭、周瑜等共成大業，又招延俊秀，聘求名士。討山越，伐黃祖。建安十三年，與劉備聯盟，大敗曹軍於赤壁。以成三國鼎立之勢。其事蹟詳見《三國志・吳書・吳主傳》。㉗諸葛亮在襄陽　東漢末，諸葛亮隨從父諸葛玄依襄陽劉表。玄去世，亮隱居鄧縣隆中，躬耕隴畝，好為〈梁父吟〉，有大志，自比於古之管仲、樂毅，與博陵崔州平、潁川徐元直相友善，時人號為「臥龍先生」。建安十二年（西元二〇七年）劉備為劉表屯兵新野，招攬人才，徐庶薦亮。劉備遂三顧茅廬，向諸葛亮訪問安天下之策。他提出著名的〈隆中對〉，預劃出占據荊、益二州，南定諸蠻，東聯孫權，北抗曹操的戰略主張。劉備對關羽、張飛說：「孤之有孔明，猶魚之有水也。」亮家於南陽鄧縣隆中，在襄陽城西二十里。故此云「諸葛亮在襄陽」。諸葛亮，字孔明，琅邪陽都（今山東沂南）人，有關諸葛亮事蹟，詳見《三國志・蜀書・諸葛亮傳》。㉘一見劉備二句　建安十一年，曹操擊劉備，備往倚劉表，屯新野，三顧茅廬，聘請諸葛亮為軍師。諸葛亮自此一心事主，鞠躬盡瘁，死而後已。諸葛亮在〈出師表〉中說到：「臣本布衣，躬耕於南陽，苟全性命於亂世，不求聞達於諸侯。先帝不以臣卑鄙，猥自枉屈，三顧臣於草廬之中，諮臣以當世之事。由是感激，遂許先帝以驅馳。後值傾覆，受任於敗軍之際，奉命於危難之間，爾來二十有一年矣。先帝知臣謹慎，故臨崩寄臣以大事也。受命以來，夙夜憂嘆，恐託付不效，以傷先帝之明。……今南方已定，兵甲已足，當獎率三軍，北定中原，庶竭駑鈍，攘除姦凶，興復漢室，還於舊都。此臣所以報先帝，而忠陛下之職分也。」此可見其託身劉氏、生死以之的用心。劉備，字玄德，涿郡涿縣（今河北涿州）人，漢中山靖王之後裔。家貧，以販鞋織席謀生。東漢末，天下大亂，劉備好交結豪俠，有志建功立業，初舉兵討黃巾軍。在軍閥混戰中，先後投靠公孫瓚、陶謙、曹操、袁紹，漸露頭角。

【語　譯】漢朝自中平年間黃巾軍之亂發生後，天下震動，士大夫紛紛選擇要追隨的英雄人物，以為保全身家和遠避禍害的計謀，然而若不是英傑有識之士，就很難做到。荀彧青年的時候，認為潁川四面平坦易受攻擊，勸父老鄉親趕快離開此地，鄉人多懷戀故土不能離去，唯獨荀彧率領宗族前往冀州，冀州牧袁紹對他待以上賓之禮，荀彧度量袁紹最終不能成就大業，就離開他去投奔了曹操，荀彧的鄉人留下來，多數被亂軍殺死。袁紹派使者迎接汝南的士大夫，和洽卻獨自前往荊州，劉表以上等賓客的禮遇對待他。和洽說：「我所以不跟隨袁紹的原因，是為了避開紛爭之地。亂世的昏庸君主，不能經常接近，如果長時間不離去，挑撥離間的壞話就會興起。」因此他就向南移居到武陵，那些留下來的人士則多數被劉表殺害。曹操在任兗州牧時，陳留太守張邈跟他非常親近。郡中士人高柔卻認為張邈必會趁機叛亂，就打算帶領鄉人避開他，眾人都認為曹操和張邈相處親密，對他的話不以為然。高柔率領全家到了河北，張邈果然反叛曹操。郭嘉初次見到袁紹，對他的謀臣辛評等人說：「聰明的人會審慎衡量他的主人，袁紹頭緒繁多，辦事不得要領，喜歡謀略卻不果斷，很難跟他一起共渡大難，我打算離開另找主人，你們為何不和我一同離去呢？」辛評等人說：「袁氏現在力量最強大，離開他將往哪兒去呢？」郭嘉不再說話，離開袁紹依附了曹操。曹操召見他，與他談論天下大事。郭嘉出來後說：「這才真正是我的主人。」杜襲、趙儼和繁欽為躲避戰亂來到荊州，繁欽在劉表面前多次顯露出奇才，杜襲說：「我們一起來，是想保全自身等待時機而已。您如果不停地表現自己的才能，就不是志同道合的人。」及至天子在許昌定都，趙儼說：「曹操一定能夠振興華夏，我知道歸順誰了。」於是去謁見曹操。河間的邢顒居住在無終時，聽說曹操平定了冀州，對田疇說：「聽說曹公法令嚴明，百姓已經厭惡戰亂了，亂到極點就會安定，讓我先行一步。」於是就收拾行裝回到故鄉。田疇說：「邢顒是知道天命的先覺者。」孫策平定了丹陽，呂範請求暫時任都督，孫策說：「你已經有了大批人馬，怎能讓你屈任卑小職位呢！」呂範說：「我現在捨棄故土而投靠你，是想拯濟世事。就如同乘一條船渡海，有一件事不牢靠，就會共同受到損害，這不僅僅是為了將軍，也是我自己的算計。」孫策聽從了他。周瑜聽說孫策的名聲很大，便結交成好友，孫策死後孫權繼統軍隊，周瑜認為孫權是可以共成大業的人，就一心為他做事。諸葛亮在襄陽時，劉表不能夠起用他，但他見到劉備，就毫無疑慮地為他做事。這些人有這樣的卓識遠見，怎麼會受困在亂世之中呢！

【研　析】東漢末年，黃巾起於四方。董卓之亂，導致漢室崩解。眾諸侯據各地紛紛起兵，爭逐天下，彼此稱王稱霸，各地的士大夫們處於亂世，為身家安全，躲避戰禍，或攜家族，或約同伴，投親靠友，奔走寄寓於四方。中原之士，或北走冀幽；或南奔荊、湖、交、廣；或流徙淮南江東，或自關中而南去巴蜀，史不絕書。

其中如洪邁所舉，荀彧自潁川率宗族往冀州；和洽自汝南往荊州；陳留高柔居家適河北；杜襲、趙儼、繁欽自潁川依劉表；河間邢顒自無終還鄉里；呂範自汝南避亂壽春，復至江東；周瑜自舒與孫策定交，從之征戰江東；諸葛亮隨叔父諸葛玄避亂往依劉表，隱居隆中。皆是士大夫們流徙四方的顯例。

然而，有遠見卓識之士，在天下紛爭、英雄並起的時勢下，不僅僅是單圖自己身家的安全，苟全性命，不求聞達，而是有志於選擇君主，建立功業，奮翮高翔，上沖雲霄。這就需要鑑識人，對所選擇的君主有所鑑識，彼此志同道合，共創宏圖。要做到這一點，是十分不容易的。因為生逢亂世，士人們有安危去就的意向，沒有固定的志業，用不盡其才，必生異圖，棄離而去；另一方面，崛起的群雄雖有招攬人才為己所用，但防範、猜疑之心亦生於其間，這就不能獲得士人們的一心擁戴。如董卓擁天下精兵入洛陽，「威震天下」，但他廢帝、殺后、嚴刑脅眾，專權自恣，宗族內外並立朝廷，終於引起眾諸侯的反抗而自導滅亡；袁紹在冀州，地廣兵強，糧豐馬壯，猛將如雲，謀臣如雨。以謀臣而言，若沮授、審配、逢紀、田豐、荀諶、荀彧、辛評、郭圖等皆為其用，或統軍事，或為謀主，參贊帷幄，獻計獻策，但他心胸狹窄，猜疑成性，終於使眾士離心，如荀彧、許攸、郭嘉等謀士投奔曹操即是顯明的例證。至於劉表據有荊州，各地流寓寄附的名士賢良很多，他喜招攬士人而不能撫用，胸無大志，滿足於據地自守，終於不能自保。劉璋據有巴蜀，富饒之地，但他昏庸懦弱，不能用人、識人，有張松、法正反而為劉備所用，以致國亡家破，子孫移徙。至如據有南陽、九江之袁術，恃仗著四世三公的名望，逆勢而行，僭號稱帝，誠如禰衡所說的「冢中枯骨」，更不足以稱道。

在群雄中，有遠圖，有大志，能識人、用人則莫如曹操、孫權、劉備。曹操求才似渴，唯才是舉。他在建安十五年春的求賢令中說到：「自古受命及中興之君，曷嘗不得賢人君子與之共治天下者乎！及其得賢也，曾不出閭巷，豈幸相遇哉？上之人不求之耳。今天下尚未定，此將求賢之急時也。」因此，無論是「被褐懷玉」的隱者，還是「盜嫂受金」的無行之士，他都求其所長而棄其所短。「官方授材，各因其器，矯情任算，不念舊惡。」這就是他的超人之處。至於雄踞江東的孫權，藉父兄的餘資，得張昭、周瑜的輔助，輯睦部眾，團結眾士。「待張昭以師傅之禮，而周瑜、程普、呂範等為將率。招延俊秀，聘求名士，魯肅、諸葛瑾等始為賓客。」故能張其事業，保有江東幾達百年之久。至於劉備，雖藉炎劉苗裔為號召，但孤軍奮起，屢蹶屢戰，矢志不拔，以圖天下。《三國志・蜀書・先主傳》評曰：「先主之弘毅寬厚，知人待士，蓋有高祖之風，英雄之器焉。及其舉國託孤於諸葛亮，而心神無貳，誠君臣之至公，古今之盛軌也。」這些事例都說明：英明有為的君主，必須具備氣量恢弘、識見遠大。能得士者興，不能得士者亡。是故失士之強者可以變弱；得士之弱者可以轉強。而士之昧於時機、投靠闇主，則不僅聰明才幹付諸東流，而且身死名滅，為後世笑。張邈、陳宮之流等可為殷鑑。

時勢能造就英雄，英雄也能造就時勢。風雲會合之際，士大夫的擇主，事關重大，這怎能不引起南宋初年的洪邁的注意和議論呢？因為南宋初年畢竟也是一個群雄崛起、南北對峙的局面，那時無論君擇臣、臣擇君，都還是擺在眾人面前的一個現實問題。如果割據局面結束，國家統一，士大夫就沒有擇主的自由了，只能在科舉考試的獨木橋上競爭。那時不再士亦擇君，只有君擇臣而用了。

韓馥劉璋

韓馥以冀州迎袁紹❶，其僚耿武、閔純、李歷、趙浮、程渙等諫止之❷，馥不聽。紹既至，數人皆見殺❸。劉璋迎劉備❹，主簿黃權、王累，名將楊懷、高沛止之❺，璋逐權，不納其言，二將後為備所殺。王浚受石勒之詐❻，督護孫緯及將佐皆欲拒勒，浚怒欲斬之，果為勒所殺❼。武、純、懷、沛諸人，謂之忠於所事可矣，若云擇君，則未也。嗚呼，生於亂世，至死不變，可不謂賢矣乎！

【注釋】❶韓馥句　獻帝初，袁紹為渤海太守，董卓之亂，袁紹以渤海起兵討董卓，冀州牧韓馥、豫州刺史孔伷等同時俱起，遙推紹為盟主。韓馥因北有幽州之公孫瓚進逼，東有袁紹相迫，其性格又恇怯，欲以冀州迎降袁紹。韓馥，字文節，潁川（治所在今河南禹州）人，獻帝初平年間任冀州牧。袁紹，字本初，汝南汝陽（今河南商水縣西南）人。袁家四世居三公位，門生故吏遍天下。❷其僚句　耿武字文威，閔純字伯典，李歷，韓馥之治中。《後漢書・袁紹傳》稱：馥長史耿武、別駕閔純、騎都尉沮授聞而諫曰：「冀州雖鄙，帶甲百萬，穀支十年。袁紹孤客窮軍，仰我鼻息，譬如嬰兒在股掌之上，絕其哺乳，立可餓殺。奈何欲以州與之？」馥曰：「吾袁氏故吏，且才不如本初，度德而讓，古人所貴，諸君獨何病焉？」趙浮、程渙皆為韓馥之都督從事。《三國志・魏書・袁紹傳》注引《九州春秋》稱：「馥遣都督從事趙浮、程奐將強弩萬張屯河陽。浮等聞馥欲以冀州與紹，自孟津馳東下。時紹尚在朝歌清水口，浮等從後來，船數百艘，眾萬餘人，整兵鼓夜過紹營，紹甚惡之。浮等到謂馥曰：『袁本初軍無斗糧，各已離散，雖有張楊、於扶羅新附，未肯為用，不足敵也。小從事等請自以見兵拒之，旬日之間必土崩瓦解，明將軍但當開閤高枕，何憂何懼！』馥不從，乃避位，出居趙忠故舍。」❸紹既至二句　《後漢書・袁紹傳》注引《獻帝傳》稱：「後袁紹至，馥從事十人棄馥去，唯恐在後，獨武、純杖刀槍拒，兵不能禁，紹後令田豐殺此二人。」最終韓馥自己也被逼自殺於廁。❹劉璋迎劉備　建安十六年（西元二一一年），曹操派兵討伐漢中的張魯，劉璋恐懼，張松說劉璋迎劉備入益州以拒曹兵，並讓劉備率兵討伐張魯。劉璋為此決心迎劉備至益州。劉璋，字季玉，江夏竟陵（今湖北潛江市）人，東漢末益州牧劉焉之子，劉焉去世，璋襲焉位，璋性格溫仁懦弱。劉備，字玄德，涿縣（今河北涿州）人，赤壁之戰後，劉備據有荊州。❺主簿二句　其事見《三國志・蜀書・劉璋傳》：「璋主簿黃權陳其利害，從事廣漢王累自倒懸於州門以諫。璋一無所納，敕在所供奉先主（即劉備），先主入境如歸。」《後漢書・劉焉傳》稱：「黃權諫曰：『劉備有梟名，今以部曲遇之，則不滿其心，以賓客待之，則一國不容二主，此非自安之道。』」楊懷為劉焉白水軍督，《三國志・先主傳》稱：「璋增先主兵，使擊張魯，又令督白水軍。」劉璋在益州與劉備反目時，「敕關戍諸將文書勿復關通先主，先主大怒，召璋白水軍督楊懷，責以無禮，斬之。」高沛亦同時被殺。黃權，字公衡，閬中（今四川閬中）人，劉璋之益州主簿，王累為從事。❻王浚受石勒之詐　石勒欲吞併王浚之幽州，張賓為其謀曰：「夫立大事者必先為之卑，當稱藩推奉。」石勒於是奉表詐推浚為天子，浚許之。王浚，字彭祖，太原晉陽（今山西太原）人，王沈之子。西晉末曾任河內太守、青州刺史，徙寧朔將軍，持節、都督幽州諸軍事，地處東北邊境，結好鮮卑諸部落，並以女妻其首領，自領幽州。石勒，字世龍，初名匐，上黨武鄉（今山西榆社北）人，出身於羯族，父、祖皆為部落小帥，曾被賣為奴，因與汲桑等聚眾起義，率部投靠劉淵，陷冀州郡縣堡壁百餘，以儒生張賓為其謀主，與幽州王浚相對峙。❼督護孫緯三句　事見《晉書・王浚傳》，石勒遣使剋日上尊號於浚，浚以勒為誠，不復設備。勒屯兵易水，督護孫緯疑其詐，馳白浚，而引軍逆勒。浚不聽，使勒直前。眾皆議曰：胡人貪而無信，必有詐，請拒之。浚怒，欲斬諸言者，眾遂不敢復諫。勒至城，使縱兵大掠，執浚以見勒，押浚之襄國，斬浚。

【語　譯】韓馥以冀州迎降於袁紹，韓的僚屬耿武、閔純、李歷、趙浮、程渙等都曾勸阻於他，但韓馥不聽。袁紹到冀州之後，耿武、閔純等都被袁紹所殺害。劉璋準備迎接劉備進益州時，璋之主簿黃權、從事王累及名將楊懷、高沛都曾勸阻過他，劉璋既逐黃權，也不接納他們的意見，楊懷、高沛後來為劉備所殺。王浚為石勒所騙，接受石勒擁立他為天子，他的督護孫緯及其將佐都表示要拒絕接納石勒，結果王浚不僅不接納大家的意見，而且還為之發怒，要斬諸進言者，結果連他自己也被石勒所殺。耿武、閔純、楊懷、高沛這些人說他們忠於自己的職守是可以的，若說他們有意選擇這樣的君主，恐怕就未必了。唉，一個人生活於亂世，至死不變初衷，能不說他們是賢人嗎！

【研　析】無論是亂世還是治世，為人之忠誠仍要始終如一，喜歡反覆無常、朝三暮四的人也不見得有好結果。東晉有一個名將叫做劉牢之的，他帶的是京口的北府兵，能征善戰，他最大的一個缺點，總是背叛自己的主子。他原來是謝玄的參軍，後來在王恭屬下，不久劉牢之叛王恭投奔司馬元顯，以後又背叛元顯，投靠桓玄，不久又想據江北以拒桓玄了。他召集部屬商議時，他的參軍劉襲說：「事不可者莫大於反，而將軍往年反王兗州，近日反司馬郎君，今復欲反桓公。一人而三反，豈得立也。」劉襲講完就走了，結果劉牢之的佐吏都一轟而散，落得一個眾叛親離、自縊而死的下場。（《晉書・劉牢之傳》）由於他不斷地失信於人，結果再也沒有人信任他了。反過來，從主子一邊講，如韓馥、劉璋這樣的人，他們的失敗在於懦弱無能。《三國志》與《後漢書》都稱馥「素恇怯」，而劉璋則亦以「闇懦」稱，他們在強敵之前，先洩了氣，所以只能任人擺布了。二軍相爭，勇者為勝。《呂氏春秋・決勝》講：「勇則能決斷，能決斷則能若雷電飄風暴雨，能若崩山破潰，別辨霣墜，若鷙鳥之擊也，搏攫則殪，中木則碎。」不僅自己要有勇才能有謀，而且要能鼓動起民眾和部屬的勇氣，《呂氏春秋》還說：「民無常勇，亦無常怯。有氣則實，實則勇。無氣則虛，虛則怯。怯勇虛實，其由甚微，不可不知。勇則戰，怯則北。戰而勝者，戰其勇者也。戰而北者，戰其怯者也。」如果自己氣虛懦弱，怎麼能鼓起別人的勇氣呢？韓馥與劉璋敗在怯而氣虛上，沒有交鋒便認輸了，除了投降以外，沒有別的出路。韓馥在廁所自殺而亡，劉璋則始終是寄生於他人籬下，一輩子沒有好日子過。懦弱投降不見得達到他們初始求生的願望。這一點，在中國歷史上是古今相通的啊！

《容齋隨筆》卷十三

吳激小詞❶

先公❷在燕山，赴北人張總侍御家集❸。出侍兒佐酒，中有一人，意狀摧抑可憐，扣其故，乃宣和殿小宮姬❹也。坐客翰林直學士❺吳激賦長短句❻紀之，聞者揮涕。其詞曰：「南朝千古傷心地❼，還唱〈後庭花〉❽。舊時王、謝，堂前燕子，飛向誰家❾？恍然相遇，仙姿勝雪，宮鬢堆鴉❿。江州司馬，青衫濕淚，同是天涯⓫。」激字彥高，米元章⓬婿也。

【注釋】❶吳激小詞　指吳激在金所作之詞，寄寓天涯淪落之思。吳激（西元？—一一四二年），字彥高，號東山，建州（今福建建甌）人。父栻，宋進士，曾知蘇州。激工詩能文，字畫俊逸，尤精樂府，用詞清婉。奉宋命使金，以文學知名被留，命為翰林待制。有《東山集》十卷行於世。事蹟見《金史》卷一百二十五。❷先公　指洪邁之父洪皓（西元一〇八八—一一五五年）。洪皓字光弼，鄱陽（今江西波陽）人，徽宗政和五年（西元一一一五年）進士，高宗建炎三年（西元一一二九年）五月奉命使金，被扣十五年，多次拒絕金人所授官職。紹興十三年（西元一一四三年）始自金還宋。皓博學強記，工詩詞，著有《鄱陽集》及《松漠紀聞》。❸在燕山二句　燕山（今北京市），金為中都路。張總，金人。因南宋與金南北對峙，故稱北人。侍御，即侍御史，是御史臺的成員。集，指宴集。❹宣和殿小宮姬　宣和殿，宋宮殿名，在睿思殿之後，宋哲宗紹聖二年（西元一〇九五年）四月建成。小宮姬，指當年曾在宣和殿供奉的宮女。宋欽宗靖康二年（西元一一二七年）三、四月間，金軍自汴京退師時，俘徽、欽二帝及皇后、太子以至宮女、倡優等至金。小宮姬當是此時被虜北上，淪為張總家的侍女。❺翰林直學士　據《金史・百官志》，「翰林直學士，從四品，不限員。」❻長短句　指韻文中句法長短不齊的作品。一般用為詞的別名。❼南朝千古傷心地　南朝的敗亡令人想起了亡國之痛。南朝，指偏安在南方的東晉、宋、齊、梁、陳，都建都在金陵。這裡喻指偏安南方的南宋小朝廷。❽後庭花　本名〈玉樹後庭花〉，為南朝亡國之主陳叔寶所製的豔靡之曲，以喻亡國之音。❾舊時王謝三句　此句由劉禹錫的〈烏衣巷〉一詩之後二句轉化而來。詩云：「朱雀橋邊野草花，烏衣巷口夕陽斜。舊時王謝堂前燕，飛入尋常百姓家。」王謝，泛指東晉南朝以王、謝二家族為代表的南方世家大族，喻指世族的凋零敗落。❿仙姿勝雪二句　形容宮女的玉顏美貌猶似仙姿那樣雪白潔淨，頭上宮內式樣的髮髻鴉黑而有光彩。⓫江州司馬三句　此句是從白居易〈琵琶行〉中「同是天涯淪落人，相逢何必曾相識」及「座中泣下誰最多，江州司馬青衫濕」轉化而來。江州司馬，指白居易在元和十年（西元八一五年）被貶為江州司馬。江州，今江西九江市。司馬，為州府的佐官。吳激藉此比喻他與宣和殿的宮女同是淪落於天涯的傷心人。⓬米元章　名芾（西元一〇五一－一一〇七年），元章為其字。北宋著名的書畫家，因在禮部任職，人稱米南宮；因舉止顛狂，人稱米顛。行草書得力於王獻之。宋徽宗曾召其為書畫學博士。與蘇軾、黃庭堅、蔡襄齊名，人稱宋四大家。

【語　譯】先父在燕山的時候，曾經到北國人張總侍御史家參加聚會。有侍女們出來陪酒，其中有一女子，顯示出那樣強抑悲哀惹人可憐的樣子，詢問她為什麼如此哀傷，原來她是出身於東京皇宮宣和殿的宮女。在座的客人中有翰林直學士吳激，為她吟哦長短句以記其事，其他人聽了都忍不住揮淚不止。其詞曰：「南朝那千古傷心地啊，現在還有人在唱著〈後庭花〉。舊時王、謝那些顯貴的世家大族，他們堂前的燕子，如今飛向哪兒啦？恍然在此地相見，她那仙女般的美姿，似雪般的肌膚，髮髻烏黑，使我似當年的江州司馬，淚珠濕透了青衫，大家都是淪落在天涯的傷心人兒啊！」吳激字彥高，他可是大書畫家米芾的女婿哪！

【研　析】作者在《容齋五筆》卷三的〈先公詩詞〉中也提到這次在張總侍御家的聚會。在這次聚會上，那位宣和殿的小宮姬唱了一首〈江梅引〉，不知是哪個人作的，它流行於北方的漢人中。歌詞中有「念此情，家萬里」之句，當即牽動了在座者思鄉之情。不僅吳激當場吟哦了傷心的詞句，事後洪皓也創作了〈江梅引〉四首，也為流亡在北方之南人所傳寫吟唱。在這次聚會上，洪皓與吳激都是南方宋人派往金國的使者。洪皓有幸回國了，而吳激死在北方。宋朝派往金國的使節有許多批，與洪皓一起出使金國的有十三人，能一起活著被遣還宋國的只有洪皓、張邵、朱弁三人。宋高宗見了洪皓對他說：「卿忠貫日月，志不忘君，雖蘇武不能過。」（《宋史・洪皓傳》）為什麼吳激回不來呢？因為「金法，嘗被任使者，永不可歸」。（《建炎以來繫年要錄》卷一四九）《金史・吳激傳》稱其：「將宋命至金，以知名留不遣，命為翰林待制。皇統二年（西元一一四二年），出知深州，到官三日卒。」他的去世也就是那次聚會以後不久的事。從吳激那首小詞可見這些被留在北方的宋人，對故國鄉土的思念多麼情深意切。這一類對鄉土的思念，古今往往是相通的。

孫吳四英將

孫吳奄有江左，亢衡中州，固本於策、權之雄略❶，然一時英傑，如周瑜❷、魯肅❸、呂蒙❹、陸遜❺四人者，真所謂社稷心膂❻、與國為存亡之臣也。自古將帥，未嘗不矜能自賢❼，疾勝己者，此諸賢則不然。孫權初掌事，肅欲北還，瑜止之，而薦之於權，曰：「肅才宜佐時，當廣求其比，以成功業。」❽後瑜臨終與權牋曰：「魯肅忠烈，臨事不苟，若以代瑜，死不朽矣。」❾肅遂代瑜典兵。呂蒙為尋陽❿令，肅見之，曰：「卿今者才略，非復吳下阿蒙。」遂拜蒙母，結友而別。蒙遂亦代肅⓫。蒙在陸口⓬，稱疾還，權問：「誰可代者？」蒙曰：「陸遜意思深長，才堪負重，觀其規慮，終可大任，無復是過也。」遜遂代蒙⓭。四人相繼，居西邊三四十年，為威名將，曹操、劉備、關羽皆為所挫，雖更相汲引，而孫權委心聽之，吳之所以為吳，非偶然也。

【注釋】❶固本於策句　此言孫吳能割據江東，與中原之曹操相抗衡，皆仗孫策、孫權兄弟倆之雄才大略。孫策，字伯符，吳郡富春（今浙江富陽）人，孫堅之長子。策為人，美姿顏，性闊達，善於用人，孫堅死，孫策領父之部曲，引兵過江，平定江東。孫策單騎出，為刺客所傷，創甚而卒，終年二十六。孫權，孫策之弟，孫策臨終前，召孫權言：「舉江東之眾，決機於兩陣之間，與天下爭衡，卿不如我。舉賢任能，各盡其心，以保江東，我不如卿。」時權年十五，繼父兄之業，在位五十六年，自擅江東，與中原成鼎峙之勢，卒年七十一。❷周瑜　字公瑾，廬江舒（今安徽舒城）人，瑜與孫策同年，相友善，策過江東渡時，瑜將兵迎策，協助孫策在江東建立政權。策卒，瑜與張昭共輔孫權。建安十三年（西元二〇八年）瑜率吳軍大破曹軍於赤壁，安定了江東。卒年三十六。❸魯肅　字子敬，臨淮東城（今安徽定遠東南）人，早年與周瑜相交，率部屬跟隨周瑜渡江，後為權所敬重，曾對孫權建議：「惟有鼎足江東，以觀天下之釁，規模如此，亦自無嫌，何者？北方誠多務也。」建安十三年時，他主張聯結劉備以抗衡曹操，助周瑜大破曹軍於赤壁。❹呂蒙　字子明，汝南富陂人。從討山越，作戰有功，孫策引置左右為部將，拜別部司馬，後隨周瑜等大破曹軍於赤壁。取南郡，敗關羽。呂蒙初不習文，後聽孫權勸告，多讀史書。與魯肅議論談吐不凡，肅稱其「非復吳下阿蒙」。孫權嘗稱「人長而進益，如呂蒙、蔣欽，蓋不可及也」。卒年四十二。❺陸遜　字伯言，吳郡吳縣華亭（今上海市松江）人，出身於江東世族，孫權以兄策女配遜。遜善謀略，曾與呂蒙定計襲關羽，取荊州，敗劉備之大軍，取得夷陵（今湖北宜昌）之戰的勝利，又破魏曹休軍於石亭（今安徽潛山縣）。後任荊州牧，久鎮武昌，代顧雍為丞相。卒年六十三。❻社稷心膂　指為國家社稷之棟梁。膂，脊骨。《書・君牙》：「作股肱心膂。」❼矜能自賢　自以為賢能。❽肅欲北還七句　此謂魯肅欲北還就巢湖之鄭寶，為此，周瑜勸魯肅南下就孫權。事見《三國志・吳書・魯肅傳》稱：「劉子揚與肅友善，遺肅書曰：『……近鄭寶者，今在巢湖，擁眾萬餘，處地肥饒，廬江閒人多依就之，況吾徒乎？』……肅答然其計。……欲北行。……肅具以狀語瑜。……瑜謂肅曰：『昔馬援答光武云：「當今之世，非但君擇臣，臣亦擇君。」今主人親賢貴士，……足下不須以子揚之言介意也。』肅從其言。瑜因薦肅才宜佐時，當廣求其比，以成功業，不可令去也。」❾瑜臨終與權牋曰五句　語見裴松之注引《江表傳》，唯《三國志・吳書・魯肅傳》所載，其詞略有差異，其文云：「周瑜病困，因上疏曰：『當今天下，方有事役，是瑜乃心夙夜所憂，願至尊先慮未然，然後康樂。今既與曹操為敵，劉備近在公安，邊境密邇，百姓未附，宜得良將以鎮撫之。魯肅智略足任，乞以代瑜。瑜隕踣之日，所懷盡矣。』即拜肅奮武校尉，代瑜領兵。」❿尋陽　縣名，西漢置，在今湖北黃梅西南。呂蒙在擊退曹仁以後，拜偏將軍，領尋陽令。⓫蒙遂亦代肅　事見《三國志・吳書・呂蒙傳》：「魯肅卒，蒙西屯陸口，肅軍人馬萬餘盡以屬蒙。」⓬陸口　在今湖北嘉魚西南，陸水入長江處，三國時為吳軍事重鎮。魯肅、呂蒙皆曾屯兵於此。⓭權問九句　語見《三國志・吳書・陸遜傳》：「呂蒙稱疾詣建業，遜往見之，……遜曰：『羽矜其驍氣，陵轢於人。始有大功，意驕志逸，但務北進，未嫌於我，有相聞病，必益無備。今出其不意，自可禽制。』……蒙至都，權問：『誰可代卿者？』蒙對曰：『陸遜意思深長，才堪負重，觀其規慮，終可大任。而未有遠名，非羽所忌，無復是過。若用之，當令外自韜隱，內察形便，然後可克。』權乃召遜，拜偏將軍右部督，代蒙。」陸遜與呂蒙謀圖荊州是英雄所見略同，故襲取荊州、擊敗關羽是兩人合作完成的。以後陸遜取代呂蒙也就順理成章了。

【語　譯】孫吳所以能據有江東，與中原相抗衡，為之奠定基礎的固然是孫策與孫權兄弟兩人的雄才大略，然而那時的一批英雄豪傑，如周瑜、魯肅、呂蒙、陸遜這四位將領，也真是江東地區社稷的股肱之臣，可以說他們真是與孫吳共存亡的棟梁啊！自古以來帶兵的將帥，歷來沒有不自以為是的，並且都是忌妒能力勝過自己的人，這四位賢能的將領卻不是這樣。孫權剛管事的時候，魯肅準備回到江北去，是周瑜勸阻了他，並把他推薦給孫權，他還對孫權說：「魯肅的才幹適宜輔助時政，我們應該廣泛徵求如他這樣的人才，才能在江東立足。」後來周瑜臨終時寫信給孫權說：「魯肅為人忠心而又剛烈，辦事一絲不苟，若讓他來接替我的職位，那麼我便能死而不朽。」於是孫權便讓魯肅來統率原來周瑜的部屬。呂蒙擔任尋陽令時，魯肅去陸口拜訪呂蒙，交談之下，對呂蒙說：「你現在的謀略，已不是當年吳下的阿蒙了。」於是拜見呂蒙的母親，互相交結為摯友而告別。後來呂蒙便接替了魯肅的重任。呂蒙在陸口，借病還都城，孫權問他：「誰可接替你的職務？」呂蒙回答說：「陸遜這個人思考問題能深謀遠慮，他的才能可以擔當重任，觀察他對事情的規劃和謀略，是可以辦大事業的人，現在沒有什麼人能勝過他了。」於是陸遜接替了呂蒙。這四個人前後相繼，駐守東吳西部邊境，歷時三四十年，成為當時聲名遠揚的名將，如曹操、劉備、關羽這些不可一世的英雄豪傑，都曾被他們挫敗過，雖然他們相互輪流引薦，而孫權也能深信不疑地委以重任，故孫吳能與中原鼎峙而立，絕非偶然之事。

【研　析】洪邁這條講了孫吳得以立足江東，與中原曹氏相抗衡，形成三足鼎立的局面，得益於周瑜、魯肅、呂蒙、陸遜四人。四人之間更相薦引，關鍵還是孫權能夠委心聽之。四人是將才之上乘，將才之才，還得有將將之人。在《三國志・吳書・呂蒙傳》之末有一段孫權與陸遜講述其對周瑜、魯肅、呂蒙三人的評述，同時也是他對陸遜的期望。他說：「公瑾雄烈，膽略兼人，遂破孟德，開拓荊州，邈焉難繼，君今繼之。公瑾昔要子敬來東，致達於孤，孤與宴語，便及大略帝王之業，此一快也。後孟德因獲劉琮之勢，張言方率數十萬眾水步俱下。孤普請諸將，咨問所宜，無適先對，至子布、文表俱言宜遣使修檄迎之，子敬即駁言不可，勸孤急呼公瑾，付任以眾，逆而擊之，此二快也。且其決計策，意出張、蘇遠矣，後雖勸吾借玄德地，是其一短，不足以損其二長也。周公不求備於一人，故孤忘其短而貴其長，常以比方鄧禹也。又子明少時，孤謂不辭劇易，果敢有膽而已。及身長大，學問開益，籌略奇至，可以次於公瑾，但言議英發不及之耳。圖取關羽，勝於子敬。子敬答孤書云：『帝王之起，皆有驅除，羽不足忌。』此子敬內不能辦，外為大言耳，孤亦恕之，不苟責也。然其作軍，屯營不失，令行禁止，部界無廢負，路無拾遺，其法亦美也。」從這長段議論，可以看到孫權對其部屬抱著分析的態度，不求全責備，用其長而捨其短，才能得人之力。他對魯肅的分析，有褒有貶。在如何與曹操對峙的問題上，魯肅能力排眾議，並有他獨到之處，這是他的長處。在處理與荊州關羽的關係上，他是失策的。呂蒙、陸遜把問題看得透徹，終於取得長江中游，使孫吳免去後顧之憂。在用人問題上，要捨其短，用其長。對呂蒙他也有分析，〈呂蒙傳〉注引《江表傳》記載孫權對呂蒙、蔣欽談話，他說：「卿今並當塗掌事，宜學問以自開益。」還說：「孤少時歷《詩》、《書》、《禮記》、《左傳》、《國語》，惟不讀《易》。至統事以來，省三史、諸家兵書，自以為大有所益。如卿二人，意性朗悟，學必得之，寧當不為乎？宜急讀《孫子》、《六韜》、《左傳》、《國語》及三史。孔子言，『終日不食，終夜不寢以思，無益，不如學也。』光武當兵馬之務，手不釋卷。孟德亦自謂老而好學。卿何獨不自勉勗邪？」於是「蒙始就學，篤志不倦，其所覽見，舊儒不勝」。呂蒙後來的長進，是孫權培養提攜起來的。陸遜與呂蒙一樣，都是青年將領，是努力學習後成長起來的。孫權對呂蒙的這一番話，是激勵並寄望於呂蒙啊！這四個人，周瑜與魯肅，是他哥哥孫策留下來的，而呂蒙與陸遜的成長，則是孫權著力培養的。孫權這樣一個君主，還真有一點王者的氣度，如張昭是孫策留下來輔助他立國的，確實也幫助孫權鞏固了他在江東的地盤，但是在抗衡曹操的問題上，是帶頭勸孫權迎降曹操的。孫權沒有接受他的建議，但也沒有因此而視其為異己，置之死地。魯肅在對待關羽的問題上，亦與孫權相左，可見對不同政見者他很有一番寬容之心。對待將領們的缺點，他亦還是寬以待人，若「甘寧麄暴好殺，既嘗失蒙意，又時違權令，權怒之，蒙輒陳請：『天下未定，鬥將如寧難得，宜容忍之。』權遂厚寧，卒得其用。」（《三國志・吳書・呂蒙傳》）沒有這一點肚量，孫權怎能在江東立足呢？陳壽對孫權的評語是：「孫權屈身忍辱，任才尚計，有句踐之奇英，人之傑矣，故能自擅江表，成鼎峙之業。然性多嫌忌，果於殺戮，暨臻末年，彌以滋甚。」（《三國志・吳書・吳主傳》）孫權在位五十多年，一個人到了晚年，聽讒言，疑子嗣，則難免有神志不清醒的地方。

《容齋隨筆》卷十三

魏明帝容諫

魏明帝❶時，少府楊阜❷上疏，欲省宮人諸不見幸者。乃召御府❸吏，問後宮人數。吏守舊令，對曰：「禁密，不得宣露。」阜怒，杖吏一百，數之曰：「國家不與九卿為密，反與小吏為密乎？」帝愈嚴憚之。房玄齡❹、高士廉❺問少府少監竇德素❻北門❼近有何營造，德素以聞。太宗大怒，謂玄齡等曰：「君但知南牙❽耳，北門小小營造，何預君事耶！」玄齡等拜謝。夫太宗之與明帝，不待比擬，觀所以責玄齡之語，與夫嚴憚楊阜之事，不迨遠矣。賢君一話一言，為後世法。惜哉！〈魏史〉❾以謂羣臣直諫之言，帝雖不能盡用，然皆優容之，雖非誼主，亦可謂有君人之量矣。

【注　釋】❶魏明帝　曹魏皇帝，名曹叡，文帝太子，二十二歲時即位，在位十三年，史稱其時百姓凋敝，四海分崩，而他卻宮觀是營，荒於女色，故無子，且壯年便逝。終年三十五。❷少府楊阜　少府，官司機構名，秦置，掌山海池澤之稅，以供帝室之給養。漢魏因之，其長官為少府監。楊阜，字義山，天水人，在隴右為地方官。曹操征漢中時，曾以其為益州刺史，未赴任，拜金城太守，轉武都太守。文帝時拜城門校尉。明帝時，遷將作大匠，後轉少府。❸御府　《漢書・百官公卿表》：少府屬官有御府、令丞。師古注：「御府主天子衣服也。」東漢時，主宮中府庫及宮女等事。❹房玄齡　濟州臨淄（今山東臨淄）人。曾先後任李世民記室參軍、秦王府記室，貞觀初，任中書令，尚書左僕射，總司百官，封魏國公，曾因功被唐太宗圖像於淩煙閣。❺高士廉　名儉，士廉為其字。渤海蓨（今河北景縣）人，其妹為李世民之妻，即文德皇后。貞觀時為門下省侍中，因功與房玄齡一起圖形於淩煙閣。❻少府少監竇德素　唐貞觀時，恢復隋煬帝時的體制，重建少府監，為皇家御用手工業管理機構，其長官有監一人，少監二人。竇德素為貞觀時之少監，其生平行年不詳。❼北門　唐都城長安之皇城的北門，宮城則在皇城之北側。這兒的北門是指宮城。❽南牙　由於皇城在宮城之南，又是官司衙門所在地，故稱南牙，牙與衙通。❾魏史　指《三國志・魏書》，下文謂魏明帝有君人之量，見〈魏書〉之〈明帝紀〉。裴松之注引《魏書》稱明帝：「容受直言，聽受吏民士庶上書，一月之中至數十百封，雖文辭鄙陋，猶覽省究竟，意無厭倦。」又引孫盛稱明帝語：「開容善直，雖犯顏極諫，無所摧戮，其君人之量如此之偉也。」

【語　譯】魏明帝時，少府楊阜上疏，希望減少宮中那些不被皇上寵幸的宮女。於是他召見御府的官吏，詢問後宮的人數。府吏墨守陳規，回答他說：「這是禁中的祕密，不能洩露。」楊阜因此大怒，把府吏打了一百杖，並斥責府吏說：「國家不向九卿守密，反而會要你們小吏來向我們保守祕密嗎？」明帝知道以後，反而對楊阜的耿直更加敬畏了。在唐太宗時，房玄齡與高士廉詢問少府的少監竇德素，北門近來有什麼營造，德素把這件事報告了唐太宗。為此太宗大怒，對房玄齡他們說：「你們管好南衙的事吧，北門的小小營造，與你們有何相干啊！」房玄齡等為此向太宗口頭謝罪。唐太宗與魏明帝二人在歷史上的地位無法比擬，然而從李世民所以責難房玄齡這件事的言論，與魏明帝敬畏楊阜的事比較起來，那就相差很遠了。賢明的君主之一言一行，都應成為後人的楷模。可惜啊！《三國志・魏書》認為群臣直諫之言，明帝雖不能盡量採納，然而對直諫的大臣們都能優待容納。儘管明帝算不上深明大義的英主，也可以稱得上是有君主的肚量吧。

【研　析】從本條的題目上看，洪邁是表揚了魏明帝，批評了李世民。楊阜諫明帝的事見於《三國志・魏書・楊阜傳》，楊阜為什麼要諫明帝呢？據〈楊阜傳〉載，是因為明帝「初治宮室，發美女以充後庭，數出入弋獵」。明帝即位時只有二十二歲，看來他即位以後，忙著要幹的是擴建宮室，修了許宮，再營造洛陽宮殿，整天忙於「出入弋獵」，是一個追求享樂、行為荒唐的昏君。這樣的結果是百姓失農時，災荒不斷。當時勸諫明帝的人不僅是楊阜一人，如大臣陳群、高堂隆、高柔、杜恕、陳矯、王肅等都曾在這個問題上向魏明帝上疏諫諍。

魏明帝的態度究竟如何？陳群的上疏中講到：「今喪亂之後，人民至少，比漢文、景之時不過一大郡。」「且吳蜀未滅，社稷不安。」「今捨此急而先宮室，臣懼百姓遂困，將何以應敵？」魏明帝的答覆是：「王者宮室，亦宜並立，滅賊之後，但當罷守耳，豈可復興役邪？是故君之職，蕭何之大略也。」完全是強詞奪理。〈高柔傳〉載明帝大興殿舍，百姓勞役，廣采眾女，充盈後宮，後宮皇子連夭，繼嗣未育。柔上疏云：「頃興造殿舍，上下勞擾。」「乞罷作者，使得就農。」魏明帝的答覆是：「知卿忠允，乃心王室，輒克昌言，他復以聞。」意思是我知道你好心，但這件事你免談了，說一點別的吧。魏明帝實際上是拒諫而仍然我行我素。在〈高堂隆傳〉中，講到明帝那時：「愈增崇宮殿，雕飾觀閣，鑿太行之石英，採穀城之文石，起景陽山於芳林之園，建昭陽殿於太極之北，鑄作黃龍鳳皇奇偉之獸，飾金墉、陵雲臺、陵霄闕。百役繁興，作者萬數，公卿以下至於學生，莫不展力，帝乃躬自掘土以率之。」可見明帝對庭園建築迷戀之深，為此而濫用民力。其結果在高堂隆的奏疏中便曾講到「今上下勞役，疾病凶荒，耕稼者寡，饑饉荐臻，無以卒歲」。明帝所以不敢奈何這批上疏直諫的大臣，因為他們都是其父、祖時期留下的功臣宿將，作為一個年輕皇帝，還奈何他們不得。事實上埋葬曹魏的正是這個腐敗而又無能的青年皇帝，他剛三十五歲，便把自己的命搭在荒淫女色之上，把自己祖父曹操打下來的江山好端端地恭送給司馬氏了。所謂魏明帝容諫，實際上並不是明帝的寬容大度，壓根兒他就沒有把大臣們的上疏放在心上，而是我行我素地過他那荒淫無度的生活。在中國歷史上，如魏明帝那樣荒淫無度的亡國之君還有不少。近時有人讚揚明代萬曆皇帝沒有像他老子嘉靖皇帝那樣對諫臣濫施廷杖，便認為功德無量。其實不然，萬曆不過也是一個忙於自己荒淫無度的宮廷生活的昏君而已。至於唐太宗與房玄齡之間關於北門營造的對話，見於吳兢的《貞觀政要》卷五，時間在貞觀八年（西元六三四年），在這段對話之後，還有魏徵的一段議論，他對李世民說：「臣不解陛下責，亦不解玄齡、士廉拜謝。玄齡既任大臣，即陛下股肱耳目，有所營造，何容不知？責其訪問官司，臣所不解。且所為有利害，役工有多少，陛下所為善，當助陛下成之，所為不是，雖營造，當奏陛下罷之。此乃君使臣、臣事君之道，玄齡等問既無罪，而陛下責之，臣所不解。玄齡等不識所守，但知拜謝，臣亦不解。」這一段話是直接對李世民與房玄齡之間的對話來提意見了，點穿了，他們君臣之間未能就事論事的講是非，而是講人情關係了。李世民對魏徵的這一番話是理解的，所以吳兢講「太宗深愧之」。一個普通人，要心平氣和地聽取別人的批評意見也不容易，何況處於至高無上權力頂峰的君王，那就更難了，難免有引起反感和情緒對立的地方。其實這也難怪，關鍵不在於能否容忍，而在於能否接受正確的意見。魏徵曾經對李世民說：「陛下導之使言，臣所以敢諫。若陛下不受臣諫，豈敢數犯龍鱗？」故不僅在於能否容忍，關鍵在於能否接受，說得對的，能否為之改正。否則說了等於白說，日子一久，別人也就不說了。

有心避禍

有心於避禍，不若無心於任運，然有不可一槩論者。董卓盜執國柄，築塢於郿❶，積穀為三十年儲，自云：「事不成，守此足以畢老。」殊不知一敗則掃地，豈容老於塢耶❷！公孫瓚據幽州，築京於易地，以鐵為門，樓櫓千重，積穀三百萬斛，以為足以待天下之變，殊不知梯衝舞於樓上，城豈可保邪❸！曹爽為司馬懿所奏，桓範勸使舉兵，爽不從❹，曰：「我不失作富家翁。」不知誅滅在旦暮耳，富可復得邪！張華相晉，當賈后之難不能退，少子以中台星坼，勸其遜位，華不從❺，曰：「天道玄遠，不如靜以待之。」竟為趙王倫所害。方事勢不容髮，而欲以靜待，又可蚩也。他人無足言，華博物有識，亦闇於幾事如此哉❻！

【注釋】❶董卓盜執國柄二句　少帝即位，何進召卓將兵入朝誅宦官，何進敗，袁紹誅宦官。董卓以兵入洛陽，廢少帝立獻帝，專斷朝政，各地起兵討卓。卓自洛陽遷都長安，自為太師，史稱其「築塢於郿，高厚七丈，號曰萬歲塢，積穀為三十年儲。自云：『事成雄據天下，不成，守此足以畢老。』」董卓，字仲穎，隴西臨洮（今甘肅岷縣）人，本為涼州豪強。靈帝末，以卓為并州牧，駐兵河東。郿，今陝西郿縣。東漢初平三年（西元一九二年）董卓築郿塢於郿縣東北渭水之北岸。卓敗後，郿塢被毀。❷一敗則掃地二句　初平三年四月，王允與呂布刺殺董卓於長安，使皇甫嵩攻卓弟董旻於郿塢，盡滅其族，塢中珍藏之金銀珠寶，積如山丘。❸公孫瓚據幽州八句　初劉虞為幽州牧，而公孫瓚為奮武將軍，封薊侯，二人不相能。初平四年（西元一九三年）冬，公孫瓚攻殺劉虞，遂據幽州之地。建安初，公孫瓚與袁紹兩軍相峙，建安三年（西元一九八年），公孫瓚頻戰失利，終致敗亡。《後漢書・獻帝紀》李賢注稱：「公孫瓚乃臨易河，築京以自固，故號易京。其城三重，周回六里。今內城中有土京，在幽州歸義縣南。」《三國志・魏書・公孫瓚傳》稱公孫瓚：「乃還走易京固守。為圍塹十重，於塹裡築京，皆高五六丈，為樓其上。中塹為京，特高十丈，自居焉，積穀三百萬斛。」公孫瓚欲以此弊袁紹。《三國志》注引《英雄紀》云：「袁紹分部攻者掘地為道，穿穴其樓下，稍稍施木柱之，度足達半，便燒所施之柱，樓輒傾倒。」結果是公孫瓚自知必敗，盡殺其妻子，自殺而亡。公孫瓚，字伯珪，遼西令支（今河北遷安西）人，家世二千石。幽州，東漢時治薊縣（今北京市西南），轄今北京市及河北之北部。京，指人力築起的高丘。易，指易水。樓櫓千重，指上千個瞭望樓。❹曹爽三句　正始十年（西元二四九年）正月，齊王芳與曹爽兄弟出洛陽城朝高平陵，司馬懿乘機勒兵馬屯洛水橋，奏皇太后稱曹爽背棄顧命，敗亂國典，盡據禁兵，請罷曹爽兄弟之兵。桓範，沛國人，時任大司農，聞司馬懿起兵，不應太后召，南奔爽營，說爽使車駕幸許昌，招外兵，並云：「今卿與天子相隨，令於天下，誰敢不應者?」曹爽兄弟不納其言。《三國志》注引《魏氏春秋》曰：「爽既罷兵，曰：『我不失作富家翁。』範哭曰：『曹子丹佳人，生汝兄弟，犢耳!何圖今日坐汝等族滅矣!』」結果是司馬懿收曹爽兄弟及桓範等皆夷三族。曹爽，字昭伯，沛國譙（今安徽亳州）人，曹真之子。明帝在東宮，以其宗室甚親愛之，及即位，為武衛將軍。明帝寢疾，引爽入臥內，拜大將軍，假節鉞，都督中外諸軍事，與司馬懿並受遺詔輔少主。司馬懿，字仲達，河內溫縣（今河南溫縣）人，曹操時為文學掾，遷為軍司馬。魏文帝時，轉丞相長史。魏文帝臨終時，與曹真、陳群一起受顧命輔政。明帝末，與曹爽並受遺詔輔政。明帝執司馬懿之手，目齊王曹芳曰：「以後事相託，死乃復可忍，吾忍死待君，得相見，無所復恨矣。」❺張華相晉五句　晉惠帝即位，以張華為太子少傅，以敗楚王司馬瑋功為相。惠帝癡愚，故賈后臨朝，施政暴虐。司馬懿之第九子趙王倫為賈后所親信，求為尚書令，為張華所阻，故二人有隙。張華之少子張韙以中台星裂開，有晉宗室內亂的兆象，勸其父全身而退。張華認為：「天道去遠，惟修德以應之耳。不如靜以待之，以俟天命。」張華，字茂先，范陽方城（今河北固安）人，名重當世，為晉武帝所倚重。由於張華拒絕了趙王倫廢賈后以篡權奪位的陰謀，旋即為趙王倫殺害，時年六十九。賈后，晉惠帝之后，姓賈，名南風，賈充之女。❻華博物有識二句　史稱張華強記默識，四海之內，若指諸掌，著有《博物志》十篇，平日「雅愛書籍，身死之日，家無餘財，惟有文史，溢于機篋。嘗徙居，載書三十乘……天下奇祕，世所稀有者，悉在華所，由是博物洽聞，世無與比」。（《晉書・張華傳》）但在如何應對突發事件時，卻暗於洞察時機，未能全身避禍。

【語譯】一般地講，有心避免災禍，不如無心聽憑命運的安排，然而這也不能一概而論。董卓盜竊國家大權時，在郿那兒修築城堡，儲藏的穀物可以吃三十年，他得意地說：「國事不成的話，我退守這個地方，也可以終身養老了。」他哪裡懂得當你一敗塗地的時候，怎麼會允許你董卓在郿塢安心養老呢！公孫瓚據有幽州時，在易那個地方修築居高臨下的城堡，用鐵製作大門，和上千重瞭望樓，貯藏的穀物多達三百萬斛，自以為足以應對天下各種變故，他哪裡知道袁紹的雲梯和衝車舞動於樓前，他那個城堡怎能保得住啊！曹爽兄弟陪了齊王芳去省陵，被司馬懿擁兵而奏彈於太后，桓範衝出京城，勸他去許昌起兵反抗，曹爽沒有聽從他的意見，說：「我放下兵權，還不失作一個富家翁。」他不懂得被誅滅只在旦暮之間，哪會有你富家翁的生活啊！張華在晉朝做宰相，遇到賈后專權的困境，不能退位避禍，他的小兒子張韙以中台星分裂的天象，勸他乘早退位以全身，張華沒有聽從，說：「天象的變化玄奧而深遠，不如靜心聽天由命。」最後終於為趙王倫所殺害。當形勢已經萬分緊急時，想不作為以靜待事變，結果束手就擒，豈不令人感到可笑嘛。對其他人還不足以評說，如張華這樣博物有識，怎麼也這樣暗於時機的變化呢！

【研析】洪邁在這一篇講了四個案例，屬於二種情況，董卓築塢於郿，公孫瓚築京於易，那是有心於避禍，結果還是避不了禍。避禍的意識，實際上是一種憂患意識，即《孟子·告子下》稱「生於憂患而死於安樂」的話。董卓與公孫瓚之所以失敗不在於有心避禍，而在於不知禍從何來。董卓是死於呂布之手，沒能事先察覺王允與呂布的謀劃。公孫瓚之敗，是由於消極防禦。任何堡壘，再堅固的防禦工事，如果內部不穩，往往還是不攻自破。如果採取消極防守的辦法，只能坐以待斃，防禦是為了進攻，是為爭取勝利。《三國志·魏書·公孫瓚傳》：「瓚遣子，求救于黑山賊，後欲自將突騎直出，傍西南山，擁黑山之眾，陸梁冀州，橫斷紹後。」公孫瓚這個想法是對的，既要防守堡壘，更要積極尋找進攻敵人的機會，這樣才是積極防禦。但他聽信了長史關靖的說辭：「今將軍將士皆已土崩瓦解，其所以能相守持者，顧戀其居處老小，以將軍為主耳。將軍堅守曠日，袁紹要當自退。」這就是消極防禦，結果只能坐以待斃。曹爽與張華這兩個案例，則是屬於無心於避禍，聽憑命運的擺弄，那時明明看到大禍即將臨頭，不能有所作為以避禍，仍然把希望寄託在對手對自己仁慈的基礎上，這樣做的話，只有白白送死的一條死路。桓範對曹爽的建議是對的，讓齊王芳駕幸許昌，然後召外兵相抗。天子在你身旁，挾天子以令諸侯，政治上的優勢在曹爽這邊。但曹爽不敢鬥爭，不敢去爭取勝利，跪倒在司馬懿膝下去尋富家翁的生活，哪有這種可能呢？《三國志》注引干寶《晉書》云：「桓範出赴爽，宣王謂蔣濟曰：『智囊往矣。』濟曰：『範則智矣，駑馬憐棧豆，爽必不能用也。』」曹爽回到洛陽，還不是伸著脖子等司馬懿砍他的腦袋。想屈膝投降來保全自己的，不可能有好結果。而張華則是在大禍即將臨頭時，仍心存幻想而不作為，結果是等死。在災禍降臨時，任何僥倖思想只能害自己，一定要抓住時機，敢於鬥爭，敢於爭取勝利。在危機的關鍵時刻，不能當機立斷，那就只能自食苦果了。所以要有憂患意識。憂患意識在中國古代歷史上有著悠久的傳統，《易‧繫辭》就說：「《易》之興也，其於中古乎？作《易》者，其有憂患乎？」文王演《易》，當殷末世，出於憂患，故司馬遷稱：「西伯拘而演《周易》。」從憂患意識的反面講，「危者，安其位者也。亡者，保其存者也。亂者，有其治者也。」也就是說危是由安轉化而來，亡是由存轉化而來，亂是由治轉化而來，「是故君子安而不忘危，存而不忘亡，治而不忘亂，是以身安而國家可保也」。這是最原始對憂患意識的表述，故乾卦的象辭強調的是「天行健，君子以自強不息」。所以憂患意識的本質是對禍患採取積極應對的態度，而不是消極等待。任何避禍，只能是採取積極的態度，要善於審時度勢，要有昂揚的鬥志，即使不得不退卻，也是為了進攻，而不是一味的消極防禦，這才是求生的機會。有信心才有希望奪取最終的勝利，即使失敗了，也是光榮的。所以項羽仍是人們心目中的英雄。任何一個民族要有這樣的精神，才能立足於世界之林，才能永世長存。只有取法乎上，才得其中。洪邁所列舉的四個案例，實際上都是下策。無論為人還是為國，都不能苟且偷生，寧可站著死，也不要跪著生。成敗不是評論英雄的標準，如司馬懿那樣得逞一時，其子孫也要為他掩面而羞愧無地。在歷史上他永遠是一個可恥的陰謀家和野心家。唐太宗李世民為〈宣帝紀〉寫下的一段評語，也就是他寫的制文：「及明帝將終，棟梁是屬，受遺二主，佐命三朝，既承忍死之託，曾無殉生之報。天子在外，內起甲兵。陵土未乾，遽相誅戮。貞臣之體，寧若此乎？

盡善之方，以斯為惑。夫征討之策，豈東智而西愚？輔佐之心，何前忠而後亂？故晉明掩面，恥欺偽以成功。石勒肆言，笑奸回以定業。古人有云：『積善三年，知之者少。為惡一日，聞于天下。』可不謂然乎？雖自隱過當年，而終見嗤後代。亦猶竊鐘掩耳，以眾人為不聞。銳意盜金，謂市中為莫睹。故知貪于近者則遺遠，溺于利者則傷名。」唐太宗這一段話，真說得淋漓盡致。故司馬懿在後人心目中的地位，亦由此可知了。此亦足以為後之為政者所戒，別留一個遺臭萬年的罵名。因為一旦做了你自以為聰明的缺德事，在歷史的記錄上，你永遠更改不了。你將永遠被釘死在恥辱柱上。

士之處世

士之處世，視富貴利祿，當如優伶❶之為參軍❷，方其據几正坐，噫嗚訶箠❸，羣優拱而聽命，戲罷則亦已矣。見紛華盛麗，當如老人之撫節物❹，以上元❺、清明❻言之，方少年壯盛，晝夜出游，若恐不暇，燈收花暮，輒悵然移日不能忘，老人則不然，未嘗置欣戚於胸中也。覩金珠珍玩，當如小兒之弄戲劇，方雜然前陳，疑若可悅，即委之以去，了無戀想。遭橫逆機穽❼，當如醉人之受罵辱，耳無所聞，目無所見，酒醒之後，所以為我者自若也，何所加損哉！

【注　釋】❶優伶　古人對戲曲演員的稱呼。亦作優人或伶人。❷參軍　職官名。東漢末，將軍、三公出征時，多以他官參軍府事，簡稱參軍。西晉時，諸軍府皆置參軍為屬官，定員及品秩依府之等級而差異。❸噫嗚訶箠　指在戲臺上耀武揚威地呵斥責打他人。❹節物　指節日之各種景物。❺上元　農曆正月十五為上元節，即元宵節，其夜為上元夜，家家戶戶以張燈取樂。❻清明　二十四節氣之一，一般是在陽曆四月五日左右，農曆則在三月間。❼橫逆機穽　指橫遭災禍受人陷害。機穽，陷阱。

【語　譯】士大夫的立身處世，看待富貴利祿，應當如演員們在臺上扮演官員那樣，當他身據几案，正襟危坐，耀武揚威地呵責他人，那些群眾演員立在兩旁拱手聽命，戲一結束，一切就都結束了。看到那些豪華豔麗的場面，應當如老人觀看節日的景物一般，如上元、清明那些節日，正當少年氣盛的人，晝夜忙於出遊，唯恐時光不夠，看不周全，一旦燈收了，花落了，仍然惆悵不能忘懷，而老人則不同，絕不會把節日間的歡樂和悲戚放在心中。看到那些金銀珠寶，應當如小孩玩遊戲一般，當那些東西擺在面前時，似乎也很快活，一旦丟開這些東西，一點也不會留戀難忘。如果遇到天災橫禍，受人陷害，應當如醉酒的人那樣，即使遭人辱罵，也好似耳無所聞，目無所見，酒醒之後，我還是我原來的樣子，根本損不了我的一絲一毫啊！

【研　析】〈士之處世〉這一條講的是士大夫在出處去就上，如何看待自己的個人得失，這實際上有兩個不同的層次。一個層次是天下興亡，匹夫有責。做人要頂天立地，家事、國事、天下事事事關心，先天下之憂而憂，後天下之樂而樂。從何以為人的角度講，這是應該具備的氣度。另一個層次是從個人的得失講，那就應如文中所言，視富貴利祿如過眼之煙雲，不能太執著，遭橫逆機穽，受人陷害時，絕不能耿耿於懷，要有博大的胸懷，把握好自己的心態，才能轉危為安。罪有應得，那就是自作自受，同樣要以平常心待之。孔子講過「君子無所爭」（《論語・八佾》），指的是個人的富貴利祿要無所爭，也就是孔子在《論語・里仁》說的「富與貴，是人之所欲；不以其道得之，不處也。貧與賤，是人之所惡也；不以其道得之，不去也。」安貧而不爭是為了樂道。道是什麼？「曾子曰：『夫子之道，忠恕而已。』」莊子在〈德充符〉篇借孔子之口，說：「死生存亡，窮達貧富，賢與不肖毀譽，飢渴寒暑，是事之變，命之行也。」把生死存亡，窮達貧富，賢與不肖，個人聲名的毀譽，都看成事態自然演化、天命安排的結果，那就可以求得心態上的平衡。故莊子還在〈人間世〉篇說：「知其不可奈何而安之若命，德之至也。」因為有許多事不是個人力量可能挽回的，在無可奈何的情況下，安天樂命反而是保全自己良好心態唯一可行的辦法。

絕唱不可和❶

韋應物在滁州，以酒寄全椒山中道士❷，作詩曰：「今朝郡齋冷，忽念山中客❸。澗底束荊薪，歸來煮白石❹。欲持一樽酒，遠慰風雨夕❺。落葉滿空山，何處尋行迹❻。」其為高妙超詣，固不容夸說，而結尾兩句，非復語言思索可到❼。東坡在惠州，依其韻作詩〈寄羅浮鄧道士〉❽曰：「一杯羅浮春，遠餉采薇客❾。遙知獨酌罷，醉臥松下石❿。幽人不可見，清嘯聞月夕⓫。聊戲庵中人，空飛本無迹⓬。」劉夢得⓭「山圍故國周遭在，潮打空城寂寞回⓮」之句，白樂天以為後之詩人無復措詞⓯。坡公倣之曰：「山圍故國城空在，潮打西陵意未平。」⓰坡公天才，出語驚世，如追和陶詩，真與之齊驅⓱，獨此二者，比之韋、劉為不侔。豈非絕唱寡和，理自應爾邪！

【注　釋】❶絕唱不可和　絕唱與作者當時所處的情景相聯繫，那種特定的人和相應的情景是難以再現的，後人的唱和無法達到這樣的境界。故云絕唱不可和。絕唱，指詩歌創作之最高造詣。《宋書・謝靈運傳論》：「文以情變，絕唱高蹤，久無嗣響。」這是指屈原的〈離騷〉。❷韋應物在滁州二句　韋應物在建中三年（西元七八二年）夏自比部員外郎出為滁州刺史，治所在今安徽滁州，至貞元元年（西元七八五年）罷滁州刺史。〈寄全椒山中道士〉為韋應物之詩題，作於興元元年（西元七八四年）秋。韋應物，字義博，京兆長安人，中唐時期著名詩人。世居杜陵，始仕於代宗廣德元年（西元七五九年），歷官十三任，終於德宗貞元七年（西元七九一年），享年五十五，官終蘇州刺史，故人們以韋蘇州相稱。滁州，在今安徽省東部滁河流域，轄境相當今滁縣、來安、全椒三縣。唐武德三年（西元六二〇年）置，天寶間滁州領清流、全椒、永陽三縣。全椒縣的位置在滁河上游，地多丘陵。傳說中有神山，有道士在此煮白石成仙。❸今朝郡齋冷二句　在秋寒而蕭疏冷寂的書齋中想起山中的道士。郡齋，指韋應物在滁州官衙之書齋。❹澗底束荆薪二句　作者根據傳說想像有道士正忙著在澗底採拾柴禾，回到住處煮石煉丹。葛洪《神仙傳》講到有個白石先生，「嘗煮白石為糧，因就白石山居。」❺欲持一樽酒二句　表示作者在風雨之夜欲寄酒以慰在山中煉丹的道士。韋應物在滁州與山中修行的僧人真有往來，他有〈寄釋子良史酒〉詩：「秋山僧冷病，聊寄三五杯。應瀉山瓢裡，還寄此瓢來。」寄了酒，還把盛酒的瓢要回來，以便下次再寄。寫得平平淡淡，表的卻是一往深情。❻落葉滿空山二句　由於修仙的道士都是逢山住山，不知其安頓在哪個山上，何況秋天山上落葉滿徑，空曠杳然，何處去尋覓道士的蹤跡呢？作者忽然而念，忽然又止，最終仍回到一片空寂之中。❼結尾兩句二句　指「落葉滿空山，何處尋行迹」最後二句。詩中只寫了山中幽冷清寂的境界，卻自然烘托出對傳聞中的道士溫厚純樸的思念。它絕不是通常語言和思考所能表達的一種悟境。❽東坡在惠州二句　蘇軾被貶惠州先後三年。〈寄羅浮鄧道士〉為蘇軾之詩題，詩有引文云：「羅浮山有野人，相傳葛稚川（即葛洪）之隸也，鄧道士守安山中有道者也。嘗於庵前見其足跡長二尺許，紹聖二年正月十日予偶讀韋蘇州〈寄全椒山中道士詩〉，……仍依蘇州韻作詩寄之。」東坡，指蘇軾，字子瞻，號東坡居士，眉州眉山人，為唐宋八大家之一。惠州，宋天禧五年（西元一〇二一年）置惠州，治所在今廣東惠州。羅浮，山名，在惠州境內，東江之北岸，為嶺南四大名山之一，其主峰為飛雲頂，是道教聖地，稱第七洞天。東晉葛洪曾修道於此。據傳羅浮還有葛洪煉丹的遺跡。歷代皆有道士在此修仙煉丹。❾一杯羅浮春二句　以一杯羅浮產的清酒，贈送給遠在山中採薇而食的鄧道士。《史記・伯夷列傳》講到伯夷、叔齊在周滅商後「恥食周粟，隱於首陽山，采薇而食」。羅浮春，當地之名酒。餉，贈送。薇，蕨草。❿遙知獨酌罷二句　作者遙想在山中採薇的道士獨酌而醉臥在松下之石上。⓫幽人不可見二句　謂誰也沒有見到過山中修仙的道士，只是在清晨月亮下落時聽到他的嘯聲。⓬聊戲庵中人二句　指聊以戲謔庵中念經的道士，嘯聲只是在空中飛揚而沒有一點蹤跡。⓭劉夢得　即劉禹錫，夢得為其字。唐代著名詩人。貞元九年（西元七九三年）登進士第，授太子校書，與王叔文、柳宗元過從甚密。順宗即位時，遷屯田員外郎，掌度支鹽鐵使文案。永貞事變後，禹錫貶為朗州司馬。文宗時，起為主客郎中，充集賢院學士，遂重返京師。⓮山圍故國周遭在二句　此句出自劉禹錫〈金陵五題〉中的第一首詩〈石頭城〉，其下句為「淮水東邊舊時月，夜深還過女牆來」。石頭城，在戰國時是楚國的金陵，三國時孫權改名為石頭城，並在此修築宮殿，城的周圍有群山圍繞。此城經過六朝極盛時的奢華，至劉禹錫生活的時代，已廢棄近二百年。詩意為儘管群山圍繞的故都依然存在，但已是一座空城，既默默地聽任潮水拍打城郭，又默默地退去，再也看不到昔日的豪華了。「寂寞回」指潮漲潮退，三字顯示著今日石頭城的荒涼和衰落，下句講江水與月亮還是過去的樣子，夜深時，月亮還會從城垛背後升起。詩人以自然的永恆反襯著人事的滄桑。⓯白樂天句　此語見於劉禹錫〈金陵五題〉之引文：「余少為江南客而未遊秣陵，嘗有遺恨。後為歷陽守，跂而望之。適有客以〈金陵五題〉相示，逌爾生思，欻然有得。他日友人白樂天掉頭苦吟，嘆賞良久，且曰：〈石頭〉詩云『潮打空城寂寞回』，吾知後之詩人不復措詞矣。余四詠雖不及此，亦不孤樂天之言爾。」秣陵即金陵，以秦淮河為界，南為秣陵，北為建業。歷陽，唐和州治所。劉禹錫長慶四年（西元八二四年）任歷陽守，寶曆二年（西元八二六年）罷和州守後遊金陵，渡江至揚州，北歸赴京師，時白居易亦罷蘇州刺史北歸，二人在揚州相遇。劉禹錫向白居易出示〈金陵五題〉當在此時，其讚〈石頭城〉詩之語當是與劉禹錫見面時所言，故為劉禹錫所引。白樂天，即白居易，樂天為其字，太原人，唐中葉之著名詩人。⓰坡公倣之曰三句　詩句見蘇軾〈次韻秦少章和錢蒙仲〉。它對世事榮衰之變化及個人仕途的升降看得更加空靈而透徹。⓱追和陶詩二句　蘇東坡有和陶詩一百四十五首，其弟子由作詩引稱其文云：「古之詩人有擬古之作矣，未有追和古人者也，追和古人則始於吾。吾於詩人無所甚好，獨好淵明之詩。淵明作詩不多，然其詩質而實綺，癯而實腴，自曹、劉、鮑、謝、李、杜，諸人皆莫及也。吾前後和其詩凡一百有九篇，至其得意，自謂不甚愧淵明，今將集而并錄之，以遺後之君子，其為我志之。然吾於淵明，豈獨好其詩也哉！如其為人實有感焉。」這百餘篇分列在全集之第三十、三十一卷。陶詩，指陶淵明之詩作。陶淵明，名潛，潯陽柴桑（今江西九江西南）人，晉、宋間著名田園詩人。

【語　譯】韋應物在滁州，以酒遠寄全椒山中道士，並作詩說：「今朝郡齋冷，忽念山中客。澗底束荊薪，歸來煮白石。欲持一樽酒，遠慰風雨夕。落葉滿空山，何處尋行迹？」用不到別人去誇獎，人們都能感受到此詩的技藝絕妙高超，特別是它結尾的那兩句，不是他人在語言上用力思索所能達到的。蘇東坡被安置在惠州時，曾依據這首詩的韻律另作一首〈寄羅浮鄧道士〉，其詩說：「一杯羅浮春，遠餉采薇客。遙知獨酌罷，醉臥松下石。幽人不可見，清嘯聞月夕。聊戲庵中人，空飛本無迹。」劉夢得在〈石頭城〉一詩中有「山圍故國周遭在，潮打空城寂寞回」的句子，白樂天認為以後的詩人在措辭上不可能再超越它了。蘇東坡則模仿它寫道：「山圍故國城空在，潮打西陵意未平。」蘇東坡是天下公認的奇才，出語往往震驚世人，如他再和陶淵明的詩，真可以與之並駕齊驅，但這二首詩句，就不能與韋蘇州和劉夢得的詩相比了。難道不正是證明了千古絕唱和者必寡，也許道理就本當是如此啊！

【研析】〈絕唱不可和〉這個題目是針對蘇軾之〈追和陶淵明詩引〉所言「古之詩人有擬古之作矣，未有追和古人者也，追和古人則始於吾」。本來詩歌的唱和是朋友之間的詩文往來，與古人唱和確是蘇軾的創造，問題是能不能達到古人絕唱的境界。蘇軾推重陶淵明詩文的境界，那麼蘇軾與之唱和的詩篇真能不甚愧於淵明之詩，不愧於陶淵明之為人嗎？這一點別人就很難置詞了。至於說擬古，陶淵明便有擬古九首，事實上陶淵明這九首擬古詩未曾明言所擬是何人之何詩，實際上是略借引喻，而寫己懷，絕無摹擬古人之跡。再說韋蘇州的詩，便深受陶淵明的影響。他也寫過二首仿效陶淵明的詩，若〈效陶彭澤〉詩云：「霜露悴百草，時菊獨妍華。物性有如此，寒暑其奈何。掇英泛濁醪，日入會田家。盡醉茅檐下，一生豈在多。」韋應物因愛陶詩，故有效陶之作，但並未講效陶作的哪一首詩作，而是效其神，非效其形。這首詩向我們描述了在秋天霜落百草凋殘的時刻，只有菊花仍在吐其芳華，這是物的本性。它不會因氣候的冷熱而改變其性質，外界的冷熱也就無可奈何於它。於是採掇菊花的榮華，飲以濁酒，傍晚的時候會田家於茅檐之下，盡醉而歡，一生意願所追求的也就是這樣的境界，沒有比這更多的要求了。這就是陶淵明在〈飲酒〉其五中所表述的「採菊東籬下，悠然見南山。山氣日夕佳，飛鳥相與還」那樣的田園生活，自然而又超脫的境界，再說韋蘇州〈寄全椒山中道士〉那首詩開首那句「今朝郡齋冷，忽念山中客」，也正是陶淵明〈飲酒〉其五上半首所言「結廬在人境，而無車馬喧。問君何能爾？心遠地自偏」所描述的境界。郡齋在縣治中心的熱鬧地段，那還不是「結廬在人境」嗎？他想的恰是「山中客」，他沒有把郡齋變成權錢交易的熱鬧場所，他想的既不是錢，更不是權位的升降，而是山中朋友的冷暖，那不就是既在市中心「而無車馬喧」嗎？所以能達到這樣的境界，還不是因為他「心遠地自偏」嗎？對陶詩而言，韋蘇州沒有著力於形似的模仿上，而是內心世界自然的流露，韋如陶一樣不願為五斗米折腰而辭去洛陽丞，而是神似。關鍵是他有「心同野鶴與塵遠」那樣的心態，才能「詩似冰壺見底清」啊！（〈贈王侍御〉）這既是作者對生活的態度，也是對詩之美的追求。蘇軾的追和陶詩，與韋蘇州不同的地方，是他對著陶詩一首對一首地追和。如陶的四言詩中，有〈時遇〉與〈勸農〉，蘇軾便有〈和時遇四首〉與〈和勸農六首〉；陶有〈停雲〉，他就有〈和停雲四首〉。陶的五言詩中有〈歸田園居〉五首，蘇軾有〈歸田園居〉六首；陶有〈詠二疏〉，蘇軾便有〈和詠二疏〉；陶有〈詠三良〉，蘇便有〈和詠三良〉；陶有〈詠荊軻〉，蘇便有〈和詠荊軻〉；陶有〈詠讀山海經〉十三首，而蘇則有〈和讀山海經〉十三首。這樣一對一地模仿，蘇軾前後寫了和陶詩一百多首，雖然數量驚人，但畢竟是模仿。蘇軾自謂「不甚愧淵明」，但其影響則遠遠不如陶詩了。儘管蘇軾作詩詞有天才，可以出語驚世，但模仿前人的作品畢竟比前人矮了一頭。

劉禹錫〈金陵五題〉之〈石頭城〉中「山圍故國周遭在，潮打空城寂寞回」那句也不是孤立的，它與整個〈金陵五題〉是密切聯繫在一起的，如其二之〈烏衣巷〉：「朱雀橋邊野草花，烏衣巷口夕陽斜。舊時王謝堂前燕，飛入尋常百姓家。」〈臺城〉：「臺城六代競豪華，結綺臨春事最奢。萬戶千門成野草，只緣一曲〈後庭花〉。」雖然記的是不同的古人遺跡，講的恰是同一個故事，表白的都是榮衰無定，轉眼即逝，一時的富貴不足為憑，對當今的權貴們表示其蔑視的態度，他們也很難避免「萬戶千門成野草」的結局。劉禹錫的這個思想在他二首關於玄都觀桃花的詩中，表現得更加清楚明白。永貞事變後，劉禹錫初貶連州刺史，再貶朗州司馬，在朗州十年，至元和十年（西元八一五年）被召還京師，作了一首〈戲贈看花諸君子〉：「紫陌紅塵拂面來，無人不道看花回。京都觀裡桃千樹，盡是劉郎去後栽。」戲弄了一下永貞事變後上臺的諸君子，於是再次被貶為播州刺史，至大和二年（西元八二八年）因裴度的薦舉被起為主客郎中。他在赴京途中遊了金陵，寫下了〈金陵五題〉。他在揚州與白居易相逢時，白居易與他心心相印，稱讚他〈石頭城〉那首詩，於是他進一步寫下了〈酬樂天揚州初逢席上見贈〉：「巴山楚水淒涼地，二十三年棄置身。懷舊空吟聞笛賦，到鄉翻似爛柯人。沉舟側畔千帆過，病樹前頭萬木春。今日聽君歌一曲，暫憑杯酒長精神。」對往事顯示了不認錯的傲氣。次年到達京師，他又寫下了〈再遊玄都觀絕句〉：「百畝中庭半是苔，桃花淨盡菜花開。種桃道士歸何處，前度劉郎今又來。」而且在詩的序文中說他重遊玄都觀，已人還物換，「蕩然無復一樹，唯兔葵燕麥，動搖於春風耳！」結果他因此詩得罪了在位的貴人。白居易則不同，先拜司門員外郎，明年轉主客郎中、知制誥，加朝散大夫，始著緋，真是一步登天重拾光輝。而此時劉禹錫則落得一個分司東都，不得久處朝列。儘管遭盡挫折，劉禹錫癡心不改，讀〈石頭城〉那句「山圍周遭故國在，潮打空城寂寞回」，是不能離開那時的政治環境和作者所處的境遇和心情，否則是無法領悟其豐富而又深情的內涵。蘇東坡在〈次韻秦少章和錢蒙仲〉一詩中，借用的僅僅是那個句子，那是無法烘托出原作那許多內涵的，因為詩品是和人品聯繫在一起的。絕唱不可和的道理也就在此。

次山謝表

元次山為道州刺史，作〈舂陵行〉❶，其序云：「州舊四萬餘戶，經賊以來，不滿四千，太半不勝賦稅❷。到官未五十日，承諸使征求符牒二百餘封❸，皆曰『失期限者罪至貶削』。於戲！若悉應其命，則州縣破亂，刺史欲焉逃罪！若不應命，又即獲罪戾❹，吾將靜以安人，待罪而已。」其辭甚苦，大略云：「州小經亂亡，遺人實困疲。朝餐是草根，暮食乃木皮。出言氣欲絕，意速行步遲。追呼尚不忍，況乃鞭扑之。郵亭傳急符，來往跡相追❺。更無寬大恩，但有迫催期。欲令鬻兒女，言發恐亂隨。奈何重驅逐，不使存活為。安人天子命，符節我所持。逋緩違詔令，蒙責固所宜❻。」又〈賊退示官吏〉❼一篇，言：「賊攻永破邵，不犯此州，蓋蒙其傷憐而已，諸使何為忍苦征斂！」❽其詩云：「城小賊不屠，人貧傷可憐。是以陷鄰境，此州獨見全。使臣將王命，豈不如賊焉。今彼征斂者，迫之如火煎。」二詩憂民慘切如此。故杜老以為：「今盜賊未息，知民疾苦，得結輩十數公，落落參錯天下為邦伯，天下少安，立可待矣。」❾遂有「兩章對秋月，一字偕華星❿」之句。今《次山集》⓫中，載其〈謝上表〉⓬兩通。其一云：「今日刺史，若無武略以制暴亂，若無文才以救疲弊，若不清廉以身率下，若不變通以救時須，則亂將作矣。臣料今日州縣堪征稅者無幾，已破敗者實多，百姓戀墳墓者蓋少，思流亡者乃眾。則刺史宜精選謹擇以委任之，固不可拘限官次，得之貨賄出之權門者也。」其二云⓭：「今四方兵革未寧，賦斂未息，百姓流亡轉甚，官吏侵刻日多，實不合使凶庸貪猥之徒，凡弱下愚之類，以貨賂權勢，而為州縣長官。」觀次山表語，但因謝上，而能極論民窮吏惡，勸天子以精擇長吏，有謝表以來，未之見也。世人以杜老褒激之故，或稍誦其詩，以〈中興頌〉故誦其文⓮，不聞有稱其表者，予是以備錄之，以風後之君子。次山臨道州，歲在癸卯，唐代宗初元廣德也。

【注釋】❶元次山二句　元次山，名結，次山為其字。河南（今河南洛陽）人，為人不拘於時俗，性情誕漫，無拘無束，任性而為。天寶十二載（西元七五三年）進士及第，後舉制科。代宗時拜道州（今湖南道縣）刺史。道州為秦置之春陵故地。〈春陵行〉是元結在道州刺史任上所作。❷州舊四萬餘戶四句　據《舊唐書．元結傳》，元結任道州刺史前，西原蠻掠道州居民數萬人入山，遺戶才四千。結曾上書朝廷言：「臣州為賊焚破，糧儲、屋宅、男女、牛馬幾盡。今百姓十不一在，耄孺騷離，未有所安。嶺南諸州，寇盜不盡，得守捉候望四十餘屯，一有不靖，湖南且亂。請免百姓所負租稅及稅庸使和市雜物十三萬緡。」朝廷許之。此詩為把百姓苦難之實情上達於朝廷，故末句為：「何人採國風，吾欲獻此辭。」❸諸使句　指元結蒞任道州刺史的五十餘日內，上級官府向道州徵斂賦役稅收的公文多達二百餘封。❹若悉應其命五句　此言元結作為道州刺史的地方官，處於兩難的境地，如果執行上級的命令，造成地方的動盪，刺史也就難辭其咎；如果不執行上級的命令，要受徵斂失期的罪責。❺郵亭傳急符二句　此言追逼賦斂的信使到郵亭的足跡先後相繼不止。郵亭，古代設有沿途供信使歇腳的旅舍。急符，即催逼賦斂的緊急公文。❻安人天子命四句　意謂作為地方長官，當以安撫百姓為首要的職責。如果由於緩徵賦斂而受上級的責罰，我心甘情願。符節，指君王任命地方官的憑證。逋緩，指緩徵的賦斂。❼賊退示官吏　元結詩題。作者作此篇以示其所屬之官吏。❽言五句　語出自〈賊退示官吏〉詩序。序言稱西原蠻在攻破道州之次年，繼攻永州，破邵州，對道州掠境而過。究其原因是道州去年已被殺掠幾盡，不可能再有什麼斬獲。此時為官者怎能再苦苦徵斂賦役於道州之百姓。永，即永州（今湖南永州），邵，即邵州（今湖南邵陽）。邵、永、道三州皆為唐江南西道西南部毗鄰的邊緣山區。❾故杜老以為七句　下之引文出自〈同元使君舂陵行〉一詩之序文。杜甫作詩的時間當在大曆二年（西元七六七年），從四川成都到夔州這幾年地方深受戰亂之苦，杜甫有同感於元結二詩，故以〈同元使君舂陵行〉為詩題。從洪邁所引序文中，可見杜甫對元結二詩推崇備至。杜詩既有對時局的感慨，也有對自己病弱而無能為力的悲哀。希望多一些如元結那樣的地方官，能「當天子分憂之地，效漢官良吏之日」，使天下得以小安。杜老，即杜甫。❿兩章對秋月二句　此謂元結之〈舂陵行〉、〈賊退示官吏〉二詩，若秋月那樣明亮，華星那樣垂世於永恆。杜甫在詩中盛讚元結憂恤黎庶，詞氣浩蕩縱橫。還說自己「感彼危苦詞，庶幾知者聽」。可見他作詩時是以元詩「知者」自居的。⓫次山集　元結的文集十二卷。《四庫提要》稱：「結所著有《元子》十卷，李商隱為作序。《文編》十卷，李紓為作序。又《猗玗子》一卷。並見《唐志》，今皆不傳。所傳者惟此本。」⓬謝上表　係元結在廣德二年（西元七六四年）在道州任上所進。謝表不僅表述謝上敕授，同時還敘述所見道州民情之荒殘，「耆老見臣俯伏而泣，官吏見臣已無菜色，城池井邑，但生荒草，登高極望，不見人煙，嶺南數州，與臣接近，餘寇蟻聚，尚未歸降。」所以當務之急是，「招輯流亡，率勸貧弱，保守城邑，畬種山林，冀望秋後少可全活。」接下來便是引文所言地方官若刺史的委任，不能再「拘限官次，得之貨賄，出之權門者」。他建議對刺史的考核應是：「一年問其流亡歸復幾何，田疇墾闢幾何。二年間畜養比初年幾倍，可稅比初年幾倍。三年計其功過，必行賞罰。」史傳還稱他「上疏請免百姓所負租稅十三萬緡，帝許之，明年租庸使索上供十萬緡，結又奏：『歲正租庸外，所率宜以時增減。』詔可。」道州賦役獲赦以後，元結上了二次〈賀赦表〉，說明元謝表和上疏是得到當時朝廷認可的。⓭其二云　指元結之〈再謝上表〉。此表進於永泰二年（西元七六六年），元結上表言在官之日，「雖百姓不至流亡，而歸復者十無一二。雖寇盜不犯邊鄙，而不能兵救鄰州。雖賦斂僅能供給，而有司不無罪狀。」故需自行辭免。他在〈再謝上表〉中對於這次再授道州刺史，表示自己「所以不敢即日辭免」，「待陛下按驗虛實，然後歸罪有司。」文中他還強調現在「官吏侵剋日多，實不合使凶庸貪猥之徒，凡弱下愚之類，以貨賂權勢而為州縣長官」。寄希望於朝廷對人事的調整。⓮以中興頌句　元結有〈大唐中興頌〉，序稱天寶末安祿山陷洛陽、長安，玄宗幸蜀，肅宗即位靈武。後收復兩京，玄宗還京師。這是對肅宗的歌功頌德。元結把這篇頌詞刻在所居永州浯溪之石崖。唐人因〈大唐中興頌〉之故，稱頌元結之文章。若皇甫湜有詩〈題浯溪石〉，亦刻於浯溪石崖間。洪邁在《容齋隨筆》卷八〈皇甫湜詩〉亦言及此事。此後，《四庫提要》稱「晁公武謂其文如古鐘磬，不諧俗耳。高似孫謂其文章奇古耳，不蹈襲。蓋唐文在韓愈以前，毅然自為者，自結始，亦可謂耿介拔俗之姿矣。」

【語　譯】元次山任道州刺史時，作〈春陵行〉，他在詩的序文中說：「道州的戶口，過去有四萬多戶，在戰亂之後，留下的戶口不滿四千，大部分戶口再沒有力量負擔賦稅了。我到官還沒有滿五十天，就收到上級衙門催徵賦稅的公文有二百多封，先後都警告說『如不能按期限繳納，地方官便要削官貶職』。啊呀！假使完全依照上級的命令去徵收賦稅，那麼州縣的社會生活將遭受破壞，刺史又怎能因此而逃避他的罪責呢！如果不執行上級的指令，那又要立即被貶責罰，我只能不應上級的命令，好好安撫百姓，等待上級的處罰而已。」他的言辭是那麼苦澀。詩句的大體是講：「州小經亂亡，遺人實困疲。朝餐是草根，暮食乃木皮。出言氣欲絕，意速行步遲。追呼尚不忍，況乃鞭扑之。郵亭傳急符，來往跡相追。更無寬大恩，但有迫催期。欲令鬻兒女，言發恐亂隨。柰何重驅逐，不使存活為？安人天子命，符節我所持。逋緩違詔令，蒙責固所宜。」另一篇題目叫〈賊退示官吏〉詩，講到：「山民進攻永州，攻破邵州，而沒有進犯道州，那僅僅是因為可憐道州的貧弱，上級官府怎麼還能忍心苦苦地去徵斂這裡的百姓呢！」他的詩句說：「城小賊不屠，人貧傷可憐。是以陷鄰境，此州獨見全。使臣將王命，豈不如賊焉？今彼征斂者，迫之如火煎。」從這二首詩可以看到作者是如此懇切悲憫百姓的苦難。所以杜甫在〈同元使君春陵行〉一詩的序文中說：「如今盜賊還未熄滅，能夠知道百姓苦難如元結那樣有十多人，能陸續參差地分散到各地去擔任地方長官，那麼天下多少有一些安寧的日子也許很快就能到來。」於是杜甫在詩中讚揚這二首詩「兩章對秋月，一字偕華星」的名句。如今《次山集》中，還收錄有他的二篇〈謝上表〉。他在第一封〈謝上表〉中稱：「現今在地方上任刺史的，如果沒有武略來制止暴亂，沒有文才來挽救百姓的困疲和治理好各種弊端，如果刺史沒有以身作則清廉為政來約束下屬，如果沒有變通的辦法，以救濟一時的急難，那麼禍亂立即就會發生和蔓延開來。臣估計如今州縣沒有多少人能再忍受苛捐雜稅的負擔了，戶口已經破敗得差不多了，百姓中間留戀祖先墳墓的已很少了，想流亡逃生的人很多。這個時候對於刺史的委任，必須精細和謹慎地選擇，並委以重任，那就不能再固守原來選官的次序，以及讓那些通過賄賂買官，或者出於向勢要權門求官的人來擔任這個職務了。」他在〈再謝上表〉中，再次重申這些原則，他說：「現在四方兵革尚未安寧，賦斂還沒有減輕，百姓離土逃亡越來越厲害，官吏對百姓的侵蝕盤剝一天比一天多，實在不能再任使那些兇殘、平庸、低能、貪婪、懦弱無知、辦事愚蠢或通過賄賂權貴勢，要來謀取官職的人以充當州縣的地方長官。」讀元次山這二封〈謝上表〉的話，在感謝朝廷敕授官職的表文中，能如此透徹地論述百姓窮困吏治惡劣的現實狀況，並勸天子要精心選任地方長吏，這種寫法，自有謝表以來從未見到過。人們因為杜甫在〈同元使君春陵行〉一詩中激烈地褒揚他的緣故，或者稍稍注意並傳誦他的詩句，或者因皇甫湜寫〈大唐中興頌〉的原因，傳誦他的文章，但沒有聽說過有人稱讚他這二篇〈謝上表〉的，因此我把他的表文記錄於此，用來諷喻後來的正人君子們，不要忘記這個榜樣。元次山任道州刺史的時間在癸卯年，那年正是唐代宗初元的廣德年間。

【研　析】杜甫的〈同元使君春陵行〉對元結的詩品、人品都作了極高的評價，元結的這二首詩確實抓住了當時社會矛盾的癥結和為官者所應具備的品德。這也正是杜甫切身感受最深的地方。安史之亂以後，肅宗雖然收復了京城，但戰爭並未結束，地方的亂局反而有所加劇，處處都是危機叢生。矛盾的焦點便是〈春陵行〉一詩開頭的幾句話，「軍國多所需，切責在有司。有司臨郡縣，刑法競欲施。供給豈不憂？徵斂又可悲。」一面是由戰爭帶來的軍需無窮無盡的擴大，另一面是百姓不堪賦斂的重負。道州更是大亂之後，他敘述百姓的境遇是：「大鄉無十家，大族命單羸。朝餐是草根，暮食乃木皮。出言氣欲絕，意速行步遲。」在這個背景下，地方官員處於兩難的境地，一方面是上司對賦斂的催逼，「郵亭傳急符，來往跡相追。更無寬大恩，但有迫催期。」如果硬逼百姓，那就是「欲令鬻兒女，言發恐亂隨」。他還在詩中反映了老百姓的怨聲，「聽彼道路言，怨傷誰復知。去冬山賊來，殺奪幾無遺。所願見天官，撫養以惠慈。柰何重驅逐，不使存活為。」作為道州的地方官，他如何權衡利害得失呢？他說：「安人天子命，符節我所持。州縣忽亂亡，得罪復是誰？逋緩違詔令，蒙責固其宜。」那麼他自己又是怎麼思考這個問題的呢？「顧惟孱弱者，正直當不虧。」那就是為官者必須站在弱勢群體一邊，才是為人正直而不虧自己的良知。全詩以情勝，用古樸淡泊的言詞，不用典、不雕琢、不尚辭藻的白描手法傾訴作者以道州刺史的身分，把自己內心深處的真情實感，表達得那麼委婉而又曲折細膩。這也正是這首詩最能打動人的地方。〈賊退示官吏〉是講為官準則的問題，他在詩中把官與賊對比。對於山賊，他說：「城小賊不屠，人貧傷可憐。是以陷鄰境，此州獨見全。」對於官府，他說：「使臣將王命，豈不如賊焉。今彼征斂者，迫之如火煎。」那豈不是官不如賊嗎！對於為官之人，他說：「誰能絕人命，以作時世賢？思欲委符節，引竿自刺船。」表示自己如果為了讓上級稱自己賢能而絕人之命，那寧可棄官而去。為官絕不能坑害百姓。元結不僅在詩中這樣說，而且認認真真地去做。所以他二次上疏朝廷要求寬緩對道州百姓的賦斂。他的兩篇〈謝上表〉說的主題也就是對州縣的長官，必須精選謹擇，絕不能如過去那樣或拘限於官次，或得之於貨賄和權門，再不能讓那些兇庸貪猥之徒通過「走後門」、「捅漏子」來竊據刺史、縣令的職務以欺壓百姓了。對地方長吏的選擇歷代有為的統治者都有清醒的認識。漢宣帝便說過：「與我共治者，唯良二千石乎？」唐太宗李世民說：「治人之本，莫如刺史最重也。朕故屏風上錄其姓名，坐臥常看，在官如有善惡事跡，具列於名下，擬憑黜陟。」（《唐會要》卷六八）唐太宗是否真為常思百姓之事而夜不成寐姑且勿論，至少表示了他對刺史的人選和治績是關心的。實際上從唐初起，州縣地方長官的選任始終是一個問題。貞觀十一年（西元六三七年）馬周便上疏講到：「今朝廷獨重內官，刺史縣令頗輕其選。刺史多是武夫勳人，或京官不稱職，方始外出，邊遠之用人更輕。所以百姓未安，殆由於此。」從唐太宗以後，高宗、武則天、玄宗時期都有人議論過這個問題，可見這已是唐代吏治的一個痼疾了。所以元結的這二首詩與他的二封〈謝上表〉具有很大的針對性。他動人的地方，不僅在於詩歌，而且在於他的人品、言行是一致的。在《元次山集》卷六載其〈自箴〉云：「有時士教元子顯身之道，曰：『於時不爭，無以顯榮。與世不佞，終身自病。君欲求權，須曲須圓。君欲求位，須奸須媚。不能為此，窮賤勿辭。』元子對曰：『不能此為，乃吾之心。反君此言，我自作箴。與時仁讓，人不汝上。處世清介，人不汝害。汝若全德，必忠必直。汝若全行，必方必正。終身如此，可謂君子。』」這恐怕不僅是古人為人的準則，也是今人為人的準則。在現實生活中，我們看到更多的人所奉行的是時士教元子的顯身之道，講究的是如何爭以顯榮，佞以安身，曲圓以固權，奸媚以求位，以達到升官發財之罪惡目的。今官皆如此，民何以堪。

光武仁君

《容齋隨筆》卷十四

漢光武❶雖以征伐定天下，而其心未嘗不以仁恩招懷為本。隗囂受官爵而復叛❷，賜詔告之曰：「若束手自詣，保無他也。」公孫述據蜀，大軍征之垂滅矣，猶下詔喻之❸曰：「勿以來歙、岑彭受害自疑，今以時自詣，則家族全，詔書手記不可數得，朕不食言。」遣馮異西征，戒以平定安集為急❹。怒吳漢殺降，責以失斬將弔民之義❺。可謂仁君矣。蕭銑舉荊楚降唐，而高祖怒其逐鹿之對，誅之於市❻，其隘如此。《新史》猶以高祖為聖❼，豈理也哉。

【注釋】❶漢光武　劉秀，東漢王朝的創建者，字文叔，南陽蔡陽（今湖北棗陽西南）人，早年參加綠林軍，建武元年（西元二五年）稱帝，在位三十二年。收編赤眉軍後，力量壯大。後削平各地反抗和割據勢力，重建統一的東漢王朝。❷隗囂句　隗囂，字季孟，天水成紀（今甘肅通渭東）人。西漢末，群雄崛起，隗囂在隴西建立一個割據政權，據有天水、武都、金城等地域，介於在四川的公孫述及在中原地區的劉秀這二股力量之間，徘徊於二者之間，保持相對獨立。建武二年（西元二六年），劉秀讓鄧禹向隴西進兵，鄧禹兵敗。光武帝命使節以隗囂為西州大將軍，得專制涼州、朔方之事。建武六年（西元三〇年），光武帝定關東地區以後，準備經略隴、蜀地區的統一。隗囂不聽號令，劉秀在關中使耿弇等七將軍由隴伐蜀，而隗囂勒兵相抗，故云其受命而復叛。為此劉秀手書諭隗囂，其云：「深言則似不遜，略言則事不決。今若束手，復遣恂弟歸闕庭者，則爵祿獲全，有浩大之福矣。吾年垂四十，在兵中十歲，厭浮語虛辭。即不欲，勿報。」（《後漢書・隗囂傳》）這實際上是劉秀給隗囂的一封勸降信。恂者，隗囂之子，要求隗囂遣子入質，受命於劉秀。最終還是以武力解決隴西的歸屬，由於隗囂拒絕投降，其子隗恂在洛陽被殺。❸公孫述據蜀三句　建武十一年（西元三五年），劉秀派征南大將軍岑彭、中郎將來歙征伐蜀地，皆為公孫述部下所殺。於次年派吳漢率軍伐蜀，光武下詔諭公孫述曰：「往年詔書比下，開示恩信，勿以來歙、岑彭受害自疑。今以時自詣，則家族完全。若迷惑不喻，委肉虎口，痛哉奈何！將帥疲倦，吏士思歸，不樂久相屯守，詔書手記不可數得，朕不食言。」（《後漢書．公孫述傳》）但公孫述終無降意。公孫述，字子陽，扶風茂陵（今陝西興平東北）人，王莽時，曾為導江卒正（即太守），居臨邛（今四川邛崍）。王莽敗，在四川自立為蜀王，都成都，號成家，建元龍興元年（西元二五年），隗囂敗，其餘部王元、環安皆奔公孫述，與劉秀相抗衡。❹遣馮異西征二句　建武二年（西元二六年），劉秀派馮異進兵關輔地區，曾敕異曰：「諸將非不健鬥，然好擄掠，卿本能御吏士，念自修敕，無為郡縣所苦。」異頓首受命，引而西，所至皆布威信。《後漢書．馮異傳》從這一詔敕，可見劉秀關心作戰過程中部隊的紀律，禁止搶掠百姓。馮異，字公孫，潁川父城（今河南禹縣）人。光武帝劉秀拔馮異於戰俘，為建武元功二十八將之一。❺怒吳漢殺降二句　建武十一年（西元三五年）吳漢率軍與岑彭一起討伐公孫述。次年在成都大敗公孫述兵，公孫述被刺洞胸墮馬，被輿入城而死，明旦城降。吳漢兵入城，「乃夷述妻子，盡滅公孫氏，并族延岑。遂放兵大掠，焚述宮室。帝聞之怒，以譴漢。又讓漢副將劉尚曰：『尚宗室子孫，嘗更吏職，何忍行此？仰視天，俯視地，觀放麑啜羹，二者孰仁？良失斬將弔人之義也。』」（《後漢書．公孫述傳》）吳漢，字子顏，南陽宛（今河南南陽）人，出身於亡命販馬之徒，為人質厚少文。早年追隨劉秀，作戰勇敢。❻蕭銑舉荊楚降唐三句　武德四年（西元六二一年），唐高祖李淵命河間王李孝恭及李靖率軍自夔州沿流而下攻江陵，蕭銑兵敗，率眾詣軍門降，曰：「當死者唯銑，百姓非有罪也。請無殺掠。」孝恭囚之，送於京師。銑至，高祖數其罪，銑對曰：「隋失其鹿，英雄競逐，銑無天命，故至於此。亦猶田橫南面，非負漢朝。若以為罪，甘從鼎鑊。」竟斬於都市，年三十九。（《舊唐書．蕭銑傳》）蕭銑，蕭梁之後裔，隋末任羅川令。大業末，群雄崛起，蕭銑為眾人所推，自稱梁王，建都江陵。❼新史句　《新唐書．高祖本紀》之贊語稱：「自古受命之君，非有德不王。而高祖之興，亦何異因時而特起者歟？然其有天下年幾三百，可謂盛哉！」新史，指《新唐書》，宋歐陽脩、宋祁所撰。高祖，指李淵。

【語　譯】漢光武帝雖然是通過武力征伐以得天下的，然而其用心未嘗不處處以仁愛、恩德、招降、安撫為本。如在隴西的隗囂雖然曾經接受光武的官爵，以後又因背叛而討伐之，劉秀仍下詔書告訴他：「如果能束手投降，自詣軍門，保證不會有其他的處分。」公孫述割據四川地區，面對劉秀大軍壓境，行將滅亡，劉秀仍然下詔告訴他說：「不要因為過去來歙、岑彭被你殺害而心懷疑慮，如今只要你自詣軍門投降，仍然可保障你家族的安全，我的詔書手記不可能多得，請相信我決不會食言。」當初派馮異西征時，便曾以詔諭告誡他必須注意以平定地方、安集百姓為行軍的要務。他還曾經為吳漢平定公孫述以後濫殺降人而惱怒，責備吳漢在成都縱兵放火，殺掠無辜，有失弔民罰罪之義。這一切說明光武帝可以說是一個仁君了。蕭銑以荊楚地區投降唐朝，而唐高祖仍然惱怒他以自己只是逐鹿戰爭中的失敗者作答，而把他斬於長安都市，唐高祖的心地如此狹隘。然而《新唐書》還把高祖稱為聖君，天下哪有這樣的道理啊。

【研　析】洪邁稱光武為仁君，光武帝劉秀確有過人之處，他不喜歡炫耀武力。正如在建武二年（西元二六年）他給馮異的詔敕中所言：「三輔遭王莽、更始之亂，重以赤眉、延岑之酷，元元屠炭，無所依訴。今之征伐，非兵略地屠城，要在平定安集之耳。」當時不僅綠林、赤眉所過之處，一片屠炭，即便光武帝劉秀約束下的軍隊也是如此。他們在討伐成都的公孫述時，吳漢帶的軍隊紀律便很壞，攻進成都後大肆殺掠，連光武帝自己都說：「城降三日，吏人從服，孩兒老母，口以萬數，一旦放兵縱火，聞之可為酸鼻！」可見成都屠城之慘烈。實際上這次吳漢的軍隊入川，一路屠城，這在《後漢書・臧宮傳》亦有反映，稱：「宮連屠大城，兵馬旌旗甚盛。」在建武二十七年（西元五一年），臧宮與馬武曾建議出兵打擊匈奴，因那時匈奴正內爭不息，光武帝劉秀沒有同意，並詔報他們稱：「今國無善政，災變不息，百姓驚惶，人不自保，而復欲遠事邊外乎？且北狄尚強，而屯田警備傳聞之事，恆多失實。誠能舉天下之半以滅大寇，豈非至願。苟非其時，不如息人。」從這件事上，可以看到光武對戰爭的態度，比較冷靜，不好征伐，不喜歡炫耀武力。對於那些將領好勝之心，他笑著說：「常勝之家，難與慮敵。」多給百姓一些養生休息的時間，這也許就是仁君之謂也。

再說光武對隗囂與公孫述的那些詔諭，不僅是為了減少戰爭的災難，亦還是為了分化瓦解敵對營壘，它是配合軍事鬥爭的一種政治手段。他不僅有詔書給隗囂，還讓部屬為書招隗囂的部屬。《後漢書・隗囂傳》講到那時「帝因令來歙以書招王遵，遵乃分與家屬詣京師，拜太中大夫，封向義侯」。還通過王遵致書牛邯，勸其脫離隗囂歸降劉秀，「邯得書，沉吟十餘日，乃謝士眾，歸命洛陽，拜太中大夫。於是囂大將十三人，屬縣十六，眾十餘萬，皆降。」這些詔諭對於隗囂和公孫述本人來說，情況就不同了。就公孫述言：「帝乃與述書，陳言禍福，以明丹青之信。述省書嘆息，以示所親太常常少、光祿勳張隆。隆、少皆勸降。述曰：『廢興命也。豈有降天子哉？』左右莫敢復言。」（《後漢書・公孫述傳》）因為他們明白，即使投降了，也不一定有好的結果，蕭銑便是一個例子。只有如劉禪這樣「樂不思蜀」的人或許能苟且貪安，即使如李後主那樣，不可能對趙宋構成任何威脅，也還是被毒死。

洪邁在《容齋隨筆》卷十一，有一條〈漢二帝治盜〉，講到光武治盜的方法與漢武帝不同。漢武帝只有高壓政策，結果是「盜賊寖多」，而光武時，「群盜處處並起，遣使者下郡國，聽群盜自相糾擿，五人共斬一人者除其罪。吏雖逗留迴避故縱者，皆勿問，聽以禽討為效。其牧守令長坐界內有盜賊而不收捕者，又以畏愞捐城委守者，皆不以為負，但取獲賊多少，為殿最，唯蔽匿者乃罪之。於是更相追捕，賊並解散。」那是盡最大可能，利用敵對力量內部的矛盾，分化瓦解，以減少阻力，穩定自身內部的力量，減少矛盾，從而盡快地削弱敵對的勢力，增強自身的凝聚力，這是用力少而收效大的辦法。在這一點上，光武帝確實比漢武帝要聰明一些，正因為如此，西漢末的亂局才得以那麼快的平伏下來，從而擺脫戰亂帶來的災難。中華民族對統一的偏愛大概也由於此，至少讓百姓可以有平安的生存環境吧。

連昌宮詞❶

元微之❷、白樂天❸，在唐元和長慶間齊名❹。其賦詠天寶時事，〈連昌宮詞〉、〈長恨歌〉皆膾炙人口❺，使讀之者情性蕩搖，如身生其時，親見其事，殆未易以優劣論也。然〈長恨歌〉不過述明皇追愴貴妃始末，無它激揚，不若〈連昌詞〉有監戒規諷之意❻。如云：「姚崇、宋璟作相公，勸諫上皇言語切❼。長官清平太守好，揀選皆言由相公❽。開元之末姚、宋死，朝廷漸漸由妃子❾。祿山宮裏養作兒，虢國門前鬧如市❿。弄權宰相不記名，依俙憶得楊與李⓫。廟謨顛倒四海搖，五十年來作瘡痏⓬。」其末章及官軍討淮西，乞「廟謨休用兵」之語⓭，蓋元和十一二年間所作⓮，殊得風人之旨，非〈長恨〉比云⓯。

【注釋】❶連昌宮詞　是元稹當時成名之作。唐穆宗便是由於喜歡元稹的這首〈連昌宮詞〉才寵幸元稹的。它是長篇的史詩式的敘事詩，通過連昌宮的興衰以表述安史之亂前後唐王朝由盛而衰的原由。連昌宮，唐代皇帝的行宮，地址在河南府的壽安縣（今河南宜陽）。高宗顯慶三年（西元六五八年）建，它是唐帝東幸洛陽時，途中歇腳的行宮。❷元微之　即元稹，微之為其字。生於德宗大曆十四年（西元七七九年），卒於文宗大和五年。憲宗時舉制科對策第一，長慶時受穆宗寵幸，歷任中書舍人，承旨學士，工部侍郎同中書門下平章事。少年時即有才名，工為詩，善狀詠風態物色，喜作豔詩抒兒女之情。若〈會真詩三十韻〉、〈夢遊春七十韻〉均為以詩歌的形式細緻地言說兒女間的情和事，而〈鶯鶯傳〉則為其所作同一題材之傳奇小說，皆風行一時。❸白樂天　即白居易，樂天為其字。太原人，唐代著名詩人，稹自序其詩稱：「稹與同門生白居易友善。居易雅能詩，就中愛驅駕文字，窮極聲韻，或為千言，或五百言律詩，以相投寄。小生自審不能過之，往往戲排舊韻，別創新辭，名為次韻相酬，蓋欲以難相挑耳。」（《元氏長慶集．上令狐相公詩啟》）而白居易亦以元稹為知己，其〈贈元稹〉云：「自我從宦遊，七年在長安。所得唯元君，乃知定交難。」故二人詩文往返不絕。他在〈與元九書〉中說：「今所愛者，並世而生，獨足下耳。然千百年後，安知復無如足下者出，而知愛我詩哉！故自八九年來，與足下小通則以詩相戒，小窮則以詩相勉，索居則以詩相慰，同處則以詩相娛。」❹在唐元和句　指元、白二人的詩歌在元和、長慶這二十年間詩壇上的聲譽，幾乎是並駕齊驅的。元和，唐憲宗的年號，前後歷時十五年。長慶，唐穆宗的年號，歷時僅四年。❺其賦詠天寶時事二句　天寶，唐玄宗第二個年號，歷時十五載，是唐朝由盛而衰的轉折期，唐明皇與楊貴妃之間的故事，也成為元和、長慶年間詩人吟詠的題材。長恨歌，白樂天作於元和元年（西元八〇六年）。陳鴻的〈長恨歌傳〉稱：是年「冬十二月，太原白樂天自校書郎尉于盩厔。鴻與琅琊王質夫家于是邑，暇日相攜遊仙遊寺，話及此事，相與感嘆。質夫舉酒于樂天前曰：『夫希代之事，非遇出世之才潤色之，則與時消沒，不聞于世。樂天深於詩，多於情者也。試為歌之如何？』樂天因為〈長恨歌〉。」元稹的〈連昌宮詞〉是見到韓愈〈和李司勳過連昌宮〉有「宮前遺老來相問，今是開元幾葉孫」之句有感，依題以天寶故事為題材而作，此詞流行於文人和宮廷間。「穆宗皇帝在東宮，有妃嬪左右嘗誦稹歌詩以為樂曲者，知稹所為，嘗稱其善，宮中呼為元才子。」宰相令狐楚曾經對元稹說：「嘗覽足下製作，所恨不多，遲之久矣，請出其所有，以豁予懷。」白居易的詩則風行於民間，其〈與元九書〉言及「再來長安，又聞有軍使高霞寓者，欲聘娼妓，妓大誇曰：『我誦得白學士〈長恨歌〉，豈同他妓哉！』由是增價。」「又昨過漢南日，適遇主人集眾樂娛他賓，諸妓見僕來，指而相顧曰：『此是〈秦中吟〉、〈長恨歌〉主耳。』」所以「士庶僧徒孀婦處女之口，每每有詠僕詩者」。故白居易的詩以情為主，通俗易曉，風行於民間。❻長恨歌三句　此言〈長恨歌〉只講明皇在貴妃死後，兩人各自在人間與仙界相互思念之情，缺少〈連昌宮詞〉所具有的那種勸戒諷諫之意義。陳寅恪在《元白詩箋證稿》中認為，白居易的〈長恨歌〉與陳鴻的〈長恨歌傳〉是一整體，傳是唐人的傳奇小說，〈長恨歌〉則是其歌詩部分。〈長恨歌傳〉之末尾云：「意者不但感其事，亦欲懲尤物，窒亂階，垂于將來也。歌既成，使鴻傳焉。」可見其勸戒說教的用意，由陳鴻的傳來表達。其實〈長恨歌〉所以能千載傳誦於「王公妾婦牛童走馬之口」也正由於它能動人以情，而說教只能屬於少數人的。❼姚崇宋璟作相公二句　姚崇，生於高宗永徽元年（西元六五〇年），卒於開元九年（西元七二一年），陝州硤石（今河南陝縣）人，本名元崇，因避開元年號，改名為崇。歷任武則天、睿宗、玄宗朝宰相，開元初奏請禁止宦官貴戚干政，開元四年（西元七一六年）山東蝗蟲大起，姚力主設火撲滅蝗蟲，《舊唐書·姚崇傳》稱其「獨當重任，明於吏道，斷割不滯」，晚年薦宋璟自代。宋璟，生於高宗龍朔三年（西元六六三年），卒於玄宗開元二十五年（西元七三七年），邢州南和（今河北南和）人。開元四年冬，繼姚崇居相位。八年（西元七二〇年）罷執政事，十七年（西元七二九年）拜尚書右丞相，二十年（西元七三二年）以年老乞休。在位時以剛直聞，主張寬賦役、省刑罰，禁止惡錢。姚、宋二人皆為開元時期之名相。相公，當時人對宰相之尊稱。上皇，指唐玄宗。❽長官清平太守好二句　開元以後，以宰相典選，「先是，朝集使每至春將還，多有改轉，率以為常。璟奏請一切勒還，絕其僥求之路。」（《舊唐書·宋璟傳》）此言在姚崇、宋璟執政時，積極改革銓選的積弊，優選人才，使百官稱職，長官清平廉潔為風尚。太守即州之刺史，能以奉公守法為其政績。相公，《全唐詩》校一作「至公」。❾開元之末姚宋死二句　姚崇死於開元九年，宋璟死於開元二十五年，賢相去世，朝政衰落。妃子，指楊玉環，其入宮的時間當在開元二十四年（西元七三六年），由於玄宗寵幸，才在天寶三載（西元七四四年）冊為貴妃。她對政事的影響漸漸加強。楊貴妃的三個姊姊，分別封為韓國夫人、虢國夫人、秦國夫人，皆有才貌，出入宮掖，勢傾天下，其從兄楊國忠亦因貴妃而青雲直上。朝政漸漸為楊家所左右。❿祿山宮裏養作兒二句　祿山，營州柳城（今遼寧朝陽）胡人，本無姓氏，名軋犖山，冒姓安。最早為互市牙郎，幽州節度使張守珪拔為偏將，收為養子。天寶時，在玄宗的寵信下，先為平盧節度使，後兼范陽節度使，又求為河東節度使，入宮時請為貴妃養兒，入對先拜貴妃，「玄宗怪而問之，對曰：『臣是蕃人，蕃人先母而後父。』玄宗大悅。」（《舊唐書·安祿山傳》）又《資治通鑑·唐紀》玄宗天寶十載正月甲辰條及《考異》云：「召祿山入內，貴妃以繡綳子綳祿山，令內人以彩輿舁之，歡呼動地。玄宗使人問之，報云，貴妃與祿山作三日洗兒，洗了又綳祿山，是以歡笑。玄宗就觀之，大悅。自是宮中皆呼祿山為祿兒，不禁其出入。」虢國，楊貴妃之三姊，玄宗封其為虢國夫人，並奉旨與祿山結為兄妹，賜甲第，連於宮禁，每有請託，府縣承迎，峻如詔令，且廣收四方賂遺，門庭如鬧市。⓫弄權宰相不記名二句　弄權，指不走正道玩弄陰謀權術。楊與李，指楊國忠與李林甫，為天寶時期的宰相。李林甫，唐宗室，小字哥奴，開元二十三年拜相，在位時間長達十九年，由於其久典樞衡，天下威權，咸歸其手，李為人陰柔狡猾，口蜜腹劍，對人表面友善，背後則暗加陷害，以排斥異己，建議邊將多由少數族將領承當，以致釀成「安史之亂」。楊國忠，楊貴妃的同祖堂兄，天寶初，由監察御史升侍御史，賜名國忠。李林甫死，代為右相，兼吏部尚書。國忠以宰臣典選事，往常吏部三銓，三注三唱，自春及夏，才終其事。而國忠則使胥吏於私第暗定官員敘次，集百僚於尚書省對注唱，一日而畢，以誇神速，結果是吏治敗壞，無復倫序。他與安祿山爭寵於玄宗，激怒安祿山反叛，最終安祿山以誅楊國忠為名起兵叛亂。潼關失守，玄宗西狩，誘發馬嵬兵變，亂兵先殺楊國忠，接著便是縊死楊貴妃於佛室，韓國、虢國二夫人亦先後為亂兵所殺。⑫廟謨顛倒四海搖二句　意謂由於楊國忠與李林甫執政時顛倒朝政，使四海動搖，導致天寶末年由盛而衰的巨變，五十年來成為人們言之不盡的傷痕。廟謨顛倒，指決策錯誤，具體是指楊國忠建議征伐南蠻，先是派鮮于仲通，接著是遣李宓率兵討南蠻，前後丁壯二十萬人，棄之死地。白居易的〈新豐折臂翁〉所言即是此事。「無何天寶大徵兵，戶有三丁點一丁。」點兵到哪裡去呢？「五月萬里雲南行」，「皆云前後征蠻者，千萬人行無一回。」結果是「身死魂飛骨不收，應作雲南望鄉鬼，萬人冢上哭呦呦」，最終把原因歸結為「天寶宰相楊國忠，欲求恩幸立邊功，邊功未立生人怨，請問新豐折臂翁」。廟謨，指朝廷之大政方針。瘡痏，指傷痕或瘡瘢。⑬其末章二句　末章，指〈連昌宮詞〉的末章，及官軍討淮西，指元和十二年十一月，在裴度的主持下，討平原淮西節度使吳元濟的叛亂，〈連昌宮詞〉此二句為：「官軍又取淮西賊，此賊亦除天下寧。」乞廟謨休用兵，指詩人最後借老翁之口，表達其休戰銷兵的思想。〈連昌宮詞〉的原文為：「年年耕種宮前道，今年不遣子孫耕。老翁此意深望幸，努力廟謀休用兵。」意謂希望朝廷不再用兵。此語影響到後來穆宗、敬宗兩朝軍事與政治關係。⑭蓋元和句　洪邁此言不然，平定淮西已是元和十二年的十一月，那麼作此詞的時間應在次年，陳寅恪《元白詩箋證稿》考訂〈連昌宮詞〉製作的時間應在元和十三年的暮春。⑮殊得風人之旨二句　意謂元稹的〈連昌宮詞〉能得諷喻教化之主旨，不是〈長恨歌〉只是言情所能比擬的。風人，古代采詩官采詩以觀民風，故稱其為風人。如白居易在〈與元九書〉中曾講到〈離騷〉與《楚辭》「雖義類不具，猶得風人之什二三焉」。

【語譯】唐代元和、長慶年間，元稹與白居易兩人的詩歌的聲譽，幾乎是並駕齊驅的。他們都曾用詩歌吟詠天寶年間由盛而衰的變化，若〈連昌宮詞〉與〈長恨歌〉，兩者都曾為當時的人們爭相傳誦而讚不絕口，凡是讀過他們作品的人，都如身生其時，親見其事，並為其作品所深深感動，所以這兩篇作品很難以優劣來區分。然而比較起來〈長恨歌〉只是表述唐明皇對楊貴妃悲愴思念的情感過程，沒有那種發揚教化的功能，不如〈連昌宮詞〉還包含有對世人監戒規勸、諷喻的意思。諸如〈連昌宮詞〉云：「姚崇、宋璟作相公，勸諫上皇言語切。長官清平太守好，揀選皆言由相公。開元之末姚宋死，朝廷漸漸由妃子。祿山宮裏養作兒，虢國門前鬧如市。弄權宰相不記名，依俙憶得楊與李。廟謨顛倒四海搖，五十年來作瘡痏。」它的最後一章還提到官軍討平淮西吳元濟的事，以及乞求「朝廷不要再輕易用兵」的話語，說明〈連昌宮詞〉大體是創作於元和十

一、二年間的作品，它比較能得到風人寓教化於詩篇的主旨，這就不是〈長恨歌〉所能比擬的了。

【研析】 洪邁對元、白〈連昌宮詞〉與〈長恨歌〉比較的評述，對後世影響深遠。張邦基《墨莊漫錄》稱：「白樂天作〈長恨歌〉，元微之作〈連昌宮詞〉，皆紀明皇時事也。予以為微之之作過樂天。白之歌止於荒淫之語，終篇無所規正。元之詞乃微而顯，其荒縱之意皆可考，卒章乃不忘箴諷，為優也。」與洪邁的分析如出一轍，而且更加清晰明白。陳寅恪的《元白詩箋證稿》為此作過解釋，認為白的〈長恨歌〉與陳鴻的〈長恨歌傳〉兩者是連成一體的，在《白氏長慶集》中收陳鴻的〈長恨歌傳〉而〈長恨歌〉則附在其後。〈長恨歌傳〉是傳奇小說，〈長恨歌〉是從屬於此小說的詩歌，故兩者必須合併閱讀，那麼〈長恨歌傳〉之末尾若作者之「意者不但感其事，亦欲懲尤物，窒亂階，垂于將來者也」已包含了勸戒之意。從作者創作的主旨上講，無論〈連昌宮詞〉還是〈長恨歌〉兩者都是一致的，在創作的主旨上揚彼抑此缺乏根據。然而從傳播之廣，歷時之久，千年之後的今日，比較二篇之影響，〈長恨歌〉要遠勝〈連昌宮詞〉了。那是因為〈長恨歌〉所抒之情，要高於〈連昌宮詞〉之意。意受時代及人群的限制，而情則無論古今，都能感動所有的人。它說明作品的藝術形象高於作品的一時社會意義和思想性，通過藝術形象所表述對人類而言之真情，具有永恆的價值。

值得注意的另一個問題是，儘管〈長恨歌〉與〈連昌宮詞〉都是表述天寶年間唐明皇與楊貴妃之間故事的作品，可是不能把它們當作歷史來讀，文藝作品與歷史畢竟是兩回事。〈長恨歌傳〉的末章有這樣兩句話：「世所不聞者，予非開元遺民，不得知。世所知者，有〈玄宗本紀〉在。今但傳〈長恨歌〉云爾。」它是講歷史事實那得根據〈玄宗本紀〉，而我這篇傳奇小說只鋪敘〈長恨歌〉的故事情節，而〈長恨歌〉的故事情節有許多則是虛擬的，二人死別後天上人間的思念之情，則是作者們遊仙遊寺後得到的遐想。又如「七月七日長生殿，夜半無人私語時。在天願作比翼鳥，在地願為連理枝。天長地久有時盡，此恨綿綿無絕期。」這也是作者虛擬的，且玄宗常以十月幸華清宮，至春即還宮，從未於六月去驪山浴溫泉的。再說元稹的〈連昌宮詞〉的主要情節也是虛擬的，作者把唐玄宗與楊貴妃恩愛故事的發生地放在連昌宮，它的地點在河南府的壽安縣，開元二十四年（西元七三六年）唐明皇自東都返駕長安後，就再沒有去過東都，而唐明皇與楊貴妃之間一切故事的發生地都在長安，貴妃始終未曾伴玄宗到過連昌宮，若望仙樓便是從華清宮搬過來的。陳寅恪認為整個〈連昌宮詞〉是元稹取〈長恨歌〉的題材，依照白居易新樂府的體制，受韓愈詩的啟發，閉門伏案依題懸擬之作，是兩位詩人之間以同一題材互相挑難的作品。天寶年間的故事是當時文人們藉此習作詩文的題材，對比一下二人的新樂府詩，這一類題材相同的作品就有好幾首。故詩與史還是應有所區分的。

和詩當和意

古人訓和詩，必答其來意，非若今人為次韻所局也❶。觀《文選》所編何劭、張華、盧諶、劉琨、二陸、三謝諸人贈答，可知已❷。唐人尤多，不可具載。姑取杜集數篇，略紀于此。高適寄杜公云：「媿爾東西南北人。」❸杜則云：「東西南北更堪論。」❹高又有詩云：「草《玄》今已畢，此外更何言？」❺杜則云：「草《玄》吾豈敢，賦或似相如。」❻嚴武寄杜云：「興發會能馳駿馬，終須重到使君灘。」❼杜則云：「枉沐旌麾出城府，草茅無逕欲教鋤。」❽杜公寄嚴詩云：「何路出巴山」，「重巖細菊班，遙知簇鞍馬，回首白雲間。」❾嚴答云：「臥向巴山落月時」，「籬外黃花菊對誰，跂馬望君非一度。」❿杜送韋迢云：「洞庭無過鴈，書疏莫相忘。」⓫迢云：「相憶無南鴈，何時有報章？」⓬杜又云：「雖無南去鴈，看取北來魚。」⓭郭受寄杜云：「春興不知凡幾首？」⓮杜答云：「藥裹關心詩總廢。」⓯皆如鐘磬在簴，扣之則應，往來反復，於是乎有餘味矣⓰。

【注釋】❶古人訓和詩三句　此謂古人以詩互相贈答時，答者必須答其詩之來意，可不受贈詩韻律之限制。訓和，古人以詩互相贈答。次韻，亦稱步韻，酬和朋友贈詩時，必須依照所和詩之韻腳作詩，即用其原韻原字，且先後次序都須相同。局，限制。❷觀文選二句　文選，即《昭明文選》。南朝梁昭明太子蕭統所編之文選。《昭明文選》設有「贈答」一個欄目，編集詩人之間互相贈答的篇章。何劭，字敬祖，陳國陽夏（今河南太康）人，晉初丞相何曾的兒子，晉武帝時曾任散騎常侍，遷侍中尚書，博學，工於詩。張華，字茂先，范陽方城（今河北固安）人。曾任侍中、中書監，對山川樹木、鳥獸蟲魚有廣博的知識。何劭與張華曾一同為官，辭官家居時，比鄰而居，故在他們之間互有贈答之詩。《昭明文選》載有何劭贈張華，張華答何劭二人互相唱和的詩句。一贈一答之意皆為抒發二人前為同僚，退隱後又相鄰而居，期望悠遊自得地安度晚年。贈答之詩文未受韻腳之局限。盧諶，字子諒，范陽涿（今河北涿州）人，其父盧志，與劉琨親善，故劉琨辟諶為從事中郎，司空主簿。劉琨被害後，寓居於遼西，後又投奔石季龍，不久被冉閔所害。劉琨，字越石，中山魏昌（今河北無極）人，漢中山靖王劉勝之後。西晉末任大將軍，都督并州諸事。為匈奴劉聰所敗，後為段匹磾所害。雖為將軍，且善為詩。鍾嶸的《詩品》稱其詩作：「既體良才，又罹厄運，故善敘喪亂，多感恨之詞。」《昭明文選》收有盧諶的〈贈劉琨并書〉，劉琨的〈答盧諶詩并書〉及〈重贈盧諶〉二詩，是他們之間互相贈答的詩。二陸，指陸機、陸雲兩兄弟。陸機字士衡，陸雲字士龍，吳郡華亭（今上海市松江）人，三國吳將陸遜之孫。父陸抗為東吳大司馬。吳亡，兄弟兩人皆歸晉。陸機是西晉時著名的文學家，陸雲與兄齊名。《晉書．陸雲傳》稱「雖文章不及機，而持論過之」。故時稱二陸，兄弟二人都有贈答詩為《昭明文選》所收，後皆為司馬穎所殺。三謝，指謝靈運、謝瞻、謝惠連三人，他們是堂兄弟，皆以詩文著名於時，史稱三謝。謝靈運，陳郡陽夏（今河南太康）人。其祖父謝玄，在東晉時因功封為康樂公，謝靈運承其爵位，時稱謝康樂。靈運處於南朝晉宋交替之際對劉宋保持距離，浪跡於山水之中，屢遭貶官，最終被害。謝瞻，字宣遠，與謝靈運幾乎同齡，且志趣相投，互有詩文贈答。謝惠連，十歲能文，深受謝靈運的知賞，所撰〈雪賦〉以高麗見奇。堂兄弟三人之間互有詩文往來。《昭明文選》選了謝靈運與他們之間的贈答。從內容來看，三人皆答所贈詩之來意，並不限於贈詩之聲韻。❸高適寄杜公云二句　杜甫流浪到成都時，與高適有詩文往來。「媿爾東西南北人」出於高適所作〈人日寄杜二拾遺〉之末句，「龍鍾還忝二千石，媿爾東西南北人。」題詩的時間在代宗的上元二年（西元七六一年）。人日，是那年的正月初七。此詩的首句是「人日題詩寄草堂，遙憐故人思故鄉」，草堂代指杜甫，杜在成都西郊浣花溪畔築草堂以居。中間有「今年人日空相憶，明年此日知何處」，末句先是自謂年老，故云「龍鍾還忝二千石」，那時他任蜀州刺史，故以二千石自稱。接著是謙虛地表示自己有愧於杜甫，故云「媿爾東西南北人」。《禮記》載孔子曰：「今丘也東西南北之人也。」杜甫亦嘗自言「甫也東西南北人」。東西南北既是指自己漂泊不定，也是高適對杜甫的一種尊重。因為這是孔聖人對自己遨遊四方的謙稱。高適，字達夫，一字仲武，渤海蓨（今河北景縣）人。略長於杜甫，曾與李白、杜甫一起浪跡於梁宋（今河南開封、商丘）一帶。曾任封丘縣尉，後投奔河西節度使哥舒翰幕下為記室參軍。安史之亂後任蜀州刺史，並一度領西川節度。❹杜則云二句　「東西南北更堪論」句見杜甫〈追酬故高蜀州人日見寄〉，這首詩作於代宗大曆五年（西元七七〇年）的正月二十一日，時杜甫年五十九歲。那時高適已去世，而他流落於衡州之湘江的船上，生活最拮据的時候，也就在這一年冬天他離開了人世。他是在檢拾文書時，無意中發現十年前高適〈人日寄杜二拾遺〉一詩，故在此詩之序中稱：「開文書帙中，檢所遺忘，因得故高常侍適往居在成都時，高任蜀州刺史，人日相憶見寄詩，淚灑行間，讀終篇末自枉詩已十餘年，莫記存沒又六七年矣。老病懷舊，生意可知。」詩中有「東西南北更堪論，白首扁舟病獨存」。以「東西南北」與高適詩句相對應，意謂除了你高適還有誰會論到我這個東西南北人哪！奈何高已作古，只留下我一個白首扁舟又病痛纏身獨存在這世上。反映了他悲哀又無可奈何的情緒。杜，指杜甫。❺高又有詩云三句　此是高適〈贈杜二拾遺〉詩之末聯。該詩作於乾元二年（西元七五九年）。時杜甫剛抵成都，寄居在草堂寺。高適任彭州刺史，府治在今成都西北的彭縣。高適知杜甫客居於寺院，想像杜在寺院的狀況，作此贈詩以示問候。全詩僅八句：「傳道招提客，詩書自討論。佛香時入院，僧飯屢過門。聽法還應難，尋經剩欲翻。草《玄》今已畢，此後更何言？」意謂傳聞你寄宿在寺院裡，討論儒家的詩書經典，佛院的香火氣息進入你的院落，僧人的伙食送到你的門前。在佛堂上聽僧人們說法，而且相互論難。既翻閱佛家的經典，又敷衍儒家的要旨。你能像揚雄草就《太玄》那樣玄妙的哲理，下一步你還會有什麼大作呢？這首詩裡是恭維杜甫，必將別有著作。高適之所以在詩中要以漢人揚雄的《太玄》比擬杜甫，還因為揚雄所居宅在成都西南，稱草玄堂，是揚雄著《太玄》之處。❻杜則云三句　這是杜甫答詩〈酬高使君相贈〉的最後二句。全詩共八句：「古寺僧牢落，空房客寓居。故人供祿米，鄰舍與園蔬。雙樹容聽法，三車肯載書？草《玄》吾豈敢，賦或似相如。」此詩與高適詩逐聯分答，且句句相應，說明他當時在草堂寺的實際情況。他在寺院是空居客房，沒有人可以一起討論詩書，不是僧人招待他的飲食，而是故舊與鄰舍供給自己祿米和蔬菜，在寺廟內可以聽僧人說法，卻不能互相責難，那牛、羊、鹿三車豈肯為我載書，又哪裡去翻閱經典呢？末言自己的作品怎敢比擬於揚雄的《太玄》，也許能與司馬相如的賦近似。揚雄《太玄》衍《易經》，自謂不能比擬，論文作賦則可以與司馬相如相較。❼嚴武寄杜云三句　此二句詩出自嚴武於寶應元年（西元七六二年）年所作〈寄題杜二錦江野亭〉一詩之末二句。詩意是表示嚴武與高時會馳騁駿馬，終究要造訪杜甫所居之草堂。使君灘，在萬州（今重慶市萬州東），長江中的險灘。沈佺期〈十四時嘗從巫峽過他日偶然有思〉詩：「使君灘上草，神女館前雲。」借喻杜甫所居錦江邊上的杜甫草堂。又「終須重到使君灘」，杜詩有作「終當直到使君灘」。嚴武，華州華陰（今陝西華陰）人，玄宗時名相嚴挺之子，肅宗時與房琯友善。琯被貶時，武亦由御史中丞貶為巴州刺史。寶應元年春拜成都尹兼御史大夫，充劍南節度使。❽杜則云三句　此是杜甫〈奉酬嚴公寄題野亭之作〉答嚴武之末二句，此詩的首二句「拾遺曾奏數行書，懶性從來水竹居」，點明了杜甫貶官客蜀及與嚴武的關係。至德二載（西元七五七年）杜甫自長安逃亡到鳳翔，拜見肅宗，被任命為左拾遺，房琯及嚴武被貶時，杜甫上疏救援房琯，因此而在政治上失意。故嚴武與杜甫之間，因房琯的事，二人一起受難。杜甫流亡到成都，嚴武任成都尹，就想著要來看望患難之交的杜甫。本詩末二句的意思是說如果你嚴武能在旌麾儀仗的簇擁下，從城中公府出來，枉駕草堂的話，那我馬上教人去鋤掉門前叢生的茅草，闢出一條道路來恭迎你的到來。不久嚴武便去草堂探望了杜甫，杜甫接著寫了〈嚴中丞枉駕見過〉詩，感激嚴武的知遇。❾杜公寄嚴詩云五句　這幾句皆出自杜甫〈九日奉寄嚴大夫〉一詩，作於寶應元年（西元七六二年）的九月九日。這一年七月嚴武奉召還京，遷京兆尹兼御史大夫。嚴武返京途中，成都少尹徐知道叛亂，嚴武被阻於巴山，杜甫在梓州作此詩遙念嚴武逗留於巴山小驛的情況。全詩八句：「九日應愁思，經時冒險艱。不眠持漢節，何路出巴山。小驛香醪嫩，重巖細菊班。遙知簇鞍馬，回首白雲間。」首二句講九日那一天杜甫遙想嚴武出川路遙的艱難。三、四句言不知走什麼路才能出巴山，嚴武持朝廷節仗難以入眠。五、六句是想像嚴武逗留在小驛的生活環境。末二句是想像嚴武回首懷念杜甫時，卻身在高山白雲之間，回首駐馬，人與鞍馬簇擁於一處。全詩講的是杜甫想像中嚴武受阻於崇山峻嶺之間，思念自己的心情和場景，實際上則是顯示杜甫對嚴武艱難處境的掛念，從對方以見己方。❿嚴答云四句　詩句見於嚴武〈巴嶺答杜二見憶〉，全詩亦是八句，句句與杜甫的思念相對。首二句「臥向巴山落月時，兩鄉千里夢相思」，上半講境，下半講情，與杜詩前半的情境相應。主題相同，以「相思」對杜甫的「愁思」。且與杜詩的第四句「何路出巴山」相對接，表示自己迄今仍然逗留在巴山，還沒有走出崇山峻嶺的路徑，其第五、六句「江頭赤葉楓愁客，籬外黃花菊對誰」，借景物以喻思念之情。以愁客與籬外之黃花自喻並對應杜甫的重巖細菊之斑斕。「菊對誰」是表示他對杜的思念。詩的末二句為「跂馬望君非一度，冷猿秋雁不勝悲」，與杜甫贈詩的末句相對應。跂，指跋涉於長途的馬匹。跂馬與杜詩的「鞍馬」對應，「望君非一度」則對應杜詩的「回首白雲間」。表示自己騎在馬上不止一次地回首想望故人，並以冷猿、秋雁自喻，秋天的猿嘯與雁鳴皆表示他在高山回首遙望故人而生悲情。答詩既要與贈詩在字句和意義上對應得貼切，感情上更要互相呼應。⓫杜送韋迢云三句　此二句詩出於杜甫〈潭州送韋員外迢牧韶州〉之末二句，寫作的時間應在大曆四年（西元七六九年）立秋後的一天。那時杜甫離開夔州出峽東下，經江陵、公安抵岳陽，過洞庭湖，沿湘江南下，經潭州（今湖南長沙）抵衡州（今湖南衡陽），想去投奔衡州刺史韋之晉，結果韋之晉已調潭州刺史，杜又折返潭州，而韋之晉又在潭州病逝，故杜甫一家無奈漂泊停留在湘江的船舶之上，舉目無親。杜在潭州的船上遇到了韋迢。韋是京兆人，好學工詩，進士出身，任禮部員外郎，外遷韶州刺史，韶州在今廣東韶關，韋迢途經潭州，在船上結識杜甫，其有詩〈潭州留別杜員外院長〉：「江畔長沙驛，相逢纜客船。大名詩獨步，小郡海西偏。地濕愁飛鵩，天炎畏跕鳶。去留俱失意，把臂共潸然。」二人皆處於失意彷徨之間，皆有天涯淪落人的同感。故杜作詩贈韋迢送行。全詩八句：「炎海韶州牧，風流漢署郎。分符先令望，同舍有輝光。白首多年疾，秋天昨夜涼。洞庭無過鴈，書疏莫相忘。」⓬迢云二句　詩句出於韋迢答杜甫的〈早發湘潭寄杜員外院長〉的末二句，該詩是韋迢由長沙抵湘潭時寄給杜甫的。全詩八句：「北風昨夜雨，江上早來涼。楚岫千峰翠，湘潭一葉黃。故人湖外客，白首尚為郎。相憶無南鴈，何時有報章？」答與贈句句入扣，末二句以「相憶無南鴈」對「洞庭無過鴈」，秋雁南飛不過洞庭湖，故云無南雁。因沒有飛雁可以傳書，以「何時有報章」對「書疏莫相忘」，二者都是表示希望得到對方的回信。⓭杜又云三句　杜甫此句出於〈酬韋韶州見寄〉之末二句。當時雖無南雁傳書，杜甫的答詩仍可通過水陸驛傳送達身在韶州的韋迢。全詩亦為八句：「養拙江湖外，朝廷記憶疏。深慚長者轍，重得故人書。白髮絲難理，新詩錦不如。雖無南過鴈，看取北來魚。」一面盛讚對方的來詩，同時自愧不如。古樂府〈飲馬長城窟行〉有魚書之說，故以「北來魚」取代「南去雁」，以回答韋迢的「何時有報章？」雙方雖為新知，卻已深交。⓮郭受寄杜云二句　此句詩見於郭受〈杜員外兄垂示詩因作此詩寄上〉之第七句。從詩題可知杜甫曾有詩贈郭受，郭以此詩作答。全詩僅八句，首二句為「新詩海內流傳遍，舊德朝中屬望勞」，盛讚杜詩在海內廣為流傳聲譽卓絕，德行久為朝中大臣們所推重。末二句也是盛讚杜詩，在「春興不知凡幾首」之下，尚有「衡陽紙價頓能高」，意謂今春以來，不知杜老又寫了幾首好詩，衡陽會因此而紙貴，這是借左思〈三都賦〉成，洛陽為之紙貴的典故，譽其新詩定會在衡陽廣泛流傳。郭受，大曆時人，曾為衡陽判官，杜甫奔衡州時，與郭受有交往。⓯杜答云二句　此句詩見於杜甫答郭受之〈酬郭十五受判官〉一詩之第三句。作品的時間是在杜甫自衡州將回到潭州時。杜之酬答皆據郭受來詩之意。全詩共八句：「才微歲老尚虛名，臥病江湖春復生。藥裹關心詩總廢，花枝照眼句還成。只同燕石能星隕，自得隋珠覺夜明。喬口橘洲風浪促，繫帆何惜片時程。」逐句酬答郭受之來詩，一面自謙己作，一面盛讚郭受之來詩。以「藥裹關心詩總廢，花枝照眼句還成」對郭受「春興不知凡幾首」表示自己這一向只關心吃藥的事，總是荒廢了作詩，只是朦朧之時，勉強拼湊幾句而已。藥裹指藥的包裹，或藥箱。他在詩中把自己的詩作比為燕石和隕星，把郭受寄來的詩比作隋侯之珠。末二句是講自己返航回到潭州湘江的喬口鎮和橘子洲，受到風浪的迫促，順風的話，到達衡州只要很短的時間和路程。意思是講歸帆甚便，知己相逢，不能不戀別。⓰皆如鐘磬在簴四句　此是謂詩人之間的贈答，所和之意，如樂人扣擊懸掛在簴上的鐘與磬這些樂器，構成一曲和諧的樂曲。如此往來反覆，使人感到其中自有從樂曲和鳴中產生的無窮餘味。簴，懸掛編鐘和編磬之木架，亦稱簨簴。鐘，為銅製的打擊樂器。磬，為玉製或石製的打擊樂器。以木槌扣擊這二種樂器，便會發出相應的聲響。

【語　譯】古人以詩來酬答唱和時，必定要回答贈詩的來意，不像今人都要為詩的聲韻所局限。瞭解一下《昭明文選》中贈答這一欄目中所編撰的何劭與張華，盧諶與劉琨，陸機、陸雲兄弟，謝靈運、謝瞻、謝惠連等人之間贈答詩，就可以清楚地知道這一點。唐代這一類例子則更多了，不可能全部都列舉在此。姑且從杜甫詩集中選取數篇，大略記取在這裡。高適在寄杜甫的贈詩中說：「媿爾東西南北人。」杜甫的答詩則說：「東西南北更堪論。」高在另一首贈詩中說：「草《玄》今已畢，此外更何言？」杜甫在答詩中，便對應地說：「草《玄》吾豈敢，賦或似相如。」嚴武在寄杜甫的贈詩中說：「興發會能馳駿馬，終須重到使君灘。」杜甫在答詩中則對應地說：「枉沐旌麾出城府，草茅無逕欲教鋤。」杜甫在另一首寄贈嚴武的詩中說：「何路出巴山」，「重巖細菊班，遙知簇鞍馬，回首白雲間。」嚴武的答詩說：「臥向巴山落月時」，「籬外黃花菊對誰，跂馬望君非一度。」杜甫在贈韋迢的詩中說：「洞庭無過鴈，書疏莫相忘。」韋迢的答詩便說：「相憶無南鴈，何時有報章？」杜甫又回答說：「雖無南去鴈，看取北來魚。」郭受寄杜甫的贈詩說：「春興不知凡幾首？」杜甫的答詩則說：「藥裏關心詩總廢。」這些贈答之間，都如懸掛在簴上的編鐘編磬，扣擊以後，聲聲相應，往來反覆地演奏出和鳴之聲，這樣會給人們留下無窮的回味。

【研　析】吟詩聯句要次韻，在唐以前就有了，特別是南朝齊梁以後，由於文人的倡導，這個風氣就已盛行一時。詩的文辭要講究聲韻和諧，高下疾徐，才能讓人吟詠。洪邁在《容齋續筆》卷五有〈作詩先賦韻〉條，就講到梁武帝在華光殿宴飲連句的事，此事見於《南史．曹景宗傳》，時間是在天監六年（西元五〇七年），「（曹）景宗振旅凱入，帝於華光殿宴飲連句，令左僕射沈約賦韻。景宗不得韻，意色不平，啟求賦詩。帝曰：『卿伎能甚多，人才英拔，何必止在一詩。』景宗已醉，求作不已，詔令約賦韻。時韻已盡，唯餘競病二字。

約景宗便操筆，斯須而成，其辭曰：『去時兒女悲，歸來笳鼓競。借問行路人，何如霍去病。』帝嘆不已。約及朝賢驚嗟竟日。」此詩全以口語入詩，並以競、病二韻，去時與歸來，行路人與霍去病相對，全詩自然天成，脫口而出。如果給韻以後，只在聲律、煉句上下功夫，但在內容上往往反而平庸無味，流於形式。至於詩人之間的贈答酬和，那是二人間思念和情感上的互相溝通，當然不能完全拘於來詩的韻腳，而應以酬和來詩之意為尚。杜甫與高適、嚴武、韋迢、郭受之贈答諸詩，是以意相和的範本了。

真假皆妄

《容齋隨筆》卷十六

江山登臨之美，泉石賞翫之勝，世間佳境也，觀者必曰如畫。故有「江山如畫❶」、「天開圖畫即江山❷」、「身在畫圖中❸」之語。至於丹青❹之妙，好事君子嗟歎之不足者，則又以逼真目之。如老杜❺「人間又見真乘黃❻」，「時危安得真致此❼」，「悄然坐我天姥下❽」，「斯須九重真龍出❾」，「憑軒忽若無丹青❿」，「高堂見生鶻⓫」，「直訝杉松冷，兼疑菱荇香⓬」之句是也。以真為假，以假為真，均之為妄境耳。人生萬事如是，何特此耶！

【注釋】❶江山如畫　此句在蘇東坡詞中見於兩處，一處是〈念奴嬌．赤壁懷古〉，此詞為元豐五年（西元一〇八二年）七月作於黃州。赤壁係黃州（今湖北黃岡）的赤鼻山，地處長江北岸，詞中有「亂石穿空，驚濤拍岸，捲起千堆雪」，即蘇軾所言「江山如畫」之景色。另一處則在〈念奴嬌．中秋〉，「江山如畫，望中煙樹歷歷」，這是作者在想像自月宮下望地面江山的景色。❷天開圖畫即江山　此句出於黃庭堅詩〈王厚頌〉之第二首：「夕陽盡處望清閑，想見千巖細菊斑。人得交遊是風月，天開圖畫即江山。」此是崇寧初王厚在西北邊境改拔湟洲之頌詩。王厚，王韶之子，字處道，生於至和元年（西元一〇五四年），卒於崇寧五年（西元一一〇六年），諡「莊敏」，贈寧遠軍節度使。《宋史》卷三百二十八〈王韶傳〉後有附傳。❸身在畫圖中　此語出自北宋吳興張子野的〈張氏十詠圖〉詩，詠其父張維之平生，詩之末二句為：「遐想盛時生恨晚，恍如身在畫圖中。」參見周密《齊東野語》卷十五。❹丹青　古代繪畫時常以丹砂和青雘這兩種顏料著色，故以丹青代指繪畫。❺老杜　指杜甫，字子美，中唐著名詩人。❻人間又見真乘黃　見杜甫〈韋諷錄事宅觀曹將軍畫馬圖歌〉之第一首：「國初已來畫馬鞍，神妙獨數江都王。將軍得名三十載，人間又見真乘黃。」乘黃，古代王者之名馬。《竹書紀年》：「帝舜元年，出乘黃之馬。」曹將軍，指曹霸，他畫過唐玄宗的玉花驄，故以乘黃稱讚曹霸所畫馬之逼真。❼時危安得真致此　見杜甫〈題壁上韋偃畫馬歌〉之末二句：「時危安得真致此，與人同生亦同死。」此謂韋偃所畫之馬，若呂布之赤兔，馬主人能以共生死相託。杜甫愛其神駿，故草堂主人真可託以生死。韋偃，京兆人，寓居於蜀，畫馬於杜甫草堂之東壁。❽悄然坐我天姥下　見杜甫〈奉先劉少府新畫山水障歌〉，其句為「悄然坐我天姥下，耳邊已似聞清猿」。悄然與似聞，皆指畫之逼真，看畫時似身處其境。天姥，山名，天姥山與括蒼山相連。《寰宇記》稱其在剡縣南八十里。❾斯須九重真龍出　見杜甫之〈丹青引〉。此詩贈曹霸，敘述開元時曹霸在宮中畫馬。其句為：「斯須九重真龍出，一洗萬古凡馬空。玉花卻在御榻上，榻上庭前屹相向。」九重，指帝王深宮之門有九重。真龍出，指所畫御馬玉花驄逼真，故云榻上所畫之馬與庭前所立之玉花驄，兩者相向而屹立，分不清誰真誰假了。❿憑軒忽若無丹青　見杜甫〈題李尊師松樹障子歌〉。此詩言玄都道士李尊師攜畫來訪，故此詩之首四句是：「老夫清晨梳白頭，玄都道士來相訪。握髮呼兒延入戶，手題新畫青松障。」接著是對畫的描述，「障子松林靜杳冥，憑軒忽若無丹青。」指觀畫中之松林非常幽靜。無丹青，指畫中之景物和松林極其逼真，如身臨其境。⓫高堂見生鶻　見杜甫〈畫鶻行〉。其詩云：「高堂見生鶻，颯爽動秋骨。初見無拘攣，何得立突兀。乃知畫師妙，巧刮造化窟。寫此神駿姿，充君眼中物。」鶻是鷹隼之類的猛禽，此謂畫之栩栩如生，如同生鶻見於高堂之上，形容畫師之神妙，巧奪造化之天工。⓬直訝杉松冷二句　見杜甫〈奉觀嚴鄭公廳事岷山沱江畫圖十韻〉。嚴武與杜甫有舊誼，嚴任東川節度，後除四川，權攝東川，二人在成都相會，杜甫入嚴幕府，此詩描述嚴武公事廳堂中的圖畫。故詩云：「沱水流中座，岷山到北堂。白波吹粉壁，青嶂插雕梁。直訝杉松冷，兼疑菱荇香。雪雲虛點綴，沙草得微茫。」皆言中堂壁畫之逼真。菱與荇皆漂浮在水面，直訝與兼疑皆言畫之逼真。全詩把自然的景觀逼真地顯現在中堂的畫面上，幾乎每句都以畫與景物相對應。嚴鄭公，即嚴武。

【語　譯】登高俯視江山之美，在山泉中賞玩卵石之勝，早已成為人們生活中最美好的境界，當人們在生活中進入美妙的自然境界時，必定會說這一切如畫那樣美。所以在詩詞中有「江山如畫」、「天開圖畫即江山」、「身在畫圖中」那樣的話語來描述此景此情。至於講到繪畫的美妙時，愛好繪畫藝術的君子們，在感嘆欽服之餘，往往又以逼真來說明它的真實和美好。如杜甫有不少講畫的詩作，都是以逼真來讚美畫幅的，如「人間又見真乘黃」，「時危安得真致此」，「悄然坐我天姥下」，「斯須九重真龍出」，「憑軒忽若無丹青」，「高堂見生鶻」，

「直訝杉松冷，兼疑菱荇香」這些詩句都是以逼真來讚美繪畫的。用繪畫來反映生活，對於客觀的存在講，繪畫是假，反之在觀賞繪畫時，又讚美繪畫的逼真，那成了以假為真，其實真假這兩者都是虛妄的境界。人生在世，萬事都是如此，何得僅僅圖畫是如此呢？

【研　析】妄者是虛幻的意思，正如人們生活中的幻覺一般，轉瞬即逝。佛經有云：「色即是空，空即是色。」把人們的一切生活都看作是虛幻的東西。洪邁在這裡借繪畫的真與假的關係，轉向人生的哲學思考。在人生中從真與美的關係，思考人生的哲理，頗耐人尋味。既然是人生的思考，就要把善與惡放進去。若是惡，則兩者皆妄；若是善，則兩者皆不妄。妄與不妄往往因人而異。

僅從繪畫的視角講，那只是一個真與美的關係。繪畫表現了人們對美好理想的嚮往，所以人們在讚嘆生活中一切美好東西時，說它「如畫」一樣。所以蘇軾會說「江山如畫」，那是對江山之美的讚嘆。反之，如果是在觀賞藝術作品時，不論它是繪畫還是雕塑，或者是詩歌與小說，它們都是借助形象來表達人們對一種觀念的嚮往，而這個嚮往也就是人們對生活的一種追求的反映，它本質上是人們觀念的產物，比之於生活的原生態，那是假，就其所反映的生活和表現的追求之內容而言，那麼是否真實地再現人們的生活和追求，便成為其是否美好的客觀標準。兩者之間，不僅形似，還有神似，不僅相似，還有給人以美的感受。杜甫的「高堂見生鶻」便是假中有真，作為一幅放在大廳中堂上的畫，那是假，因為廳堂上不可能有真鶻在那兒傲立，但他見到了畫中的鶻疑似「生鶻」，以其所畫之「鶻」形神皆有生氣，而這個逼真又成為人們的共識。那麼究竟什麼是最真實而又美好的呢？是自然的本真，還是人們所追求的美好的理想是最真實的呢？《紅樓夢》中說過「真作假時假亦真」，如果把繪畫的思考轉向對人生的考問，那問題又要複雜多了。

真和假是相對的，它必須和善與美這二個價值判斷聯繫在一起，所以這要看你從哪個視角去觀察生活。現實和理想二者不可或缺，每一個人在生活中都有自己的理想和追求，但在實際生活中往往有擺脫不了現實的瑣細問題，並非事事皆如人意，人們只能不斷從理想的追求中變更生活和現實，同時也只能在現實中不斷使我們的理想和追求更適合現實，而對人事真實的判斷又必須與他所追求的理想是否與美和善相關。作為價值判斷往往會因人而異，它對個人，對國家，對民族都是如此。陶淵明〈飲酒〉一詩的首句：「衰榮無定在，彼此更共之。」那是講現實生活中個人的衰與榮，都是短暫的，一時的，它似流水一般，任何人如果刻意地追求個人的榮華富貴，到頭來還只能是一場空。然而陶是一個有高尚情操的人，他沒有刻意去講究個人的榮辱。他在〈五柳先生傳〉中表述自己「不戚戚於貧賤，不汲汲於富貴」。他的理想在於對世俗的抗爭和個人情操的高尚，在生活中不與世俗隨波逐流。他在〈歸去來兮辭〉中說自己「質性自然」，他醉心於「木欣欣以向榮，泉涓涓而始流。善萬物之得時，感吾生之行休」。那就是把人生回歸於自然，如果你斤斤於個人的榮辱，最終還是兩者皆虛妄。若醉心於自然，一切都回歸於本真。從陶淵明的作品到他的為人，那他確實是進入真假兩不妄。所以不妄的焦點在於作為個人主體之自身有沒有高尚的思想境界，有沒有善良而又美好的理想追求，而不在乎環境加在你身上一時的貴賤榮辱。

文中子門人❶

王氏《中說》❷所載門人，多貞觀時知名卿相，而無一人能振師之道者，故議者往往致疑。其最所稱高第曰程、仇、董、薛❸，考其行事，程元、仇璋、董常無所見，獨薛收在《唐史》有列傳，蹤跡甚為明白。收以父道衡不得死於隋❹，不肯仕，聞唐高祖興，將應義舉❺，郡通守堯君素覺之❻，不得去。及君素東連王世充，遂挺身歸國❼，正在丁丑、戊寅歲中。丁丑為大業十三年，又為義寧元年，戊寅為武德元年❽。是年三月，煬帝遇害於江都，蓋大業十四年也。而杜淹所作《文中子世家》❾云：「十三年江都難作，子有疾，召薛收謂曰：吾夢顏回稱孔子歸休之命。乃寢疾而終❿。」殊與收事不合，歲年亦不同，是為大可疑者也。又稱李靖受詩及問聖人之道⓫，靖既云「丈夫當以功名取富貴，何至作章句儒⓬」，恐必無此也。今《中說》之後，載文中次子福時所錄云：「杜淹為御史大夫，與長孫太尉有隙⓭。」予按淹以貞觀二年卒，後二十一年高宗即位，長孫無忌始拜太尉，其不合於史如此。故或者疑為阮逸所作，如所謂薛收《元經傳》，亦非也⑭。

【注釋】❶文中子門人　文中子是隋代大儒王通的門弟子對他的私謚，表示對他學問的尊重。王通，絳州龍門（今山西河津）人。隋文帝時上〈太平策〉論治道，未見重用，隋末世亂，乃退居河汾，在家著書立說，講學授徒。有門弟子多人，時人稱「河汾門下」。其中多人為唐初名臣。其學說主要講王道仁政，正心推誠，以天下為心。主張儒、佛、道三教圓融會通而歸於儒。著書多種，所著《中說》後人亦稱為《文中子》。《舊唐書》、《新唐書》著錄《中說》五卷，《宋史．藝文志》作十卷，可見流傳中多有殘缺或增補。北宋仁宗時建州建陽人阮逸以家藏《中說》古本刊行問世，並為之作注。後人發現該注本多有增損附益，頗疑此書為阮逸偽造，但證據不足。《四庫全書》仍肯定為王通所作。近人研究亦持相同觀點。門人，古代門人、弟子或相通混用，但嚴格說也有區別。清經學家閻若璩說：後漢時公卿多聚徒教授，親自受業者為弟子，轉向傳授者為門人。隋唐之世，凡登門向經師求教之士亦可視為門人。王通講學河汾，士人多有慕名前來問學求教，見於《中說》者有魏徵、李靖、杜淹、房玄齡、溫彥博等唐初公卿大臣。但他們並不一定是專門受業的門弟子。❷王氏中說　即王通《中說》。《中說》係王通在河汾講學的部分內容，由其門人、弟子記錄，再經由其弟王凝及子福時、福郊等人相繼整理纂輯而成書。❸其最所稱句　程、仇、董、薛即下文中的程元、仇璋、董常、薛收。此四人是王通最所賞識的門弟子。前三人唐初在政治上無所聞。高第，弟子中的優等生。薛收，蒲州汾陰人，父隋內史侍郎薛道衡為煬帝所殺。收善文辭，入唐為秦王李世民府僚，所作文書，立馬而就。但英年早逝，死時年僅三十三歲。王通文中子謚號，即薛收等門弟子議定。收事蹟並見《舊唐書》與《新唐書》的〈薛收傳〉。❹收以父道衡句　薛收父道衡，歷仕北齊、北周，至隋文帝開皇八年（西元五八八年）伐陳時，參佐軍務，兼掌文翰，還京，任內史侍郎，為宰相高熲、楊素所推重，名聲顯赫，才學富贍，時人未能與之相比。所作詩文，辭藻華麗。煬帝時拜司隸大夫。議論時政，常讚美先朝，對煬帝不滿，多有譏刺。煬帝忌恨其鋒芒太露，加以殺害。死時年七十，天下稱冤。所著有詩文集七十卷。後流傳殘缺，明人輯有《薛司隸集》。所作樂府曲辭〈昔昔鹽〉記女子懷念丈夫遠征，其中有「空梁落燕泥」句，為時人所傳誦。煬帝殺害薛道衡後說：汝尚能詠「空梁落燕泥」否？道衡《北史》、《隋書》均有傳。❺聞唐高祖興二句　唐高祖，即李淵，隋大業十三年（西元六一七年），以太原留守起兵反隋。薛收以父道衡被煬帝殺害，將響應之。❻郡通守句　通守，隋郡佐官。煬帝大業三年（西元六〇七年）罷州置郡，郡置太守，後諸郡各加置通守一人，位次太守，掌佐理郡治，副貳太守。堯君素，魏郡湯陰人。大業末，以鷹擊郎將從驍衛大將軍屈突通至河東，以抗拒自太原南下的唐軍。屈突通引兵南走，遂以堯君素署領河東通守。其事蹟見《隋書・堯君素傳》。❼及君二句　此句指堯君素與王世充軍事上同盟連勢，薛收遂決計挺身投唐。王世充，祖西域人，父官為州長史，世充，《隋書》作王充，避唐太宗諱。煬帝時，以江東郡丞領江都宮監，明辯，善敷奏，又善候人主顏色，阿諛順旨，得煬帝寵信。隋末群雄紛起，世充善於領兵，得士眾心，先後大敗朱燮、管崇、孟讓、格謙、盧明月等諸軍，益得煬帝信任。及李密率眾軍圍攻洛陽，留守東都的越王侗遣使至江都向煬帝求救。煬帝命王世充率江淮勁卒前往解圍守城。王世充入東都，先後與李密百餘戰，後李密大敗，降於唐。世充手握軍權，又勝李密，遂廢越王侗，自即皇帝位，建元曰「開明」，國號鄭。後與唐軍交戰失敗，降唐被殺。事蹟見《隋書・王充傳》。

❽丁丑三句　丁丑、戊寅為甲子紀年。大業為隋煬帝年號。義寧為隋代王侑年號。李淵起兵入關，取長安，以擁立代王侑稱帝，年號義寧，實則以楊侑號召隋群臣，自執其政。及聞煬帝在江都被殺，遂廢侑自立稱帝，國號唐。武德為其立國年號。

❾杜淹所作句　為記錄王通家世的文章。杜淹撰，見《中說》附錄。一說為王通子福郊所作。王氏為河東大姓，著聞於世。其先世或仕宦，或執儒業。尹協理、魏明合著《王通論》記載王通的家世較詳，可參考。杜淹，唐名臣杜如晦的叔父，隋代官御史中丞。王世充建鄭國，署吏部侍郎，頗親近用事。洛陽平，房玄齡以其材辯多識，熟知朝廷典章制度，向秦王李世民推薦，署為天策府兵曹參軍、文學館學士。世民即位，官為御史大夫。不久，又以檢校吏部尚書，參預朝政。貞觀二年（西元六二八年），病死。事蹟見《舊唐書》與《新唐書》的〈杜淹傳〉。❿吾夢顏回二句　《史記・孔子世家》載孔子臨死前對弟子子貢嘆道：「太山壞乎！梁柱摧乎！哲人萎乎！」王通自認為是當世孔子，故臨死之際對門弟子說：「吾夢顏回稱孔子之命，召我歸去。」顏回，即顏淵，魯國人，孔子得意弟子。在孔子諸弟子中，以德行著稱。顏回早死，孔子悲慟而哭。歷代以亞聖、復聖稱之。其事蹟見《史記・仲尼弟子列傳》。歸休，即歸息，意指死亡。寢疾，指病重臥床。⓫又稱李靖句　《中說・天地第二》載李靖向王通問聖人之道。文中子答道：「無所由亦不至于彼。」此語頗帶玄機，意謂夫子之道，隨事物的變化，來去無常，然亦有因果關係。李靖，初唐名臣，字藥師，京兆三原（今陝西三原東北）人。《新唐書・李靖傳》載靖「通書史，嘗謂所親曰：『丈夫遭遇，要當以功名取富貴，何至作章句儒！』」此句即〈文中子世家〉所載李靖向王通問道後所語。

⓬章句儒　漢代經學家常以分章析句來解釋儒家經典，章句儒意指專攻儒學的經師與經生。章句，即章節與句子。隋末，天下大亂，故李靖云：「丈夫遭遇，要當以功名取富貴，何至作章句儒！」⓭杜淹為御史大夫二句　杜淹與長孫無忌有隙，當與黨派分異，兩人議事不合，爭權互忌有關。明嚴衍《資治通鑑補》曰：「貞觀中，(王)通仲弟叔恬為監察御史，彈侯君集，

事連太尉長孫無忌，由是獲罪，時杜淹為御史大夫，密奏叔恬直言非辜，於是無忌與淹有隙。」但《舊唐書》與《新唐書》的〈杜淹傳〉及〈長孫無忌傳〉均未載及此事。杜淹為御史大夫。見注❾。長孫太尉，即長孫無忌，太宗李世民長孫皇后之兄，貞觀時功臣，位居宰相，權威極盛。事蹟見《舊唐書》與《新唐書》的〈長孫無忌傳〉。⓮如所謂二句　《元經》，王通撰。王通隱居河汾時，以儒學傳人自居，撰作《續六經》，亦稱《王氏六經》，《元經》係《續六經》之一。但此書不為時人所重視，自唐以後，漸已散失。據唐末皮日休《皮子文藪・文中子碑》所載《元經》凡三十一篇。宋本《元經》作十卷，題稱王通撰，薛收傳，阮逸注。一直流傳至今。《元經》仿孔子《春秋》體例，以紀年方式記載自晉惠帝太熙元年（西元二九〇年）迄於隋開皇九年（西元五八九年）平陳之時，以微言大義述說此三百年間的重大史事。《元經傳》即薛收對《元經》的解說，但薛收早死，其稿本未正式成書流傳。宋晁公武《郡齋讀書志》、陳振孫《直齋書錄解題》均疑《元經》及薛收《元經傳》皆為阮逸託名偽作。洪邁亦疑《元經傳》非薛收所作。至於《元經》及《元經傳》的真偽，尚待通識的學者研究。

【語　譯】文中子王通所著的《中說》一書，記載的門生弟子中，多數人是唐太宗貞觀年間的著名大臣，可是卻沒有一個人能夠發揚王通學說的，所以後人議論這事時，往往表示懷疑。王通在《中說》中說他最得意的學生有程、仇、董、薛四人，考證他們的生平事蹟，程元、仇璋、董常三人都不見於歷史記載，只有薛收在《唐書》裡有列傳記載，生平事蹟十分明白。薛收因為父親薛道衡被隋煬帝迫害而死，所以不肯在隋朝做官，聽到唐高祖李淵起兵反隋，打算前往響應，被河東通守堯君素發覺，因而未能脫身去投奔李淵。後來堯君素連結占據東都洛陽的王世充，薛收才毅然挺身投唐，這事發生在丁丑、戊寅年中。丁丑是煬帝大業十三年，又是隋恭帝楊侑義寧元年，戊寅是唐高祖李淵武德元年。這年三月，隋煬帝被殺死於江都，也就是大業十四年。但是，杜淹所作的〈文中子世家〉說：「大業十三年煬帝遇難於江都，文中子有病，於是就把薛收叫來說道：我夢見顏回來傳達孔子讓我回歸的命令。於是就病重而死了。」這一說法和薛收的事蹟不一致，時間上也有不同，這是很可疑的事。又說到李靖向文中子學習《詩經》並請教聖人之道，李靖既然說過「大丈夫應當建立功名以取得富貴，何必去做鑽研經書章句的儒生」，恐怕不會有向文中子求教經書的事。現在《中說》書後載有文中子的次子福時所錄的附記，說：「杜淹任御史大夫時，與太尉長孫無忌不和。」我查核杜淹是貞觀二年死的，此後二十一年，唐高宗做了皇帝，長孫無忌才被拜為太尉，福時的記載與史實如此不符合。因此之故，有人或懷疑《中說》為阮逸所偽作，還有所謂薛收的《元經傳》，也不是薛收所撰的作品。

【研　析】洪邁此篇主旨採前人所說的《文中子》係為阮逸偽作之說，並以史申論其致疑之由。今按：阮逸字天隱，建州建陽人，北宋天聖間進士，知杭州，後遷屯田員外郎。生平通曉音律，造鐘磬，著《樂論》、《易筌》，家藏古籍甚豐。《宋史》未入傳，事蹟見《宋元學案》及《宋史翼》。他與王通之學相距甚遠，說他偽造王通著作之《中說》和《元經》，主要是宋人目錄書中未見著錄，但並無有力的證據。因為某些書目未見並不一定此書不存在於世，只是流傳不廣而已。所以懷疑並不一定就是事實。因為自中唐以來文中子之書就已在儒士文人中流傳誦讀，晚唐的皮日休「嗜先生道，業先生文」，作〈文中子碑〉（見《皮子文藪》）。豆盧處士「誦文中子書不絕於口」（見《笠澤叢書・陸龜蒙・送豆盧處士謁宋丞相序》）。五代宋初人徐鉉「嘗讀文中子所著書」，「竊觀其建言設教、憲章周孔」（見《徐鉉騎省集》）。宋初人柳開（字仲塗）「每讀《中說》」，稱「王氏（王通）之讀六經，蓋自出一家之體裁」，「王通氏之書，吾子（指臧炳）又常得而觀之」（見《河東集》）。又五代時劉昫《舊唐書・經籍志》載「《中說》五卷，王通撰」。皆見王通著作雖經唐末五代社會亂離，書籍在散失中仍有保存，學人亦多慕其書而常讀誦。說宋仁宗時人阮逸偽造在時代先後上不合，豈不違背事實？退一步說，阮逸若要偽造王通著作，費錢、費力、勞神，能有此必要嗎？而其偽造的目的又何在呢？

洪邁此篇〈文中子門人〉對王通之書提出疑問有四點：一是王通門人多有太宗貞觀時知名卿相，而無一人能振師道。二是薛收事蹟與〈文中子世家〉所載卒年不合。三是稱李靖向王通請教恐必無此。四是杜淹與長孫無忌有隙，不合於史。洪邁讀史過細，但此四點懷疑仍可以逐點作出釋疑。

王通是隋代著名大儒，其所教授的門人弟子成百上千，他的家鄉在河南龍門（今山西龍門），靠近隋河東郡治蒲坂。且河東郡地處今陝、晉、豫三省交會之處，四方遊學之士前來向他請教自然不少。檢《隋書》及《唐書》所載：薛收蒲州（河東郡）汾陰人；李靖京兆三原（今陝西三原東北）人；房玄齡齊州臨淄人，自幼隨父居京城長安，後以進士舉，任隰城縣尉。隰城，原西河郡，地處汾河西，太原、河東兩郡之中。魏徵雖為魏州（武陽郡）曲城人，但青年時即棄家業不顧，遊學四方，學帝王之術，且詭為道士；溫彥博，并州（太原郡）祁（今山西祁縣）人，距離河東郡亦較近。以上所舉，大抵上皆不出今晉、陝、河汾之地。他們前來向王通求教請益，這完全合乎情理之中。且隋末四方兵起，天下大亂，士人四散，亦正當士人們風雲交會、挺身以求功名富貴之際。王通門人弟子，棄業從軍，亦必是多投向自太原起兵南下，經龍門蒲坂而入西京長安的唐軍。故唐初將相大臣多出於王通門下這是毫不足怪的。至於王氏之學之未能振興，這是與大環境和家庭的政治遭遇有著很大的關係。以大環境而言，隋唐之世，佛教熾盛，道教被尊為國教，佛書亦多，儒學之書，儒經之作遭亂世焚毀殘失，百不及一。朝廷之上尊崇佛道及文學之士，而輕儒經儒學，這豈能藉二三卿相而扭轉時代大局。就小環境而言，王通子孫在初唐時期迭遭政治上的打擊。王通弟王績隱於亂世，不仕；王凝（字叔恬）在貞觀初為監察御史，因上書直言侯君集有「無君之心」，其事牽連到長孫無忌，由此獲罪，被黜為姑令，後返回鄉里，整理王通的《續六經》和《中說》。終因再出任官，無暇完成其兄遺業。王通子福畤繼王凝之後，再次整理其父留傳遺書，「乃例六經，次《禮》、《樂》，敘《中說》，明《易贊》，以敷遺後人。」（見王勃〈續書序〉）。其子王勃繼承家業，編輯《續六經》及《中說》，成書十卷。但王勃因犯殺人罪，連累其父福畤，由雍州司功參軍左遷為交趾令，遠竄於南越之地。王勃前往探視父親，卻又中途溺水而死。王勃英年早逝，使王通遺書只能藏於家而未能廣為流傳。又王勃的兄弟，勮、勔在武則天萬歲通天二年（西元六九七年），因參預綦連耀謀反事而滿門坐誅（見《舊唐書．王勃傳》）。這些事使得王通本已入列傳而終被刪除。《舊唐書．王績傳》載：王績兄通，「自有傳」。今《隋書》及《舊唐書》未列王通傳，當是政治上的緣故造成。由此王氏之學不絕如線，直至中唐之後，才漸漸地得到學人們的注視。後世考論王通遺書的真偽問題，對此點均未引起注意，今特揭出，以資學者考論。

洪邁云：〈文中子世家〉載王通死年與薛收投唐年代相差一年，由此致疑，此點亦可回答。薛收為王通得意門人，《文中子》記載兩人問答很多。王通死後，也是以薛收為首，諸門人議諡王通為文中子。此事亦載於皮日休〈文中子碑〉，至於記事相差一年，或傳寫誤筆，或記憶疏忽均有可能。今人寫師友回憶錄，乃至死者家屬追記亡者先年，亦常犯年代記憶的錯誤，以今比古，更何足論！王通與薛收的關係各書所記，事實俱在，何容置疑。如若我們把〈文中子世家〉所云：「十三年江都難作，子有疾，召薛收謂曰……」其中的「江都難作」四字刪去，豈不釋然於懷了。又洪邁疑李靖向王通請教之事，「恐必無此」，此亦屬一種猜想而已。《舊唐書・李靖傳》載靖為雍州三原人。少有文武材略，每謂所親曰：「大丈夫若遇主逢時，必當立功立事以取富貴。」（亦見《新唐書》）此論述李靖青年時代的立志。這與〈文中子世家〉稱李靖向王通問聖人之道，靖既云：「丈夫當以功名取富貴，何至作章句儒。」的話又何其相似。王通以大儒居龍門講學，李靖就近前來問學求教，這亦在事理之中。至於洪邁指摘「杜淹為御史大夫，與長孫太尉有隙」，長孫無忌在高宗即位時始拜太尉，不宜有太尉的稱呼。今按：杜淹與長孫有隙，《唐史》所載甚明。《舊唐書・杜淹傳》載：「（杜）淹時兼二職，……又素與（長孫）無忌有隙。」紀事明白。又前人作史作文，常將某人歷任的最高官職來稱呼他。此屬常識，洪氏當然知道，但他棄杜淹與長孫有隙的前提事實不顧，反而以稱太尉的年代作辯說，豈不太過？總之，王通的《中說》和《元經》在長期流傳的過程中，或編輯整理，或保存不當，或傳抄錄寫，其中不無增刪改動及殘缺失誤之處。前人拾其小疵，遽論此書為偽作，豈不是潑汙水而棄嬰兒，真是得失在於寸心了。《四庫提要・子部・儒家類》評《中說》云：「洪邁必以為其書出阮逸所撰，誠為過當。」此當為中肯的結論。

歲旦飲酒

今人元日飲屠酥酒❶，自小者起，相傳已久，然固有來處，後漢李膺、杜密以黨人同繫獄，值元日，於獄中飲酒❷，曰：「正旦從小起。」《時鏡新書》❸晉董勛❹云：「正旦飲酒，先飲小者，何也？」勛曰：「俗以小者得歲，故先酒賀之，老者失時，故後飲酒。」《初學記》❺載《四民月令》❻云：「正旦進酒次第，當從小起，以年小者起先。」唐劉夢得、白樂天元日舉酒賦詩，劉云：「與君同甲子，壽酒讓先杯。」❼白云：「與君同甲子，歲酒合誰先？」❽白又有〈歲假內命酒〉一篇云：「歲酒先拈辭不得，被君推作少年人。」❾顧況云：「不覺老將春共至，更悲攜手幾人全。還丹寂寞羞明鏡，手把屠蘇讓少年。」❿裴夷直云：「自知年幾偏應少，先把屠蘇不讓春。儻更數年逢此日，還應惆悵羨他人。」⓫成文幹云：「戴星先捧祝堯觴，鏡裏堪驚兩鬢霜。好是燈前偷失笑，屠蘇應不得先嘗。」⓬方干云：「纔酌屠蘇定年齒，坐中皆笑鬢毛斑。」⓭然則尚矣。東坡亦云：「但把窮愁博長健，不辭最後飲屠酥。」⓮其義亦然。

【注　釋】❶元日飲屠酥酒　古人風俗，在農曆正月初一，家人及朋友相聚時，飲以名為屠蘇的藥酒，以防瘟疫。飲時，以年齡排序，由幼至長。元日，崔寔《四民月令》曰：「正月為端月，其一日為元日。」屠酥，一作屠蘇。❷李膺杜密三句　李膺，字元禮，潁川襄城（今河南襄城）人，桓帝時曾任河南尹，遷司隸校尉，因黨錮之禍鋃鐺入獄，後免官歸鄉里。靈帝時，再次拘捕黨人，又被捕並拷死獄中。杜密，潁川陽城（今河南方城東）人，桓帝時，徵拜尚書令，遷河南尹，轉太僕，黨錮事起，與李膺俱連坐，故時人以李杜相稱。靈帝時，復為太僕，再因黨事被徵而自殺。李膺與杜密以黨人同繫獄，值元日於獄中飲酒，當係桓帝時事。❸時鏡新書　《宋史・藝文志》農家類載有：「劉安靖著《時鏡新書》五卷。」❹董勛　晉議郎，著有《答問禮俗》，南朝梁宗懔所撰《荊楚歲時記》曾引董勛語。北齊魏收在答問人日時亦曾提到董勛所著之《答問禮俗》。❺初學記　唐徐堅撰。據《南部新書》載：「開元十三年（西元七二五年）五月，集賢學士徐堅等纂經史文章之要，以類相從。上制名曰：《初學記》。」用以教太子、諸王檢事綴文。全書共三十卷。❻四民月令　東漢崔寔撰，一卷。《隋書・經籍志》有著錄。書仿《禮記・月令》，敘述士、農、工、商在各時令之活動，反映了東漢時期在洛陽地區的社會生活。書已散佚，僅存清人之輯本。❼劉云三句　引詩出於劉禹錫〈元日樂天見過因舉酒為賀〉，劉禹錫與白居易生於同年，白居易遲於劉禹錫數日，故云：「與君同甲子，壽酒讓先杯。」劉，指劉禹錫，字夢得，唐代著名文學家，洛陽（今河南洛陽）人。❽白云三句　文宗開成年間，白與劉有詩文往還，引文見於白詩〈新歲贈夢得〉，其全詩云：「暮齒忽將及，同心私自憐。漸衰宜減食，已喜更加年。紫綬行聯袂，籃輿出比肩。與君同甲子，歲酒合誰先？」白，指白居易，字樂天，太原（今山西太原）人。❾白又有三句　此詩作於長慶三年（西元八二三年）白居易杭州刺史任內，時白居易五十二歲。引文為詩的末二句。詩的全文如下：「共知欲老流年急，且喜新正假日頻。聞健此時相勸醉，偷閒何處共尋春。腳隨周叟行猶疾，頭比蕭翁白未勻。歲酒先拈辭不得，被君推作少年人。」❿顧況云五句　此詩題〈歲日作〉，為顧況晚年不得志之作。顧況，字逋翁，蘇州人。肅宗至德間進士。善詩歌，工書畫，與柳渾、李泌友善。柳渾輔政時，以校書郎徵，遷著作郎。其性好詼諧，戲侮於人。因此得罪貶官，後隱居茅山。⓫裴夷直云五句　引詩之題為〈歲日先把屠蘇酒戲唐仁烈〉。裴夷直，字禮卿，河東（今山西永濟蒲州鎮）人，元和十年（西元八一五年）進士第。文宗時，歷任右拾遺，中書舍人。武宗時，出為杭州刺史。宣宗時拜江、華等州刺史，終於散騎常侍。⓬成文幹云五句　引詩之題為〈元日〉。成文幹，名彥雄，南唐進士，著有《梅嶺集》五卷，《全唐詩》編有其詩一卷。⓭方干云三句　引詩題亦為〈元日〉。方干，字雄飛，睦州清溪（今浙江淳安）人。懿宗咸通時，舉進士不第，其詩受錢塘太守姚合讚賞，享盛名於江南，因仕途坎坷，乃隱居於會稽鑑湖。卒後，其弟子私諡為「玄英先生」。有詩集十卷，《全唐詩》編其詩六卷。⑭東坡亦云二句　引詩題為〈除夜野宿常州城外二首〉之二，此詩作於蘇軾自南北返於常州時，離其去世僅一年之隔。是夜，蘇軾宿於常州城外一孤舟之上。所引詩之全文：「南來三見歲云徂，直恐終身走道途。老去怕看新曆日，退歸擬學舊桃符。煙花已作青春意，霜雪偏尋病客須。但把窮愁博長健，不辭最後飲屠酥。」詩意極盡其晚年蒼老之淒涼和悲哀。東坡，蘇軾，字子瞻，號東坡。眉州眉山（今四川眉山市）人，蘇洵子，嘉祐進士，神宗初，任祠部員外郎，因與王安石政見不合，放外任杭州通判，知密州、徐州、湖州。又貶黃州。哲宗時還朝，任翰林學士，不久又外放杭州、潁州等，又貶惠州、儋州。哲宗末獲赦還常州。徽宗建中靖國元年（西元一一〇一年）卒於常州，年六十六。

【語　譯】如今人們在正月初一那天飲屠蘇酒，由年幼小者起始，這一習俗相沿已很久遠，它的來源最早可追溯到東漢時，李膺與杜密因黨錮之禍一起被監押在獄中，在元日飲酒時，便講過：「元日飲酒要從年小的開始。」《時鏡新書》記載晉朝的董勛在《答問禮俗》一書中，有人問他：「為什麼元旦飲酒要先從小的開始？」董勛回答說：「習慣是小的在元日那一天增歲，故先以酒為他慶賀，年老的因失去年歲，所以後飲酒。」《初學記》曾引載《四民月令》說：「元旦飲酒的次第，應當從年小的開始，讓年齡最小的先喝。」唐代劉夢得先得到白樂天〈新歲贈夢得詩〉，故劉在〈元日樂天見過因舉酒為賀〉一詩中說：「與君同甲子，壽酒讓先杯。」這是回答白樂天在前詩中所問：「與君同甲子，歲酒合誰先？」白樂天還在題為〈歲假內命酒〉一詩中說：「歲酒先拈辭不得，被君推作少年人。」顧況在其〈歲日作〉一詩中說：「不覺老將春共至，更悲攜手幾人全。還丹寂寞羞明鏡，手把屠蘇讓少年。」裴夷直則在〈戲唐仁烈〉一詩中說：「自知年幾偏應少，先把屠蘇不讓春。儻更數年逢此日，還應惆悵羨他人。」成文幹在題為〈元日〉的詩中說：「戴星先捧祝堯觴，鏡裏堪驚兩鬢霜。好是燈前偷失笑，屠蘇應不得先嘗。」方干在〈元日〉一詩中則說：「纔酌屠蘇定年齒，坐中皆笑鬢毛斑。」這都顯示了當時的風尚。蘇東坡在晚年的題為〈除夜野宿常州城外〉之二詩中說：「但把窮愁博長健，不辭最後飲屠酥。」其用意也是如此。

【研　析】〈歲旦飲酒〉這一則筆記，主要講了古人在元旦有飲屠蘇酒的習俗，而且這個習俗由來已久，還列舉了文人提到飲屠蘇酒的詩文，從這些詩文中證明飲屠蘇酒都是從幼小至年長，是表示小的在這一天增了歲了，讓他先飲酒，表示慶賀，年長的後飲酒，表示生命又少了一歲，故後飲酒。故老人在詩文中多有衰老的感慨。本文所列舉的也僅僅是詩文中很少一部分，以元日為題的詩文中提到飲屠蘇酒的還有很多，如宋人梅堯臣便有〈歲旦詩〉云：「屠蘇先尚幼，綵勝又宜春」之句。元日所以飲屠蘇酒的根據，據《廣韻》稱：「屠蘇酒元日飲之，可除瘟氣，屠者屠絕鬼氣，蘇者蘇醒人魂。」這是說明所以取名屠蘇的用意。時間稍晚一些的《四時纂要》則稱「屠蘇，孫思邈所居庵名。一云以其能避魅，故云屠割也，蘇腐也。今醫方集眾藥為之，除夕以浸酒，懸于井中，元日取之，自少至長東面而飲，取其滓以囊盛，挂于門桁之上，主辟瘟疫。」那麼屠蘇酒的配方是怎樣的呢？據原《本草綱目》稱：「屠蘇酒華陀方也。元旦飲之，辟疫癘一切不正之氣。造法用赤木桂心七錢五分，防風一兩，菝葜五錢，蜀椒、桔梗、大黃五錢七分，烏頭二錢五分，赤小豆十四枚，以三角絳囊盛之，除夜懸井底，元旦取出，置酒中煎數沸，舉家東向，從少至長次第飲之，藥滓還投井中，歲飲此水，一世無病。」這是關於屠蘇酒製作與飲用最詳細的記載了。歲旦飲酒除了飲屠蘇酒外，還有飲椒柏酒的習俗，它不是從小飲起，而是先敬尊者和長者了。《荊楚歲時記》中講到元旦正日時，「長幼悉正衣冠，以次拜賀，進椒柏酒，飲桃湯，進屠蘇酒，膠牙餳，下五辛盤」等活動。董勛在《答問禮俗》中稱：「俗有歲首酌椒酒而飲之，以椒性芬香，又堪為藥，故此日採椒花以貢尊者飲之，亦一時之禮也。」《四民月令》也講到「正月元旦，潔祀祖禰，進酒降神畢，子孫各上椒酒於家長，稱觴舉壽」。故椒柏酒是用來敬重長者的，是以椒花與老柏浸酒而成。在歲旦的祭祀之後，先敬長者，飲椒柏酒，然後是家人相聚飲屠蘇酒以賀幼者又長歲了。這些習俗如今很少見到了。

歲旦活動習俗不僅僅表現在飲屠蘇酒和椒柏酒上。王安石的〈元日〉詩云：「爆竹聲中一歲除，春風送暖入屠蘇。千門萬戶曈曈日，總把新桃換舊符。」它把歲旦的整個活動概括得比較完整一些。除了歲旦飲酒之外，在除夕夜有爆竹除夜，清晨還有新桃換舊符，家家戶戶貼門聯、門神等活動。

從洪邁所引詩及王安石〈元日〉詩所反映的作者的情緒看，都有一種因衰老而帶來的對生命有即將失落的感覺。如白樂天〈歲贈夢得詩〉中「暮齒忽將及，同心私自憐」句，顧況的「不覺老將春共至，更悲攜手幾人全」，成文幹的「鏡裏堪驚兩鬢霜」，方干的「坐中皆笑鬢毛斑」句都是對衰老的悲哀和失落。蘇東坡的〈除夜野宿常州城外二首〉更顯其晚年的淒涼和傷感：「多謝殘燈不嫌客，孤舟一夜許相依」，便是講他夜宿常州城外那種孤寂的情景，「老去怕看新曆日，退歸擬學舊桃符」，那是從仕途退下來以後的那種失落，故以「舊桃符」自擬。至於「但把窮愁博長健，不辭最後飲屠酥」，那只是在貧病交加的困境中對不多的來日的一點期望和對生的苦苦掙扎，這便是他在人世間度過的最後一個歲末。王安石那首〈元日〉詩的心境也是如此。此詩作於元豐年間，那時他已從熙寧變法的第一線退下來閒居於江寧了，加上痛失愛子王雱的悲哀，「總把新桃換舊符」這句話實際上反映了他在政治上難以有作為的厭倦和不能言說的那種失落罷了。

張于二廷尉

張釋之為廷尉，天下無冤民❶。于定國為廷尉，人自以不冤❷。此《漢史》所稱也。兩人在職皆十餘年。周勃❸就國，人上書告勃欲反，下廷尉逮捕，吏稍侵辱之，勃以千金與獄吏，吏使以公主為證❹，太后亦以為無反事，乃得赦出。釋之正為廷尉❺，不能救，但申理犯蹕❻、盜環❼一二細事耳。楊惲為人告驕奢不悔過，下廷尉按驗❽，始得所予孫會宗書❾，定國當惲大逆無道，惲坐要斬。惲之罪何至於是！其徇主之過如此。傳所謂「決疑平法務在哀矜」者，果何為哉？

【注釋】❶張釋之為廷尉二句　此語見《漢書・張釋之傳》，為朝廷對其執法之評語。張釋之，字季，南陽堵陽（南陽郡治所在宛，即今之河南南陽。堵陽在今湖北均縣之南，有堵水流入漢江，漢時屬南陽郡，因其在堵水之北，故以為名）人。廷尉，秦漢時之最高司法長官。廷，平也。尉，罰也。意謂廷尉必須依法量刑判罪，為九卿之一。天下無冤民，稱其決罪皆能與法相當，沒有冤屈。❷于定國為廷尉二句　于定國，字曼倩，東海郯（今山東郯城北）人，少學法於父，繼其父為獄吏，補廷尉史，在宣帝地節元年（西元前六九年）任廷尉，《漢書・于定國傳》稱其為廷尉長達十八年，〈百官公卿表〉稱其任廷尉十七年，史稱其：「決平法，務在哀鰥寡，罪疑從輕，加審慎之心。」故朝廷稱：「于定國為廷尉，民不自以冤。」❸周勃　沛（今江蘇之沛縣，治所在今徐州西北之沛城鎮）人，早年從劉邦在沛縣起兵，屢立戰功，呂后去世，周勃與陳平迎立代王劉恆為漢文帝。文帝即位以後，周勃為丞相，文帝前元三年（西元前一七七年）勃免相至絳（今山西曲沃西南）就國。時河東守尉行縣至絳，周勃自畏恐誅，常被甲，令家人持兵以見，其後有人上書告勃欲反，故下廷尉，逮捕勃治之。勃恐，不知置辭，吏稍侵辱之。事見《漢書·周勃傳》。❹吏使以公主為證　公主是漢文帝之女，嫁給周勃的兒子周勝之。周勃以千金與獄吏，獄吏乃以書牘背示之，曰：「以公主為證。」教周勃使公主作證，證明其沒有謀反的企圖。初周勃以所得之賞賜，盡予薄太后之弟薄昭，周勃事急，薄昭為周勃言於太后，薄太后亦以周勃無謀反之事。文帝朝太后時，太后對文帝說：「絳侯綰皇帝璽，將兵於北軍，不以此時反，今居一小縣，顧欲反邪？」於是文帝使持節赦勃，恢復周勃的爵邑。事後，周勃說：「吾嘗將百萬軍，安知獄吏之貴也！」❺釋之正為廷尉　指周勃下廷尉繫獄之事，正是張釋之為廷尉之時，此言張釋之不能明周勃繫獄之冤屈。❻犯蹕　指清道時，行人侵入君王將要行走的御道。事見《漢書·張釋之傳》，這是張釋之為廷尉時，僅以罰金處理犯蹕之事。蹕，指君王出行時要清道，禁止路人行走。❼盜環　是為張釋之為廷尉時所處理的另一案件。《漢書·張釋之傳》稱：「有人盜高廟坐前玉環，捕得，文帝怒，下廷尉治，釋之案律盜宗廟服御物者為奏，奏當棄市。上大怒曰：『人之無道，乃盜先帝廟器，吾屬廷尉者，欲致之族，而君以法奏之，非吾所以共承宗廟意也。』釋之免冠頓首謝曰：『法如是出也。且罪等，然以逆順為差。今盜宗廟器而族之，有如萬分之一，假令愚民取長陵一抔土，陛下何以加其法乎？』文帝與太后言之，乃許廷尉當。」❽楊惲二句　時有宣帝在民間時之相知戴長樂告楊惲以君王為戲語，事下廷尉，宣帝下詔免楊惲為庶人。惲既失爵位，家居治產業，起室宅，以財自娛。會有日蝕之變，有人上書告惲「驕奢不悔過，日食之咎，此人所致」。於是詔下廷尉案驗。楊惲，字子幼，華陰（今陝西省東部渭河下游，縣南有華山，故名華陰）人，楊敞之子，其母為司馬遷之女，幼讀其外祖之《太史公書》，故好《春秋》。宣帝時，以誅霍氏有功封侯，遷中郎將。❾始得句　孫會宗，西河（今陝西府谷西北）人，楊惲之友人。曾與楊惲書諫戒之，稱：「大臣廢退，當闔門惶懼，為可憐之意，不當治產業，通賓客，有稱譽。」為此楊惲有〈報會宗書〉，其書云：「臣之得罪，已三年矣。田家作苦，歲時伏臘，亨羊炰羔，斗酒自勞。家本秦也，能為秦聲。婦，趙女也，雅善鼓瑟。奴婢歌者數人，酒後耳熱，仰天拊缶，而呼烏烏。」「惲幸有餘祿，方糴賤販貴，逐什一之利，此賈豎之事，汙辱之處，惲親行之。下流之人，眾毀所歸，不寒而栗。雖雅知惲者，猶隨風而靡，尚何稱譽之有！」史稱廷尉：「得所予會宗書，宣帝見而惡之。廷尉當惲大逆無道，腰斬。妻子徙酒泉郡。」

【語　譯】史書上稱張釋之為廷尉，天下沒有受冤屈的百姓。于定國為廷尉，凡是他經手的案子，人人都不會感到自己有什麼冤屈。這是班固在《漢書》中所稱讚的二個人。他們在職於廷尉都有十多年時間。周勃由丞相卸職就封國絳，有人上書告勃謀反，因而被捕下廷尉審議，獄吏稍稍侵犯和欺侮周勃，周便賄獄吏千金，獄吏就告訴周勃設法使自己的媳婦，也就是文帝的女兒去作證，說明自己沒有反意，後來薄太后認為周勃不可能有造反的意圖，於是得到文帝赦免的詔書。那時張釋之正擔任廷尉的職務，也不能救助周勃的冤屈，張釋之能夠比較公正地審理的也只是犯蹕、盜環這些細小的案例罷了。再說漢宣帝時，楊惲被人告發，在免職為庶人以後，仍然驕奢而沒有悔過的表現，於是宣帝下詔由廷尉來案驗，在審訊中得到楊惲寫給孫會宗的信件，宣帝見信後不高興，于定國因此定楊惲大逆無道，楊惲被腰斬。事實上楊惲之罪何至於要這樣處理！從此事可以知道如張釋之、于定國這些人明知不對，也只能迎合皇帝的心意。史傳上稱他們二人決斷疑案，執法公允，盡可能哀惜涉嫌犯罪之人，那麼這二個案子，他們為什麼是這樣的態度呢？

【研 析】漢代主持廷尉工作的，大都是獄吏出身，在政治和思想理論上談不上有什麼自己獨特的主張。于定國是如此，張釋之何嘗不是如此，張湯是如此，杜周也是如此。翻一下《漢書・酷吏傳》，幾乎大多都是如此。他們都是奉命辦案，一切都看帝王的臉色辦事，特別是大案、要案，絕不會給君王爭長論短的。在中國傳統制度下的司法審判，都是如此，都是奉命辦案。這一點《漢書・杜周傳》稱：「周為廷尉，其治大抵放張湯，而善候司，上所欲擠者，因而陷之；上所欲釋，久繫待問而微見其冤狀。客有謂周曰：『君為天下決平，不循三尺法，專以人主意指為獄，獄者固如是乎？』周曰：『三尺安出哉？前主所是著為律，後主所是疏為令。當時為是，何古之法乎！』」這裡善候司，即是觀望天子之意願，歷來所定的律和疏議，還不都是當時君王意願的體現嗎？這樣唯上主義的辦案，就既不是根據案子本身相關的事實狀況，也不是法律條文上如何規定的，案子本身沒有的事實，可以靠刑訊來逼供製造嘛！如果法律條文上沒有的，可以重新制訂新的條文，立新的罪狀和處罰的規定。所謂「當時為是」，即是以當時之君主的意願為是而已。這就是中國司法制度中那些大案要案的辦案傳統。從武帝後期到宣帝執政這一個時期，大案要案甚多，這些大案要案實質上都是上層統治集團內部自相殘殺的鬥爭，這些辦案的酷吏不過是君王手上的工具、被牽線的傀儡，為這些自相殘殺披上一件司法的外衣而已。武帝末的大案，霍光執政時的大案，宣帝時的大案都是如此，也正是這些大案，成了獄吏出身的酷吏們大顯身手的機會。那樣的大案要案，歷來都是經不起時間的檢驗。漢武帝給自己妻兒定的巫蠱大案是自己翻掉了，許多案子，老子不翻兒子替他翻，兒子不翻孫子也不得不翻，孫子不翻，歷史也會給他翻，恢復那些所謂鐵案的本來面目。這幾乎是不以人們意志為轉移的客觀規律。相關的權力結構在，案子的名義還在，這個權力結構消亡了，案子也就跟著翻掉了。歷史還會把那些定案的功臣們永遠釘在恥辱柱上。

《漢書·元帝紀》的開頭便講到，那時太子劉奭「見宣帝所用多文法吏，以刑名繩下，大臣楊惲、蓋寬饒等坐刺譏語為罪而誅，嘗侍燕從容言：『陛下持刑太深，宜用儒生。』」這裡所謂文法吏，就是這批靠辦案起家的獄吏。文，指案卷的判詞。法，就是為治罪提供相應的法律條文。那時的文法吏，與先秦的法家是完全不同的兩回事，先秦的法家還是思想家，漢代的酷吏則是閻王殿上的審判官而已。在漢宣帝看來，「漢家自有制度，本以霸王道雜之，奈何純任德教，用周政乎！」他對漢元帝的這番言論的判斷是：「亂我家者，太子也！」在那樣的體制下，怎能要求張釋之與漢文帝對著幹，要求于定國與漢宣帝對著幹，那樣做的話，連自己命也難保。周勃只有薄太后出面干預，才能改變案子的局面，因為漢代講究以孝治天下，漢初的君王不敢與自己母親對著幹。洪邁的這一條筆記，只是提出了問題，並沒有回答問題的所以然。

開元五王❶

唐明皇❷兄弟五王，兄申王撝❸以開元十二年，寧王憲❹、邠王守禮❺以二十九年，弟岐王範❻以十四年，薛王業❼以二十二年薨，至天寶時已無存者。楊太真以三載方入宮❽，而元稹〈連昌宮詞〉❾云：「百官隊仗避岐、薛❿，楊氏諸姨車鬭風⓫。」李商隱⓬詩云：「夜半宴歸宮漏永⓭，薛王沉醉壽王醒⓮。」皆失之也。

【注釋】❶開元五王　指玄宗開元時期封王的五位兄弟。五王之稱原為睿宗時，隆基及其兄弟五人同居西京興慶坊「五王宅」而得名。隆基登基後，親兄弟有寧王憲、申王撝、岐王範、薛王業四人。這裡洪邁把玄宗的叔伯兄弟即睿宗兄諡章懷太子之子邠王守禮加在一起，合稱為開元五王。❷唐明皇　玄宗李隆基死後諡號「至道大聖大明孝皇帝」的簡稱。唐宋文人多以此稱玄宗。如唐鄭處晦撰《明皇雜錄》即是記玄宗開元天寶時事的著作。❸申王撝　撝本名成義，睿宗後宮柳氏所生，玄宗次兄。睿宗立，與岐王、薛王同時封王。開元十二年（西元七二四年）卒，贈「惠莊太子」。史傳稱其「性弘裕，儀形環偉，善於飲啖。」❹寧王憲　憲本名成器，睿宗劉妃所生，與成義（撝）因避昭成皇太后諱，把二名改為單名。睿宗時以長立為皇太子。玄宗發動政變殺韋氏及其黨羽，扶睿宗即位稱帝，因有大功，憲乃讓位於隆基。在世時，不干政，畏懼小心，縱情聲色。開元二十九年（西元七四一年）卒，年六十二，追諡為「讓皇帝」。❺邠王守禮　高宗武后子諡「章懷太子」李賢之子。唐隆元年（西元七一〇年）封邠王，與玄宗屬叔伯兄弟。守禮歷經武、韋之亂，一生多難，與玄宗又非嫡親兄弟，開元時以外支明哲保身，不聞政事，唯求耽樂，寵嬖眾多，有子六十餘人。其為人無一可稱，惟有一長，能預報天氣的晴雨。史傳稱其在宮中與諸王讌飲時，「積陰累日，守禮白於諸王曰：『欲晴』。果晴。愆陽涉旬，守禮曰：『即雨。』」果連澍。岐王等奏之，云『邠哥有術。』守禮曰：『臣無術也。則天時以章懷遷謫，臣幽閉宮中十餘年，每歲被敕杖數頓，見瘢痕甚厚。欲雨臣脊上即沉悶，欲晴即輕健，臣以此知之。非有術也。』涕泗霑襟，玄宗亦憫然。」開元二十九年（西元七四一年）卒，年七十。（《舊唐書》卷八六）❻岐王範　本名隆範。睿宗後宮崔孺人所生。因避玄宗諱與弟薛王隆業去二名中的「隆」字，單名為範。開元十四年（西元七二六年）卒，諡「惠文太子」。早年曾從玄宗討竇懷貞、蕭至忠等有功，其為人「好學工書，雅愛文章之士，士無貴賤，皆盡禮接待」。「時上禁約王公，不令與外人交結。駙馬都尉裴虛己坐與範遊讌，兼私挾讖緯之書，配徙嶺外。萬年尉劉庭琦、太祝張諤皆坐與範飲酒賦詩。黜庭琦為雅州司戶，諤為山茌丞。然上未嘗間範，恩情如初。」（《舊唐書》卷九五）可見玄宗對兄弟的防範甚嚴。❼薛王業　本名隆業，睿宗王德妃所生，因避玄宗諱，去二名，單名「業」。開元二十二年（西元七三四年）卒，諡「惠宣太子」。史稱玄宗誅蕭至忠、岑羲等，業以翊從有功。「上嘗不豫，業妃弟內直郎韋賓與殿中監皇甫恂私議休咎。事發，玄宗令杖殺韋賓，左遷皇甫恂為綿州刺史。妃惶懼，降服待罪。業亦不敢入謁。上遽令召之，業至階下，逡巡請罪。上降階就執其手曰：『吾若有心猜阻兄弟者，天地神明，所共咎罪。』乃歡讌久之，仍慰諭妃，令復其位。」（《舊唐書》卷九五）此亦可見玄宗籠絡兄弟在政治上所採取的兩面策略。❽楊太真句　楊玉環入宮時在開元二十四年（西元七三六年）武惠妃薨後不久，由於得玄宗寵幸才在天寶三載被冊為貴妃，故史稱「天寶初進宮，冊為貴妃。」而世人仍慣稱她為楊太真、太真妃、楊貴妃。這裡洪邁把入宮時間繫在天寶三載的冊封時間，顯係誤記。楊貴妃《舊唐書》、《新唐書》均有傳。唐人說部中有宋樂史撰《（楊）太真外傳》二卷，記其故事。楊太真即玄宗寵妃楊貴妃。太真小名玉環，本是玄宗子壽王瑁之妃，美麗明眸，曉音律，善歌舞。玄宗好色，一見傾心，欲納入宮中，遂將楊玉環度為女道士，入宮中內道場，號「太真」。三載（西元七四四年），正月，玄宗改年為載。❾元稹連昌宮詞　〈連昌宮詞〉乃元稹取白居易〈長恨歌〉題材，依新樂府的體例改進創作，為作者經過連昌宮的感時撫事之作品。〈連昌宮詞〉見元稹《長慶集》。元和十三年（西元八一八年），元稹在通州（今四川達縣）任司馬時創作了這篇敘事詩，通過連昌宮的興廢，介紹安史之亂前後，唐代由盛轉衰的緣由。連昌宮係唐帝諸行宮之一，高宗顯慶三年置於河南郡壽安縣（今河南宜陽）西。❿百官隊仗避岐薛　指百官出行的儀仗隊伍，途遇岐王、薛王，皆須迴避。岐、薛指岐王範、薛王業。⓫楊氏諸姨車鬭風　楊氏諸姨指楊貴妃的三個姐姐，封韓國夫人、虢國夫人、秦國夫人。玄宗稱為姨。諸姨皆有才貌，出入宮掖，恩寵日隆，勢傾天下。車鬭風，形容她們出行時車馬奔馳如風。⓬李商隱　唐懷州河內（今河南沁陽）人，字義山，號玉溪生。文宗開成二年進士，曾任縣尉、祕書郎、東川節度使判官等職。時有牛（僧孺）李（德裕）黨爭。商隱本為牛黨令狐楚門生，後又娶李黨王茂元女為妻，為牛黨所排斥，失意官場。其詩富於文采，構思縝密，然堆砌典故，意旨多隱諱，有《李義山詩集》。洪邁所引詩文，題為〈龍池〉。龍池在興慶宮內，是玄宗和諸王及后妃遊宴的場所。所引詩的前二句為「龍池賜酒敞雲屏，羯鼓聲高眾樂停。」描述玄宗在興慶宮家宴的盛況。在龍池之畔，雲屏高張，玄宗好羯鼓，當羯鼓高奏時，眾樂皆停，宴會進入高潮。⓭夜半宴歸宮漏永　意指長夜宴飲，至夜半才歸歇。宮漏，宮中的計時器，用漏壺滴水計時，故稱。永，指宮漏滴水流長。⓮薛王沉醉壽王醒　壽王初娶楊玄琰女玉環為妃，及玄宗鍾情於玉環，納入宮中，另以韋昭訓女為壽王妃。此處言薛王飲酒後已沉醉而壽王心中卻很清醒。意指壽王未能忘情過去與玉環的恩愛。壽王即壽王瑁，為玄宗第十八子。母武惠妃有寵，玄宗欲立為太子，未果。卒於代宗大曆十年（西元七七五年），事蹟見《舊唐書》卷一百零七〈玄宗諸子〉。

【語　譯】唐明皇的兄弟五個人被封為王，兄申王李撝在開元十二年，寧王李憲、邠王李守禮在開元二十九年，弟岐王李範在開元十四年，薛王李業在開元二十二年便都已去世，至天寶年間，已沒有一個仍存活在這個世界上了。楊太真是天寶三載方才入宮的，然而元稹的〈連昌宮詞〉說：「百官隊仗避岐、薛，楊氏諸姨車鬬風。」李商隱在詩中所說：「夜半宴歸宮漏永，薛王沉醉壽王醒。」都是違反當時歷史事實的失誤。

【研　析】洪邁以明皇兄弟五王，在天寶初俱已去世，楊太真在天寶三載方入宮，笑元稹〈連昌宮詞〉和李商隱的〈龍池〉均有失史實。這是誤解。天寶三載，乃是冊封楊貴妃的年代。貴妃的入宮，是在武惠妃死後不久，即玄宗將她度為女道士時就已入宮。《舊唐書》、《新唐書》及《資治通鑑》均載武惠妃死於開元二十四年（西元七三六年），太真入道的時間，據《南部新書》、《楊太真外傳》及《新唐書・玄宗本紀》記載是在開元二十八年十月，玄宗駕幸溫泉宮之時。至於玄宗臨時召玉環入宮，恐更在公開度玉環入道以前。此時寧王、邠王（死於二十九年）仍在世。宋王楙《野客叢書》卷二十四〈楊妃竊笛〉記張祜詩：「日映宮城霧半開，太真簾下畏人猜。黃翻綽指向西樹，不信寧哥迴馬來。」又曰：「虢國潛行韓國隨，宜春小院映花枝。金輿遠幸無人見，偷把邠王小管吹。」蓋為紀實。指證洪邁天寶三載說的謬誤。又史以紀實，詩以寄意，兩者互有聯繫，又有區別。以詩證史，自可立說，要不能過泥於文字。洪邁以「開元五王」為題，文章的主題應落在玄宗與其兄弟即五王的相互關係上。史稱：「初玄宗兄弟聖曆初出閤，列第於東都積善坊，五人分院同居，號『五王宅』。大足元年（西元七〇一年）從幸西京，賜宅於興慶坊，亦號『五王宅』。及先天之後，興慶是龍潛舊邸，因以為宮。憲於勝業東南賜宅，申王撝、岐王範於安興坊東南賜宅，薛王業於勝業西北角賜宅，邸第相望環於宮側。玄宗於興慶宮西南置樓，西面題曰花萼相輝之樓，南面題曰勤政務本之樓。玄宗時登樓，聞諸王音樂之聲，咸召登樓同榻宴謔，或便幸其第，賜金分帛，厚其歡賞。」（《舊唐書》卷九五）表面上是兄弟之間情深意切，實際上把兄弟都安置在玄宗視線之內，嚴加管束。禁約王公百官，不令與諸王交結。只允許五王在宅院內吃喝玩樂。既把他們分別孤立起來，不讓他們有任何作為；又養尊處優地把他們供養起來。這五王無論醉也好，醒也好，內心世界能歡暢痛快嗎？只是誠惶誠恐地苟延殘喘而已。楊氏諸姨可以「車闕風」，五王就不可能那麼威風了。「時王毛仲等本起微賤，皆崇貴傾於朝廷，諸王每相見，假立引侍，獨範見之色莊。」（《舊唐書》卷九五）實際上岐王李範也只是色厲而內荏。玄宗在兄弟與權力之間，把保持權力放在第一位；在兄弟與后妃之間，后妃是放在前列的。對五王的方針，只是養起來，博一個天子友悌，篤於昆季的虛名而已。這也許就是洪邁欲言猶止的地方。養起來的方針是歷代統治者對內部政敵採取的一種辦法，既表現出統治者的寬容，又壓縮潛在政敵的活動餘地，這樣的策略古今是相通的，至少它比殺戮與關押要文明一些。

漢文帝受言

漢文帝❶即位十三年❷，齊太倉令淳于意❸有罪當刑❹，其女緹縈，年十四，隨至長安❺，上書願沒入為官婢，以贖父刑罪❻。帝憐悲其意，即下令除肉刑❼。丞相張蒼、御史大夫馮敬❽議，請定律，當斬右止者反棄市，笞者杖背五百至三百，亦多死。徒有輕刑之名，實多殺人❾。其三族之罪，又不乘時建明，以負天子德意❿，蒼、敬可謂具臣⓫矣。史稱文帝止輦受言。今以一女子上書，躬自省覽，即除數千載所行之刑，曾不留難，然則天下事豈復有稽滯不決者哉！所謂集上書囊以為殿帷⓬，蓋凡囊封之書，必至前也。

【注釋】❶漢文帝　劉恆，漢高祖劉邦之中子，在位二十三年，終年四十六。班固對漢文帝的贊語曰：「專務以德化民，是以海內殷富，興於禮義，斷獄數百，幾致刑措。嗚呼仁哉！」❷即位十三年　是年為文帝的前元十三年，西元前一六七年。❸齊太倉令淳于意　齊是王國名，漢高祖劉邦封其子劉肥為齊王，其位置在今山東，古齊國封地。太倉令，是王國主府藏之官。淳于是姓，《水經注》云：「淳于縣，故夏后氏之斟灌國也。周武王以封淳于公，號淳于國。」故此地之人以淳于為姓。意，為其名。淳于意既是齊國分管府藏之官，亦是與扁鵲齊名的醫生。《史記・扁鵲倉公列傳》之倉公，即為淳于意。❹有罪當刑　《史記・扁鵲倉公列傳》稱淳于意：「為人治病，決死生多驗。然左右行遊諸侯，不以家為家，或不為人治病，病家多怨之者。」所以有人「上書言意，以刑罪當傳西之長安」。❺其女緹縈三句　《史記》稱：「意有五女，隨而泣。意怒，罵曰：『生子不生男，緩急無可使者！』於是少女緹縈傷父之言，乃隨父西。」❻上書二句　《史記》載其上書曰：「妾父為吏，齊中稱其廉平，今坐法當刑。妾切痛死者不可復生，而刑者不可復續，雖欲改過自新，其道莫由，終不可得。妾願入身為官奴婢，以贖父刑罪，使得改行自新也。」❼帝憐悲其意二句　《漢書・刑法志》載文帝十三年詔令，這條令集中起來是二點，一是不教而誅，二是肉刑使人終身不能生息，不利於受刑之人改惡從善，主張用有時限的囚禁來代替肉刑。❽丞相句　張蒼，陽武（今河南原陽東南）人，秦時為御史，後從劉邦，先後為代相、趙相，遷為計相，明習天下圖書計籍，故以蒼居相府。呂后末以張蒼為御史大夫，文帝四年（西元前一七六年）遷為丞相。馮敬，其姓氏出身不詳。《史記》、《漢書》未為其立傳。文帝三年任典客，七年遷為御史大夫。❾請定律六句　文帝詔令中講到「今法有肉刑三」，指劓刑，把鼻子割去。釱左、右止，指斬左趾或右趾兩種肉刑。張蒼與馮敬根據詔令，把這三種肉刑，改成「當劓者，笞三百；當斬左趾者，笞五百，當斬右趾，及殺人先自告，及吏坐受賕枉法，守縣官財物而即盜之，已論命復有笞罪者皆棄市」。笞，是鞭打的刑罰。當劓者，笞三百，即是該割鼻子的，改成鞭打三百。該斬左趾者，改為鞭打五百，該斬右趾者，以其罪為次重，故改為棄市，即斬首處死刑。殺人自首的，官吏受賄賂的，監守自盜的，已被定刑而又犯的都改判死刑。由於杖背三百或五百，犯人往往死在杖下。故加以笞刑實際上與改判死刑無異。故洪邁認為張蒼、馮敬所議定更改的律令，虛有輕刑之名，實際上反而加重刑罰了。❿其三族之罪三句　漢律除笞、杖、徒、流、死五刑之外，尚有族，指滅三族。何謂三族，說法不一，若《大戴禮記》認為「三族，父族、母族、妻族也」。鄭玄注《禮記》則認為是父、子、孫三族。亦有認為父母、兄弟、妻子三族。《漢書》中多有滅族的記載，漢武帝時，因巫蠱之案，公孫賀是被「家族」，後痛太子劉據之死，「知（江）充有詐，夷充三族。」宣帝時，霍光去世後，霍氏家族「連坐誅滅者數千家」。此是言張蒼與馮敬沒有秉漢文帝想減輕刑罰廢除肉刑時，及時提出除三族之罪。⓫具臣　指張蒼、馮敬只是備位充數之臣而已。《論語・先進》：「今由與求也，可謂具臣矣。」朱熹注：「具臣，謂備臣數而已。」⓬集上書囊句　指文帝以臣民上書之錦囊，在宮殿中製作帷帳，以示敦樸。洪邁在此則言指臣民上告之書信都能及時上達於文帝之前，未有阻隔。

【語　譯】漢文帝即位的第十三年，在齊國擔任太倉令的淳于意，有人告發他有罪，要去長安接受刑罰，他最小的只有十四歲的女兒緹縈跟隨他一路到長安，給漢文帝上書，表示自己願意沒入為官奴婢，以贖父親的罪愆。文帝憐憫她的悲情和孝心，便下令要修改漢律，廢除肉刑。丞相張蒼與御史大夫馮敬根據文帝的詔令，重新修改了刑律，結果原來判斷右趾的反而改判死刑，該判笞刑的，從五百到三百杖，大多也被打死在杖下。

這次律令的修改，空有改輕肉刑的名義，實際上反而多殺人。特別是滅三族之大罪，他們又不能乘這次機會上書說明其危害，辜負了皇帝憐惜犯人的德意。張蒼和馮敬可以說是徒有其名的大臣了。史書上稱讚文帝停下輦車接受百姓的上言。如今因一個弱女子的上書，能親自省覽，並下決心廢除數千年以來所施行的肉刑，而且態度是那麼堅決而毫不猶豫，如果都能這樣的話，天下之大事，怎麼還會有拖延不決的問題呢！所謂把臣民上書的囊袋改製成宮殿內的帷帳，它說明臣民的上書，是完全可以直接送到文帝面前的。

【研析】從廢除肉刑這個具體的問題來看，文帝出於善意，希望以德化民，為減輕刑罰而廢除肉刑。從張蒼與馮敬所草擬的對漢律的修改來看，他們所建議的辦法，實際上不僅沒有減輕刑罰，實際上反而加重了，而且多殺人，而這個辦法，也得到漢文帝的認可。漢文帝也不會知道這樣更改律令的結果，反而使刑罰更加殘暴。從這件事可以看到當時上上下下都很懵懂，不接觸實際，也就不明事理，好心也不一定能辦得成好事。這件事要經過幾年的實踐才發覺它錯了，《漢書．刑法志》載：景帝元年（西元前一五六年）下詔曰：「加笞與重罪無異，幸而不死，不可為人。其定律：『笞五百曰三百，笞三百曰二百。』猶尚不全，至中元六年（西元前一四四年）又下詔曰：『加笞者或至死而笞未畢，朕甚憐之。其減笞三百曰二百，笞二百曰一百。』又曰：『笞者，所以教之也。其定箠令。』」所謂箠令，就是具體規定刑具的規格，行刑的方法。「丞相劉舍與御史大夫衛綰請：『笞者，箠長五尺，其本大一寸，其竹也，末薄半寸，皆平其節。當笞者笞臀，毋得更人，畢一罪乃更人。』自是笞者得全，然酷吏猶以為威。」這是具體規定刑具竹片的寬度，厚度，行刑人的力度，行杖刑的位置只能在臀部，不能杖背部。從提出廢肉刑，以笞刑代肉刑，到對笞刑的規範化，前後經歷文帝、景帝父子兩代。三十二年時間，這中間不知道有多少人冤死在杖下。即使如此，「酷吏猶以為威」。具體到現管的人還是可以上下其手，藉故致人死命的。從這件具體事例可以看到傳統的官僚機構辦事的效率及其慣性。一個良好的願望，真要落到實處，要花多少時間，要付出多大的代價啊！

《容齋續筆》卷三

丹青引

杜子美〈丹青引贈曹將軍霸〉❶云：「先帝天馬玉花驄，畫工如山貌不同❷。是日牽來赤墀下，迥立閶闔生長風❸。詔謂將軍拂絹素，意匠慘澹經營中❹。斯須九重真龍出，一洗萬古凡馬空❺。玉花卻在御榻上，榻上庭前屹相向❻。至尊含笑催賜金，圉人太僕皆惆悵❼。」讀者或不曉其旨，以為畫馬奪真，圉人、太僕所為不樂。是不然。圉人、太僕蓋牧養官曹及馭者，而黃金之賜，乃畫史得之，是以惆悵，杜公之意深矣。又〈觀曹將軍畫馬圖〉❽云：「曾貌先帝照夜白，龍池十日飛霹靂❾。內府殷紅瑪瑙盤，婕妤傳詔才人索❿。」亦此意也。

【注釋】❶杜子美句　此詩是杜甫於廣德二年（西元七六四年）在成都時所作，係讚揚開元時期著名的畫家曹霸之畫的。詩之首章為：「將軍魏武之子孫，於今為庶為清門。英雄割據雖已矣，文采風流今尚存。」說明曹霸是魏武帝之子孫。《歷代名畫記》：「曹霸，魏曹髦之後，髦畫稱於魏代。霸在開元中已得名。天寶末每詔寫御馬及功臣，官至左武衛將軍。」曹霸擅長畫鞍馬，著名的畫作為〈九馬圖〉。〈丹青引贈曹將軍霸〉詩的一部分即盛讚曹霸所繪之馬的神態。杜子美，即杜甫，子美為其字。丹青引贈曹將軍霸，杜甫詩題。丹青，是繪畫的二種顏料，即朱砂和青雘兩種顏料。用以代指繪畫和畫家。❷先帝天馬玉花驄二句　先帝指唐玄宗。玉花驄，為玄宗所乘之馬，故稱其為天馬。畫工臨摹時，各出其意，如畫山畫水那樣，其貌各不相同。❸是日牽來赤墀下二句　意謂那一天把玉花驄牽到殿庭的臺階下，那馬神氣颯颯地站立在宮殿的門前，頓覺其貌長風萬里。赤墀，又稱丹墀，指帝王殿庭中的臺階。閶闔，指宮門。❹詔謂將軍拂絹素二句　謂玄宗下詔讓曹霸打開素絹摹寫御馬，而曹霸在慘淡構思的過程中進行畫作。❺斯須九重真龍出二句　指不一會兒，天子從殿庭出來觀看曹霸的畫作。曹霸所繪之馬極其神駿，歷代其他畫家關於馬的繪畫因此被一掃而空。斯須，須臾；片刻。九重，君王有九重門。真龍，謂天子。一洗，一掃。❻玉花却在御榻上二句　意謂真馬與畫中之馬相向而視，顯示出畫中之馬形象的逼真。御榻上的玉花，指掛在御榻上的畫中玉花驄。廷前，指立在殿庭前的玉花驄。❼至尊含笑催賜金二句　意謂玄宗看了圖畫後，含笑催促賜給曹霸賞金，而太僕和圉人則驚訝其畫之逼真。同時又對曹霸的賜金而引起自己的失落感。至尊，指玄宗。圉人，指養御馬的官徒。太僕，指掌管輿馬的機構及官員。❽觀曹將軍畫馬圖　杜甫詩題，原題為〈韋諷錄事宅觀曹將軍畫馬圖引〉。此詩亦為杜甫廣德二年在成都時所作。韋諷，閬州錄事。❾曾貌先帝照夜白二句　謂曹霸曾描摹玄宗御馬夜照白之逼真，感動了池中之龍，為此龍池連續多日飛起疾雷。照夜白，玄宗所乘名馬之一。《能改齋漫錄》：「上所乘馬有玉花驄、夜照白」。《畫鑒》載曹霸〈人馬圖〉：「紅衣美髯奚官牽玉面騂，綠衣閹官牽夜照白。」龍池，在長安東南角隆慶坊，係明皇為諸王時之故宅，該處有井，水溢成池，因該地是龍興之所，故稱龍池。霹靂，指雷疾而甚者。❿內府殷紅瑪瑙盤二句　詩句謂內府所貯藏的殷紅色的瑪瑙盤，宮內的婕妤、才人都想得到它。下句為「盤賜將軍拜舞歸」，表明最終它被賞賜給曹將軍了。婕妤才人，指宮廷內女官的名稱。唐制婕妤，九人。玄宗時改婕妤為美人，正三品。才人，七人，正四品。

【語　譯】杜甫在〈丹青引贈曹將軍霸〉一詩中稱：「先帝天馬玉花驄，畫工如山貌不同。是日牽來赤墀下，迥立閶闔生長風。詔謂將軍拂絹素，意匠慘澹經營中。斯須九重真龍出，一洗萬古凡馬空。玉花却在御榻上，榻上廷前屹相向。至尊含笑催賜金，圉人太僕皆惆悵。」讀者或許不理解作者的旨意，以為畫上的馬太逼真了，所以養馬的人與管馬的官兒因此而不高興。這是不對的。作者真正的意思是圉人和太僕，他們是養馬和管馬的人，得不到天子的賞賜，反而把黃金賜給了畫馬的人，所以他們不高興，其實杜公這首詩有很深的含意。他還在〈觀曹將軍畫馬圖〉一詩中說：「曾貌先帝照夜白，龍池十日飛霹靂。內府殷紅瑪瑙盤，婕妤傳詔才人索。」也是指宮廷內外看重畫家的意思。

【研　析】在這一條中洪邁介紹了杜甫二首讚美曹霸畫馬的詩。此外，杜甫講畫馬的詩還有二首，若〈天育驃騎圖歌〉、〈題壁上韋偃畫馬歌〉。杜甫讚畫的詩不少，有讚鷹的，如〈畫鷹〉、〈姜楚公畫角鷹歌〉、〈楊監又出畫鷹十二扇〉。有讚畫山水的詩，若〈奉先劉少府新畫山水障歌〉、〈戲題王宰畫山水圖歌〉。有讚畫松的詩，若〈題李尊師松樹障子歌〉、〈戲韋偃為雙松圖歌〉。杜甫讚畫的詩很多，這與杜甫早年愛畫有關。杜甫在〈送許八拾遺歸江寧覲省〉詩中有云：「看畫曾飢渴，追蹤恨淼茫。虎頭金粟影，神妙獨難忘。」虎頭是指東晉著名畫家顧愷之，江寧瓦棺寺有顧所畫之維摩詰的畫像。金粟影，即指維摩詰金光燦耀的畫像。詩句反映了杜甫長期以來追蹤顧愷之在瓦棺寺的維摩詰畫像，至今過了二十多年，仍然印象十分深刻。可見詩與畫之間有著相通的藝術特點。仇兆鰲《杜詩詳注》中引陸時雝評〈韋諷錄事宅觀曹將軍畫馬圖引〉稱：「詠畫者多詠真，詠真易而詠畫難，畫中見真，真中帶畫，尤難。此詩亦可稱畫筆矣。」詩人、畫家亦有一個共同點，都是借助於形象來表述自己的觀念與感情。所以如與杜甫同時代的王維便是畫家兼詩人，他便能詩中有畫，畫中有詩。他既是山水詩人，又是山水畫家。杜甫的詩，不僅是讚畫，而且是讚人。曹霸與他在人生的經歷上，二人同是天涯淪落人。〈丹青引〉的首章是講曹霸的出身，末章是講曹霸的經歷。他說：「將軍盡善蓋有神，必逢佳士亦寫真。即今漂泊干戈際，屢貌尋常行路人。途窮返遭俗眼白，世上未有如公貧。但看古來盛名下，終日坎坷纏其身。」

燕說

黃魯直❶和張文潛❷八詩，其二云❸：「談經用燕說，束棄諸儒傳❹。濫觴雖有罪，末派瀰九縣❺。」大意指王氏新經學也。燕說出於《韓非子》，曰先王有郢書❻而後世多燕說。又引其事曰：「郢人有遺燕相國書者，夜書，火不明，謂持燭者曰：『舉燭。』已而誤書『舉燭』二字❼，非書本意也。燕相受書，曰：『舉燭者尚明也，尚明者舉賢而用之。』遂以白王，王大說，國以治，治則治矣，非書意也。」魯直以新學多穿鑿，故有此句。

【注釋】❶黃魯直　魯直為黃庭堅的字，號山谷道人，洪州分寧（今江西修水縣）人。宋神宗時教授北京（今河北大名）國子監。與蘇軾相友善，與秦觀、張耒、晁補之並稱蘇門四學士。前人論宋詩，每以蘇、黃並稱。蘇詩氣象闊大，如長江大河；黃詩氣象森嚴，如危峰千尺。留有《山谷詩集》二十卷。❷張文潛　即張耒，文潛為其字，楚州淮陰（今江蘇淮陰）人。蘇門四學士之一。耒知穎州時，聞蘇軾訃，為軾舉哀行服，因貶房州別駕，安置於黃州。文潛儀觀甚偉，有雄才，長於詩詞，他的作品多從日常生活及自然景物中汲取題材，故平易淺近，不同於黃庭堅的搜奇抉怪。其晚期作品接近於唐人白居易體，於平淡中見真情，缺點是淺，往往語盡意亦盡。❸八詩二句　是指黃庭堅所作〈奉和文潛贈無咎篇末多以見及以既見君子云胡不喜為韻〉，全詩共八首，所引詩為八首之第二首。此詩黃庭堅作於元祐元年（西元一〇八六年）秋。時正值元祐更化，排黜王安石新政之際，故作者稱此八首為其「頗得意者」。❹談經用燕說二句　此二句直指王安石的《三經新義》，認為王安石重新注釋的《周官》、《尚書》、《詩經》對漢唐以來先儒的傳注多廢而不用，以法家、佛教之說穿鑿附會三經。燕說，即下文所云之郢書燕說。郢書，指先王之書。燕說，指後人之穿鑿附會。寓言見《韓非子・外儲說左上》。❺濫觴雖有罪二句　意謂王安石的《三經新義》雖有罪過，但其末流則禍及遍地。觴，指酒杯。濫觴，謂江河發源之地，水極淺小，僅能浮起酒杯。末派，指江河流經各地至其尾端。瀰，遍。九縣，泛指全國各地。❻郢書　指楚國來的書信。郢，楚國晚期的都城，遺址在今湖北江陵紀南城。❼已而句　《韓非子》「已」作「云」。「誤」字作「過」。陳奇猷按：過，誤也，是。「云」字，當係「因」字之壞誤。此說為是。

【語　譯】黃庭堅唱和張文潛八首詩中的第二首說：「談經用燕說，束棄諸儒傳。濫觴雖有罪，末派瀰九縣。」詩的意旨是講王安石的新經學。至於「燕說」這個說法出自《韓非子》一書，書中說先王有郢書，而後世多奉行燕說。韓非還在他的作品中具體介紹了這個故事：「郢人寫了封書信給燕國的丞相，夜晚書寫，光線不夠明亮，便對旁邊持燭之人說：『舉燭。』然而卻把『舉燭』二字也誤寫到書信上去，這可不是郢人書信的本意。燕相收到這封書信後，看到舉燭二字，便講『舉燭的意思是要明亮透徹一些，治理國家要做到明亮而透徹，那便要薦舉賢能的士人，並任用他們。』丞相便把這個意思告訴了燕王，燕王聽了非常高興地採納了他這個建議，燕國政治因而大治，雖然燕國治理好了，但這可不是郢書的本意。」那時，在黃庭堅看來，王安石的熙寧新學大都屬於穿鑿附會，不是儒家經傳的本意，所以才寫下這首詩句予以譏刺。

【研　析】洪邁講這首詩的主旨是黃庭堅指責王安石新學的。從時間上講，元祐元年秋，正是神宗去世、哲宗剛即位，那時哲宗趙煦只有十歲，由宋英宗的高后（稱太皇太后）處理軍國大事，啟用反對新學的保守派，如以司馬光為門下侍郎，蘇軾、蘇轍得回朝供職，黃庭堅得以被召為校書郎，任《神宗實錄》的檢討官，後來還擢為起居舍人，大大出了一口過去被新黨排斥的惡氣。這種情緒從這首詩的後面四句：「張侯真理窟，堅壁勿與戰。難以口舌爭，水清石自見。」也反映了他對王安石新政的態度。其實他的前面一首也是衝著王安石新黨來的：「龜以靈故焦，雉以文故翳。本心如日月，利欲食之既。」前二句是講他自己以靈，以文，故受人排擠。後二句是講王安石的，說他們的本心被利欲所吞盡。下半首「後生玩華藻，照影終沒世。安得八紘罝，以道獵眾智」，前二句是指責王安石的新黨靠玩弄辭藻不得長久，後二句是表示自己對王安石的新說要以聖人之道獵而去之。詩句反映了新舊兩黨在思想觀念上的勢不兩立。燕說則只是借韓非的寓言來諷刺新黨的主張而已。實際上時代變了，地域變了，各種學說也勢必隨之變化。事實上燕說是常態。因為意識畢竟是實際生活的反映，它只能適應現實生活的變化和發展，要堅持的僅僅是郢書的精華，也就是它最為核心的價值觀念。

折檻行

《容齋續筆》卷三

杜詩〈折檻行〉❶云：「千載少似朱雲人，至今折檻空嶙峋❷。婁公不語宋公語，尚憶先皇容直臣❸。」此篇專為諫爭而設，謂婁師德、宋璟也。人多疑婁公既無一語，何得為直臣❹？錢伸仲❺云：「朝有闕政，或婁公不語，則宋公語。」但師德乃是武后朝人，璟為相時，其亡久矣。杜有祭房相國文❻，言「羣公間出，魏、杜、婁、宋❼」，亦併二公稱之。詩言先皇，意為明皇帝也。婁氏別無顯人有聲開元間，為不可曉。

【注釋】❶折檻行　杜甫詩題，大曆元年（西元七六六年）為有感於時事而作，代宗永泰元年（西元七六五年）仿唐太宗設學士之制。命文武大臣待制於集賢殿，以備顧問。次年國子監成，宦官魚朝恩執《易》升座，講「鼎折足，覆公餗」，言三公鼎足承君，苟非其人，則折足而覆鼎中美食。用意以譏宰相，其時宦官子弟皆服朱紫為諸生。集賢待制諸臣迫於中官之專橫，皆閉口不敢言。故杜甫作此詩以譏之。❷千載少似朱雲人二句　意謂千載以來很少看到有朱雲那樣敢於直言的大臣。到現在為止，空有嶙峋的折檻留在殿上，徒使人們留作歷史的回憶。朱雲，字游，魯人。漢成帝時，雲上書，請賜上方斬馬劍，斬佞臣張禹首。成帝大怒曰：「罪死不赦！」御史將雲押下，雲攀殿檻，檻折。左將軍辛慶忌叩頭以死爭，稱：「使其言是，不可誅。其言非，固當容之。」成帝意解。及後當修治折檻，成帝曰：「勿易！因而輯之，以旌直臣。」嶙峋，高峻貌。❸婁公不語宋公語二句　婁公，指婁師德，鄭州原武（今河南原陽）人。武后時，出入將相三十年，為人深沉有度量。時人稱為賢相。當酷吏橫行時，他循默不言。師德嘗祕薦狄仁傑，狄不知師德薦己，數排師德，後知之大慚，自愧不如。此處意謂婁公不語亦見其賢。宋公，指宋璟，邢州南和（今河北南和）人，開元初，任相。語，指其敢於直言諫諍。先皇，指唐太宗與唐明皇能容納直臣之諫諍。❹婁公既無一語二句　洪邁此言，誤解了杜詩。婁師德雖無諫諍之語，卻有大度量，薦舉能直言之狄仁傑，又居位恭勤忠樸，故杜詩把他與宋璟並列。❺錢仲仲　宋人錢紳，江蘇無錫人。徽宗大觀三年（西元一一〇九年）進士，後官知州，有文名。於所居漆塘村築別墅，時與文友詩酒諷詠於其間，家富藏書。與洪邁為至交。參閱《容齋三筆》卷二〈題詠絕唱〉及《盤洲文集》卷七十二〈祭錢仲仲文〉。❻祭房相國文　此處指杜甫廣德元年九月為祭奠房琯所作的〈祭故相國清河房公文〉。房相國，指房琯。房琯字次律，河南（今河南洛陽）人，天寶十五載（西元七五六年）從玄宗西狩成都，拜相。後奉命至靈武，冊立肅宗，繼為相。乾元元年（西元七五八）率兵東討安史，兵敗陳濤斜，被貶為邠州（今陝西彬縣）、漢州（今四川廣漢）刺史。廣德元年（西元七六三年）八月病卒於閬州（今四川閬中）。❼羣公間出二句　此處所引出自杜甫〈祭故相國清河房公文〉，原文為：「唐始受命，群公間出。君臣和同，德教充溢。魏、杜行之，夫何畫一。婁、宋繼之，不墜故實。百餘年間，見有輔弼。」魏，指魏徵，唐太宗時賢相。以敢於直言諫爭著名。杜，指杜如晦，貞觀時與房玄齡同號良相，史稱房玄齡善謀，杜如晦善斷，且有知人之明。婁，即婁師德。宋，即宋璟。魏為直臣，杜為賢相，婁、宋二人之品格，正與魏、杜相當。杜文所言之群公，指以上前朝的賢相直臣而言。

【語　譯】杜甫詩〈折檻行〉寫道：「千載少似朱雲人，至今折檻空嶙峋。婁公不語宋公語，尚憶先皇容直臣。」這一首詩是專門為諫諍而寫的，婁公與宋公是指婁師德與宋璟。但人們大多懷疑婁公沒有說過一句勸諫的話，怎麼能成為直臣呢？錢仲仲講：「朝廷政事有闕失時，或者似婁公那樣不講，那麼宋公便會講了。」但是師德是武則天時的人，宋璟為宰相時，他去世已很久了。杜甫曾寫過一篇祭房相國的文章，稱：「羣公輩出，魏、杜、婁、宋。」也是把婁、宋二公一併稱呼的。詩中講到的先皇，是指唐明皇。但是在開元年間，並沒有一個姓婁的人聲名顯赫於當時，這件事實在令人費解。

【研　析】洪邁對〈折檻行〉這首詩似未完全說明，這裡引用的是詩之下半闋。上半闋也有四句：「嗚呼房魏不復見，秦王學士時難羨。青衿胄子困泥塗，白馬將軍若雷電。」這裡房、魏二人便一是賢相，一是直臣，正好與婁公和宋公相當。秦王學士時難羨，是譏諷當時集賢待制十三人，沒有人敢與中官魚朝恩和恣橫的武臣相抗衡。青衿胄子，謂未入仕的學子。困泥塗，指時方尚武，國子監的生員皆為將帥子弟所占。白馬將軍，或謂指魚朝恩。若雷電，指其暴虐恣行若雷電。意謂代宗時中官專權，武將跋扈，既沒有賢相，也沒有敢言之直臣。從全詩的內容看，雖題為〈折檻行〉，並非專言當時缺失直臣之諫爭，亦有缺少賢相輔佐之意。詩文中魏、杜配與婁、宋配之意相通，不必拘於婁、宋不在一時。如果把〈折檻行〉比作一齣戲劇的話，在戲裡面既要有主角，還得有配角。朱雲是直言的主角，如果沒有辛慶忌的捨命相救，沒有漢成帝的醒悟，這齣戲是演不成的。婁師德雖然不語，他卻成全了能夠直言的狄仁傑。宋璟如果沒有明皇當初的寬容，也是難以直言相諫的。說到底直言需要有寬容的環境，並且需有人能維護這個寬容的環境。杜甫的〈折檻行〉實際上點到了這三者的關係。這三者之間最根本的是一個寬容的環境。直言者總是有的，就以杜甫本人來說，作為拾遺便因直言而獲咎，在此後若白居易也是因言而被貶官。所以關鍵在執政者對言者的態度。如果實施言者有罪，到頭來倒霉的還是執政者自己而已。當然對杜甫和白居易而言，失之於個人的不幸，卻得之於詩歌的創作。因為他們還擅長作詩，還能為後人留下大量美好的詩篇。如果連這一點創作的條件也被扼殺，那就更可悲了。

柳子厚黨叔文

柳子厚[1]、劉夢得[2]皆坐王叔文黨廢黜[3]。劉頗飾非解謗，而柳獨不然。其〈答許孟容書〉[4]云：「早歲與負罪者親善，始奇其能，謂可以共立仁義，裨教化[5]。暴起領事，人所不信[6]，射利求進者，百不一得，一旦快意，更恣怨讟，詆訶萬狀，盡為敵讎[7]。」及為叔文母劉夫人墓銘[8]，極其稱誦，謂：「叔文堅明直亮，有文武之用。待詔禁中，道合儲后[9]。獻可替否，有康弼調護之勤[10]。訏謨定命，有扶翼經緯之績[11]。將明出納，有彌綸通變之勞[12]。內贊謨畫，不廢其位。利安之道，將施于人[13]，而夫人終于堂，知道之士，為蒼生惜焉[14]。」其語如此。夢得自作傳[15]，云：「順宗即位，時有寒儁王叔文以善弈棋得通籍博望，因間隙得言及時事，上大奇之[16]。叔文自言猛之後，有遠祖風[17]，唯呂溫、李景儉、柳宗元以為信[18]。然三子皆與予厚善，日夕過，言其能。叔文實工言治道，能以口辯移人。既得用，其所施為，人不以為當。上素被疾，詔下內禪，宮掖事祕，功歸貴臣，於是叔文貶死[19]。」韓退之於兩人為執友[20]，至修《順宗實錄[21]》，直書其事云：「叔文密結有當時名欲僥倖而速進者劉禹錫、柳宗元等十數人，定為死交，蹤跡詭祕。既得志，劉、柳主謀議唱和，采聽外事，及敗，其黨皆斥逐㉒。」此論切當，雖朋友之義，不能以少蔽也。

【注釋】❶柳子厚　名宗元，字子厚，河東解縣（今山西運城）人，人稱柳河東。貞元間，登進士第，授校書郎，貞元十九年（西元八〇三年）為監察御史，後因黨於王叔文，貶為邵州刺史，再貶永州司馬，憲宗元和十年（西元八一五年）例移為柳州刺史，故又稱柳柳州。柳係唐代著名的古文家，與韓愈一起，提倡古文運動，時流咸推之，與韓愈並稱韓柳。❷劉夢得　劉禹錫，字夢得，彭城（今江蘇徐州）人。貞元九年（西元七九三年）登進士第。禹錫亦精於古文，善五言詩，文章多才麗，曾入杜佑幕，典記室，後又同時遭貶，出為監察御史。與柳宗元同時貶為朗州司馬。❸皆坐句　柳宗元與劉禹錫皆因坐王叔文黨而被貶黜。王叔文，越州山陰（今浙江紹興）人。以棋藝待詔，工言治道。德宗令值東宮，深得太子李誦信重。李誦即位是為順宗。以叔文執政，進行革新。永貞事變，叔文被貶為渝州司戶，次年賜死。❹其答許孟容書　文見《柳河東集》，原題為〈寄許京兆孟容書〉。許孟容，字公範。元和初，遷尚書右丞、京兆尹。柳宗元作書的時間當在元和四年（西元八〇九年），當時柳已謫永州五年，作書與許京兆，希望能得到他的助力。❺早歲四句　此謂柳宗元早歲與王叔文相親善，是由於奇其用世之才能，認為可以與他一起立仁義，有益於教化，並非為了自己能僥倖速進與之結黨營私，而是為了「勤勤勉勵，唯以中正信義為志，以興堯舜孔子之道，利安元元為務」。負罪者，指王叔文。❻暴起領事二句　指德宗崩，順宗即位，驟然起用王叔文為翰林學士，居中樞謀劃大事。由於他出身於南士，且居官卑賤，無名望，與中原士大夫素無交往，突然被重用，故為人所不信。❼一旦快意四句　謂世人盡以二王為仇敵，以圖一旦之快意。這類不問是非的羊群效應，在中國古往今來的政治鬥爭中，屢見不鮮。然而它只能是喧囂於一時，卻經不起時間的檢驗。一旦快意，指永貞事變後，二王事敗，一時便成為眾矢之的。更恣怨讟，指上文所言射利求進者不得而轉為怨恨。詆訶萬狀，指對二王進行毀謗、誣陷、呵責的言辭猶如萬般形狀。❽及為句　指柳宗元所作〈故尚書戶部侍郎王君先太夫人劉氏誌文〉。戶部侍郎王君，即劉夫人之次子王叔文。這篇墓誌銘作於貞元二十一年（西元八〇五年）八月之後，文中有「是年八月某日，袝于兵曹君之墓」，故文稿應是永貞事變王叔文敗事之後所書，反映出柳宗元不以成敗論人的品格與為人。❾叔文堅明直亮四句　堅明直亮，指叔文為人的品德。文武之用，指其才能卓異。待詔禁中，指貞元中德宗令王叔文值東宮，以其善棋，娛侍太子，前後十有八載。道合儲后，指其曾乘間為太子言民間之疾苦及治國之道，遂為太子李誦所信從。《舊唐書・韋執誼傳》載韋執誼曾往東宮見太子，李誦就向他誇讚王叔文：「學士知王叔文乎？彼偉才也。」這是李誦當時對王叔文才能的評價。❿獻可替否二句　指其為太子李誦謀議可否，以調護李誦的地位。李誦的太子地位，在貞元三年（西元七八七年）曾發生過動搖。王叔文也正是在這前後來到李誦身邊的。那時德宗因太子妃之母有淫亂之失，欲廢太子立舒王，由於李泌的諫阻而止。為此，「太子遣人謝泌曰：『若必不可救，欲先自仰藥，何如？』泌曰：『必無此慮，願太子起敬起孝。』」李泌在德宗面前曾說：「陛下昔嘗令太子見臣於蓬萊池，觀其容表，非有蠭目豺聲商臣之相也。正恐失於柔仁耳。又太子自貞元以來，常居少陽院，在寢殿之側，未嘗接外人、預外事，安有異謀乎？彼譖人者，巧詐百端，雖有手書如晉愍懷、衷甲如太子瑛，猶未可信，況但以妻母有罪為累乎！」（《資治通鑑》卷二三三）李誦在建中元年（西元七八〇年）始立為太子，先後長達二十六年的時間是苦苦熬過來的。王叔文在太子身邊十八年，自有調護康弼之功，才能順利接位，惜其即位時已因病不能執政了。韓愈在《順宗實錄》中曾稱李誦在東宮「嘗與諸侍讀並叔文論政。至宮市事，上曰『寡人方欲極言之。』眾皆稱贊，獨叔文無言。既退，上獨留叔文，謂曰：『向者君奚獨無言，豈有意邪？』叔文曰：『叔文蒙幸太子，有所見，敢不以聞。太子職當侍膳問安，不宜言外事。陛下在位久，如疑太子收人心，何以自解？』上大驚，因泣曰：『非先生，寡人無以知此。』遂大愛幸。」⓫訏謨定命二句　柳宗元所作原文在此二句之上有「先帝棄萬姓，嗣皇承大位，公居禁中」，其事為是年正月德宗駕崩，王伾先入，稱詔召王叔文即以蘇州司功參軍為起居舍人翰林學士，因而讓其坐翰林中，使決事，由伾以叔文意入言於宦官李忠言，然後稱詔行下。柳文稱讚王叔文有輔佐順宗謀劃經國之大略，並負有具體審定詔令之業績。訏謨定命，語見《詩・大雅・抑》。訏，大。謨，謀。大謀，謂不為一身之謀，而有天下之慮。定，審定不改易。命，號令。扶翼，輔佐。經緯，治理國家大事。績，指業績。⓬將明出納二句　意謂王叔文之於順宗李誦能如仲山甫之於周宣王，能幫助他出納和推行王命，並有解疑明惑、彌合事態變化的勞績。將明，見於《詩・大雅・烝民》：「肅肅王命，仲山甫將之，邦國若否，仲山甫明之。」仲山甫，周宣王之大臣。在這裡柳宗元把王叔文比之於仲山甫。將，奉行。明，指事之可否，仲山甫欲明其事理。出納，亦見於是詩：「出納王命，王之喉舌。」出，承而布之。納，行而復之。指仲山甫的職司是作王之喉舌，發布和推行王之命令。彌綸，彌合補救。通變，精通和瞭解事態之變化。⓭內贊謨畫四句　原文在「內贊謨畫，不廢其位」之下，尚有「凡執事十四旬有六日」，指王叔文自二月為起居舍人翰林學士起，至其母去世之六月二十日，前後歷時一百四十六天。王叔文在翰林院內，為順宗出謀劃策，盡心盡職，提出有利於百姓和國家安定的方針政策。這幾個月間的重大政令，如貶京兆尹李實為通州長史，禁宮市，禁五坊小兒張捕鳥雀於閭里，出後宮三百人，出後宮並教坊女妓六百人，聽其親戚迎於九仙門等。⓮而夫人終于堂三句　夫人終於堂在貞元二十一年（西元八〇五年）六月二十日。依照禮儀，王叔文必須解職，丁憂歸第。知道之士為蒼生惜焉，指王叔文歸第後，王伾失去倚仗，《舊唐書·王叔文傳》載：「叔文母死，前一日，叔文置酒饌於翰林院，宴諸學士及內官李忠言、俱文珍、劉光奇等。中飲，叔文白諸人曰：『叔文母疾病，比來盡心戮力為國家事，不避好惡難易者，欲以報聖人之重知也。若一去此職，百謗斯至，誰肯助叔文一言者，望諸君開懷見察。』」王叔文這番話是謀求丁憂歸第後得以起復。《資治通鑑》亦載：叔文歸第後，王伾「日詣宦官及杜佑請起叔文為相，且總北軍。既不獲，則請以為威遠軍使、平章事，又不得。其黨皆憂悸不自保。是日，伾坐翰林中，疏三上，不報，知事不濟。行且臥，至夜忽叫曰『伾中風矣！』」故王叔文以母親丁憂歸第，王伾謀求起復失敗，便宣告了永貞革新的失敗。柳宗元在王叔文母喪之後還在誌文中說：「天子有詔，俾定封邑，有司稽于論次，終以不及。時有痛焉。」反映了柳宗元當時的思想情緒。⓯夢得自作傳　指劉禹錫所作之〈子劉子自傳〉。這篇自傳是會昌二年（西元八四二年）劉禹錫七十一歲患病去世之前數月所作。實際上是他給自己寫的墓誌銘。白居易挽劉禹錫詩云：「文章微婉我知丘。」即指此文。言此文婉而成章，不沒事之真相。⓰時有三句　此言順宗與王叔文由相識至寵信之緣由。寒儁，王叔文是越州山陰（今浙江紹興）人，與中原士族無淵源，屬寒門之俊秀。劉之原文尚有「如是者積久，眾未知之」，此謂王叔文雖為順宗所寵信，但與士族的人際關係是脫節的。唐之顯宦出於南裔者，皆見阨於朝端，何況王叔文不僅出身寒門，且非進士出身，又無文章的聲譽，其維護順宗地位之作為亦鮮為人知，故其受士族的排擠亦屬當然之理。通籍博望，意指為東宮太子的賓客。典出漢武帝時為戾太子開博望苑以通賓客。《漢書·戾太子傳》：「太子冠就宮，帝為立博望苑，使通賓客。」苑在長安城南杜門外，見《三輔黃圖》。通籍，通名籍。博望，借用博望苑故事。⓱叔文自言猛之後二句　王叔文自言為王猛之後，故自負有王猛的遺風，具王霸之略用世之志。猛，指王猛。前秦苻堅的謀士，字景略，北海劇（今山東壽光）人，曾協助前秦統一北方。⓲唯呂温句　此言呂温、李景儉、柳宗元信王叔文之言為真。呂温，字和叔，河中（今山西蒲州）人，貞元末登進士第，與韋執誼交厚，因善王叔文，再遷左拾遺。叔文秉權時，呂温出使在外，次年才還。李景儉，字寬中，貞元十五年（西元七九九年）登進士第，能博聞強記，頗閱前史，詳其成敗。王叔文頗重之，待以管仲、諸葛亮之才。叔文執政時，景儉在東都居母喪，叔文敗，未從坐。⓳上素被疾五句　此言順宗內禪，憲宗即位之事，實為一場暗箱操作的宮廷政變，隱祕而不為人知。操作事變者為內廷之宦官。內禪並非順宗之意，其為疾終還是被弒亦成一謎。在「宮掖事祕」之下，其原文為「而建桓立順，功歸貴臣，於是叔文首貶渝州，後命終死」。此以東漢之立順帝與桓帝為喻。東漢順帝是中常侍孫程等十九人所擁立；桓帝之立則由外戚梁冀定策，此二事皆為非常之舉。憲宗之立，順宗之內禪皆出自宦官在宮內的非常活動。順宗即位時，因風病不能言，由宦官李忠言與牛昭容侍病左右，牛美人受旨於順宗，宣之於李忠言，忠言通過王伾授王叔文，叔文再與劉禹錫、柳宗元等商議，然後下中書，由韋執誼付諸實施。故真正的決策者是王叔文。宦官另有一派是俱文珍、劉光琦、薛文珍、薛尚衍等，而順宗之立儲君，內禪，憲宗即位，皆為俱文珍所操持，牛美人與李忠言皆不知所終，接著便是王伾中風，王叔文被貶死。叔文之黨若劉禹錫、柳宗元等八人被貶為司馬，史稱二王八司馬。劉禹錫在自傳中的這幾句話，實際是為後人弄清這次見不得人的宮廷政變的真相留下了伏筆。劉禹錫在七十一歲病終前留下這樣的伏筆，顯示他對此事死不甘心，曲曲折折地想點明事件的真相。⑳韓退之句　韓愈與柳、劉二人在貞元末曾同在御史臺為監察御史裏行，並引柳、劉為知己。韓愈在〈赴江陵途中〉詩亦稱其在任監察御史時，「同官盡才俊，偏善柳與劉。」韓退之，即韓愈。兩人，指柳宗元與劉禹錫。㉑順宗實錄　原為李吉甫授史官韋處厚所撰，三卷。以其敘事未盡周悉，韓愈在元和八年（西元八一三年）三月，以比部郎中為史館修撰，故李吉甫復令韓愈與沈傳師、宇文籍重修，至元和十年（西元八一五年）夏，韓愈表進《順宗實錄》五卷。㉒叔文八句　摘引自韓愈之《順宗實錄》，其內容可分三個層次。一是順宗在東宮時，王叔文即密結韋執誼，及當時有名而欲銳進者若劉禹錫、柳宗元等。二是既得志，指順宗即位後，叔文得任事。《順宗實錄》的原文是：「叔文入至翰林，而伾入至柿林院，見李忠言、牛昭容等，故各有所主。伾主往來傳授，劉禹錫、陳諫、韓煜、韓泰、柳宗元、房啟、凌准等主謀議唱和，採聽外事。」此言二王等行事的過程。三是永貞事變，王伾、王叔文敗。指王伾貶開州司馬，病死遷所。王叔文貶渝州司馬，於貶所賜死。劉禹錫貶連州刺史，在道，又貶朗州司馬。柳宗元貶邵州刺史，在道，再貶永州司馬。元和十年（西元八一五年）劉禹錫改授連州刺史，柳宗元例移柳州刺史。

【語　譯】柳子厚與劉夢得都是因為牽涉到與王叔文為黨羽的問題而被廢黜的。劉禹錫頗有點文過飾非地為自己辯解，而柳宗元則耿直不諱，直書其事。柳宗元在他〈答許孟容書〉中說：「早年曾與負罪人王叔文相親善，開始很驚奇他才能出眾，認為自己可以與他一起共同樹立仁義道德，對教化有所裨益。後來他突然當政，但得不到人們的信任，同時許多追求利祿而拼命巴結他的人，一百個人中幾乎沒有一個能滿足欲求的，當他們看到王叔文事敗便感到快意，恣意地把怨恨發洩到王叔文身上，將他詆毀得一無是處，都變成他的仇敵了。」還有他為王叔文母親劉夫人寫墓誌銘的時候，仍然對王讚頌不已，他說：「王叔文堅定而正直，是一個明白事理而有眼光的人，有文武才用。在禁中待詔時，他的許多議論和主張都受到太子的讚許。他曾為太子提過許多建議，輔佐太子在東宮的各項事務。順宗即位以後，幫助順宗謀劃經國大略，並負責起草和審定詔令，有彌合補救溝通上下的勞績。為皇帝謀劃參贊，十分稱職。正當他提出許多安國利民的方案，將付諸實施的時候，他的母親劉夫人逝世於家中，他不得不因丁憂歸第，有識之士都因此而為蒼生感到惋惜。」他的話就是如此毫不隱諱地直抒己見。劉夢得在他的自傳中說：「順宗即位時，寒門出身而又有才能的王叔文以善於下棋而陪太子娛樂，他利用空隙的時間，在太子面前講述時政，博得太子的賞識。王叔文講自己是前秦宰相王猛的後裔，有遠祖的風範，那時呂温、李景儉、柳宗元等都相信他的話。這三個人都與我非常親善，早晚過從時，都說他能幹。王叔文也確實善於議論治國之道，口才也好，他很善辯並能以理服人。他在得到重用以後，所施行的一系列方針政策，人們不以為恰當。那時順宗有病，下詔禪位給太子，宮廷內的事情，非常詭祕，功勞和權力都掌握在宦官的手上，於是王叔文便被處死在貶所。」韓愈與柳宗元、劉禹錫二人都是摯友，他修《順宗實錄》時，直書其事，他說：「叔文祕密結交當時有名聲而且希望僥倖速進的如劉禹錫、柳宗元等十多人，相互之間定為生死之交，他們之間的行蹤非常詭祕。王叔文得志後，劉、柳與王叔文一起謀議，並為他在外面唱和，探聽外面的輿論，叔文事敗，其黨羽皆被斥逐。」韓愈的這些論斷是非常切當的，他們之間雖有朋友的情義，也不能因此而掩蔽他們的錯失啊！

【研　析】本文講了柳宗元、劉禹錫及韓愈三個人對王叔文及永貞事變的態度，文末洪邁加上自己的論斷。貞元二十一年（西元八〇五年）正月德宗駕崩，順宗即位，至八月順宗內禪，皇太子即位，前後不過七個月左右。王叔文參預執政實際上只有一百四十六天，至其母終於六月二十日，王以丁憂解職歸第即已告一段落了。八月才改元為永貞。所謂永貞事變是由宦官俱文珍等發動的一場宮廷政變，逼使順宗內禪、憲宗被擁戴即位。

歷史總是勝利者寫的。王伾、王叔文、柳宗元、劉禹錫等在這場事變中屬於失敗者。勝利者為了證明自己權力取得的合法性，總要對失敗者給予種種莫須有的罪名，而失敗者對事變的表述，往往也有自己的說法。韓愈在元和十年上送的《順宗實錄》當然只能秉承憲宗作為勝利者既定的結論。這就是他們三個人對同一事變不同的立場和不同的說法。歷史當然不能完全以一時之成敗來論定，是非還得由日後的史書依據事實來作公斷，這需要時間。後人從王叔文、王伾短暫的執政時間所頒布的政令，來論定他們在歷史上的功過，那與元和年間的論斷顯然是兩回事了。近人稱永貞事變為永貞革新，所肯定的顯然不在勝利者陰謀搞宮廷政變的一邊，而是把同情傾注於失敗者一邊。柳宗元在那樣險惡的條件下，能堅守當時的觀念，讚頌王叔文的功績，這反映出他不屈不撓、耿直不阿的精神，至為可貴。劉禹錫到臨終以前還要委婉地表述這場宮廷政變的歷史真相，表白了他並不服輸的態度，對勝利者也並不感到服氣。這在劉的詩文中亦能略見一二，他有〈再遊玄都觀絕句〉，他在詩的引言中說：「予貞元二十一年為尚書屯田員外郎，時此觀中未有花木，是歲出牧連州，尋貶朗州司馬。居十年，召還京師。人人皆言有道士手植紅桃滿觀，如爍晨霞，遂有詩以志一時之事。旋又出牧，於今十有四年，得為主客郎中。重遊茲觀，蕩然無復一樹，唯兔葵燕麥，動搖於春風，因再題二十八字，以俟後遊。」其前篇有「玄都觀裡桃千樹，總是劉郎去後栽」之句。後篇有「種桃道士今何在，前度劉郎今又來」之句，勝利者之得勢也只是一時，時間自然會淘汰他們的。又如他的〈金陵五題〉中的〈石頭城〉有「山圍故國周遭在，潮打空城寂寞回」句，〈烏衣巷〉有「舊時王謝堂前燕，飛入尋常百姓家」句，都對一時的勝利和輝煌表示藐視和輕蔑的態度。韓愈的態度則不同了。他在元和八年到十年改寫《順宗實錄》時，頭上還有比部郎中、史館修撰那頂烏紗帽，他還熱衷於仕途，便不能不顧執政者已有定論。韓愈對柳宗元、劉禹錫之間私下的情誼還是很深的。韓愈在柳子厚去世以後，既作〈祭柳子厚文〉、〈柳子厚墓誌銘〉，還寫〈柳州羅池廟碑〉，對柳宗元的遭遇，處處顯示他同情的態度，表彰柳為人之大度，稱其為「士窮乃見節義」。洪邁能把三人對永貞事變不同的態度並列在一起還是好的，至於他最後的結論還是固守在主流意識的觀念上。且在此後〈伾文用事〉條，對事件之論定又有很大變化。這當然不能苛求於古人。

盜賊怨官吏

《容齋續筆》卷五

陳勝初起兵，諸郡縣苦秦吏暴，爭殺其長吏以應勝❶。晉安帝時，孫恩亂東土❷，所至醢諸縣令以食其妻子，不肯食者輒支解之。隋大業末，羣盜蜂起❸，得隋官及士族子弟皆殺之。黃巢陷京師，其徒各出大掠，殺人滿街，巢不能禁，尤憎官吏，得者皆殺之❹。宣和中，方臘為亂❺，陷數州，凡得官吏，必斷臠支體，探其肺腸，或熬以膏油，叢鏑亂射，備盡楚毒，以償怨心。杭卒陳通為逆❻，每獲一命官，亦即梟斬。豈非貪殘者為吏，倚勢虐民，比屋抱恨，思一有所出久矣，故乘時肆志，人自為怒乎！

【注釋】❶陳勝初起兵三句　《史記・陳涉世家》稱：「當此時，諸郡縣苦秦吏者，皆刑其長吏，殺之以應陳涉。」陳勝，字涉，陽城（今河南登封）人，秦二世元年（西元前二〇九年）七月，被徵發屯戍漁陽（今北京市密雲西南），九百人屯大澤鄉（今安徽宿縣），因大雨誤期，被迫起兵。❷晉安帝時二句　晉安帝，司馬德宗，時處東晉末，在位二十二年，終年三十七。史稱：「帝不惠，自少及長，口不能言，雖寒暑之變，無以辨也，凡所動止，皆非己出。」（《晉書・安帝紀》）孫恩，字靈秀，瑯玡（今山東臨沂北）人，世奉五斗米道，亡命於海上，時執政者司馬元顯縱暴於江南，百姓不安，孫恩因其騷動，自海上起兵攻上虞，殺縣令，襲會稽，有眾數萬，於是會稽、吳郡、吳興、東陽、新安凡八郡，「一時俱起，殺長吏以應之，旬日之中，眾數十萬。」（《晉書・孫恩傳》）❸隋大業末二句　自大業七至十三年間（西元六一一—六一七年），各地民變群起，《隋書・煬帝紀下》稱：其時「區宇之內，盜賊蜂起，劫掠從官，屠陷城邑」。後楊廣在江都為其右屯衛將軍宇文化及所縊殺。大業，隋煬帝楊廣的年號。❹黃巢陷京師六句　乾符二年（西元八七五年）黃巢率眾從王仙芝起事。王仙芝失敗，眾以黃巢為首領。僖宗中和三年（西元八八一年），黃巢軍隊進入京城長安。唐末詩人韋莊作〈秦婦吟〉，稱其時「六軍門外倚殭屍，七架營中填餓殍。長安寂寂今何有，廢市荒街麥苗秀」，「華軒繡轂皆銷散，甲第朱門無一半。含元殿上狐兔行，花萼樓前荊棘滿。昔時繁盛皆埋沒，舉目淒涼無故物。內庫燒為錦繡灰，天街踏盡公卿骨」。描述了長安官吏被殺極目淒涼的景況。黃巢，曹州冤句（今山東曹縣西北）人，以販鹽為業。❺宣和中二句　宣和二年（西元一一二〇年）方臘在漆園起兵，自號聖公，前後破六州五十二縣，後兵敗為童貫所鎮壓。事見《宋史・童貫附方臘傳》。宣和，宋徽宗的年號。方臘，歙州（今安徽歙縣）人，後遷居睦州青溪（今浙江淳安）。❻杭卒陳通為逆　《宋史・高宗本紀》記載陳通起事的時間是在建炎元年（西元一一二七年）八月，「勝捷軍校陳通作亂于杭州，執帥臣葉夢得，殺漕臣吳昉。」《建炎以來繫年要錄》卷八稱其起事的原因是由於「軍士以衣糧不足，有怨言」，陳通乃鼓動士兵百餘人縱火殺士曹參軍及副將白均等十二人。九月間，朝廷派周格與高士瞳率軍前往鎮壓，反為陳通所敗，周格被殺，高士瞳被俘。繼而宋廷又派遣知秀州兼浙西提點刑獄趙叔近入杭州招撫陳通，又以王淵為杭州制置盜賊使入杭州，誘捕陳通等三十人，陳通部被腰斬者百八十餘人。

【語譯】陳勝最初起兵時，各郡縣由於深受秦朝官吏的暴虐，故百姓們爭先恐後地殺死地方官吏以響應陳勝。東晉安帝時，孫恩在浙東起兵造反，所到的地方，就把縣令剁成肉醬，讓他的妻兒吃，不肯吃的便肢解他們的身體。隋朝大業末，群盜蜂起，抓到隋朝的官吏及士族子弟全都殺掉。黃巢攻陷京師時，他的部屬四出搶掠，殺人滿街，黃巢也無法阻止，他們尤其憎恨作惡的官吏，抓到就殺了。北宋宣和年間，方臘在睦州起兵作亂，攻陷了幾個州，凡是抓到的地方官吏，必定斬斷他的肢體，挖出他的肺和腸子，熬成膏油，有的則用亂箭射殺，讓被俘的官員受盡折磨，以宣洩其心中長期的積怨。宋高宗建炎元年，杭州發生以陳通為首的兵變，他們抓到朝廷的命官，便立即將其梟首示眾。這一切殘忍的報復行為，追根溯源，難道不是那些貪狠殘暴的官吏仗勢虐待民眾，以致家家都有恨怨，他們想一吐心中積怨的願望由來已久，所以一有機會便會恣意報復，每個人都怨氣沖天哪！

【研析】洪邁這一條〈盜賊怨官吏〉說了一句公道話，那是因為官員「倚勢虐民，比屋抱恨」，只要有一點導火索，就會引起民眾蜂起反抗的局面。洪邁所列舉的這些案例，都有官府貪殘虐民的前提條件。陳涉起兵是因為秦二世大規模徵發民眾服傜役，因大雨失期，據法當斬，所以才揭竿而起，各郡縣苦秦吏者，也群起而殺其長吏。孫恩的起兵，是由於司馬元顯在江南的暴虐所誘發。方臘的起兵，是朱勔對江南徵發花石綱，「民預是役者，中家悉破產，或鬻子女以供其需。」還有就是由朱勔而起強制性拆遷，「群吏逼逐，民嗟哭於路」。(《宋史·朱勔傳》) 前後流毒州郡二十餘年，方臘起兵時，便是以誅朱勔為號召。陳通發動兵變的原因則是「衣糧不足」。洪邁說清楚了民眾怨恨官吏的因果關係，要解決民變的問題，先要處置官吏虐民的矛盾。釜底抽薪，才能熄火，揚湯豈能止沸。至於民眾對官吏們報復之殘忍，不盡如洪邁所言，其中恐有渲染的成分。例如方臘起兵陷歙州，抓住了休寧知縣鞠嗣復，知縣說：「何不速殺我？」「賊曰：『我，縣人也，明府宰邑有善政，我不忍殺。』乃委之而去。」(《宋史·鞠嗣復傳》卷四五三) 陳通在杭州的兵變，也沒有見官就殺啊。他們抓了葉夢得和薛昂二個高官，都沒有傷害他們。至於韋莊〈秦婦吟〉所講的黃巢在長安「天街踏盡公卿骨」的狀況也多有誇大。其實黃巢剛進長安時，還是深受民眾歡迎的，《舊唐書·黃巢傳》稱：「巢眾累年為盜，行伍不勝其富，遇窮民於路，爭行施遺。既入春明門，坊市聚觀，尚讓慰曉市人曰：『黃王為生靈，不似李家不恤汝輩，但各安家。』巢賊眾競投物遺人。」黃巢前後在長安待了有三年之久，後來殺戮官吏，是因為他們與城外官軍勾結的原故。當然也有錯殺、誤殺的。

民眾反抗失敗以後，官府的報復更是加倍的殘暴，即使放下武器、停止反抗，官軍仍然會高舉屠刀。如陳通受降後，開了城門迎接王淵率領的官軍入城，過了二天，王淵說朝廷遣使賜告身，要陳通及其部屬立於譙門之外等待，及陳通等三十餘人應命至庭下，便被官軍縛執。「通呼曰：『已受招安，何為乃爾？』」王淵背信，執其餘黨悉要斬之，「凡百八十餘人」(《建炎以來繫年要錄》卷一一)。這可是一場集體大屠殺啊。民眾反抗失敗以後，官府對民眾的壓迫，不僅不會放鬆，反而有加劇的趨勢。就以方臘起義失敗以後兩浙的情況而言，在紹興四年(西元一一三四年)，有起居舍人王居正上言：「伏見兩浙州縣，有吃菜事魔之俗。方臘以前，法禁尚寬，而事魔之俗猶未至於甚熾。方臘之後，法禁愈嚴，而事魔之俗愈不可勝禁。州縣之吏，平居坐視，一切不問則已，間有貪功或畏事者，稍蹤迹之，則一方之地，流血積屍，至於廬舍積聚，山林雞犬之屬，焚燒殺戮，靡有孑遺。自方臘之平，至今十餘年間，不幸而死者，不知幾千萬人矣。」這個「吃菜事魔」實際上是民間互助性的宗教組織（《建炎以來繫年要錄》卷七六）。這一類屬於民間宗教迷信類的組織，在農村發展，帶有一點互助的性質，古往今來都有。如漢代的天師道，張魯的五斗米道，現代社會的一貫道，實際上都屬於這一類性質。一旦社會矛盾激化以後，它就成為民眾反抗的組織資源。要禁絕這類組織是很難做到的，因為民眾有信仰與互助方面的需要，問題是如何整飭官吏的貪暴，防止官民對立的激化，才真正是釜底抽薪的辦法。

嚴武不殺杜甫

《新唐書・嚴武傳》云：「房琯以故宰相為巡內刺史，武慢倨不為禮，最厚杜甫，然欲殺甫數矣，李白為〈蜀道難〉者，為房與杜危之也。」❶甫傳云：「武以世舊待甫，甫見之，或時不巾。嘗醉登武牀，瞪視曰：『嚴挺之乃有此兒！』武銜之，一日欲殺甫，冠鉤于簾三，左右白其母，奔救得止。」❷舊史但云：「甫性褊躁，嘗憑醉登武牀，斥其父名，武不以為忤。」❸初無所謂欲殺之說，蓋唐小說所載，而《新書》以為然。予案李白〈蜀道難〉本以譏章仇兼瓊，前人嘗論之矣❹。甫集中詩凡為武作者，幾三十篇。送其還朝者，曰「江村獨歸處，寂寞養殘生❺」。喜其再鎮蜀，曰「得歸茅屋赴成都，直為文翁再剖符」。此猶是武在時語❻。至〈哭其歸櫬〉及〈八哀詩〉「記室得何遜，韜鈐延子荊」，蓋以自況；「空餘老賓客，身上媿簪纓」，又以自傷❼。若果有欲殺之怨，必不應眷眷如此。好事者但以武詩有「莫倚善題〈鸚鵡賦〉」之句，故用證前說❽，引黃祖殺禰衡為喻，殆是癡人面前不得說夢也，武肯以黃祖自比乎！

【注　釋】❶新唐書嚴武傳云七句　《新唐書》認為李白之所以撰寫〈蜀道難〉是為房琯與杜甫處於嚴武轄下岌岌可危的境遇擔憂。新唐書，宋歐陽脩、宋祁撰。〈嚴武傳〉在《新唐書》列傳第五十四，附其父嚴挺之傳之下，下文皆引自該傳。房琯，字次律，河南（今河南洛陽）人，天寶十五載（西元七五六年）從玄宗西狩成都，拜相。後至靈武，冊立肅宗，繼為相。乾元元年（西元七五八年）指揮王師敗績失寵於肅宗，貶為邠州（今陝西彬縣）刺史。嚴武，字季鷹，華州華陰（今陝西華陰）人，房琯以其為名臣之子，薦為給事中，後任京兆少尹，故二人相從甚密。房琯被貶時，武亦被黜為巴州刺史，後遷東川節度使。因東西川合為一道，嚴武拜劍南節度使、成都尹。武在蜀，頗放肆，用度無藝，閭里為空，往往或因小忿而隨意殺人，故人皆懼之。巡內刺史，指作為刺史的房琯所在之州屬嚴武管轄。慢倨，指嚴武以上級自居，對房琯傲慢無禮。最厚杜甫，指杜甫在成都時，嚴武對杜甫的交誼最為深厚。蜀道難，李白成名作，賀知章讀了這篇作品後稱嘆李白為謫仙人。❷甫傳云十二句　甫傳，指《新唐書・杜審言傳》所附之〈杜甫傳〉。此言嚴武以世交舊友待杜甫。當年嚴武與房琯相善，而房琯布衣時又與杜甫相善。琯罷相時，杜甫任右拾遺，上疏言琯有才，不宜罷免。肅宗怒，琯貶為邠州刺史，武出為巴州刺史，而杜甫則貶為華州司功參軍。三人同時被貶。後來武為成都尹時，故以世舊待甫。不巾，巾指包髮的頭巾，古人相見，在禮儀上必須以巾幘包髮，戴上紗帽，表示對客人的敬重，不巾就是一種缺乏禮貌的行為。嚴挺之乃有此兒，這是杜甫一句開玩笑的話。嚴挺之是嚴武的父親，當面直呼他人父名，是對人不尊敬的犯諱行為。武銜之，指嚴武對杜甫犯父諱記恨在心。《新唐書・杜甫傳》載：「武亦暴猛，外若不為忤，中銜之。」冠鉤于簾三，簾，竹製的門簾，謂嚴武進出門時，其冠三次為門簾所鉤，形容嚴武此時激動不可自持的狀態。原文為：「一日欲殺甫及梓州刺史章彝，集吏於門。武將出，冠鉤于簾三，左右白其母，奔救得止，獨殺彝。」❸舊史但云五句　舊史之原文云：「武與甫世舊，待遇甚隆。甫性褊躁，無器度，恃恩放恣，嘗憑醉登武之床，瞪視武曰：『嚴挺之乃有此兒！』武雖急暴，不以為忤。」杜甫居於成都浣花草堂，「嚴武過之，有時不冠，其傲誕如此。」舊史指《舊唐書》之〈杜甫傳〉。褊躁，指杜甫的性格狹隘而又浮躁。斥其父名，指直呼其父之名。❹予案二句　繆氏影印北宋本《李太白集》於〈蜀道難〉題下注曰：「諷章仇兼瓊。」章仇兼瓊攻安戎城，挑起唐與吐蕃之間在西南地區的戰爭，時間是在開元末天寶初。李白〈蜀道難〉成於開元天寶之間。賀知章見〈蜀道難〉一詩，當在天寶二年（西元七四三年）。開邊釁是玄宗開元之間一大失敗，故以〈蜀道難〉為諷章仇兼瓊之作，在時間上還能自圓其說。但疑問亦不少，難成定論，細讀詩中內容及李白集校注本，即可自明。前人，洪邁泛指他時代以前的唐、宋人。宋沈括、洪芻（字駒父）皆持此說。章仇兼瓊，潁川人。《舊唐書・吐蕃傳》：開元二十七年（西元七三九年）「詔以華州刺史張宥為益州長史、劍南防禦使，主客員外郎章仇兼瓊為益州司馬、防禦副使。」而由兼瓊專其戎事。❺江村獨歸處二句　此是杜甫〈奉濟驛送嚴公四韻〉一詩之末二句。寶應元年（西元七六二年）嚴武奉詔赴京師，杜甫一路自成都由水路送嚴武至綿州（今四川綿陽）轉陸路行。奉濟驛離綿州三十里，杜甫在這裡與嚴武正式告別。全詩：「遠送從此別，青山空復情。幾時杯重把，昨夜月同行。列郡謳歌惜，三朝出入榮。江村獨歸處，寂寞養殘生。」上半言送別依戀，聲悲言淒，下半言別後留者孤單，意謂自己還是獨處江村寂寞養老。❻喜其再鎮蜀四句　此詩句是杜甫題為〈將赴成都草堂途中有作，先寄嚴鄭公五首〉之第一首的首二句。詩作於杜甫自閬州（今四川閬中）返成都途中。嚴武離開成都後，成都發生戰亂，劍南兵馬使徐知道反，朝廷復以嚴武為劍南節度使。嚴武在京師時，護送二聖赴山陵事畢，封鄭國公，故詩題稱武為嚴鄭公。嚴武重鎮成都，杜甫才得以重返成都草堂故居。茅屋，指成都草堂。文翁，據《漢書・循吏・文翁傳》，文翁在景帝末為蜀郡太守，重視教育，蜀地由是大化。杜甫以文翁比喻嚴武再任成都尹。再剖符，漢與郡太守銅虎符，竹使符。符一剖為二，以合符作為憑證。杜甫全詩都是與嚴武敘舊，且前一首與此首皆為嚴武在世時所作，可見二人之間親密無間。❼至哭其歸櫬六句　哭其歸櫬，原題應為〈哭嚴僕射歸櫬〉。詩云：「素幔隨流水，歸舟返舊京。老親如宿昔，部曲異平生。風送蛟龍匣，天長驃騎營。一哀三峽暮，遺後思君情。」上半首敘述歸櫬，下半首敘述對死者的哀思。嚴武卒，贈僕射，故詩題稱其為嚴僕射。武本華陰（今陝西華陰）人。歸櫬，將其棺木送回故土。櫬，即棺材。〈八哀詩〉為杜甫哀悼八位逝者的八首詩，其第三首即為悼念嚴武之詩，題為〈贈左僕射鄭國公嚴公武〉。全詩五章，詳敘嚴武生平及其為人。其中有：「諸葛蜀人愛，文翁儒化成。公來雪山重，公去雪山輕。」接下來便是「記室得何遜，韜鈐延子荊」。杜甫以諸葛、文翁治蜀喻嚴武，以雪山輕重喻嚴武身繫蜀地之安危。具體是指嚴武曾破吐蕃、收鹽川，使蜀地得以安寧。杜甫為嚴武之幕僚，故以何遜、孫楚自喻。《梁書》：「何遜為建安王記室，王愛文學之士，日與遊宴。」韜鈐，指文韜武略。古代的兵法有《玄女六韜》與《玉鈐篇》。子荊，孫楚之字。《晉書》載孫楚參石苞驃騎軍事。空餘老賓客身上媿簪纓，謂嚴武去世後，只留下他這個老幕僚。簪纓，古代官員的冠飾。意謂愧對嚴武對自己的薦拔與厚待，有知己之感。❽好事者二句　此句出於嚴武〈寄題杜二錦江野亭〉詩。時嚴武欲請杜甫為其幕僚，並造訪杜甫之草堂。鸚鵡賦，為禰衡所作。禰衡，東漢末人，字正平，為人傲慢，故曹操將其送與劉表，劉表轉其至江夏太守黃祖處。黃祖子射為章陵太守，大會賓客，有人獻鸚鵡，射請禰衡賦詩以娛賓客。衡攬筆而作〈鸚鵡賦〉，辭采飛揚。嚴武此句是表彰杜甫才能如禰衡那樣敏捷。但不要恃才傲物，是友情的規勸，絲毫沒有要殺杜甫之意。嚴武在詩之末句云：「興發會能馳駿馬，終當直到使君灘。」「終當」一本作「應須」，意欲親自到草堂去拜會杜甫，邀他出來做官。而杜甫在〈奉酬嚴公寄題野亭之作〉

中有「枉沐旌麾出城府，草茅無徑欲教鋤」，杜甫對嚴武意欲造訪表示歡迎。好事者，是指前人如李肇《唐國史補》、五代王定保《唐摭言》等認為嚴武欲殺杜甫，《新唐書》同樣採用這些觀點，孔毅夫在《續世說新語》中認為此詩是嚴武譏刺杜甫，借〈鸚鵡賦〉比杜甫為禰衡，比嚴武為殺禰衡之黃祖。故洪邁於此下，斷稱此說為癡人說夢，嚴武怎麼肯把自己比作蠻不講理的黃祖呢？

【語　譯】《新唐書・嚴武傳》中說：「房琯以前宰相的身分出任嚴武屬下的州刺史，嚴武對他傲慢無禮，儘管嚴武對杜甫最為尊重，然而也曾經幾次想過要殺杜甫，李白所以要寫〈蜀道難〉，是因為那時房琯與杜甫在四川的處境太危險了。」在〈杜甫傳〉中說：「嚴武以世交舊友款待杜甫，杜甫見嚴武時，有時連巾幘都不戴。喝醉了酒，登在嚴武的床上，瞪著眼睛說：『嚴挺之怎麼會有你這樣的兒子！』嚴武心中含恨，有一天想要殺杜甫，他官帽三次被門簾鉤住，左右的人告訴了他的母親，奔走求救才得以不殺杜甫。」然而《舊唐書》的〈杜甫傳〉只是講到：「杜甫的脾氣性格比較暴躁，曾經憑著醉酒，腳登在嚴武的床上，直接提到他父親的姓名，嚴武也並不認為這是冒犯了他。」本來並沒有嚴武要殺杜甫的說法，這只是唐人小說家所編造的，而《新唐書》卻把它當作真有其事了。我分析李白的〈蜀道難〉，本來只是譏刺章仇兼瓊的，前人已經論說過。在杜甫的詩集中，寄贈給嚴武的詩，幾乎有近三十首之多。如送嚴武還朝的詩「江村獨歸處，寂寞養殘生」。為嚴武再次回成都而喜悅時，他又在詩中說「得歸茅屋赴成都，直為文翁再剖符」。這些都是嚴武活著時杜甫寫的詩句。至於嚴武去世後，他的〈哭其歸櫬〉及〈八哀詩〉都是對嚴武表示悼念的，如「記室得何遜，韜鈐延子荆」，那是比喻自己與嚴武之間的關係；「空餘老賓客，身上媿簪纓」，是顯示嚴武去世後留下自己那種孤獨的傷感。如果杜甫感覺到嚴武曾經想殺他的話，那麼二者之間就不可能有如此眷眷懷念的深情了。那些喜歡造謠生事的人，只是根據嚴武在詩中曾說過「莫倚善題〈鸚鵡賦〉」，藉以證明他們前面那種說法，並且引黃祖殺禰衡作為比喻，那真是癡人在明白人面前說夢話啊，嚴武怎麼可能以黃祖來比喻自己呢！

【研　析】〈嚴武不殺杜甫〉這一條是洪邁依據杜詩考訂《新唐書》的謬誤。在杜集中，杜甫寄贈嚴武的詩有

二十七、八首，嚴武寄杜甫的詩也附有三首，從這些詩句中找不到嚴武要殺杜甫的企圖。《新唐書》所以這樣說，主要是根據前人的說法，孔毅夫的《續世說》則錯誤的解釋了嚴武〈寄題杜二錦江野亭〉詩中那句「莫倚善題〈鸚鵡賦〉」，因此無法通過這句詩證明嚴武欲殺杜甫的說法。歐陽脩與宋祁在《新唐書》的〈嚴武傳〉和〈杜甫傳〉以訛傳訛，其實《新唐書》說嚴武對房琯「慢倨不為禮」，也缺乏事實的根據。首先房琯是貶為邠州刺史，邠州不在劍南節度使的管轄範圍，所以根本不存在房琯是嚴武的「巡內刺史」，後來房琯遷為漢州刺史，接著又轉為刑部尚書，他是在赴京途中，路過閬州去世的，這有杜甫〈承聞故房相公靈梓自閬州啟殯歸葬東都有作二首〉為證。房琯路過閬州時，嚴武已不在成都，故嚴武在與房琯一起貶黜之後並未有相遇的機會，因此嚴武也談不上對房琯有「慢倨不為禮」的情況。再說房琯亦有恩於嚴武，《舊唐書·嚴武傳》稱：「宰相房琯以武名臣之子，素重之，及是首薦才略可稱，累遷給事中。既收長安，以武為京兆少尹，兼御史中丞。」故嚴武是靠房琯一手提拔而遷升的，因而嚴武也沒有理由要對房琯「慢倨不為禮」。小說是小說，修史則不能以小說為憑。洪邁在《容齋隨筆》中糾正《新唐書》的謬誤尚有幾處。若〈韓文公佚事〉一文中，引韓愈〈赴江陵途中〉詩及皇甫湜所撰〈神道碑〉，李翱所撰〈行狀〉，糾正了《舊唐書》、《新唐書》及《資治通鑑》誤採野史之訛。在〈唐書世系表〉一文中指出《新唐書·宰相世系表》，採用家譜，沒有與《左傳》上的相關記載核對，結果張冠李戴弄出常識性的「謬誤」。洪邁讀書不是盡信書，通過史與詩的印證發現矛盾和問題，這是《容齋隨筆》的一個重要特色，而且在糾繆的過程中往往還能有所發現。這正是人們有分析地讀書的樂趣所在。

周亞夫❶

漢景帝即位三年❷，七國同日反❸，吳王至稱東帝❹，天下震動。周亞夫一出即平之❺，功亦不細矣，而訖死於非罪❻。景帝雖未為仁君，然亦非好殺卿大夫者，何獨至亞夫而忍為之？切嘗原其說，亞夫之為人，班、馬雖不明言，然必悻直行行者❼。方其將屯細柳❽，秪以備胡，且近在長安數十里間，非若出臨邊塞，與敵對壘，有呼吸不可測知之事。今天子勞軍至不得入，及遣使持節詔之，始開壁門❾。又使不得驅馳，以軍禮見，自言介冑之士不拜。天子改容稱謝，然後去❿。是乃王旅萬騎，乘輿黃屋，顧制命於將帥，豈人臣之禮哉⓫？則其傲睨帝尊⓬，習與性成，故賜食不設箸，有不平之意⓭。鞅鞅非少主臣⓮，必已見於辭氣之間。以是隕命，其可惜也。秦王猛伐燕圍鄴，苻堅自長安赴之⓯。至安陽⓰，猛潛謁堅，堅曰：「昔周亞夫不迎漢文帝，今將軍臨敵而棄軍，何也？」猛曰：「亞夫前却人主以求名，臣竊少之。」猛之識慮，視亞夫有間矣。

【注釋】❶周亞夫　西漢名將，沛縣人，周勃之子，初封條侯。匈奴入邊，漢文帝令他將兵守細柳，軍令嚴整。文帝且崩時，戒太子曰：「即有緩急，周亞夫真可任將兵。」文帝崩，亞夫為車騎將軍。❷漢景帝即位三年　漢景帝，劉啟，西漢皇帝。史家把他與文帝統治時期並稱為文景之治。即位三年，即西元前一五四年。❸七國同日反　景帝即位初，聽鼂錯削藩的建議，先後削楚王、趙王、膠西王所轄郡縣。三年春正月，又削吳會稽、豫章二郡。吳王遂起兵反，其餘六國亦起兵響應。景帝以周亞夫為太尉，將兵擊之。七國，指漢初所封之吳、楚、膠西、膠東、菑川、濟南、趙七同姓王。❹吳王至稱東帝　吳王劉濞，劉邦兄劉仲之子，黥布反時，濞年二十，以騎將從破黥布封吳王，王三郡五十三城以鎮撫東南地區，起兵後，自稱東帝。景帝斬鼂錯，遣爰盎諭吳王。吳王「笑而應曰：『我已為東帝，尚拜誰？』」（《漢書・吳王劉濞傳》）東帝的典故出於戰國末，齊湣王為東帝，秦昭王為西帝。❺周亞夫句　景帝以周亞夫為太尉，東擊吳、楚，亞夫提出「楚兵剽輕，難與爭鋒，……絕其食道，乃可勝也」。於是使輕騎兵弓高侯絕吳、楚兵糧道，吳、楚兵既餓，乃引而去。亞夫以精兵追擊吳王，攻守三月，斬吳王，吳、楚告平。❻死於非罪　指周亞夫因其子盜買尚方甲楯為葬具事被連累，景帝令逮入廷尉，亞夫不食五日，嘔血而死。❼亞夫之為人三句　此言周亞夫行事的風格，雖然班固與司馬遷的著作中沒有明言，然而他必定是一個剛強而又毫不掩飾自己惱怒的人。班馬，指班固之《漢書》與司馬遷之《史記》。悻，惱怒。行行，剛強。❽細柳　在今陝西咸陽西南渭河北岸。文帝後元六年（西元前一五八年），匈奴入邊，以亞夫為將軍，屯軍細柳。❾天子三句　文帝勞軍，遣使至細柳軍營，「不得入。先驅曰：『天子且至！』軍門都尉曰：『軍中聞將軍之令，不聞天子之詔。』有頃，上至，又不得入。於是上使持節詔將軍曰：『吾欲勞軍。』亞夫乃傳言開壁門。」（《漢書・周勃附亞夫傳》）❿又使不得驅馳五句　事見《漢書・周亞夫傳》：「壁門士請車騎曰：『將軍約，軍中不得驅馳。』於是天子乃按轡徐行。至中營，將軍亞夫揖曰：『介胄之士不拜，請以軍禮見。』天子為動，改容式車。使人稱謝：『皇帝敬勞將軍。』成禮而去。」介胄之士，介，即甲；胄，即頭盔。被甲戴胄。軍禮，指軍人相見時之禮儀規範。周亞夫以軍容在身，故對天子不行跪拜之禮。式車，此指文帝撫車前橫木與周亞夫以軍禮相見。禮畢，文帝出軍門，曰：「嗟乎！此真將軍矣！向者霸上、棘門如兒戲耳，其將固可襲而虜也。至於亞夫，可得而犯邪！」⓫是乃王旅萬騎四句　旅，指軍隊。王旅萬騎，謂君王的軍隊千千萬萬。乘輿，謂君王乘坐的車輿。黃屋，指乘輿上黃色並繪有紋飾的車蓋，二者皆代指君王。顧制命於將帥，顧，反而。⓬傲睨帝尊　意謂周亞夫傲慢而不看重帝王的權威和尊嚴。睨，斜視。《孟子・滕文公上》：「睨而不視。」不是正視而是斜著看，表示不屑一顧。⓭賜食不設箸二句　《漢書・周亞夫傳》稱：「上居禁中，召亞夫賜食。獨置大胾，無切肉，又不置箸。亞夫心不平，顧謂尚席取箸。上視而笑曰：『此非不足君所乎？』亞夫免冠謝上。上曰：『起。』亞夫因趨出。」景帝召周亞夫在宮中用餐，結果二人還是鬧了一個不歡而散。故云亞夫有不平之意。⓮鞅鞅非少主臣　謂周亞夫因不置箸而有怨恨之態，將來不是幼主所能控馭之臣。

鞅鞅，指有怨恨之意。⑮秦王猛伐燕圍鄴二句　前秦建元六年（西元三七〇年），王猛率軍圍攻前燕慕容儁的首都鄴。時苻堅自長安赴王猛軍。王猛，前秦苻堅之謀臣，字景略。鄴，在今河北臨漳西南鄴鎮村。苻堅，前秦的君王。長安，前秦建都長安，即今陝西西安。⑯安陽　今河南之安陽，當時在鄴城之南四十五里。

【語譯】漢景帝即位的第三年，吳、楚等七國同時起兵作亂，吳王自稱東帝，天下為之震動。周亞夫率軍出征，叛亂迅即平定，他的功勞不小，最終卻死於非罪。雖說景帝算不上仁慈的君王，然而也不是好殺卿大夫的暴君，為什麼獨獨忍心置周亞夫於死地呢？自己曾嘗試探討其所以會有如此結果的原因，從亞夫的為人看，班固與司馬遷雖然沒有明言，然而在性格上，他必定是一個惱怒形於色而又剛強好勝的人。當他屯兵細柳時，本來只是防備匈奴入邊，而且駐地距離長安只有數十里，並不是那種直接面臨匈奴的邊防要塞，也沒有與敵人面對面地對壘，並沒有戰況緊急的軍情。如今天子親到軍門慰勞軍隊，居然被亞夫的軍隊拒而不得進入軍門，文帝只能派遣使節詔告於他，方始暢開軍門。文帝的車隊進入軍門以後，又使車輿不能在軍營內迅捷驅馳，提出要以軍禮相見，並表示自己甲冑在身，不便行跪拜之禮。於是文帝為他在車輿上以軍禮相見，並且稱謝而去。事實上君王統率的軍隊千千萬萬，君主以乘輿黃屋出巡，反而要受制於將帥，這難道是人臣對待君王應有的禮節嗎？可見周亞夫傲視帝王的尊嚴，已習慣成性了，所以景帝賜食時沒有放置筷子，他就有憤憤不平的表情。景帝看到他那種倔強傲慢的態度，而所以認為此人將來不可能成為少主馴順的臣屬，想必周亞夫在言辭和態度上亦有所表現。這就是周亞夫所以死於非罪的原因，這實在可惜啊。前秦的苻堅曾經讓王猛率大軍討伐前燕，包圍了燕國的首都鄴，秦王苻堅自長安前往視察軍情。到達安陽時，王猛從前線祕密地前來拜謁苻堅，苻堅對他說：「過去周亞夫不出軍門迎接漢文帝，今天你大敵當前，卻離開軍隊見我，這是為什麼呢？」王猛回答說：「周亞夫過去以拒絕迎接君主來追求他個人的名聲，我內心並不贊同。」可見王猛的見識和思慮要高於周亞夫一籌了。

【研析】洪邁〈周亞夫〉條涉及周亞夫與漢景帝君臣之間的關係。周亞夫確實是一個剛直而喜怒形於色的人，同樣一個周亞夫，為什麼漢文帝臨終時，對景帝說：「即有緩急，周亞夫真可任將兵。」分明是文帝為後主景帝留下對付吳楚七國的人，那麼為什麼景帝會認為亞夫為鞅鞅非少主之臣而藉故置之死地呢？漢景帝與周亞夫之間矛盾究竟因何而起呢？恐非僅僅因其性格上的「悻直行行」。同樣是拗著景帝的詔令，在吳楚七國之亂時，吳王以兵攻梁，梁王使使請亞夫救援，亞夫據形勢守便宜而不往救。梁王上書景帝，景帝詔使救梁，亞夫不奉詔，仍堅壁不出，既而派兵斷吳、楚兵糧道，最終打敗了吳、楚的軍隊。這時漢景帝並未因不救梁而怪罪於周亞夫，事後仍以亞夫為太尉，並遷為丞相。那麼究竟是什麼原因使漢景帝認為亞夫鞅鞅非少主之臣呢？這個少主，就是當時的太子劉徹，也就是後來的漢武帝。劉徹是在七歲時被立為太子的，那麼僅僅是因為劉徹年幼，將來制不了強直的周亞夫嗎？看來還有深層次的原因。景帝中元三年（西元前一四七年）廢栗太子劉榮時，「周亞夫固爭之，不得，上由此疏之。」（《資治通鑑．漢紀》）可見景帝與周亞夫之間的矛盾是起因於太子的廢立上。劉榮是栗妃所生，栗妃亦因廢太子而憂死。劉徹是王夫人所生，劉徹立為太子時，王夫人亦立為皇后。景帝要封王夫人之兄王信為侯，亞夫又拒不合作，並稱：「高帝約『非劉氏不得王，非有功不得侯，不如約，天下共擊之』。今信雖皇后兄，無功，侯之，非約也。」對於周亞夫的拒絕，景帝也只能「默然而沮」。可見在這次太子的廢立上，周亞夫是拗著竇太后、王皇后和漢景帝整個帝室的，所以漢景帝才有「此鞅鞅非少主臣也」的感覺，那時劉徹確實還不到十歲呢。所以景帝才決心要設法把周亞夫置之死地。賜食而不置箸，亞夫的不平之意，更堅定了景帝要在生前處置周亞夫的決心。至於因其子的緣故下亞夫廷尉，也只是一個藉口。景帝所慮的是留著周亞夫，將來或許危及劉徹能否順利接班。在專制主義的帝王制度下，帝王權力的繼承和交接是高於一切的。周亞夫所以不得其死，正是由於這一點。否則就無法理解文帝細柳勞軍以後，並沒有因周亞夫的頂撞而不滿，反而稱讚周亞夫為「此真將軍矣！」可見性格剛直與否不是主要的原因，主要是權力交接上的利害關係。

伾文用事

唐順宗即位，抱疾不能言❶，王伾、王叔文以東宮舊人用事❷，政自己出。即日禁宮市之擾民❸，五坊小兒之暴閭巷❹，罷鹽鐵使之月進❺，出教坊女伎六百還其家❻。以德宗十年不下赦令，左降官雖有名德才望，不復敘用❼，即追陸贄、鄭餘慶、韓皐、陽城還京師❽，起姜公輔為刺史❾。人情大悅，百姓相聚讙呼。又謀奪宦者兵，既以范希朝及其客韓泰總統京西諸城鎮行營兵馬❿，中人尚未悟。會諸將以狀來辭，始大怒，令其使歸告其將，「無以兵屬人」⓫。當是時，此計若成，兵柄歸外朝，則定策國老等事，必不至後日之患矣⓬。所交黨與如陸質、呂溫、李景儉、韓曄、劉禹錫、柳宗元，皆一時豪儁、知名之士⓭。惟其居心不正，好謀務速，欲盡據大權，如鄭珣瑜、高郢、武元衡稍異己者，皆亟斥徙⓮，以故不旋踵而身陷罪戮。後世蓋有居伾、文之地，而但務嘯引沾沾小人以為鷹犬者，殆又不足以望其百一云。白樂天諷諫元和四年作，其中〈賣炭翁〉一篇，蓋為宮市，然則未嘗能絕也⓯。

【注　釋】❶唐順宗即位二句　德宗病重時，順宗李誦已中風，不能言語，不能侍疾，德宗去世後抱病即位。唐順宗，李誦的廟號，生於肅宗上元二年（西元七六一年），德宗建中元年（西元七八〇年）立為皇太子。至貞元二十一年（西元八〇五年）正月德宗駕崩，苦守二十五年即皇帝位，次年正月，崩於興慶宮，在位不及一年，享年四十六歲。❷王伾句　順宗即位後，王伾、王叔文以東宮舊人使坐翰林中決事，為順宗所重用。王伾，杭州人，始為翰林侍書待詔，入東宮為皇太子侍書，故素為太子李誦所親信，出入東宮無間。王叔文，越州山陰（今浙江紹興）人，以棋藝待詔，入值東宮，數侍太子棋，頗知書史，能言治道，乘間為太子進言，為太子所信重。❸政自己出二句　謂順宗即位後，即以己意，出詔令以革德宗所遺留之諸弊政。宮市，指德宗時，宮中市買外物，以宦者為使，宦者抑低市值，不如本估。貞元末不復行文書，置數百人於坊市買物，率用百錢買值數千錢物。名為宮市，實為搶奪。順宗為太子時，嘗論及宮市之害，登基後即下令禁之。❹五坊句　《順宗實錄》：「貞元末，五坊小兒張捕鳥雀於閭里，皆為橫暴以取錢物。至有張羅網於門，不許人出入者。或有張井上者，使不得汲水。近之輒曰『汝驚供奉鳥雀』，痛毆之。出錢物求謝，乃去。」五坊，指餵養和捕獵雕、鶻、鷹、雞、狗之五坊。閭巷，閭里街巷。❺罷鹽鐵使之月進　舊日鹽鐵錢物作為國家經費的收入皆入正庫，主持其事的鹽鐵使為邀皇帝恩寵，常以鹽鐵稅之羨餘購珍玩時新之物直接入獻宮廷，以後每年向宮廷進貢錢物，至貞元時，每月皆進，稱之謂「月進」，實際損害了國家正庫的收入。順宗即位後頒令罷之。❻出教坊句　《順宗實錄》稱：三月「庚午朔，出後宮三百人」。「癸酉，出後宮并教坊女妓六百人，聽其親戚迎于九仙門。」教坊，唐代掌管女樂的機構，高祖初置內教坊於禁中，教習女伎音樂，武后時改名為雲韶府。開元時，置內教坊於蓬萊宮，又於京都置左右教坊，教習俳優雜技和伶人，以宦官領其事。女妓皆出於樂戶。❼以德宗三句　此言德宗已有十年沒有下過赦令，左降的官員由此沒有重獲敘用的機會。赦令，指皇帝頒布赦免的敕令。一般在老皇帝去世、新皇帝繼位、皇帝改元、立太子、立皇后等情況下宣布赦免的敕令。被赦免的對象包括被廢黜的官員可以有選擇地重新敘用，罪犯可以減免刑罰。❽追陸贄句　陸贄，字敬輿，蘇州嘉興人。年十八登進士第，召為翰林學士，以功累遷考功郎中、諫議大夫、中書舍人。貞元八年（西元七九二年）春，遷中書侍郎、平章事，貞元十年（西元七九四年）因裴延齡中傷，罷相，為太子賓客，次年復貶為忠州別駕。贄居忠州十餘年，閉門不出，順宗即位，召回京師，詔書始下，贄已卒。鄭餘慶，字居業，滎陽（今河南滎陽）人，大曆中舉進士。貞元八年（西元七九二年）選為翰林學士，貞元十三年（西元七九七年）遷工部侍郎，次年拜中書侍郎、平章事。因事貶為郴州司馬，凡六載。順宗即位，徵拜尚書左丞。韓臯，字仲聞，京兆長安（今陝西西安）人，祖韓休、父韓滉皆曾為相，臯由賢良方正拜右拾遺，遷中書舍人，拜京兆尹，貞元十四年（西元七九八年），貶撫州司馬，改杭州刺史。順宗即位，徵拜尚書右丞。陽城，字亢宗，北平（今河北遵化）人，代為官族，李泌舉為諫議大夫，陸贄貶黜時，陽城上疏論贄無罪，以此名重天下。德宗以城黨罪人，出為道州刺史。順宗即位，召陽城赴京師。詔下，城已卒，終年六十歲，贈左常侍。❾起姜公輔為刺史　姜公輔，愛州日南人，登進士第，為校書郎，授左拾遺，召入為翰林學士，有高材，敷奏詳明，拜諫議大夫，復以本官同中書門下平章事，因議事不合德宗意罷為左庶子，又貶為泉州別駕。順宗即位，起為吉州刺史，尋卒。❿謀奪宦者兵二句　京西行營諸城鎮是唐禁軍神策軍之駐地，原為隴右節度使哥舒翰所置之一支軍隊，由衛伯玉率領，屯兵於京西，以宦官魚朝恩為觀軍容使以監軍。代宗避亂陝州時，魚朝恩以神策軍相迎，此後該軍以宦官統領，勢力日大，眾至十五萬人。貞元中分神策軍為左右廂，又改為左右軍，置神策軍護軍中尉，以宦官為之，成為守衛君王的禁軍。故兩軍中尉權傾天下。據《順宗實錄》：貞元二十一年（西元八〇五年）五月，辛未，「以右金吾大將軍范希朝為檢校右僕射，兼右神策軍京西諸城鎮行營兵馬節度使。」過了二天，復以度支郎中韓泰充左右神策京西諸城鎮行營兵馬節度行軍司馬，為其副。《實錄》論此事云：「叔文欲專兵柄，藉希朝年老舊將，故用為將帥，使主其名，而尋以其黨韓泰為行軍司馬專其事。」王伾、王叔文這二項任命的目的是為了剝奪宦官統領禁軍的兵權。范希朝，字致君，河中虞鄉（今山西永洛）人。德宗幸奉天時，希朝戰守有功，召置於神策軍中，累官遷振武節度使，與室韋、党項相處，能保邊鄙安居無事。貞元末，拜右金吾衛大將軍。韓泰，字安平，貞元中累遷至戶部郎中，能籌劃決大事，為王伾、王叔文所重。⓫中人尚未悟五句　中人，指宦官俱文珍之屬。未悟，指尚未覺察到上述二項任命之目的是為了把宦官神策軍中尉的指揮權轉歸外朝，故云奪其兵權。諸將，指具體統率右神策軍在京西行營的諸將軍。以狀來辭，指告知中官俱文珍等，兵權將被移交給韓泰。於是俱文珍等下令，不能把兵權交給韓泰。《資治通鑑》載其事云：「王叔文既以范希朝、韓泰主京西神策軍，諸宦者尚未寤。會邊上諸將各以狀辭中尉，且言方屬希朝。宦者始寤兵柄為叔文等所奪，乃大怒曰：『從其謀，吾屬必死其手。』密令其使歸告諸將曰：『無以兵屬人。』希朝至奉天，諸將無至者，韓泰馳歸白之。叔文計無所出，唯曰：『奈何！奈何！』」⓬此計若成四句　在這件事上，韓愈對王叔文的謀劃完全抱肯定的態度。兵柄歸外朝，指神策軍不再歸宦官之中尉管轄，轉為外朝之執金吾將軍指揮。定策國老，指決定王位繼承權的權臣。後日之患，指君王廢立之大權，皆受制於宦官。唐文宗與周墀談話時，曾把自己與周赧王、漢獻帝相比。他說：「赧、獻受制於諸侯，今朕受制於家奴，以此言之，朕殆不如！」（《資治通鑑》）帝王成了傀儡，真正掌有王權的是掌握神策軍的中尉。故唐順宗以後諸帝的廢立，除了哀帝由藩鎮擁立外，憲、穆、文、武、宣、懿、僖、昭諸帝都受宦官操縱。⓭所交二句　在當時，這些人都是年輕有為之士。王叔文因韋執誼得以結交這些豪俊，而韋執誼之結交王叔文，實為當年順宗李誦為太子時的囑託。陸質，字伯沖，本名淳，避太子名，故改。初在淮南節度使陳少游幕府，得其薦授左拾遺，與韋執誼善，加給事中，以質為太子李純侍讀，不久因病逝世。呂温，字和叔，又字化光，師從陸質，治《春秋》，又事梁肅，習學文章。貞元末登進士第，與韋執誼善，拜左拾遺，出使吐蕃。元和元年（西元八〇六年），使還，進戶部員外郎。温以奉使還免於連坐二王之黨。李景儉，字寬中，唐宗室，貞元十五年（西元七九九年）登進士第。《舊唐書》稱其「博聞強記，頗閱前史，詳其成敗，自負霸王之略」，故韋執誼、王叔文視以管仲、諸葛之才，依附韋執誼，累遷尚書司封郎中。叔文敗，未從坐。劉禹錫，字夢得。貞元九年（西元七九三年）年二十二歲登進士第，授太子校書、渭南主簿。貞元十九年（西元八〇三年）擢監察御史，與韋執誼、王叔文相過從。王叔文執政，禹錫遷屯田員外郎掌度支鹽鐵使之文案。因王叔文案貶連州刺史，再貶朗州司馬。柳宗元，字子厚，河東解縣（今山西運城）人。登進士第，授校書郎，藍田尉，貞元十九年為監察御史。與韋執誼、王叔文善。叔文敗，貶為邵州刺史，再貶永州司馬。元和十年（西元八一五年）終於柳州，時年四十七歲。柳州人為之立廟。⓮惟其居心不正五句　鄭珣瑜，字元伯，鄭州滎澤（今河南鄭州西北）人，大曆中，制科高第，授職縣丞、尉。曾任刑部員外郎，遷吏部兼奉先令，饒州刺史，遷吏部侍郎、河南尹，後為門下侍郎、同中書門下平章事。順宗立，遷吏部尚書。以王叔文等內交宦官，擾亂機政，不與合作，未幾，稱疾去位，不數月，卒。高郢，字公楚，代宗寶應二年（西元七六三年）進士及第，起家咸陽尉，曾任朔方節度使郭子儀掌書記，徵拜主客員外郎，遷中書舍人，進為禮部侍郎。貞元十九年進位中書侍郎，同中書門下平章事。順宗即位，轉刑部尚書，尋罷執政，以本官判吏部尚書事。武元衡，字伯蒼，河南緱氏（今河南偃師東南）人，德宗建中四年（西元七八三年）登進士第，累辟使府至監察御史。貞元二十年（西元八〇四年）遷御史中丞，以剛直聞，德宗曾指之稱：「真宰相器也！」順宗即位，以病不親政事。⓯白樂天四句　此言順宗即位時雖禁宮市，但至元和時，仍未禁絕。白樂天，即白居易。諷諫，指白居易的諷喻詩。〈賣炭翁〉為白居易〈新樂府〉二十首之一，作於元和四年（西元八〇九年）任左拾遺時，詩中言當時宮市之害政擾民。

【語　譯】唐順宗即位時，已患中風失語，王伾、王叔文以順宗為太子時的東宮舊人協助順宗執政，當時發布的政令，還是出於順宗自己的意思。順宗即位後，立即發布禁止宮市騷擾百姓的命令，禁止五坊小兒暴虐街巷閭里的居民，撤消鹽鐵使對皇帝每月的進奉，釋放教坊中女伎六百多人，讓她們回家。德宗在位時，已經有十年沒有下過赦令，有德行才能並在社會上有聲望的官員們，被無辜貶黜後得不到重新被敘用的機會，因而順宗即時下令讓陸贄、鄭餘慶、韓皐、陽城等人立即還京師，還下令啟用姜公輔為刺史。唐順宗的這些措施，順應民心和人情，百姓們為此相聚一起歡呼相慶。王叔文還策劃剝奪宦官們手中的兵權，下令由范希朝及他們的門客韓泰來總統神策軍在京西諸城的兵馬，當時宦官們並未覺察到其中的奧祕。等到統率京西諸城神策軍的將軍們派遣使節前來報告時，才引起執掌兵權的宦官們之憤怒，讓各個使節回去報告將軍，「不要把兵權交給他人」。從當時看，王叔文這個計策是失敗了，如果成功的話，兵權由宦官手中轉歸外朝的大臣，那麼決定國策的權力歸屬於外朝大臣，那就不至於產生後來中央的一切決策都受制於宦官那種禍害了。當時王伾、王叔文所交往的黨與，如陸質、呂温、李景儉、韓曄、劉禹錫、柳宗元，都是一時的豪傑且名聲在外的精英人士。只是他們用心還不夠端正，急於求成，希望盡快地執掌軍政大權，對於稍有不同意見的鄭珣瑜、高郢、武元衡，都排斥在決策圈之外，所以他們迅速地失敗而陷身於遭受殺戮和被驅逐的境地。後代擁有處於王伾、王叔文權勢地位的人，往往只會糾集和嘯聚一幫小人作為爪牙，這比起王伾、王叔文立政為人的境界，那就連百分之一也不如。白樂天的諷諭詩中，有一篇題目叫〈賣炭翁〉的，作於憲宗的元和四年，講宮市禍害百姓，可見宮市在順宗時並沒有能真正把它禁絕。

【研 析】洪邁這一篇〈伾文用事〉對前後執政只有一百四十六天的永貞新政的評價，比他在〈柳子厚黨叔文〉那一篇中的論斷要客觀公正一些，對二王八司馬這些新秀抱比較肯定和同情的態度，稱他們是年輕有為的「一時豪傑知名之士」。洪邁對永貞新政的許多政令，也是抱積極肯定的態度。即使如王叔文謀奪宦者兵權的策劃，也抱肯定的態度，認為如果兵權能歸外朝的話，那麼中晚唐的政局不至於如此混亂。所以他的同情不是傾注於宮廷政變勝利者，而是傾注於失敗者二王八司馬一方面，為他們的失敗表示惋惜，也就不是以成敗論英雄了。永貞事變成敗的關鍵是兵權的歸屬問題，在中國的歷史舞臺上，如果沒有兵權，沒有軍隊的支持，任何改革都必然以失敗告終，這幾乎是中國古往今來難以超越的一道坎。它說明傳統的體制，不是建立在法制的基礎上，而是建立在血腥和暴力的基礎上，最終是軍人說了算，而不是政治家說了算。這既是政治家的悲哀，也是法制的悲哀。任何一個皇朝建立以後，社會秩序恢復正常時，都致力於文官制度的建設，貶抑武官的政治地位，一旦矛盾鬥爭越出常規時，最終往往還是暴力說了算。這是歷史留給我們尚未完全解開的結。文章提出的另一個問題是說二王居心不正急於斥徙異己者，如鄭珣瑜、高郢、武元衡，這三個人中，鄭珣瑜與高郢是德宗留下來的宰相，武元衡則是德宗留下的御史中丞。他們與新秀的矛盾，各人情況不同。鄭珣瑜是得不到尊重而告病歸家不出。高郢是因韋執誼所憚忌而罷知政事，武元衡是因劉禹錫求充儀仗使判官不得而罷為右庶子。一朝天子一朝臣。順宗即位，宰相班子自然要作些調整，杜佑是留下來了，其他人作些調整也是正常的事。順宗召回的四個人中，除了陸贄、陽城已經去世，至於鄭餘慶與韓臯，分別為尚書左、右丞，他們在朝堂上並不與二王合作。故洪邁稱二王居心不正也難以成立，實際上是對他們伎藝出身帶有歧視。二王八司馬招怨的原因，柳宗元在〈寄許京兆孟容書〉中講得很清楚：「射利求進者填門排戶，百不一得，一旦快意，更造怨讟，以此大罪之外，詆訶萬端。旁午構扇，盡為敵讎，協心同攻，外連強暴失職者，以致其事。」說得極有道理，二王事敗之前，那些射利求進不得者怨恨在心。事敗之後，二王成為這些小人們眾矢之的，並借惡語詆訶以為進身之階。這種為謀求私利而踐踏失敗者的「英雄好漢」們，一犬吠影，眾犬吠聲的醜惡表現在中國歷史上真是屢見不鮮，它往往還是愈演愈烈的啊！

月不勝火

《莊子・外物》篇❶：「利害相摩，生火甚多❷，眾人焚和，月固不勝火❸，於是乎有僓然而道盡❹。」注云：「大而闇則多累，小而明則知分。」❺東坡❻所引乃曰：「郭象❼以為大而闇不若小而明。陋哉斯言也。為更之曰：月固不勝燭❽，言明於大者必晦於小，月能燭天地，而不能燭毫釐，此其所以不勝火也。然卒之火勝月耶？月勝火耶？」予記朱元成《萍洲可談》❾所載：「王荆公❿在修撰經義局，因見舉燭，言：『佛書有日月燈光明佛，燈光豈足以配日月乎？』呂惠卿⓫曰：『日煜乎晝，月煜乎夜，燈煜乎日月所不及，其用無差別也。』公大以為然，蓋發言中理，出人意表云。」予妄意莊子之旨，謂人心如月，湛然虛靜，而為利害所薄，生火熾然，以焚其和，則月不能勝之矣，非論其明闇也。

【注釋】❶莊子外物篇　《漢書・藝文志》著錄《莊子》五十二篇，現僅存郭象注本保留下來的三十三篇。其中〈內篇〉七篇，〈外篇〉十五篇，〈雜篇〉十一篇。相傳〈內篇〉為莊子的著作，〈外篇〉、〈雜篇〉為其門人的著錄。其思想要旨本於老子之言，多寓言，明道德，輕仁義，一死生，齊是非，主虛無淡泊，寂寞無為。〈外物〉篇為〈雜篇〉的第四篇，由十三節文字雜纂而成，各節意義散亂而不相關聯。「外物」即外在事物，取篇首二字為篇名。莊子，名周，戰國時楚國蒙（今河南商丘）人，生卒年約在西元前三六九—前二八六年之間。曾任蒙地的漆園吏，與梁惠王、齊宣王同時。❷利害相摩二句　指由於利害衝突而產生矛盾，導致內心焦慮。❸眾人焚和二句　和，指心中的平和之氣。月，喻指人心清明的本性。火，喻指由於利害衝突而產生的焦慮。❹於是乎句　這句話源自《莊子・外物》篇第一節，主要說明外在事物沒有一定的準則，如忠未必能夠取信，孝未必能夠見愛，發生這種情況的原因是由於人們面對利害衝突時不能夠做到冷靜對待，相互之間對欲望的渴求破壞了心中的平和，最終使道德準則完全敗壞，天理由此盡，生機由此而熄矣。僓然，即頹然。盡，喻喪盡。❺注云三句　此為郭象在「月固不勝火」下所作之注文。意謂月光覆蓋面大為其亮度太暗而拖累，燭光雖小而明亮使人知物之細微。「注」指郭象所作保存至今的《莊子注》。❻東坡　蘇軾（西元一〇三七—一一〇一年），字子瞻，號東坡居士，眉州眉山（今四川眉山市）人。宋仁宗嘉祐二年進士，神宗熙寧年間任杭州通判，歷知密州（今山東諸城）、徐州（今江蘇徐州）、湖州（今浙江湖州）等地，後被劾貶謫黃州（今湖北黃岡）團練副使。哲宗元祐間遷翰林學士，出知杭州、潁州（今安徽阜陽）。紹聖初貶惠州（今廣東惠州）、儋州（今海南儋州）。卒諡文忠。仕途坎坷，在文學方面有傑出成就。❼郭象　生卒年在西元二五二—三一二年，字子玄，河南（今河南洛陽）人。曾任黃門侍郎，後被東海王司馬越引為太傅主簿。象好老莊之學，能清談，以注《莊子》與向秀齊名。向秀《莊子注》早佚，郭象在向注的基礎上增改而成今本三十三篇。❽月固不勝燭　蘇軾貶謫惠州時作〈和陶歸園田居六首〉，其中第五首借用《莊子・外物》篇「月固不勝火」，作「教我同光塵，月固不勝燭」。❾朱元成萍洲可談　原書久佚，四庫館臣修《四庫全書》時從《永樂大典》中輯出，收於子部小說家類。朱彧《萍洲可談》記當時朝章國典、社會風俗，亦多述其父帥廣南時所見聞。朱元成即朱彧，字無惑，自號萍洲老僕，烏程（今浙江吳興）人，著有《萍洲可談》三卷。❿王荊公　王安石，字介甫，號半山，臨川（今江西撫州）人。少好讀書，工文。擢進士第。仁宗嘉祐中，歷度支判官，上萬言書，以變法為言。後直集賢院、知制誥。神宗時為相，興青苗、保甲諸法，物議沸騰。旋罷為鎮南軍節度使。元豐中復拜左僕射，封荊國公，世稱王荊公。卒諡文。著有《臨川集》，熙寧中曾置經義局，撰《三經新義》。⓫呂惠卿　字吉甫，生於西元一〇三二年，卒於一一一一年，泉州晉江（今福建泉州）人。北宋嘉祐進士，歷真州推官、集賢院校理，才學為歐陽脩、曾公亮等所推重。助王安石變法，參與制定青苗、水利諸法，與王雱同修《三經新義》。熙寧七年（西元一〇七四年）王安石罷相後，繼任參知政事，後與王安石交惡，出知陳州、延州等地。徽宗時安置宣州，移廬州。著作有《莊子解》等，多佚。呂惠卿與王安石對話見《萍洲可談》卷一。

【語　譯】《莊子・外物》篇說：「由於利害衝突而發生摩擦，導致心中焦灼不安，人們因此損傷了心中的平和，內心的清淨安寧不能夠克制住焦慮，於是精神會變得頹然萎靡而喪失正道。」郭象在注解中說：「大而闇則多累，小而明則知分。」蘇東坡在引用時說：「郭象認為大而闇不若小而明。這種說法是非常沒有見識的。為此更正後這樣說：月亮沒有燭火明亮，是說在大的方面明亮必定會在細微的地方昏暗，月光能夠照亮天地，卻不能照亮毫釐大小的東西，這才是月不勝火的原因啊。那麼到底是燭光比月光明亮呢？還是月光比燭光明亮？」我記得朱彧《萍洲可談》裡這樣記載：「王安石在修撰經義局，因為看到有人拿燭火照明，說：『佛教書籍裡面有日月燈光明佛這樣的說法，燈光難道能夠和日月之光相配嗎？』呂惠卿說：『日光照耀白晝，月光照亮夜晚，燈光照亮日月照射不到的地方，其作用是沒有差別的。』王荊公同意他的說法，因為這種說法合乎道理，又出人意料之外。」我猜測莊子的意思，是說人心像月亮一樣清澈明亮、虛然寧靜，在遇到利害關係產生矛盾的時候，心中就會像起火一樣變得焦慮，破壞安寧平和的狀態，這樣人心之月就不能戰勝焦慮之火了，並不是在議論二者光亮明暗上的比較。

【研　析】《莊子‧外物》篇第一節主要說明外在事物沒有固定的準則，雖忠直如龍逢、比干，也會被君王殺死。忠誠未必能夠得到君主信任，孝順未必得到父母慈愛，忠心耿耿的大臣如伍子胥、萇弘得不到君主的信任，以孝順著稱的孝己和曾子都被父母憎惡折磨。〈外物〉篇通過這些事例證明人與人之間由於利害衝突而破壞內心的寧靜以及彼此和諧的關係，用月喻指人心的寧靜狀態，以火來比喻利害關係衝突導致內心的焦慮。這種焦慮破壞了心中的寧靜狀態，故稱月不勝火。引申開來就是說臣下雖然忠於君主，但仍然得不到信任，主要原因還是由於君主貪欲無限膨脹破壞了原本清明寧靜的心態，進而對身邊大臣的忠誠或諂諛失去判斷能力。郭象對「月固不勝火」的注釋為「大而闇則多累，小而明則知分」，表面看似乎是在講月光與火光的關係，仔細想來卻有深意。他對《莊子》進一步發揮，拿月與火來喻指人與人之間的相互關係，諷喻身處高位者為高位所累而昏庸無能，地位較低而又明於事理者反而能夠把握好處理事情的分寸。蘇軾非常喜歡《莊子》一書，曾經說：「吾昔有見，口未能言，今見是書，得吾心矣。」〈和陶歸園田居六首〉是蘇軾在紹聖二年貶謫惠州時所作，此時他在仕途上歷經坎坷，因而對陶淵明〈歸園田居〉之作有所感慨，從而抒發自己渴望歸隱寧靜田園的心情。他在「月固不勝燭」下自注「明於大者必晦於小，月能燭天地而不能燭毫釐，此其所以不勝火也。然卒之火勝月勝耶？」發出了「月固不勝燭」的感慨。聯繫他為朝廷鞠躬盡瘁卻屢屢遭貶的經歷，可以理解他是在以月喻指朝廷中握有實權者，以燭比喻自己像底層官員一樣雖被貶謫卻能真正為百姓做一些實事。通篇的意思是說朝廷掌權者身居高位，雖然像月光照耀天地一樣掌握著朝堂和整個天下，卻不能體察民情、分辨忠奸，為忠心耿耿反而遭受貶謫命運的人鳴不平。他還發出疑問「然卒之火勝月耶？月勝火耶？」這首詩的最後兩句是「霜飆散氛祲，廓然似朝旭。」表明他希望自己能夠像陶淵明那樣隱居田園，驅散籠罩在心頭的鬱悶之氣，使心境像朝日那樣廓然明朗。洪邁在這兒說明他對《莊子·外物》篇「月固不勝火」的理解，認為這並不是在講二者明暗的比較，而是從認識論上講人在認識客觀事物時，必須保持一個「湛然虛靜」的狀態，才能避免任何主觀的情緒化的干擾。「月固不勝火」只是一個比喻，從莊子、郭象、王安石、呂惠卿、蘇東坡到洪邁只是各人各說、各訴胸臆，他們都有各自的道理。各人視角不同，且所指的月光與火光之內涵亦不盡相同，關鍵在於賦予它什麼內涵而已。

宣室

漢宣室有殿有閣❶，皆在未央宮殿北❷。《三輔黃圖》❸以為前殿正室。武帝為竇太主置酒，引內董偃❹，東方朔曰：「宣室者，先帝之正處也，非法度之政不得入焉。」❺文帝受釐于此❻，宣帝常齋居以決事❼。如淳曰：「布政教之室也。」❽然則起於高祖時，蕭何所創，為退朝聽政之所❾。而《史記・龜策傳》云：「武王圍紂象郎，自殺宣室。」❿徐廣曰：「天子之居，名曰宣室。」⓫《淮南子》云：「武王甲卒三千，破紂牧野，殺之宣室。」⓬注曰：「商宮名，一曰獄也。」⓭蓋商時已有此名，漢偶與之同，《黃圖》乃以為「漢取舊名」，非也。

【注釋】❶漢宣室有殿有閣　宣室是漢帝祭祀、議政與起居的場所。殿，指宣室的主體正屋。閣，指正殿一旁的樓閣。《漢書・宣帝紀》載：「甘露四年（西元前五〇年）冬，十月丁卯，未央宮宣室閣火。」❷皆在未央宮殿北　指明宣室的位置在未央宮前殿之北。未央宮，漢高帝劉邦七年（西元前二〇〇年），由蕭何主持所築。《漢書・高帝紀》稱：「蕭何治未央宮，立東闕、北闕、前殿、武庫、大倉。」顏師古注云：「未央宮雖南向，而上書奏事謁見之徒皆詣北闕，公車司馬亦在北焉。是則北闕為正門。」由於漢帝日常議事皆在宣室，故朝臣進見皆由北闕。未央宮的故址在今西安市西北郊漢長安故城內西南隅。❸三輔黃圖　撰人不詳，《水經注》曾引此書，《隋書・經籍志》亦有著錄。書中記載以漢之長安為主，對秦漢間的各項建築皆能指出其所在之方位。清人孫星衍有校本。《三輔黃圖》卷三：「宣室，未央前殿正室也。」❹武帝為竇太主二句　竇太主把自己喜歡董偃的情況告訴了漢武帝，武帝不僅沒有怪罪，並讓竇太主引其入見，賜衣冠，隨竇太主稱武帝「主人翁」，常從竇太主在宮中遊戲歡樂，「天下莫不聞」。武帝「為竇太主置酒宣室，使謁者引內董偃」。（《漢書・東方朔傳》）謁者，郎中令屬官，掌輦引、賓客。武帝，劉徹，景帝元年（西元前一五六年）生，七歲為太子，十六歲即帝位，在位五十四年，終年七十一。在位時有雄才大略，北伐匈奴，鞏固了中國北方的邊防。竇太主，漢武帝之姑母，竇太后的女兒，即館陶公主，竇太主為其號，其夫堂邑侯陳午，午死，主寡居，時年五十餘。董偃，為竇太主之孌童，史稱：「始偃與母以賣珠為事，偃年十三，隨母出入主家。左右言其姣好，主召見，曰：『吾為母養之。』因留第中。……至年十八而冠，出則執轡，入則侍內，為人溫柔愛人，……號曰董君。」❺東方朔曰四句　時東方朔持戟列陛側，聞武帝令謁者引董偃入宣室，便上前諫說，稱董偃有斬罪三條，他說：「偃以人臣私侍公主，其罪一也。敗男女之化，而亂婚姻之禮，傷王制，其罪二也。……偃不遵經勸學，反以靡麗為右，奢侈為務，盡狗馬之樂，極耳目之欲，行邪枉之道，徑淫辟之路，是乃國家之大賊，人主之大蜮。偃為淫首，其罪三也。」武帝「默然不應，良久曰：『吾業以設飲，後而自改。』朔曰：『不可，夫宣室者，先帝之正處也，非法度之政不得入焉。故淫亂之漸，其變為篡。』……上曰：『善。』有詔止，更置酒北宮，引董君從東司馬門。」（《漢書・東方朔傳》）北宮，在未央宮之北，近桂宮。武帝時增修，有前殿，廣五十步，珠簾玉戶如桂宮。見《三輔黃圖》。東方朔，字曼倩，平原厭次（今山東陵縣東北）人，武帝時任太中大夫，性詼諧滑稽。❻文帝受釐于此　事見《漢書・賈誼傳》：誼貶為長沙王傅後歲餘，「文帝思誼，徵之。至，入見，上方受釐，坐宣室。上因感鬼神事，而問鬼神之本。誼具道所以然之故。至夜半，文帝前席」。李商隱〈賈生〉詩言此事云：「宣室求賢訪逐臣，賈生才調更無倫。可憐夜半虛前席，不問蒼生問鬼神。」文帝，即漢文帝劉恆，以代王入為漢帝，在位二十三年，終年四十六。在位時能與民休息，史稱其與景帝執政時為「文景之治」。釐，福也，謂受祭天地之餘物，受神福。❼宣帝常齋居句　宣帝，劉詢，為武帝之曾孫，戾太子之孫，年十八為霍光所立，在位二十五年，終年四十三。史稱其為中興之君，處事能綜核名實，信賞必罰。齋居，《禮記・曲禮上》：「齋戒以告鬼神。」宣室也是祭祀鬼神的場所，君王在此舉行重大祭祀活動時，先要沐浴更衣，戒其嗜欲，以示誠敬。❽如淳曰二句　如淳，馮翊（郡名，轄區在今陝西韓城、大荔相近之地區）人。三國時，魏陳郡丞。曾注《史記》、《漢書》。布政教之室，指宣室為君王宣布政令的場所。❾起於高祖時三句　高祖七年（西元前二〇〇年），蕭何治未央宮殿。劉邦「見其壯麗，甚怒，謂何曰：『天下匈匈，勞苦數歲，成敗未可知，是何治宮室過度也！』何曰：『天下方未定，故可因以就宮室。且夫天子以四海為家，非令壯麗亡以威重，且亡令後世有以加也。』上說。」（《漢書・高帝紀》）未央宮前殿為朝會的場所，朝會畢，君王退朝與大臣議政於東側之宣室，故云宣室為聽政之所。高祖，即漢高祖劉邦。蕭何，沛縣人，以縣吏從劉邦起兵，劉邦與項羽相持河南時，蕭何以丞相留守關中，取巴蜀，撫百姓，給餉饋，使軍中不絕糧。劉邦封功臣列侯時，蕭何功當第一。❿史記龜策傳云三句　史記，司馬遷著之紀傳體史書，〈龜策列傳〉為褚少孫所補。其云：武王與紂「戰於牧野，破之華山之陽。紂不勝，敗而還走，圍之象郎。自殺宣室，身死不葬。」⓫徐廣曰三句　徐廣注宣室之語，意謂宣室為天子起居之所。徐廣，字野民，東莞（今山東沂水縣）人，南朝宋時，任祕書監，曾考《史記》諸本之異同，作《音義》十二卷，《隋書・經籍志》有著錄。⓬淮南子云四句　引文見於此書之第八卷〈本經〉，引文之全句為：「湯乃以革車三百乘伐桀于南巢，放之夏臺；武王甲卒三千破紂牧野，殺之於宣室。天下寧定，百姓和集。」牧野之戰，紂王拒周武王於牧野，紂師雖眾，皆無鬥志，「倒戈以戰，武王遂勝。」牧野，在今河南淇縣西南。《史記・周本紀》稱：「紂走，反入登於鹿臺之上，蒙衣其殊玉，自燔於火而死。」與《淮南子》及〈龜策列傳〉所言有異。淮南子，原名《鴻烈》，為西漢淮南王劉安組織人編撰的。漢武帝建元二年（西元前一三九年），劉安入朝時，曾將此書獻給漢武帝。《漢書・藝文志》將其列入雜家。其著作以黃老道家思想為核心，綜合諸子百家之說，觀天地之象，通古今之事。東漢許慎、高誘兩人曾先後為之作注。⓭注曰三句　此為引高誘注《淮南子》，其原文為：「宣室，殷宮名，一曰：宣室，獄也。」

【語　譯】漢代的宣室有殿有閣，都在未央宮殿的北側。《三輔黃圖》以為就是前殿的正室。漢武帝為他的姑母竇太主置酒宴於宣室，派謁者引董偃入內作陪，東方朔對漢武帝進諫說：「宣室是先帝起居的正室，如果與國家法度沒有相關的人員，不能任意進入。」漢文帝曾經在此受鬼神的餘福，漢宣帝曾沐浴齋戒以後，在此作重大的決策。如淳注宣室稱：「這裡是發布政令教化的地方。」這個場所是高祖劉邦時蕭何所建造的，為君王退朝時，與大臣們議政的場所。《史記》的〈龜策列傳〉說：「周武王討伐紂王時，圍困紂王在象郎，紂王自殺於宣室。」徐廣注說：「天子起居的地方叫宣室。」《淮南子》說：「武王只帶了三千甲士，在牧野打敗了紂王七十萬大軍，把紂王殺死在宣室。」注文說：「宣室是商代宮室的名稱，另一種說法，宣室是指監獄。」大體上看來，在商代已有宣室這個名稱，漢代偶然取了與商代相同的宮室名稱，《三輔黃圖》以為漢人有意取了商代的舊名，現在看來這個說法並不準確。

【研　析】宣室，在漢代是一個祭祀和議事的場所，也是君王起居的一個場所，在這樣的場所，必須保持一個肅穆、恭敬和莊嚴的氛圍。漢文帝在宣室召見賈誼時，議論鬼神之事，應該說這還是符合那時議事規則的，當初賈誼建議文帝除正朔，易服色制度，定官名，興禮樂，還不就是與天地鬼神之事相關嘛，所以李商隱在〈賈生〉一詩中責問文帝與賈生「可憐夜半虛前席，不問蒼生問鬼神」是沒有道理的，與當時的時尚不合。賈誼是一個意識形態色彩很濃的人，文帝要借重於賈誼的也正是這一點。在賈誼那裡有關蒼生的問題是寄託於鬼神之後，文、景至武帝，都是極端迷信鬼神的皇帝，要打動他們去關心蒼生，必須借助於鬼神。董仲舒、公孫弘的對對策，都離不開天人關係，實際上講的還是鬼神的問題，藉著天來講蒼生的實際問題。文帝聽賈誼言鬼神入了迷，才會至夜半而復前席傾聽。文帝聽罷賈誼有關鬼神這一席談話後的感想是：「吾久不見賈生，自以為過之，今不及也。」還是讚賞賈誼的口吻。後文帝「拜誼為梁懷王太傅。懷王，上少子，愛，而好書，故令誼傅之」。後來，梁王墜馬死，「誼自傷為傅無狀，常哭泣，後歲餘，亦死。賈生之死，年三十三矣。」（《漢書・賈誼傳》）賈誼之死，還是死於文帝的賞識，當然賈誼所言於文帝不僅僅是鬼神之事，實際上文帝也「數問以得失」，這從賈誼留下的著作也可以看得出來，就「蒼生」的問題，要與帝王言，還得借助於鬼神問題上的說教，用現在的話，還是離不開一定意識形態的詞語曲折地表達。至於東方朔阻止竇太主變童董偃進入宣室，那是為了反對把莊嚴的宣室變成尋歡作樂的娛樂場所，東方朔列舉董偃的三大罪，及其結尾所云：「夫宣室者，先帝之正處也，非法度之政不得入焉。故淫亂之漸，其變為篡，是以豎貂為淫而易牙作患，慶父死而魯國全，管蔡誅而周室安。」這一類淫亂活動的氾濫，勢必影響到國家的長治久安。東方朔這一次諫諍，漢武帝還是接受了，並為之改變宴飲的場所，而且「董君之寵由是日衰，至年三十而終」。可見在這個問題上，漢武帝的頭腦還是清醒的。然而我們還是應該看到在竇太主與董偃身旁還是有一幫子食客，為他們出點子，如何「以靡麗為右，奢侈為務，盡狗馬之樂，極耳目之欲，行邪枉之道，徑淫辟之路」以敗壞國家和社會之風氣，並藉此以謀一己之私利。在一定條件下，《水滸傳》中的高衙內們復活的話，那麼他們身邊往往就會出現董偃之類嬖人，至於若高衙內左右的陸虞侯與富安這類專門教唆人做壞事的小人更何其多也，故今日讀〈宣室〉尚有其難以言喻的現實意義。

生之徒十有三

《老子❶．出生入死》章❷云：「出生入死，生之徒十有三❸，死之徒十有三，人之生，動之死地十有三❹，夫何故？以其生生之厚❺。」王弼❻注曰：「十有三，猶云十分有三分取其生道，全生之極，十分有三耳❼；取死之道，全死之極，十分亦有三耳❽。而民生生之厚，更之無生之地焉❾。」其說甚淺，且不解釋後一節❿。唯蘇子由⓫以謂「生死之道，以十言之，三者各居其三矣，豈非生死之道九，而不生不死之道一而已乎⓬？《老子》言其九不言其一，使人自得之，以寄無思無為之妙⓭」，其論可謂盡矣。

【注釋】❶老子　傳說中老子過函谷關，關尹請他著書，他寫出了《道德經》，也就是今傳之《老子》。老子，姓李名耳，又稱老聃，楚國苦縣厲鄉曲仁里人。生於春秋末，曾任東周王朝的徵藏史，掌管圖書冊籍，《史記》稱其為「周守藏室之史」。❷出生入死章　即《老子》第五十二章，其首句為「出生入死」，故云。謂人生於天地之間，惟生死二者，出乎生則入乎死，二途由人自擇，去生則入死。❸生之徒十有三　馬敘倫說：「徒即途之本字。」途，遺跡也。《老子》第七十六章：「堅強者死之徒，柔弱者生之徒。」徒皆作途解。十有三，下文有王弼注。❹人之生二句　《韓非子．解老》作：「民之生，生而動，動皆之死地之十有三。」末一「之」字當為「亦」。❺夫何故二句　謂何其如此？由於人們養生的物質享受過於豐厚了。❻王弼　字輔嗣，魏國山陽（今河南焦作）人，幼而察慧，年十餘即好《老子》，通辯能言，與何晏、夏侯玄等同開魏晉清談之風氣。其注《易》偏重哲理，其著作有《周易注》、《老子注》、《老子指略》。年二十四，遇癘疾亡。❼十有三四句　此謂十分只能取其三，過則轉向其反面。人養生之道只能十取其三，已是全生之極。❽取死之道三句　指致他人之死途亦只能十分有其三，已為極矣，過則相反。❾而民生生之厚二句　此謂民養生過於豐厚，反置己於死地。❿其說甚淺二句　洪邁認為王弼的注釋過於淺薄，後一節，即指「人之生，動之死地」這一句，和五十章之下半章所云：「蓋聞善攝生者，陸行不遇兕虎，入軍不避甲兵。兕無所投其角，虎無所措其爪，兵無所容其刃，夫何故，以其無死地。」它的意思是人自出生起，他的一切行動中，促使他走向死亡的，十分亦有其三。下半章的意思是善於全生養命的人，在於他能避開一切危險，從而保全自己，他陸地上行走時，避開兕牛和猛虎，在軍隊裡行軍時，能夠避開敵人的刀槍，所以兕牛沒有機會用角來傷害他，老虎沒有機會用爪子來加害於他，刀槍沒有機會在他身上展示它的鋒刃，那是為什麼？因為他避開了一切致他於死地的機會。⓫蘇子由　子由是字，名轍，其父為蘇洵，其兄為蘇軾，一門三蘇皆為北宋著名的古文學家，其為文平易自然而流暢，眉山（今四川眉山市）人，享年七十四。蘇轍喜愛老莊，晚年寄身心於物道，以佛解老，著有《老子解》上下兩卷，下引文即出於其《老子解》之卷下。⓬生死之道五句　這是蘇轍對《老子》第五十章的一種解釋，所謂生死之道九，指生之途有三，死之途亦有三，人出生以後活動於生死之間亦有三。三三見九，留下之一，便為不生不死之道。所謂不生不死之道，蘇轍認為它只是「《易》所謂寂然不動者也」，也就是天地起源之前的原始狀態。⓭老子言其九三句　《老子》第一章便講：「無，名天地之始。有名萬物之母。」這個「無」便是萬物變化之始，有是由無演化而來，「無」即是道，道自身沒有形體，無對於人而言便是無思無為的狀態，惟有無思無為才能包容一切，有思有為那就受既定的思維和行為的定式所局限，不可能客觀地包攬和認知客觀事物的變化。故《老子》稱其為：「玄之又玄，眾妙之門。」

【語　譯】《老子》在〈出生入死〉那一章說：「當人出現在世上便是生，進入墳墓的時候就是死，人之生命的延續之途，十有其三，致死的路途亦十有其三，人之生因動而之死地的途徑亦十有其三，為什麼會這樣呢？原因在於人們對生活之享受過於豐厚了。」王弼注稱：「十有三，是指十分只能取其三分，取其求生之道的時候，保全生命的極點，十分只能取其三分耳；致人於死地之道，保全致人死命的效果，十分亦只能取其三分。人們對於養生的物質享受，如果太豐厚了，反而使自己致於無生之地。」這個說法比較淺薄，而且沒有解釋老子在此後的一段文字。蘇子由在他的《老子解》中認為「人們生死之途徑，如果以十分講，三種途徑各居其三，豈非致人生死的途徑大體上有九，留下的一條便是不生不死的途徑？《老子》在這一章中，只說其九，而不講其一，這一條不生不死的途徑是為了讓人們自己去體悟，從中可以看出無思無為的妙用」，蘇子由這一番論斷可謂是盡善盡美了。

【研　析】《老子》第五十章講的是人們出生入死之途徑，三種狀況，各十有其三，為什麼人自出生起，為了求生的一切行動，往往把自己置之死地，為什麼會適得其反呢？原因是「生生之原」。《老子》在這個問題上的論述既充滿了辨證的關係，又說得那麼抽象而又含蓄，為人們提供了充分想像和思考的餘地，不管你從哪個角度去思考，最終都會得出相同的結論，那就是不能沿著「生生之原」這條死胡同前進，那只是一條自我毀滅的途徑，對個體、群體、人類的種群來講都是如此。

關於「十有三」，王弼與蘇子由都把它解釋為十分有其三，韓非子在這個問題上，則作了完全不同的解釋，他在〈解老〉篇說：「凡民之生生而生者固動，動盡則損也，而動不止，是損而不止也，損而不止則生盡，生盡之謂死，則十有三具者皆為死死地也。故曰：『民之生，生而動，動皆之死地，之十有三。』是以聖人愛精神而貴處靜，此甚大於兕虎之害。」《韓非子・解老》這一段關於「出生入死」章之注釋比較完整而系統，更能自圓其說一些，比王弼的《老子注》與蘇轍的《老子解》要更完整一些，特別是前後兩節之間的聯繫，更要緊湊一些。關於「十有三」的注釋，今人高亨亦有一說：「十有三當指人之七情六欲。」七情是指人之喜、怒、哀、懼、愛、惡、欲七者，六欲是人對聲、色、衣、香、味、室這六種人生而就有的欲望。何謂十有三，諸說可以並存，而「民之生，生而動，動皆之死地十有三」的根本原因還是要有度，要有節制，人們對物質享受貪得無厭的態度，最終總是害人害己，坑害子孫，不僅損害自己的建康，而且破壞了子孫後代賴以生存的環境，生活的過度優裕，對今人的健康不利，對種群的發展，對生態環境的保護都是有害無利的，從這一點上講，《老子》的許多哲言，萬古長青。

唐人避諱

唐人避家諱[1]甚嚴，固有出於禮律[2]之外者。李賀[3]應進士舉，忌之者斥其父名晉肅，以晉與進字同音，賀遂不敢試。韓文公作〈諱辯〉[4]，論之至切，不能解眾惑也。《舊唐史》至謂韓公此文為文章之紕繆者[5]，則一時橫議[6]可知矣。杜子美有〈送李二十九弟晉肅入蜀〉詩[7]，蓋其人云。裴德融諱「皐」，高鍇以禮部侍郎典貢舉[8]，德融入試，鍇曰：「伊諱皐，向某下就試，與及第，困一生事[9]。」後除屯田員外郎，與同除郎官一人同參右丞盧簡求[10]。到宅，盧先屈前一人入，前人啟云：「某與新除屯田裴員外同祗候[11]。」盧使驅使官[12]傳語曰：「員外是何人下及第？偶有事，不得奉見。」裴蒼遽[13]出門去。觀此事，尤為乖刺[14]。鍇、簡求皆當世名流，而所見如此。《語林》[15]載崔殷夢[16]知舉，吏部尚書歸仁晦託弟仁澤，殷夢唯唯而已[17]。無何，仁晦復詣託之，至於三四。殷夢斂色端笏[18]，曰：「某見進表讓此官矣。」仁晦始悟己姓，殷夢諱也[19]。按，〈宰相世系表〉，其父名龜從，此又與高相類，且父名晉肅，子不得舉進士，父名皐，子不得於主司[20]

姓高下登科，父名龜從，子不列姓歸人於科籍㉑，揆之禮律，果安在哉？後唐天成初，盧文紀為工部尚書㉒，新除郎中于鄴公參，文紀以父名嗣業，與同音，竟不見。鄴憂畏太過，一夕雉經于室㉓。文紀坐謫石州司馬㉔，此又可怪也。

【注釋】❶避家諱　指家庭中子孫在書寫行文或與他人談話時，要避免提到自己或他人的父、祖名諱。諱即隱諱，迴避的意思。此法周代以來即有。《公羊傳．閔公元年》：「《春秋》為尊者諱，為親者諱，為賢者諱。」避諱在封建社會中是禮法上對尊者、親者表示敬重，也是重視孝道的一種表現。❷禮律　具體而言，即唐代所奉行的《開元禮》和《唐律》。《禮記．曲禮上》載：「禮不諱嫌名，二名不偏諱。」這是避諱中所奉行的基本原則。嫌名，指與人姓名字音相近的字。如禹與雨，丘與區。漢高祖名邦，避邦字，改稱國字，故宰相相邦名改稱為相國；漢宣帝名詢，避詢字，改荀卿為孫卿；光武帝名秀，改秀才為茂才皆是。二名不偏諱，指不全避雙名中的兩個字，只要避一個字就行。如唐太宗名世民，或避世字，改成代字；或避民字，改成人字。《唐律》中規定：犯皇室諱者徒刑三年，二名偏犯者無罪。但在實際生活中，往往把避諱規定擴大化為兼諱嫌名，即同音字也要避。下文所指李賀父名晉肅，士大夫輿論認為晉、進音同，李賀不應該應進士科，便是這種擴大化的表現。故洪邁說：「唐人避家諱甚嚴，固有出於禮律之外者。」禮，指道德行為的準則和規範。律，指法律。❸李賀　唐著名詩人，字長吉，福昌（今河南宜陽西）人，賀早年即有詩名，死時年僅二十七歲。當時人韓愈、皇甫湜、沈亞之等人皆與之友善。韓愈即因李賀避家諱、不得應進士科而為之鳴不平。❹韓文公作諱辯　韓愈是在任國子博士期內見李賀所呈獻的詩歌十分讚嘆，並為之延譽。《唐語林》卷三載：「李賀以歌詩謁韓愈。愈時為國子博士分司，送客歸。極困。門人呈卷，解帶，旋讀之。首篇〈雁門太守行〉云：『黑雲壓城城欲摧，甲光向日金鱗開。』卻緩帶，命迎之。」時士人斥李賀不避家諱去應進士科，故韓愈作〈諱辯〉為其釋疑辯駁。〈諱辯〉見《昌黎集》卷十二。韓文公，指韓愈，文公為其謚。❺舊唐史句　舊唐史，《舊唐書》的異稱。韓公，對韓愈的尊稱。紕繆，錯誤的意思。❻橫議　指言論放恣，不合時宜。《孟子．滕文公下》：「諸侯放恣，處士橫議。」❼杜子美句　此詩題的全文為〈公安送李二十九弟晉肅入蜀，余下沔鄂〉，詩見《杜工部集》卷十九。又唐人在社會交往中，對同輩中的親戚朋友，習慣在姓之下綴以排行次第來稱呼以表示親熱。其計算方法通常是自同祖所出的堂兄弟之間的範圍內。如李白稱李十二，杜甫稱杜二，王維稱王十三，孟浩然稱孟六，韓愈稱韓十八，白居易稱白二十二，元稹稱元九，李商隱稱李十六，劉禹錫稱劉二十八等。這裡杜甫稱李晉肅為李二十九弟即為同例稱呼。參閱徐連達《唐朝文化史》第七章〈社會交往・常見的幾種稱謂〉。杜子美，杜甫字。❽高鍇句　《舊唐書・高鍇傳》稱：「高鍇為禮部侍郎，凡掌貢部三年，每歲登第者四十人。」又稱：「鍇選擢雖多，頗得實才，抑豪華，擢孤進，至今稱之。」唐制：科舉取士，通常以尚書省禮部的副長官禮部侍郎主持考選的錄取工作，稱為「知貢舉」，或稱「典貢舉」。高鍇，唐憲宗元和九年（西元八一四年）進士，累遷吏部員外郎，文宗時曾權知禮部貢舉。❾伊諱皐四句　裴德融的家諱諱「皐」字。因「皐」字與高鍇的姓同音。高鍇認為是犯諱，心中不滿，故有此語。困一生事，意指一生一世做事都要倒霉。❿後除屯田員外郎二句　除，除去舊職，授給新職。白居易〈除蘇州刺史〉詩：「老除吳郡守，春別洛陽城。」屯田員外郎為工部屬官，秩從六品上，其職掌天下屯田及京官的職田、諸司公廨等事，據官員的品秩等級授給。見《舊唐書・職官志》。參，屬官謁見長官稱參。或稱參衙、參謁、參見。簡稱為參。右丞，唐尚書省長官屬下有左、右丞。掌尚書省六部的糾察及監糾御史臺御史的不當行為。盧簡求，字子臧，歷任節度使幕職，後遷戶部員外郎，歷蘇州、壽州刺史。宣宗時拜涇原、渭武節度使，又徙義武、鳳翔、河東三鎮。為政長於權變，居邊善於撫御。懿宗咸通初，告病辭官，以太子少師，居東都洛陽，與賓客詩酒相娛。卒年七十六。事蹟見《舊唐書・盧簡求傳》。⓫祗候　賓客或僚屬向尊長求見時的問候語。《魏書・劉休賓傳》：「聞王臨境，故來祗候。」《唐語林》卷八載：「唐世謁見尊者，皆曰：謹祗候起居。」⓬驅使官　唐代官僚機構中供驅策及傳宣使令的小官吏。《南部新書・甲集》：李景讓典貢舉，有李復年者，納省卷，有《纂異》一部十卷。榜出曰：「事非經濟，動涉虛妄，其所納仰貢院驅使官卻還。」此處的驅使官為禮部貢院驅使官。⓭蒼遽　倉促，與倉惶之義大致相同。遽，急忙慌張的意思。⓮乖刺　不合情理。《漢書・杜欽傳》：「外戚親屬，無乖刺之心。」⓯語林　書名。《唐語林》的簡稱，宋王讜撰。讜，字正甫，北宋徽宗時人，此書著作題材仿照《世說》，分門別類，採集前代的典章故事及人物的嘉言懿行，編輯成書，此書多記唐代故事，與正史記載可相互發明、印證。⓰崔殷夢　唐宣宗時宰相崔龜從之子。崔殷夢於大和七年（西元八三三年）初中第。據《廣卓異記》所載在懿宗咸通十三年（西元八七二年）以禮部侍郎知貢舉。三十人及第。又據《舊唐書・懿宗本紀上》咸通八年載：是年八月以中書舍人劉允章權知貢舉，以司勳員外郎崔殷夢等考吏部宏詞選人。殷夢主吏部選及知貢舉事大略如此。⓱吏部二句　歸仁晦，《舊唐書》、《新唐書》無傳。歸仁澤為仁晦之弟。仁澤應進士舉，其兄仁晦恃仗官勢，向主考官說情，請求予以錄取。唯唯，對答時，表示奉命唯謹的意思。此處唯唯亦可作打哈哈，不置可否的解釋。歸仁澤，係在僖宗乾符元年（西元八七四年）禮部侍郎裴瓚知貢舉下狀元及第，事見徐松《登科記考》。⑱斂色端笏　斂色，臉上的神色嚴肅莊重。端笏，端端正正地拿起板子。笏，為古代大臣朝會時所執的狹長板子，用玉、象牙或竹板製成，以作為指畫及證事之用，亦稱「手板」。⑲仁晦始悟己姓二句　歸仁晦才覺醒到歸仁澤去崔殷夢下求考，乃是觸犯到其父崔龜從的家諱。⑳主司　科舉考試的主考官。《唐摭言》卷十四有「主司稱意」、「主司失意」條。《新唐書・選舉志》：「舉人既及第，綴行通名，詣主司第謝。」㉑科籍　科舉的名籍。㉒後唐天成初二句　後唐指五代時由李存勗建國的唐，史稱後唐。意指繼唐再建。天成為後唐明宗李嗣源即位後的年號。盧文紀，唐大臣盧簡求之孫、盧嗣業之子。《舊五代史・周書・盧文紀傳》載其事云：「文紀嗣業之子，為工部尚書。時新除工部郎中于鄴公參文紀。文紀以名同音（犯其父名嗣業中的業字諱）不見。」㉓鄴憂畏太過二句　同《太平御覽》載：「或謂鄴曰：『南宮故事，郎中入省，如本行尚書、侍郎不容參，何況省上？』鄴憂畏太過，一夕醉歸，遂經於室。」鄴，指于鄴。雉經，指用繩索自縊而死。《釋名・釋喪制》：「屈頸閉氣曰雉經。」或謂雉雞被人所捕獲，自折其頸而死，故稱雉經。㉔文紀句　此句指盧文紀因于鄴的自殺案，犯公罪而被貶謫為石州司馬。謫，貶官。石州，地名，唐屬河東道，治所在今山西離石。唐制：地方的都督府、都護府及州均有司馬的設置，掌府州的軍旅之事。

【語　譯】唐朝人避家諱是非常嚴格的，甚至有不少已經遠遠超出了禮法和律文的範圍。詩人李賀應考進士時，嫉賢妒能的人指責他不避父親晉肅的名諱，因為「晉」與「進」同音，李賀竟不敢去參加考試。韓文公愈寫了一篇〈諱辯〉，深切地論述了這個問題，卻無法把眾人說服。《舊唐書》甚至說韓愈的這篇文章是錯誤的，由此可以想見當時社會輿論對韓愈文章的一片責難。杜甫〈送李二十九弟晉肅入蜀〉詩，寫的就是李賀的父親。裴德融父親名叫「皐」，當高鍇以禮部侍郎的身分主持科舉考試時，裴德融正巧參加了進士考試，高鍇說：「他家諱皐字，在我主持時參加考試，如果給他考取了，終生都要因此受困。」裴德融後來被任為屯田員外郎，與另一位新受命的郎官一起去拜見右丞盧簡求。當他們到達盧府門前，盧簡求讓姓裴的同伴先入，那人稟告說：「我與剛剛被任為屯田的裴員外郎一起敬候您的接見。」盧簡求命驅使官到門口傳話說：「員外是哪個主考官門下考中的？我突然有事要辦理，無法接見。」裴德融知道右丞對自己不避父諱感到不滿，慌忙出門而去。我覺得這件事實在是荒唐之極。高鍇和盧簡求都是當代名流，而見解卻如此迂腐。《唐語林》記載，崔殷夢主持科舉考試時，吏部尚書歸仁晦託他關照自己的弟弟歸仁澤，崔殷夢只是含糊其詞，不置可否。不久，歸仁晦又去找崔殷夢相託，前後達三、四次。崔殷夢只得神情莊重地手執笏板，說：「我現在就上表辭去此職。」歸仁晦這時才醒悟過來，原來自己的姓正是崔殷夢的家諱。我查考《新唐書·宰相世系表》，崔殷夢的父親名叫龜從，「龜」字與「歸」字同音，這與「高」、「皐」同音的情形是一樣的，父親名叫晉肅，兒子就不能考進士，父親名叫皐，兒子不能在姓高的主考官下登科，父親名叫龜從，兒子主持科舉就不能錄取姓歸的人，度量禮律上的準則，這種規矩道理在哪裡呢？後唐明宗天成初，盧文紀任工部尚書，新任命的郎中于鄴參見長官時，盧文紀因為父親名叫嗣業，與于鄴的名字同音，竟始終不願召見于鄴。于鄴憂懼太過分，在一天夜裡竟自縊於家中。結果，盧文紀也因此被貶為石州司馬，這又是一件令人感到不可思議的怪事。

【研　析】封建社會避諱行為，自魏、晉以後漸趨嚴格，到了唐代愈演愈烈，且有擴大化的傾向。不僅「二名不偏諱」的禮法規定被衝破，甚至連同音字也要避。洪邁上文中所舉，僅是就科舉考試而言。因觸及家諱，李賀不能應進士科考試；裴德融誤犯主考官家諱被黜落不取；歸仁晦不知主考官家諱，因而不入科籍，于鄴無意中觸犯了上司家諱，乃至激成自殺。這些例子僅是冰山一角，多少士人由於誤犯名諱的原因而仕途坎坷、終生潦倒。

避家諱另一方面便是避國諱。即皇帝祖宗九廟的家諱也必須嚴格避免。日本僧人圓仁到唐求法巡禮，當他到達揚州時，便有使人前來告誡他說：「本道節度使名德裕，兼語相公諱四字：府、吉、甫、云四字也。」李德裕父名吉甫，祖父名棲筠，語音相同，故須避此同音、同字的四個字。圓仁到達長安，又有西明寺法師前來告訴他說：「大唐國今帝諱昂，先祖諱純（淳）、訟（誦）、括（适）、譽（預、豫）、隆基、恒、湛、淵、虎、世民，音同者盡諱。此國諱中諸字，於諸書狀中總不著也。」這就是說：外國僧人進入唐境凡與官府打交道時，必須注意地方長官的私諱和大唐國諱。不得隨意書寫、誤寫，以免觸犯諱忌而造成失禮違律的行為，否則便會輕則斥責、重則處罰乃至驅逐出境。對外國人嚴格如此，又何況對待國人了。

由於避諱，對社會造成的影響很多。諸如參加科舉考試時，試卷上文字犯諱，就會被主司黜落不取。官員奏疏中文字犯諱，就會受到臺官的彈劾，輕則罰俸，重則貶官或處刑。《唐律・職制律》規定：「諸上書若奏事，誤犯宗廟諱者杖八十，口誤及餘文書誤犯者笞五十，即為名字觸犯者徒三年。」可見處罰之重。

又唐代國家機構「府有府號，官有官稱」。若某人在朝廷中做官，本人父、祖名諱如果與政府機構名稱或所任官職名稱相同，也要實行迴避而不能擔任此類官府機構的官職。諸如父名衛，不能在諸衛任官；祖名安，不能在長安縣任官；父名軍，不能在軍隊中任將軍官；祖名卿，不能在九卿中任官；父名仲舒，不能在中書省、尚書省、祕書省任官，因仲舒二字與中書字音相同。諸此等等不一而足。若碰到此類觸諱情況，本人必須上書自陳改調他職；若不自陳，冒居此官，便是「貪榮昧進」，一旦被發現，便會受到徒一年的法律處分。

唐代避國諱的字很多。略言之：有虎、昞、淵、世、民、治、弘、顯、旦、照、隆、基、亨、豫、适、誦、純、恆、湛、涵、昂、炎、忱等字及與其相關的同音字。凡在文書上遇有與以上的字相同，則必須改用其他詞義相類似的字來代替，或者採用缺筆、缺空格，或者以「諱」、「某」等字填寫於空缺中予以表示。以見於正史的人名為例：如唐高祖李淵父名昞，祖名虎，凡歷史上人名有虎字者改寫成獸、彪、武字，或者空缺一個字。由此隋大將韓擒虎改寫成韓擒獸、韓擒武或韓擒。昞字的同音字「丙」也不能用，干支中的丙子，改寫成景子。又如避李淵諱，晉陶淵明改寫成陶泉明，北魏廣陽王淵改寫成廣陽王深。避太宗李世民諱，世字改寫成代字，民字改寫成人字。由此民部尚書改寫成人部尚書或戶部尚書。避高宗李治諱，治字改寫成理字。隋末唐初人物如王世充、裴世矩、劉世龍均留空世字，改寫成王充、裴矩、劉龍。其餘等等都可依此類推。至於臣民的姓名，若逢聖諱也要改。如李含光本姓弘，因避高宗太子李弘諱，改姓李；江南曲阿有弘氏，由此改姓為洪氏。唐憲宗名純，連帶的同音字淳字不能用，由此淳于複姓改為于氏單姓。此外，有些府、縣、鄉、鎮的地理名詞因觸諱也須一一改動。

由於犯諱而改動文字，文書上往往人為造成許多錯亂和謬誤。以致古書校勘中犯諱字的改正也形成了一種專門的學問。

郭令公❶

唐人功名富貴之盛，未有出郭汾陽之右者❷。然至其女孫為憲宗正妃，歷五朝母天下，終以不得志於宣宗而死❸，自是支胄❹不復振。及本朝慶曆❺四年，訪求厥後，僅得裔孫元亨於布衣中，以為永興軍助教❻。歐陽公知制誥❼，行其詞曰：「繼絕世❽，褒有功，非惟推恩以及遠，所以勸天下之為人臣者焉。況爾先王，名載舊史，勳德之厚，宜其流澤於無窮，而其後裔不可以廢。往服新命，以榮厥家。」且以二十四考中書令❾之門，而需一助教以為榮，吁，亦淺矣。乃知世祿不朽❿，如春秋諸國至數百年者，後代不易得也。

【注釋】❶郭令公　指唐中期的大將郭子儀，因其官拜中書令，故尊稱為令公。❷唐人二句　以功名富貴而終天年，在唐代將相大臣中是少見的。《新唐書・郭子儀傳》稱他：「麾下宿將數十，皆王侯貴重，子儀頤指進退，若部曲然。幕府六十餘人，後皆為將相顯官，……歲入官俸無慮二十四萬緡，宅居親仁里四分之一。……家人三千相出入，不知其居。前後賜良田、美器、名園、甲館不勝紀。代宗不名，呼為大臣。以身為天下安危者二十年，校中書令考二十四。八子七婿，皆貴顯朝廷。」可見其門庭之榮盛。郭汾陽，指郭子儀，因其封爵為汾陽王，故後人稱為郭汾陽。子儀，華州鄭縣（今陝西華縣）人，玄宗天寶年間，以武勇累官至天德軍使兼九原太守。安、史之亂時，以朔方節度使出兵河北，擊敗史思明。肅宗時倚朔方軍為根本，任關內、河東副元帥，從元帥廣平王先後收復長安、洛陽，因功官拜中書令，後又進封汾陽郡王。代宗時，大將僕骨懷恩叛變，糾合吐蕃、回紇進攻長安，全賴郭子儀出兵抗禦，並說服回紇首領與唐聯兵，以拒吐蕃，京城之危始解。德宗繼位，還朝，賜號尚父，進位太尉、中書令。他先後歷事玄宗、肅宗、代宗、德宗四朝，功勳卓著，被視為國家柱石。建中二年（西元七八一年），病死於家，享年八十五歲。❸其女孫三句　郭子儀孫女嫁給憲宗為妃。憲宗即位後，史稱懿安皇后。子穆宗即位，尊為皇太后。穆宗死，敬宗立，號太皇太后。她身歷憲、穆、敬、文、武五朝，享盡榮華富貴。但到了宣宗繼立之時，遭到出身旁支的宣宗及其生母的怨恨，受到冷遇，因不堪冷落、被欺辱，欲跳樓自殺。當晚即被宣宗密命處死。《新唐書・后妃傳下》：懿安皇后郭氏：「宣宗立，於后，諸子也，而母鄭（氏），故（懿安皇后）侍兒，有曩怨。帝奉養禮稍薄，后鬱鬱不聊，與一二侍人登勤政樓，將自隕，左右共持之。帝聞不喜，是夕，后暴崩。」❹支胄　本支分衍出的後代子孫，與「支胤」義同。《新唐書・竇威傳》贊曰：「竇宗自魏訖唐，支胄扶疏數百年，所憑厚矣！」❺慶曆　宋仁宗在位時第六個年號。先後凡八年（西元一〇四一至一〇四八年）。❻得裔孫二句　裔孫，後裔子孫。布衣，指平民百姓，亦指沒有做官的讀書人。永興軍，宋屬江南西路，治地在今湖北陽新。宋於地方置路、州、軍、監。北宋太宗太平興國二年（西元九七七年），分鄂州永興縣地置永興軍。後改稱興國軍，治永興縣。見《元豐九域志・江南路》興國軍條下。《宋史・職官志七》：慶曆四年，「詔諸路、州、軍、監各令立學。是軍亦置學校。助教，教官，掌學校教育，以經義教導學生。若置教授，則為教授助手，若不置教授，則由助教管理。」故永興軍助教乃是官職卑微的小官。❼歐陽公知制誥　歐陽公，即歐陽脩。公，敬稱。知制誥是官員職稱的加銜，其職為為皇帝起草內命詔書文字。唐代自玄宗時始，將中書舍人的部分重要職權移歸於翰林學士院。由學士專門起草內命詔書，稱知制誥；若以他官知制誥，則仍按照其本職，加知制誥銜。宋略承唐制，亦稍有異。凡翰林學士入院，皆加知制誥，起草內命文書；若以他官加知制誥，則僅起草外命文書。元豐改官制後，其職罷歸中書舍人。❽繼絕世　指恢復已經斷絕了祿位的世家及其祭祀。《論語・堯曰》：「興滅國，繼絕世，舉逸民，天下之民歸心焉。」疏：「賢者當世祀，為人非理絕之者，則求其子孫使復繼之。」❾二十四考中書令　唐代官員自宰相以下，皆有考核年資、政績之制，大體上一年一小考，三年一大考。據其行跡定等級，分上、中、下三等九級，中上以上績優者升遷，考中中者平調，考績劣等者退黜。二十四考中書令指郭子儀經二十四考，皆居中書令的高位。這是唐代將相大臣中極為少見的榮譽。❿世祿不朽　此句是指世世代代食官祿而不廢絕。古代有世祿制，貴族可世代享受封土食祿，稱世祿。《國語・晉語八》載魯叔孫穆子聘晉，范宣子問曰：「人有言曰：『死而不朽，何謂也？』」穆子未對。宣子曰：「昔匄之祖，自虞以上為陶唐氏，在夏為御龍氏，在商為豕韋氏，在周為唐、杜氏。周卑，晉繼之，為范氏，其此之謂乎？」對曰：「以豹之所聞，此之謂世祿，非不朽也。魯先大夫臧文仲，其身歿矣，其言立於後世，此之謂死而不朽。」注：「世祿，世食官邑。」

【語　譯】唐代功名富貴鼎盛的人，沒有超出過汾陽王郭子儀之上。然而到他孫女為憲宗的正妃，經歷憲、穆、敬、文、武五朝，母儀天下，終於因不得志於宣宗而死去，從此以後郭家的後代不再振興。到了本朝宋仁宗慶曆四年，訪求郭家的後代，只有得到一個已淪落為平民百姓的郭元亨而已，朝廷恤錄功臣的後代，便任命他作了永興軍的一名助教。歐陽脩這時充任知制誥的職務，他所撰寫的制詞中說：「繼續已經斷絕的世家，褒獎有功勳的人，不僅是為了推恩以及於遠代，更主要的是為了激勵天下做官的人。況且你的先王，名載以前的史籍，功勳德行都高厚，自當流澤無窮，此故後代是不能廢滅無聞的。你奉著新命去上任，以榮耀郭家的門楣。」且以任中書令達二十四年的郭氏之門，而需用一個助教小官以為光榮，唉，這亦未免是太淺薄了。由此可知世祿不朽，如春秋戰國時那樣可以延長數百年，後世是不容易做到的。

【研　析】自古功高蓋世之臣，遭君主猜忌者比比皆是。漢初韓信被奪兵權，身死未央宮；周勃平吳、楚七國之亂，終因震主之威，被囚囹圄；霍光遺命輔政，躬行廢立，宣帝既立，自覺「芒刺在背」，「內不能善」，及光身死而宗族被誅。唐中宗時，五王有復辟唐室之功，先後遭忌被竄逐誅死，身亡家滅。郭汾陽在世之日，亦迭遭奸人攻訐，李輔國、魚朝恩、元載之輩，日譖於君主之前。一度且被罷去兵權進入長安宿衛。以致他惴惴不自安，悉數繳上肅、代以來賜給他的恩命詔書，待罪朝堂。然而，郭汾陽終能保全富貴壽考一生，亦有其原因所在：一是所處的時代背景。肅、代時期，內有軍閥跋扈，外有回紇、吐蕃交侵，兵戈四起。唐統治者需要有能統軍作戰、震懾四方的元老重臣倚為柱石。二是郭子儀的忠慎。他忠心耿耿，無政治上的野心，雖官居太尉、中書令，號尚父，但從不干預政事。為中書令二十四年，不入朝堂辦事，所做的僅是簽字畫押具名而已，且身統大軍，一旦君命至，毫不猶豫地奉詔入京。史家稱他不願為權臣，避嫌疑。這當是實情。故雖遭小人讒言，皇帝心裡有數。故終能保全榮祿一生。

自秦漢以後，世卿世祿之制，早已無存，郡縣制、官僚制，有門蔭而不世襲，故大臣能澤及三代都已不多。唐初，魏徵、房玄齡、杜如晦、徐世勣等將相大臣，到了後來，或子孫敗落，或延禍家門，就是歷史明證。當然，郭子儀家門也不例外，數代之後，亦門庭冷落，昔日大院，已為寺廟所占。唐人趙嘏有〈經汾陽舊宅〉詩云：「門前不改舊山河，破虜曾經馬伏波。今日獨經歌舞地，古槐疏冷夕陽多。」又張籍亦有詩云：「汾陽舊宅今為寺，猶有當年歌舞樓。四十年來車馬散，古槐深巷暮蟬愁。」（〈法華寺東樓〉詩）

洪邁慨嘆世祿不朽已作古，這是有所感而發的。北宋的名相李昉、李沆、李迪三人子孫，經金人入侵、宋室南渡之厄，三家後裔避難居江西餘干，其中並無一人做官，這難道不是近例嗎？

注書難

注書至難，雖孔安國、馬融、鄭康成、王弼之解經❶，杜元凱之解《左傳》❷，顏師古之注《漢書》❸，亦不能無失。王荊公《詩新經》❹「八月剝棗❺」解云：「剝者，剝其皮而進之，所以養老也。」毛公本注云：「剝，擊也。」❻陸德明音普卜反❼。公皆不用。後從蔣山❽郊步至民家，問其翁安在？曰：「去撲棗。」始悟前非。即具奏乞除去十三字，故今本無之❾。

洪慶善注《楚辭・九歌・東君》篇❿「緪瑟兮交鼓，簫鐘兮瑤簴⓫」，引《儀禮・鄉飲酒》章⓬「間歌〈魚麗〉，笙〈由庚〉，歌〈南有嘉魚〉，笙〈崇丘〉」為比⓭，云：「簫鐘者，取二樂聲之相應者互奏之。」既鏤板，置于墳庵⓮，一蜀客過而見之，曰：「一本簫作攡，《廣韻》⓯訓為擊也，蓋是擊鐘正與緪瑟為對耳。」慶善謝而亟改之。

政和初，蔡京禁蘇氏學⓰，蘄春⓱一士獨杜門注其詩，不與人往還。錢伸仲⓲為黃岡尉⓳，因考校上舍⓴，往來其鄉，三進謁然後得見。首請借閱其書，士人指案側巨編數十，使隨意抽讀，適得〈和楊公濟梅花十絕〉㉑：「月地雲階漫一尊，玉奴終不負東昏㉒。臨春、結綺㉓荒荊棘，誰信幽香是返魂㉔。」注云：「玉奴，齊東昏侯潘妃小字。臨春、結綺者，陳後主三閣之名也。」仲仲曰：「所引止於此耳？」曰：「然。」仲仲曰：「唐牛僧孺所作《周秦行紀》，記入薄太后廟㉕，見㉖古后妃輩，所謂『月地雲階見洞仙』，東昏以玉兒故，身死國除，不擬負他，乃是此篇所用，先生何為沒而不書？」士人恍然失色，不復一語，顧其子然紙炬悉焚之。仲仲勸使姑留之，竟不可。曰：「吾枉用工夫十年，非君幾貽士林嗤笑。」仲仲每談其事，以戒後生。但玉奴乃楊貴妃自稱，潘妃則名玉兒也㉗。

剝東之說，得於吳說傅朋㉘，簫鐘則慶善自言也。紹興初，又有傅洪秀才《注坡詞》㉙，鏤板錢塘，至於「不知天上宮闕，今夕是何年㉚」，不能引「共道人間惆悵事，不知今夕是何年㉛」之句。「笑怕薔薇罥㉜」，「學畫鴉黃未就㉝」，不能引《南部煙花錄》㉞，如此甚多。

【注　釋】❶孔安國句　孔、馬、鄭、王為漢至晉著名的經學家，對經學的注疏有重要貢獻。孔安國，西漢經學家，孔子後裔，武帝時以治《尚書》為博士，官至諫大夫。相傳他在孔子故宅壁中得到用古文寫的《尚書》舊本，他上獻朝廷，並作傳疏，此書舊題孔安國撰《尚書孔氏傳》。但後人多有懷疑，且認為是魏晉人託名所作。其事蹟見《漢書》卷八十一〈孔光傳〉

及卷八十八〈儒林傳〉。馬融是東漢著名古文經學家，字季長，右扶風茂陵（今陝西興平東北）人，曾先後任校書郎、議郎、南郡太守等官職。一生窮研經學，遍注《周易》、《尚書》、《毛詩》、《論語》、《孝經》，使古文經學的研究走向成熟。除注經外，他還兼注《老子》、《淮南子》。其著作久已失佚，但成果多為後之解經者所吸收。清馬國翰《玉函山房輯佚書》及黃奭《漢學堂叢書》中都輯有其佚文。鄭康成，即東漢經學家鄭玄，康成為其字，北海高密（今山東濰坊東）人，初研習今文經，後又從馬融研習古文經，學貫經今古文，遍注群經，在整理經學上有重大貢獻。他對《周易》、《尚書》、《詩》、《周禮》、《儀禮》、《禮記》、《論語》均有注解，今通行本《十三經注疏》中的《毛詩》、《三禮注》即採取他的注釋。他為學性喜博通，綜合經今古文，但多有主觀判斷，以不同為同。如以《周禮》是周公所作的周代制度，凡不合周制的地方則臆斷為殷代之制，又以《禮》注《詩》，故後人有穿鑿附會之譏。但他的經學成就無疑是兩漢經學的集大成者，後人稱其學為鄭學。又把他與前漢經學家鄭興、鄭眾父子相區別，稱後鄭。王弼，三國時魏玄學家，字輔嗣，山陽（今河南焦作）人，少年時即享盛名，官拜尚書郎，有辯才，好議論儒、道，喜老、莊之學，與何晏、夏侯玄等人高談闊論，開魏、晉玄學清談之風，世稱「正始之音」。他撰有《道略論》、《周易注》、《周易略例》、《老子注》，偏重哲理，一掃漢儒經學注疏的繁瑣之風。惜早亡，卒年僅二十四歲。事蹟見《三國志・魏書》卷二十八〈鍾會傳〉附〈王弼傳〉。❷杜元凱之解左傳　杜預為人博學、多謀，喜《春秋左氏傳》，自稱有「《左傳》癖」。所著有《春秋左氏傳集解》、《春秋釋例》等書。《集解》是注解《左傳》最早的一種，今收入《十三經注疏》本中。杜元凱，即杜預，元凱為其字，西晉著名將領，官鎮南大將軍、都督荊州諸軍事，曾率軍滅吳有功。其事蹟見《晉書》卷三十四〈杜預傳〉。❸顏師古之注漢書　顏師古祖父顏之推為北齊著名文學家。師古承家學淵源，擅長考證文字，著有《漢書注》、《匡謬正俗》、《急就章》等。《漢書注》集前代二十三家注釋熔於一爐，解釋詳明，深為學者所看重。顏師古，唐初人，名籀，以字行。京兆萬年（今陝西西安）人。貞觀中官至中書侍郎。其事蹟見《舊唐書》卷七十三〈顏師古傳〉。❹王荊公詩新經　王安石博學強記，文學優異，為唐宋八大家之一。他著有《三經新義》，對《書》、《周禮》、《詩》三經進行解釋，故名。《三經新義》即《毛詩義》、《尚書義》、《周官新義》，均列入學官，凡士人科舉考試，依此義為準。哲宗元祐時，舊黨得勢。《三經新義》被廢。《詩新經》是《三經新義》的一種《毛詩義》的別稱。王荊公為北宋王安石封爵荊國公的略稱。安石，臨川（今江西撫州）人，字介甫，號半山。神宗時拜相，進行政治改革，推行新法，因遭舊黨反對，後退居金陵（今江蘇南京）。其事蹟見《宋史》卷三百二十七。❺八月剝棗　見《詩經・豳風・七月》之第六章。全句為「六月食鬱及薁，七月亨葵及菽，八月剝棗，十月穫稻。」詩言古代農事及農家生活之節奏。❻毛公本注云三句　此言毛公注「八月剝棗」的「剝」

字之意為「擊」。毛公本注，即《詩》毛公的傳注《詩故訓傳》。毛公是漢初傳授《詩經》的經師。《漢書·儒林傳》稱毛公趙人，治詩，為河間獻王博士，不記其名。東漢鄭玄《詩譜》始有大小毛公之稱。大毛公指魯人毛亨，作《詩故訓傳》，傳授小毛公。三國吳陸璣指實小毛公名毛萇。要之，毛公為古文詩學毛派的開創者。漢初，傳《詩》有魯、齊、韓三家。《詩故訓傳》出，三家《詩》漸廢。今《詩經》即毛公所傳，故亦稱《毛詩》。❼陸德明音普卜反　即是陸德明《經典釋文》對「剝」字的讀音反切。陸德明，唐初經學家，名元朗，以字行。蘇州吳（今江蘇吳縣）人，唐初官國子博士，撰有《經典釋文》三十卷。該書廣輯漢魏以來諸家的讀音反切以及諸儒的訓詁，考證諸說異同，為研究文字音韻及經籍版本的重要參考文獻。❽蔣山山名，一名鍾山，地即今江蘇南京東北郊之紫金山。見《景定建康志》十七〈山阜〉。❾即具二句　事見《王文公文集》卷二十有〈乞改三經義札子〉，後〈又札子〉云：「臣近具札子奏改正《經義》，尚有〈七月〉詩『剝棗者，剝其皮而進之，養老故也。』十三字謂亦合刪去。如合聖心，亦乞付外施行。」❿洪慶善句　洪慶善好學，著書多種。有《楚辭補注》及《考異》十七卷。《楚辭·九歌·東君》篇是《楚辭補注》中的一篇。《楚辭》是西漢劉向編撰的總集，東漢王逸作章句。收戰國楚人屈原、宋玉及漢代淮南小山、東方朔、王褒、劉向等人辭賦十六篇。以屈原的作品為主，其餘亦承屈賦的形式。〈九歌〉為《楚辭》第二篇的篇目。楚人祭祀時，男巫、女巫裝扮成鬼神，載歌載舞。屈原就是根據民間祭神樂歌的歌詞加工而成，共十一篇。每篇題目是被祭祀的神靈的名稱。〈東君〉為十一篇中第六篇的題目。東君是日神。《漢書·郊祀志》講到晉巫祭祀的神靈中有東君與雲中君，皆為〈九歌〉篇目。師古注：「東君，日也。雲中君，謂雲神也。」洪慶善，宋人洪興祖的字，號練塘。徽宗政和八年上舍登第。高宗紹興初召試，帝覽其策文，譽為「讜直第一」，除祕書省正字，出典州郡，興學勸農，所至有治績。因觸忤當權宰相秦檜，編管昭州（今廣西平樂），卒年六十六。其事蹟，見《宋史》卷四百三十三〈儒林傳〉。⓫緪瑟兮交鼓二句　此〈九歌·東君〉篇句。意謂緊弦密鼓相對敲，撞鐘撞得鐘架搖。緪瑟，即把瑟的弦繃緊。《淮南子·繆稱》云：「治國譬如張瑟，大弦絙則小弦絕矣。」《楚辭補注》云：「緪，急張弦也。」緪，絙的古體，亦作絚。意謂緊急。瑟，樂器名。交鼓，《楚辭補注》云：「交鼓，對擊鼓也。」簫鐘，《楚辭補注》云：「簫，一作擣。」「乃是簫鐘與簫聲相應之鐘。」即後文所說簫鐘者，取鐘鼓二樂聲相應者互奏之。瑤簴，指用美玉裝飾的懸掛樂器的木架在搖晃。瑤一作搖。簴，古代懸掛鐘磬諸樂器的木架。⓬儀禮鄉飲酒章　見《儀禮》卷四、《儀禮注疏》卷八。儀禮，古代儒家經典之一，簡稱《禮》，亦稱《禮經》或《士禮》，記春秋戰國時的禮制，有東漢鄭玄《儀禮注》、唐賈公彥《儀禮義疏》，與《禮記》、《周禮》合稱三禮。鄉飲酒禮是古代地方長官禮賓敬賢時所舉行的一種酒宴儀式。鄉飲酒禮歷漢、唐及於明、清，皆有所行，但儀制則歷代有異。⓭間

歌魚麗四句　全句意為歌唱〈魚麗〉詩時由吹笙者伴奏〈由庚〉的曲調，歌唱〈南有嘉魚〉時則吹笙者伴奏〈崇丘〉的曲調。這兩首歌詞是在主人與嘉賓讌飲時，間隔有樂曲伴奏和歌者歌唱。〈魚麗〉與〈南有嘉魚〉是《詩・小雅》的篇名。〈魚麗〉歌詞的大意是太平年豐，物產眾多，以酒宴請嘉賓。〈南有嘉魚〉詞句的大意亦是太平盛世，君子有酒，與賢士共享。間，間隔。笙，中國古代的簧管樂器，在殷周時即已流行。《詩經》有記載。樂器由簧片、笙管、斗子三部分組成。吹奏者、歌唱者都在一起邊奏、邊唱、邊舞。⑭既鏤板二句　全句指洪慶善把他注釋的《楚辭・九歌》雕版，放在墳旁的茅草屋內。鏤板，即雕版。墳庵，墳旁的茅草屋。《釋名・釋宮室》：「草圓屋曰蒲……又謂之庵。」⑮廣韻　音韻書。由宋陳彭年、丘雍等人據《切韻》增訂而成書，五卷。以平、上、去、入四聲分卷，分韻，增字加注。為今人研究漢語史的重要參考書。⑯政和初二句　政和，宋徽宗年號。蔡京，北宋宰相，仙遊（今福建仙遊）人，字元長。神宗年間進士，擅長填詞。徽宗時結交近幸童貫，自戶部尚書拜相，官太師，人稱蔡太師。以倡導恢復王安石新法為名，打擊舊黨人物；排斥蘇軾等人為元祐黨人，貶其人，禁其學，焚其書版。又倡「豐亨豫大」之說，迎合徽宗好大喜功的心情。在位時招權納賄，廣興土木，遍置黨羽。欽宗時被貶，死於途中。《宋史》列為奸臣，有傳。⑰蘄春　地名，屬淮南西路，為蘄州（今湖北蘄春）治所。⑱錢伸仲　宋人錢紳的字。大觀三年（西元一一〇九年）進士，後官知州，有文名。於所居漆塘村築別墅，作「遂初」、「望雲」、「芳美」、「通惠」四亭，時與文友詩酒諷詠於其間，家富藏書。與洪邁為至交。參閱《容齋三筆》卷二〈題詠絕唱〉及《盤洲文集》卷七十二〈祭錢伸仲文〉。⑲黃岡尉　錢伸仲最初的職務是黃岡縣的縣官。黃岡，今湖北黃州鎮。尉，縣官之一。每縣置尉一員。宋制，縣千戶以上置令、簿、尉。四百戶以下置簿、尉，以主簿兼知縣事，故縣尉地位在主簿之下，凡縣不置主簿的，則縣尉兼主簿。⑳考校上舍　即是對上舍的學士進行考核。上舍為學校中區別學業等級的名稱。北宋熙寧年間，王安石推行新政，改革學校與科舉制度，為力糾過去科舉重詩賦的弊病，重視以學校養士。熙寧四年，定三舍法，分太學為上舍、內舍、外舍。初入學為外舍，外舍合格升內舍，內舍合格升上舍。地方州縣亦準此。詳見《宋史》卷一百五十五〈選舉志〉。㉑和楊公濟句　蘇軾詩，原題〈次韻楊公濟奉議梅花十首〉，是蘇軾與楊公濟唱和的詩。公濟為楊蟠的字，章安（今屬浙江台州）人，歐陽脩稱賞其詩。蘇軾知杭州，蟠通判州事，與軾唱酬甚多。平生有詩數千篇。㉒玉奴終不負東昏　此處玉奴指南齊東昏侯潘妃的小字。按：玉奴當是玉兒之誤。東昏，即南齊皇帝蕭寶卷，在位時荒淫無道，起仙華、神仙、玉壽等殿，裝飾窮極華麗，又鑿金作蓮花，布於地，令潘妃行走金蓮花上，云：「此步步生蓮花也。」後被梁武帝蕭衍屬將所殺。南齊和帝時，追廢為東昏侯。㉓臨春結綺　「臨春」、「結綺」及「望仙」三閣均是陳後主叔寶所築的閣名。高數丈，窗牖、壁帶、懸楣、欄檻之類，皆以沉香為之，又飾以金石、珠翠，外施朱簾，閣內有金床、寶帳、服玩之屬，皆窮極瑰麗奢華。陳亡，殿閣頹廢，後主與貴妃投井未遂，被俘。劉禹錫有〈臺城〉詩：「臺城六代競豪華，結綺、臨春事最奢。萬戶千門成野草，只緣一曲〈後庭花〉。」即詠其事。㉔誰信幽香是返魂　指陳後主寵妃張麗華，在陳亡之際，投井自絕後被隋楊廣所殺事。㉕唐牛僧孺二句　《周秦行紀》一作《周秦行記》，是牛僧孺所作傳奇志怪小說，記其夜行荒郊，入漢文帝生母薄太后廟，見漢高祖戚夫人、元帝王昭君、齊東昏侯潘妃（小字玉兒）、唐玄宗楊貴妃（小字玉奴）等貴夫人，與之飲酒賦詩的夢幻情景。見《太平廣記》卷四百八十九〈雜傳記〉六。牛僧孺，唐鶉觚（今甘肅靈臺）人，字思黯，憲宗時，累官御史中丞。穆宗時拜相，與李宗閔等結為朋黨，排斥異己，權震天下。時人指稱「牛、李」。與李德裕為首的舊黨相爭達數十年，人稱「牛李黨爭」。武宗朝時，李德裕拜相專權，僧孺被貶為循州（今廣東惠州）長史。宣宗時病死。事蹟見《舊唐書》卷一百七十二、《新唐書》卷一百七十四。著有《幽怪錄》（一作《玄怪錄》）。㉖見　「見」字《周秦行紀》原作「拜」字。㉗玉奴二句　今按：唐、宋女子多有謙稱自己為奴。蘇軾詩〈和楊公濟梅花十絕〉中「玉奴終不負東昏」，以玉兒為玉奴，自亦可通。玉奴，楊玉環自稱小字。《周秦行紀》：「楊太真自稱玉奴。」潘妃，齊東昏侯潘貴妃，小名玉兒。《南史》卷五十五〈王茂傳〉：「時東昏妃潘玉兒有國色。」㉘吳說傳朋　吳說，北宋錢塘（今浙江杭州）人，字傅朋，號練塘。南宋高宗紹興初官知信州（今江西上饒），善書法，喜為人寫碑銘，得厚酬。所書「遊絲書」，運筆連綿不絕，能書寫上百字如遊絲繞纏，筆力遒勁，勢如龍蛇，為宋高宗所讚譽，時人稱其「遊絲書」前無古人。劉子翬有〈吳傳朋遊絲書歌〉。見《宋詩紀事》卷四十六、《貴耳集》下。㉙紹興初二句　《注坡詞》係宋傅幹所撰，十二卷，較早地對蘇軾（東坡）的詞進行詮釋。〈寧波范氏天一閣書目〉：「《注坡詞》十二卷，傅幹撰，傅共洪甫序。」據龍榆生《東坡樂府箋・後記》，傅幹字子立，為傅共洪甫的族子。洪邁以傅洪撰《注坡詞》，誤把作序的傅共（字洪甫）作為傅洪。洪邁為當時人記當時事，不容有如此謬誤，頗疑《容齋隨筆》刻本的文字有脫訛。參閱近人劉尚榮校正《傅幹注坡詞》。紹興，南宋高宗年號。㉚不知天上宮闕二句　此詞牌名〈水調歌頭〉，是東坡在熙寧九年中秋之夜懷念其弟子由飲酒大醉時所作。見《宋詞紀事》。㉛共道人間惆悵事二句　此句見於牛僧孺的《周秦行紀》中應潘妃等之命所作詩：「香風引到大羅天，月地雲階拜洞仙。共道人間惆悵事，不知今夕是何年。」此洪邁言傅幹《注坡詞》不知〈和楊公濟梅花十絕〉中「月地雲階漫一尊」句的「月地雲階」及〈水調歌頭〉「今夕是何年」句皆出自《周秦行紀》。洪邁在《容齋五筆・先公詩詞》中講到洪適命其代撰謝賜物箚子，竄定兩句云：「已為死別，偶遂生還。」因而適謂邁曰：「此雖不必泥出處，然有所本更佳。東坡〈海外表〉云：『子孫慟哭於江邊，已為死別。』杜老〈羌村〉詩云：『世亂遭飄蕩，生還偶然遂。」正用其語。」意謂注詩時，最好要注明作詩人所用前人語句的出處。㉜笑怕薔薇罥　《隋遺錄》卷下云：「適有小黃門映薔薇叢，調宮婢衣帶，為薔薇罥結，笑聲吃吃不止。」意為小太監在月夜裡，與宮婢偷情，倚映在薔薇花叢中，以宮婢的衣帶纏繞薔薇打網結，笑聲不止，又怕被旁人看見。㉝學畫鴉黃未就　《隋遺錄》卷上載隋虞世南嘲宮女袁寶兒詩：「學畫鴉黃半未成，垂肩嚲袖太憨生。緣憨卻得君王惜，長把花枝傍輦行。」鴉黃，女子美容時塗在額上的黃粉。寶兒年十五，憨冶多態，隋煬帝號為「司花女」，命虞世南作此詩句。㉞南部煙花錄　即《隋遺錄》，又名《大業拾遺記》。舊題唐初儒學大師顏師古撰，實為後人假託。見《四庫全書總目》卷一百四十三〈子部・小說家類〉存目。

【語　譯】注書是非常艱難的事，雖然像孔安國、馬融、鄭康成、王弼注解經文，杜元凱注解《左傳》，顏師古注解《漢書》，也不能保證沒有任何失誤。王荊公作的《詩新經》在〈七月〉之「八月剝棗」那句中，對「剝」字解釋為：「剝，是剝去棗子的皮然後進獻，是為了敬養老者。」而毛公本來的注文中說：「剝，是擊打。」陸德明注「剝」字的音為普卜反。王安石都沒有採用。後來他從蔣山步行經過民家，問他家的老翁去哪兒了？回答說：「去撲棗了。」始感到自己前面的注釋弄錯了。隨即上奏朝廷請求刪去自己過去注釋的十三個字，所以現在的本子上便沒有這句話了。

洪慶善注釋《楚辭・九歌・東君》篇「緪瑟兮交鼓，簫鐘兮瑤簴」那句時，引用《儀禮・鄉飲酒》章「間隔著歌唱〈魚麗〉，笙吹奏〈由庚〉。歌唱〈南有嘉魚〉，笙吹奏〈崇丘〉」作為類比，並且說：「所謂簫鐘，是取兩個樂器的聲音對應地一起演奏。」當木版刻好以後，放在墳庵內，一個四川來的過客看到這段注釋時說：「有一個版本，簫字刻成[扌+簫]，《廣韻》解釋為擊打的意思，也就是把擊鐘與緪瑟相對應。」洪慶善聽了非常感謝，立即把它改正過來。

徽宗政和初年，蔡京當權時候，禁止傳播蘇軾的著作，在蘄春有一士子關起門來注蘇東坡的詩，而且不與他人往來。錢伸仲任職黃岡尉時，要考核縣學上舍的生員，來往經過那個地方，三次拜謁然後得以見面。第一件事便是要求借閱他注的書，士子指著書案一側放的數十編厚厚的書稿，讓他隨意抽看翻閱，恰巧拿到蘇東坡〈和楊公濟梅花十絕〉：「月地雲階漫一尊，玉奴終不負東昏。臨春、結綺荒荊棘，誰信幽香是返魂。」

士子的注文說：「玉奴，是南齊東昏侯潘妃的小字。臨春、結綺是陳後主建築的三閣的名稱。」錢仲仲便說：「注釋只有這些內容嗎？」回答說：「是的。」錢仲仲說：「唐牛僧孺作過《周秦行紀》，記載他夢中入薄太后廟，看到古代的后妃之輩，也就是他詩中所謂的『月地雲階拜洞仙』，東昏侯是因為玉兒的緣故，才弄得身死國除，所以玉兒沒有辜負他，這才是蘇東坡這首詩句所用典故的出處，先生為什麼沒有把這點寫出來呢？」士子聽了以後恍然失色，一句話也不說，叮囑他的兒子將桌子上的書稿全部用火燒掉。錢仲仲勸他把書稿留下來，那士子堅決不同意。他說：「我枉費了十年功夫，若不是你指出我的失誤豈不給士林留下笑柄。」錢仲仲經常在人們面前談及這件事情，無非是為了教育後生。不過錢仲仲自己也不清楚玉奴是楊貴妃的自稱，玉兒是潘妃的小字。

至於剝棗那個案例，是從吳說，即吳傳朋那兒聽說的，簫鐘是聽洪慶善自己說的。紹興初年，又曾有一個名叫傅洪的秀才寫過《注坡詞》，最後在錢塘刻的書版，注釋者在「不知天上宮闕，今夕是何年」那兩句注文中，沒有引用「今夕是何年」的來歷。在「笑怕薔薇罥」，「學畫鴉黃未就」這兩句的注文中，不能指明這兩句出自《南部煙花錄》這本書，在各種注本中類似這樣失誤的例子實在太多太多了。

【研　析】洪邁此篇言注書之難，先從漢唐諸賢解經注史之難說起，即便是漢晉名家孔安國、鄭玄、王弼之解經，晉杜預、唐顏師古之注史，亦難免有失。馬融、鄭玄皆古文學家。古文經學與今文經學不同。古文學派偏重於文字的訓詁，經典文本均由先秦古文寫成，詮釋文本時要弄清古文字與今文字的關係，側重於文本語詞的訓釋。他們做的工作是以今詞釋古詞，以雅語釋俗語，以本名釋異名，以詳言釋略言，通過經典文本的文字上所具有的意義，恢復文本的原始狀態。實際上古今言殊，四方異說，雅俗相隔，要溝通古今、雅俗、四方在言語文字上的差異，古文難免有失。

王弼與杜預是魏晉間人。王弼是魏晉玄學的領軍人物，他注過《論語》與《周易》，強調的是「書不盡言，言不盡意」，以老莊的玄理來解釋儒學的經典，認為要超越名物訓詁，直接去掌握言詞背後的義理，提出「得意忘言，得魚忘筌，得兔忘蹄」，要領會和闡釋聖人言外之意，故其不同於漢代的訓詁注重於器物、執著於名實關係。魏晉玄學偏重於名理的關係，相信自己的文字解釋可以完整地傳達聖賢言外之意，如此去闡釋經典，難免走上六經注我的道路上去，這也難免有失。

宋人注古書之失，洪邁在本篇中舉了兩個案例，一個是王安石注《詩·豳風·七月》，一個是洪慶善注《楚辭·九歌·東君》。王安石應該算是一個名家了，為什麼也會不顧原來毛公本注而望文生義地出現這樣的錯誤呢？這與當時的社會風氣有關。宋人有疑古的風氣，不信注疏幾乎是宋代各個學派治經的普遍性傾向。歐陽脩有一句名言：「大儒君子之於學也，理達而已矣。」（《歐陽文忠公集》卷一八）主張要把握聖人的「理義大本」，而不必拘泥於個別文字的表面意思。王安石同樣如此，認為《春秋三傳》皆不足信，說《詩》多用己意，所以他才會置毛公本注不顧，而把「剝」說成「剝棗之皮」，當他到郊區農民家去親聞他們「撲棗」的經歷，才悟到自己錯了。詩的注釋，有時要親歷作者當時的情景，通過身臨其境，切己體認以後，才能真正領會到作者的意圖，感悟其本意。「如人飲水，冷暖自知。」文本的意義，只有切身體驗才能把握。朱熹說：「今世儒者，能守經者，理會講解而已；看史傳者，計較利害而已。那人直是要理會身己，從自家身己做去。」（《朱子語類》卷八）對詩的閱讀注解，必須親身體會類似作者那時的情境，才能切題，進入詩人的內心世界。洪慶善注《楚辭·九歌·東君》的錯失與王安石相似。

傅幹與蘄春士人注東坡詩詞的錯失，是宋人注本朝詩詞發生的錯失。照理當代人注當代人的作品不應發生如此失誤，因為沒有古今之隔。可是我們要注意唐宋人吟詩作文的風氣。黃庭堅在〈答洪駒父書〉中說：「老杜作詩，退之作文，無一字無來處；蓋後人少讀書，故謂韓、杜自作此語耳。古之能為文章者，真能陶冶萬物，雖取古人之陳言入於翰墨，如靈丹一粒，點鐵成金也。」所以唐宋人的詩詞中大量使用典故，以才學為詩。典故沉積著大量的文化內涵，包括哲理和審美的感受。它能使詩詞以非常簡練的文字語言，包含著豐富的意義。但是典故卻拉開了今人與它在時間和空間上的距離。所以在詩歌的注釋中，典故的注釋占了核心的地位，同時它對注釋者也提出了很高的要求。注書必須博覽群書，一定要注明所用典故和詞語的來歷。

錢仲仲所指蘄春士人注東坡詩的錯失就是不知蘇軾〈次韻楊公濟奉議梅花十首〉所用典故出自唐牛僧孺的《周秦行紀》，因為不能「博極群書」，便不具備注書的資格，所以要其子悉焚其注本。至於傅幹在注東坡詞「不知天上宮闕，今夕是何年」時，也不知其出於《周秦行紀》一書。由此可見注古人之書難，注今人之書亦難。即使洪邁本人在這篇講述注書之難的短文中，也還有錯失之處，如傅洪秀才應是傅幹之誤，不由得讓人感嘆注書時錯失難免。雖然難，但注書時還得盡量去做，減少和避免錯失是注書者必不可少的職責，以免貽誤後生。

總結起來，注書之難，在於「我注六經」與「六經注我」的中間，要找到一個合適的度。以我注六經，則會被章句文義所牽拘，以致解釋經義成為大量文字的堆積，流於繁瑣。六經注我，雖可避其繁瑣，卻又易產生主觀空泛的議論。筆瀉江河，流於不實。注書能切中時要，實是不易之舉。

注書之難，更在於注書須切合時代需要。《皇清經解》卷帙浩繁，今人已束置高閣，無人問津。李善注《文選》，因符合於士人尋章摘句，寫作文章，應付科舉考試的需要，則經歷千年而不廢。《孝經》因適應封建統治者「以孝治天下」的要求，有安定社會秩序、移風易俗的功用，因而在唐以前不啻有近百家為之作注。到唐代，玄宗作《孝經注》，宋邢昺因之廣以疏解，一直流傳到封建之末，就是因為它為廣大士民所必讀的緣故。劉知幾在《史通・補注》中說：「昔詩書既成，而毛（公）孔（安國）立傳。傳之時義，以訓詁為主。」「降及中古，始名傳曰注。蓋傳者轉也，轉授於無窮。注者流也，流通而靡絕。」注若符合時代需要便會流傳不息；若不符合時代需要，沒有時代氣息便會被人們廢置和拋棄。《史記》有南朝宋裴駰《集解》、唐司馬貞《索隱》、張守節《正義》的三家注，《漢書》有唐顏師古注，《三國志》有南朝宋裴松之注，《資治通鑑》有元胡三省注。此類史注皆因其切於時用，注釋資料翔實有益於學者識讀，故至今仍為古史研究者必備之書。這就是傳注是否有生命力的關鍵所在。反之，從經典自身來講，一定要不斷有新的解讀和注釋。新的注釋會給古典注入新的活力。否則的話，再好的文化傳統和經典著作，沒有後人不斷的解讀，它也會自行逐漸消亡的。注譯是各種古文化能否得以傳承的條件，也是我們坐冷板凳做這件極其繁難工作的意義所在。希望中華文化的優秀傳統能常盛不衰，成為今後我們民族得以長期安身立命的一個重要支點。

澗松山苗❶

《容齋續筆》卷十五

詩文當有所本，若用古人語意，別出機杼，曲而暢之，自足以傳示來世。左太沖❷〈詠史〉❸詩曰：「鬱鬱澗底松❹，離離山上苗❺。以彼徑寸莖❻，蔭此百尺條❼。世胄躡高位❽，英俊沉下僚❾。地勢使之然，由來非一朝❿。」白樂天⓫〈續古〉⓬一篇，全用之，曰：「雨露長纖草，山苗高入雲⓭。風雪折勁木，澗松摧為薪⓮。風摧此何意，雨長彼何因⓯。百尺澗底死，寸莖山上春⓰。」語意皆出太沖，然其含蓄頓挫則不逮也。

【注　釋】❶澗松山苗　係澗底松樹，山上苗草的縮寫。前者喻指居於下位的苦讀之英俊節士，受盡風雪摧殘。後者指王侯世胄子弟，榮居於高貴之上位。❷左太沖　西晉文學家，名思，字太沖，山東臨淄（今山東淄博）人，家世儒學，出身寒微，性喜詩賦，構思十年，寫成〈三都賦〉，皇甫謐為其賦作序，豪貴之家競相傳寫，洛陽為之紙貴。輯本有《左太沖集》。❸詠史　詠史詩有正體與變體。正體是詠美其事，以本傳為根據，不加藻飾。若班固之〈詠史〉。左思之〈詠史〉為變體，它不是聯綴史傳，而是抒情言志。「名為詠史，實為詠懷。」（張玉穀《古詩賞析》）左思的〈詠史〉共八首。是組詩，有緊密的內在聯繫，作於晉滅亡之前，借吟詠歷史人物，以抒發自己懷才不遇，宣洩對當時勢家貴族的不滿及憤慨。〈鬱鬱澗底松〉為其〈詠史八首〉中的第二首。❹鬱鬱澗底松　謂長在澗底的松樹鬱鬱蔥蔥，非常茂密的樣子。❺離離山上苗　謂長在山上的小樹苗是那麼細細疏疏的樣子。❻以彼徑寸莖　謂山上的小樹雖然只一寸左右的樹徑。❼蔭此百尺條　卻能遮蔽長在澗底的百尺高松。❽世胄躡高位　謂世家貴族的子弟卻能憑藉其門第竊踞高位。躡，登。❾英俊沉下僚　謂出身貧賤而英俊的寒門子弟卻沉淪為貴族世家的下僚。❿地勢使之然二句　以門第勢力喻指貴家子弟所以能竊踞高位這種現象並非一朝一夕的結果。⓫白樂天　白居易（西元七七二—八四六年），是唐代的著名詩人，字樂天，自號香山居士，是元和體詩歌的創始人物。⓬續古是白樂天早期的作品。〈續古〉共有十首，本文引用的是其第四首，由左思〈詠史〉第二首轉化而來。⓭雨露長纖草二句　謂山上的樹苗，由於有雨露的滋潤，可以高入雲端。⓮風雪折勁木二句　謂澗底強勁的百尺松木，反為風雪所摧折而淪為人們砍伐的柴薪。⓯風摧此何意二句　是詢問風雪為什麼要摧折澗底的松木，而雨露為什麼對山上苗木情有獨鍾。⓰百尺澗底死二句　謂其結果是百丈高的澗底松木枯死，而山上只有寸莖的苗木反而能蓬勃成長，作者是為寒門士族的不公遭際鳴不平。

【語　譯】寫詩作文遣詞造句時，都要有它的來歷，如果借用古人的詞語，可要別出心裁，婉轉而又流暢，自有它足以流傳後世的精美。左太沖的〈詠史〉詩說：「澗底的松木是那麼鬱鬱蔥蔥，山頂上的樹苗又是那樣稀稀疏疏。山上樹莖只有一寸的細苗，卻能遮蔽有百尺高大的松木。世家貴族的子弟踞於高位，寒門的英俊卻沉淪為他們的幕僚。這可是地勢造成的啊，這由來已久，可不是一朝一夕的事。」白樂天有一篇題目叫〈續古〉的詩，全都借用了左思上述的詩句。他說：「雨露滋潤著纖草成長，使山上的苗木能很快長入雲端。風雪吹折了高大的樹木，長在澗底的松樹被摧折而淪為柴薪。風雪為什麼摧折澗底的樹木，雨露卻為什麼又要去滋長山上的苗木壯大。有百尺高大的松木要在澗底枯死，只有寸莖的苗木卻能在山上如春天那那樣茁壯成長。」白樂天這首詩的詞語都是從左思那首詩轉化而來的，然而它的含蓄和抑揚頓挫，反而還不如左太沖的原詩。

【研　析】唐宋時代的詩人，在吟詩作文時，都強調他們的遣詞造句，力爭要做到無一字無來歷，而且要借古人陳言，使之能點鐵成金，達到更新更高的境界，但這不是每一個詩人都能輕易做到，即使是名家也不容易。白居易當然是詩歌的名家，但〈續古〉這首詩在詞語和境界上仍然不能超越左思的原作。

左思的這一首〈詠史〉與白居易的〈續古〉所講述的是同一個主題，即寒門與世族相比之不平。魏晉時代推行「九品中正」制，門第的等級森嚴，在官府內是「上品無寒門，下品無世族」。左思〈詠史〉這首詩，下面還有幾句：「金張藉舊業，七葉珥漢貂，馮公豈不偉，白首不見招。」這裡講的是漢代的典故，金日磾與張湯這兩個家族，自漢武帝以後，子孫世代為高官，他們有七代都是在身上佩帶著貂尾，顯示出受到帝王的世恩。而馮唐儘管才能與容貌都偉岸出眾，但是白首也得不到重用。這是左思借古人抒發自己對現狀不滿的情懷。白居易的〈續古〉詩在本條引文之後也還有二句：「可憐古節士，感此涕盈巾。」也是為寒士鳴不平的。它的第六首，表達得更為直露了，「何為向隅客，對此不開顏。富貴無是非，主人終日歡。貧賤多悔尤，客子中夜嘆。歸去復歸去，故鄉貧亦安。」講的是寒士們在王侯富貴之家遭受的冷遇和不平。這種怨恨，古今相通，哪個王朝還不都是世家子弟在那裡作威作福呢？

漢宣帝不用儒

漢宣帝❶不好儒，至云俗儒不達時宜，好是古非今，使人眩於名實，不知所守，何足委任！匡衡❷為平原文學，學者多上書薦衡經明，當世少雙，不宜在遠方。事下蕭望之❸、梁丘賀❹。望之奏衡經學精習，說有師道，可觀覽。宣帝不甚用儒，遣衡歸故官。司馬溫公❺謂俗儒誠不可與為治，獨不可求真儒而用之乎？且是古非今之說，秦始皇、李斯所禁也❻，何為而效之邪？既不用儒生而專委中書宦官，弘恭、石顯❼因以擅政事，卒為後世之禍，人主心術，可不戒哉！

【注釋】❶漢宣帝　劉詢，字子卿，又名病已。漢武帝的曾孫，戾太子劉據的孫子，掖庭養視，霍光以其嗣昭帝後，十八歲即皇帝位，在位二十五年，終年四十三。❷匡衡　字稚圭，東海（今山東郯城）人，《漢書・匡衡傳》稱：「衡射策甲科，以不應令除為太常掌故，調補平原文學。」平原，今山東平原。❸蕭望之　字長倩，東海蘭陵（今山東蒼山蘭陵鎮）人，治《齊詩》，以儒術聞於世。宣帝時任太子太傅，以《論語》、《禮服》授皇太子，匡衡曾事之。❹梁丘賀　字長翁，琅玡（今山東膠南）人，從京房受《易》。宣帝時，賀曾任太中大夫，給事中，官至少府，為宣帝所信從。❺司馬溫公　即司馬光，字君實，陝州夏縣涑水鄉（今山西夏縣）人，世稱涑水先生，北宋大臣，曾著《資治通鑑》。❻是古非今之說二句　見《史記・李斯列傳》，始皇三十四年（西元前二一三年）李斯上書建議「有文學《詩》、《書》百家語者，蠲除去之」，「始皇可其議，收去《詩》、《書》百家之語以愚百姓，使天下無以古非今。明法度，定律令，皆以始皇起。」秦始皇，嬴政，秦王朝的創立者。李斯，楚上蔡（今河南上蔡）人，秦統一六國後，以李斯為丞相。❼弘恭石顯　恭為令，顯為僕射，恭死，顯代為中書令。

元帝以顯久典事，中人無外黨，可信任，故委以樞機。弘恭，沛（今江蘇沛縣）人，少坐法腐刑，為中黃門，選為中尚書，宣帝時任中書官。恭明習法令故事，善為請奏，能稱其職。石顯，字君房，濟南（今山東濟南）人，亦因腐刑為中黃門。

【語　譯】漢宣帝不喜好儒生，甚至說俗儒不通達人情和時宜，喜歡頌揚古代非議當今，使人分不清名與實的關係，不知道什麼是必須堅持的，怎麼能委他們以重任呢！匡衡被任命為平原文學以後，學者都上書稱匡衡明於經術，當世沒有人可以與他匹比，不應把他放置在邊遠的地區。為此把這件事向蕭望之與梁丘賀徵求意見。蕭望之奏稱匡衡精習儒家的經典，他的著述都有師法，值得人們閱讀和觀察。宣帝不願重用儒生，還是讓匡衡去平原擔任經學教授的職務。司馬温公曾經說過，確實不能依靠俗儒治理國家，那為什麼不能求真儒而任用他們呢？況且是古非今的說法，是秦始皇與李斯所禁止的，為什麼要效法他們那樣的做法呢？宣帝既然不用儒生，反而專門委任中書的宦官如弘恭、石顯那樣的小人，讓他們專擅朝政，最終成為後世的禍害，作為人主的皇帝，在治國的心術上，能不以此為鑑戒嗎！

【研　析】洪邁這一條筆記，是批評漢宣帝不重用儒生，因而造成宦官專權，為元、成、哀、平留下一代不如一代的禍害。其實這個批評並不完全符合當時的歷史事實。漢宣帝確實說過一些不能重用儒生的議論，這個話是元帝為太子時，與宣帝的對話引起的，語見《漢書・元帝紀》。元帝柔仁好儒，見宣帝所用多文法吏，以刑名繩下。於是元帝在侍宴時，曾從容言：「陛下持刑太深，宜用儒生。」宣帝作色曰：「漢家自有制度，本以霸王道雜之，奈何純任德教，用周政乎！且俗儒不達時宜，好是古非今，使人眩於名實，不知所守，何足委任？」乃嘆曰：「亂我家者，太子也！」由此可知宣帝對元帝「宜用儒生」的建議是抱批評的態度。元帝執政以後，儒生在朝廷的地位得以提高，大批儒生被提拔到重要的崗位，其結果是元、成、哀、平這四代一代不如一代，用儒生並未能挽回西漢走向滅亡的命運。至於說匡衡這個案例，宣帝確實沒有重用匡衡。宣帝死後，元帝便啟用匡衡。匡衡立即回到朝廷，以郎中遷博士、給事中，放在皇帝身旁，不久便由少傅升為光祿勳、御史大夫，但他並沒有什麼顯著的建樹。再從宣帝用人的實際情況看，也並非一味排除儒生，若蕭望之、梁丘賀輩都是宣帝非常重用的儒生。宣帝施政用人的方針是霸王道雜之，不主張專任儒生。至於司馬光的一段話，見於《資治通鑑》宣帝甘露元年（西元前五三年），宣帝與皇太子那段對話之後的臣光曰，他是偏好於儒生的，他說：「夫儒有君子，有小人，彼俗儒者誠不足與為治也，獨不可求真儒而用之乎！」問題是西漢後期，哪有什麼真儒啊？元、成、哀、平時期，儒生的地位大大提高了，但最終取代漢代的王莽，卻是以大儒面目出現的偽君子，借助儒家學說以達到篡漢的目的。這反襯了儒家學說有它虛偽的一面，同時由於王莽過於迷信儒家學說，並以此改制，也是導致他最終敗亡的一個重要原因。作為君王，過於迷戀於一種意識形態，其後果都是不好的，這幾乎是一條客觀規律，古今中外概莫能外。所以作為王者對待意識形態的態度，漢宣帝說的「漢家自有制度，本以霸王道雜之」很有道理，對任何意識形態的系統，保持一個超然的姿態，執政者擇其有益的地方用之，而不是固執一端，這樣才是唯一正確的方針。至於委中書宦官弘恭、石顯，確實始於宣帝時，然而讓他們專擅政事，那則是元帝時的事。《漢書・石顯傳》講到：「元帝即位數年，恭死，顯代為中書令。是時元帝被疾，不親政事，方隆好於音樂，以顯久典事，中人無外黨，精專可信任，遂委以政，事無小大因顯白決，貴幸傾朝，百僚皆敬事顯。顯為人巧慧習事，能探得人主微指，內深賊，持詭辯以中傷人，忤恨睚眦，輒被以危法。」石顯輩所以能專擅朝政，那是因為元帝闇於治體，也許元帝劉奭是一個非常好的音樂家，演奏家，讓他做皇帝實在不是這塊料。班固在《漢書》的元帝贊中，講到他的外祖兄弟曾為元帝侍中，他們對班固說：「元帝多材藝，善史書，鼓琴瑟，吹洞簫，自度曲，被歌聲，分刌節度，窮極幻眇。」可見他真是一個全能的音樂家，他能作曲，能演奏，吹簫、鼓琴樣樣都在行，而且還會唱，可見他還懂得聲律，能上臺演唱，讓他做皇帝才難為了他呢！歷來多才多藝的帝王，在政治上都一塌糊塗，元帝是如此，長於作詞的李後主，善於繪畫的宋徽宗何嘗不都是如此。漢元帝、李後主與宋徽宗說得難聽一點，他們實在都是一些熱衷於吃喝玩樂的紈絝子弟，如何挑選皇位的接班人，在帝王制度下，實在是一個大問題。

再說成帝劉驁，他在位有二十六年，壽四十五，他是怎麼一個皇帝呢？班固在〈成帝紀〉的贊語中說，他的姑媽那時充後宮婕妤，父子昆弟侍帷幄，他們能親眼目睹成帝的儀容，她說：「成帝善修容儀，升車正立，不內顧，不疾言，不親指，臨朝淵嘿，尊嚴若神，可謂穆穆天子之容者矣。」僅有堂堂儀表也不是做皇帝的料，也許他去做一個時裝模特兒，會成為名模的，做皇帝那就非壞事不可。元帝在位十六年，成帝在位二十六年，前後四十二年，這二個皇帝都不知道做皇帝應有的責任，不知道該如何使用自己的權力，不知道管束身邊的臣僚，故漢代在元、成時期，先是大權旁落在宦官，後是大權旁落在外戚王氏，其根本的原因還是在皇帝自身，因為皇帝不閽治體，用孔子的話說，那是玩物喪志的結果。至於哀、平二帝皆短祚，更給王莽篡位提供了主客觀條件。所以西漢的滅亡，不僅僅在於宦官專權。再說中書的宦官並非人人皆壞，西漢武帝時，司馬遷也是中書的宦官，東漢蔡倫也是宦官，問題的根子還得從皇帝自身的德行，從帝王制度自身的缺陷去尋找。當然，從人品上講，元、成二帝也沒有做太大的壞事，只是昏庸無能而已。

劉項成敗

漢高帝、項羽起兵之始，相與北面共事懷王❶。及入關破秦，子嬰出降❷，諸將或言誅秦王。高帝曰：「始懷王遣我，固以能寬容，且人已服降，殺之不祥。」乃以屬吏❸。至羽則不然，既殺子嬰，屠咸陽❹，使人致命於懷王。王使如初約❺，先入關者王其地。羽迺曰：「懷王者，吾家武信君所立耳，非有功伐，何以得顓主約❻？今定天下，皆將相諸君與籍力也，懷王亡功，固當分其地而王之❼。」於是陽尊王為義帝，卒至殺之❽。觀此二事，高帝既成功，猶敬佩王之戒，羽背主約，其末至於如此，成敗之端，不待智者而後知也。高帝微時，嘗繇咸陽，縱觀秦皇帝，喟然太息曰：「大丈夫當如此矣！」❾至羽觀始皇，則曰：「彼可取而代也。」❿雖史家所載，容有文飾，然其大旨固可見云。

【注釋】❶漢高帝二句　漢高帝，劉邦，字季，沛（今江蘇沛縣）豐邑中陽里人，初為泗上亭長。秦二世元年（西元前二〇九年）九月，劉邦起兵於沛，被眾立為沛公。項羽，字籍，名羽。項氏世世為楚將，封於項，故姓項氏。其季父項梁與籍在秦二世九月起兵於會稽（今浙江紹興），舉吳中兵，得精兵八千北上攻秦。懷王，指楚懷王之孫心，流落於民間，為人牧羊。范增說項梁云：「君起江東，楚蜂起之將皆爭附君者，以君世世楚將，為能復立楚之後也。」項梁聽其計，在次年六月立熊心為楚懷王，都於盱台（今江蘇淮陰之盱城鎮），以從民所望。時沛公劉邦亦率兵至薛，以其眾歸屬於楚懷王。❷及入關破秦

二句　秦二世二年（西元前二〇八年），楚懷王與諸將約：先入定關中者王之。懷王遣劉邦率軍西略地，並收編陳勝、項梁遺留之散兵以伐秦。秦都關中，南有武關（今陝西商南東南），東有函谷關（今河南靈寶東北）之險。劉邦自楚地攻潁川，略南陽，破武關，入關中，在藍田再破秦軍，遂軍駐灞上（今陝西西安東），直逼秦之都城咸陽。時秦廷內鬥不已，趙高先殺李斯，復殺秦二世胡亥，立其兄之子子嬰為秦王。子嬰復殺趙高。劉邦軍至灞上，子嬰無力抵抗，以素車白馬，係頸以組，封皇帝符璽，東去霸水旁之軹道，降劉邦軍。❸諸將或言誅秦王七句　語見《史記・高祖本紀》。高帝即劉邦。初楚懷王與諸將約：「先入定關中者王之。」項羽與劉邦皆願西入關中。懷王諸老將認為項羽慓悍，所過無不殘滅，獨沛公寬大長者，無侵暴，可遣，故遣劉邦西入關中。劉邦的軍隊不侵暴，不殺降。入咸陽後，劉邦又與諸縣父老約法三章：殺人者死，傷人及盜抵罪。仍還軍灞上，待諸侯至再定約束。❹羽則不然三句　事見《史記・項羽本紀》：「項羽引兵西屠咸陽，殺秦降王子嬰，燒秦宮室，火三月不滅，收其貨寶婦女而東。」❺使人致命於懷王二句　如初約，楚懷王以前與諸將的約定，即「先入定關中者王之」。實際上項羽至咸陽時，已無法履約，因秦將章邯降項羽時，有約封章邯為雍王，王關中。❻羽廼曰五句　語出《史記・項羽本紀》。武信君，即項梁，項梁立楚懷王時，自號為武信君。章邯破項梁軍，懷王由盱台之彭城，併項羽、呂臣軍自將之。以宋義為上將軍，項羽為次將，又不許項羽與劉邦一起西略秦關中。項羽俱懷恨在心，故出此語。❼今定天下四句　《史記・項羽本紀》載：「天下初發難時，假立諸侯後以伐秦。然身被堅執銳首事，暴露於野三年，滅秦定天下者，皆將相諸君與籍之力也。」這句話的中心思想是打天下者坐天下，故滅秦後，項羽裂地分封諸將為王，自立為西楚霸王，都彭城，王九郡。❽陽尊王為義帝二句　《史記》記載，項羽佯尊懷王為義帝，遣使徙義帝於長沙郴縣，趣義帝行，又暗中令九江王黥布、衡山王吳芮、臨江王共敖擊殺義帝於江中，故郴縣有義帝冢。❾高帝微時五句　語出《史記・高祖本紀》。繇，服徭役。咸陽，秦都，今陝西咸陽，因其地在渭水之北，九嵕山之南。水之北，山之南為陽，故稱咸陽。縱觀，縱目觀望，指遠望。大丈夫當如此，大丈夫，劉邦自指。那時劉邦便已有皇帝夢了。❿羽觀始皇三句　項羽之語見《史記・項羽本紀》所云：「秦始皇帝遊會稽，渡浙江，梁與籍俱觀。籍曰：『彼可取而代也。』梁掩其口，曰：『毋妄言，族矣！』梁以此奇籍。」

【語　譯】劉邦與項羽起兵的時候，相約一起北面奉事楚懷王。在劉邦率軍進入關中，打敗秦軍，秦王子嬰出城投降楚軍後，諸將中有人建議殺掉秦王子嬰。劉邦說：「當初懷王所以派我帶兵西入關中，那是因為我為人比較寬容厚道，現在秦王已經屈服投降，再殺降就不吉利了。」於是把秦王子嬰交給獄吏看管。項羽率軍隊進入關中的情況就與此不同了，既殺了秦王子嬰，又在咸陽屠城，同時派人致意懷王，詢問如何處置關中。楚懷王表示依照當初的約定，先進入關中的王於關中。項羽不滿地說：「懷王，是我家武信君項梁所立，並不是因為他有什麼征戰的功勞，怎麼能專權裁定當初的約定呢？今天一起平定天下，都是將相諸君與我項籍的力量，懷王沒有什麼功勞，應當分掉土地，封諸位有功的將領為王。」於是表面上尊懷王為義帝，最後派人把他殺掉。從這二件事可以看到，劉邦既然能夠成功入關亡秦，仍然能以敬重之心遵守當初與楚懷王的約定，寬容對待降者，項羽則完全背棄與楚懷王的約定，項羽失敗的最終結局之所以如此，二人成敗之端倪，無須明智之人也能清楚地看得出來。當年劉邦微賤的時候，曾經去咸陽服徭役，遠遠地看到秦始皇帝的威嚴，深深地感嘆說：「作大丈夫就應當如此啊！」至於項羽在會稽看到秦始皇時，便說：「他，我也可以取而代之。」雖然這是史家在史書中的記載，或許有後人加以文飾誇張的地方，然而這二人的氣質和宗旨的差異，也可以看得清楚了。

【研析】項羽與劉邦二人何以一勝一敗，是一個非常古老的話題。洪邁是從誠信的角度講，劉邦講誠信所以勝，項羽不守約所以敗。這當然有一定道理，卻畢竟有一點書生氣，當時的實際情況則要複雜得多。劉邦打敗項羽後不久，即與他左右的人就這個成敗問題進行過議論。《史記・高祖本紀》記載：高祖置酒雒陽南宮。高祖曰：「列侯諸將無敢隱朕，皆言其情。吾所以有天下者何？項氏之所以失天下者何？」高起、王陵對曰：「陛下慢而侮人，項羽仁而愛人。然陛下使人攻城略地，所降下者因以予之，與天下同利也。項羽妒賢嫉能，有功者害之，賢者疑之，戰勝而不予人功，得地而不予人利，此所以失天下也。」高祖曰：「公知其一，未知其二。夫運籌策帷帳之中，決勝於千里之外，吾不如子房。鎮國家，撫百姓，給饋饟，不絕糧道，吾不如蕭何。連百萬之軍，戰必勝，攻必取，吾不如韓信。此三人皆人傑也，吾能用之，此吾所以取天下也。項羽有一范增而不能用，此其所以為我擒也。」《資治通鑑》照錄了這段對白，尾巴上加了一句：「群臣悅服。」如果追問一下，為什麼項羽不會用人呢？王夫之認為還是陳平說得公允。《讀通鑑論》中說：「陳平曰：『項王所任愛，非諸項即妻之昆弟，雖有奇士不能用。』故羽非盡不知人，有蔽之者也。瑣瑣姻亞，踞膴仕，持大權，而士惡得不蔽？雖然，亦有繇爾。羽，以詐興者也；事懷王而弒之，屬宋義而戕之，漢高入關而抑之，田榮之眾來附而斬艾掠奪之。積忮害者，以己度人而疑人之忮己。輕殘殺者，大怨在側而怨不可狎。左顧右盼，亦唯是兄弟姻黨之足恃為援。則使輕予人以權，己且為懷王，己且為宋義。惴惴慄慄，戈戟交於夢寐，抑惡能不厚疑天下哉？然而其疑無救也。為漢王之腹心者項伯也，其兄弟也；追而迫之刭者呂馬童也，其故人也。從之於大敗之餘者三十餘騎，而兄弟姻亞不與焉。懷慝求援，而終以孤立。非刓印不與者惎己而賊之，其親戚之叛已久矣。」在用人問題上，項羽之失是在任親不任賢，深層根源是由於他的狡詐與多疑導致眾叛親離。故劉邦總結自己所以取勝是能夠用人之長，而項羽之失敗是忌賢妒能，連一個范增都不能任用。這是他的實際體會，比洪邁的結論更貼近當時的實際情況。

從劉邦與韓信的對話中也可以證實劉邦對自己的認知。《資治通鑑》高帝六年（西元前二〇一年）：「上嘗從容與信言諸將能將兵多少。上問曰：『如我能將幾何？』信曰：『陛下不過能將十萬。』上曰：『於君何如？』曰：『臣多多而益善耳。』上笑曰：『多多益善，何為為我禽？』信曰：『陛下不能將兵而善將將，此乃信之所以為陛下禽也。』」所謂「將將」，用現在的話講，就是在戰時會使用將領，為將領們所信服。在和平時期，會使用幹部。就以韓信而言，他曾在項梁麾下，以後又屬項羽，羽以為郎中。曾數以策干項羽，項羽不用。在漢楚相爭的關鍵時刻，韓信在齊，有舉足輕重的地位，項羽曾使武涉說韓信，韓信回答說：「臣事項王，官不過郎中，位不過執戟，言不聽，畫不用，故倍楚而歸漢。漢王授我上將軍印，予我數萬眾，解衣衣我，推食食我，言聽計用，故吾得以至於此。夫人深親信我，我倍之不祥，雖死不易，幸為信謝項王。」蒯通獻謀，勸說韓信保持中立，三分天下。韓信的回答仍然是：「漢王遇我甚厚，載我以其車，衣我以其衣，食我以其食。吾聞之，乘人之車者，載人之患；衣人之衣者，懷人之憂；食人之食者，死人之事。吾豈可以向利倍義乎！」（《史記・淮陰侯列傳》）不僅韓信曾是項羽的屬下，其他如張良、陳平當年都曾投靠過項梁與項羽，但是項羽不會用，卻全都為劉邦所用。

至於高起、王陵那個說法，「使人攻城略地，所降下者因以予之，與天下同利也。」這個話與項羽說的「今定天下皆將相諸君與籍力也」是一個意思，誰能與將相一起打天下，並一同坐天下，便能成為諸將相的共主。那麼項羽對於自己在楚漢戰爭中的失敗有沒有說法呢？似乎也有。《史記・項羽本紀》太史公曰：「乃引『天亡我，非用兵之罪也』，豈不謬哉！」司馬遷引項羽的話是指責項羽「身死東城尚不覺寤，而不自責，過矣」。說「天亡我」固然不能成立，說「非用兵之罪也」這句話亦還有幾分道理。從具體的戰役上講，當時的諸侯王包括劉邦在內，確實沒有一個是項羽的對手。他是靠勇敢善戰獲得諸侯擁為霸王的。此後西面與劉邦、東面與田氏之間的戰爭，從具體的一個個戰役講，項羽基本上都取得了勝利。實際上項羽真正失敗的起因是在關中咸陽那次論功行賞、分封諸侯王。這是亡秦以後的一次權力和領土的再分配，這不可能使參預作戰的將相們都滿意，結果是為自己四面樹敵，項羽的失敗是敗在這裡。再說項羽最後的失敗，還是敗於他太老實了。他過於相信與劉邦中分天下的約定，割鴻溝以西者為漢，鴻溝以東者為楚，於是引兵解而東歸。而劉邦則聽了張良、陳平的建議，認為「楚兵罷食盡，天亡楚之時也，不如因其而逆取之。今釋弗擊，此所謂養虎自遺患也」。於是漢軍乘項羽撤軍之際，突然襲擊楚軍，加上韓信與彭越的參戰，周殷的背叛，項羽才不得已而退至垓下，演出了「霸王別姬」這齣千古傳唱的歷史悲劇，顯示了項羽雖敗猶榮的英雄性格。有一句老話，兵不厭詐，怎麼能輕信與劉邦的約定呢？所以我說項羽太老實了，他給了劉邦一個「出其不意，攻其不備」的機會，劉邦何嘗是一個守信的人呢？王陵所說的劉邦能「所降下者因以予之」，其實並非劉邦的本意。韓信平齊，使人言於劉邦，願為假齊王。當時劉邦「大怒，罵曰：『吾困於此，旦暮望若來佐我，乃欲自立為王。』張良、陳平躡漢王足，因附耳語曰：『漢方不利，寧能禁信之王乎？不如因而立，善遇之，使自為守，不然變生。』漢王亦悟，因復罵曰：『大丈夫定諸侯，即為真王耳，何以假為？』乃遣張良往立信為齊王，徵其兵擊楚。」《史記・淮陰侯列傳》最終促使韓信、彭越出兵圍攻項羽的也是不得已地「發使者告韓信、彭越曰：『并力擊楚，楚破，自陳以東傅海與齊王，睢陽以北至穀城與彭相國。』使者至，韓信、彭越皆報曰：『請今進兵。』」這樣才把項羽困死在垓下，四面楚歌，使項羽孤立無援。那麼劉邦與韓信、彭越之間的約定，也只是一個權宜之計，他們之間也沒有誠信好講。

　劉邦打敗項羽以後，同樣也面臨著一個如何論功行賞，也就是權力如何再分配的問題。他先封了大功臣二十餘人，其餘日夜爭功而不決，未得行封。於是大家在私底下議論紛紛，「上曰：『此何語？』留侯曰：『陛下不知乎，此謀反耳。』上曰：『天下屬安定，何故反乎？』留侯曰：『陛下起布衣，以此屬取天下。今陛下為天子，而所封皆蕭曹故人所親愛，而所誅者皆生平所仇怨。今軍吏計功，以天下不足遍封，此屬畏陛下不能盡封，恐又見疑平生過失及誅，故即相聚謀反耳。』上乃憂曰：『為之奈何？』留侯曰：『上平生所憎群臣所共知，誰最甚者？』上曰：『雍齒與我故，數嘗窘辱我，我欲殺之，為其功多，故不忍。』留侯曰：『今急先封雍齒，以示群臣，群臣見雍齒封，則人人自堅矣。』」（《史記・留侯世家》）實際上誰也難以做到「所降下者因以予之」的論功行賞。雍齒早年曾背叛過劉邦，他能封侯，其他人也可以安心了。對劉邦而言，論功行賞只是一種權宜之計，實際上他對這些功臣宿將一個也放心不下，接下來就是慢慢收拾這幫桀驁不馴的功臣宿將們。被他稱功勞最大的三個人韓信、蕭何與張良，他都放心不下。韓信是被他詐取。韓信被縛以後才說：「果若人言，『狡兔死，良狗烹。高鳥盡，良弓藏。敵國破，謀臣亡。』天下已定，我固當亨。」韓信的結局是「夷信三族」。（《史記・淮陰侯列傳》）蕭何是功勞最大的了，還是因賤買民田宅之小事下廷獄，事後何被赦，徒跣入謝，又置田宅必居窮僻處，為家不治垣屋。處事小心謹慎，目的是為了保全自己。張良早有自知之明，「導引不食穀，閉門不出歲餘」，表示自己願棄人間事，「欲從赤松子游耳。」（《漢書・張良傳》）其所以如此，是為了迴避與劉邦、呂后的任何直接衝突。所以劉邦與諸功臣宿將之間的關係，實際上是離不開以權謀二字來處理他們之間的利益關係。他所以立白馬盟誓「非劉氏而不得王，非功臣而不得侯」，保留了一批功臣宿將，那也只是為了保持漢家的江山而已。萬一有戰爭和重大事端，仍離不開他們的謀劃和衝鋒陷陣，故劉邦與他們之間只是一個利益的共同體，因利益而聚，亦以利益而散。

東坡慕樂天

蘇公責居黃州，始自稱東坡居士❶。詳考其意，蓋專慕白樂天❷而然。白公有〈東坡種花〉二詩❸云：「持錢買花樹，城東坡上栽❹。」又云：「東坡春向暮，樹木今何如❺。」又有〈步東坡〉詩云：「朝上東坡步，夕上東坡步，東坡何所愛？愛此新成樹❻。」又有〈別東坡花樹〉詩云：「何處殷勤重回首，東坡桃李種新成。」❼皆為忠州刺史時所作也。蘇公在黃，正與白公忠州相似，因憶蘇詩，如〈贈寫真李道士〉云：「他時要指集賢人，知是香山老居士。」❽〈贈善相程傑〉云：「我似樂天君記取，華顛賞遍洛陽春。」❾〈送程懿叔〉云：「我甚似樂天，但無素與蠻。」❿〈入侍邇英〉云：「定似香山老居士，世緣終淺道根深。」⓫而跋曰：「樂天自江州司馬除忠州刺史，旋以主客郎中知制誥，遂拜中書舍人。某雖不敢自比，然謫居黃州，起知文登，召為儀曹，遂忝侍從。出處老少，大略相似，庶幾復享晚節閑適之樂。」⓬〈去杭州〉⓭云：「出處依稀似樂天，敢將衰朽較前賢。」⓮序曰：「平生自覺出處老少粗似樂天。」則公之所以景仰者，不止一再言之，非東坡之名偶爾暗合也。

【注釋】❶蘇公責居黃州二句　神宗元豐二年（西元一〇七九年），蘇軾仕湖興守，因作詩有訕謗之嫌而得罪，神宗以黃州團練副使安置，不得僉書公事。黃州在今湖北之黃岡。《宋史·蘇軾傳》稱其在黃州「與田父野老，相從溪山間，築室於東坡，自號東坡居士。」蘇公，指蘇軾，字子瞻，眉州眉山（今四川眉山市）人。❷白樂天　即白居易，太原人，中唐之著名詩人。❸白公有東坡種花二詩　白樂天原題為〈東坡種花二首〉。此詩是白樂天在元和十五年春移官忠州（今重慶市忠縣）時所作。❹持錢買花樹二句　此句為〈東坡種花〉之第一首的首二句。花樹，指能開花的樹苗。春天群花盛開，紅白相映，蜂鳥翔飛，故詩有「紅者霞豔豔，白者雪皚皚。遊蜂遂不去，好鳥亦棲來」之句。❺東坡春向暮二句　此是〈東坡種花〉第二首之首二句。春向暮，指四、五月間，諸花已謝落。作者接著說：「漠漠花落盡，翳翳葉生初。每日領童僕，荷鋤仍決渠。剷土壅其本，引泉溉其枯。小樹抵數尺，大樹長丈餘。封枯來幾時，高下齊扶疏。養樹既如此，養民亦何殊。將欲茂枝葉，必先救根株。云何救根株？勸農均賦租。云何茂枝葉？省事寬刑書。移此為郡政，庶幾甿俗蘇。」詩是借種花樹以喻為官養民勸農之道，使民風得以從困苦中復蘇過來。❻又有步東坡詩云五句　此詩作於元和十五年夏秋間，白居易閒暇無事，早晚都在東坡散步，思及自己手植之珍愛花樹，借喻地方官要關心農事，時刻懷有愛民之心。❼又有別東坡花樹三句　此詩成於元和十五年冬白居易離忠州之前，詩題原為〈別種東坡花樹兩絕〉。詩云：「三年留滯在江城，草樹禽魚盡有情。何處殷勤重回首？東坡桃李種新成。花林好住莫顦顇，春至但知依舊春。樓上明年新太守，不妨還是愛花人。」白居易在江州三年，忠州二年，最使他依戀的則是東坡那片花樹林，詩的最後兩句是寄希望於接任的郡守，仍能愛花愛民如己，使花樹在每年的春天能依舊怒放盛開，百姓依舊能安居樂業。❽贈寫真李道士三句　原詩題為〈贈李道士〉。詩句的典故出自〈香山居士寫真詩〉。白居易詩云：「昔作少學士，圖形入集賢。今為老居士，寫貌寄香山。鶴毳變玄髮，雞膚換朱顏。前形與後貌，相去三十年。勿嘆韶華子，俄成皤叟仙。請看東海水，亦變作桑田。」李道士，名得桑，幼而善畫，既長讀莊老，喜之，遂為道士，號妙應，其寫真妙絕一時。❾贈善相程傑三句　程傑為善相之術士。蘇軾讓程傑為其相面，故蘇在詩中稱其「醉裡微言卻近真」。華顛，指頭髮花白。賞遍洛陽春，言其欲師慕白居易退老洛中二十餘年間賞遍洛陽之春色。❿送程懿叔云三句　詩原題為〈次京師韻送表弟懿叔赴夔州運判〉。此詩作於哲宗元祐五年（西元一〇九〇年）蘇軾知杭州時。程懿叔，蘇軾之表弟。蘇軾作此詩時，兩人俱已衰老。故蘇軾以白居易晚年的生活自勉。詩中有云：「惟將老不死，一笑榮枯間。我甚似樂天，但無素與蠻。」素指樊素，蠻指小蠻，兩人能歌善舞，為白居易喜愛的家伎。⓫入侍邇英云三句　此詩原題為〈軾以去歲春夏侍邇英，而秋冬之交，子由相繼入侍，次韻絕句四首各述所懷〉。引詩屬第四首之末二句，全詩四句：「微生偶脫風波地，晚歲猶存鐵石心。定似香山老居士，世緣終淺道根深。」指其由於政見不合，出知杭州，擺脫風波之地。這次被召回，入侍翰林院，雖已屆暮年，仍鐵石心腸堅執以往政見。他估計京師不是久留之地，故以香山老居士的結局自居，原因是自己道根深而俗緣淺，不能依違人事。邇英，殿閣名，《宋史・仁宗本紀》記載：「(明道)二年(西元一〇三三年)春正月癸丑，置邇英、延義二閣。」邇英閣是仁宗聽大臣講讀經書之處。此後北宋諸帝的經筵活動多在此舉行。《宋史・地理志》：「(邇英閣)在崇政殿西南，蓋侍臣講讀之所也。」⓬而跋曰十二句　此謂白居易先以主客郎中之官職入禁廷，掌起草詔令之事，然後轉官為中書舍人。全文以白居易之經歷與己相比。同時希望自己晚年也能與白居易一樣享受閒適之樂。跋，即對前述詩句的說明。主客郎中，尚書禮部的屬官，從五品上。知制誥，掌起草詔令。中書舍人，唐中書省的屬官。知文登，指蘇軾在哲宗即位後，以朝奉郎知登州(今山東半島東端)，召為禮部郎中，知儀曹。忝侍從，指轉為翰林承旨，入禁中為侍從官。出處，指其出仕的經歷。老少，指其早年與晚年的經歷，皆大略相似。⓭去杭州　詩題，自序云：「予去杭十六年，而復來留二年而去，平生自覺出處老少粗似樂天。雖才名相遠，而安分寡求亦庶幾焉。」此詩蘇軾作於哲宗元祐六年(西元一〇九一年)二月離開杭州時。蘇軾第一次通判杭州是在神宗的熙寧六年(西元一〇七三年)，不久即徙知密州。十六年後之元祐四年(西元一〇八九年)又知杭州。在杭州留二年。⓮出處依稀似樂天二句　此是上半闋，意謂把自己的出處與白樂天相比較。衰朽，是蘇軾對自己的謙稱。前賢，是指白樂天。其下半闋是：「便從洛社休官去，猶有閑居二十年。」謂自己後半生，若能似白樂天那樣閒居東都洛陽，那還有二十年的休閒時光。

【語譯】蘇東坡受到朝廷的責罰謫貶到黃州，方始自號為東坡居士。仔細考察他的寓意，大概是為了仰慕白樂天而為此。白樂天有〈東坡種花〉詩二首，他說：「持錢買花樹，城東坡上栽。」又說：「東坡春向暮，樹木今何如。」他還有題為〈步東坡〉的詩，他說：「朝上東坡步，夕上東坡步。東坡何所愛？愛此新成樹。」還有〈別東坡花樹〉詩說：「何處殷勤重回首？東坡桃李種新成。」這些詩句都是白樂天任忠州刺史時所作的啊。蘇軾在黃州時，他的處境正好與白樂天在忠州相似，我回憶蘇東坡的詩，如他寫的〈贈寫真李道士〉：

「他時要指集賢人，知是香山老居士。」在〈贈善相程傑〉詩中說：「我似樂天君記取，華顛賞遍洛陽春。」〈送程懿叔〉詩說：「我甚似樂天，但無素與蠻。」在〈入侍邇英〉詩中說：「定似香山老居士，世緣終淺道根深。」並在此詩的跋文中說：「白樂天自江州司馬調任忠州刺史後，不久便以主客郎中知制誥，然後拜為中書舍人。本人雖然不敢以此自比於樂天，然而從謫居黃州，起用知登州，不久又召拜禮部郎中，又遷侍讀學士進為天子的侍從。我與他的出處及少年與晚年的經歷，大體都相似，也許還可以似樂天那樣享受晚年閒適的快樂。」蘇軾在〈去杭州〉一詩中說：「出處依稀似樂天，敢將衰朽較前賢。」在此詩的序言中又說：「平生覺得自己的為官出處以及少年和晚年的際遇，大體相似於樂天。」那麼蘇軾所以如此景仰白樂天，而且不止一次再三地講，不僅僅是因為東坡這個名稱偶然暗合的原因啊。

【研　析】洪邁講蘇軾慕樂天之事，可分為二個時期。前期是蘇軾被貶為黃州團練時，他以東坡居士自號。白居易任忠州刺史時，年齡是自四十七歲至四十九歲，在忠州不到二年，不久便還京任主客郎中。而蘇軾是因王安石贊神宗以獨斷專任因試進士題暗喻獨斷非是得罪了王安石而責授黃州團練副使安置，那一年蘇軾四十四歲，以自己在黃州比擬白居易在忠州，以白居易〈步東坡〉詩之閒適喻自己當時之心情。哲宗即位，蘇軾復朝奉郎、知登州。復召入為禮部郎中，回京師不久，又得罪了司馬光，不容於執政，乞外任知杭州二年，又召還為翰林承旨，又與當局者不和，所以講自己仕途曲折，「世緣終淺道根深」。那時他大概在五十六歲左右，心情不愉快。白居易是五十八歲左右以太子賓客分司東都，在洛陽養老的。所以蘇軾在那個時期的詩中，是那麼羨慕白樂天晚年在洛陽二十年安逸舒適的生活，希望自己能如白樂天一樣「庶幾復享晚節閑適之樂」。也能「華顛賞遍洛陽春」，羨慕白樂天有樊素與小蠻陪伴在身邊。實際上蘇軾的晚景遠遠不如白樂天，他的晚年十分淒愴，先是安置在廣東的惠州，過了三年，又安置到瓊州的昌化，那是最僻遠荒涼的地方。到徽宗即位以後，才起復為朝奉郎，不久在北歸途中病逝於常州，終年六十六。他在瓊州（今海南）昌化的境遇，蘇轍在蘇軾的墓誌銘中說：「昌化，非人所居，食飲不具，藥石無有。」「人不堪其憂，公食芋飲水，著書以為樂。」到了晚年他不再期望自己能有白居易那樣在洛陽的「晚節閑適之樂」了，而是羨慕陶淵明。他說：「然吾於淵明，豈獨好其詩也哉？如其為人，實有感焉。淵明臨終，疏告儼等：『吾少而窮苦，每以家弊，東西遊走。性剛才拙，與物多忤，自量為己，必貽俗患，黽勉辭世，使汝等幼而飢寒。』淵明此語蓋實錄也。吾真有此病，而不早自知，平生出仕，以犯世患，此所以深愧淵明，欲以晚節師範其萬一也。」蘇軾此語見於蘇轍〈子瞻和陶淵明詩集〉所引。在官僚群體中，他陷於朋黨爭議，觸忤當朝，無法相處，只能如陶淵明那樣回歸於自然。蘇轍在文章中說他「自其斥居東坡，其學日進，沛然如川之方至」。蘇軾在詩文上的造就，正是他在仕途上不得意的時候。這幾乎是古今文人有志而失意後的常態。

縛雞行

《容齋三筆》卷五

老杜〈縛雞行〉一篇❶云：「小奴縛雞向市賣，雞被縛急相喧爭❷。家中厭雞食蟲蟻，不知雞賣還遭烹❸。蟲雞於人何厚薄，吾叱奴兒解其縛❹。雞蟲得失無了時，注目寒江倚山閣❺。」此詩自是一段好議論，至結句之妙，非它人所能跂及也。予友李德遠❻嘗賦〈東西船行〉❼，全擬其意，舉以相示，云：「東船得風帆席高，千里瞬息輕鴻毛。西船見笑苦遲鈍，汗流撐折百張篙。明日風翻波浪異，西笑東船却如此。東西相笑無已時，我但行藏任天理❽。」是時，德遠誦至三過，頗自喜。予曰：「語意絕工，幾於得奪胎法，只恐『行藏任理』與『注目寒江』之句，似不可同日語。」❾德遠以為知言，銳欲易之，終不能滿意也。

【注釋】❶老杜縛雞行一篇　大曆元年（西元七六六年）杜甫自渝州（今重慶市）經雲安（今四川雲陽）到夔州（今重慶市奉節）。杜甫在夔州逗留有一年九個月的時間，至大曆三年初才出瞿塘峽東下。此詩作於他寄居夔州之西閣的那一年冬天。西閣既在長江邊，又處於森林覆蓋的崇山之麓。杜甫在日常生活中有所感，此詩即是他敘一時情事的作品。老杜，即杜甫，字子美，唐著名詩人。縛雞行，詩題。❷小奴縛雞向市賣二句　杜甫在西閣的居處養了一大群雞，山區的雞是散養的，詩句描述了小奴抓雞、縛雞時，雞被逼得爭相喧吵。❸家中厭雞食蟲蟻二句　家中，指杜甫老伴楊氏夫人，信佛而惜螻蟻之命，故命小奴縛雞市賣，杜甫藉此設雞蟲得失之喻，賣雞惜蟲蟻，那雞還得遭烹。❹蟲雞於人何厚薄二句　人於雞蟲之間不能厚此薄彼，故令奴兒放了被縛的群雞。❺雞蟲得失無了時二句　此言救了蟲蟻，便失了雞；救了雞，便失了蟲蟻。雞蟲之間二者的得失很難兼濟，不如兩忘而寄託於自然。所以還是依傍西閣眼望著長江東流。❻李德遠　名浩，德遠為其字。臨川（今江西臨川）人，紹興十二年（西元一一四二年）進士，孝宗朝歷官司農卿，直寶謨閣，知靖江府，兼廣西安撫使。召還擢權吏部侍郎，除祕閣修撰，帥夔路。卒贈集英殿修撰。❼東西船行　李德遠所作之詩題。李德遠晚年官於夔州，故擬杜甫〈縛雞行〉之詞意，觀長江水上行船而有此賦。《宋史．李浩傳》稱李浩「少力學為文辭，及壯益沉潛理義」。❽東西相笑無已時二句　此二句以東西船相笑無已擬雞蟲得失相爭無了之意，落腳於個人出處，當秉直而行，一任天理。行藏，指人之出處。《論語．述而》：「用之則行，捨之則藏。」❾予曰五句　此處指以東西船相笑無已擬雞蟲得失之爭了無已時，維妙維肖似一胎所生。然「行藏任天理」屬理性的思考，而注目寒江只是給人一個形象，至於雞蟲得失相爭的問題，它給人們留出了思考的餘地。詩歌的長處是通過比興借喻於形象。〈縛雞行〉一詩自始至終皆借助於形象，義理上只能間接通過人們自己的思考去理解。故二者在詩的品味上那就不可同日而語了。奪胎法，是詩文創作的一種方法。通常比喻取法前人，不露痕跡而有創新。宋惠洪《冷齋夜話．換骨奪胎法》：「（黃）山谷云：詩意無窮而人之才有限……然不易其意而造其語，謂之換骨法；窺入其意而形容之，謂之奪胎法。」

【語　譯】杜甫在〈縛雞行〉一篇中說：「小奴縛雞向市賣，雞被縛急相喧爭。家中厭雞食蟲蟻，不知雞賣還遭烹。蟲雞於人何厚薄，吾叱奴兒解其縛。雞蟲得失無了時，注目寒江倚山閣。」這首詩本身是一段絕好的議論，最後一句的奇妙，更不是他人所能企及的。我的好友李德遠曾經寫過一首〈東西船行〉，全都是模擬它的用意，他把作品給我欣賞，他說：「東船得風帆席高，千里瞬息輕鴻毛。西船見笑苦遲鈍，汗流撐折百張篙。明日風翻波浪異，西笑東船却如此。東西相笑無已時，我但行藏任天理。」那時德遠對自己的作品吟誦再三，頗有自得。我對他說：「你詩的語意絕對工巧，與杜甫詩相比，幾乎是奪胎而來，只是『行藏任天理』與杜詩的『注目寒江』相比，還是不可同日而語。」德遠認為我說得對，決意要改，始終沒有找到令人滿意的語句。

【研　析】洪邁對這二首詩的分析還是有道理的。杜甫〈縛雞行〉這首詩確實來自於生活，他在夔州西閣居住的地方，確在長江邊的山麓之上，有地方給他養雞，也確實養了一大群雞。此事亦有詩為證，他在〈催宗文樹雞柵〉中稱：「愈風傳烏雞，秋卵方漫吃。自春生成者，隨母向百翮。驅趁制不禁，喧呼山腰宅。課奴殺青竹，終日憎赤幘。踏藉盤桉翻，塞蹊使之隔。牆東有隙地，可以樹高柵。」可見他家養了那麼一大群雞，秋天才有蛋吃，孵化了一大群小雞，而且是散養在山腰上，晚上趕回來時，亂飛亂跑，弄得家裡盤案翻天。那首詩中還講到要他兒子為雞修柵欄，把散養變成圈養。他說：「我寬螻蟻遭，彼免狐貉厄。」那就是既免了螻蟻遭雞啄食，也可使雞免遭狐狼的偷襲，「應宜各長幼」，「籠柵念有修」使各得其所。故〈縛雞行〉就是從其養雞的日常生活中來。至於「小奴縛雞向市賣」，也許是為了幫助解決杜甫在旅次中經濟上的窘迫。「雞蟲得失無了時」則是杜甫在借題發揮，隱喻當時西南地區軍閥混戰已沒有什麼誰是誰非可講。他只能「注目寒江倚山閣」，做一個旁觀者，而對時局是無能為力了。李德遠的〈東西船行〉也是他在夔州生活時觀察船行過程中得到的啟發。「我但行藏任天理」此語反映了那個時期理學的流行，任天理也只是聽其自然罷了，這也與他在仕途上看到人事榮衰、此起彼伏、變化不定的狀況有關。他有過失意的時候。文人在失意時，都會有陶淵明在〈飲酒〉詩中所講的心境：「衰榮無定在，彼此更共之」，「寒暑有代謝，人道每如茲。達人解其會，逝將不復疑。忽與一觴酒，日夕歡相持。」還不就是從「雞蟲得失無了時」的死結中擺脫出來，超然地「注目寒江倚山閣」，求得自身心地的安寧。它是中國傳統知識分子在不公平的苦悶中，無可奈何地從自然中尋求思想寄託的一條途徑。

杜詩命意

杜公詩命意用事，旨趣深遠❶，若隨口一讀，往往不能曉解，姑紀一二篇以示好事者。如：「能畫毛延壽，投壺郭舍人。每蒙天一笑，復似物皆春❷。政化平如水，皇恩斷若神。時時用抵戲，亦未雜風塵❸。」第三聯意味頗與前語不相聯貫，讀者或以為疑。按杜之旨本謂技藝倡優不應蒙人主顧眄賞接❹，然使政化如水，皇恩若神，為治大要既無所損，則時時用此輩，亦亡害也❺。又如：「亂後碧井廢，時清瑤殿深❻。銅缾未失水，百丈有哀音❼。側想美人意，應悲寒甃沉❽。蛟龍半缺落，猶得折黃金❾。」此篇蓋見故宮井內汲者得銅缾而作❿，然首句便說廢井，則下文翻覆鋪敘為難，而曲折宛轉如是，它人畢一生模寫不能到也。又一篇云：「鬬雞初賜錦，舞馬既登床。簾下宮人出，樓前御柳長⓫。仙游終一閟，女樂久無香。寂寞驪山道，清秋草木黃⓬。」先忠宣公在北方，得唐人畫〈驪山宮殿圖〉一軸⓭，華清宮居山顛，殿外垂簾，宮人無數，穴簾隙而窺，一時伶官戲劇，品類雜沓，皆列于下。杜一詩真所謂親見之也。

【注　釋】❶杜公詩命意用事二句　杜公，指杜甫。命意，指詩句所要表達之意象或境界。用事，指詩中所用以表意之事類。旨趣，謂作者在詩中所欲表述的理念，也就是作者所要鑑誡規諷的深厚感情。❷能畫毛延壽四句　此是杜甫在大曆元年（西元七六六年）所作之八章詩篇之一，諸詩皆為追憶玄宗之往事。該詩以首「能畫」二字作為篇名。言郭舍人投壺，能啟漢武帝之笑顏。毛延壽之畫，能使萬物皆現春色。毛延壽，漢宮廷畫家。《西京雜記》云：漢武帝時，杜陵有畫工毛延壽，善畫人，好醜老少必得其真。又云：有郭舍人，善投壺。投壺是古人助酒興的一種遊戲。向壺中投矢，投中為勝。矢以棘木製成。郭舍人投壺與眾人投入不求還不同，以竹為矢，激矢令還，一矢能回來百餘次。每投壺，武帝輒賜金帛。又《神異經》云：東荒山中有大石室，東王公居焉，與一玉女投壺，設有入不出者，天為之笑。❸政化平如水四句　此句言如若政治清明，處事公平如水，皇帝英明，斷事如神。那麼即使每時每刻生活在遊戲之中，也不會產生流離播遷於風塵的後果。抵戲，又稱角抵，即今之摔跤。唐時，民間廣泛流行，角戲勝者受賞，此用以泛指各種遊戲。雜風塵，指風塵混雜。❹技藝句　意謂如毛延壽、郭舍人這一類技藝高超的藝人，照理不應成為君主所關注、接納並賞賜的人。技藝倡優，指以戲謔為業而又技藝高超的藝人。❺然使政化如水五句　皇恩若神，當作皇明若神，謂君主斷事英明正確，及時果斷。那麼在君主身邊有一批技藝高超的藝人，也不會有害處。❻亂後碧井廢二句　詩題為〈銅瓶〉，寫作的時間當在乾元二年（西元七五九年），是年九月官軍收復長安，十一月杜甫返京。詩當作於杜甫返長安後。此二句為描述長安的宮殿在安史之亂前後的變化。安史亂後連宮殿內的碧井也廢了。亂前政治清明時，宮殿是那麼深邃而又壯麗。時清，指安史之亂前政治清明。瑤殿，喻指長安的宮殿。❼銅缾未失水二句　指亂前銅瓶未丟失沉沒於井水，用瓶取水時，以百丈繫瓶，經轉動轆轤而取水上井。銅缾，指井上汲水的容器。百丈，指繫瓶之長繩。哀音，指轆轤轉動時發出聲音。❽側想美人意二句　此二句意謂料想回京後的宮中宮人也會對著已廢棄的井口而沉思，並感到悲哀。美人，指亂後宮中的新宮人。甃，聚磚修井，水溫低於氣溫，故稱寒甃。❾蛟龍半缺落二句　銅瓶上雕有龍的裝飾有一半都脫落了，即使如此，那個殘缺的銅瓶仍然比黃金還珍貴。蛟龍，指銅瓶上雕有龍的裝飾。❿此篇蓋見句　杜甫返長安後，仍任皇帝的供奉官右拾遺，出入宮中，故能見亂後宮中之汲井者得此殘缺不全的銅瓶，在廢井上繼續汲水。杜甫感物傷時而作此詩。⓫鬬雞初賜錦四句　詩以開首「鬬雞」二字為題，與〈能畫〉作於同時。此句是詩的前半部分，它展示了玄宗生前的奢華生活。鬬雞，是一種古老的娛樂活動，早在春秋時已有記載。唐代鬬雞盛行，玄宗更是愛好鬬雞，在皇宮附近設立了雞坊，有鬬雞小兒名賈昌，懂雞語，號為神雞童，封為「雞坊五百小兒長」。宮中有鬬雞殿。清明前後，往往是長安鬬雞的盛會，鬬雞勝者則賜以錦繡。舞馬，為馬戲中能舞蹈的馬。《明皇雜錄》：「玄宗嘗命教舞馬，四百蹄各為左右，分為部。」「命衣以文繡，絡以金銀，飾其鬃鬣，間雜珠玉，其曲謂之〈傾盃樂〉，奮首鼓尾，縱橫應節。又施三層板床，乘馬而上，旋轉如飛。或命壯士舉一榻，馬舞於榻上，樂工數人立左右前後，皆衣淡黃衫，文玉帶，必求少年而姿貌美秀者。每千秋節，命舞於勤政殿下。」御柳，勤政樓前沿街之柳樹稱御柳。勤政樓在興慶宮的西南角，南面臨街。每當玄宗設宴酺會時，有宮女數百長歌曼舞，盛陳百戲。《明皇雜錄》曾記其時盛況云：「正月上元時節，玄宗在勤政樓賜宴酺會，太常陳樂，衛尉張幕後，諸蕃酋長就食。府縣教坊，大陳山車旱船，尋橦走索，丸劍角抵戲馬鬥雞。又令宮女數百，飾衣珠翠，衣以錦繡，自帷中出，擊雷鼓，為〈破陣樂〉、〈太平樂〉、〈上元樂〉。又引大象、犀牛入場，或拜舞，動中音律。」⑫仙游終一闋四句　指玄宗那種熱鬧的歡樂場面已宣告結束。再也沒有人去關懷那些梨園的歌舞伎女了。華清宮在驪山，玄宗每年秋冬時節，皆去華清宮休閒，百官隨從，熱鬧非凡。玄宗去世以後，由於華清宮已毀棄，去驪山的道路也寂寞冷清了。清秋時節，草木也都轉黃了。它象徵著唐朝的國力由盛轉衰。仙游，指玄宗去世安葬泰陵。闋，關閉。女樂，指梨園諸歌舞伎女。⑬先忠宣公在北方二句　先忠宣公，指洪邁已故父親洪皓。曾被宋高宗任命為大金通問使，出使金國，被金人扣留在北方，前後長達十四年。忠宣為洪皓的諡號。驪山宮殿圖，即華清宮圖。

【語　譯】杜甫作詩時，在如何以詩句表述其胸中深遠的主旨上，他總會精心選擇恰當的事類，通過它能引起人們反覆深入的思索和廣泛的趣味，但如果對他的詩作只是一讀而過，往往不能通曉詩句豐富的內涵，現記下一二篇供對此有興趣的讀者慢慢的品味。如：「能畫毛延壽，投壺郭舍人。每蒙天一笑，復似物皆春。政化平如水，皇恩斷若神。時時用抵戲，亦未雜風塵。」粗看起來，詩中第三聯與前面二聯不那麼聯貫，往往會引起讀者的疑惑。按照杜甫的意思，本來那些技藝高超的藝人，不應該為君主所青睞和接納，如果政治清明，事事公平如水，君皇斷事如有神助那樣，在治國的大政方針上沒有什麼缺失，那麼經常任用這輩倡優藝人，也沒有什麼害處。又如：「亂後碧井廢，時清瑤殿深。銅缾未失水，百丈有哀音。側想美人意，應悲寒甃沉。蛟龍半缺落，猶得折黃金。」這篇作品是杜甫看到故宮汲井的人拾到那汲水用的銅瓶而作的，第一句便交代了那是一口廢井，那麼下文要藉此反覆鋪敘就非常困難了，作者在詩中那麼曲折婉轉地細述，別的人即使花費一生的精力去摹寫也寫不出那樣的詩句。還有一篇〈鬥雞〉，他說：「鬬雞初賜錦，舞馬既登床。簾下宮人出，樓前御柳長。仙游終一閟，女樂久無香。寂寞驪山道，清秋草木黃。」我父親忠宣公在北方時，曾得到一幅唐人的畫，畫名叫〈驪山宮殿圖〉，畫中華清宮處在山巔，宮殿的門上垂有竹簾，有無數宮女在活動，有的宮女從簾縫往外窺視，在院子裡則有伶官們在表演戲劇，眾多娛樂的品類，在畫面上雜亂地陳列於殿下。杜甫通過他的一首詩，真能讓人如親自看到這個場面一般。

【研　析】洪邁在這一篇以杜甫的〈能畫〉、〈銅瓶〉、〈鬥雞〉三首短詩來說明讀杜詩不能隨口讀過，要讀者慢慢地來咀嚼、品味，才能悟出其中的道理來。命意是指杜詩的主旨，用事是指詩中所詠之事類。〈能畫〉是詠史，講的是漢武帝喜歡技藝倡優之輩的故事。〈銅瓶〉是詠物，講的是碧井和銅瓶在安史之亂前後的遭遇。〈鬥雞〉是詠事，敘述的是開元天寶盛世的宮廷歡娛活動。這三首詩都可分成上下兩部分，上半闋是用事，下半闋是命意。命意是要使上半闋詠史而不凝於史，託物而不著於物，指事而不滯於事，並且要意超於言詞之表，為人們提供一個言外之意的想像空間。這個想像空間，既與讀者的身世和感受相關，然也有一個大體的方向。〈能畫〉的下半闋，杜甫顯然是有感而發。開元、天寶時期，唐朝有一批非常優秀的畫家、書法家和技藝高超的優伶。安史之亂以後，肅宗收復長安，這些人有些受到不同程度的懲處。杜甫有一個好朋友名叫鄭虔，善圖畫山水，又擅長書法，其詩、書並畫被玄宗譽為「鄭虔三絕」。詩人王維善畫山水，「名盛於開元天寶間，諸王、貴人待若師友。」安史之亂，安祿山曾任命鄭虔為水部郎中，王維為給事中。肅宗收復長安以後，他們都被囚下獄了。王維因當時有詩：「萬戶傷心生野煙，百官何日再朝天。秋槐葉落空宮裡，凝碧池頭奏管弦。」為肅宗赦免，鄭虔則貶台州參軍。杜甫有詩〈送鄭十八虔貶台州司戶〉，痛惜鄭虔獲罪並為沒有與鄭虔餞別而傷心，杜甫〈能畫〉這首詩，把同情傾注於畫師和技藝倡優們身上。導致安史之亂的責任是玄宗治國大政上的失誤，自己倉惶出逃，其繼承者卻把板子打在畫師和技藝優伶們身上。杜甫為他們鳴不平但有話又不能直說，只能用漢武帝並未雜風塵來委婉地顯示自己詩中的旨意。〈銅瓶〉的後半闋，以美人暗喻宮中的新人，也應會沉思碧井廢棄的教訓，儘管江山已似銅瓶那樣殘缺，仍然比黃金還珍貴。這些曲折而婉轉的諷喻也確實不是一般人所能達到的境界。〈鬥雞〉的前半闋是展示玄宗在節日宴酺的盛況。儘管《明皇雜錄》用了那麼多篇幅和文字來表述其盛況，遠沒有杜甫寥寥數句動態地展現其生動的氛圍。讀詩使人有一種親見親歷的感覺。下半闋以玄宗身後寂寞的驪山道作反襯，能給人一個盛衰無常的感覺，引導人們去認真思索玄宗的生前身後事。在有話不能直說的那個時代，詩人以譬喻語言來表達自己的見解，希望執政者能慢慢地琢磨和領會，這是詩人獻詩言志的一種非常自然而又溫馨的方式。這樣的詩句，絕不能直、白、露，而應該如草蛇灰線，無跡可尋，要神龍見首不見尾，所有深厚感情，盡在言詞之外，使讀者在品味的過程中慢慢地領悟。這也正是中國古典詩歌以比興寄情的魅力所在。洪邁要讀者讀杜詩時不要隨口一讀而過，這是他的領悟心得，值得細味！

白公夜聞歌者❶

白樂天〈琵琶行〉，蓋在潯陽江上為商人婦所作❷。而商乃買茶於浮梁❸，婦對客奏曲，樂天移船，夜登其舟與飲❹，了無所忌，豈非以其長安故倡女不以為嫌邪❺？集中又有一篇題云〈夜聞歌者〉，時自京城謫潯陽，宿於鄂州，又在〈琵琶〉之前❻。其詞曰：「夜泊鸚鵡洲，秋江月澄澈❼。鄰船有歌者，發調堪愁絕❽。歌罷繼以泣，泣聲通復咽❾。尋聲見其人，有婦顏如雪❿。獨倚帆檣立，娉婷十七八。夜淚似真珠，雙雙墮明月⓫。借問誰家婦？歌泣何淒切。一問一霑襟，低眉終不說⓬。」陳鴻〈長恨傳〉序云：「樂天深於詩多於情者也⓭，故所遇必寄之吟詠，非有意於漁色⓮。」然鄂州所見，亦一女子獨處，夫不在焉，瓜田李下之疑，唐人不譏也⓯。今詩人罕談此章，聊復表出⓰。

【注釋】❶白公夜聞歌者　白公，指白居易。夜聞歌者，白居易詩題，見《白氏長慶集》卷十，作於元和十年（西元八一五年）秋。❷琵琶行二句　琵琶行，白居易詩題，與〈長恨歌〉齊名。《唐摭言》載唐宣宗弔白居易詩有「童子解吟〈長恨〉曲，胡兒能唱〈琵琶〉篇」之句。潯陽江，今江西九江沿長江的一段江岸。商人婦，指〈琵琶行〉中白居易在送客湓浦口時所遇彈琵琶者。〈琵琶行〉的序文稱其人本長安倡女，後嫁為商人婦，白居易被其所彈琵琶曲所感動，「因為長句，歌以贈之。」故云白居易的〈琵琶行〉是為潯陽江上商人婦所作。❸而商句　〈琵琶行〉有「門前冷落鞍馬稀，老大嫁作商人婦。商人重利輕別離，前月浮梁買茶去」之句。浮梁，今江西景德鎮北浮梁，當時是茶葉的交易中心。❹婦對客奏曲三句　洪邁此句對白詩的理解有誤。原詩是「移船相近邀相見，添酒回燈重開宴。千呼萬喚始出來，猶抱琵琶半遮面」。這裡有兩條船，一條是「來去江口守空船」之商人婦的船，一條是主人下馬送客的官船。移船相近的是官船，白居易在官船上邀商人婦演奏琵琶曲，不是白居易登上商人婦所守之空船。❺了無所忌二句　了無所忌，即洪邁在《容齋五筆》〈琵琶行海棠詩〉條所言「豈不虞商人者它日議其後」。由於白居易不是在商人婦的船上，而是在送客的官船上與商人婦相見，說白居易了無所忌的推論也就不能成立。白詩的最後兩句是「滿座重聞皆掩泣，座中泣下誰最多？江州司馬青衫濕」，可見座上聽商人婦奏彈琵琶的，不是只有白居易一個人，而是滿座皆有人，故根本就不存在與長安倡女獨處的嫌疑。❻時自京城謫潯陽三句　此言元和十年（西元八一五年）六月，白居易由太子左贊善大夫從京城貶為江州司馬。秋天，白自長安出發，經藍橋驛，由陸路到襄陽，然後走水路由漢水到鄂州（今武漢市的武昌），夜宿鄂州，聞鄰船有歌者，作〈夜聞歌者〉，其創作的時間是在元和十年秋冬之際，是白居易到達江州潯陽之前，而〈琵琶行〉的創作則是在到達江州以後的第二年，故云在〈琵琶〉之前。謫，指官員被貶謫。❼夜泊鸚鵡洲二句　此句意謂那天晚上作者在去江州途中把船停泊在鸚鵡洲，在長江水面上仰望秋月，亮麗而澄澈。鸚鵡洲，今湖北武漢西南之長江中的江心洲，唐崔顥〈黃鶴樓〉有「芳草萋萋鸚鵡洲」之句。❽鄰船有歌者二句　泊船之地有幾艘船停靠在一起，鄰船有一唱歌的女子，所唱曲調憂愁欲絕。❾歌罷繼以泣二句　唱完一曲便低聲哭泣，有時哭出聲來，有時又無聲抽咽。❿尋聲見其人二句　意謂作者循聲望去，看到那哭泣的女子，其容顏白淨如雪。⓫獨倚帆檣立四句　這裡指那唱歌的女子孤零零一個人靠著桅杆站立著，是一個只有十七、八歲的美麗女子。晚上月光下見到她臉頰上掉下的淚珠如真珠一般明澈。兩頰雙雙墮下的的淚珠，映射著天上的明月，好像明月在下墮一般。作者在這裡運用了藝術的誇張手法。帆檣，船上掛蓬的桅杆。娉婷，美好而亮麗。⓬借問誰家婦四句　謂作者詢問那女子，你是哪家的婦女呀，為什麼哭得那麼悲傷，一次又一次地詢問，她雙淚沾在衣襟上，最終仍是低頭不語。為人們留下無限想像的空間。⓭陳鴻長恨傳序云二句　在〈長恨傳序〉文中，有「樂天深于詩，多于情者也」，此語者係瑯琊王質夫。詩植根於情，白居易深於體味人之感情，形之於言語和文字，故長于詩歌。白居易在〈與元九書〉中說：「感人心者，莫先乎情，莫始乎言，莫切乎聲，莫深乎義。詩者，根情，苗言，華聲，實義。」陳鴻，字大亮，貞元末進士，長於史學，其傳奇小說除〈長恨傳〉外，尚有〈東城老父傳〉。⓮故所遇二句　吟詠，動聲曰吟，長言曰詠，謂吟詠詩歌來表達自己的感情，白居易聞女子哀泣所激之情，係同情與惻隱之心，孟子說過惻隱之心，仁之端也，故為仁愛之心。漁色，謂好人之美色，是一種獵取和占有的欲望。白居易所多於情者是前者而非後者。⑮瓜田李下之疑二句　瓜田李下，古樂府〈君子行〉：「君子防未然，不處嫌疑間。瓜田不納履，李下不整冠。」故以瓜田李下比喻為容易引起嫌疑的地方。此句係指白居易夜泊鄂州時，與一女子獨處，其夫不在，易為人們嫌疑。唐人不議也，指唐代由進士出身的士大夫們在生活上大都不拘守禮法，與宋代注重男女之間禮法不同。⑯今詩人罕談此章二句　意謂如今人們很少提及白居易〈夜聞歌者〉這首詩，洪邁姑且再次把它表白出來。

【語　譯】白樂天的〈琵琶行〉，是在潯陽江上為商人之婦所作。商人丟下妻子去浮梁做買賣茶葉的生意了，婦人對著客船奏曲，白樂天移動自己的官船，在深夜登上那商人婦的船上，與商人婦對飲並奏曲，而白卻毫無忌諱，難道因為這個女人本來就是長安的倡妓，所以用不著避嫌了嗎？在白樂天的《長慶集》中，還有一篇題目叫作〈夜聞歌者〉的詩作，是白樂天自京城謫貶到江州的途中，夜宿於鄂州江中的船上所作，作品寫作的時間要早於〈琵琶行〉。其歌詞為：「夜泊鸚鵡洲，秋江月澄澈。鄰船有歌者，發調堪愁絕。歌罷繼以泣，泣聲通復咽。尋聲見其人，有婦顏如雪。獨倚帆檣立，娉婷十七八。夜淚似真珠，雙雙墮明月。借問誰家婦？歌泣何淒切。一問一沾露，低眉終不說。」陳鴻在〈長恨傳〉的序文中說：「樂天深愛於詩，情感豐富，當他遇到人事有感，必定通過詩歌來吟詠他，並不是有意於濫獵女色。」然而他在鄂州所遇到的也是一獨處的女子，她的丈夫並不在一旁，未免使人有瓜田李下的嫌疑，對於這種情況，在唐代大概不會引起人們的議論。現在的詩人們已很少談論這首詩了，我姑且把它重新提出來，將來或許會引起人們的注意。

【研　析】洪邁這條筆記出於善意地為白樂天的〈琵琶行〉辯解，但是這個辯解卻是建立在他對〈琵琶行〉誤解的基礎上。仔細閱讀〈琵琶行〉的全文，可以知道不是白樂天登上商人婦的空船，而是讓商人婦登上白樂天送客的官船，傾聽商人婦演奏的不是白樂天一個人，而是滿座主客在一起傾聽她的演奏。從當時的實際場合看，根本不存在洪邁所顧慮的禮法問題。再說〈琵琶行〉是白居易的一篇詩歌創作，雖然是一篇極佳的敘事詩，然而其事或許是虛構的，從作品本身講，它有一個不斷演化和豐富發展的過程。〈夜聞歌者〉這篇寫作的時間比〈琵琶行〉要早一年，二篇敘述的都是一個女主角的悲哀的故事。〈夜聞歌者〉的女主角沒有明確的身分，在〈琵琶行〉中作者交待了女主角的出身和經歷，她是一個被遺棄的商人婦，原來是長安的一個紅極一時的倡優。從失落感的內涵上講，後者比前者更加具體了，因為棄婦更能取得人們的同情。從二人打動白居易的事項看，二者有變化，一個是歌者和泣聲，缺少具體的描述，另一個是琵琶聲，作品對琵琶演奏的技巧和音樂效果的描述，那真是生動而形象，傾注了作者多少心血啊！對琵琶演奏技巧和音響的表述，同樣也有一個演化過程，白居易的〈新樂府〉五十篇中便有一篇〈五弦彈〉，這裡面對琴聲的描述，可以找到〈琵琶行〉的影子，如「淒淒切切復錚錚，鐵擊珊瑚一兩曲，水瀉玉盤千萬聲」，「曲終聲盡欲半日，四座相對愁無言。座中有一遠方士，唧唧咨咨聲不已。」在〈琵琶行〉中，便大大向前跨了一步。不僅表述演奏者的音響，而且把聲音與演奏者個人的情感融會一體，若「弦弦掩抑聲聲思，似訴平生不得志。低眉信手續續彈，說盡心中無限事」。這弦聲訴說的不僅是商人婦，也是作者自己冤屈而被貶謫的那種失落而又無奈的表白。「大弦嘈嘈如急雨，小弦切切如私語。嘈嘈切切錯雜彈，大珠小珠落玉盤」，它傳達的是作者內心的哀傷，這樣的感情表露既可以是爆發式的嚎啕大哭，也可以是默默的無聲掩泣，與「泣聲通復咽」的情景是相似的。從這兩首詩看描述音響的詞語也是相通的，有的更向前推進了。「大珠小珠落玉盤」比「水瀉玉盤千萬聲」更加生動而形象。對於曲終時場景的描述，〈琵琶行〉的「曲終收撥當心畫，四弦一聲如裂帛。東船西舫悄無言，唯見江心秋月白」。當白居易請求她再彈一曲，並應允為她寫作〈琵琶行〉時，「感我此言良久立，卻坐促弦弦轉急。淒淒不似向前聲，滿座重聞皆掩泣。座中泣下誰最多，江州司馬青衫濕。」詩人的情感，似海浪的疊起一般，一浪高於一浪。這樣的結尾比〈五弦彈〉那個結尾要集中而有力得多。與〈夜聞歌者〉及〈五弦彈〉相比，作者在〈琵琶行〉中更多地傾注了個人情感的抒發，正由於「同是天涯淪落人，相逢何必曾相識」，這就是「座中泣下誰最多，江州司馬青衫濕」的緣由。作者以第一人稱盡力傾注了自己的情感，才是作品能長期地打動人們的理由。作者自己不動情，怎麼能打動讀者呢？比較這三篇作品的關係，既可以看到作者創作演化的過程，更要看到作者個人感情的變化。如果沒有作者自己被貶謫到江州的不公正的遭遇，就不可能有〈琵琶行〉那樣能千古流傳的作品。描述琵琶演奏的詩歌元稹也寫過一首，那是他在元和五年（西元八一〇年）寫的〈琵琶歌〉，講了一個演奏者李家管兒的故事，白居易在流放到江州的過程中，曾翻覆地吟讀元稹的詩篇，其中有不少詞句與白樂天的〈琵琶行〉相同或者相通。元氏詩句中應包括這篇〈琵琶歌〉，若「淚垂捍撥朱弦濕」、「霓裳羽衣偏宛轉」、「六么散序多籠撚」、「斷弦砉騞層冰裂」，都可以在白居易的詩篇中找到對應的句式和詞語，如「冰泉嗚咽流鶯澀」、在白樂天的〈琵琶行〉中則是「間關鶯語花底滑，幽咽泉流水下灘」。從情感上講，白居易比元稹更要深沉得多。也許〈琵琶行〉是白居易向元稹〈琵琶歌〉挑難的作品，元氏〈琵琶歌〉作於元和五年，白氏〈琵琶行〉作於元和十年，白氏參考了元稹作品，白氏有〈五弦彈〉，元稹亦有〈五弦彈〉詩，所以詩歌也正是在詩人之間相互唱和挑難的過程中不斷進步的，不能把詩歌完全當作歷史去追求它史實的某些細節，那樣的話我們便再也得不到詩歌給人們帶來的美感了。它既是當時生活的反映，又是作者靈感高於生活的表現。通過作品，我們既要感受那時代的歷史，更要感受作者美好的心靈，激起讀者與作者能跨越時空真正在心靈上的互相理解和感應。這一點正是作者所期望於後人的，他在〈戲贈元九李二十〉中云：「世間富貴應無分，身後文章應有名。」這就是那個時代士子們對自身價值最高的期望了。

代宗崇尚釋氏❶

唐代宗好祠祀，未甚重佛。元載、王縉、杜鴻漸為相，三人皆好佛❷。上嘗問以「佛言報應，果為有無」。載等奏：「國家運祚靈長，非宿植福業，何以致之？福業已定，雖時有小災，終不能為害，所以安、史有子禍❸，僕固病死，回紇、吐蕃不戰而退❹，此皆非人力所及。」上由是深信之，常於禁中飯僧❺，有寇至則令僧講《仁王經》以禳之❻，寇去則厚加賞賜。胡僧不空，官至卿、監，爵為國公❼，出入禁闥，勢移權貴，此《唐史》所載也。予家有嚴郢撰〈三藏和尚碑〉，徐季海書，乃不空也❽。云西域人，氏族不聞於中夏，玄、肅、代三朝皆為國師。代宗初以特進、大鴻臚褒表之❾。及示疾，又就臥內加開府儀同三司、肅國公。既亡，廢朝三日，贈司空❿。其恩禮之寵如此。同時又有僧大濟，為帝常脩功德，至殿中監⓫。贈其父惠恭兗州刺史，官為營辦葬事，有勑葬碑，今存。時兵革未盡息，元勳宿將，賞功賦職⓬，不過以此處之，顧施之一僧，繆濫甚矣⓭。

【注釋】❶代宗崇尚釋氏　代宗，唐肅宗長子，初名俶，後改名豫。封廣平王時，與郭子儀討安、史，收復兩京。即位稱帝後，時值藩鎮雄踞跋扈，回紇、吐蕃強盛，代宗寬厚不能制服。命將出師，勞軍弊賦不息。先後建元廣德、永泰、大曆。

在位十七年，大曆十四年五月，崩於內殿，年五十三，廟號代宗，葬於元陵。釋氏，指佛或佛教。佛祖姓名釋迦牟尼。釋迦為印度種姓，略稱釋氏，其教亦稱釋教。梁慧皎《高僧傳．釋道安傳》：「初魏晉沙門，依師為姓，故姓名不同。安以為六師之本，莫尊釋迦，乃以釋命氏。」❷元載二句　大曆時期政治不修，與元載、王縉、杜鴻漸等人的信佛、並竭力提倡躬行是分不開的。元載，陝西鳳翔人，以四子學高第入仕，為苗晉卿東都留守判官，有能名，精算計。肅宗時，遷戶部侍郎、江淮轉運使等職，掌經濟大權。代宗初拜相。受代宗寵信，權威日盛。他在外委託主書諸吏，在內縱容諸子，收受貨賄，權傾朝野。遭代宗猜忌和不滿。大曆十二年（西元七七七年），詔賜自盡。德宗即位，為之昭雪冤枉。王縉，河中人，與兄王維俱以名聞，曾佐助李光弼征戰有功，遷兵部侍郎。平定史朝義後，宣慰河北。不久，以黃門侍郎、同中書門下，拜相。王縉生平好佛佞佛，與元載向代宗進言，盛陳佛法福業報應等事。於宮中置內道場，廣引僧徒，談經說法，設齋飯僧。君相佞佛，群臣上下承風，皆言生死報應。杜鴻漸，京兆萬年（今屬陝西西安）人，進士出身，初為朔方軍節度判官。肅宗時，以功拜中書舍人，歷尚書右丞。代宗廣德二年（西元七六四年），以兵部侍郎、同中書門下平章事，拜相。晚年，他信佛十分虔誠，病危時且令僧人為之薙髮，還遺命依照佛法塔葬。他曾賦詩道：「常願追禪理，安能挹化源。」表達了他在政治上樂於引退靜思，以追求佛理消解內心中的矛盾。❸安史有子禍　玄宗天寶十四載（西元七五五年），安祿山、史思明在范陽（今北京市）發動叛亂，以誅討楊國忠為名，進軍洛陽、長安兩京，玄宗逃往四川。此後，安、史先後稱帝。肅宗至德二載（西元七五七年）安祿山在洛陽被其子安慶緒所殺。乾元二年（西元七五九年）史思明殺安慶緒，自稱燕帝，再陷洛陽。兩年後，史思明又為其子朝義勾結近侍殺死。代宗廣德元年（西元七六三年）朝義兵敗自殺。安史叛亂先後歷時七年有餘。此處言安、史有子禍，就是指前面所說的福業報應。安指安祿山，史指史思明。❹僕固病死二句　安史之亂，僕固懷恩率所部隨郭子儀征討有功，拜朔方節度使，封大寧郡王。懷恩恃軍功驕傲跋扈，迭遭飛謗有不臣之心。代宗下詔罷其兵權，徵命入朝。懷恩因受到猜疑，不奉詔命，舉兵反叛，又聯結回紇、吐蕃，眾號二十萬，侵逼長安。代宗命郭子儀討伐。懷恩兵敗，不久病死。回紇、吐蕃彼此爭長猜疑，亦各率軍而退。此二句亦是上應「國家運祚靈長」、「宿植福業」所致。僕固，唐將僕固懷恩的簡稱。僕固、僕骨是同音異譯。僕骨為鐵勒種姓。僕骨懷恩係內屬的鐵勒部人，降唐，封都督，駐守邊境，常隨軍征戰。❺飯僧　指設齋飯以供養僧人。這是佛說廣植功德的一種方式。❻有寇至句　代宗時，或逢天旱求雨，或逢戰事，常命不空於禁中作仁王會，講解《仁王經》之〈護國品〉，以祈福消災。如永泰元年（西元七六五年）九月，在京師資聖、西明兩寺置百尺高座講《仁王經》，又在西明寺行香，設素齋奏樂以徼福。此時，正是吐蕃興兵進逼京城的緊急時刻。仁王經，佛教經典之一，有舊譯本，不空和尚重譯，全稱為《仁王護國般若波羅蜜多經》，二卷。為釋迦牟尼佛對當時天竺十六國國王宣講佛法神通廣大的經文。內有〈護國品〉。據稱：若宣講此經，可以消除國家災難。禳，指祭祀、祈禱神靈以求保佑消災。❼胡僧不空三句　胡僧，泛指西域或境外的外國和尚。不空，天竺（印度）人，下文中即稱「西域人」。居京城大興善寺譯經講法，身歷玄宗、肅宗、代宗三朝，為密宗的創始人之一。初隨其師金剛智到洛陽、長安，宣傳佛法，參與譯場工作。玄宗天寶初，返回天竺求密藏經典後，再來長安設壇場，為代宗皇帝行七寶灌頂禮。故人稱「灌頂法師」。永泰初，新譯《仁王經》及《大乘密嚴經》成，代宗為之作序，並賜號「大廣智三藏」。大曆九年（西元七七四年）六月，不空卒，贈開府儀同三司、賜爵肅國公，諡號曰「大辯正廣智不空三藏和尚」。❽予家三句　嚴郢，華州華陰人，進士出身，初為荊州（江陵）判官，召為監察御史，又佐郭子儀幕，自判官至主持留後事務。進拜河南、京兆尹。在職持法嚴明，疾惡撫窮，敢於誅殺立威。與宰相楊炎議事不合，罷為大理卿。楊炎誅死，進拜御史大夫。其事蹟見《新唐書・嚴郢傳》。〈三藏和尚碑〉全文作〈大唐興善寺大廣智不空三藏和尚碑銘〉，見《全唐文》卷三百七十二。碑銘作於德宗建中二年（西元七八一年），記不空一生傳授本末及其種種靈異事蹟。徐季海，人名，事蹟不詳。❾以特進句　此指代宗以特進、大鴻臚的高官美秩來寵待褒揚不空和尚。特進，唐文散官名。秩正二品，不領職事，用以表示榮祿地位。大鴻臚，即鴻臚寺卿的別稱，其職掌蕃客朝貢、宴勞、迎送及國家的凶儀等事。❿廢朝三日二句　廢朝，指皇帝臨時停止百官朝見以表示對死者的哀悼，亦作輟朝。廢朝有一日、二日、三日、五日不等日期，視皇帝對死者禮遇的深淺而定。廢朝三日，通常為用於三品以上大官凶儀的日期。贈，歷代朝廷以詔敕賜給臣僚或其家屬官位。死後曰「贈」，生前曰「封」，贈官乃是一種榮恩禮典。司空，唐制司空為三公之一，無實職，多為加銜。⓫殿中監　官名，掌管宮廷供奉及禮儀等事。唐制：殿中省長官稱殿中監。代宗皇帝崇尚佛法，凡禮儀場面上的供奉侍陪等事，均須大和尚出場。故大濟和尚能得居此官職。⓬賦職　授給職務。《國語・晉語四》：「公屬百官，賦職任功。」⓭顧施之一僧二句　此二句意思是：反而把官位授予一個和尚，實在是太荒謬錯亂而濫給了。顧，反而之意。《漢書・賈誼傳》：「足反居上，首顧居下。」注：「顧，亦反也。」《呂氏春秋・審分》：「白之顧益黑。」注：「顧，反。」繆濫，錯亂而又濫竽充數。

【語　譯】唐代宗喜好祠祀，但未十分重視佛教。元載、王縉、杜鴻漸三人為相都信佛。代宗嘗問他們說「佛講因果報應，究竟有沒有」。元載等奏：「國家運祚有靈而又長久，不是平常多多修造福業，何以能達到呢？多造福業了，雖不時有小災小難，終究不會為害，所以安祿山、史思明有兒子作禍而身死，僕骨懷恩反逆，亦遭失敗病亡，回紇、吐蕃不戰而退兵，這些都不是人力所能達到的。」代宗由此深信佛教，常在禁中設齋飯僧，有敵寇侵掠則令僧人講《仁王經》以祈求神靈的保佑，敵寇退去則對僧人厚加賞賜。胡僧不空，官拜至卿、監，爵封為國公，出入禁門，勢力能搖動權貴，這些都為《唐史》記載著。我家中藏有嚴郢所撰的〈三藏和尚碑〉，由徐季海書寫，此三藏和尚即不空。碑文中說不空為西域人，氏族出身在華夏沒有聽說過，玄宗、肅宗、代宗三朝皆為國師。代宗初年以特進、大鴻臚的官位褒揚他。及至不空患病時，又在他臥室內加授開府儀同三司、肅國公的散位和封爵。既已死亡，為之廢朝三日，贈司空官銜。其恩寵之禮如此。同時又有大濟和尚常為代宗修功德，官至殿中監。贈給其父親惠恭兗州刺史，由官府出面營辦喪葬之事，有朝廷敕葬的碑文，今尚存在世上。此時，戰爭未停，元勳宿將賞功授職，亦不過以卿、監的官位對待，現今反而授給一個和尚，豈不是太錯亂、濫授了。

【研　析】代宗即位之初，內有方鎮跋扈、驕將難制，地方反叛之事常有發生。朝廷號令已不及於四方。朔方節度使僕骨懷恩反叛，又連結回紇、吐蕃，侵犯西北邊防。吐蕃又連年侵城掠地，烽火逼近畿甸。京師屢次為之戒嚴。代宗甚至離京出逃陝州以避兵鋒。加之以水旱風暴，山崩地裂，不斷發生。軍士流血於郊野，百姓竭力於轉輸。室無丁壯，民不聊生。所謂天災人禍，使唐王朝處於危難之中。

所幸此時民心未散，朝廷上下尚能勉力維持政局，大將郭子儀、李光弼等效力疆埸，東征西討，力挽狂瀾。僕骨反叛，旋起旋滅；回紇、吐蕃貪於財利，終使唐室由危轉安。

值此之際，代宗聽信元載、王縉、杜鴻漸三相，大力崇尚佛教：內道場、諸寺講經說法；盂蘭盆會，設齋飯僧；大和尚出入禁內，封官拜爵。其目的雖是消災除禍，禱求福業，使國家安定，「國祚靈長」，但君相大臣不勤力於政治人事，卻用人鬼之事神道設教，這豈非捨本逐末、是非顛倒？

代宗信佛佞佛，非他一人情有獨鍾。而是在位的卿相大臣逢迎討好，誑言慫恿所導致。用迷信、造神的舉動，企圖以此樹立皇帝的權威，豈能服眾，又豈能長久？代宗晚年，諒當亦已自悔。

冗濫除官

自漢以來，官曹冗濫之極者，如更始❶「竈下養，中郎將，爛羊頭，關內侯」，晉趙王倫「貂不足，狗尾續」❷，《北史》周世「員外常侍，道上比肩❸」，唐武后「補闕連車，拾遺平斗❹」之諺，皆顯顯著見者。中葉以後，尤為泛濫，張巡在雍丘❺，才領一縣千兵，而大將六人，官皆開府特進❻，然則大將軍告身❼博一醉，誠有之矣。德宗避難於奉天❽，渾瑊❾之童奴曰黃芩，力戰，即封勃海郡王。至於僖、昭之世，遂有「捉船郭使君」、「看馬李僕射」❿。周行逢據湖湘⓫，境內有「漫天司空，遍地太保⓬」之譏。李茂貞在鳳翔⓭，內外持管籥⓮者亦呼為司空、太保。韋莊⓯《浣花集》有〈贈僕者楊金〉詩云：「半年勤苦葺荒居，不獨單寒腹亦虛。努力且為田舍客，它年為爾覓金魚⓰。」是時，人奴腰金曳紫⓱者，蓋不難致也。

【注釋】❶更始　即更始帝劉玄。王莽新朝末年，天下兵起。劉玄以漢宗室為綠林、下江、新市諸軍所擁立。即位稱帝，年號更始。劉玄即位後，盡封宗室及諸將為將軍、侯、王，人數極多。《後漢書・劉玄劉盆子列傳》：「（更始）所授官爵者，皆群小賈豎，或有膳夫庖人……長安為之語曰：『灶下養，中郎將；爛羊胃，騎都尉；爛羊頭，關內侯。』」❷晉趙王倫二句晉惠帝時，賈后專權，趙王倫起兵，殺賈后，廢惠帝自立，大封其黨羽為將相大臣，其餘同謀的人也都越級拜官，至於奴卒廝役亦加以爵位。《晉書・趙王倫傳》載其冗濫拜官的情況說：「每朝會，貂蟬盈坐，時人為之諺曰：『貂不足，狗尾續。』」意謂：貂蟬冠飾不夠用，就用狗尾巴來代替。《後漢書・輿服志》：「以金璫飾首，前插貂尾為貴職。」趙王倫，司馬懿第九子，司馬倫。因封於趙，故稱。❸員外常侍二句　此二句意指非正額的常侍官，在道路上多得肩並肩地行走。員外，未為朝廷正式任命的額外官員。常侍，官名，為經常在皇帝左右侍奉的官員。❹補闕連車二句　此二句一作「補闕連車載，拾遺平斗量」，形容補闕、拾遺的官很多，猶如車載斗量。《唐會要》卷六十七〈試及邪濫官〉：「(武則天)天授二年二月十五日，十道使舉人石艾縣令王山輝等六十一人，並授拾遺、補闕。……試官自此始也。」試官是非正額之外的試用官員。補闕、拾遺皆為唐的諫官，各分置左、右，右屬中書，左屬門下省。其職「掌供奉諷諫，大事廷議，小則上封事」。見《新唐書・百官志》。❺張巡在雍丘　張巡，鄧州南陽（今河南）人，開元年間進士，安史之亂時，以真原縣令起兵守雍丘（今河南杞縣）抵抗安祿山軍隊。後移守睢陽（今河南商丘），與太守許遠共同奮勇作戰，在糧盡援絕下，被圍數月，城陷，不屈而死。人稱張睢陽。《新唐書》列入忠義傳中。❻開府特進　唐文散官，開府官階從一品；特進，正二品，用以敘資歷、示榮寵、賞功勞，與職事官有別。見《新唐書・百官志二》。❼告身　授官的文牒。《正字通》：「唐制，授官之符曰告身。」唐自中葉以後，仕途冗濫，為酬賞戰功，有不經考選，長官隨時可用空白的告身填寫某人姓名、官稱以授給屬下人員。故有大將軍告身不值一醉的譏諷。❽德宗避難於奉天　大曆十四年（西元七七九年）代宗死，德宗以皇太子即位。次年，建元建中，四年（西元七八三年）涇原發生兵變，姚令言、朱泚反叛朝廷，陷京師長安。德宗倉皇出逃，至奉天（今陝西乾縣），叛軍進圍奉天，情勢萬分危急。賴渾瑊等諸將奮力保衛，終於擊退叛軍，史稱德宗奉天之難。事見《舊唐書》、《新唐書》的〈德宗本紀〉及〈渾瑊傳〉。德宗，代宗長子，名适。❾渾瑊　德宗時大將。祖先為鐵勒九姓部落長，世代為皋蘭州刺史，鎮守北邊。安史之亂時，渾瑊從郭子儀征戰有功，進拜工部尚書、單于副都護，振武軍使，後以瑊兼單于大都護，充東受降城、鎮北大都護府、綏銀麟勝等軍州節度副大使。復召入朝，官左金吾衛大將軍。德宗避難奉天，渾瑊率領家人子弟從駕護衛，授行在都虞候、京畿渭北節度觀察使。朱泚軍圍城，德宗召瑊，「令齎空名告身，自御史大夫、實封五百戶而下者千餘軸，募諸軍突將死士之士以當之；賜瑊筆，使量功署詔，不足者，筆書其身，因命以往。」故其家奴黃芩力戰，即授以勃海郡王的封爵。事見《舊唐書》、《新唐書》的〈渾瑊傳〉。❿僖昭之世二句　即唐僖宗和唐昭宗時代。自西元八七四至九〇四年，先後凡三十年。此期為唐的末世，朝廷內政掌控在宦官之手，各地則軍閥割據，擅自用人，官爵混亂，故有「捉船郭使君」、「看馬李僕射」的諷刺諢話。

使君是出使傳命的使者或對州郡長官的尊稱。僕射是唐尚書省長官，唐中後期常作為加官，是一種榮譽稱號，並無實際職權。⓫周行逢據湖湘　周行逢，五代時楚武陵（今湖南常德）人，早年投軍，以驍勇善戰著稱。後周時，擁兵自強，占據今長沙、湘潭一帶地區。周太祖郭威以其地遠，難以控馭，使之領鄂州節度，知潭州軍事，不久，世宗又授以朗州大都督、武平軍節度、制置武安、靜州等州軍事，由此，盡有湖南之地。⓬漫天司空二句　周行逢在境內割據自守，多署溪洞蠻酋為司空、太保之官。一日，他對僚屬說：「吾奄有湖湘，兵強俗阜，四鄰其懼我乎！」其僚屬恃才傲慢，詼諧地回答道：「公部內司空滿川，太保遍地，孰敢不懼。」（見《新五代史》及《宋史．周行逢傳》）此處洪邁作「漫天司空，遍地太保」，意義略同。⓭李茂貞在鳳翔　李茂貞，晚唐博野（今河北博野東）人，本姓宋，名文通，光啟初，以軍功累拜武定軍節度使，賜姓名。昭宗時，封隴西郡王，據地鳳翔，專權跋扈，時宰相崔胤欲誅宦官，召引朱溫的梁軍入京。宦官韓全晦等人遂劫昭宗西逃，駕幸鳳翔。天復元年（西元九〇一年）梁軍進圍鳳翔，經年不退，圍城中軍民薪食俱盡，乃至食人肉，後宮、諸王凍餓死者日以繼日。茂貞不得已，乃殺韓全晦等二十人，與梁講和。朱溫遂劫昭宗東遷洛陽，挾天子以令諸侯。其事蹟見《舊五代史．李茂貞傳》。⓮管籥　即鎖匙。籥，一作鑰。《漢書．蕭何傳》：「何以信謹守管籥。」《晉書．陶侃傳》：「軍資器仗，牛馬舟船，皆有定簿，封印倉庫，自加管鑰。」⓯韋莊　字端己，唐末五代時人。祖籍京兆杜陵（今陝西西安南），唐昭宗乾寧間進士，以左補闕宣諭兩川，為割據兩川的王建所留，為之掌文翰書記。朱溫建國為梁，唐亡。韋莊乃與諸將擁王建自立稱王，史稱前蜀。韋莊以吏部尚書、同平章事拜相，凡開國制度皆由其制定。平生好詩文，著有《浣花集》及《蜀程記》等。《浣花集》為韋莊弟藹所編，計十卷，後人又有《補遺》一卷。《浣花集》乃是韋莊居浣花溪旁杜甫草堂舊地撰稿，慕杜甫為人，故取以為名。見《四庫全書總目提要．集部．別集類》及《全唐文》韋藹〈浣花集敘〉。⓰金魚　唐代官員官服上的佩飾。唐制：三品以上官員佩金魚。《文獻通考．王禮．百官佩魚》：「高宗給五品以上隨身銀魚袋，以防召命之詐，出內必合之。三品以金飾袋。」五代前蜀時，仍沿唐制。⓱腰金曳紫　即官員服裝腰帶上所繫的金魚袋和身服的紫袍，皆為三品以上官員的標識。唐自中葉以後，賞功酬勞，賞賜無職事的散官，官品由此冗濫。《新唐書．車服志》：「開元初，駙馬都尉從五品者假紫、金魚袋，都督、刺史品卑者假緋、魚袋。五品以上檢校、試、判官皆佩魚。中書令張嘉貞奏，致仕者佩魚終身，自是百官賞緋、紫，必兼魚袋，謂之章服。當時服朱紫、佩魚袋者眾矣！」及至末期，廝役童奴也有因賞功而腰金曳紫者。至此，官位冗濫已到極點。

【語　譯】自漢朝以來，官銜人員設置最雜濫的，有更始皇帝時「竈下養，中郎將，爛羊頭，關內侯」的諺語，西晉趙王倫專權時有「貂不足，狗尾續」的諺語，北周時有「員外常侍，道上比肩」的諺語，唐武則天時有「補闕連車，拾遺平斗」的諺語，以上所舉都是最為顯著的例子。唐中期以後，官員就更加氾濫，張巡守雍丘時，率領一縣一千多兵馬，而大將就有六人，官階都是開府、特進之類，甚至有大將軍的委任憑證只能換取一次醉酒的錢。唐德宗避難奉天，渾瑊的家奴叫黃芩，因為努力作戰有功，立即被封為勃海郡王。至於僖宗、昭宗時，乃有「捉船郭使君」、「看馬李僕射」的話頭。周行逢占據湖湘一帶時，他的境內有「漫天司空，遍地太保」的譏諷。李茂貞在鳳翔時，內外才掌握鑰匙的人，也都呼為司空、太保。韋莊《浣花集》有〈贈僕者楊金〉詩說：「半年勤苦葺荒居，不獨單寒腹亦虛。努力且為田舍客，它年為爾覓金魚。」這時，將帥的家奴得到高品階的官位，並不是一件難辦的事。

【研　析】唐代官員有職事官，據其職權可上下移動，或升或降，隨才而錄用。有散官，多以門蔭定品階，以勞績考核而進敘，有一定的品階而無一定的實職。有爵位則用以封賞對國家有貢獻的文武將相大臣。其進退給授皆有細密的章程，由三省長官及吏、兵部分掌，依條令格式依次銓敘錄用，通常是循資格。若越級升遷，則需皇帝特旨或同意認可。但自唐中葉以後，內有宦官專政，外有方鎮擅權。地方節度使擁有兵、刑、財政及人事大權，用人不由中央，得擅自署置，或僅申報中央認可而已。一旦戰爭爆發，王事吃緊，且有如渾瑊承詔以上千張的命官空白證書填寫給有功的將士，這樣，必然造成官爵的紊亂和冗濫，過去的條令格式遂成為一紙空文。大將軍的告身僅供一醉，廝養童奴亦可腰金曳紫、封王拜爵了。

官謠、民謠、詩歌是現實政治的反映，可以有誇張性，但不具有普遍性。武則天時的時諺說：「補闕連車載，拾遺平斗量，把推侍御史，腕脫校書郎。」形容試官之多。此時武則天改唐為周，為鞏固新政權，大量引進和提拔人才，就是出於政治上的需要。但後來，此類試官也就漸漸行不開了。

馮道王溥❶

馮道為宰相歷數朝，當漢隱帝時，著《長樂老自敘》❷云：「余先自燕亡歸河東❸，事莊宗、明宗、愍帝、清泰帝、晉高祖、少帝、契丹主、漢高祖、今上❹，三世贈至師傅❺，階自將仕郎至開府儀同三司❻，職自幽州巡官至武勝軍節度使❼，官自試大理評事至兼中書令❽，正官自中書舍人至戎太傅、漢太師❾，爵自開國男至齊國公❿。孝於家，忠於國，己⓫無不道之言，門無不義之貨。下不欺於地，中不欺於人，上不欺於天。其不足者，不能為大君致一統，定八方⓬，誠有愧於歷官，何以答乾坤之施⓭？老而自樂，何樂如之？」道此文載於范質《五代通錄》⓮，歐陽公、司馬溫公嘗詆誚之，以為無廉恥矣⓯。王溥自周太祖之末為相，至國朝乾德二年罷⓰。嘗作〈自問詩〉，述其踐歷⓱，其序云：「予年二十有五，舉進士甲科⓲，從周祖征河中，改太常丞⓳。登朝時同年生尚未釋褐⓴，不日作相。在廊廟凡十有一年，歷事四朝㉑，去春恩制改太子太保㉒。每思菲陋㉓，當此榮遇，十五年間，遂躋極品㉔，儒者之幸，殆無以過。今行年四十三歲，自朝請之暇，但宴居讀佛書，歌詠承平㉕，因作〈自問詩〉十五章，以志本末。」

此序見《三朝史》㉖本傳，而詩不傳，頗與〈長樂敘〉相類，亦可議也㉗。

【注釋】❶馮道王溥　洪邁此篇摘錄馮道〈自敘〉及王溥〈自問詩〉，兩相比類，評價兩人在政治上均有可議之處。馮道，五代瀛州景城（今河北交河東北）人，字可道，自號長樂老，初仕幽燕劉守光幕下為府屬。後歷仕後唐、後晉、契丹、後漢、後周，長期任宰相之職，官至太師，追封瀛王，人亦稱馮瀛王。晚年作〈長樂老自敘〉，述其生平行事大跡。宋歐陽脩、司馬光因其歷事五姓，加以非議。王溥，字齊物，五代後漢時舉進士第一，後周時任中書侍郎、平章事。宋初，罷相，進位司空。性寬厚，好汲引後進。一生好學不倦，著有《唐會要》、《五代會要》，有集二十卷。嘗作〈自問詩〉，述其仕進履歷，自鳴一生榮遇，為當世儒者。❷馮道三句　馮道身歷後唐、後晉、後漢、後周四朝，三次進出中書省，在中書省時間先後達二十餘年之久。馮道在漢隱帝乾祐年間，不被重用，除奉朝請外，「平居自適」，不預聞政事。〈長樂老自敘〉乃是他在乾祐三年（西元九五〇年）退閒之時所作，以記其生平事蹟。主旨是在說明他於政事無所過求，一生行事求得心安理足，這種自得其樂之心，於〈自敘〉中，溢於字裡行間。❸余先自燕亡歸河東　指他在河北劉守光府幕為幽州掾，因諫得罪被免官。後劉守光敗亡，他自幽州逃歸河東，經太原監軍使張承業的賞識，推薦他出任後唐李存勗「霸府從事」，署太原掌書記，負文翰之任。河東，指黃河以東的山西一帶。唐河東節度使治所在太原。❹事莊宗句　莊宗指後唐皇帝李存勗。李存勗，沙陀人，繼父李克用為晉王，據太原，滅後梁，都洛陽，改元同光，在位四年。明宗指李嗣源。李嗣源，代北人，李克用養子，勇猛善戰。同光四年（西元九二六年），鄴都發生叛亂，時李嗣源任成德節度使為部屬擁立，回兵反攻洛陽，存勗暴死。嗣源即位是為明宗，先後改元天成、長興。長興四年（西元九三三年），病終於位。愍帝，即閔帝李從厚，明宗第三子，長興初，任鎮州節度使，封宋王。長興四年十一月，明宗崩，從厚即帝位，改元應順。同年，潞王李從珂反，擁兵入京，愍帝戰敗，為左右所殺。清泰帝，即潞王李從珂，即位後建元清泰，史書稱為末帝，在位三年，後唐亡。晉高祖，指後晉建國的石敬瑭。石敬瑭初為李克用部將、後唐明宗的女婿，任河東節度使，守太原，因遭清泰帝猜忌，清泰三年（西元九三六年），遂聯結契丹，起兵滅後唐，受契丹冊封為帝，建號天福。稱契丹主為「父皇帝」，貢歲幣，割燕雲十六州地與契丹。在位七年。天福七年（西元九四二年）崩於位。少帝，指石重貴，石敬瑭侄。石敬瑭諸子在後唐末被誅死，故重貴得以繼位。重貴繼位後，恥於向契丹稱臣納地，乃與契丹絕盟毀約，發動戰爭。開運三年（西元九四六年）契丹大舉發兵侵後晉，少帝戰敗被俘，北遷於建州，契丹封為「負義侯」。少帝在位三年而晉亡。契丹主，指遼太祖耶律德光。在位時，助石敬瑭稱帝，取得燕雲十六州地。開運三年統軍南下，滅後晉。次年，改契丹為遼。遭中原軍民反抗，被迫北歸，病死於途中。漢高祖，指後漢的建國者劉知遠。劉知遠，沙陀人，後晉時為河東節度使，累封至北平王。開運四年，契丹滅後晉，他乘機在太原稱帝，反抗契丹。後建都於汴（今河南開封），國號漢，建元天福，在位僅二年，史稱後漢。今上，意即當今的皇帝，指後漢隱帝劉承祐。承祐為後漢高祖第二子。高祖崩，即帝位，改元乾祐，在位四年。馮道〈自敘〉之作在乾祐三年（西元九五〇年），故稱隱帝為今上。以上諸帝事蹟均詳見《舊五代史》、《新五代史》諸帝本紀及《遼史・太宗紀》。❺三世贈至師傅　《舊五代史・馮道傳》載〈長樂老自敘〉云：亡曾祖諱湊，累贈至太傅，亡曾祖母崔氏，追封梁國太夫人。亡祖諱炯，累贈至太師，亡祖母褚氏，追封吳國太夫人。亡父諱良建，祕書少監致仕，累贈至尚書令，母張氏，追封魏國太夫人。三世指父、祖和曾祖父三代。贈為贈官。生者稱封，死者稱贈。贈官通常贈給有功大臣的已故父、祖，用以表示皇帝對大臣的榮恩。師傅，古有太師、太傅、太保，位列三公。唐五代時，師、傅為榮譽銜，有位無職事，通常用以酬賞有功勳大臣，但亦用以酬贈將相大臣的祖先以表示皇恩浩蕩，榮耀被及其家庭和家族。❻階自句　全句是馮道自稱他的文散官品階從最低一級起不斷提升，直至最高一級。階是官員的等級地位，亦稱品階。唐、五代官員品階有九品、三十階。《新唐書・百官志》：「其辨貴賤，敘勞能，則有品、有爵、有勳、有階，以時考核而昇降之。」又唐五代官員，有職事官，有散官。職事官是有一定的具體職務，散官只是表示身分和待遇。散官又分文散官和武散官，各依資遷轉。凡散官不帶職事官者，可參加朝參、俸祿並同職事官。將仕郎，唐五代制為文散官正九品下階，為九品流內官中層次最低的級別。開府儀同三司秩從一品，為文散官中層次最高的級別。❼職自幽州句　職為官員的職務，亦稱職官或職事官，即擔負有實職能行使權力的官，用以區別無職事的散官、勳官及有封爵無實權的官員。《舊唐書・職官志》：「凡九品以上職事皆帶散位，謂之本品。職事則隨才錄用，或從閒入劇，或去高就卑，遷徙出入，參差不定。散位則一切以門蔭結品。」巡官，唐五代時，節度使、觀察使、團練使、支度使等諸使的屬官，地位在判官、推官之下，掌本使轄下的巡察稽查等事。武勝軍節度使，五代後梁置。開平三年（西元九〇九年），析山南東道置，後唐莊宗改名威勝軍，後周廣順二年（西元九五二年）初，避周太祖郭威諱復改名武勝軍，領鄧、泌、隨、復、郢五州。後梁乾化二年（西元九一二年），割復州隸荊南。後晉天福七年（西元九四二年），以均、房二州來屬，天福十二年（西元九四七年），又以均、房二州割隸襄州節度使。見王溥《五代會要》及《五代十國方鎮年表》。❽官自句　唐、五代官制，官員有正任官和非正任官的區別。

凡官員以試、攝、兼、檢校、判、知等名銜，皆非正任官。試為試用，通常指官階比所任實職低二品以下。兼為兼領他職。又唐制：職事官的官階高於或相同於散官的官階，皆解去散位，若不及散官的品階，稱為兼。《舊唐書・職官志》：「凡九品以上職事（官），皆帶散位，謂之本品……《武德令》職事解散官，欠一階不至為兼。職事卑者，不解散官。」大理評事，即大理寺之評事，大理寺卿的屬官，唐、五代時，掌出使推按，人數不定。唐代通常置十至十二人，官階為從八品下。《唐六典》：「大理評事，掌出使推按，凡承制而出推，評事據所授之狀而書之，若詞有反覆，不能首實者，則依法拷之。凡大理斷獄，皆連署。」中書令為中書省長官。唐制：中書令二人，秩正三品，掌軍國政令，凡帝王之制敕冊命，敷奏文表等，皆宣署申覆而付外施行，又覽起居注，總判中書省事，與侍中、尚書僕射共為宰相之任。中葉以降，漸以帶同（中書門下）平章事銜入相。中書令或缺而不設。五代時，軍人掌政。唐代內廷供奉的樞密使權任漸重，乃至掌政，為主持軍政大事的實際掌權者，而中書令則常作為宰臣加官之用。❾正官句　正官，指由政府正式頒給官告（任命文書）的編制內的官員，與額外的員外官、及贈官相比對而言。《新唐書・選舉志》：「時李嶠為尚書，又置員外郎二千餘員，……至與正官爭事相毆者。」中書舍人，中書省官，位在中書令、侍郎之下，秩正五品。唐制：中書舍人掌侍從進奏，參議表章。凡詔旨制敕、璽書冊命，皆由中書舍人起草進畫，奉旨則署名行付於外。制敕既行，若發現有誤，則奏上改正。大朝會，諸方起居拜表則受其表狀；戰爭大捷、國有祥瑞亦如之；若冊命大臣則使持節讀冊命；將帥有功及有大賓客，則勞問；又與給事中、御史、三司審問冤滯案件；百司奏議考課亦皆預裁。五代承唐制，其職不變。戎太傅，戎指契丹或遼。太傅，官名，古代為帝王輔政之官，地位尊貴。魏晉以後仍設此官，但為大臣的加官並無實際職權。漢太師，指馮道在後漢時封拜為太師。太師，三師之一。三師為太師、太傅、太保，均為大臣加官，以示顯榮。❿爵自句　爵為封號，唐至五代，分為九等：一親王，二嗣王，三國公，四開國郡公，五開國縣公，六開國縣侯，七開國縣伯，八開國縣子，九開國縣男。開國縣男是爵位制中最低一級，官位為從五品。國公在爵位制中為第三等，官位為從一品。⓫已　《舊五代史・馮道傳》〈自敘〉作「口」，當是。⓬不能為二句　大君為有大權的君主，指天子或皇帝。《易・師卦》：「大君有命，以正功也。」《孔叢子・論書》：「天下之大君。」八方，指天下的四方四維，即天子所統轄的四面八方。《史記・司馬相如列傳》：「是以六合之內，八方之外。」顏師古注：「天地四方謂之六合，四方四維謂之八方。」⓭誠有愧於歷官二句　歷官，指先後經歷的官職。乾坤，指天地。乾坤為《周易》中的二個卦名，指陰陽二種對立的事象；陽性稱乾，陰性稱坤。乾之象為天，坤之象為地。⓮范質五代通錄　范質，貝州宗城（今河北清河西南）人。後唐長興中進士，後晉時為宰相桑維翰所推重，拔為從事，入為翰林學士，知制誥。後周時累知樞密院、平章事。

後周末，受世宗遺命輔佐幼帝，及趙匡胤在陳橋驛發動兵變、黃袍加身，范質與大臣王溥、魏仁浦等皆迎降受命為宋臣。范質在五代宰臣中能清廉自守、依章辦事，後人或論其降宋為晚節不終。宋乾德二年卒，年五十四。《五代通錄》為范質所著，有六十五卷，記五代時事。見《宋史・范質傳》。⓯歐陽公二句　此處指歐陽脩在《五代史・馮道傳》、司馬光在《資治通鑑》責備馮道歷事數朝，不忠其主為沒有道德的人。歐陽公，指歐陽脩。司馬溫公，指司馬光。光死後追封為溫國公，故後人常稱為司馬溫公。詆誚，意為毀謗、責備。《漢書・劉向傳》「巧言醜詆」。注：師古曰：「詆，毀也，辱也。」《史記・樊酈滕灌列傳》：「樊噲奔入營，誚讓項羽。」《索隱》：「誚，責也。」⓰王溥二句　王溥，後漢乾祐中舉進士甲科，後周太祖郭威開霸府，辟為從事，廣順初，任樞密直學士、翰林學士，改端明殿學士。周太祖病重，召學士草制，以王溥為中書侍郎、平章事，受遺命輔政，佐周恭帝，任參知樞密院事。宋建國，以舊相留任，不久，罷知樞密院。王溥任相十年，三遷一品，有時望。國朝，指宋朝。乾德，為宋太祖趙匡胤建國後改元建隆之後的第二個年號。⓱嘗作自問詩二句　王溥所作〈自問詩〉，已佚。踐歷，指親身的經歷。唐蘇頲〈授陸餘慶大理卿制〉：「久踐歷於中外。」⓲舉進士甲科　甲科為選舉士人的等級。漢代考試士人分甲、乙、丙三科。唐代科舉考試，明經分甲、乙、丙、丁四科，進士有甲、乙二科。甲科為考試的第一等，亦稱甲第、科甲。《新唐書・選舉志上》：「凡進士試時務策五道，帖一大經，經、策全通為甲第。」《舊唐書・玄宗本紀》：開元九年，「上親策試應制舉人於含元殿。謂曰：『……近無科甲，朕將存其上第。』」⓳從周祖征河中二句　周祖，指建立後周的皇帝周太祖郭威。河中，唐末方鎮名，治所在蒲州（山西永濟），轄境屢有變動，大致領有河中府及晉、絳、慈、隰等府州，相當於今山西西南部汾水、垣曲以西之地。此時為北漢劉崇所據。河中處地山河襟帶，地勢險要，為晉、陝交通咽喉，兵家必爭之地。太常丞為唐、五代九卿寺中太常寺的官員。長官為太常卿，丞為副官，其職掌陵廟、山川諸神的行禮、祭祀以及音樂歌舞等禮儀之事。《新唐書・百官志三》：「太常卿一人，正三品，少卿二人，正四品上，……丞二人，從五品下。」「太常丞掌判寺事。」⓴登朝句　登朝，指進用於朝廷。《漢書・敘傳》：「賈生矯矯，弱冠登朝。」同年生，指同一年參加科舉考試的士人，簡稱同年。釋褐，釋指脫去，褐指普通人的粗布衣。釋褐亦作「解褐」，意為脫去布衣，換著官服，指新進士經考試錄取進入仕途做官。《文選・三國名臣序贊》：孔明「釋褐中林，鬱為時棟」。《南史・梁武帝紀上》：天監四年正月詔：「自今九流常選，年未三十，不通一經，不得解褐。」㉑在廊廟二句　王溥自稱在朝廷時間從顯德元年（西元九五四年）至乾德二年（西元九六四年）凡十一年。廊廟，指朝廷。《三國志・魏書・高堂隆傳》：「今陛下所與共坐廊廟，治天下者，非三司九列，則臺閣近臣。」四朝，據《宋史・王溥傳》所載，溥在後漢乾祐中舉進士甲科，周太祖郭威辟為霸府從事，遷太常卿。廣順初，累遷中書舍人、翰林學士、端明殿學士，進為中書侍郎、平章事，受遺命輔佐世宗。顯德六年（西元九五九年），參知樞密院事。宋初，以舊相留任，罷參知樞密院。宋太祖嘗對左右說：「溥十年作相，三遷一品，福履之盛，近世未見其比。」溥在朝廷中身歷後周一代三帝（太祖、世宗、恭帝）及宋太祖，故自稱「歷事四朝」。㉒去春句　《續資治通鑑長編五》乾德二年春，「宰相范質、王溥、魏仁浦等再表求退。戊子，以質為太子太傅，溥為太子太保，仁浦為左僕射，皆罷政事。」去春，指宋太祖乾德二年（西元九六四年）春。恩制改太子太保，指朝廷恩賜制書授予王溥太子太保的榮譽官位。太子太保為三師之一，太子的高級宮僚，官位為從一品，掌以道德教輔太子。晉始置，與太子太師、太子太傅合稱三師或三太。太子少師、太子少傅、太子少保合稱三少。三太、三少亦合稱為太子「六傅」。唐制：設六傅，有其位而不置，或用以榮授有資望的朝廷大臣。《新唐書・百官志四上》：「太子太師、太傅、太保各一人，從一品，掌輔導皇太子。」「少師、少傅、少保各一人，從二品，掌曉三師德行，以諭皇太子。」「自太師以下唯其人，不必備。」五代沿承，通常為宰相的兼官或致仕榮歸時的一種榮恩。㉓菲陋　此處為王溥自謙是一個微薄淺陋、見聞不廣的人。菲，微薄。陋，淺陋；見識不廣。《禮記・學記》：「獨學而無友，則孤陋而寡聞。」諸葛亮〈出師表〉：「不宜妄自菲薄。」《文選》李善注：「《方言》曰：『菲，薄也。』郭璞曰：『菲，微薄也』。」㉔遂躋極品　躋，登升。《詩・豳風・七月》：「躋彼公堂。」鄭玄箋：「躋，升也。」極品，最高級的品位。㉕自朝請之暇三句　此處意指除依例朝見之外的閒暇之日，讀讀佛書，寫寫詩文，歌頌太平，過著閒適的日常生活。朝請，漢制：諸侯朝見天子，春曰朝，秋曰請。後世泛指大臣得以時朝見，稱為奉朝請，簡稱朝請。宴居，指過著閒適安樂的生活。㉖三朝史　《宋史・藝文志》未見著錄，疑已亡佚。㉗頗與長樂叙相類二句　此句指王溥的〈自問詩〉序與馮道〈自敘〉其生平行事的旨趣頗有相同之處，但兩者亦有可以議論的地方。這裡洪邁的結語含有貶意。〈長樂敘〉即長樂老馮道〈自敘〉的簡稱。

【語　譯】馮道擔任宰相經歷過幾個朝代，他在後漢隱帝時，著有〈長樂老自敘〉說道：「我先前從燕逃歸到河東，服事唐莊宗、明宗、愍帝、清泰帝、晉高祖、少帝、契丹主、漢高祖、隱帝，三世贈官至太師、太傅，官的品階則自將仕郎至開府儀同三司，職務自幽州巡官至武勝軍節度使，官銜自試大理評事至兼中書令，正官自中書舍人至契丹太傅、漢太師，爵位自開國男至齊國公。一生行事，孝於家庭，忠於國家，口不說非理無道的話，門庭中無貪黷不義的財物。下不欺騙於地，中不欺騙於人，上不欺騙於天，立身行事堂堂正正。

我的不足之處是未能為所事君主完成一統大業，平定天下，這實在是有愧於我所任的歷代官職，怎能報答天地給我的施予呢？老而自樂，怎麼能樂得起來呢？」馮道此文，具載於范質所撰寫的《五代通錄》一書中，宋歐陽脩、司馬光都曾譏誚詆毀他是一個不知廉恥的人。王溥自周太祖末年擔任宰相，一直到宋太祖乾德二年才罷職。他曾寫作過一篇〈自問詩〉，敘述一生經歷，他在詩序中說：「我二十五歲時，科舉得中進士甲科，以從事跟隨周太祖征討河中，後來改任太常丞。這時候，同年應進士科的考生還沒有脫去布衣進入仕途，此後不久我又做了宰相。在朝堂任相十一年，歷事四個朝代，去年春天皇上有恩制，授我太子太保的官位。我每想到自己才疏學淺，得值此等光榮待遇，在十五年的時間裡遂登於極品，儒生的幸運，沒有人再能超過我。我今年四十三歲，在朝見之餘的閒暇日子裡，就在家中讀佛書修心養性，也以詩文歌詠當今的承平之世，因此撰寫〈自問詩〉十五章，用以記載我的一生經歷。」這篇自序見於《三朝史》本傳中，而詩現在已經不傳了，這頗與馮道自撰〈長樂老自敘〉相類似，亦都有可以評議的地方。

【研析】馮道，五代時名相，歷仕後唐、後晉、後漢、後周四姓十君，在相位長達二十餘年，在政治上是個不倒翁。晚年作〈長樂老自敘〉，有詩集十卷，已佚失。《全唐詩》收錄僅存五首及零星殘句。從其中〈天道〉、〈偶作〉兩首，大體可以看出他一生行事的心路和長期從政歷經艱難風險而不倒的為人要訣。〈天道〉云：「窮達皆由命，何勞發嘆聲。但知行好事，莫要問前程。冬去冰須泮，春來草自生。請君觀此理，天道甚分明。」〈偶作〉云：「莫為危時便愴神，前程往往有期因。須知海嶽歸明主，未必（一作省）乾坤陷吉人。道德幾時曾去世，舟車何處不通津。但教方寸無諸惡，虎狼叢中也立身。」詩言志，也寄託著人們的思想感情。結合馮道在〈長樂老自敘〉中說到：「靜思本末，慶及存亡，蓋自國恩，盡從家法，承訓誨之旨，關教化之源，在孝于家，在忠于國，口無不道之言，門無不義之貨。所願者下不欺于地，中不欺于人，上不欺于天，此三不欺為素，賤如是，貴如是，長如是，老如是，事親、事君、事長，臨人之道，曠蒙天恕，累經難而獲多福，曾陷蕃而歸中華，非人之謀，是天之祐。」這是馮道自述生平行事能獲「天祐」，是在於持正道，不欺人，做好事，不做壞事，心中沒有惡念，不搞陰謀詭計。恪守儒學的道德標準則是其行事的指針。

馮道的詩和自序文或有自吹自擂之嫌，但行事磊落分明。細讀《舊五代史》、《新五代史》的〈馮道傳〉之記事，道為人謙虛清儉，奉公守法，憐農憫民，曠達大度，能提拔孤寒之士，雕印經籍文史，敷揚學術文化，出使契丹能全身而返，諸此等等，足見其為人行事的大略。當時人議論到他，無不交口稱譽：或曰「道為政閒澹，獄市無撓」；或曰「道以德重，人所取則」；或曰「道以布衣有至行，立公朝有重望」。五代史臣著論云：「道之履行鬱有古人之風。道之宇量深得大臣之體。」又曰：「道尤長於篇詠，秉筆則成，典麗之外，義含古道，必為遠近傳寫。」這些話均可以與其詩文行事比照。

歐陽脩在《新五代史·雜傳》論中，對馮道作評論，持孔子《春秋》褒貶筆法，作誅心之論，把馮道一棍子打倒在地，所持理由是馮道事四朝，相六帝，為無廉恥之人。司馬光《資治通鑑》中亦大體持此議論。歐陽脩、司馬光二人均是著名史家，此論一出，對後世影響頗大，有人拾其唾餘，津津樂道。須知：在五代整整五十四年中，兵戈不息，帝王輪換如弈棋，活著的文臣歷事兩朝、三朝、四朝、五主、六主有的是，這只要翻閱五代史諸臣傳便可得知。若說知人論世，對馮道進行評論，宋富弼、王安石、蘇軾、明李贄等人就對馮道多有讚揚和肯定，他們的見識比歐陽脩、司馬光實高出一籌。

鈷鉧滄浪

柳子厚〈鈷鉧潭西小丘記〉❶云：「丘之小不能一畝❷。問其主，曰：『唐氏之棄地，貨而不售。』問其價，曰：『止四百。』予憐而售之❸。以茲丘之勝，致之灃水、鄠、杜，則貴游之士爭買者，日增千金而愈不可得❹。今棄是州也，農夫漁父過而陋之，賈四百，連歲不能售❺。」蘇子美〈滄浪亭記〉❻云：「予游吳中，過郡學東，顧草樹鬱然，崇阜廣水，不類乎城中❼。並水得微徑於雜花脩竹之間，東趨數百步，有棄地，三向皆水，旁無民居，左右皆林木相虧蔽。予愛而裴回，遂以錢四萬得之。」予謂二境之勝絕如此，至於人棄不售，安知其後卒為名人賞踐？如滄浪亭者，今為韓蘄王家所有，價直數百萬矣，但鈷鉧復埋沒不可識❽。士之處世，遇與不遇，其亦如是哉！

【注釋】❶柳子厚句　今《柳河東集》留下柳宗元在永州的九篇遊記，〈鈷鉧潭西小丘記〉是其中的一篇。永州，治在今湖南南部，地處湘江上游，有瀟水在其境內與湘江匯合，境內山水幽美。柳宗元先遊境內之西山，往西至鈷鉧潭，再向西二十五步，有小丘，即為其〈鈷鉧潭西小丘記〉所記之地。柳子厚，名宗元，子厚為其字，河東解（今山西運城）人，世稱柳河東，在唐代，他是與韓愈齊名的古文學家。貞元進士，授校書郎，升監察御史裏行。與劉禹錫友善，永貞事變後，被貶為永州司馬。任上，曾周遊永州之山水。元和十年（西元八一五年）被召至京師，不久復出任柳州刺史。❷丘之小不能一畝指丘之面積不足一畝，其位置在鈷鉧潭西之魚梁上。在這個小山丘上，竹樹叢生，它的周圍，岩石嶙峋，突怒偃蹇、奇形怪狀者，殆不可數。❸問其主八句　此處言柳宗元購其地，僅花費四百。柳宗元在那裡進行修葺，「鏟刈穢草，伐去惡木」，使「嘉木立，美竹露，奇石顯」。由其中四望，山高，雲浮，溪流，鳥遊，一派山光水色，自然景象畢現，使人心曠神怡。貨而不售，指由於沒有買家，故有貨而賣不出去。❹以茲丘之勝四句　此句意謂如此美好的勝景，其地理位置如果在京城周邊，那地價便與日俱增了。灃水，一作酆水，源出陝西長安西南之秦嶺山中，西周的豐京，即在此水之西岸。鄠，今陝西之戶縣。杜，今陝西西安東南，都在當年西周的都城豐、鎬周邊。唐時，鄠杜間地價極高，為公卿權貴居住遊賞之地。❺今棄是州也四句　謂此小丘如今在永州，那麼農夫、漁夫經過也不當一回事，開價四百也無人願買。此喻地與人似，有遇與不遇。柳宗元在此文之末云：「是其果有遭乎，書於石，所以賀茲丘之遭也。」亦藉以表示其自身遭際之不幸。❻蘇子美滄浪亭記　蘇子美在慶曆四年（西元一〇四四年）被削除官籍後，寓於吳中（今江蘇蘇州），買水石作滄浪亭。〈滄浪亭記〉為其自敘修建此亭的原由及經過。蘇子美，即蘇舜欽，子美為其字，梓州（今四川三臺）人，舜欽少有大志，好古文，入仕為集賢校理，監進奏院，是宋代詩文革新運動的倡導者。也是慶曆革新運動的犧牲者，與蘇同時被除名者達四十餘人。慶曆八年（西元一〇四八年）十二月卒於蘇州，著有《蘇學士文集》行世。歐陽脩有〈祭蘇子美文〉，為其遭際抱不平。❼予游吳中五句　此敘述滄浪亭周邊的環境。一千年前，滄浪亭處於蘇州之郊外，四周草木鬱鬱蔥蔥，有崗阜崇起，有廣闊的水面。如今滄浪亭已不是三面皆水，旁無民居，左右皆林木相蔭蔽的那種自然風光，與此相反它被人煙稠密的居民區包圍，隔著人民路與孔廟相望，屬於城中心的園林了。郡學，即今蘇州之孔廟，在三元坊，其對面便是滄浪亭。❽如滄浪亭者四句　南宋時滄浪亭轉歸韓家所有，其身價也陡然升為數百萬，而鈷鉧潭西小丘依然淹沒在深山密林之中。洪邁感慨二地同為勝境，遇與不遇，身價卻有天壤之別。以此嘆息「士之處世，遇與不遇，其亦如是哉！」韓蘄王，即韓世忠，字良臣，延安人，南宋抗金名將。孝宗時追封為蘄王，故洪邁稱其為韓蘄王。

【語　譯】柳子厚在〈鈷鉧潭西小丘記〉中說：「小山丘的面積不到一畝。問其主人，回答說：『這是唐氏丟棄的地塊，想賣而沒有人願買。』於是問其要價多少，回答說：『只要四百個銅錢。』我可憐土地之業主，就把它買下來。這塊丘地有如此美好的景致，如果放在周之豐鎬及鄠、杜這些地方，那麼達官貴人們便會爭著買來作為遊覽之勝景，那麼它的地價即使日增千金，你也買不到它。如今把這塊美好的土地丟棄在永州這個地段，農夫、漁民經過時也都看不起它，即使開價僅四百銅錢，多少年也賣不出去。」蘇子美曾有一篇〈滄浪亭記〉，文章說：「我在吳中遊歷，經過郡學的東邊，看到那地方樹木和草叢鬱鬱蔥蔥，有一塊高地，面臨廣闊的水域，與城市的景觀不同。沿水邊有一條小路，在雜花與竹林中通過，再往東數百步，有一片被人們遺棄的荒地，三面靠水，沒有民居，左右二邊都被林木所遮蔽。我喜愛而徘徊在其左右，於是花了四萬銅錢買下了這塊寶地。」我認為這二處遊覽勝地如此絕頂美好，至於被人丟棄而賣不出去，怎麼會知道後來會經名人踐履而被賞識呢？如滄浪亭這個地方，如今為韓世忠家人所有，其身價已高達數百萬了，但是鈷鉧潭及其西邊的小丘，仍舊埋沒在深山密林之中，不為人們所賞識。其實士大夫們的處世，遇與不遇也是這樣的啊！

【研析】古文運動興起後，遊記類的散文，成為一時風行的文體。韓愈有〈燕喜亭記〉，韓愈在連州（今廣東連縣），講到於丘荒之間，「上高而望，得異處焉。斬茅而嘉樹列，發石而清泉激，輦糞壤，焚椔翳，卻立而視之，出者突然成丘，陷者呀然成谷，窪者為池，而缺者為洞，若有鬼神異物陰來相之。」其行文與柳文相似，還說：「吾州之山水名於天下，然而無與燕喜者比，經營於其側者相接也。」柳宗元的〈永州八記〉前後連貫，基本格局皆是如此。宋代歐陽脩的〈醉翁亭記〉：「環滁皆山也。其西南諸峰，林壑尤美。望之蔚然而深秀者，琅琊也。山行六七里，漸聞水聲潺潺，而瀉出於兩峰之間者，釀泉也。峰回路轉，有亭翼然臨於泉上者，醉翁亭也。作亭者誰？山之僧曰智僊也。名之者誰？太守自謂也。」對山水自然的描述，娓娓道來，引人入勝。這一類作品，都是被貶者在貶所不作戚戚之文，而是借山水詩酒以自娛，故歐陽脩在文中稱「醉翁之意不在酒，在乎山水之間也」，文士們借山水詩酒以宣洩胸中鬱積，比比皆是。從柳宗元經蘇舜欽到歐陽脩，他們的內心世界是一脈相通的。

關於滄浪亭的沿革，《江南通志》稱：「滄浪亭在長洲郡學東南，《石林詩話》云：錢氏廣陵王元璙別圃也。宋慶曆間蘇舜欽得之，作亭曰滄浪。後為章惇家所有，紹興後歸韓蘄王世忠，俗名韓王園。」其後沿革荒漫難考，今存滄浪亭為清康熙間宋犖撫蘇時重修。他在荒煙漫草的遺址上重構，築亭於山上，飛檐凌空，四周圍以石欄，亭旁植有古樹。晚清學者俞樾書寫了亭額「滄浪亭」三字及石柱上的一副對聯「清風明月本無價，近水遠山皆有情」，上聯出自歐陽脩〈滄浪亭〉詩「清風明月本無價，可惜只賣四萬錢」；下聯出自蘇舜欽〈過蘇州〉詩「綠楊白鷺俱自得，近水遠山皆有情」。對仗工巧，為滄浪亭增添了更多人文氣息。從亭中遙望峰巒疊翠的西南諸山，令人感到心曠神怡。今日滄浪亭已成為文人雅士觀景、賞月、吟詩、飲茗、弈棋的理想之地。

桃源行

陶淵明作〈桃源記〉❶云源中人自言：「先世避秦時亂，率妻子邑人，來此絕境，不復出焉❷。乃不知有漢，無論魏、晉❸。」系之以詩曰：「嬴氏亂天紀，賢者避其世❹。黃、綺之商山，伊人亦云逝❺。願言躡輕風，高舉尋吾契❻。」自是之後，詩人多賦〈桃源行〉，不過稱贊仙家之樂❼。唯韓公云：「神仙有無何渺茫，桃源之說誠荒唐。世俗那知偽為真，至今傳者武陵人。」❽亦不及淵明所以作記之意。按，《宋書》本傳❾云：「潛自以曾祖晉世宰輔，恥復屈身後代❿。自宋高祖王業漸隆，不復肯仕⓫。所著文章，皆題其年月。義熙以前，則書晉氏年號。自永初以來，唯云甲子⓬而已。」故《五臣注文選》用其語⓭，又繼之云：「意者恥事二姓，故以異之⓮。」此說雖經前輩所記，然予切意桃源之事，以避秦為言，至云「無論魏、晉」，乃寓意於劉裕，託之於秦，借以為喻耳。近時胡宏仁仲一詩，屈折有奇味⓯。大略云：「靖節先生絕世人，柰何記偽不考真。先生高步窘末代，雅志不肯為秦民。故作斯文寫幽意，要似寰海離風塵。」其說得之矣。

【注　釋】❶陶淵明作桃源記　桃源記，即〈桃花源記并詩〉，亦有作〈桃花源詩并記〉，為散、韻結合的文體，先有記，後有詩，兩者相得益彰。此文作於晉宋更迭之際的義熙十三年（西元四一七年），時陶年五十三。陶淵明，字元亮，潯陽柴桑（江西九江市）人，東晉末之詩人，至宋，改名潛，私諡靖節，故後人亦以靖節先生相稱。曾為江州祭酒、彭澤令。為人志趣高潔，不慕榮利，所作詩文澹雅高逸。因不為五斗米折腰而去職歸隱，賦〈歸去來辭〉。性喜飲酒，雅詠不輟，嘗言夏月虛閒，高臥北窗，自謂「羲皇上人」。宋文帝元嘉四年（西元四二七年）卒，終年六十三歲。有詩四卷，賦一卷，文三卷，《聖賢群輔錄》二卷。總稱《陶淵明集》。❷源中人自言五句　此語摘引自〈桃花源記〉，乃桃花源中人對誤入山中村舍的捕魚人的自述，謂先世為避秦亂，逃居此境，與外界隔絕，子孫生息於此，不復出境了。❸不知有漢二句　謂桃花源中人，自秦以後，即與世隔絕，至晉宋之間，尚不知外界六百年間已歷漢、魏、晉之朝代更迭。❹嬴氏亂天紀二句　嬴氏，指秦國，姓嬴氏。亂天紀，指亂周之天紀，賢者避亂遁入深山。❺黃綺之商山二句　此為〈桃花源詩〉之首二句。黃指夏黃公，綺指綺里季，皆秦末之賢者。商山，在商州上洛縣南（今陝西商縣東南）。黃、綺為隱居商山之遺老，所謂商山四皓，除黃、綺二人外，尚有東園公與甪里先生。伊人，指黃、綺二老。❻願言躡輕風二句　此為全詩之末二句。意謂大家都願腳踏輕風那樣，去尋找在桃花源中生活的人們。躡，蹈也。契，指人之旨意相同者。❼自是之後三句　詩人繼陶淵明賦〈桃源行〉者甚多，唐人若王維，有〈桃源行〉云：「初因避地去人間，及至成仙遂不還」，「春來遍是桃花水，不辨仙源何處尋。」即為稱讚仙家之樂。又如劉禹錫亦有〈遊桃源〉一百韻云：「綿綿五百載，市朝幾遷革。有路在壺中，無人知地脈。」亦言尋仙之蹤跡，以下若「羽人顧我笑」，「仙翁遺竹杖，王母留桃核。姹女飛丹砂，青童護金液。寶氣浮鼎耳，神光生劍脊。」這一類都屬道家求仙的事兒。❽唯韓公云五句　「神仙有無何渺茫，桃源之說誠荒唐」為全詩之首二句。他否認了有關神仙的傳說，認為這是荒唐之傳說不能當真。「世俗那知偽為真」他本作「世俗寧知偽與真」。韓公，指韓愈，唐代古文學家。有〈桃源圖〉詩。武陵，今湖南常德，據當地人傳說迄今那裡仍有桃花源的遺址。❾宋書本傳　指《宋書》卷九十三所載〈陶潛傳〉。宋書，南齊沈約撰。❿潛自二句　意謂陶淵明自以陶侃之後，不願屈身新朝，仕於劉宋。曾祖，指陶侃，廬江潯陽（今江西九江市）人，字士行，曾任武昌太守，荊州刺史。後任荊、江二州刺史，都督荊、江、雍、梁、交、廣、益、寧八州諸軍事。官拜侍中、太尉，封長沙郡公。他在〈命子〉一詩中，自序其世系，其中有「桓桓長沙，伊勳伊德，天子疇我，專政南國。」這「桓桓長沙」即指陶侃而言。後代，指南朝之劉宋。⑪自宋高祖二句　東晉安帝義熙元年（西元四〇五年），劉裕打敗桓玄以後，為侍中、車騎將軍，都督中外諸軍事，東晉政權為劉裕所掌擅。是年八月，陶淵明補彭澤令，十一月自表解職，即日解綬去，賦〈歸去來辭〉，至義熙末，復徵其為著作郎，亦不就。宋高祖，指劉裕。⑫所著文章六句　此謂陶淵明在有紀年的詩文作品中，對晉安帝義熙以前的紀年則書晉氏的年號。入宋以後，紀年的詩文，唯書甲子，其〈自祭文〉之首句云：「歲惟丁卯。」丁卯年係宋文帝元嘉四年（西元四二七年），是年陶淵明六十三歲。永初，為宋武帝劉裕的年號。⑬故五臣注文選用其語　指《昭明文選》收陶淵明所作〈辛丑歲七月赴假還江陵夜行塗口作〉一詩，劉良注用《宋書・陶潛傳》之語云：「晉所作者皆題年號，入宋所作者，但題甲子而已。」五臣注文選，即《昭明文選》，南朝梁昭明太子蕭統編集的文選，共三十卷。唐開元間，由呂延濟、劉良、張詵、呂向、李周翰五人合注《昭明文選》，時人稱之為《五臣注文選》。《新唐書・藝文志》著錄有《五臣注文選》三十卷。⑭意者恥事二姓二句　謂陶淵明恥事劉宋，故僅書甲子，不書劉宋之年號。⑮近時二句　指胡宏所撰之〈桃源行〉詩。詩中言：「北歸已過沅湘渡，騎馬東風武陵路。山花無限不關心，惟愛桃花古來樹。聞說桃花更有源，居人共得仙家趣。之子漁舟安在哉？我欲乘之望源去。江頭相逢老漁父，煙水蒼蒼雲日暮。投竿拱手向我言，桃源之說非真然。當時漁子漁得錢，買酒醉臥桃花邊。桃花風吹入夢裡，自有人世相周旋。酒醒驚怪告儔侶，遠近接響俱相傳。」把〈桃花源記〉的故事說成漁人之夢，故洪邁說其曲折有奇味。胡宏，字仁仲，建寧崇安（今福建崇安）人。南宋道學家胡安國之次子，傳其父之學，曾優遊衡山下二十餘年。留有《五峰集》五卷，其中凡詩一百六首為一卷。

【語　譯】陶淵明在〈桃花源記〉中說桃花源中人自己說：「我們的先世為逃避秦時的戰亂，帶領妻兒和鄉親們逃難來到這與世隔絕的地方，不再出去了。所以不知道外界曾有過漢朝，更不要說此後的魏與晉了。」後來作者又把它寫成詩歌，他說：「嬴秦打亂了周代的紀元，賢人們都為此逃避這場災難。如夏黃公、綺里季這些賢人們都躲藏到商山那兒，如今他們也早已逝世而去了。後來的人們都願意腳踏輕風，到處去尋找依舊生活在桃花源中的人們。」從此以後，詩人們多有賦詩來讚美〈桃源行〉，但都只是讚頌山中仙家們安樂。只有韓愈在〈桃源圖〉的詩中指出：「有沒有神仙那是何等地渺茫，桃源人的說法實在荒唐。世人怎麼知道這是以假為真，至今武陵人還在傳說桃源的故事。」但是他仍舊沒有涉及到陶淵明所以講這個故事的用意。《宋書·陶潛傳》說：「陶潛因為自己的曾祖父陶侃曾經是晉代的宰輔，所以恥於屈身宋代。自從宋高祖劉裕的王業日益興隆時，他就不肯再做官了。從那時以後，他寫作的文章，都題寫出寫作的年月。他在東晉安帝義熙以前寫的文章，都記上晉代的年號。在宋高祖劉裕建年號永初以後，就只以甲子來注明寫作的年月了。」《五臣注文選》引用了這些話，並接著說：「這大概是表示自己恥於服事二姓，所以在紀年上顯示二者的差異。」這個說法雖然也曾受到過前輩的批評，然而我還是認為陶淵明寫作〈桃花源記〉的原由，是託借避免秦禍來譬喻自己遭遇易代的困境。至於說「無論魏、晉」，乃是借託於秦，而意指劉裕之以宋替晉。近人胡宏字仁仲也寫過一首〈桃源行〉的詩，曲折而奇妙地表達了陶淵明的用意。他在詩中說：「靖節先生是絕世的人才，怎麼會記偽而不考究本真呢。先生高蹈磊落，處於晉末窮困的時節，他有高雅的志向，不肯作易代的臣民。所以寫這篇記文來表達自己內心的思想，就像大海脫離風塵一樣。」這個說法真能得到陶淵明寫作的真諦。

【研　析】陶淵明寫的〈桃花源記〉引得了歷代文人們的共鳴，但是它在各個時代所引起的共鳴點，因時代與作者境遇和思想狀況的不同，而各有不同。王維與劉禹錫都受那時道家求仙的影響，故而他們在〈桃花源記〉中看到的是仙家之樂。而韓愈的〈桃源圖〉則只是從記事本身講它只是一個虛構的故事，至於陶淵明為什麼寫這個故事就不再去論述了。北宋有一個李綱，他在《梁谿集》中也有一篇〈桃源行〉詩，詩序說：「桃源之事，世傳以為神仙，非也。以淵明之記考之，特秦人避世者，子孫相傳，自成一區，遂與世絕耳。今閩中深山窮谷，人跡所不到，往往有民居，田園水竹，雞犬之音相聞，禮俗淳古，雖斑白未嘗識官府者，此與桃源何以異。感其事作詩，以見其意。」認為這是南方山區居民在深山老林與世隔絕的條件下聚族而居，以農墾為生的寫照。選擇武陵這個地方，記載這樣的故事，是那個地區那個時候客觀社會歷史背景的反映，這話有它的道理。王安石在他的《臨川集》中，也有一篇〈桃源行〉詩，他在詩中說：「望夷宮中鹿為馬，秦人半死長城下。避時不獨商山翁，亦有桃源種桃者。此來種桃經幾春，採花食實枝為薪。兒孫生長與世隔，雖有父子無君臣。」認為所以有人在「桃花源」中過著與世隔絕的生活，是由於逃避戰亂而產生的。作者由此而感慨戰亂所造成的災難，所以他在詩中說：「聞道長安吹戰塵，春風回首一沾巾。重華一去寧復得，天下紛紛經幾秦。」王安石這些話說得很有道理。至於胡宏在《五峰集》的〈桃源行〉中，把〈桃花源記〉說成是漁父之夢，根本是子虛烏有之事。那就從宋代道學家的觀點看來，這是陶淵明曲折地表示自己不事二姓的意向，這從他改名陶潛，私諡靖節先生講也有其道理。《宋書・陶潛傳》所言陶淵明的詩文「義熙以前，則書晉氏年號，自永初以來，唯云甲子而已」，翻檢《陶淵明集》的全部詩文所題之年月，亦並非全是如此。近人陳寅恪所著〈桃花源記旁證〉一文，考證其背景為西晉末年戰亂頻仍，盜賊並起，民眾糾合宗族鄉黨，逃離戰亂，遠遷他鄉的過程中，屯聚堡塢，據險自守的一種生活方式。而且論證桃花源的真實地點應在關中，所避之秦應是苻秦，而非嬴秦，而且此故事還牽連到劉驎之入衡山採藥的故事，點綴以「不知有漢，無論魏晉」而成。此話也能言之成理。從對陶淵明〈桃花源記〉這個歷史故事的再認識過程，可以知道它隨著時代的發展，是因時、因人、因社會思潮之變遷而演化的。但是無論如何變化，它總不可能離開事物本真的基本面目，而這個演化也是人們認識不斷深化的過程。如果從陶淵明本人的世界觀和人生觀上講，它確實反映了知識分子在仕途上不得意時退而淡泊於功名利祿回歸自然的一種思想表現。陶淵明在晚年曾經自己寫過〈挽歌詩〉，他說：「有生必有死，早終非命促。昨暮同為人，今旦在鬼錄。魂氣散何之？枯形寄空木。嬌兒索父啼，良友撫我哭。得失不復知，是非安能覺。千秋萬歲後，誰知榮與辱。但恨在世時，飲酒不得足。」這樣對待世間的功名利祿，與他在〈桃花源記〉所表達的觀念是一致的，留下的除親情與友情外，其他萬事皆空。當親人與友人皆故去後，那就只留下一個「空」字。這一切雖然太消沉了，但畢竟是文人最終對生活無可奈何的一種表示啊！

《容齋三筆》卷十二

淵明孤松

淵明詩文率皆紀實❶，雖寓興花竹間亦然❷。〈歸去來辭〉云：「景翳翳以將入，撫孤松而盤桓。」❸其〈飲酒〉詩二十首❹中一篇云：「青松在東園，眾草沒其姿。凝霜殄異類，卓然見高枝。連林人不覺，獨樹眾乃奇❺。」所謂孤松者是已，此意蓋以自況也。

【注釋】❶淵明句　此言陶淵明詩文皆紀生活之真實。如〈飲酒〉詩十六云：「少年罕人事，游好在六經。行行向不惑，淹留遂無成。竟抱固窮節，飢寒飽所更。敝廬交悲風，荒草沒前庭。披褐守長夜，晨雞不肯鳴。孟公不在茲，終以翳吾情。」此自言淵明在不惑之年時，已處窮困之地，飢寒交迫。陶淵明，字元亮，入宋更名為潛，潯陽柴桑（今江西九江市）人。其詩為田園隱逸之宗。❷雖寓興句　此謂陶淵明之詩取花竹以寓其深意。如〈飲酒〉詩五：「採菊東籬下，悠然見南山。山氣日夕佳，飛鳥相與還。此中有真意，欲辯已忘言。」菊是花，籬是竹，此情起興於花竹，取類於黃昏的山氣，還林鳥的景象，以寄寓作者悠然自得之情趣。由仕途回歸自然之心意，豈是言語所能說盡，作者的真意恰包含在「欲辯已忘言」之中。興，《文心雕龍．比興》稱：「興者起情也。起情者，依微以擬義。故興之託喻，宛而成章，稱名也小，取類也大。」❸歸去來辭三句　此二句謂太陽落山以後光線慢慢地暗下來了。挺拔而又孤獨的高松，只有回歸的山鳥仍盤旋其周圍，借景色以敘述自己「質性自然」之真情。〈歸去來辭〉作於義熙元年（西元四〇五年），「歸去來兮」是其命篇之題。題意見其首章所云：「悟已往之不諫，知來者之可追，實迷途其未遠，覺今是而昨非。」那一年他四十一歲，解綬去職以後，擺脫了仕途的羈絆和官場上心為形役的惆悵和悲哀。歸去，指回歸田園，回歸自然。來，指將來之田園生活。次年他緊接著作了一篇〈歸園田居〉詩五首。一賦一詩，同為不朽名作。景，指太陽光。翳翳，指光線慢慢地暗下來。❹飲酒詩二十首　義熙十三年（西元四一七年），陶淵明五十三歲時作此詩。這二十首〈飲酒〉詩都是借酒以寓其退隱之意。他見眾人皆隨新朝劉宋而做官，自己卻孤獨地回歸田園以守操，詩的序言正是他這種無可奈何情緒的反映。❺青松在東園六句　此是〈飲酒〉詩中第八首，主題是講孤松傲霜以自喻。他在詩中吟詠的花是菊，樹是松。其第五首是「採菊東籬下」，此是「青松在東園」，皆在其居舍之東側。百花的綻放都在春天，秋天則惟菊有佳色，這是菊與百花不同的地方，故其在第七首詠菊之孤芳以自賞。其第四首則詠孤松，他說：「棲棲失群鳥，日暮猶獨飛。徘徊無定止，夜夜聲轉悲。」喻自己為失群之鳥，獨飛徘徊而無所依。「自值孤生松，斂翮遙來歸」，此以孤松為失群獨飛之鳥的歸宿。這裡是借凝霜來顯示孤松，也就是自己的卓然奇特。在平日是「眾草沒其姿」，「連林人不覺」，經過「凝霜殄異類」之後，方現「卓然見高枝」，「獨樹眾乃奇」。作者此詩乃是借孤松以自傲。

【語　譯】陶淵明的詩文大多是紀實的，即使是那些寄興於花竹一類作品也都是如此。他在〈歸去來辭〉中說：「太陽的光線慢慢地暗下來了，失群獨飛的歸鳥仍然盤旋徘徊在孤松的上空。」他在〈飲酒〉詩二十首的第八篇說：「青松長在東園，茂盛的眾草淹沒了它的英姿。當凝霜絕滅群草之後，便卓然見到它高聳挺拔的樹枝。當樹木連群成林時，人們不覺其奇，當松樹孤獨地呈現在你的面前時，才能感覺到它們的卓越奇特。」這些詩篇雖然都是描述孤松的，但也是作者藉此來自喻啊。

【研　析】陶淵明這一組詩以〈飲酒〉自題，在其他詩作中，大都也離不開酒這個議題。陶淵明的嗜酒，固然是魏晉名士風度的餘韻。當然，他的嗜酒自另有其含義和功用。他在〈飲酒〉第七首有「泛此忘憂物」，所以沉湎於酒，因為酒能忘憂，在〈飲酒〉第十四首講自己飲酒後的感覺是「不覺知有我，安知物為貴。悠悠迷所留，酒中有深味」。他在〈連雨獨飲〉詩中說：「故老贈余酒，乃言飲得仙。試酌百情遠，重觴忽忘天。天豈去此哉，任真無所先。」故在陶淵明看來酒能忘憂，酒能忘我，酒能忘天，酒能遺忘天地萬物，達到無物無我的境界，使人擺脫一切執著，物我兩忘地回歸自然。他把對晉宋更迭之憂心寄跡於酒，通過避世逃世以尋求內心的安靜。同時酒還是他與現實和朋友之間緩衝的一個潤滑劑，他立志於退隱，但不排斥與在朝的朋友們歡聚，一起飲酒取樂。他在〈飲酒〉第十三首中說：「有客常同止，趣捨邈異境。一士長獨醉，一夫終年醒。醒醉還相笑，發言各不領。」儘管你是醒者，為官於朝，我是醉者，退隱於野。可以相笑而言，各吐心衷。《宋書．陶潛傳》稱：「義熙末，徵著作佐郎，不就。江州刺史王弘欲識之，不能致也。潛嘗往廬山，弘令潛故人龐通之賫酒具於半道栗里要之，潛有腳疾，使一門生二兒舉籃輿。既至，欣然便共飲酌。俄頃弘至，亦無忤也。先是顏延之為劉柳後軍功曹，在尋陽與潛情款，後為始安郡，經過日日造潛，每往必酣飲致醉。臨去，留二萬錢與潛，潛悉送酒家，稍就取酒。嘗九月九日無酒，出宅邊菊叢中坐久，值弘送酒至，即便就酌，醉而後歸。」那時王弘是江州的地方長官，劉裕即位以後便入居中書下省。顏延之更是劉裕身邊的紅人。雖然在政治上已分道揚鑣，但他們仍然以酒為媒介在一起友好相處。又若殷景仁，受寵於劉裕，陶淵明有詩〈與殷晉安別〉，他說：「良才不隱世，江湖多賤貧。脫有經過便，念來存故人。」陶對他們仍保持著友好的態度。人各有志，但還應該互相尊重。儘管陶淵明堅持不願為宋臣，但劉裕即位以後，並沒有忘了封長沙公陶侃為醴陵縣侯，以五百戶奉其祀。可見他們相互之間還是保持著平和寬容的關係，互相尊重，誰也不勉強誰。酒竟能如此神奇地潤滑於他們之間，難怪古往今來有那麼多詠酒的詩篇啊。

三教論衡❶

唐德宗以誕日歲歲詔佛、老者大論麟德殿❷，并召給事中❸徐岱及趙需、許孟容、韋渠牟講說。始三家若矛楯，然卒而同歸于善，帝大悅，賚予有差。此新書列傳所載也。白樂天集有〈三教論衡〉一篇❹，云：「大和元年十月，皇帝降誕日，奉敕召入麟德殿內道場❺，對御三教談論，略錄大端。第一座，祕書監❻白居易、安國寺引駕沙門❼義林、太清宮❽道士楊弘元。」其序曰：「談論之先，多陳三教，讚揚演說，以啟談端。臣學淺才微，猥登講座。竊以義林法師明大小乘，通內外學❾，於大眾中能師子吼❿。臣稽先王典籍，假陛下威靈，發問既來，敢不響答。」然予觀義林所問，首以《毛詩》稱六義⓫，《論語》列四科⓬，請備陳名數而已。居易對以孔門之徒三千，其賢者列為四科，《毛詩》之篇三百，其要者分為六義。然後言六義之數、四科之目、十哲⓭之名。復引佛法比方，以六義可比十二部經⓮，四科可比六度⓯，以十哲可比十大弟子⓰。僧難云：「曾參至孝，百行之先⓱，何故不列於四科？」居易又為辯析，乃曰：「儒書奧義⓲，既已討論，釋典微言⑲，亦宜發問。」然所問者不過芥子納須彌山⑳一節而已。後問道士《黃庭經》㉑中養氣存神長生久視之道，道士卻問敬一人而千萬人悅㉒。觀其問答旨意，初非幽深微妙，不可測知。唐帝歲以此為誕日上儀㉓，殊為可省。國朝命僧升座祝聖，蓋本於此。

【注釋】❶三教論衡　唐代帝王每逢生日時，便會召集儒、佛、道三教的學者彼此提出經義上的問題，在內殿進行答問，通過辯難，最後達到義旨上的一致，用以慶祝壽誕，稱為三教論衡。三教指儒、佛、道三教。❷唐德宗句　唐代自玄宗始定生日為節日，定名曰「千秋節」（後改名天長節），肅宗繼之，定生日名為「天平地成節」。臣民均放假以慶賀節日。至代宗、德宗時期，以天下多事，敕停誕日為節假日，但慶賀活動仍照常進行（封演《封氏聞見記》卷四〈降誕〉）。麟德殿是唐大明宮內便殿。唐帝常於此張宴設樂以招待國外朝見使臣、文武官員及命婦等人。三教論衡亦於此舉行。《唐會要》卷二十九〈節日〉：「（德宗）貞元十二年四月庚午，上降誕之日，近歲常以此時會沙門、道士於麟德殿講論。至是，兼召儒官講論三教。」唐德宗為唐代第九世皇帝，代宗之子，名适，在位二十六年，建元有建中、興元、貞元三個年號，其誕日在四月癸巳。（據《舊唐書・德宗本紀》）❸給事中　官名，屬門下省，官品正五品上，其職掌侍奉左右，分判門下省事，兼考察弘文館文籍的校勘、整理。百官奏事，由門下省長官侍中審批，若有違失，給事中可以據法理駁正。皇帝詔敕如有不便，給事中亦可以竄改奏還皇帝再核，稱之為「塗歸」。故給事中擁有稽察政事得失及「封駁」之權。見《新唐書・百官志二》。❹白樂天句　〈三教論衡〉除見於《白氏長慶集》外，亦收錄在《全唐文》卷六百七十七中。此篇開端說：「（文宗）太和元年十月皇帝降誕日奉敕入麟德殿內道場，對御三教談論，略錄大端，不可具載。」下有序，記儒、釋、道三教學者彼此辯難答問之辭。最後白居易自言：「臣伏惟三教談論，承前舊例，朝臣因對揚之次，多自敘才能及生平志業。臣……恐煩聖聽，不敢自敘。謹退。」於此略可窺見三教談論的方式次序及所問難的內容之一斑。樂天，白居易字。❺內道場　設在宮廷內說經做佛事的地方。始於梁武帝時敕僧人慧超召眾僧居禁中使講解佛經。至唐代武則天、中宗、睿宗更仿效之。代宗時愈加盛行，常使僧人入內道場陳佛像、講誦佛經。《新唐書・王縉傳》：「禁中祀佛，諷唄齋薰，號內道場。」引內沙門日百餘，饌供珍滋，出入乘廄馬，度支具廩給。❻祕書監　官名，掌圖書典籍的官員。東漢桓帝時始置，掌內府的圖書祕記。晉以後，始出為外朝官。南朝梁時，置祕書省，以監為其長官，隋唐沿置。唐祕書監，秩從三品，監掌經籍圖書之事，領著作局。凡四部書的刊寫功程及碑誌、祭祝文等文字著作皆由祕書監監掌。見《新唐書・百官志二》。❼引駕沙門　唐代僧官，亦稱引駕大師、引駕大德，由高僧充任，掌引導皇帝車駕巡幸之事。《僧史略下》：「為引駕大德者……此必敕補……車駕巡幸還京，僧道必具旛幢螺鈸遠迎。僧錄、道錄騎馬引駕。」沙門，一作桑門，係梵語音譯，泛指一切精勤修行的和尚。《維摩經》注：「沙門，出家之都名也。」《四十二章經》：「佛言：辭親出家，識心達本，解無為法，名曰沙門。」❽太清宮　道宮名。唐代統治者崇奉道教，至玄宗時更盛行。依託老子為始祖，尊為玄元皇帝。天寶初，下詔於兩京及全國各地為老子立廟祭祀。西京名太清宮、東京名太微宮，州郡各地名紫極宮，並提高其立廟祭祀的規格。太清宮為老子造像，形制為袞冕之服，當扆南向。宮垣內松竹連接以像仙人居住的地方，有殿十二間，有御齋院、公卿齋院分置在宮的東西兩側。每年四時及臘終，行廟獻之禮。其地址在皇城的東北隅之大寧坊內。見《唐兩京城坊考》引《禮閣新儀》。《舊唐書・玄宗本紀》：天寶二年三月壬子，「親祀玄元廟……改西京玄元廟為太清宮，東京為太微宮，天下諸郡為紫極宮。」❾明大小乘二句　指其學問淵博，明曉大小乘及貫通佛教經典之外的學問。大小乘是佛教教派名稱。大乘是由佛教大眾部的一些支派演變而成的新宗派，宣揚救渡一切眾生到達彼岸，強調一切眾生不分貴賤皆可成佛。認為此教法最佳最勝，故稱大乘。小乘則主張自我解脫，非難大乘之說是「非佛所出」，堅持四諦佛教原教旨，自認為正宗的上座部。後大乘又衍生出大乘空宗（中觀宗）、大乘有宗（瑜伽宗）以及佛教與婆羅門教混合產生的大乘密宗（如藏傳密宗）。大乘多流行於中國，小乘則多流行於東南亞各國。唐代高僧，多有通大、小乘之學，使之圓融會通。內外學，指佛學及佛教以外的經典。所謂內學，源於古印度佛教自稱其學為自悟的「內明」，因而後世稱佛學為內學，其經典為內典。把佛教以外的學問稱為外學，其經典為外典。唐釋道宣曾將當時所有佛經編輯成目錄，其題名即稱《大唐內典錄》。❿師子吼　佛教通用的雜語。指佛在大眾中宣揚佛法，對群邪異說起著震懾、決定的作用，而無所畏懼。《涅槃經》二十七：「師子吼者，名決定說。」《維摩經・佛國品》：「演法無畏，猶如師子吼。」喻意為佛法神通廣大，猶如獅子吼叫，百獸畏伏。師子，即獅子。⓫毛詩稱六義　《毛詩》為儒家經典之一。西漢初由古文經師毛亨和毛萇所傳，故稱。相傳其學出於孔子弟子子夏。《漢書・藝文志》著錄《毛詩》二十九卷，《毛詩故訓傳》三十卷。東漢時鄭眾、賈逵、馬融、鄭玄等都研習《毛詩》，鄭玄且為之作「箋」。唐孔穎達重定五經，作《五經正義》為官方定本，《詩》即取毛傳鄭箋，即今流傳的《十三經注疏》本中之《毛詩正義》。六義為詩經學的名詞，解釋文字的六種意旨。《詩・大序》：「故詩有六義焉：一曰風，二曰賦，三曰比，四曰興，五曰雅，六曰頌。」孔穎達《毛詩正義》解釋說：「風、雅、頌者，詩篇之異體；賦、比、興者，詩文之異詞耳。……賦、比、興是詩之所用；風、雅、頌是詩之成形。用彼三事，成此三事，是故同稱為義。」這是說：風、雅、頌是《詩》的不同類型；賦、比、興是《詩》的應用與方法。⓬論語列四科　《論語》為儒家的經典之一。今本《論語》係東漢鄭玄綜合西漢以來經今古文各本而成，共二十篇。相傳是孔子弟子及其後學者記錄孔子的言行及與眾弟子的問答，為探討孔子思想的基本經典。東漢時列為七經之一。唐、宋以後，或列為九經之一，十三經之一。南宋時，朱熹又把《論語》與《大學》、《中庸》、《孟子》合列為《四書》。為舊時科舉考試必讀的基本經典。四科，指孔子弟子從師學藝，各有專長，分列有德行、言語、政事、文學四科。《論語・先進》：「德行：閔子騫、冉伯牛、仲弓；言語：宰我、子貢；政事：冉有、季路；文學：子游、子夏。」《後漢書・鄭玄傳》：「仲尼之門，考以四科。」⓭十哲　指孔子的十大弟子。唐代在全國各地立孔廟，歲時祭祀。廟堂正中為孔子坐像，旁側有十大弟子侍立左右，名為十哲。十哲即指顏淵、閔子騫、冉伯牛、仲弓、宰我、子貢、冉有、季路、子游、子夏十人。後提升顏淵為亞聖，補上曾參為十哲。見《舊唐書・禮儀志四》：《唐會要・褒崇先聖》：「門人三千，見稱十哲。」⓮十二部經　佛教中把一切佛經分別門類，統稱之則為十二部經。據《智度論》所載，此十二部經為：一、經典中講說佛法義理的長行之文。二、重演前說義旨，但每句有一定字數限定。三、偈頌之句。四、敘述佛說法教化之因緣。五、佛說弟子過去世因緣之經文。六、佛說自身過去因緣之經文。七、佛菩薩現種種神通、不可思議之經文。八、佛經中講說比喻之經文。九、佛與諸弟子討論法理、互相答問之經文。十、佛自己講說之經文。十一、說方正廣大真理之經文。十二、記授菩薩成佛之經文。此十二部經前三種為經文的體裁；後九種是經文中所載佛說門類的諸種事項。⓯六度　指佛說普渡眾生到達彼岸（成佛）的六種修行方法，亦譯稱的六波羅蜜多。其經典為《六度經》。《大乘義章十二》：「波羅蜜者，是外國語，此翻為度，亦名到彼岸。」此六種修行方法為：一、布施。二、持戒。三、忍辱。四、精進。五、禪定。六、智慧。《仁王經》：「六度四攝一切行。」⓰十大弟子　佛陀的十個高足弟子。據佛經《維摩經・弟子品》所載：此十大弟子名為摩訶迦葉（頭陀第一）、阿難陀（多聞第一）、舍利佛（智慧第一）、目犍連（神通第一）、阿那律（天眼第一）、須菩提（解空第一）、富樓那（說法第一）、迦旃延（議論第一）、優婆離（持戒第一）、羅睺羅（密行第一）。⓱曾參至孝二句　曾參，亦稱曾子，是孔子的門弟子，以至孝著稱。封建時代，列為孝子的典型。《孝子傳》：「閔損與曾參，門徒之中，最有孝稱。今言孝者，莫不本之曾、閔。」曾指曾參，閔即閔子騫。百行，指各種各樣的道德品質。《舊唐書・劉君良傳》：「士有百行，孝敬為先。」⓲儒書奧義　指儒家經典若《春秋公羊傳》之微言大義。⓳釋典微言　指佛經中的精密細微的語言，與上文之「儒書奧義」對稱。漢劉歆〈移書讓太常博士〉：「及夫子沒而微言絕，七十子沒而大義乖。」此指儒家的微言大義而言。佛教徒亦常套用儒書的語言。⑳芥子納須彌山　芥子，小草，引申指喻為微小之物。須彌山為佛經中所說的世界中心的最高之山，亦譯稱「妙高山」。《維摩經》注：「須彌山，天帝釋所住金剛山也。秦言妙高，處大海之中，水上方高三百三十六萬里。」據稱：日月環繞須彌山出沒，三界諸天依之層層建立，它的四方有四洲，人們所居的地方則屬於南贍部洲。㉑黃庭經　道教的經典之一，為道家奉為修煉養生的書。據《雲笈七籤》所載《黃庭經》有《黃庭內景經》、《黃庭外景經》，此外又有《黃庭遁甲緣身經》、《黃庭養神經》、《黃庭中景經》等，皆為講修煉、導氣、服藥、養生之說。黃庭得名於醫學養生中的陰陽五行說。黃指五行中中央之土，庭指人身上的四方之中，實指腦中、心中、脾中。據稱：養生得法，可以延年益壽，長生久視。㉒敬一人句　這裡是道教徒稱引儒家《孝經》的語言來問答。一人指帝王，千萬人指臣民百姓。《孝經·廣要道》：「敬者，禮之本也，敬其君則臣悅，敬一人而千萬人悅。」又云：「一人者謂帝王也。王者無二，故曰一人。」㉓誕日上儀　指皇帝誕生日慶賀聖壽的隆重禮儀。上儀指上等禮節。班固〈東都賦〉：「盛三雍之上儀，修袞龍之法服。」

【語譯】唐德宗在他每年的生日都要召集和尚、道士於麟德殿進行大辯論，並召命給事中徐岱及趙需、許孟容、韋渠牟參加講說。開始時儒、佛、道三家似有些矛盾，而最後結果卻歸於完美，德宗很高興，各予以不等的賞賜。這事被載於《新唐書》的列傳中。白居易著有〈三教論衡〉一篇，說道：「文宗大和元年十月，皇帝生日，奉詔召集麟德殿內道場，對著御座進行三教談論，這裡約略錄其大致情況。第一座，祕書監白居易、安國寺引駕沙門義林、太清宮道士楊弘元。」其所作的序中說：「談論之先，多陳說三教，讚揚演說，以開啟談論的端緒。臣學淺才薄，有辱登上講座。私自認為義林法師洞明大乘和小乘，通曉佛學和其他學問，於大庭廣眾中談論猶如獅子吼叫一樣，他人只能俯首帖耳地靜聽。臣查看先王典籍，借助皇上威靈，有問題提出，怎敢不回答。」然而我看義林所提出的問題，首先以《毛詩》稱六義，《論語》列四科，請對方回答「六義」、「四科」的具體名類。居易回答以孔子門弟子有三千，其賢者分別列為四科，《毛詩》有三百篇，其要旨可分為六義。然後談六義之類、四科之目、十哲之名。再進而引佛經作比喻，以六義比十二部經，四科比六度，以十哲比佛門的十大弟子。義林問難說：「曾參至孝，品行最優，何故不列入四科？」居易又為之辯析，然後說道：「儒家經典的深奧意義，既已討論過，佛家經典的微言大義，亦宜提出討論。」然而所問不過是芥子納置在須彌山一節而已。後又問道士，《黃庭經》中養氣保神、生命長存的道理，道士卻問「敬一人而千萬人悅」是何所指。觀察其彼此間問答旨意，開始時並非深奧微妙，不可測知。唐代皇帝每年以三教談論作為生日慶典的重要儀式，在我看來完全可以省去。我朝命僧人升座祝賀聖上，大概淵源於此三教談論吧。

【研析】三教論衡是儒、佛、道三教討論異同和是非得失的一種會議儀式，用以達到衡情酌理、求同存異、和諧相處的目的。儒教講仁義道德，講五倫君臣之道；佛教講空無，講明心見性，誘導人們棄惡從善；道教講清淨無為，講祀禱神鬼，修煉養生之術。三教源流有別，主旨不同，在世俗利益上亦各有矛盾。佛、道常相排斥，儒、佛亦常爭論。佛教或指儒、道為異端，或斥為邪說。北魏道武帝、北周武帝先後排佛、滅佛，即是儒、佛、道三教爭奪世俗權力在政治鬥爭上的表現。

然而三教在流行傳承的過程中，既有矛盾，也有一致。因儒教處於思想正統地位，佛、道不得不吸收儒家之義，作義理上的比附，以求得到統治者的認可和宣揚。故早在南北朝時，北齊顏之推即強調儒、佛兩者的一致性，他在《顏氏家訓·歸心》篇中說：「內外兩教，本為一體。」南齊顧歡且謂孔子、老子即是佛，則是主張三教會同了。他在所著《夷夏論》中說：「國師道士，無過老、莊，儒林之宗，孰出周、孔。若孔、老非佛，誰則當之？」這是企圖化解三教的矛盾。到了隋代，此種調和論調在王通所著的《中說》中得到了發揮，他把三教並列，認為均是治國之教。他既承認三教有矛盾，但更主張以儒為宗，三教彼此圓融會通。到了唐初，三教仍有激烈的爭執，但佛、道由於得到統治者的認可和扶植，勢力不斷擴大而不可動搖。經過長期不斷的接觸、衝突、調和，三教思想也逐步成熟。於是三教也就成為帝王進行思想統治的有效工具。三教圓融、異途同歸，共同尊奉皇權至高無上。「敬一人而千萬人悅」，也就成為三教論衡的旨歸了。

蘇渙詩

杜子美贈蘇渙詩序❶云：「蘇大侍御渙，靜者也❷，旅寓于江側，凡是不交州府之客❸，人事都絕久矣。肩輿江浦，忽訪老夫，請誦近詩，肯吟數首❹，才力素壯，詞句動人，涌思雷出，書篋几杖之外，殷殷留金石聲❺。賦八韻記異，亦記老夫傾倒於蘇至矣❻。」詩有「再聞誦新作，突過黃初詩❼」之語。又有一篇〈寄裴道州并呈蘇渙侍御〉❽云：「附書與裴因示蘇，此生已媿須人扶。致君堯舜付公等，早據要路思捐軀❾。」其褒重之如此。《唐・藝文志❿》有渙詩一卷，云：「渙少喜剽盜，善用白弩，巴蜀商人苦之，稱『白跖』，以比莊蹻⓫。後折節讀書，進士及第，湖南崔瓘辟從事⓬，繼走交、廣，與哥舒晃反，伏誅⓭。」然則非所謂靜隱者也⓮。渙在廣州作〈變律〉詩十九首，上廣府帥⓯，其一曰：「養蠶為素絲，葉盡蠶不老。傾筐對空床⓰，此意向誰道。一女不得織，萬夫受其寒。一夫不得意，四海行路難。禍亦不在大，禍亦不在先⓱。世路險孟門，吾徒當勉旃⓲。」其二曰：「毒蜂一巢成，高挂惡木枝。行人百步外，目斷魂為⓳

飛。長安大道邊，挾彈誰家兒？手持黃金丸⑳，引滿無所疑。一中紛下來，勢若風雨隨。身如萬箭攢，宛轉送㉑所之。徒有疾惡心，柰何不知機。」讀此二詩，可以知其人矣。杜贈渙詩，名為記異，語意不與它等，厥有旨哉。

【注釋】❶杜子美句　杜甫贈蘇渙詩的原題為〈蘇大侍御訪江浦賦八韻記異〉。此詩的序文介紹其與蘇渙交往的過程，及對蘇渙詩的讚賞。杜甫所以稱其為蘇大侍御，據《唐才子傳》載：渙為廣德二年（西元七六四年）楊棲梧榜進士，累遷侍御史。杜子美，即杜甫，子美為其字。本襄陽（今湖北襄陽）人，生於鞏縣（今河南鞏義市），唐代著名詩人。大曆四年（西元七六九年），杜甫五十八歲，流落於潭州（今湖南長沙）湘江一葉扁舟之上，舟泊於江面，杜甫在附近漁市賣些草藥維持生計。蘇渙，蜀人，是時寓居於潭州之郭門外。蘇渙曾肩輿江浦，訪杜甫於船上，為杜子美在潭州的新交。❷靜者也　指蘇渙旅居於潭州湘江邊，不汲汲於謀求仕進，為安詳之人。❸旅寓二句　此處洪邁引文乃是以意摘錄，非杜序原文。「凡是」疑不通，查《集千家注杜工部詩集》，無「凡是」二字。不交州府之客，指不與當地官府交往。❹肩輿江浦四句　謂蘇渙乘坐肩輿赴湘江邊上，訪問杜甫。老夫，杜甫自稱。杜甫讓其背誦近作，他首肯而吟詠數首。《唐才子傳》稱渙「嘗為〈變律〉十九首」，渙吟詠之數首當是其〈變律〉中的若干首。❺書篋几杖之外二句　謂那次相見，杜甫作為老人除了隨身依傍的几杖及攜帶的書箱之外，留下的便是蘇渙吟詠詩作時，那若金石擲地、鏗鏘有力的巨大聲響。書篋，盛書的小箱子。几杖，老人行則攜杖，居則憑几。殷殷，巨大的聲響。❻賦八韻記異二句　謂杜甫賦此詩是為了表示對蘇渙之詩作佩服之極的感慨。八韻，指杜甫的詩，而詩止七韻，題為八韻，因用韻取偶不用奇，或詩脫漏一聯。記異，謂蘇渙之為人及其所詠之〈變律〉，皆異於常人。傾倒，欽佩。❼詩有再聞誦新作二句　此謂蘇渙有龐德公那樣在亂世不浪出求仕的氣魄，而他的詩作則要超過建安及黃初年間諸詩人的作品。黃初，魏文帝曹丕的年號，黃初詩是指曹操父子及建安七子的代表詩作，語在〈蘇大侍御訪江浦賦八韻記異〉之第三、四句。首二句為「龐公不浪出，蘇氏今有之」，龐公指後漢之龐德公，居峴山之南，未嘗入城府。❽寄裴道州句　此為杜甫的詩題，全稱是〈暮秋枉裴道州手札率爾遣興寄遞近呈蘇渙侍御〉，杜甫作此詩的時間是在大曆四年（西元七六九年）的秋天。杜甫是年夏在潭州湘江邊為裴虯餞行，有〈湘江宴餞裴二端公赴道州〉詩。裴虯抵道州後，有書札給杜甫。杜甫在潭州湘江邊為裴虯餞行時，蘇渙亦在場。故杜甫此詩既寄裴虯，兼致蘇渙。裴道州，指裴虯。裴虯，字深源。大曆二年（西元七六七年）十二月，道州刺史崔渙卒。大曆四年初，裴虯以御史中丞為道州刺史。道州，轄境相當今湖南道縣、寧縣以南的瀟水流域。❾附書與裴因示蘇四句　此為末章之後的附語，表明賦贈此詩之用意，講自己已年邁體弱須人扶持，致君於堯舜得靠你們年輕人，你們若能早日身居要職，那就應該為國忘家而捐軀濟難。❿唐藝文志　指宋歐陽脩、宋祁所撰之《新唐書》的〈藝文志〉。⓫渙少喜剽盜五句　此謂蘇渙的青少年時代，正值安史之亂以後，社會秩序大亂，無人管束，因其喜行剽劫盜竊，故人們常以蹻跖之徒比之。白弩，指白色的弩機，弩是用機括發射的強弓。跖，指盜跖，相傳為春秋戰國之際的人，見於《孟子》、《荀子》等書。《莊子》有〈盜跖〉篇。在古籍中，跖是橫行不法之徒。盜亦有道，這個道也就是今人所謂之江湖義氣。因蘇渙使用白弩，故商人稱其為白跖。莊蹻，楚國人，在楚懷王時曾起兵反楚。後世常以蹻與跖相提並論。⓬湖南崔瓘辟從事　此言蘇渙曾被崔瓘辟為州府之幕僚。大曆四年（西元七六九年）秋七月，崔瓘由澧州刺史轉為潭州刺史，湖南都團練觀察使。從事，州郡長官自辟之僚屬。⓭繼走交廣三句　大曆五年（西元七七〇年）四月，潭州發生兵變，湖南兵馬使臧玠殺觀察使崔瓘。蘇渙在潭州失去依傍，故南下走廣州和交州。時屬嶺南節度使李勉管轄。大曆七年（西元七七二年）三月李勉調永平軍節度使、滑州刺史、滑亳觀察等使，以呂崇賁接任嶺南節度使。八年九月，循州刺史哥舒晃起兵殺呂崇賁，據廣州，時蘇渙在廣州。朝廷以江西觀察使路嗣恭討哥舒晃，《資治通鑑》載，代宗大曆十年（西元七七五年）十一月，「嶺南節度使路嗣恭，擢流人孟瑤、敬冕為將，討哥舒晃。瑤以大軍當其衝，冕自間道輕入。丁未克廣州，斬哥舒晃。」蘇渙同時被殺。胡三省《通鑑考異》稱：「舊〈嗣恭傳〉曰：『嗣恭平廣州，商舶之徒多因晃事誅之，嗣恭前後沒其家財實數百萬貫，盡入私室，不以貢獻。』」路嗣恭的軍隊為招攬的流人，軍紀極壞，進廣州後，濫殺無辜，海商都受其害。⓮非所謂靜隱者也　此是洪邁對杜甫稱蘇渙為「靜者也」之質疑。其實杜甫作詩後，崔瓘方辟蘇渙為從事。且杜甫所謂之靜者，非退隱之士，而應是靜若處子、待機而動的強者。至於蘇渙南走廣、交後，是否參預哥舒晃殺呂崇賁的叛亂，史缺記載。⓯上廣府帥　廣府帥指當時之嶺南節度使李勉。蘇渙於大曆五年（西元七七〇年）潭州兵變後走廣州，上〈變律〉詩十九首於李勉。《中興間氣集》稱蘇渙「作變體律詩十九首，上廣州連帥李公勉。其文意長於諷刺，亦有陳拾遺一鱗半甲，故善之。」⓰頃筐對空床　《全唐詩》「床」作「林」，應以「林」為是。傾倒竈筐是空的，桑林無葉亦是空的。⓱禍亦不在大二句　《全唐詩》「禍亦不在先」作「福亦不在先」，禍與福相對應，以「福」為是。⓲世路險孟門二句　意謂人生在世行路艱難，其險若孟門，吾等應當勉力而行之。孟門，山名，通常指在今山西離石西之孟門關。綿亙黃河西岸，河水奔流而下，形勢險阻。旃，通「之」、

「焉」。此作虛詞。⑲為　《全唐詩》作「亦」。⑳手持黃金丸　《全唐詩》作「右手持金丸」。㉑送　《全唐詩》作「迷」，以「迷」字為佳。

【語　譯】杜子美在贈蘇渙詩的序文中說：「侍御史蘇渙，是一個非常安詳貞靜的人，旅居在湘江之側，不主動結交州府的官員，拒絕人事交往已很久了。有一次他忽然乘了轎輿來拜訪老夫，我請他朗誦新作，他首肯後吟誦了幾首，詩中反映了他才力素壯，語句鏗鏘動人，思想如迅雷一般湧出，在我身邊除了書籍和几杖之外，留下的是他那殷殷然若金石擲地般的聲音。現在我賦八韻記下這次異乎尋常的相遇，同時也記下老夫對他詩作之傾倒到達極點。」故杜甫在詩中有「再聞誦新作，突過黃初詩」那樣高度讚賞的語句。杜甫還有一篇〈寄裴道州并呈蘇渙侍御〉，在詩的附書中說：「附帶地說這詩是給裴道州並示蘇渙的，我這一輩子有愧此生，現在一切行動都須人扶持了。如何致君王於堯舜，那只能靠諸公的努力了，希望你們能早據要職，並能為國捐軀。」他是那樣地看重並褒獎蘇渙。《新唐書・藝文志》收錄有蘇渙詩一卷，在附文中講：「蘇渙在青少年時喜歡剽悍盜劫，而且善於使用白弩，巴蜀地區的商賈都怕他，稱他為『白跖』，把他比作『莊蹻』。後來他折節讀書，在廣德二年參加科舉考試，進士及第，湖南都團練觀察使崔瓘辟舉他為從事，此後他又南下去交州和廣州地區，與哥舒晃一起造反，因而被殺。」如此看來，蘇渙並不是一個安詳貞靜的人。蘇渙在廣州曾把自己所作〈變律〉詩十九首，呈送給在廣州的嶺南節度使李勉，其中一首：「養蠶為素絲，葉盡蠶不老。傾筐對空床，此意向誰道。一女不得織，萬夫受其寒。一夫不得意，四海行路難。禍亦不在大，禍亦不在先。世路險孟門，吾徒當勉旃。」其中的另一首：「毒蜂一巢成，高挂惡木枝。行人百步外，目斷魂為飛。長安大道邊，挾彈誰家兒？手持黃金丸，引滿無所疑。一中紛下來，勢若風雨隨。身如萬箭攢，宛轉送所之。徒有疾惡心，柰何不知機。」讀這二首詩，可以瞭解蘇渙之為人了。杜甫贈蘇渙詩題最終落腳為記異，而其語意又不與一般記異之文相同，應有更深刻的含義在啊。

【研　析】蘇渙的詩有〈變律〉十九首，如今保留下來的只有《全唐詩》中的三首，和講書法的〈贈零陵僧〉

一首。本篇列舉的二首正是《全唐詩》三首中後面兩首。對於他的詩大家都說好，並沒有爭議，究竟好在哪裡，似乎也沒有非常明確的闡釋。至於他的為人則爭議甚大，一是他少年時期喜好剽盜，人以盜跖、莊蹻比之，二是他參預了哥舒晃的叛亂，最終被殺，結局不得善終。這與杜甫對他的讚賞褒獎形成鮮明的反差，故歷代之好事者多有為杜甫辯解之詞，因為在他們看來，杜甫晚年如此讚賞的蘇渙，既有前科，最終又淪為叛者而被殺，畢竟是杜甫的一個汙點，所以要為他作出各種辯解。關鍵是要弄清蘇渙的為人，至於他的詩，言為心聲，通過詩看他為人的宗旨，言與行應該是統一的。《新唐書・藝文志》講蘇渙少年時代那種放蕩不羈的剽悍盜劫式行為，應該看作少年青春期躁動的一種自然流露，在安史之亂以後社會秩序動盪不定的條件下的一種自然表現。這種浪跡，每個人在人生的這一特定階段，都會有不同的表現。杜甫當年也曾與李白、高適一起浪跡於梁、宋之間，韋蘇州則是「少事武皇帝，無賴恃恩私。身作里中橫，家藏亡命兒。朝持樗蒲局，暮竊東鄰姬」，那是靠著父祖恩蔭而無法無天。蘇渙沒有這種條件，出身於平民的他只能以善用白弩、劫奪富豪來顯示自己的剽悍強橫了。過了這個少年時代，他開始折節讀書，走上社會生活的新路。對蘇渙在青少年時代的行為，應該抱著理解的心情去善待它，因為少年時代的狂妄是人生必經的一個歷程，沒有什麼可以讓人歧視的地方。蘇渙成年以後的思想，那二首詩也確實反映了他對人生道路的一種追求，若「一女不得織，萬夫受其寒。一夫不得意，四海行路難」反映了他志在天下，「禍亦不在大，禍亦不在先」反映了他不計個人先後禍福得失，「世路險孟門，吾徒當勉旃」則顯示了他不畏艱險的英雄氣概。對於毒蜂成一巢，他敢於「手持黃金丸，引滿無所疑」，表現了他對社會上一切邪惡勢力敢於鬥爭的心態。打下毒蜂巢後卻引來「身如萬箭攢，宛轉送所之」的結局，教訓他不能「徒有疾惡心，柰何不知機」。故除惡也要等待時機，不能盲動，為自己惹來禍患。杜甫稱其為靜者，非靜而退隱之意，乃是靜而待機的靜，是積極為入世作準備，不是消極無所作為地只求自身的安全。所以杜甫對蘇渙才有「致君堯舜付公等，早據要路思捐軀」的期許。

蘇渙在〈贈零陵僧〉一詩中，雖然講的是零陵沙門傳承張顛的草書書法，實際上也隱喻著他的為人風格，若：「興來走筆如旋風，醉後耳熱心更兇。忽如裴旻舞雙劍，七星錯落纏蛟龍。又如吳生畫鬼神，魑魅魍驚本身。鉤鎖相連勢不絕，倔強毒蛇爭屈鐵。」反映他追求的風格是倔強而又奇特，其作事則要如旋風和蛟龍那樣迅捷。從他的詩文裡可以看到他為人的宗旨與行事的風格確有異於常人之處，這大概也就是杜甫以「論異」為題的旨意所在吧。

杜甫是一個有雄心壯志的人，他在臨終前一年見到蘇渙，又激發起他當年的豪情，所以他聽了蘇渙吟詠的詩句之後，會有「今晨清鏡中，勝食齋房芝。余髮喜卻變，白間生黑絲」那種重返青春活力的反應，把將來的希望寄託在蘇渙他們年輕一代人身上。一個人到了晚年還有如此激情，也是難能可貴的了。再說蘇渙去廣州以後，因哥舒晃而被殺，缺少他活動細節的記載。然而從胡三省的《資治通鑑》注中，可以確認的是作為勝利者的路嗣恭進入廣州以後的所作所為形同盜匪，它反襯出哥舒晃的行為文明許多。歷史是勝利者書寫的，失敗者自然被罵為叛逆者。依照蘇渙詩文所表現出的為人宗旨和風格，那麼他雖敗猶榮。在勝利者看來，蘇渙是伏誅。轉換一個視角，也許蘇渙以自己的生命踐履了他在詩中對自己宗旨所作的承諾。雖然失敗了，仍然是一個真正的英雄。其實英雄並不總屬於勝利者，失敗的英雄之悲劇也許更能激勵人們為崇高的理想去堅持，去奮鬥。那些僥倖的勝利者，如審視他們的倫理操守，往往是一群卑微的小人物。所以杜甫的贈蘇渙詩可真是慧眼識英雄啊！這也正是杜甫最可貴的地方。他之所以讚賞蘇渙，因為他們都是活在受苦受難的民眾之中啊！依此理解一切為杜甫贈蘇渙詩所作的辯解都是多餘的。

城狐社鼠

《容齋四筆》卷二

「城狐不灌，社鼠不熏❶。」謂其所棲穴者得所憑依，此古語也，故議論者率指人君左右近習為城狐社鼠❷。予讀《說苑》所載孟嘗君之客曰：「狐者人之所攻也，鼠者人之所熏也。臣未嘗見稷狐❸見攻，社鼠見熏，何則？所託者然也❹。」「稷狐」之字，甚奇且新。

【注釋】❶城狐不灌二句　因為牠們依託神廟，人們敬天神有所顧忌，不願用水去灌、火熏去捕捉牠們，故稱。城狐，指躲藏在宮廟城牆中的狐狸。社鼠，指隱匿在土地廟裡的老鼠。❷故議論者句　這裡把城狐社鼠比喻帝王近習，依仗權勢、奸巧作惡，禍國殃民。《晏子春秋・內篇問上》：「(齊)景公問于晏子曰：『治國何患？』晏子對曰：『患夫社鼠。』公曰：『何謂也？』對曰：『夫社，束木以塗之，鼠因往託焉，熏之則恐燒其木，灌之則恐敗其塗，此鼠所以不可得殺者，以社故也。夫國亦有焉，人主左右是也。內則蔽善惡于君上，外則賣權重于百姓，不誅之則亂，誅之則為人主所案，據腹而有之。此亦國之社鼠也。』」又《晉書・謝鯤傳》：「(王敦將為逆)謂鯤曰：『劉隗姦邪，將危社稷，吾欲除社稷之惡，匡主濟時，何如？』對曰：『隗誠始禍，然城狐社鼠也。』」這裡指欲要除去狐狸與老鼠，恐怕要毀壞城社，用以比喻劉隗在君主側近，不可除去。人君指帝王。近習，指奉事在帝王左右的親近幸臣。《韓非子・孤憤》：「治辯之功，制於近習。精潔之行，決於毀譽。則修智之吏廢，而人主之明塞矣。」❸稷狐　指棲息於稷神廟中的狐狸。稷狐猶如棲息在社神廟中的社鼠一樣，故與城狐、社鼠的意義大略相同。蔡邕《獨斷上》：「以稷五穀之長也，因以稷名其神也。」據此則「稷狐」二字之說早在漢代就已有了。古代社是祭土地神的神壇，稷是祭五穀神的神壇。❹臣未嘗四句　事見漢劉向《說苑》卷十一〈善說〉。

【語　譯】「城狐不灌，社鼠不熏。」這是古語所說狐狸、老鼠所棲身的洞穴有所依憑，所以議論的人大致指君主左右的親信近臣為城狐、社鼠。我閱讀《說苑》記載孟嘗君的門客說：「狐是被人們所追擊的，鼠是被人們用煙火燻烤的。我未曾見到過稷狐被攻擊，社鼠被煙燻，這是為什麼呢？這是由於牠們各自有所憑倚的緣故。」「稷狐」兩字用得既奇又新。

【研　析】城狐社鼠，或作社鼠城狐。此為古代常語，早在春秋戰國時代，即已有使用，如《說苑》所載孟嘗君與門客的對話，《晏子春秋》所載晏子對齊景公的答問，皆是用來比喻君主左右近習，因他們憑藉君主庇護、不可除去，後世亦常用以比喻帝王左右的幸臣。《晉書・謝鯤傳》載王敦欲舉兵，以為清君側，誅劉隗，謝鯤即對以「隗，城狐社鼠也」，以此來諫勸王敦。此類依仗帝王權勢的左右近習，史書中常以「幸臣」、「恩幸」相稱。他們日夕在帝王左右陪伴，見貌辨色，探求帝王旨意，從而奉命趨走，手執機權，賣弄威勢，以達到富貴的欲求。如南朝之戴法興、阮佃夫、紀僧真、茹法亮、呂文顯等人皆是。此類人一朝權勢在手，就會廢棄公道，蒙上欺下，枉法貪贓，以飽私欲。他們之所以難以去，即是由於得到帝王的寵任和庇護。故城狐社鼠之輩，在封建帝王制度下是始終存在的，一旦他們得勢，當然就會使國家受禍，人民遭殃。

韓退之張籍書

韓公集中有〈答張籍〉二書❶，其前篇❷曰：「吾子所論，排釋、老不若著書❸。若僕之見，則有異乎此，請待五六十然後為之❹。吾子又譏吾與人為無實駁雜之說，此吾所以為戲耳❺。若商論不能下氣，或似有之❻。博塞之譏，敢不承教❼。」後篇❽曰：「二氏行乎中土，蓋六百年，非可以朝令而夕禁，俟五六十為之未失也❾。謂吾與人商論不能下氣，若好勝者。雖誠有之，抑非好己勝也，好己之道勝也。駁雜之譏，前書盡之。昔者夫子猶有所戲，烏害於道哉？」大略籍所論四事，乞著書、譏駁雜、諫商論好勝及博塞也。今得籍所與書，前篇曰：「漢之衰，浮圖之法入中國，黃老之術，相沿而熾。盍為一書，以興存聖人之道。執事多尚駁雜無實之說，使人陳之前以為歡，此有累於盛德。又商論之際，或不容人之短，如任私尚勝者，亦有所累也。況為博塞之戲與人競財乎？廢棄日時，不識其然。願絕博塞之好，棄無實之談，弘慮以接士，嗣孟軻、楊雄之作，使聖人之道，復見於唐。」後篇曰：「老、釋惑於生人久矣，執事可以任著書之事。

君子汲汲於所欲為，若皆待五十六十而後有所為，則或有遺恨矣。君子發言舉足，不遠於禮，未聞以駁雜無實之說以為戲也。執事每見其說，則拊抃呼笑，是撓氣害性，不得其正矣。」籍之二書，甚勁而直。但稱韓公為執事⑩，不曰先生。考其時，乃云執事參於戎府⑪。按韓公以貞元十二年為汴州推官，時年二十有九，十五年為徐州推官，時年三十有二，年位未盛，籍未以師禮事之云。

【注　釋】❶韓公集句　指《韓愈文集》中〈答張籍書〉、〈重答張籍書〉二書。韓愈回答張籍來信的二封書信的寫作時間約在貞元十三年（西元七九七年）秋。張籍，字文昌，和州（今安徽和縣）人，貞元中進士，有文名，終國子司業，年齡與韓愈相近。張籍先與孟郊相識於和州，由孟向愈推薦。是年張籍自和州至汴，相見前後，二人各有二封書信往還。❷其前篇　即《韓愈文集》中的〈答張籍書〉。❸吾子所論二句　此處言論指節錄張籍來書所言：「及漢衰末，西域浮屠之法入於中國，中國之人世世譯而廣之，黃老之術相沿而熾，天下之言善者，惟二者而已矣！」「執事聰明，文章與孟軻、揚雄相若，盍為一書，以興存聖人之道，使時之人、後之人知其去絕異學之所為乎？曷可俯仰於俗，囂囂為多言之徒哉？」張籍所言，指韓愈排斥釋老，不能僅停留在口述，而應當著書立說。這樣做，不僅為時人，亦能為後人所知。❹若僕之見三句　此句摘自韓愈〈答張籍書〉。韓愈在信中認為自己有異於張籍勸其著書立說的理由有二條，一是：「夫所謂著書者，義止於辭耳。宣之於口，書之於簡，何擇焉？孟軻之書，非軻自著。軻既歿，其徒萬章、公孫丑相與記軻所言焉耳。僕自得聖人之道而誦之，排前二家有年矣。不知者以僕為好辨也，然從而化之者亦有矣，聞而疑之者又有倍焉。頑然不入者，親以言諭之不入，則其觀吾書也固將無所得矣，為此而止，吾豈有愛於力乎哉？」這是針對張籍信中所謂「囂囂為多言之徒哉」的反駁。口說與著書是一回事，孟軻是其徒記其口說才成書的。對於有些人，與他們當面說不聽，讓他們讀書又能起什麼作用呢？另一條理由是自己力有所不足。他在信中說：「然有一說，化當世莫若口，傳來世莫若書。又懼吾力之未至，至之不能也。三十而立，四十而不惑。吾於聖人，既過之猶懼不及。」所以才有「請待五六十然後為之，冀其少過也」之句。那時韓愈的年齡剛過三十，閱歷不足，所以才有這番議論。❺吾子二句　此是指張籍在信中所言：「執事多尚駮雜無實之說，使人陳之前以為歡，此有累於盛德。」駮雜無實之說，《唐摭言》云：「韓文公書〈毛穎傳〉，好博塞之戲，張水部以書勸之。」呂大防《韓吏部文公集年譜》以柳子厚〈與楊誨之書〉為據，把韓愈寫作〈毛穎傳〉的時間繫於元和初。對張籍此說，韓愈表示僅僅遊戲文章而已，不以為非。❻若商論二句　張籍在第一封書信中說：「又商論之際，或不容人之短，如任私尚勝者，亦有所累也。」韓愈在第一封書信中，還說了「當更思而悔之」，態度比較謙遜，表示要進一步思考。韓愈在〈重答張籍書〉中進一步回答了這個問題，強調他的好勝，是出於道「非好己勝也，好己之道勝也。己之道乃夫子、孟軻、揚雄之所傳之道也，若不勝，則無所為道。吾豈敢避是名哉！」表現得更加理直氣壯了。商論，指與人商議討論問題。不能下氣，指不能寬容。❼博塞之譏二句　張籍在給韓愈的第一封書信中稱：「有德者不為猶以為損，況為博塞之戲與人競財乎？君子固不為也。」博塞，古代的賭博遊戲，也就是擲骰子以得采多少為輸贏，通常用五粒骰子，骰子拋擲後全是黑色的為盧，二白三黑為梟，均是好采。杜甫〈今夕行〉：「咸陽客舍一無事，相與博塞為歡娛。」李賀〈示弟〉詩「何須問牛馬，拋擲任梟盧」。敢不承教，是韓愈表示接受他的意見。❽後篇　即《韓愈文集》中〈重答張籍書〉，是為韓愈收到張籍第二書後，再就前述問題作答。❾二氏行乎中土四句　此是韓愈答張籍第二書中，所言「夫老釋惑乎生人久矣，誠以世相沿化而莫之知，所以久惑乎爾。執事材識明曠，可以任著書之事，故有告焉。」張籍要求韓愈以天下為己任，認為韓愈自己「汲汲於所欲為，恐終無所顯於後。若皆待五六十而後有所為，則或有遺恨矣」，強調如果一定要等到五六十歲再著書，或許會有遺憾的。韓愈的答覆指出辟佛老不是朝令而能夕禁的事，釋老二氏行於中土六百年有餘，他在信中還說：「今夫二氏之所宗而事之者，下乃公卿輔相，吾豈敢昌言排之哉？擇其可語者誨之，猶時與吾悖，其聲嘵嘵。若遂成其書，則見而怒之者必多矣，必且以我為狂為惑，其身之不能恤，書於吾何有？」這是他考慮到事釋老二氏者，上至帝王皇族，下至公卿將相。排斥佛老之後果，是他不得不反覆斟酌的問題。❿但稱韓公為執事　韓愈當時隨董晉為汴州推官，故張籍稱其為執事。執事為古時對負責官府日常行政事務者的尊稱。⓫執事參於戎府　貞元十二年七月，朝廷任命董晉為汴州刺史、宣武軍節度使，及汴宋亳潁等州觀察處置使，韓愈隨董晉赴汴州，董晉初辟韓愈為節度掌書記參與謀議。董晉帶有軍職，故稱其參於戎府。

【語　譯】 韓愈文集中有〈答張籍〉二篇書信，韓在前一篇書信中說：「你講起排斥佛、老不若自己去著書立說。按照我的想法，與你不同，這件事需等我五六十歲時才能去做。你勸諭我不要對人們作那些沒有事實根據的遊戲文章，其實我只是遊戲而已。至於你講到我與人討論問題時缺少謙遜的態度，這一點或許有這種情況。至於講到我迷戀於博塞這一類似於賭博的遊戲，這一點我哪敢不接受你的賜教。」韓在後一篇書信中進一步說：「佛、老二家在中國流行，大概已有六百多年了，這已不是早上下令晚上便能禁止的事，等我五六十歲時再著書立說也不會失卻時機的。至於你講到我與人議論問題時不能更謙遜一些，似乎有一點好勝之心。這一點確實是有的，但這並不是為了個人的好勝，所好的是我所信奉的道理之勝。至於你批評我喜歡寫那些雜文，這個問題我在上一封信中已經講了。過去孔夫子也有過喜歡遊戲的事，這怎麼會有害於大道呢？」大體上張籍的書信中論述了四個方面的問題，即希望他能專心於著書立說、不要弄那種使人發笑的遊戲文章、與別人議論問題時好勝心不要太強以及不要參預博塞這類帶有賭博錢財的遊戲。如今我們看到張籍寫給韓愈的那兩封書信，在前一封信中，張籍說：「漢代衰落的時候，佛家的法術傳到中國，與黃老的道術一起，代代相傳而愈演愈烈。為什麼不撰述著作來弘揚聖人的道理呢。而執事卻往往花費精力在那些遊戲文章之上，讓別人看了只是博得人們哈哈大笑而已，這樣做會有損於你的德行。又與他人商議討論時，往往容不得他人之短，借此以放任自己好勝之心，這也有損於你的德行。況且博塞一類賭博遊戲是為了爭奪錢財呢？戲耍花的時間長了，往往就很難識別什麼是應該做的了。希望執事能杜絕對博塞這類遊戲的嗜好，拋棄那些玩笑式的無稽之談，應考慮如何多接待一些親近你的士子，繼承孟軻、揚雄他們的學術思想，使得聖人發明的道理能重現於唐代。」張籍在後一篇書信中還說：「老子和釋教欺惑人們的思想已經很久遠了，希望執事能真正擔當起著書立說這一重任。作為急切希望自己有所作為的人，如果都要等到五十、六十歲才能努力去有所作為，那麼或許會留下終身的遺憾。君子的一言一行，不能遠離禮儀的要求，沒有聽說過他們以無稽之談的遊戲文章為戲耍的。而執事每每見到這種笑話，總是拍手大笑，那對你的氣質和本性都是有害無益的，它不會使你步入正道。」張籍的這二封書信，很有力而且耿直爽快。他只稱韓公為執事，不稱先生。考證他寫這二封書信的時間，正是韓愈參事在軍府的時候。如果依照韓愈在貞元十二年為汴州推官的時間來推算，那時韓愈不過二十九歲，貞元十五年任徐州推官時，年齡也只三十二歲，那時他地位不高，年歲也不大，所以張籍沒有以老師的禮節來對待他。

【研　析】張籍的〈上韓昌黎書〉、〈上韓昌黎第二書〉及韓愈的〈答張籍書〉、〈重答張籍書〉，二人往返的這四封書信，議論的內容雖涉及著書辟佛老，譏刺駁雜之遊戲文章，辯論中是否應好勝，以及博塞賭博這四個問題，而中心的問題則是張籍希望韓愈及早地著書立說以辟佛老在中國的影響。韓愈一再地表示自己要待五六十歲以後才能把自己力辟佛老的言論見之於著作，為什麼韓愈在這個問題上猶豫再三呢？他在〈重答張籍書〉中講到：「今夫二氏之所宗而事之者，下乃公卿輔相。」那麼上是誰呢？也就是帝王宗室及王公貴族，無不迷戀於佛老二氏。如果著書公開辟佛老之說，「則見而怒之者必多矣，必且以我為狂為惑，其身之不能恤，書於吾何有？」那就是說我身家性命都難保，著書又能起到什麼作用呢？從當時的環境講，韓愈這些話並非誇張之詞，佛老二氏與唐朝皇室的權力結構有著非常親密的歷史姻緣關係。道教在唐朝有特殊的地位，唐高祖李淵在晉陽起兵時，曾編造了一個老子顯靈的神話，說什麼「楊氏將滅，李氏將興」，「天道將改，將有老君子孫治世。」於是宣告自己是老子李耳的後代，所以李世民封老子為「太上玄元皇帝」。玄宗李隆基進一步提倡道教，命侍臣講授《道德經》、《莊子》等書，而且將《老子》列入貢舉考試的科目。道教講求煉丹長生不老之術，唐代的帝王對此都深信不疑，據《唐六典》在唐代全國道觀有一千六百八十七所，道教教團的活動，受到朝廷的保護。至於佛教，也與唐代的政治有著緊密的聯繫。武則天的時候，有一個和尚叫薛懷義，命人作了一部《大雲經》，宣稱武則天是彌勒佛下凡，因而在兩京及諸州遍置大雲寺。唐玄宗時，全國在冊的佛教寺院有五千三百五十八所，其中僧廟三千二百四十五所，尼姑庵有二千一百一十三所。上有帝室的支持，下有如此龐大的道士與僧尼的隊伍，而且公卿以下有那麼多的信徒，要公開著書立說辟佛老二氏，作為個人那確實是要冒很大的風險。韓愈畢竟是一個有反潮流精神的英雄人物，張籍這二封書信，對韓愈起了鼓動的作用。韓愈在二封答書中，雖然口口聲聲地講要待他五六十歲之後才能著書立說，在此後不久，貞元十五年秋冬，韓愈便寫成了〈原道〉這篇著名的文章，公開發表自己抵排佛老二氏的思想學說。他批判老子的《道德經》說：「其所謂道，道其所道，非吾所謂道也。其所謂德，德其所德，非吾所謂德也。凡吾所謂道德云者，合仁與義言之也，天下之公言也。老子之所謂道德云者，去仁與義言之也，一人之私言也。」對於佛教，他指出：「今其法曰：必棄而君臣，去而父子，禁而相生養之道，以求其所謂清淨寂滅者，嗚呼！」「今也，舉夷狄之法，而加之先王之教之上，幾何其不胥而為夷也。」他的中心思想是辟佛老而發揚中國傳統的孔孟之道，亮出了自己的思想旗幟。他排斥佛老影響最大的還是他的〈論佛骨表〉。唐憲宗是一個迷信佛道、好長生之術的帝王，平淮西一役之後，憲宗便在元和十三年（西元八一八年）下詔求方士，於是以道士柳泌為台州刺史，入天台山採仙藥，在興唐觀煉藥，次年又令中使杜令奇迎佛骨。當時在鳳翔有法門寺，有護國真身塔，塔內有釋迦牟尼指骨一節，三十年一開，開則歲豐人泰。憲宗令迎佛骨入大內，留禁中三日，乃送諸寺廟，由王公大人供奉施捨，勞民傷財。於是韓愈上疏〈論佛骨表〉，張揚其辟佛之主張，其中講到中土自漢明帝時始有佛法，「明帝在位纔十八年耳，其後亂亡相繼，運祚不長。宋、齊、梁、陳、元魏已下，事佛漸謹，年代尤促。惟梁武帝在位四十八年，前後三度捨身施佛，宗廟之祭，不用牲牢，晝日一食，止於菜果，其後竟為侯景所逼，餓死臺城，國亦尋滅，事佛求福，反更得禍。由此觀之，佛不足信，事亦可知矣。」這一段話觸動了唐憲宗的神經，使他大怒不已。《舊唐書．韓愈傳》載：上曰：「愈言我奉佛太過，我猶為容之。至謂東漢奉佛之後，帝王咸致夭促，何言之乖剌也？愈為人臣，敢爾狂妄，固不可赦。」最終韓愈被貶為潮州刺史。張籍鼓動韓愈著書立說，以辟佛老，其當時的結果也就如韓愈〈重答張籍書〉所言。韓愈所言列代君王信奉佛法的結果都不佳，也是事實，它說明宗教迷信一旦進入宮廷高層的政治生活，那麼政事便會迷失方向，造成嚴重的後果。即便是對一種意識形態的過度迷戀，也必然會引起政事上的混亂和失敗。古代是如此，當代也一樣。

這裡還需補充說明的是韓愈與張籍的關係，儘管二人書信往來時，都只是初次相識。儘管張籍的書信耿直而有些尖刻，但彼此都視為知己，而且終身不渝。二人相識在貞元十三年秋，次年董晉命韓愈主持汴州鄉試，張籍應試中等，是年冬，張籍以汴州首薦的資格入長安，貞元十五年（西元七九九年）登進士。故張籍對韓愈始終懷著感激的心情，韓愈對張籍則始終抱著讚揚的態度。在汴州時，他在〈與馮宿論文書〉中稱：「近李翺從僕學文，頗有所得，然其人家貧多事，未能卒其業。有張籍者，年長於翺，而亦學於僕，其文與翺相上下，一二年業之，庶幾乎至焉。」張籍病目，韓愈代其執筆致浙東觀察使李遜，謀求一職位，以解決其一時的衣食和醫療費用。貞元十五年董晉卒，韓愈送喪，汴州發生兵變，而韓愈的家口都在汴州，那時張籍登第的消息傳來，妻女已由水路抵彭城。韓愈從二月初送喪到洛陽，再從洛陽返徐州，前後二十餘日，歷盡艱險，此時張籍來徐謁見，辭別時韓愈寫了〈此日足可惜一首贈張籍〉凡一百四十句，敘述其艱難經歷中的經過和心情，同時表示對故友思念之情。詩尾云：「日念子來遊，子豈知我情！別離未為久，辛苦多所經。對食每不飽，共言無倦聽。連延三十日，晨坐達五更。我友二三子，宦遊在西京。東野窺禹穴，李翺觀濤江。蕭條千萬里，會合安可逢。」韓愈摯友二三子中，張籍是放在第一位的。韓愈去世時，託後事於張籍。張籍作〈祭退之〉詩，凡一百六十六句，詩中詳細論述了二人相交及情感交流的過程：「北遊偶逢公，盛語相稱明。名因天下聞，傳者入歌聲。公領試士司，首薦到上京。一來遂登科，不見苦貢場。觀我性樸直，乃言及平生。仁慈類朋黨，骨肉無以當。坐令其子拜，常呼幼時名。追招不隔日，繼踐公之堂。出則連轡馳，寢則對榻床。搜窮古今書，事事相酌量。有花必同尋，有月必同望。為文先見草，釀熟偕共觴。新果及異鮭，無不相待嘗。到今三十年，曾不少異更。」韓愈臨終時，還以身後文字整理之事相託：「公疾浸日加，孺人視藥湯。來候不得宿，出門每回遑。自是將重危，車馬候縱橫。門僕皆逆遣，獨我到寢房。公有曠達識，生死為一綱。及當臨終辰，意色亦不荒。贈我珍重言，傲然委衾裳。公比欲為書，遺約有修章。令我署其末，以為後事程。家人號于前，其書不果成。子符奉其言，甚於親使令。」（《張司業集》）師友之間這不僅是文字之交，而是生死之交了。

韓公稱李杜

《容齋四筆》卷三

《新唐書・杜甫傳》贊曰：「昌黎韓愈於文章重許可，至歌詩，獨推曰『李、杜文章在，光焰萬丈長』，誠可信云。」❶予讀韓詩，其稱李、杜者數端，聊疏於此。〈石鼓歌〉曰：「少陵無人謫仙死，才薄將奈石鼓何。」❷〈酬盧雲夫〉曰：「高揖群公謝名譽，遠追甫、白感至誠。」❸〈薦士〉曰：「勃興得李杜，萬類困陵暴。」❹〈醉留東野〉曰：「昔年因讀李白杜甫詩，長恨二人不相從。」❺〈感春〉曰：「近憐李杜無檢束，爛漫長醉多文辭。」❻并《唐志》所引，蓋六用之。

【注釋】❶新唐書杜甫傳六句　新唐書，宋歐陽脩、宋祁撰。韓愈，字退之，河南河陽（今河南孟州）人，唐代古文學家，自謂郡望昌黎，故後世稱其為韓昌黎，其於文章很少許可時文。李杜文章在光焰萬丈長，李，李白。杜，杜甫。謂二人的詩歌光芒萬丈。語出永貞二年（西元八〇六年）韓愈所作〈調張籍〉一詩之首句。張籍，貞元中進士，以詩名當代，與韓愈友善。全詩二十韻，接下四句：「不知群兒愚，那用故謗傷。蚍蜉撼大樹，可笑不自量。」時正值永貞事變之後，王伾、王叔文失勢。他意氣風發，在江陵急切等待朝廷重新啟用。故這些話實際上是他的夫子自道。❷石鼓歌三句　意為杜甫、李白均已去世了，我文才薄弱怎麼能寫好歌詠石鼓的詩呢。石鼓歌，韓愈作於元和六年（西元八一一年），是張籍鼓動韓愈作的，故首句云：「張生手持〈石鼓文〉，勸我試作〈石鼓歌〉。」石鼓，唐初在雍縣（代宗永泰元年改稱天興，即今陝西鳳翔）出土，石上刻有四言詩。舊時以為是周宣王時的文物，近人考訂為春秋或戰國時的刻石。少陵，少陵原，陝西長安南。杜甫曾在這裡住過，故後人稱杜甫為杜少陵。謫僊，指李白，賀知章曾稱李白為謫仙人。❸酬盧雲夫三句　意為自己要高高作揖以感謝諸公對己詩文的讚譽，表示我還要真心誠意地遠追杜甫和李白詩歌的境界。〈酬盧雲夫〉是韓愈之詩題，其全稱為〈酬司門盧四兄雲夫院長望秋作〉。這首詩作於元和六年（西元八一一年）秋，是為了酬和盧雲夫所作的〈望秋〉一詩。盧雲夫，名汀，貞元元年（西元七八五年）進士，曾任虞部、司門、庫部郎曹，遷中書舍人、給事中。誠，真誠。❹薦士三句　〈薦士〉韓愈作於元和五年（西元八一〇年），時韓愈為河南令，鄭餘慶為河南尹、東都留守，李翱亦分司洛中。翱薦孟郊於留守鄭餘慶，韓愈此詩實助李翱薦郊。詩中有「善善不汲汲，後時徒悔懊」，是為薦士而言，「有窮者孟郊，受材實雄驁」，可見詩為薦孟郊而作。引詩前句為「國朝盛文章，子昂始高蹈」，後句為「後來相繼生，亦各臻閫隩」，講唐代詩歌的發展，起始於陳子昂，勃興於李白、杜甫，凌駕於當時萬類之上，後來者相繼前趨，亦登詩壇的堂奧。都是為下句顯示孟郊詩歌的才能作鋪敘的。

❺醉留東野三句　韓愈以長恨李白、杜甫二位摯友不能常相從為喻，把自己與孟郊的關係比作李白與杜甫的關係。故其下文有「吾與東野生並世，如何復躡二子蹤」，甚至講：「吾願身為雲，東野變為龍。四方上下逐東野，雖有別離無由逢。」可見韓愈懇留東野之心切。東野，孟郊之字。湖州武康（今浙江湖州）人，貞元七年（西元七九一年）孟郊赴京師應進士試，與韓愈相遇。孟郊年長韓愈十八歲，他們二人在長安一見如故。韓愈有〈長安交遊者贈孟郊〉一詩：「長安交遊者，貧富各有徒。親朋相遇時，亦各有以娛。陋室有文史，高門有笙竽。何能辨榮悴，且欲分賢愚。」那次應試孟郊落第。貞元十三年（西元七九七年），孟郊再至汴京，與韓愈、李翱有短暫的相會。三人有〈遠遊聯句〉，這是韓孟聯句之始。至貞元十五年（西元七九九年）孟郊五十歲時，始中進士。那時韓愈正因汴州兵亂，進退兩難之際，獲悉孟郊中進士，他就非常興奮。次年韓愈依張建封於徐州。韓愈有〈與孟東野書〉，可從此書信中見韓愈之於孟郊，心心相印。孟進士及第後，調溧陽尉。至元和三年（西元八〇八年），韓愈隨鄭餘慶去東都洛陽，任都官員外郎分司東都。元和五年（西元八一〇年）韓愈任河南令，時孟東野亦至洛陽，與韓愈、李翱相聚，故李翱薦東野於鄭餘慶，愈書〈薦士〉相助。時東野欲離去，故韓愈書〈醉留東野〉，引文為此詩之首句，接著就是鄭餘慶署孟郊為水陸轉運判官，元和九年（西元八一四年）餘慶轉興元尹、充山南西道節度觀察使時，又奏為參謀從事。郊挈其妻行，至閿鄉暴卒。餘慶盡全力料理其後事。此事足見古人若韓愈與孟郊及李翱、鄭餘慶之間相交之厚道。❻感春三句　出自韓愈〈感春四首〉之第二首。此詩應是元和元年（西元八〇六年）之春，韓愈判司江陵時所作，詩句反映了那時他處於徘徊彷徨的情緒之中。若「東西南北皆欲往，千江隔兮萬山阻」，他怨自己在江陵無所事事，如他說：「今者無端讀書史，智慧只足勞精神。畫蛇著足無處用，兩鬢雪白趨埃塵。」還不如江湖水面上的漁民們安生。如：「我恨

不如江頭人，長網橫江遮紫鱗。獨宿荒陂射鳧雁，賣納租賦官不嗔。」而他則是「平明出門暮歸舍，酩酊馬上知為誰」。近憐李杜無檢束，是指自己如李杜一樣到處流落，沒有一個好的落腳點。爛漫長醉多文辭，謂他們之所以只能飲酒長醉後在詩歌文辭上尋找爛漫，這個爛漫實際上包含著一種耐人思索的苦澀味。即使如此，仍然沒有放棄幻想，那就是「幸逢堯舜明四目，條理品彙皆得宜」，期望聖君賢相們給自己一個落腳點。這首詩較集中地反映了傳統知識分子永遠無法擺脫的苦惱。

【語　譯】《新唐書》在〈杜甫傳〉的贊語中說：「韓昌黎在文章方面很少稱許人，至於詩歌，特別推重李白和杜甫，他說『李杜文章在，光焰萬丈長』，這實在是可信的。」我讀韓愈寫的詩，其稱許李白、杜甫的有好幾首，約略疏理一下，摘錄在這裡。韓愈在〈石鼓歌〉中說：「少陵無人謫僊死，才薄將奈石鼓何。」在〈酬盧雲夫〉一詩中說：「高揖群公謝名譽，遠追甫白感至誠。」在〈薦士〉篇說：「勃興得李杜，萬類困淩暴。」在〈醉留東野〉一詩中說：「昔年因讀李白杜甫詩，長恨二人不相從。」在〈感春〉篇中說：「近憐李杜無檢束，爛漫長醉多文辭。」包括《唐史》所引的，及在韓愈的詩歌中前後所引李杜名共有六次之多。

【研　析】韓愈詩中並提李白與杜甫最早始於〈調張籍〉與〈感春〉，這二首詩都作於元和元年韓愈判司江陵時，這也是中國文學史上第一次把李杜二人並稱。但韓愈不是具體評論二人詩歌創作，而是借他們的遭際來抒發自己的感情。所以剖析這些詩句時，離不開韓愈自己的生活經歷。如果從詩歌創作上講，李杜二人確實都站在當時詩歌藝術創作的頂峰之上。接下來把李杜二人並提的是白居易，〈讀李杜詩集因題卷後〉一詩中說：「翰林江左日，員外劍南時。不得高官職，仍逢苦亂離。暮年逋客恨，浮世謫仙悲。吟詠流千古，聲名動四夷。文場供秀句，樂府待新詞。天意君須會，人間要好詩。」他與韓愈一樣，都是李杜二人並提而不分彼此。他也偏重於二人的遭際，並不具體分析和評述他們的詩歌創作。與白居易同時的元稹開始論述李杜二人作品的優劣，他是揚杜而抑李。《舊唐書》、《新唐書》亦受元稹的影響，《舊唐書‧杜甫傳》引元稹云：「是時山東人李白，亦以文奇取稱，時人謂之李杜。予觀其壯浪縱恣，擺去拘束，模寫物象，及樂府歌詩，誠亦差肩於子美矣。至若鋪陳終始，排比聲韻，大或千言，次猶數百，詞氣豪邁，而風調清深，屬對律切，而脫棄凡近，則李尚不能歷其藩翰，況堂奧乎！」這裡他是就兩人作品風格的比較而言。當然歷代詩話中也有揚李抑杜的，近人郭沫若之《李白與杜甫》一書，便是以揚李抑杜為宗旨。在這個問題上，南宋嚴羽的《滄浪詩話》講得還比較客觀和公正，他說：「李杜二公正不當優劣，太白有一二妙處，子美不能道。子美有一二妙處，太白不能作。子美不能為太白之飄逸，太白不能為子美之沉鬱。太白〈夢遊天姥吟〉、〈遠別離〉等，子美不能道；子美〈北征〉、〈兵車行〉、〈垂老別〉等，太白不能作。論詩以李、杜為準，挾天子以令諸侯也。少陵詩法如孫、吳，太白詩法如李廣。」李杜二者詩歌之間，從藝術上講不是以優劣論次序的問題，而是要評論者能各取其長，各美其美。無論揚杜抑李，還是抑杜揚李，都不能正確地認識他們詩歌創作上的光輝，並從中吸取對自己有益的養料。

李杜往來詩

李太白、杜子美在布衣時，同游梁、宋，為詩酒會心之友❶。以杜集考之，其稱太白及懷贈之篇甚多。如「李侯金閨彥，脫身事幽討❷」，「南尋禹穴見李白，道甫問訊今何如❸」，「李白一斗詩百篇，自稱臣是酒中僊❹」，「近來海內為長句，汝與山東李白好❺」，「昔者與高李，晚登單父臺❻」，「李侯有佳句，往往似陰鏗❼」，「憶與高李輩，論交入酒壚❽」，「白也詩無敵，飄然思不群❾」，「昔年有狂客，號爾謫僊人❿」，「落月滿屋梁，猶疑照顏色⓫」，「三夜頻夢君，情親見君意⓬」，「秋來相顧尚飄蓬，未就丹砂愧葛洪⓭」，「寂寞書齋裏，終朝獨爾思⓮」，「涼風起天末，君子意何如⓯」，「不見李生久，佯狂真可哀⓰」，凡十四五篇。至於太白與子美詩畧不見一句⓱。或謂〈堯祠亭別杜補闕〉者是已⓲，乃殊不然。杜但為右拾遺，不曾任補闕，兼自諫省出為華州司功，迤邐避難入蜀，未嘗復至東州⓳，所謂「飯顆山頭」之嘲，亦好事者所撰耳⓴。

【注釋】❶李太白三句　天寶三載（西元七四四年）李白、杜甫、高適三人一起遨遊於梁、宋之間，吟詩飲酒，三人成為會心之友，從此杜甫終生始終牽掛著李白。李太白，即李白。杜子美，即杜甫，子美為其字。布衣，指沒有官員身分的讀書人。梁，今河南開封。宋，今河南商丘。❷李侯金閨彥二句　此二句出自杜甫〈贈李白〉一詩。緊接此二句者為「亦有梁宋遊，方期拾瑤草」，二人相期作梁宋之遊。李侯，指李白。金閨，指金馬門，漢時東方朔、公孫弘皆曾待詔金馬門。彥，古人對士大夫的美稱。李白為供奉翰林，故稱李白為能籍金閨之賢大夫。脫身，指天寶三載李白因高力士之譖，放遊東都。幽討，尋幽探勝，指那年李白在齊州從高天師授籙，參預道教活動。❸南尋禹穴見李白二句　此處意謂孔巢父南下見到李白時，代為問訊李白求仙學道的近況如何。此是杜甫天寶中在京師所作之〈送孔巢父謝病歸遊江東兼呈李白〉第四章之末二句。孔巢父，冀州人，與李白善，早年曾與李白等一起隱於徂徠，時號「竹溪六逸」。天寶間巢父辭官歸隱，杜甫作此詩送之，並藉此問訊身在江東之李白。禹穴，在今紹興之會稽山，相傳為禹之葬所。《史記・太史公自序》有「上會稽，探禹穴」之句。❹李白一斗詩百篇二句　此二句詩出自杜甫的〈飲中八仙歌〉之第四章，是天寶年間杜甫追憶往事而作。全章四句：「李白一斗詩百篇，長安市上酒家眠。天子呼來不上船，自稱臣是酒中仙。」一斗，指李白的酒量能飲一斗。八仙係指賀知章、李適之、李璡、李白、崔宗之、蘇晉、張旭、焦遂八人。杜甫講李白那一章，斗酒百篇，言李白之才敏與豪情。其事當指范純正〈李白新墓碑〉所言：玄宗泛舟白蓮池，召李白作序，時白醉酒於酒家，被召來時，因醉酒無法登船，由高力士扶其上船，自稱酒中仙以解嘲。❺近來海內為長句二句　此詩句出自杜甫〈蘇端薛復筵簡薛華醉歌〉，詩作於天寶十五載（西元七五六年）正月，安史之亂已起。詩是醉後記敘席上情事而書簡於薛華。蘇端，時任比部郎中，薛華為右金吾倉曹。全詩四章，所引詩句出於第三章。前兩句是稱讚薛華「座中薛華善醉歌，歌辭自作風格老」，接下來讚揚薛華與李白「近來海內為長句，汝與山東李白好」。長句指七言歌行，李白與薛華皆善於七言，故有此語。❻昔者與高李二句　此詩句出於杜甫〈昔遊〉一詩之首二句，作於大曆元年（西元七六六年），杜甫流亡於夔州（今重慶市奉節）時，回憶早年與李白、高適同遊梁、宋的情景。單父臺，單父，古邑，有宓子賤的琴堂，在宋州縣城之北一里，臺高三丈，係高適陪同李白、杜甫登臨此地，憑弔古蹟的地方。❼李侯有佳句二句　此詩句見於題為〈與李十二白同尋范十隱居〉之詩的首二句。詩作於天寶四載（西元七四五年）秋季，杜甫應約與李白同遊歷下（今濟南西之歷山下）。陰鏗，字子堅，武威姑臧（今甘肅武威）人。《南史》稱其「博涉史傳，尤善五言詩，被當時所重」。陰鏗有〈蜀道難〉，敘由劍門入蜀之難，李白亦有〈蜀道難〉，且是其成名之作。故此言李白詩有佳句，往往似善詩之陰鏗。杜甫還接著說：「余亦東蒙客，憐君如弟兄。醉眠秋共被，攜手日同行。更想幽期處，還尋北郭生。入門高興發，侍立小童清。」敘述二人同居同遊，並同尋范野人隱居之閒情逸致。李白亦有題為〈尋魯城北范居士失道落蒼耳中，見范置酒摘蒼耳作〉之詩敘述此行之經過。杜詩是講李白，而李詩則是講尋找范野人的經過，各有側重。❽憶與高李輩

二句　此詩見題為〈遣懷〉第二章之首二句。詩係大曆元年杜甫流亡至夔州時所作。詩句反映了作者對往日與李白、高適同遊宋州（今河南商丘）的懷念，時李白與高適都已去世。所憶係二十二年前之往事，這二十二年世事與他自身皆由盛而衰。此章共八句：「憶與高、李輩，論交入酒壚。兩公壯藻思，得我色敷腴。氣酣登吹臺，懷古視平蕪。芒碭雲一去，雁鶩空相呼。」詩句的前四句是講杜甫與高、李二人在酒肆交往，並讚賞他們的詞藻。後四句是他們三人由憑弔古臺而引起對世事變化的感慨。再從〈遣懷〉全詩看，首章講當年梁宋的盛況，末章敘「亂離朋友盡」，是對天寶以來世道由盛而衰的悲傷，也是對自身「吾衰將焉託？存歿再嗚呼！」的無奈。酒壚，指酒店。❾白也詩無敵二句　此係李、杜二人遊梁、宋分手後，杜甫由洛陽歸長安，於天寶五載（西元七四六年）春所作〈春日憶李白〉詩之首二句。李白此時正在江南浪遊。杜甫由對李白詩的景仰轉而表達對人的思念。全詩共八句，前四句「白也詩無敵，飄然思不群。清新庾開府，俊逸鮑參軍」，庾開府指庾信，鮑參軍指鮑照，兩人皆是南北朝時著名詩人。這是對李白詩之讚揚，可比庾信、鮑照。後四句「渭北春天樹，江東日暮雲。何時一樽酒，重與細論文」是詠二人一在長安，一在江東，彼此在關山阻隔下的無限思念。❿昔年有狂客二句　此詩句係乾元二年（西元七五九年）杜甫寓居秦州（今甘肅天水市）時所作，題為〈寄李十二白二十韻〉一詩之首二句。時李白因坐永王李璘事長流夜郎，全詩的主旨是為李白的不幸遭際鳴不平。這時杜甫另有〈夢李白二首〉、〈天末懷李白〉二詩，都既是懷念李白，又為其鳴不平的詩。狂客，指賀知章，知章會稽（今浙江紹興）人，以文詞知名，先後充集賢院學士、祕書監、太子賓客等職，為人放曠，善談笑，自號「四明狂客」。李白有〈對酒憶賀監〉詩云：「四明有狂客，風流賀季直。長安一相見，呼我謫仙人。」孟棨《本事詩》紀其事云：「李太白初自蜀至京師，舍於逆旅。賀監知章聞其名，首訪之。既奇其姿，復請所為文，出〈蜀道難〉以示之，讀未竟，稱嘆者數四，號為『謫仙』。」既是仙人，又是被謫，以喻李白的不凡。詩中若「未負幽棲志，兼全寵辱身。劇談憐野逸，嗜酒見天真」，反映了李白託幽棲而全身於寵辱的性格，若「處士禰衡俊，諸生原憲貧。稻粱求未足，薏苡謗何頻」，都充滿著對李白遭際的不平和同情。⓫落月滿屋梁二句　此二句亦係出自乾元二年杜甫寓居秦州時所作，題為〈夢李白二首〉中第一首之第三章，時李白因坐永王李璘事流夜郎，半道遇赦放還至潯陽（今江西九江市）。杜甫在秦州得不到李白確切的消息，亦有妄傳李白墮水死，更激起杜甫對李白的牽掛，故其第一章四句云：「死別已吞聲，生別常惻惻。江南瘴癘地，逐客無消息。」第二章敘杜甫回憶在夢中見李白那種似夢非夢恍恍惚惚的情景云：「故人入我夢，明我長相憶。恐非平生魂，路遠不可測。」第三章是敘述作者似醒非醒的思緒云：「魂來楓林青，魂返關塞黑。今君在羅網，何以有羽翼。落月滿屋梁，猶疑照顏色。水深波浪闊，無使蛟龍得。」「落月滿屋梁」是講似醒未醒時見到落月的月光照在屋梁之上，「猶疑照顏色」似是在見夢中人的顏色。末句則憂慮其遠謫遭到江湖風波之險。⑫三夜頻夢君二句　此二句出自〈夢李白二首〉之第二首首章之三、四句。意謂連續三夜都夢見李白，顯示杜甫思念李白的情深意切。第二章六句言夢中告別時的囑託和希冀：「告歸常局促，苦道來不易。江湖多風波，舟楫恐失墜。出門搔白首，苦負平生志。」第三章為李白的遭際抱不平：「冠蓋滿京華，斯人獨憔悴。孰云網恢恢，將老身反累。千秋萬歲名，寂寞身後事。」此末二句已成為古今傳誦的名句。⑬秋來相顧尚飄蓬二句　此詩句出自杜甫天寶四載所作之〈贈李白〉一詩之首二句，是李杜二人在齊魯浪跡後告別時之贈詩。李白有〈魯郡東石門送杜二甫〉詩，其末二句為「飛蓬各自遠，且盡手中杯」，表示二人分手後，將似蓬草那樣隨風漂泊而各奔東西。杜詩之「秋來相顧尚飄蓬」，謂二人於是年秋天在齊魯相顧而遊，如今又要分手各自隨風漂泊了。杜甫在上一年所作之〈贈李白〉一詩之末二句有「亦有梁宋遊，方期拾瑤草」之句，指他們梁宋遊的一個目的是尋訪煉丹術。未就丹砂愧葛洪，指未能遂養生的煉丹藥之事，愧對當年晉代方士葛洪專志於煉丹。葛洪，丹陽句容（今屬江蘇）人，東晉煉丹術家，著有《抱朴子》一書。此詩接下來尚有「痛飲狂歌空度日，飛揚跋扈為誰雄」之句，活生生地表現出李白當時求仙學道、喜擊劍任俠、終日醉酒的生活形象，也深刻地揭示了李白內心落拓不得志的苦悶。⑭寂寞書齋裏二句　此詩句出自杜甫天寶四載所作之〈冬日有懷李白〉一詩之首二句。全詩是對遠在江南的李白情逾兄弟的思念。⑮涼風起天末二句　此詩句出自杜甫在大曆元年秋客居夔州（今重慶市奉節）時所作，題為〈天末懷李白〉之首二句。全詩共八句：「涼風起天末，君子意何如。鴻雁幾時到，江湖秋水多。文章憎命達，魑魅喜人過。應共冤魂語，投詩贈汨羅。」天末指天之盡頭，謂立秋之日，涼風起於雲之盡頭。詢問李白近況如何。全詩前四句是杜甫對景懷人，後四句悲憫李白不平之遭遇。時杜甫推測李白流放當由潯陽去夜郎（今貴州遵義），途經湖南，會投詩紀念冤死汨羅之屈原，故云：「應共冤魂語，投詩贈汨羅。」此處亦以屈原喻李白。⑯不見李生久二句　此詩句出於題為〈不見〉一詩之首二句。此詩當作於乾元元年（西元七五八年），杜甫悲憫和思念李白坐永王李璘事長流夜郎，故詩中有「世人皆欲殺，吾意獨憐才。敏捷詩千首，飄零酒一杯」，皆為同情李白遭際之語。不見李生久，指兩人相隔已久。佯狂真可哀，謂白之縱酒豪放，亦有其不得已而為之的緣故。⑰至於句　洪邁此語不然。李白與杜甫之詩，若〈魯郡東石門送杜二甫〉一詩便是齊魯遊後，李白直接為杜甫送行的詩。詩句中有「何時石門路，重有金樽開」，希望別後再有重逢的機會。此後不久，李白又有〈沙丘城下寄杜甫〉，反映杜甫走後，李白有孤獨的感覺，他在詩中說：「我來竟何事？高臥沙丘城。城邊有古樹，日夕連秋聲。魯酒不可醉，齊歌空復情。思君若汶水，浩蕩寄南征。」對杜甫的思念若汶水之浩浩蕩蕩。⑱或謂句　〈堯祠亭別杜補闕〉是李白詩題，詩題的全稱為〈秋日魯郡堯祠亭上宴別杜補闕范侍御〉。

或謂，指有人稱李白的這首詩送別的杜補闕即是杜甫，其實不然。⑲杜但為右拾遺五句　杜甫是在肅宗至德二載（西元七五七年）四月，自長安奔肅宗行在鳳翔（今陝西鳳翔）。五月，被朝廷任命為右拾遺。他沒有擔任過補闕之官。乾元元年六月，杜甫被貶為華州司功參軍，他在華州一年左右。乾元二年七月，杜甫始攜家前往秦州，再由秦州入蜀。自入蜀以後杜甫一直在西部地區活動，沒有回到關東的州縣。⑳所謂二句　飯顆山頭，出於《李太白集》卷三十〈戲贈杜甫〉一詩，全詩為：「飯顆山頭逢杜甫，頭戴笠子日卓午。借問別來太瘦生，總為從前作詩苦。」詩意戲謔杜甫作詩拘於聲律，用力甚苦。飯顆山亦名長樂阪（坡），據《元和郡縣志》長樂阪在京兆府萬年縣東北十三里，滻水之西岸。由坡向北可遙望長樂宮，故名長樂阪。李白與杜甫自齊魯遊分別後，沒有在長安相遇的機會，故洪邁認為此詩係後之好事者偽託李白之名所撰。但《唐詩紀事》、《唐摭言》、《本事詩》均載此詩。

【語　譯】李太白、杜甫還是布衣時，曾經同遊梁、宋地區，以詩酒作會心之交。從杜甫的詩集考證，其中稱道太白及懷念和贈送給李白的詩篇很多。諸如〈贈李白詩〉有「李侯金閨彥，脫身事幽討」，〈送孔巢父兼呈李白〉有「南尋禹穴見李白，道甫問訊今何如」，〈飲中八仙歌〉講「李白一斗詩百篇，自稱臣是酒中僊」，〈蘇端薛復筵簡薛華醉歌〉稱「近來海內為長句，汝與山東李白好」，在〈昔遊〉一詩中，憶「昔者與高李，晚登單父臺」，在〈與李十二白同尋范十隱居〉一詩稱「李侯有佳句，往往似陰鏗」，在〈遣懷〉一詩講「憶與高李輩，論交入酒壚」，〈春日憶李白〉講「白也詩無敵，飄然思不群」，在秦州作〈寄李十二白二十韻〉講「昔年有狂客，號爾謫僊人」，接著又作〈夢李白二首〉，他在第一首中稱「落月滿屋梁，猶疑照顏色」，在第二首中說「三夜頻夢君，情親見君意」，杜甫與李白在魯郡告別時，有〈贈李白〉一詩云「秋來相顧尚飄蓬，未就丹砂愧葛洪」，二人分手以後不久，杜甫便有〈冬日有懷李白〉詩「寂寞書齋裏，終朝獨爾思」，杜甫晚年客居夔州，秋涼時想起李白，作〈天末懷李白〉「涼風起天末，君子意何如」，在〈不見〉一詩稱「不見李生久，佯狂真可哀」，杜甫詩中提到李白的有十四、五篇。至於李太白給杜子美的詩，大略不見一句。有人認為〈堯祠亭別杜補闕〉是給杜甫的，其實不然。杜甫只出任過右拾遺，並未擔任過補闕一職，再說杜甫自從諫職貶為華州司功參軍以後，不久便轉而避難進川，再也沒有回到東部的州縣，至於所謂〈戲贈杜甫〉詩「飯顆山頭逢杜甫」，只是後之好事者，杜撰出來藉以玩笑而已。

【研　析】杜甫現存一千四百四十餘首詩中，專門寄贈或懷念李白的有十首，〈贈李白〉有前後二首，〈與李十二白同尋范十隱居〉一首，〈冬日有懷李白〉一首，〈春日懷李白〉一首，〈夢李白〉二首，〈天末懷李白〉一首，〈寄李十二白二十韻〉一首，〈不見〉一首。詩中提到李白的五首，〈送孔巢父謝病歸遊江東兼呈李白〉一首，〈飲中八仙歌〉一首，〈蘇端薛復筵簡薛華醉歌〉一首，〈昔遊〉一首，〈遣懷〉一首。洪邁從這十五首詩文中，各摘一句，但在排列次序上似乎是隨機摘錄的，既沒有按其寫作的時間次序，也沒有按寫作地域，更沒有依作品的內容來分類排列。二人都是開元、天寶時期著名的盛唐詩人，二人都經歷了安史之亂唐代由盛而衰的激烈變化，在這個轉折期二人都經歷了折磨和災難。李白長於杜甫十一歲，二人在天寶三載春夏之交相遇於洛陽，時杜甫三十三歲，李白四十四歲。李白自長安被賜金放還。杜甫二年東都客，在仕途上也不得意，於是二人相約去梁、宋遊，與李杜一起在梁、宋浪跡的還有高適。天寶四載李、杜二人又一起去齊魯，他們似兄弟一般同居共被。二人相聚在一起亦就是這不到二年的時間，那年的秋天二人在魯郡東石門（今山東曲阜）分手了，杜甫西去長安，李白則南下江東，此後二人再沒有相聚的機會。但是這一短暫的相聚和分別，對杜甫留下了終身難以忘懷的印象。

如果從時間上講，杜甫關於李白的詩作，大體上可以分為三個時間段，一是在天寶年間，也就是安史之亂以前的階段。先是敘述二人相約赴梁、宋遊，若天寶三載的〈贈李白〉「李侯金閨彥，脫身事幽討。亦有梁宋遊，方期拾瑤草」。天寶四載的〈贈李白〉「秋來相顧尚飄蓬，未就丹砂愧葛洪。痛飲狂歌空度日，飛揚跋扈為誰雄？」反映二人在齊魯遊時那種既是痛飲狂歌飛揚跋扈那種放蕩不羈，又是空度日和為誰雄那種英雄無用武之地的煩惱。以及在〈與李十二白同尋范十隱居〉一詩中所表露的二人兄弟情：「余亦東蒙客，憐君如弟兄。醉眠秋共被，攜手同日行。」二人在魯郡石門分手以後，杜甫去了長安。在長安這個時期，杜甫時時掛念著在江東的李白，如天寶四載的〈冬日有懷李白〉有「寂寞書齋裡，終朝獨爾思」。次年春，有〈春日憶李白〉：「白也詩無敵，飄然思不群。清新庾開府，俊逸鮑參軍。渭北春之樹，江東日暮雲。何時一樽酒，重與細論文。」一在渭水之北，一在江東，二地二人之思念，期望有重逢的機會。孔巢父早年與李白一起在徂徠山，時自長安歸江東，故杜甫託其帶信問候李白：「南尋禹穴見李白，道甫問訊今何如？」接著就是〈飲中八仙歌〉，描述李白在長安最風光的二句：「李白一斗詩百篇，長安市上酒家眠。天子呼來不上船，自稱臣是酒中仙。」還有就是作於天寶十五載（西元七五六年）的〈蘇端薛復筵簡薛華醉歌〉稱讚薛華與李白的長句：「近來海內為長句，汝與山東李白好。」

二是肅宗至德上元年間，安史之亂起來以後，李白在江東，永王李璘兵敗以後，李白受牽連遭長流夜郎之災。杜甫則自長安向西流亡至秦州（今甘肅天水市），此時杜甫對李白的思念牽掛，並為李白的遭際鳴不平的情緒，集中表現在乾元元年和二年的作品中。如乾元元年所作〈不見〉是知道李白出事了，但沒有他確切的消息，故詩云：「不見李生久，佯狂真可哀。世人皆欲殺，吾意獨憐才。敏捷詩千首，飄零酒一杯。匡山讀書處，頭白好歸來。」匡山是李白早年隱居讀書的地方。杜甫希望他能平安回來。次年有〈夢李白二首〉，是獲悉李白流夜郎之後，其詩云：「死別已吞聲，生別常惻惻。江南瘴癘地，逐客無消息。故人入我夢，明我長相憶。」還講了夢中的情景：「三夜頻夢君，情親見君意。告歸常局促，苦道來不易。」接著就是〈寄李十二白二十韻〉，既表達李白的光彩照人，若「昔年有狂客，號爾謫仙人。筆落驚風雨，詩成泣鬼神」。又為其鳴不平，若「才高心不展，道屈善無鄰。處士禰衡俊，諸生原憲貧。稻粱求未足，薏苡謗何頻」。

三是大曆年間，杜甫流亡在夔州時，而李白已於寶應元年（西元七六二年）去世，高適也已去世。那時又觸發了杜甫對李白、高適往事的回憶和思念，如〈遣懷〉、〈昔遊〉、〈天末懷李白〉都是那個時期的作品，如「昔者與高李，晚登單父臺。寒蕪際碣石，萬里風雲來」，「憶與高李輩，論交入酒壚。兩公壯藻思，得我色敷腴」。

李白寄贈杜甫的詩就只有二首，一首是二人在魯郡分手時寫的〈魯郡東石門送杜二甫〉，一首是分手後，李白在〈沙丘城下寄杜甫〉一詩中表示對杜甫的思念。從感情上講杜甫比李白要深沉得多。

呂子論學❶

《容齋四筆》卷三

呂子曰：「天生人而使其耳可以聞❷，不學，其聞則不若聾❸；使其目可以見，不學，其見則不若盲❹；使其口可以言，不學，其言則不若喑❺；使其心可以智，不學，其智則不若狂❻。故凡學，非能益之也，達天性也❼，能全天之所生，而勿敗之，可謂善學者矣。」此說甚美，而罕為學者所稱，故書以自戒。

【注釋】❶呂子論學　出自呂不韋令其門人賓客集體編撰的《呂氏春秋》的〈尊師〉篇。呂子，指呂不韋。❷天生人句　此言人有耳，可以聞，此謂聞是人之本能。❸不學二句　謂無所聞也。因為不學，則無以辨別聲之宮、商、角、徵、羽之五音。若不能辨別聲音及其所含之意義，那其聞與無所聞沒有區別了。❹不學二句　不經過學習和訓練，就無法辨別目所見之圖形及其變化之意義，還不若盲人生活在黑暗中。❺使其口可以言三句　其意謂與人說話，要看對象，看場合。荀子說：「未可與言而言謂之傲，可與言而不言謂之隱，不觀顏色而言謂之瞽。故君子不傲、不隱、不瞽，謹順其身。」（《荀子・勸學》）這就需要經過刻苦的學習和人生的歷練。言，語言，是經過訓練才能成為人與人之間互相溝通的工具。喑，啞也。❻使其心可以智三句　心之官為思，智由思而得。孔子說：「學而不思則罔，思而不學則殆。」（《論語・為政》）思，即思維，有一個方法的問題，思維必須遵循邏輯推演的過程，要經過學習才能掌握，只學習而不去思考，那會迷惘，只思考而不認真學習那就非常危險了，因為那樣的思是胡思亂想，會出亂子。孔子還說：「吾常終日不食，終夜不寢，以思，無益，不如學也。」（《論語・衛靈公》）而思的目的是規範自己的言行，故孔子曰：「君子有九思：視思明，聽思聰，色思溫，貌思恭，言思忠，事思敬，疑思問，忿思難，見得思義。」（《論語・季氏》）不學，何以思，不思，又何以智。故云其智不若狂。狂者，妄也。❼凡學三句　即使人之耳、目、口、心的功能能夠充分發揮出來。益，增加。達天性，通達人之天性。

【語　譯】《呂氏春秋》的〈尊師〉篇說：「上天造就人，使人有耳朵可以聽，但如果不努力學習，那麼他所聽到的還不如聾子聽不到聲音；使人有眼睛可以看得見，如果不努力學習，那他所看到的還不如盲人看不到；使人可以有口說話，如果不努力學習，那他張口說什麼還不如啞巴不能說話；使人有心可以認知，但如果不努力學習，那麼他的認知還不如癡狂之人。因此，大凡學習，並非能使人在本能以外再增添什麼，而只通達和發揮屬於人之天性和本能，能保全人之天性所秉賦，而不使其受到毀傷，這就可以算是善於學習的了。」這個說法非常美妙，但很少為學者們所稱道，所以書寫於此，並以之自戒自勉。

【研　析】《呂氏春秋》是呂不韋召集其門下賓客學士集體編寫的一部著作，《漢書・藝文志》把《呂氏春秋》歸入雜家。所以歸入雜家，緣於在先秦諸子的著作中，它兼儒墨，合名法，實際上是先秦諸子學說的綜合。戰國末期到秦漢之際，各家學說的綜合匯總已成潮流，我們看到的《管子》、《荀子》都有這種傾向，漢初《淮南子》也反映了這種傾向，不過各有其主次和側重罷了。司馬談的〈論六家要旨〉引《易・大傳》曰：「天下一致而百慮，同歸而殊途。」實際上都是為帝王治國之道服務的。

本文的這一段文字出於《呂氏春秋》十二紀之「孟夏紀」第三篇的〈尊師〉篇。孟夏紀這一組共四篇文章，圍繞師生之間，講的都是教育問題，而教育的前提是人的認知能力，究竟是先天的，還是後天的，是生而知之，還是學而知之。這段文字對這個古老的命題，作了非常明確的回答。作者認為人天生有耳可聞，有目可見，有口可言，有心可知是天賦的本能，只有通過學習，也就是教育，才能使人具有的這種天賦和潛能得以充分發揮出來。如果不努力學習，那麼所有這些認知的器官還不如沒有的好。它從認識論的角度論證了教學在人成長過程中的重要作用。教學的過程是教與學互動的過程，對於教者而言，「利人莫大於教」。對於學者而言，「成身莫大於學」。教者，必須「視徒如己」，「所加於人，必可行於己」。師者必須「為人師表」；而學者之善學，要博採眾長，「假人之長以補其短」，「天下無粹白之狐，而有粹白之裘，取之眾白也」。《禮記・學記》云：「是故學然後知不足，教然後知困，知不足然後能自反也；知困，然後能自強也。故曰：教學相長也。」中國傳統的教育思想閃耀著許多不朽的光彩。

王荆公上書并詩❶

王荆公議論高奇，果於自用。嘉祐初，為度支判官❷，上〈萬言書〉❸，以為：「今天下財力日以困窮，風俗日以衰壞。患在不知法度，不法先王之政故也❹。法先王之政者，法其意❺而已。法其意，則吾所改易更革，不至乎傾駭天下之耳目，而固已合矣。因天下之力，以生天下之財，取天下之財，以供天下之費。自古治世，未嘗以不足為公患也，患在治財無其道爾。在位之人才既不足，而閭巷草野❻之間，亦少可用之材。社稷之託，封疆之守❼，陛下其能久以天幸為常，而無一日之憂乎？願監苟且因循❽之敝，明詔大臣，為之以漸，期為合於當世之變。臣之所稱，流俗❾之所不講，而議者以為迂闊而熟爛者也。」當時富、韓二公❿在相位，讀之不樂，知其得志必生事。後安石當國，其所注措，大抵皆祖此書⓫。又不忍貧民，而深疾富民，志欲破富以惠貧。嘗賦〈兼并〉詩一篇⓬，曰：「三代子百姓，公私無異財。人主擅操柄，如天持斗魁⓭。賦予皆自我，兼并乃姦回⓮。姦回法有誅，勢亦無自來。後世始倒持，黠首⓯遂難裁。秦王不知此，更築懷清臺⑯。禮義日已媮，聖經久堙埃⑰。法尚有存者，欲言時所咍⑱。俗吏不知方，掊克⑲乃為才。俗儒⑳不知變，兼并可無摧。利孔至百出，小人司闔開㉑。有司㉒與之爭，民愈可憐哉。」其語絕不工㉓。迨其得政㉔，設青苗法以奪富民之利㉕，民無貧富，兩稅之外，皆重出息十二。呂惠卿復作手實之法㉖，民遂大病，其禍源於此詩。蘇子由㉗以為昔之詩病未有若此其酷也。痛哉！

【注釋】❶王荊公上書并詩　這裡所說的上書，指王安石在仁宗嘉祐三年（西元一〇五八年）離開提點江東刑獄任上時所上奏的〈上仁宗皇帝言事書〉，此書通常亦稱〈萬言書〉。詩指王安石的〈兼并〉詩。見於正文中。王荊公即王安石，因其封爵為荊國公，故人稱王荊公。王安石，字介甫，號半山，撫州臨川（今江西撫州）人，仁宗慶曆年間進士。知鄞縣，有政績。仁宗嘉祐三年目睹國危民貧，向仁宗皇帝上萬言書，提出政治改革的主張，未被重視。熙寧二年（西元一〇六九年）得到神宗皇帝的賞識，不次提拔，被任為參知政事。次年，拜相，在全國範圍內推行新政。新政的內容主要有青苗、均輸、市易、免役、保甲保馬、農田水利等。經濟上著重生財利，通有無，抑兼併。這觸犯了大官僚地主豪商的既得利益，遭到了他們的竭力反對。但在神宗的支持下，先後執政八年，勉力以推行新法。熙寧九年（西元一〇七六年），告退歸江寧（今江蘇南京）休養。王安石博學，通經史，議論精奇有力，所著經學、文章詩詞，貫穿著經世致用的思想。其著作後人有唐宋八大家之稱。有《荊國王文公集》傳世，或就其籍貫，又稱《王臨川集》。其事蹟見《宋史・王安石傳》。❷嘉祐初二句　嘉祐為宋仁宗年號，先後凡八年。度支判官為宋代掌財政的三司使下的屬官。分判度支司事務。通常從曾任諸路轉運使、提點刑獄的朝官中選充。其職佐助度支使掌判天下財賦出入之數。❸上萬言書　此文為王安石在嘉祐三年提點江東刑獄時所作。是年，王安石年三十八歲。在〈上仁宗皇帝言事書〉中，王安石揭示那時國家的積弊、積弱，提出改革經濟的主張，亦為日後神宗時實行變法的綱領性文件。萬言書，即〈上仁宗皇帝言事書〉。❹患在不知法度二句　法度，指法律與制度。先王，指古代的聖君賢王。法先王，指以先王的行事為模範、準則。《管子・明法解》：「法者，天下程式也，萬事之儀表也。」不法先王之政，指不以古聖王所行的政治為準則。❺法其意　指實行法律、制度時不是形似的模仿，而是採取其立法的精神、意旨。❻閭巷草野　閭巷，城市中的里巷。草野，鄉郊野外，泛指民間。《史記・李斯列傳》：「夫斯乃上蔡布衣，閭巷之黔首。」王充《論衡・書解》：「知屋漏者在宇下，知政失者在草野。」❼社稷之託二句　此二句意指能託付管理國家大事和守衛邊疆的人才。社稷為古代帝王所祭祀的土地神和穀神。土地生長五穀，為民生所必需，故帝王祭之以為天下求福、報功。後世亦以社稷作為國家的代稱。《禮記・檀弓下》：「執干戈以衛社稷。」這裡的社稷即指國家而言。封疆指土地疆界上的標記。《周禮・地官・大司徒》：「諸公之地，封疆方五百里。」❽苟且因循　意謂得過且過，沿襲舊制度或舊習慣而順從之。《漢書・段會宗傳》谷永作書戒段會宗曰：「願吾子因循舊貫，毋求奇功。」又〈循吏傳〉：「(霍）光因循守職，無所改作。」顏師古注：「循，順也，上順公法，下順人情。」❾流俗　流行的習俗，或指俗人、普通人。《漢書・司馬遷傳》：「文史星曆，近乎卜祝之間，固主上所戲弄，倡優畜之，流俗之所輕也。」❿富韓二公　指宋仁宗時大臣富弼、韓琦二人。⓫其所注措二句　此二句指王安石秉政時所實行的新法，大抵都來源於此〈萬言書〉。注措，即措施。⓬兼并詩一篇　此詩為王安石在皇祐五年（西元一五〇八年）通判舒州時所作。詩意是抨擊富豪兼併之非，主張效法《周禮》及孔、孟之說，不拘時俗流言，進行政治改革。以求達到「願見井田平」、「公私無異財」的貧富均的目的，使國家以農為本的基業得到穩固。⓭人主擅操柄二句　此二句意謂帝王操著權柄，猶上天操持著北斗星運轉。人主指帝王。斗魁，指天象上的北斗星。北斗有七星，魁為第一星。《史記・天官書》：「魁枕參首。」《正義》：「魁，斗第一星也。」⓮賦予皆自我二句　此二句指給予皆自我帝王所出，富人兼併窮人，乃是奸邪人所做的事。賦予，給予；授予。《國語・晉語四》：「賦職任功。」注：「賦，授也。」姦回，意指奸惡、詐偽、邪僻的人。《左傳・襄公二十三年》：「姦回不軌，禍倍下民可也。」⓯黔首　指百姓。《史記・秦始皇本紀》：二十六年，「更名民曰黔首。」《說文解字》：「秦謂民黔首，謂黑色也。」黎民百姓終日勞動，膚色黝黑，故稱黔首。戰國時即有此稱，至秦而定令，後亦沿用。⓰秦王不知此二句　秦始皇為巴蜀女富豪名清的寡婦建造懷清臺。意謂秦尊獎富室，導致兼併。《史記・貨殖列傳》：「而巴蜀寡婦清，其先得丹穴，而擅其利數世，家亦不訾。清寡婦也，能守其業，用財自衛，不見侵犯，秦皇帝以為貞婦而客之，為築女懷清臺。」⓱禮義日已媮二句　此二句指禮義受到輕視，已多時不講。儒家的經典遭到鄙視，被廢棄成為灰塵。媮，輕視、鄙薄的意思。《左傳・襄公三十年》：「晉未可媮也。」聖經，指儒家的經典。堙埃，堙，廢棄。埃，灰塵。⓲咍　嗤笑。清桂馥《札樸》稱：咍即是嗤字的異文。⓳掊克　剝削，指用苛捐雜稅搜刮民眾財產。《新唐書・韓滉傳》：「德宗立，惡滉掊刻，徙太常卿。」掊刻即掊克，義同。⓴俗儒　指志向不高、目光短淺，會講而不能做的儒生。《後漢書．杜林傳》注引《風俗通》：「若能納而不能出，能言而不能行，講誦而已，無能往來，此俗儒也。」

㉑利孔至百出二句　利孔，得利的道路或口子。桓寬《鹽鐵論．本議》：「諸侯好利則大夫鄙，大夫鄙則士貪，士貪則庶人盜，是開利孔，為民罪梯也。」小人，指不正派的貪官汙吏。闔，指閉合。司闔開，指貪官汙吏掌握著財政的出入。

㉒有司　古代設置官衙辦事各有專設的機構和人員分別擔負職責。有司即為官吏及其機構的泛稱。《三國志．蜀書．諸葛亮傳》：「若有作姦犯科及為忠善者，宜付有司，論其刑賞。」

㉓其語絕不工句　此句指〈兼并〉詩造句綴詞粗拙而不精巧，含有貶意。不工，指不細緻，不精巧。

㉔迨其得政　指王安石掌握了政治權力。迨，及也。

㉕設青苗法句　青苗法為王安石推行新政的主要措施之一。亦稱「青苗錢」、「常平斂散法」。神宗熙寧二年開始實行。此法以各路府州縣的常平錢穀借貸給民戶取息，其意在夏秋兩季收成前，農村民戶青黃不接時，可補助耕作。但其法重在取息，借貸之戶貧富搭配，相互作保，借貸數額依民戶貧富分五等，多者每次可借十五貫，少者每戶僅一貫。所借隨夏秋兩稅歸還。每期取息二分。實際推行時，官府有強制抑配，取息或重於二分的弊病，故遭到當時不少官僚的反對。青苗法推行，富民亦須借貸出錢，並奪其放高利貸之收入，故此處稱行青苗法是奪富民之利。

㉖呂惠卿句　呂惠卿行新法時，創制五等的人丁、財產簿，規定民間自供手實的項目很多，凡家中房屋、土地、家畜乃至所養的雞、豬大小之物，均需據實申報，如有隱瞞，許知情者告發，並以查獲資產的三分之一作為獎賞。此法既行，鄉里煩擾，民間怨聲大作。不久，神宗詔令罷廢。事見《宋史．呂惠卿傳》及《宋史．食貨志》。呂惠卿，宋泉州晉江（今福建晉江市）人，字吉甫，進士出身，初與王安石討論經義，意見多合，得王安石賞識，推薦為太子中允。王安石實行新法時，參加制定青苗、均輸等法，事無大小，必與之謀，被王安石視為心腹。及王安石為政敵攻擊，罷去相位，呂惠卿以執政繼續實行新法。他千方百計排擠王安石復相，甚至在神宗面前奏告王安石隱私。王安石得知，十分悔恨自己輕信，失於用人。及司馬光恢復舊法時，呂惠卿被貶謫外任。後章惇、曾布、蔡京等相繼為相，標榜新法，對呂惠卿的為人及其不道德行為深感畏惡，皆不肯起用。徽宗政和元年（西元一一一一年）卒於地方任所。手實法，一種徵收賦稅的辦法，由地方居民自報人丁、土地財產編冊，政府據以收取賦稅。又稱「首實法」。唐五代時即已實行過。宋仁宗時，周湛任江南西路轉運使，曾施行許民自報的辦法。

㉗蘇子由　即蘇轍，子由為其字。轍，蘇軾之弟，眉州眉山（今四川眉山市）人，與父洵、兄軾人稱三蘇，皆以文學見長於世。轍，仁宗嘉祐年間進士，累官至尚書右丞、門下侍郎。王安石推行新法，轍竭力反對，曾多次奏議罷去蔡確、章惇、呂惠卿等人職位，甚至極論呂惠卿為小人，當加誅竄。因此遭新政諸人的忌恨與兄蘇軾皆名列〈元祐黨人碑〉而被貶。徽宗時致仕，築室於許州，自號潁濱遺老。所著有《龍川志略》、《欒城集》，行於世。其事蹟見《宋

史・蘇轍傳》。

【語　譯】王荊公安石的議論高深而又新奇，他果斷自信。仁宗嘉祐初年，他任度支判官時，在上奏給仁宗的〈萬言書〉中指出：「今天下財力日益窮困，風俗日趨敗壞。其禍患在於不知法度，沒有效法先王施政的緣故。效法先王的施政，要效法其道理的根本。只要能效法其根本，則我所實行的改革，不至於驚駭天下人之耳目，這就符合乎先王立法的用意了。依據天下人所具有的力量，可以生天下的財富，利用天下的財富，可以供給天下人的消費。自古以來治理國家，未嘗有因財力不足而造成國家禍患的，其禍患是在於沒有尋找出理財的正確方法。現在在位的人才既不足於用，而地方上閭巷草野之間也缺少可用的人才。國家的倚託，疆場的守衛，皇上難道能常靠上天的佑助，而沒有一旦之憂嗎？我願望皇上能看到過去那種因循守舊、得過且過的弊病，明確下詔大臣，逐步地進行改革，以適應當前時局的發展變化。臣說的話，是平常人們所不講，而一些喜歡高談闊論的人卻又以為是迂闊不切實用。」當時富弼、韓琦二位相公處在宰相地位，讀了王安石的〈萬言書〉後心中不樂，知道王安石一旦掌權必會生出事端。後來王安石當政，他所採取的政策措施，大體上就是照著〈萬言書〉的要旨來辦的。又王安石憐憫貧民，深恨富人，立志要破富濟貧。他寫有一首〈兼并〉詩，說道：「三代子百姓，公私無異財。人主擅操柄，如天持斗魁。賦予皆自我，兼并乃姦回。姦回法有誅，勢亦無自來。後世始倒持，黔首遂難裁。秦王不知此，更築懷清臺。禮義日已偷，聖經久堙埃。法尚有存者，欲言時所咍。俗吏不知方，掊克乃為才。俗儒不知變，兼并可無摧。利孔至百出，小人司闔開。有司與之爭，民愈可憐哉。」他作詩語辭不很精雅。及他當政後，設置青苗法來剝奪富民之利，民無分貧富，兩稅之外，皆再出息錢十分之二。呂惠卿又實行民戶自報丁產實況的手實法，民間遂發生很大弊害，其禍根就源於此〈兼并〉詩。蘇子由以為過去詩所造成的禍患，從來沒有像此詩這樣厲害。這實在是痛心的事啊！

【研　析】王安石〈兼并〉詩作於仁宗皇祐五年通判舒州時，至嘉祐三年提點江西刑獄時〈上仁宗皇帝萬言書〉，前後相隔五年，直到神宗熙寧元年（西元一〇六八年）議行新法，前後相隔計有十五年之久。一詩一文，實為推行新法的基本理念所在。洪邁說：新法之行，實基於〈萬言書〉及〈兼并〉詩，此論極是。

新法之行，實不得已而為之。宋至仁宗之世，誠如〈萬言書〉中所說：「顧內則不能無以社稷為憂，外則不能無懼於夷狄。天下之財力日以困窮，而風俗日以衰壞。」國家處於積貧積弱、苟且偷安之勢而不能自拔。故王安石新法之行，實為救弊富國之形勢所推動。

對王安石變法的成敗得失，史家論述極詳，歧義亦甚大。讚之者譽之為迎潮流而進，勇於改革，置個人進退得失於不顧，能學以致用，是富國強兵的政治實踐家。毀之者如蘇洵（蘇軾）蘇轍父子，則目之為宋之罪人，甚至進行人身攻擊，說王安石「囚首喪面、垢汙不洗」，是不恤人言、執拗違情的奸巧偽人。當然批評王安石的人，不是完全沒有道理，他們固守儒家的傳統觀念，言義不言利，言利者與民爭利，由於改革是建立在利益驅動的基礎上，改革的最終結果，只能是財富向各級國家機構聚集，這不一定是好事，它會使集權制度下的官僚機構，自然而然地滋生腐敗，因為在缺少監督的情況下，它會助長經手財務的多級官員們的貪欲，從而使社會矛盾更加激化，促進統治集團內部在利益再分配上的爭奪和分裂，它的結局逃脫不了孟子所言「上下交爭利，而國危矣」。最終還會導致整個王朝的覆滅。

洪邁對王安石的評議，從文章中就可以看出，他大體上沿承著蘇氏父子之說，對王安石變法的後果持批判態度，認為北宋之亡與變法有著密切的關係。他引蘇轍對〈兼并〉詩的批判，說今日民之大病，其禍出於〈兼并〉詩，慨嘆「昔之詩病未有若此其酷者」。洪邁此論過於激烈且又有誤解。其實，王安石是用《周官》理財的觀點看待兼併的。王安石〈寓言〉詩有：「婚喪孰不供，貸錢免爾縈。耕收孰不給，傾粟助之生。物贏我收之，物窘出使營。後世不務此，區區挫兼并。」認為推行青苗、均輸、平準、市易等新法是符合《周官》生財有道的辦法，「後世不務此，區區挫兼并」只是捨本逐末，是「俗儒不知變」。所以用〈兼并〉詩痛罵王安石乃是不公允的。

對王安石變法的是非得失，實繫於時代變遷、黨派分野及個人的身世遭遇。愛與憎，利與害，功與罪，是與非，紛陳交錯，呈現出對歷史人物的複雜考評。略言之，當國家出現弊病，矛盾不斷深化，現實需要進行政治改革時，對王安石的評價就會被抬高；當社會趨於相對穩定時，對王安石的評價就會趨於平實；當黨派鬥爭激烈時，守舊派對王安石的評價便會竭力貶低，百般攻擊。清代乾嘉之世，社會盛行考據之學，金溪蔡上翔著有《王荊公年譜考略》，對王安石的評論就比較近於平實。洪邁身處南宋初期，離北宋之亡未久，新舊兩黨鬥爭的影響餘燼未息，其持論受蘇氏父子政治、學術思想的影響乃是不足為奇的。

勇怯無常

《容齋四筆》卷五

「民無常勇，亦無常怯❶。有氣則實，實則勇❷，無氣則虛，虛則怯❸。怯勇虛實，其由甚微，不可不知❹。勇則戰，怯則北❺。戰而勝者，戰其勇者也；戰而北者，戰其怯者也。怯勇無常，儵忽往來，而莫知其方❻，惟聖人獨見其所由然❼。」此《呂氏春秋・決勝》篇之語，予愛而書之。

【注釋】❶民無常勇二句　謂民眾與士兵在作戰時的勇敢和膽怯是隨著環境與心理的變化而變化無常的。❷有氣則實二句　氣，是指民眾與士兵的精神狀態。實，是指民眾與士兵對戰爭取勝充滿信心及精神昂揚和求戰心切的狀態。❸無氣則虛二句　指民眾與士兵對戰爭沒有信心，精神萎靡不振，因而處於膽怯恐懼的狀態。❹其由甚微二句　謂民眾與士兵之氣之虛實勇怯，其變化的原因非常微妙，戰者不可不知。❺勇則戰二句　謂兩軍交戰時，往往勇者戰而勝，怯者往往戰而敗北。❻怯勇無常三句　此謂兩軍交戰之時，士兵在戰場上怯勇之間的變化，轉瞬即至，人們往往不知其所以如此迅速轉變的緣由。如何運用，全在於統帥運於一心，即智與謀。《孫子》在〈勢〉篇說：「亂生於治，怯生於勇，弱生於強。治亂，數也；勇怯，勢也；強弱，形也。故善動敵者，形之，敵必從之。」儵忽，轉瞬之間。儵，同「倏」。❼惟聖人獨見其所由然　此謂只有聖人才能洞察其所以會如此變化的原由。亦即《呂氏春秋・決勝》下文所云，其關鍵在於：「以益民氣與奪民氣，以能鬥眾與不能鬥眾。軍雖大，卒雖多，無益於勝。軍大卒多而不能鬥，眾不若其寡也。」其一是用氣，以義益民之氣。其二是用勢。孫子在〈勢〉篇講：「激水之疾，至於漂石者，勢也。鷙鳥之疾，至於毀折者，節也。故善戰者其勢險。」「任勢者，其戰人也如轉木石，木石之性，安則靜，危則動，方則止，圓則行。故善戰人之勢，如轉圓石於千仞之山者，勢也。」善戰者唯能「擇人而任勢」。「求之於勢，不責於人」，亦即順其勢而不強求士眾與將帥之所難。

【語　譯】「民眾的勇敢不是固定不變的，民眾的怯弱也不是固定不變的。精神飽滿信心充沛就感到充實，內心充實就會勇敢，精神萎靡缺乏信心就會感到心虛，心虛便會膽怯。它產生的原因十分微妙，不可不加以精細的體察。勇敢的就能奮力作戰，膽怯的便會臨陣敗北。戰而得勝的人，總是憑著勇氣去迎接戰鬥的；戰而退卻的人，往往是心懷膽怯去迎戰的。怯懦與勇敢之間，變化無常，且轉換極其迅速，而人們一時又往往無法弄清其中之奧妙，唯獨聖人能洞察其所以會如此的原由。」以上是《呂氏春秋・決勝》篇的言語，我喜愛它而書寫於此。

【研　析】《呂氏春秋・決勝》篇是十二紀的「仲秋紀」中的第三篇。「仲秋紀」這一組四篇文章都是講何以治軍的問題，〈決勝〉篇的主題是講戰爭中決定勝敗的三個要素，即義、智、勇。義是講戰爭的正義性，軍隊作戰勇氣是由戰爭的正義來的，也就是得道者多助，失道者寡助。即〈決勝〉篇所言：「義則敵孤獨，敵孤獨則上下虛，民解落，孤獨則父兄怨，賢者誹，亂內作。」智，是懂得敵我雙方形勢的變化，即其所謂：「知時化則知虛實盛衰之變，知先後遠近縱舍之數。」那樣才能知己知彼，百戰不殆。有了這二條才能調動一切有利於自己的因素，調動民眾與士兵敢於迎戰的勇氣。從指揮者講，那時「勇則能決斷，能決斷則能若雷電飄風暴雨，能若崩山破潰」。那樣的話便是勢不可擋，勝利在握了。否則的話便是優柔寡斷，前畏狼，後怕虎，士無鬥志，結果是軍大卒多而不能鬥，不戰而潰，那時兵敗如山倒。如果民有勇氣，士有鬥士，那麼：「善用兵者，諸邊之內，莫不與鬥，雖廝輿白徒，方數百里，皆來會戰，勢便之然也。」那就是勢不可擋了，其勢「若鷙鳥之擊也，搏攫則殪，中木則碎」。民眾的勇氣，士兵的旺盛鬥志，必須義、智、勇三者俱備，缺一不可。在戰場上展開戰鬥時，貴因敵以利我，「因也者，因敵之險以為己固，因敵之謀以為己事。能審因而加勝，則不可窮矣。勝不可窮之謂神，神則能不可勝矣。」那就能在戰場上出神入化地打敗一切貌似強大的敵人。

再說，義是由戰爭的性質所決定的，而氣則是由民眾與士兵決定的，而智則在於統兵的將軍，故前人有云：或問奪氣者必曰：「三軍。」奪心者必曰：「將軍。」何也？曰：「三軍主於鬥，將軍主於謀。鬥者乘於氣，謀者運於心。夫鼓作鬥爭，不顧萬死者，氣使之也。深思遠慮，以應萬變者，心之生也。氣奪則怯於鬥，心奪則亂於謀。下者不能鬥，上者不能謀，敵人上下怯亂，則吾一舉而乘之矣。」《傳》曰：「一鼓作氣，三而竭者，奪鬥氣也。先人有奪人之心者，奪謀心也。」前人這些話，在古今中外之戰爭中，屢試不爽。人心的向背，特別是當地民眾人心的向背，最終會顯示出戰爭的結局。八年對日抗戰何嘗不是如此呢？布希在伊拉克的戰爭，雖然在軍事上壓倒了對方，但缺少一個義字，在最後還是要以失敗告終。

狄監盧尹❶

文潞公留守西京❷，年七十七，為耆英會❸，凡十有二人，時富韓公❹年七十九，最長，至于太中大夫❺張問年七十，唯司馬公❻方六十四歲，用狄監、盧尹故事，亦預於會。或問狄、盧之說，乃見唐白樂天集，今所謂〈九老圖〉者❼。懷州司馬胡杲❽年八十九，衛尉卿吉皎❾年八十六，龍武長史鄭據❿八十四，慈州刺史劉嘉⓫、侍御史盧貞⓬皆八十二，其年皆在元豐諸公⓭之上，永州刺史張渾⓮、刑部尚書白居易皆七十四，時會昌五年。白公序云⓯：「六賢皆多年壽，予亦次焉。秘書監狄兼謩、河南尹盧貞以年未七十，雖與會而不及列。」故溫公紀韓公至張昌言而自不書⓰。今士大夫皆熟知此事，姑志狄、盧二賢，以示兒輩。但唐兩盧正而又同會，疑文字或誤云⓱。

【注釋】❶狄監盧尹　對唐武宗會昌年間祕書監狄兼謨和河南尹盧貞的合併簡稱。題意是講宋司馬光參加文彥博所召集的耆英會，是仿照了唐武宗年間白居易召集的「九老會」中有狄監、盧尹參列的故事。狄兼謨，唐名相狄仁傑族孫。憲宗、文宗時期，歷任蘄、鄧、鄭、蘇等州刺史，遷給事中、御史中丞，有政聲，以公直著聞於時。武宗會昌初，任益王傅。後以老病辭官，自祕書監歸退洛陽。事蹟詳見《舊唐書》、《新唐書》的〈狄兼謨傳〉。盧貞，武宗會昌五年，任河南尹。與白居易交友，白居易死葬龍門山。盧貞為之刻〈醉吟先生傳〉，立於墓旁。醉吟先生為白居易自號。事見《南部新書》。❷文潞公留守

西京　文潞公指北宋文彥博，其封爵為潞國公。西京指洛陽，因地理位置在宋國都開封之西的唐代舊京，故稱。❸耆英會　耆英會是宋神宗元豐五年（西元一〇八二年）間，由西京留守文彥博所組織的老年官員聚會。相互以詩酒唱和為樂，為極盛一時的文人盛會。並由畫工繪寫圖像，此畫即稱為「耆年圖」。沈括《夢溪筆談》卷九載：「元豐五年，文潞公守洛。又為耆年會，人為一詩。命畫工鄭奐圖於妙覺佛寺，凡十三人：守司徒致仕韓國公富弼，年七十九；守太尉、判河南府、潞國公文彥博，年七十七；司封郎中致仕席汝言，年七十七；朝議大夫致仕王尚恭，年七十六；太常少卿致仕趙丙，年七十五；秘書監劉幾，年七十五；衛州防禦使馮行已，年七十五；太中大夫、充天章閣待制楚建中，年七十三；朝議大夫致仕王慎言，年七十二；宣徽南院使、檢校太尉、判大名府王拱辰，年七十一；太中大夫張問，年七十；龍圖閣直學士、通議大夫張燾，年七十；端明殿學士兼翰林侍讀學士、太中大夫司馬光，年六十四。」耆英，指高年碩德之人。❹富韓公　指富弼，韓公為其韓國公封號的尊稱。富弼，字彥國，河南洛陽人，大臣晏殊的女婿。宋仁宗時，以制舉茂材異等，授將作監丞、簽書河陽判官，召為開封府推官、知諫院，以出使契丹有成，慶曆三年（西元一〇四三年）遷代樞密院副使。與范仲淹建議改革朝政，奏上守禦北方邊防之策十二條。至和二年（西元一〇五五年）與文彥博同時任宰相，在位達七年之久。以「守典故，行故事，而傅以公議」而已。神宗即位，用王安石推行新法。富弼以議論不合被貶外守亳州。他對新法拒不執行，被視為堅定的保守派人物。晚年多次上章請老，後以韓國公致仕，退居洛陽。《宋史》卷三百十三有傳。❺太中大夫　散官名，宋制，太中大夫為文散官從四品階。散官作為吏部用於敘錄資歷的品階，非職事官，見《宋史・職官志八》。❻司馬公　指北宋名臣司馬光。司馬光，字君實，陝州夏縣涑水人。著成編年體的通史《資治通鑑》。神宗時，王安石厲行新法，他思想保守，竭力反對新政，認為祖宗之法不可變更，力辭樞密院副使之職，後以政見不合，退居洛陽，以修史的書局自隨，繼續編寫《資治通鑑》自明其志。神宗元豐七年，《資治通鑑》書成上奏。神宗以此書能起到政治上的借鑑作用，親筆賜書名為《資治通鑑》。元豐八年（西元一〇八五年）神宗去世，哲宗嗣位，皇太后臨朝聽政，起用他入京主持國政，全廢王安石所行新法，但拜相僅八個月，以老病死，追封温國公，人或稱司馬温公。著作除上述《資治通鑑》外，有《涑水紀聞》、《稽古錄》及《司馬文正公集》。《宋史》有傳。❼或問狄盧之說三句　狄、盧之說即指唐祕書監狄兼謨和河南尹盧貞在諸老中年齡最小，但有名望，亦參列由白居易所組織的九老會中。此說見於《白氏長慶集》，亦見於〈九老圖〉中。《新唐書・白居易傳》：晚年，居東都履道里，自號「醉吟先生」，又稱「香山居士」。「嘗與胡杲、吉皎、鄭據、劉真、盧真、張渾、狄兼謨、盧貞燕集，皆高年不事者，人慕之，繪為〈九老圖〉。」白居易詩序稱：「胡、吉、鄭、劉、盧、張等六賢皆高年，予亦次焉。偶於弊居合成尚齒之會，七老相顧，既醉且歡，靜而思之，此會稀有，因成七言六韻以紀之，傳好事者。」又詩注云：「前懷州司馬安定胡杲年八十九，衛尉卿致仕馮翊吉皎年八十六，前右龍武軍長史滎陽鄭據年八十四，前慈州刺史廣平劉真年八十二，前侍御史內供奉官范陽盧貞年七十二，前永州刺史清河張渾年七十四，刑部尚書致仕太原白居易年七十四。已上七人合五百七十歲。會昌五年三月二十一日於白家履道宅同宴，宴罷賦詩。時祕書監狄兼謨、河南尹盧貞以年未七十，雖與會而不及列。」據此則可知正式在會的是胡杲、吉皎等七老，此會亦稱「尚齒會」，即以年齡，不以官位為上下之次序。狄兼謨和盧貞兩人，因年齡不到七十歲的老齡，只是參與宴會而已。事見《白氏長慶集》及《全唐詩》白居易詩序。又據白居易〈九老圖詩〉序所載，圖形於九老圖中除七老外尚有李元爽及僧如滿二老，無狄兼謨、盧貞。因狄、盧年未七十，未列入諸老之中。詩序云：「會昌五年二月，胡、吉、劉、鄭、盧、張等六賢於東都敝居履道坊合尚齒之會。其年夏，又有二老年貌絕倫，同歸故鄉，題為『九老圖』。」此二老即李元爽及香山僧人如滿。參閱南宋計有功《唐詩紀事》。❽懷州司馬胡杲　懷州，治所在今河南沁陽。唐屬河南道。司馬，州佐官。唐制：府州有長史、別駕、司馬，皆為州的上佐官。但後期常無實際職掌，有時以特恩授給士人，有時處置犯有過失的官員，如白居易為江州司馬即是。胡杲，安定人，他所作的〈七老會詩〉見《全唐詩》。❾衛尉卿吉皎　衛尉卿為九尉寺的長官，秩從三品。其職掌邦國兵器，甲冑庫藏出納及朝會時安排儀物以及守衛宮殿等政令。其下設有武庫、武器、守宮三署官屬。見《唐六典．衛尉寺》。吉皎，馮翊人。《全唐詩．七老會詩》注作年八十八。與上列正文所載年八十六有異。❿龍武長史鄭據　唐制：內廷北衙禁軍中六軍有左右龍武軍。設有大將軍、將軍。長史為軍府的上佐，秩從六品上。見《新唐書．百官志》。鄭據，滎陽人，有〈七老會詩〉，注云「年八十五」，與上列正文年八十四有異。⓫慈州刺史劉嘉　慈州，地名。唐屬河東道，治地在今山西吉縣。刺史為州長官。劉嘉，《白氏長慶集》作劉真。當是洪邁誤記。劉真，廣平人，《全唐詩》錄有其〈七老會詩〉。注云「年八十七」，與上列正文年八十二有異。⓬侍御史盧貞　侍御史，御史臺官，從六品下，其職掌糾舉百官及入閣承詔，知推、彈、雜事。名額有四至六人。其中資歷久長者知雜事，謂之「雜端」。見《新唐書．百官志三》。盧貞，《白氏長慶集》作盧真，范陽人，官銜全稱為侍御史內供奉官。《全唐詩》亦作盧真，有〈七老會詩〉，注云「年八十三」，與上列正文年八十二有異。⓭元豐諸公　指宋神宗元豐五年參加文彥博所組織的「耆英會」中諸老年官員。諸公是對他們的尊稱。⓮永州刺史張渾　永州，地名，唐屬江南西道。治所在今湖南零陵。張渾，清河人。《全唐詩》有其〈七老會詩〉，注云「年七十七」，與上列正文年七十四有異。⓯白公序云　此處洪邁所記，文字有所節略。其詩云「七人五百七十歲（一作八十四），拖紫紆朱垂白鬚。手裡無金莫嗟嘆，尊中有酒且歡娛。詩吟兩句（一作吟成六韻）神還王，酒飲（一作飲到）

三杯氣尚粗。嵬峩狂歌教婢拍，婆娑醉舞遣孫扶。天年高過二疏傳，人數多於四皓圖。除卻三山五天竺，人間此會更應無。」可見他豪放閒逸的情態。詩注又云：「已上七人，合五百七十歲。會昌五年三月二十一日於白家履道宅同宴。宴罷賦詩。時祕書監狄兼謨、河南尹盧貞以年未七十，雖與會不及列。」白公，指白居易，白居易以刑部尚書致仕。序，指白居易〈七老會詩序〉。⑯故溫公句　此言司馬光作〈洛陽耆英會序〉，記錄參加此會的人員名單自富弼開始，依照年齡次序挨次排列至張昌言。自己年齡不到七十歲，依照唐白居易九老會之狄監、盧尹故事，沒有將自己的姓氏列在名單中。溫公，指司馬光，韓公，指富弼。司馬光〈洛陽耆英會序〉說：「昔白樂天在洛與高年者八人遊，時人慕之，為〈九老圖〉傳於世。宋興，洛中諸公繼而為之者，凡再矣。皆圖形普明僧舍。普明，樂天之故第也。元豐中，文潞公留守西都，韓國富公納政在里第，自餘士大夫以老自逸於洛者，於時為多。潞公謂韓公曰：凡所為慕於樂天者，以其志趣高逸也，奚與必數與地之襲焉。一旦悉集士大夫老而賢者於韓公之第，置酒相樂，賓主凡十有一人，既而圖形妙覺僧舍，時人謂之『洛陽耆英會』。」此為司馬光紀「耆英會」緣起經過。其所列名單依次為潞國公文彥博，字寬夫，年七十七；司封郎中致仕席汝言，字君從，年七十七；太常少卿致仕王尚恭，字安之，年七十六；太常少卿致仕趙丙，字南正，年七十五；祕書監致仕劉幾，字伯壽，七十五；衛州防禦使馮行己，字肅之，年七十五；太中大夫充天章閣待制、提舉崇福宮楚建中，字正叔，年七十三；司農少卿致仕王慎言，字不疑，年七十二；太中大夫、提舉崇福宮張問，字昌言，年七十；龍圖閣直學士、通議大夫、提舉崇福宮張燾，字景元，年七十。以上十一人，司馬光因年齡六十四不到七十歲，且親作序。故而未將自己名字列在其中。見司馬光《司馬文正公集・洛陽耆英會序》。又沈括《夢溪筆談》卷九〈人事〉。⑰但唐兩盧正二句　兩盧正一指前侍御史內供奉官范陽盧貞，年八十二；一是河南尹盧貞，「年未七十而不及列。」兩人都參加九老會。但范陽盧貞，一作盧真，洪邁懷疑文字或者有誤，這是對的。

【語　譯】文彥博任西京留守時，已有七十七歲，他組織高年老人成立了耆英會，共有十二人，當時富弼年齡七十九歲，在與會成員中年齡最大，太中大夫張問七十歲，只有司馬光才滿六十四歲，比照唐代祕書監狄兼謨、河南尹盧貞的例子，也參列在耆英會的成員中。有人問狄兼謨、盧貞故事的說法，這事乃是記載在唐白居易的文集中，也就是現今人們所說的〈九老圖〉中的人物。據記載九老中懷州司馬胡杲八十九歲，衛尉卿吉皎八十六歲，龍武長史鄭據八十四歲，慈州刺史劉嘉、侍御史盧貞都是八十二歲，他們的年齡都比宋神宗元豐年間富弼、文彥博諸公的年齡還要大些，唐武宗會昌五年時，永州刺史張渾、刑部尚書白居易都是七十四歲。白居易在集中的序文中說：「胡杲、吉皎、鄭據、劉嘉、盧貞等六位賢士大夫都是高壽耆老，我的年齡在他們之下。祕書監狄兼謨、河南尹盧貞年齡不到七十，雖然參加了聚會活動，但兩人的名字則並未列入。」所以司馬光在記載耆英會時，只記富弼、張昌言等人而沒有提及自己。現今的士大夫都知道此事，我姑且把狄兼謨、盧貞二位賢士大夫的故事書寫於此，用以告知兒孫晚輩。但有兩個盧貞同在一個會中，我懷疑所記文字恐怕有錯誤云。

【研析】洪邁此篇是講宋文彥博所組織的耆英會諸退休官員年齡都在七十以上，司馬光當時才六十四歲。係仿照了唐武宗會昌年間白居易所組織的「九老會」中祕書監狄兼謨和河南尹盧貞的年齡也不及七十的故事。司馬光也預列在耆英會中。他把這個典故記錄下來用以告示兒輩。但是，在這裡應該指出的有幾點：一是無論「九老會」，或是「耆英會」，都是以七十歲的年齡為限，正式列入名單之中。他們不是以官本位，而是以年齡高低為次序，遵照傳統習俗是以「尚齒」（年齡）為次序。故亦稱「尚齒會」或「耆英會」，這是尊老敬老的一種體現。二是「九老會」亦稱「七老會」，之所以稱「七老會」，乃是把狄監、盧尹兩人除外，因為他們都是年齡不及七十的緣故。《全唐詩》中諸老所作詩均稱〈七老會詩〉即是。九老會則是加入了狄監、盧尹。至於所謂〈九老圖〉中的人物則是稍後加入二位年齡已到七十的九老，也就是七老中加入了李元爽和僧人如滿。兩人均高達期頤之年。白居易〈九老會詩序〉稱：「會昌五年三月，胡、吉、劉、鄭、盧、張等六賢於東都蔽居履道坊合尚齒之會，其年夏又有二老，年貌絕倫，同歸故鄉，亦來斯會，續命書姓名年齒，寫其形貌附於圖右，與前七老題為〈九老圖〉仍以一絕贈之。」注云：「二老謂洛中遺老李元爽年一百三十六，歸洛僧如滿年九十五。」白詩云：「雪作鬚眉雲作衣，遼東華表鶴雙歸。當時一鶴猶希有，何況今逢兩令威。」令威，指丁令威，傳說中的遼東學道仙人，化鶴而歸。這裡借指李元爽與如滿二人。據此「九老會」中的人物與〈九老圖〉中的人物不能彼此混同。但《新唐書・白居易傳》則載白居易：「嘗與胡杲、吉皎、鄭據、劉真、盧貞、張渾、狄兼謨，盧貞燕集，皆高年不事者。人慕之，繪為〈九老圖〉。」則又似排除了李元爽、如滿二人，未知孰是？三是「耆英會」本作「耆年會」者皆是耆年英傑，故美其名為「耆英會」。又參加「耆英會」的人數為十二人，或說為十一人，是把年未及七十歲的司馬光計算在內。或記為十三人，這是把宣徽使留守大名府的王拱辰也計算在內的緣故。此時王拱辰慕耆英會的名聲，在大名遠道寄書於文彥博、富弼兩人要求將自己也列入於會中，故為十三人。宋王辟之《澠水燕談錄》載：「文潞公留守西京……悉聚士大夫賢而老自逸者，於韓公第置酒相樂，凡十二人，……各賦詩一首，時人呼之曰『洛陽耆英會』。而司馬（光）為之序……故潞公詩云『當筵尚齒尤多幸，十二人中第二人』。韓公〈贈潞公詩〉云：『顧我年齡雖第一，在公勳德自無雙』，潞公〈再答韓公詩〉云：『惟公福祿並功德，合是人間第一流。』是時，宣徽使王公拱辰年七十。留守大名，貽詩二公。願預其數，凡十三人也。」此即是十三人之說的由來。

白居易所組織的「九老會」在士大夫官僚中影響很大。到了宋太宗至道元年（西元九九五年）李昉罷相後以司空致仕，居住在京師，時年七十一歲，他思慕白居易的洛陽九老會的盛舉，意欲組織退休官員年齡在七十歲以上的張好問、李運、宋琪、武允成、魏丕、楊徽之、朱昂及吳僧贊寧，連同自己共九人，再繼行「九老會」盛事為宴集唱和。適此時四川發生王小波、李順起義，震動兩川、關右。又次年，李昉病死，九老之會終而未能實行。「耆英會」終於完成了至道九老未能實現的盛舉。此亦可察見白居易「九老會」所產生的歷史影響。「九老會」或「耆英會」，是老年官員致仕後的社會交遊活動。但間接受到「九老會」影響的還有一些現任官員也仿其組織方式進行活動。如《澠水燕談錄・才識》篇載：宋仁宗天聖末年，歐陽脩為西京（洛陽）留守推官。他與尹師魯、梅聖俞、楊子聰、張太素、張堯夫、王幾道諸人為「七友」，彼此以文章道義相切磋。經常聚集在一起，「賦詩飲酒，間以談戲，相得尤樂。凡洛中山水園庭、塔廟佳處，莫不遊覽。」就是一個具體的事例。

這裡須指出的是：這種老年的文酒之會乃是士大夫們高雅而富有閒情逸致的活動。它所處的時代環境必然是社會相對穩定，人情比較和諧。當社會發生動亂的唐末五代，就不可能有如此的盛舉。宋代國家再度統一，社會經濟文化得到發展，前後便有至道年間李昉的倡議和元豐年間文彥博的繼行。還應指出：唐宋時代，政治上對士大夫的束縛還是較少的，他們個性也較自由、奔放。唐武宗會昌年間，牛李兩黨鬥爭激烈；神宗元豐年間新舊兩黨在變法中的嚴重對立，都未能影響到士大夫官僚的聚會。何況當時的洛陽還是政治上的敏感地區，同時洛陽也是宋代守舊派勢力的大本營。文彥博、富弼、司馬光等人都是前宰相、元老重臣，又都是反對新法代表人物。他們可以同娛同樂，可以高談闊論，可以詩酒唱和，亦可見當時政府文網的疏闊。反觀後世，退休後的高官能結社聯會，自由自在地任情享受晚年高雅逸致的生活實是罕見。有的恐怕只是御史官的彈劾和地方官的嚴密監視和打小報告了。

《容齋四筆》卷九

沈慶之曹景宗詩❶

宋孝武❷嘗令羣臣賦詩，沈慶之手不知書，每恨眼不識字，上逼令作詩，慶之曰：「臣不知書，請口授師伯❸。」上即令顏師伯執筆，慶之口授之，曰：「微生遇多幸，得逢時運昌❹。朽老筋力盡，徒步還南岡❺。辭榮此聖世，何愧張子房❻。」上甚悅，眾坐並稱其辭意之美。梁曹景宗破魏軍還，振旅凱入❼，武帝宴飲連句，令沈約賦韻❽。景宗不得韻，意色不平，啟求賦詩。帝曰：「卿伎能甚多，人才英拔，何必止在一詩？」景宗已醉，求作不已。時韻已盡，唯餘競、病二字。景宗便操筆，其辭曰：「去時兒女悲，歸來笳鼓競。借問行路人，何如霍去病❾？」帝歎不已，約及朝賢驚嗟竟日。予謂沈、曹二公，未必能辨❿此，疑好事者為之，然正可為一佳對，曰：「辭榮聖世，何愧子房？借問路人，何如去病？」若全用後兩句，亦自的切。

【注釋】❶沈慶之曹景宗詩　二人皆為武臣，此題言武臣文化不高，也能賦好詩。沈慶之係南朝宋之重要將領，字弘先，吳興武康（今浙江德清）人，少年有志，以勇聞，領兵後人稱其忠謹曉兵。曹景宗，南朝梁之重要將領，字子震，新野（今河南新野）人，自幼善騎射，頗愛讀史書。從梁武帝蕭衍起兵，曾在淮水以北大敗北魏楊大眼的軍隊，深得武帝的寵信。❷宋

孝武　南朝宋皇帝，名劉駿，字休龍，小字道民。宋文帝第三子。在位十一年，卒時年三十五。❸師伯　即顏師伯，字長淵，琅琊臨沂（今山東臨沂）人，為孝武帝之心腹功臣，出將入相，專斷朝事，孝武帝倚以為左右手，臨崩，受遺詔輔幼主。❹微生遇多幸二句　此言沈慶之早年得到宋文帝劉義隆的寵信和重用，出任將軍、郡守等職。文帝執政的二十多年是劉宋比較昌盛穩定的時期。❺朽老筋力盡二句　此言元嘉二十七年（西元四五〇年）文帝北伐事。時沈慶之年近七十，故自稱朽老，曾諫止北伐，認為「馬步不敵，難以得志」。文帝使徐湛之與之辯論，他說：「治國譬如治家，耕當問奴，織當問婢。陛下今欲伐國，而與白面書生謀之，事何由濟？」北伐兵敗，慶之所主之兵全軍而退。詔命至，不許退。他對統帥蕭斌說：「閫外之事，將所得專，詔從遠來，事勢已異，節下有一范增而不能用，空議何施？」斌及在座諸人笑其不學。慶之曰：「眾人雖見古今，不如下官耳學也。」後慶之遂率軍退還江南，保存了兵力。後文帝最終肯定了他的主張，說：「正復違詔濟事，亦無嫌也。」（《宋書．沈慶之傳》）❻辭榮此聖世二句　指世祖孝武帝時，沈慶之以年過七十，請求辭職，孝武帝不允，沈慶之面陳曰：「張良名賢，漢高猶許其退，臣有何用，必為聖朝所須。」❼梁曹景宗二句　梁武帝天監五年（西元五〇六年）冬，北魏軍隊大舉南侵，圍鍾離，曹景宗率軍救援，大敗魏軍大將楊大眼。是役魏軍土崩，緣淮百餘里，屍骸枕藉，生擒五萬餘人，曹景宗乃率軍凱旋而歸。❽武帝宴飲連句二句　指武帝在光華殿設宴歡慶曹景宗凱旋歸來，要求眾人吟詩助興。武帝，即梁武帝蕭衍，在位四十八年，終年八十六。連句，各人作詩時，一句一韻，或二句一韻，依次而下，輪流相繼。賦韻，賦是分配，即分配韻腳給當時筵席上的人們，令其依韻吟詩。沈約，字休文，吳興武康人，宋時著名詩人，歷仕宋、齊二代，助梁武帝登位，官拜尚書左僕射。沈約作詩善聲韻，故梁武帝讓他給眾人賦韻。❾去時兒女悲四句　此言出征時，家人以離別而悲傷，凱旋回來時，路人以笳鼓夾道歡迎，借問行路人，這次出征能與霍去病相比否？霍去病，漢武帝時的名將，他前後六次出征匈奴，解除了匈奴對漢王朝的威脅。❿辨　《四部叢刊》本作「辦」。

【語　譯】南朝宋孝武帝在便殿上曾讓群臣賦詩行樂，沈慶之手不會書寫，每恨雙眼不識字，孝武帝逼著他也要賦詩，沈慶之說：「臣不識文字，請允許我口授給師伯。」孝武帝便令顏師伯執筆記錄，由慶之口授，沈慶之吟道：「微生遇多幸，得逢時運昌。朽老筋力盡，徒步還南岡。辭榮此聖世，何愧張子房。」孝武帝聽了非常高興，在座諸文武大臣都一齊稱讚他的辭意非常美妙。南朝蕭梁時，曹景宗領兵在淮河西岸大敗魏軍，凱旋歸來，為此梁武帝在光華殿宴慶此次勝利，武帝讓大臣們一起聯句吟詩，並且讓沈約來分配韻腳。曹景宗沒有分到韻腳，面有不平之色，他也要求賦詩。梁武帝說：「你的武藝技能超群，才能英豪拔眾，何必在作詩一事上去計較呢？」此時曹景宗已有醉意，仍不停地要求讓自己賦詩。當時沈約已把字韻分配給眾大臣了，只剩下競、病這二個較難的字韻了。曹景宗拿起筆來便寫詩一首：「去時兒女悲，歸來笳鼓競。借問行路人，何如霍去病？」梁武帝看了以後，驚嘆不已，沈約及在朝的大臣們對此亦讚嘆終日。我認為沈、曹二位武將未必能寫出如此好詩，故懷疑或許是當時好事的人杜撰的故事，然而這二首詩正好可以合成一付好的對聯，若：「辭榮聖世，何愧子房？借問路人，何如去病？」或者全用後面兩句，也對得很貼切。

【研析】沈慶之吟詩事兩見於《宋書》及《南史》的〈沈慶之傳〉，曹景宗吟詩之事，只見於《南史》，《梁書》未載。洪邁疑此兩詩係後之好事者為之，理由是沈慶之不識字，曹景宗文化太低。但只是一種推測，也許有文人在他們吟詩的基礎上加以潤色。沈慶之所言為其親身經歷的概括，從《宋書．沈慶之傳》所載沈之言論，頗有章法。有人嘲笑他「沈公乃更學問」。慶之回答說：「眾人雖見古今，不知下官耳學也。」他是聽別人講史的過程學到古今知識的。西晉末的石勒是羯人，曾被賣為奴，沒有文化，起事後稱趙王。他也是「耳學」的。《晉書．石勒載記》稱其雅好文學，雖在軍旅，常令儒生讀史書而聽之，「嘗使人讀《漢書》，聞酈食其勸（劉邦）立六國後，大驚曰：『此法當失，何得遂成天下！』至留侯諫，乃曰：『賴有此耳。』」可見武人不識字，靠耳學也能長見識。這是生活實踐中的一種悟性。曹景宗還是粗識文字的。《南史．曹景宗傳》稱「景宗為人，自持尚勝，每作書字，有不解，不以問人，皆以意造」。二人相比沈慶之要謙遜一些。曹景宗的詩講的也是親身經歷，從詩中可見到他有那一股子傲氣，豪放而不肯讓人。一九五九年毛澤東帶《容齋隨筆》上廬山，他在會議上有一個講話，提到沈慶之與曹景宗吟詩的事，強調不識字的人，可以給他上課。他說：「宋孝武帝有個宰相沈慶之（記錄有誤，他不是宰相，而是將軍），一字不識，皇帝強迫他作詩，他口念，叫別人寫。他說你們這些讀書人，還不如老夫的耳學。」還說：「南北朝有一個姓曹（指曹景宗）的將軍，打了仗回來作詩。」還講到北朝的將軍斛律金，也是一字不識，〈敕勒歌〉便是他作的。毛講這番話是要求文化不高，但能領兵打仗的將軍們要學文化，即使靠耳學，也一樣會有成就的。毛對《南史．沈慶之傳》有特殊的偏好，一次又一次的讀〈沈慶之傳〉，因為沈慶之沒有好勝之心，既善於學習，又能注重於實際態勢，故在北伐時敵強我弱的情況下能保全全軍實力。但毛對於曹景宗則批評甚多。他認為曹景宗不如韋睿遠矣，因為韋睿能謙讓，不與曹景宗爭勝。對於梁武帝重用曹景宗，他又批了：「使貪使詐，梁武帝有焉。」曹景宗雖能打仗，但傲慢好勝，在一定條件下，會是一個弱點。另一方面曹景宗好色而又貪得無厭，《南史》稱：「景宗好內，妓妾至數百，窮極錦繡，性躁動，不能沉默。」其「部下多剽輕，因弄人婦女，奪人財貨」。毛對於如曹景宗之類綠林出身的將領之貪暴弱點，深有所感，所謂「使貪使詐」之話乃是有感而發，對於貪詐的人，得留有一個心眼，這實際上是說明在使用人才上的如何用將的問題。

《容齋四筆》卷十一

李密詩❶

李密在隋大業中，從楊玄感❷起兵被獲，以計得脫，變姓名為劉智遠，教授諸生自給，鬱鬱不得志，哀吟泣下。《唐史》所書如此。劉仁軌《行年河洛記》❸專載密事，云：「密往來諸賊帥之間，說以舉大計❹，莫肯從者，因作詩言志，曰：『金風蕩初節，玉露垂晚林❺。此夕窮途士，鬱陶❻傷寸心。平野葭葦合，荒村葵藿深❼。眺聽良多感，徙倚獨霑襟❽。霑襟何所為，悵然懷古意。秦、洛既未平，漢道將何冀❾。樊噲市井屠❿，蕭何刀筆吏⓫。一朝逢時會，千載傳名諡⓬。寄言世上雄，虛生真可愧。』諸將見詩漸敬之。」予意此篇，正其哀吟中所作也。

【注釋】❶李密詩　此詩是李密在窮途落魄中所作，以表示自己在風雲際會中的志向。此詩《隋書》及《舊唐書·李密傳》均錄載，但字句與洪邁所引略有不同。《新唐書》則刪去不書。李密，隋末反隋的群雄之一，字玄邃，京兆長安（今陝西西安）人。父李寬，隋時大將，官爵拜上柱國、蒲山公，密以門蔭官隋禁軍左親衛府大都督、東宮千牛備身，與楊素子楊玄感友善。煬帝大業九年（西元六一三年），楊玄感以煬帝為政倒行逆施，在黎陽督運時起兵反。李密參預其幕。楊玄感兵敗，李密被捕，在押送途中設計逃脫。隱於鄉野以教書授徒糊口。後往來各股起事隊伍中，遊說他們聯合共同抗隋。❷楊玄感　隋宰相楊素之子，性驕豪，好讀書，善騎射，又喜交結天下知名人士。以父有大功，位至柱國。初拜官時即為郢州刺史，襲父爵楚國公，累遷至禮部尚書。大業九年，他見朝綱紊亂，煬帝用兵不息，百姓苦於軍役，天下思亂，遂與左右據黎陽反隋，天下四起響應。此時，煬帝征高句麗，回兵討伐。楊玄感圍攻洛陽不成，乃西襲長安。兵至弘農，為隋軍所追及，大敗被殺。其事蹟見《隋書・楊玄感傳》。❸劉仁軌句　劉仁軌早年身經隋末大亂，把他親身所見所聞，撰成《行年河洛記》，記李密在河洛間的戰事。此書內容，後為史臣修《唐史》時所採用。宋司馬光《資治通鑑》記隋末李密事，亦有採納。劉仁軌，唐高宗、武后時將相。汴州尉氏縣人，少年時恭謹好學，博涉文史。太宗貞觀時，治縣以政績聞名。高宗時為青州刺史，以檢校帶方州刺史，渡海平定百濟有功。乾封元年（西元六六六年）由御史大夫進遷右相。三年，助李勣討平高句麗。上元二年（西元六七五年）進拜尚書右僕射，同中書門下三品。武則天臨朝，改官制，拜文昌左相、鳳閣鸞臺三品。一生出將入相，以長壽終，年八十四，陪葬乾陵。劉仁軌事蹟見《舊唐書》與《新唐書》的〈劉仁軌傳〉。❹密往來二句　賊帥，指各路起事的首領。舉大計，指反抗和推翻隋皇朝的重大事業。❺金風蕩初節二句　金風，指秋風。五行節氣中西方為秋，秋屬金，故稱秋風為金風。見《文選》晉張景陽〈雜詩〉注。玉露，指晶瑩潔白的露水。晚林，指秋天凋落的樹林。杜甫〈秋興〉詩：「玉露凋傷楓樹林，巫山巫峽氣蕭森。」❻鬱陶　指人們在感情上由於憂思積悶所引起的心潮湧動。《孟子・萬章上》：「鬱陶思君爾。」❼平野葭葦合二句　此二句《舊唐書・李密傳》「平野」作「野平」，「荒村」作「村荒」。葭葦即蘆葦或蘆草。蘆葦初生時稱葭，長大時稱葦。《詩・豳風・七月》：「七月流火，八月萑葦。」《疏》：「初生為葭，長大為蘆，成則名為葦。」葵藿，野菜的統稱。❽霑襟　眼淚浸濕衣襟。《後漢書・光武十王列傳》：「因泣下沾襟。」白居易〈慈烏夜啼〉詩：「夜夜夜半啼，聞者為沾襟。」❾秦洛既未平二句　意思指東、西兩京道路上兵戈四起、行旅艱難，漢王朝的命運將何所求。秦，指潼關以西長安為中心的秦地。洛，指東都以洛陽為中心的一帶地區。漢道，通常指漢王朝的道統，或漢兵行走的道路。這裡借指漢的命運。❿樊噲市井屠　意指樊噲出身微賤，尚能風雲際會，佐助劉邦建成漢之大業。樊噲，秦末沛縣人，少年時在市井中以屠狗為業，隨劉邦反秦，常為先鋒將。項羽屯兵灞上，設鴻門宴。劉邦赴會，樊噲為隨從親衛，奮不顧身翼護劉邦走歸軍營。後還定三秦，屢建戰功，封舞陽侯，食邑五千四百戶。卒，諡號為「武侯」。事蹟見《漢書・樊噲傳》。⓫蕭何刀筆吏　意指蕭何出身卑微，為縣小吏，能助劉邦成大業。蕭何，秦末沛縣人。為縣衙文吏，與劉邦為故交。劉邦起兵反秦，蕭何佐助劉邦，入咸陽，返定三秦。收取秦朝的律令圖籍，建立典章制度。劉邦在關東率軍作戰，蕭何鎮撫關中，輸送士卒糧餉，使前方供應不絕。他以元從佐命功，拜丞相，封酇侯。為劉邦建立漢朝統一全國起著重大的作用。其事蹟詳見《漢書・蕭何傳》。⓬千載傳名諡　此句意謂在歷史上留下千載美名。名諡，指生前的名聲和死後的諡號。諡為封建時代帝王或大臣死後，國家依據其一生事蹟給予的稱號。

【語　譯】李密在隋煬帝大業年間，追隨楊玄感起兵反隋失敗被擒，在解送途中設計逃走，改換姓名為劉智遠，靠教授生徒維持自給生活，心中鬱悶很不得志，不時地哀嘆落淚。《唐書》中所記載的大略如此。劉仁軌著有《行年河洛記》專記李密的事，書中說道：「李密往來於反隋的諸路首領之間，向他們陳述聯合抗隋、經營天下的大計，沒有人肯聽從他的話，因此他作詩言志，以表達心中的抱負和鬱鬱不樂的情緒，詩的內容是這樣寫的：『金風蕩初節，玉露垂晚林。此夕窮途士，鬱陶傷寸心。平野葭葦合，荒村葵藿深。眺聽良多感，徙倚獨沾襟。沾襟何所為，悵然懷古意。秦、洛既未平，漢道將何冀。樊噲市井屠，蕭何刀筆吏。一朝逢時會，千載傳名謚。寄言世上雄，虛生真可愧。』李密這首詩在諸首領間傳詠後，諸首領逐漸地對李密產生出敬意。」我認為這首詩正是李密在鄉野教書，不得志時悲嘆哀吟中所寫成的。

【研　析】洪邁說李密作此詩，「正其哀吟中所作也」，所論當是。但對李密作此詩的時間和環境，缺少說明。據《資治通鑑》所載紀事，李密作此詩的時間當在隋煬帝大業十年至十二年十月以前這段時間內。他自從逃亡後，先投平原郝孝德，又投長白山王薄，皆不受禮遇。困乏時，乃至削樹皮充飢，變易姓名，隱匿在淮陽（今河南陳州）村舍聚徒教學為生。此時，正值群雄紛起，中原大亂，隋室搖搖欲墜之際。李密窮途落魄，思前想後，不禁觸景生情，涕淚沾襟，乃賦詩言志，以抒發心中的鬱悶。「樊噲市井屠，蕭何刀筆吏」、「寄言世上雄，虛生真可愧」這不僅是他發洩心中鬱悶和抱負，也是要喚起群雄推翻隋室、成就大業的覺悟。

此後，李密得群雄之一的王伯當的介紹，投入瓦崗軍首領翟讓部，以其謀略說動他聯絡群雄，先後大敗隋將張須陀，取興洛、回洛、黎陽諸倉，陳兵數十萬圍攻隋東都洛陽。惜其志大才疏，背信棄義，火併翟讓，引起瓦崗軍舊將的猜疑離心。及兵敗後，投奔在關中建立唐朝的李淵，復又萌動反叛之心。欲東出潼關，重新收拾河山，再做天下盟主。但事與願違，他在東走熊耳山時為唐伏軍所擊殺。後人多以李密與項羽事蹟相提並論。說他們的事業，適為漢、唐興業開闢了道路。但項羽兵敗，烏江自刎，顯得武勇壯烈；李密叛唐，中伏而死，則適為天下英雄所恥笑！

御史風聞

《容齋四筆》卷十一

御史許風聞論事，相承有此言，而不究所從來，以予考之，蓋自晉、宋以下如此。齊沈約為御史中丞❶，奏彈王源曰：「風聞東海王源。」❷蘇冕《會要》❸云：「故事，御史臺無受詞訟之例，有詞狀在門，御史採狀有可彈者，即略其姓名，皆云風聞訪知。其後疾惡公方者少，遞相推倚，通狀人頗壅滯。開元十四年，始定受事御史，人知一日劾狀，遂題告事人名，乖自古風聞之義。」然則向之所行，今日之短卷❹是也。二字本見〈尉佗傳〉❺。

【注釋】❶沈約為御史中丞　沈約，字休文，吳興武康（今浙江德清）人。早年遭家難，勤奮好學，曾任南齊文惠太子記室，遷太子家令。南齊武帝永明八年（西元四九〇年）任御史中丞，掌監察舉劾。❷奏彈王源曰二句　沈約〈奏彈王源〉之文，見《昭明文選》卷四十。沈約在其奏彈中稱王源出身華族，其父、祖皆為世族，居清雅顯赫之位，源本人則任諸府禁衛之職，身為通侯之列。奏彈，奏，向皇帝奏聞。彈，彈劾。為當時揭發官吏汙行劣跡的一種應用文體。王源，東海（即當時之京口，南朝宋、齊時治所在今江蘇鎮江市）人。風聞王源，是指聽說王源託媒結親，惟利是求，嫁女與滿璋之，以嫁女所得五萬錢納妾，違反了士庶不得通婚的禮法。故沈約借風聞彈奏王源。風聞，指採取民間傳聞之事，李善注引賈逵《國語注》：「風，采也，采聽商旅之言也。」❸蘇冕會要　蘇冕在德宗朝時失職貶官由京兆士曹參軍左遷為信州司戶參軍，撰《會要》四十卷。據《四庫提要》稱：「唐蘇冕嘗次高祖至德宗九朝之事為《會要》四十卷。宣宗大中七年（西元八五三年）又詔楊紹復等次德宗以來為《續會要》四十卷，以崔鉉監修。」「惟宣宗以後記載尚缺，(王）溥因復採宣宗至唐末事續之。」故今之《唐會要》最終為宋王溥所續成。蘇冕，唐京兆武功（今陝西眉縣東）人，祖蘇良嗣，武則天時宰相。❹短卷　告事人所寫告發他人，簡單錄其事項的短篇文卷。明楊士奇編的《歷代名臣奏議》載宋孝宗時，李椿的奏疏中講到：「臺諫官許風聞言事者，蓋內外官吏至眾，四方萬里之事至多，所以防壅蔽也。然則其言事於臺諫之官者，非有所怨憎，則必兇險之徒，既不敢公言之，故多錄事目以納臺諫，謂之短卷，其來久矣。」❺尉佗傳　尉佗，即南粵王趙佗，因其曾任南海尉，故洪邁稱其為尉佗。其事見《漢書・西南夷兩粵朝鮮傳》：趙佗，真定（今河北真定）人，秦亡，自立為南粵王。趙佗對漢使自述其稱帝的原因之一是「風聞老夫父母墳墓已壞削，兄弟宗族已誅論」。這是「風聞」二字最早的來源。〈尉佗傳〉則是洪邁所杜撰。

【語譯】御史可以根據風聞來論事，歷來都相承有此等做法，然而卻沒有人去查究它是怎麼來的，根據我的考察，發現御史風聞的做法，自晉、宋以來便已如此了。南朝齊武帝永明八年，沈約任御史中丞時，在奏文中彈劾王源，說：「借風聞有關東海王源的事。」唐人蘇冕在《唐會要》中說：「故事，御史臺沒有受理詞訟的先例，如果有詞狀送到御史臺，御史可以根據詞狀中確有可以彈劾的地方，那就略去投狀者的姓名，而講由風聞知道如此。後來，御史中缺少那種嫉惡如仇、為人公正而又正直的人，而是相互推諉，投狀人的狀紙被壅塞停滯。開元十四年時，方始明文規定御史臺接受事狀時，由受事的御史輪值，每人負責一天的劾狀，並書寫告事人的姓名，這樣做實際上違反了原來所以允許御史風聞奏彈的用意了。」實際上過去允許御史風聞的辦法，與今所謂的短卷是同一回事。據查風聞這二個字的出處，它最早見於〈尉佗傳〉。

【研　析】御史和御史大夫的職掌，最早只是皇帝身邊分管文書的成員。「史」字的原始意義是手持筆從事文書記錄。戰國時，秦、趙都設有御史。《史記・廉頗藺相如列傳》講到秦昭王與趙王相會時，二國的御史都書寫記錄了二王會見的情況。又如張儀遊說韓、趙時，都是通過該國的御史獻上國書的，它說明御史還負責接受使節文書的事。由於御史侍奉在國君身邊，自然會成為國君的耳目。秦漢的御史府，及後來的御史臺，它不是直接治民，而是通過治官來為帝王服務的。故御史的職能是監察，它是以維護皇權和皇帝個人意志為宗旨的一種制衡機構。它是通過對官員的監督、檢察、彈劾、懲戒等手段來制衡層級式官僚機構的。在御史臺內部，御史與御史大夫、御史中丞的關係，不同於其他官僚機構。杜佑《通典》稱：「御史臺中無長官，御史，人君耳目，比肩事主，得各彈事，不相關白。」唯其如此，才能盡帝王耳目之職。作為君王之耳目，他就有一個信息來源的問題，風聞便是它信息來源之一。所謂風聞，實際上是指它來自民間和下層的消息。風，既是傳言，又包含著諷喻的意思。詩有六義，其第一義便是風，它要求「言之者無罪，聞之者足戒」。它是為了便於不同利益和矛盾各方之間的充分表達，御史採詞狀之可彈者，所以要略其姓名而講「風聞訪知」，是為了防止矛盾和利益相關方對遞交詞狀者的打擊報復。御史奏彈時，也不能僅僅根據風聞，還要找相關人員核實調查。如沈約〈奏彈王源〉的這份奏狀中，便講了自己如何找了王源的媒人劉嗣之到御史官府審問核實以後，才正式上書彈奏。故宋孝宗時，李椿的奏文中亦講：「持短卷而謁臺諫官者，決非忠厚之士。若悉斷絕，則亦無所聞矣。在聽其言者，審之得其實，然後上章，則無所失矣。」監察機構如果沒有風聞來自社會下層的民間呼聲和傳聞，那它只是聾子的耳朵、瞎子的眼睛，擺擺樣子而已，不可能起到耳目的作用。如果御史的劾狀悉題告事人的姓名，如果所告的對象是當朝的執政者，那誰還敢告呢？所以洪邁認為開元十四年（西元七二六年）規定的辦法，有「乖自古風聞之義」，這樣會堵塞言路，違背了當初設置耳目之官的目的。這個問題是古今相通的，在古代是風聞訪之，在現代是網路上的各種傳聞，都屬於同一性質，說到底是利益表達的一種方式，堵不如疏。如果一味堵的話，只會使各種矛盾得不到及時處理而演化為尖銳的矛盾衝突。李椿那篇奏文中還講到：「近聞言事官以言事去職，其納短卷者，罪至徒配，足以革告訐之風，為監司帥守者莫不稱快而服陛下聖明，察見萬里之外，至於形於歌頌者，甚盛舉也。」然而李椿在南宋初年便認為：「愚慮四方萬里監司郡守，其間有貪婪害物不恤國事得以自恣無所忌憚者，不得聞於上矣。」其結果便是貪黷之風橫行，吏治腐敗透頂。洪邁這一條議論，當是對那時貪黷橫行的時局有所憂慮而發。

四李杜

漢太尉李固、杜喬，皆以為相守正❶，為梁冀所殺❷。故掾楊生上書，乞李、杜二公骸骨，使得歸葬❸。梁冀之誅，權勢專歸宦官，傾動中外❹，白馬令李雲露布上書，有「帝欲不諦」之語。桓帝得奏震怒，逮雲下北寺獄❺。弘農五官掾杜眾，傷雲以忠諫獲罪，上書願與雲同日死，帝愈怒，下廷尉，皆死獄中❻。其後襄楷上言，亦稱為李、杜❼。靈帝再治鉤黨❽，范滂受誅，母就與之訣，曰：「汝今與李、杜齊名，死亦何恨。」謂李膺、杜密也❾。李太白、杜子美同時著名，故韓退之詩云：「李、杜文章在，光焰萬丈長。」❿凡四李、杜云。

【注釋】❶漢太尉李固杜喬二句　李固，字子堅，漢中南鄭（今陝西南鄭）人。太尉，在東漢是三公（司空、司徒、太尉）之首。東漢沖帝即位（西元一四五年），以李固為太尉。杜喬，字叔榮，河內林慮（今河南林州）人，建和元年（西元一四七年）代胡廣為太尉。東漢時三公的地位皆相當於丞相，故稱李固與杜喬官居相位。守正，指李固與杜喬為政能守正不阿，不屈從於梁冀的勢力。❷為梁冀所殺　順帝崩，沖帝在襁褓，梁太后臨朝，以梁冀與李固參錄尚書事。沖帝又崩，冀立質帝，質帝稱冀為「跋扈將軍」。冀忌質帝恐為後患，令左右進鴆。李固在側，伏屍而哭。梁冀主張繼立劉志為帝，因劉志娶冀之妹，李固反對，並主張立清河王劉蒜，二人因此對立。終立劉志為桓帝，為此梁冀害固而殺之。梁冀復脅杜喬從己，喬不肯，遂執喬死獄中，與李固一起暴屍於城北。臨命，李固與胡廣書稱：「公等受主厚祿，顛而不扶，傾覆大事，後之良史，豈有所私？固身已矣，於義得矣。夫復何言？」梁冀，字伯卓，安定烏氏（今甘肅鎮源）人。其父梁商為大將軍，其妹梁妠入宮為漢順帝之皇后。梁商去世，冀繼其父為大將軍，以外戚柄國政，為人專橫跋扈。

❸故掾楊生上書三句　楊生，名匡，一名章，字叔康，陳留（今河南開封）人，為杜喬之故吏，聞李固、杜喬被殺，「號泣星行到洛陽，乃著故赤幘，託為夏門亭吏，守衛尸喪，驅護蠅蟲，積十二日，都官從事執之以聞。太后義而不罪。匡於是帶鈇鑕詣闕上書，并乞李杜二公骸骨。太后許之。成禮殯殮，送喬喪還家，葬送行服，隱匿不仕」。（《後漢書・杜喬傳》）又，李固有弟子郭亮，乞收固屍，因往臨哭，守喪不去。南陽人董班亦往哭固，守屍不去。那時士大夫以名節為重，門生故吏為先輩府主守屍殮葬成一時之風尚。

❹梁冀之誅三句　梁冀一門前後七封侯，三皇后，六貴人，二大將軍，在位二十餘年，窮凶極惡，百僚側目，惡貫滿盈，盛極而衰。梁冀後立自己的妹夫劉志，即位稱桓帝。桓帝畏冀權勢，與宦官單超、具瑗、唐衡、左悺、徐璜等密謀，以突然襲擊的方式詔收冀及宗親黨與悉誅之。於是權力轉歸宦官，參預密謀的五人皆封侯。五侯之宗族賓客虐遍天下。結果是朝政紊亂，地方動盪，民不堪命，盜賊蜂起。

❺白馬令四句　《後漢書・李雲傳》載其上書云：「孔子曰：『帝者，諦也。』今官位錯亂，小人諂進，財貨公行，政化日損，尺一拜用不經御省，是帝欲不諦乎？」此處指朝政紊亂，財貨橫行，民不聊生，是你桓帝疏於政事的結果。桓帝得奏震怒，下有司逮之，送黃門北寺獄，由中常侍管霸及御史、廷尉拷問。李雲，字行祖，甘陵（今山東臨清、河北臨西一帶）人，初舉孝廉，再遷白馬（今河南滑縣）縣令。露布，亦稱露板。係用公告的形式公開向皇帝上書。諦謂仔細審視事物。

❻弘農五官掾杜眾六句　事見《後漢書・李雲傳》。弘農，郡名，治所在今河南之靈寶。五官掾，東漢郡守之屬吏，諸曹掾出缺時，便由五官掾暫理其職務。廷尉，職掌刑獄，為最高法官，設有監獄，下廷尉即下廷尉所置的監獄。故廷尉既是官名，又是署名和獄名。

❼其後襄楷上言二句　襄楷上書桓帝稱：「李雲上書，明主所不當諱，杜眾乞死，諒以感悟聖朝，曾無赦宥，而并被殘戮，天下之人，咸知其冤。漢興以來，未有拒諫誅賢，用刑太深如今者也。」書奏不省，十餘日，復上書云：「陛下宜承天意，理察冤獄，為劉瓆、成瑨虧除罪辟，追錄李雲、杜眾等子孫。」（《後漢書・襄楷傳》）襄楷，字公矩，平原隰陰（今山東臨邑）人。襄姓，是楚大夫襄老之後。史稱其好學博古，善五行方術。

❽靈帝再治鉤黨　黨錮之禍始起於桓帝時。李膺為河南尹，時河南張成教子殺人，李膺收捕張成，逢赦，李膺仍案殺之。初成因風角之類迷信結交宦官，成被殺後，其弟子牢脩上書誣告李膺等，結交太學生共為黨羽，誹訕朝廷。於是天子震怒，下令逮捕黨人，其辭連累所及二百餘人，是為第一次黨錮之禍。次年赦歸田里，但禁錮終身，不得入仕。黨人之名，書於官府。靈帝時，再治黨人，有朱並者，承宦官中常侍侯覽之意，上書告張儉與同鄉二十四人結為同黨，有八俊、八顧、八及之名目，而以儉為之魁首。於是靈帝下令追捕黨人，連累所及有太僕杜密、長樂少府李膺、太尉掾范滂等百餘人，皆死於獄中，是為第二次黨錮之禍。

故云靈帝再治鉤黨。靈帝，劉宏，東漢末世皇帝，在位二十一年間宦官專政，政治腐敗，社會矛盾激化。鉤黨，相牽引為同黨，指黨錮之禍。❾范滂受誅六句　桓帝時，興黨人之禍，范滂坐繫黃門北寺獄，事後獲釋。靈帝時，黨人之案再起，又下詔急捕范滂，「督郵吳導至縣，抱詔書，閉傳舍，伏床而泣。滂聞之，曰：『必為我也。』即自詣獄。其母就與之訣。滂白母曰：『仲博孝敬，足以供養，滂從龍舒君（滂父名）歸黃泉，存亡各得其所。惟大人割不可忍之恩，勿增感戚。』母曰：『汝今得與李、杜齊名，死亦何恨！既有令名，復求壽考，可兼得乎？』滂跪受教，再拜而辭。時年三十三。」（《後漢書・范滂傳》）范滂，字孟博，汝南征羌（今河南汝南）人，歷任光祿勳主事，太尉掾屬。李膺，字元禮，潁川襄城（今河南襄城）人，出身於世家，祖父脩曾為太尉。舉孝廉，為司徒胡廣所辟，歷任青州刺史，漁陽太守等職，再遷河南尹。時張讓弟張朔有罪，匿張讓居舍，李膺往張讓舍捕張朔，付洛陽獄，審畢即殺之，因而得罪於宦官張讓，後因殺張成事，桓帝下李膺於黃門北寺獄。膺等引宦官子弟作惡之事端，宦官懼而赦免其歸鄉里。靈帝時，張儉事起，再次收捕黨人，鄉人謂膺曰：「可去矣。」對曰：「事不辭難，罪不逃刑，臣之節也。吾年已六十，死生有命，去將安之。」乃自詣詔獄，考死。妻子徙邊，門生故吏及其父兄，並被禁錮。杜密，字周甫，潁川陽城（今河南登封）人。為胡廣所辟舉，歷任太山太守，北海相。桓帝時，拜尚書令，遷河南尹，轉太僕。黨事起，與李膺俱坐，因黨事被徵自殺。故時人以李杜並稱。❿韓退之詩云三句　為韓愈永貞二年（西元八〇六年）所作〈調張籍〉詩之首二句。唐人是韓愈首先把李白與杜甫並提，並給予浩然蓋世的評價。他在詩中還接著說：「不知群兒愚，那用故謗傷。蚍蜉撼大樹，可笑不自量。」韓退之，即韓愈，河南河陽（今河南孟州）人，自謂郡望昌黎，故人號其為韓昌黎。唐古文學家，為唐宋八大家之首。

【語　譯】李固和杜喬都是東漢皇朝的太尉，都由於為相守正不阿，而被梁冀所殺害。杜喬之故吏楊匡上書朝廷，請求收殮李、杜二公的骸骨，便得以禮殯殮歸葬。梁冀被誅以後，朝廷的權勢轉歸宦官，其親屬在中央和地方倒行逆施，造成朝政紊亂、地方動盪，白馬縣令李雲公開上書朝廷，公然批評皇帝疏於政事。桓帝劉志看到奏疏後非常憤怒，下令把李雲關進了黃門北寺獄。弘農五官掾杜眾，對李雲因忠心於朝廷向皇上諫諍而獲罪感到傷心，上書朝廷表示願與李雲同一天受死，桓帝更加憤怒，把他一起關到廷尉的監獄中，結果二人都死於監獄。此後有方士襄楷亦上書朝廷，認為自漢以來，沒有如此用刑的先例，現在皇上應錄用李、杜二人的子孫，以示彌補。到靈帝時再次興起黨錮大案，名士范滂被捕誅死，其母與他訣別時，對他說：「你今天能與李、杜齊名，即便就死，也沒有什麼遺恨了。」這裡所說的李、杜，就是李膺與杜密。李白與杜甫同時著名於唐代玄宗、肅宗時期，所以韓退之在一首詩中說：「李杜文章在，光焰萬丈長。」歷史上有四次以李、杜兩姓並舉的記載，都是很有意義的。

【研 析】洪邁把四對李杜組合在一起，僅僅因為他們都是李、杜二姓之組合，從這四對李杜二姓組合的歷史狀況看，還是各不相同的。從時間上看，前面三對，都是東漢順帝、桓帝、靈帝時期的人，李白與杜甫則是玄宗晚年與肅宗時期的人物。從事體上看，以李固與杜喬、李雲與杜眾至以李膺、杜密以及范滂為代表的士族與外戚及宦官集團的抗爭，是東漢後期士大夫崇尚名節的表現。而李白與杜甫則是唐朝由盛而衰時，敢於以作品直面和揭露社會陰暗面的文學家。從時代特徵講，這四組人物的出現，有一個共同點，他們都是皇朝由盛而衰、社會矛盾趨於尖銳、統治集團內部派系之間的爭奪處於逐漸激化的階段。

從這四組人物的品格上講，他們都體現了士大夫們不屈不撓、剛正不阿、敢於以生命為代價同腐朽勢力鬥爭的高尚品格。前面三組李杜都出現在東漢的中後期，為什麼那個時候會出現這樣意氣風發、為人之不能為、並世代為人們所仰慕的人物呢？一方面與東漢以名節相尚的風氣有關，而這種風氣的形成，又與當時行薦舉徵辟制度有關。薦舉人才既看重名節，故士大夫可以得名者，必全力以赴，只有為人之所不能為，才能揚名於天下。揚名的另一個途徑是士大夫間互相標榜，這在士人之間會自然形成互相交結，共為部黨的局面，因而輿論權不在朝廷，而在地方士紳，特別是在有名的名士手上，所以名士們才能有三君、八俊、八顧、八及、八廚、八元、八凱之類的稱號。由於宦官集團的腐敗黑暗，所以士人更以批評朝政為尚，在執政的宦官集團看來那無疑是「誹訕朝政，疑亂風俗」了。至於楊匡，他是杜喬的故吏。那時郡吏之於太守，本有君臣名分。郭亮則是李固的門生。門生故吏的關係往往成為士人集結在一起的紐帶。當李固、杜喬「俱暴尸於城北，家屬故人莫敢視者」時，他們守骸骨，以禮殯葬，在行為上亦成為名節的一種標誌。這些人往往由此顯名，三公並辟，皇太后也對這些人採取寬容的態度，這多少還能起著緩解社會矛盾的作用。

當統治集團內部沒有自我制衡的力量時，其腐朽更會是加速的趨勢，它必然帶來社會矛盾，特別是階級矛盾的激化。黃巾起事便爆發於漢靈帝統治的最後幾年。漢靈帝的中平元年（西元一八四年）黃巾起事爆發，連宦官們也感到自己統治的重重危機。中常侍呂彊對靈帝說：「黨錮久積，人情多怨。若久不赦宥，輕與張角合謀，為變滋大，悔之無救。」（《後漢書・黨錮列傳》）於是才大赦黨人，想通過彌補統治集團內部的矛盾來解決階級對抗和社會危機。然而為時已晚了，即使鎮壓下去，統治集團內部的矛盾在權力再分配上又會重新燃起。東漢末黃巾起事失敗後是群雄割據的局面。王朝的統一，只能在長期的軍閥戰爭中重新組合，整個社會將為此付出沉重的代價。東漢末是如此，唐末是如此，明末何嘗不是如此，甚至清末也離不開這個大格局。

東漢末的黨錮之禍，算得上是一個大案了，洪邁在《容齋續筆》卷四〈黨錮牽連之賢〉條說：「漢黨錮之禍，知名賢士死者以百數，海內塗炭，其名迹章章者，並載于史。」可見被牽連的人，用現代話講，都屬於時代的精英階層。如果從歷史上看，這一類大案的效果都很不好。由於涉案的精英們的人事關係牽涉面都很廣，許多人原來的社會關係中多少都有一點恩恩怨怨，一些本來與黨人無關的個人之間恩怨，往往上掛下聯，通過擴大打擊面來實現個人目的。《後漢書・黨錮列傳》就講到：「自此諸為怨隙者，因相陷害，睚眦之忿，濫入黨中。又州郡承旨，或有未嘗交關，亦離（罹）禍毒。其死徙廢禁者，六七百人。」由於受打擊的屬於精英階層，結果是國家大傷元氣。同時這類大案必然包含著大量冤案、錯案、假案，一旦形勢變化，案件反覆，反過來往往又要加劇統治集團內部的自相殘殺，結果是王朝解體，社會秩序瀕於崩潰。從黨人在大案中表現的氣節看，它又是一筆重要的社會財富，它畢竟還能激勵正氣。儘管氣節之盛，是世運轉衰的標誌，如果連這一點氣節也消亡殆盡，那麼這個王朝離崩潰的日子也會為時不遠了。再說李白和杜甫，以及白居易的新樂府之類作品沒有忌諱，所以還能為社會積累的怨恨，提供一個宣洩口，那麼社會的危機還會有一點迴旋餘地。一個社會總要有一點正氣才能支撐人們的生存，所以中唐雖然經歷那麼大的挫折，還有一個得以喘息生存的時期。

渾脫隊❶

唐中宗時，清源尉呂元泰上書言時政曰：「比見坊邑相率為渾脫隊，駿馬胡服，名曰『蘇幕遮❷』，旗鼓相當，騰逐喧譟。以禮義之朝，法胡虜之俗，非先王之禮樂，而示則於四方。《書》曰：『謀時寒若。』❸何必羸形體❹，鼓舞跳躍而索寒❺焉？」書聞不報。此蓋并論潑寒胡之戲。《唐史》❻附於〈宋務光傳〉末，元泰竟亦不顯。近世風俗相尚，不以公私宴集，皆為耍曲耍舞❼，如〈渤海樂〉之類，殆猶此也❽。

【注釋】❶渾脫隊　渾脫，樂舞名。傳自西域，係由蕃語轉譯。舞人跨駿馬，服錦繡胡服，排列成軍陣，歡呼喧鬧，像戰鬥形狀，故稱。《唐會要．論樂》載中宗時呂元泰上疏曰：「比見都邑城市，相率為渾脫，駿馬胡服，名為〈蘇莫遮〉，旗鼓相當，軍陣之勢也。騰逐喧噪，戰爭之象也。錦繡夸競，害女工也。徵斂貧弱，傷政體也。胡服相效，非雅樂也。〈渾脫〉為號，非美名也。」大致說明〈渾脫〉群舞的內容和形象。此舞為上自諸王貴族，下及坊里百姓所喜好，至中宗時，已形成風俗。又玄宗開元間公孫大娘舞〈劍器〉、〈渾脫〉獨步天下，其舞姿「瀏漓頓挫」，此為單人舞，與上舉的渾脫隊群舞異趣。❷蘇幕遮　教坊樂曲名。幕，亦有作「莫」，「摩」。為傳自西域的樂曲。張說〈蘇摩遮〉詩：「摩遮本出海西胡。」慧琳《一切經音義》謂出自龜茲。❸書曰二句　語出《尚書．周書．洪範》。《傳》：「君能謀，則時寒順之。」此句意指人君能謀事，有美行，在冬天的氣候變化中會得到時寒順之的徵驗。《書》指《書經》。❹羸形體二句　《唐會要》卷三十四〈雜錄〉載呂元泰此語作「何必裸露形體，澆灌衢路」。「羸」當作「臝」。「臝」是「裸」的異體字，意為裸露身體。羸是羸弱，意為身體衰弱，兩義不同。讙，喧嘩。又「讙」是「歡」的異體字，意指歡呼叫喊。《新唐書・呂元泰附傳》作「灌衢路」，即用水澆灌街道。這是《新唐書》常省文改字的緣故。此處洪邁所引作「嬴」、「讙」均有誤。當據《新唐書》改正。❺索寒　亦作「乞寒」，意為討取寒冷，是潑水為樂的舞戲，因自蕃夷傳入，故又稱「潑寒胡」或「乞寒潑胡」。《新唐書・張說傳》載：「始，武后末年，為潑寒胡戲，中宗嘗乘樓從觀。至是（景雲二年），因四夷來朝，復為之。說上疏曰：『且乞寒潑胡，未聞典故，裸體跳足，汩泥揮水，盛德何觀焉？恐非干羽柔遠，樽俎折衝之道。』」《唐會要・雜錄》載景雲三年，右拾遺韓朝宗上書諫曰：「今之乞寒，濫觴胡俗。」「至開元元年十月七日，敕臘月乞寒，外蕃所出，漸浸成俗，因循已久。自今已後，無問蕃漢，即宜禁斷。」是知乞寒是在寒冬臘月舉行的舞人裸體跳躍、潑水戲耍的潑水戲。自武后末年盛行起來，到玄宗開元初遭到了明令禁止。❻唐史　指《新唐書》，《舊唐書》缺載。❼耍曲耍舞　遊戲、玩耍的曲、舞。❽如渤海樂之類二句　此二句意為如〈渤海樂〉之類，大概與此耍曲、耍舞相同。渤海樂，不詳。疑自渤海傳入的曲舞。殆，幾乎；大概。

【語　譯】唐中宗時期，清源縣尉呂元泰上書皇帝，評議當時朝政說：「近來看到城市坊里相繼出現跳『渾脫舞』的隊伍，騎駿馬，穿胡人的服裝，另有名為『蘇幕遮』的樂舞與之旗鼓相當，跳躍追逐，喧鬧不已。以我禮儀之邦，效法胡虜的習俗，不是先王的禮樂，卻示範於四方。《書經》說：『君主善謀，則寒冷便能及時抵達。』在如此寒冷的季節，何必裸露形體，澆灌道路，鼓舞跳躍而求索寒冷呢？」奏章送閱後沒有回音。這大概是並論潑寒胡的遊戲。《新唐書》把此事記載附在〈宋務光傳〉的後面，呂元泰的事蹟竟不顯揚。近世風俗也是如此互相倡導，不論是公宴、私宴，集會時都要以奏曲、起舞來玩樂，如〈渤海樂〉一類曲舞，大概也與此相同吧。

【研　析】〈詩序〉說：「在心為志，發言為詩，情動於中而形於言。言之不足，故嗟嘆之。嗟嘆之不足，故永歌之。永歌之不足，不知手之舞之、足之蹈之。」〈樂記〉說：「詩言其志，歌詠其聲，舞動其容，三者本於心，然後樂器從之。」所以音樂歌舞都是人們對自然界和社會事物有所感動而觸發的。

唐前期，在以長安和洛陽為中心的北方沿邊地帶，徙居著大量的少數民族，其中也包括著從中亞移居而來的各色西域人。一些州縣城市且成為華夷雜居的特殊區域，這些少數民族有他們的不同語言和風俗習慣，有他們各自創造出的音樂和舞蹈，這些都與華夏文化交流碰撞，交互影響。〈蘇幕遮〉的樂曲；渾脫隊的舞蹈；裸露著身體、鼓舞跳躍、歡呼潑水的「乞寒」，都是他們生活中的一部分，同時也帶入到兩京都城，豐富了華夏民族的文化內容。

唐代統治者也包括一部分文人學士，他們受儒家傳統思想的影響，恪守著「厚人倫、美教化、移風俗」的文化觀念，用以華變夷的方式，企圖改變或取消這種音樂舞蹈的交流和吸收。中宗時，清源縣尉呂元泰上疏請禁〈渾脫〉舞，景雲三年，右拾遺韓朝宗上疏諫禁潑寒胡，以及玄宗在開元元年十月以命令方式下敕「自今以後，無問蕃漢，即宜禁斷」。都是上述文化觀念的具體反映。

《容齋五筆》卷二

唐史省文之失❶

楊虞卿兄弟怙李宗閔勢❷，為人所奔向。當時為之語曰：「欲入舉場，先問蘇、張。蘇、張尚可，三楊殺我❸。」而《新唐書》減去「先」字❹。李德裕〈賜河北三鎮詔〉❺曰：「勿為子孫之謀，欲存輔車之勢。」《新書》減去「欲」字❻。遂使兩者意義為不鏗鏘激越，此務省文之失也。

【注釋】❶唐史省文之失　此篇是洪邁指出《新唐書》刻意仿古，力求減省文字的過失。唐史，指《新唐書》，宋仁宗時歐陽脩、宋祁等奉敕修撰。曾公亮進《新唐書》表稱：「其事則增於前，其文則省於舊。」前、舊皆指《舊唐書》而言，於此亦可見新修《唐書》在行文用字上的立意所在。❷楊虞卿句　楊虞卿，虢州弘農（今河南靈寶）人，進士出身。憲宗元和末，累官至監察御史。穆宗長慶初，遷侍御史，禮部、吏部員外郎。坐典吏受贓免官。及李宗閔、牛僧孺拜相，引用黨人，復用為左司郎中。虞卿性柔佞，能阿附權貴，以牟取奸利。《舊唐書・楊虞卿傳》載：「每歲詮曹貢部，為舉選人馳走取科第，占員闕，無不得其所欲。升沉取捨，出其脣吻。而李宗閔待之如骨肉，以能朋比唱和，故時號黨魁。」李宗閔，字損之，進士出身，穆宗時，進拜中書舍人。以私自推薦親信給主持貢舉的官員求科第，為李德裕所攻擊。李宗閔又與牛僧孺相結，同謀排斥李德裕，由此，朋黨之爭不息。文宗大和中，李宗閔得勢拜相，然其招權張勢，崇信私黨，排斥異己，為人所嫉。及武宗會昌初，李德裕再次入相，宗閔終遭貶為郴州（今湖南郴州）司馬，死於貶所。❸欲入舉場四句　此四句的意思是舉子考試得中與否，先要問一問蘇、張的口氣；蘇、張表示還可以，但三楊卻能決定我能否錄取的命運。可見楊氏三兄弟把持場屋舉選的炙手可熱。王定保《唐摭言・升沉後進》：「太和中，蘇景胤、張元夫為翰林主人，楊汝士與弟虞卿及漢公，尤為文林表式。故後進相謂曰：『欲入舉場，先問蘇、張；蘇、張尤可，三楊殺我。』」舉場，指科舉考試的禮部考場。蘇張，指蘇景胤、張元夫，二人是當時評議應舉人優劣好壞的「月旦評」人物。三楊，指楊虞卿及其兄弟楊汝士、楊漢公三人。❹新唐書減去先字　《新唐書》卷一百七十五〈楊虞卿傳〉載此句為「欲趨舉場，問蘇、張，蘇張猶可，三楊殺我。」❺李德裕句　〈賜河北三鎮詔〉是李德裕所寫的詔草。河北三鎮，一作河朔三鎮，見《新唐書・兵志》。三鎮，指幽州（范陽）、成德、魏博三鎮節度使及其轄地。因地處黃河以北，故稱。《舊唐書・李德裕傳》作〈賜魏鎮詔書〉。魏指魏博，鎮指鎮冀。其節文云：「卿勿為子孫之謀，欲存輔車之勢。」武宗會昌三年（西元八四三年），官軍討澤潞劉稹，命河北方鎮出兵助攻，魏博帥何弘敬與劉稹相倚為唇齒，依違不肯出兵，故詔書中有此語。弘敬迫不得已，乃奉詔。事見《新唐書・藩鎮魏博・何弘敬傳》及〈藩鎮鎮冀・王元逵傳〉。李德裕，趙郡（今河北趙縣）人，字文饒，父李吉甫，憲宗朝任宰相。德裕以蔭補官校書郎，歷仕憲、穆、敬、文、武五朝。先後三度入相。武宗朝時，獨秉大政六年，力主加強中央集權，削弱藩鎮，抑進士浮華交會之風。與牛僧孺、李宗閔為首的黨人由政見不合而意氣相爭，彼此相互傾軋，鬥爭激烈垂四十年之久。宣宗立，遭牛黨打擊，罷相後，連貶為崖州（今海南）司戶，未幾，以憂憤貧病死於貶所。著有《會昌一品集》。❻新書減去欲字　指《新唐書・李德裕傳》，其文云：「伐劉稹也，詔王元逵、何弘敬曰：『勿為子孫之謀，存輔車之勢。』」欲字被刪去。

【語　譯】唐楊虞卿兄弟依仗宰相李宗閔的權勢，成為追求名利的人奔走趨附的目標。當時社會上流傳說：「欲入舉場，先問蘇、張。蘇、張尚可，三楊殺我。」而《新唐書》中卻刪去「先」字。武宗時宰相李德裕以皇帝名義，草擬〈賜河北三鎮詔〉中說：「勿為子孫之謀，欲存輔車之勢。」在《新唐書》中卻刪去「欲」字。這樣就使原文的意義不鏗鏘有力而激昂慷慨了，這可是刻意追求節省文字，力求簡潔帶來的失誤啊！

【研　析】洪邁論《新唐書》務為省文，此為的論。此在本紀中尤為明顯。如《舊唐書・高宗本紀》載：「乾封元年，春正月，戊辰朔，上祀昊天上帝於泰山，以高祖、太宗配饗。己巳，升行封禪禮。庚午，禪於社首。」此是記高宗封禪泰山的行程日期及內容事項。可是在《新唐書》本紀中卻簡略為「正月，戊辰，封於泰山。庚午，禪於社首。」僅二十四個字。文字雖簡潔，可說是算無遺策。但記事不全面，併祭天、封禪二件事為一事，又同繫於戊辰之日，在時間上亦不正確。不僅如此，《新唐書》在本紀及列傳中，大刀闊斧地砍削去《舊唐書》所載的詔令奏疏、文章詩賦等不一而足。如隋末唐初李密在鄉野間所作的〈述懷詩〉、討隋煬帝檄文；

貞觀初張蘊古所上奏給太宗可作鑑戒的〈大寶箴〉；魏徵諫唐太宗的十思疏；武則天時徐敬業的討武氏檄文；唐德宗時使人痛哭涙涕的奉天罪己詔書；陸贄驚動朝野彈奏裴延齡奸偽敗事的奏疏；諸此等等皆一概刪去無遺。其他諸如列傳中附載文辭，如〈長孫無忌傳〉載太宗自製〈威鳳賦〉以賜無忌；〈李百藥傳〉中載有〈封建論〉一篇；〈李德裕傳〉中載有〈窮愁志賦〉及其〈論冥數〉數篇在《新唐書》中亦是刪去不書。更有甚者，唐代的高僧一行、玄奘，《舊唐書》為之立傳，《新唐書》則整篇刪落。這樣做對於當時人物，其所處的社會環境，政治情勢，以及心理狀態等等皆被抹去而不見其端詳了。

然而單論《新唐書》務為省文，僅是事情的一個方面。事情的另一方面則是「事增於舊」，即《新唐書》所記的人和事比《舊唐書》確實增加了不少。據徐浩《二十五史論綱》所說：以列傳而言，《新唐書》增傳三百一十，廢傳六十一，增事二千餘條。具體例子諸如劉晏、李泌、陸贄、李絳、高駢、高力士等人的列傳，《新唐書》比之於《舊唐書》文字幾乎增加到一倍。又唐末諸文武將相傳亦比《舊唐書》增加文字至數倍。《黃巢傳》《新唐書》文字擴充到近六千字，但《舊唐書》僅有一千六百字左右，則要增加到三、四倍之多。這是由於《舊唐書》撰寫在五代離亂之世，史籍散失者多。及至宋仁宗太平之世，遺書新作，不斷出現。新修《唐書》，則可以藉此採摭，用以補《舊唐書》缺漏之不足。

比較《舊唐書》、《新唐書》的利弊得失，前人評述頗多。比如《新唐書》問世不久，就有吳縝的《新唐書糾謬》二十卷，用二十類四百餘條糾《新唐書》之失。此後清趙紹祖有《新舊唐書互證》考彼此的異同。又錢大昕《二十二史考異》、王鳴盛《十七史商榷》、趙翼《二十二史箚記》及《陔餘叢考》對《舊唐書》、《新唐書》的得失均有所論述。此外，近人論述亦頗有涉及。這裡概置而不論。總之，《舊唐書》、《新唐書》各有其價值所在，不必偏廢，也不可厚此薄彼。這就要看讀者對所關注的問題而予以辯證地取捨了。

李德裕論命令❶

《容齋五筆》卷二

李德裕相武宗❷，言從計行。韋弘質建言宰相不可兼治錢穀❸。德裕奏言：「管仲明於治國❹，其語曰❺：『國之重器，莫重於令。令重君尊，君尊國安，治人之本，莫要於令。故曰虧令者死，益令者死，不行令者死，留令者死，不從令者死，五者無赦。』又曰：『令在上，而論可否在下，是主威下繫於人也。』大和後，風俗寖敝❻，令出於上，非之在下，此敝不止，無以治國。臣謂制置職業，人主之柄，非小人所得干，弘質賤臣，豈得以非所宜言，妄觸天聽❼，是輕宰相也。」德裕大意欲朝廷尊，臣下肅，而政出宰相，故感憤切言之。予謂德裕當國，它相取充位而已❽。若如所言，則一命一令之出，臣下皆不得有言，諫官、御史、給事、舍人❾之職廢矣。弘質位給事中，亦非賤臣❿。宜其一朝去位，遂罹抵巇⓫，皆自取之也。

【注　釋】❶李德裕論命令　李德裕論命令的主張，見於其所著〈論朝廷事體狀〉，見《全唐文》卷七百零六。李德裕，唐武宗時宰相。德裕字文饒，趙郡（今河北趙縣）人，宰相李吉甫子，以父蔭，歷任浙西觀察使、西川節度使等職。武宗時，拔居相位，主張加強中央集權、君主專制，對地方藩鎮採取不妥協的強硬態度，用兵平定自行繼襲的澤潞節度使劉稹，排斥以李宗閔、牛僧孺為首的反對派。贊同武宗的「滅佛」行動，一生積怨很多。武宗死，宣宗繼位，他遭到打擊罷官後貶死於崖州（今海南海口市瓊山區）。遺世的著作有《次柳氏舊聞》、《會昌一品集》。❷武宗　即唐武宗，原名瀍，後改名炎，穆宗第五子，始封潁王。文宗病危時，神策軍中尉仇士良、魚志弘等矯詔廢皇太子成美，立炎即帝位。次年改元會昌。武宗在位先後六年，在諸相中專任李德裕，外抗回鶻，內平昭義軍叛鎮。但他崇奉道教，排斥異端，掀起「滅佛」運動。又服食丹藥，以求長生，會昌六年春，終以藥性燥熱而暴崩，死時年僅三十三歲。❸宰相不可兼治句　唐自中葉以後，因軍費、官俸等支出浩大，朝廷重視各式各樣的理財方法，設置專官，計劃統籌，為了重其事權，常以宰相兼領。如憲宗元和晚年，皇甫鎛、程异拜相。皇甫鎛兼判度支，程异兼鹽鐵轉運。穆宗長慶初，王播拜相，領鹽鐵轉運等使如故。韋弘質說：「宰相不可兼治錢穀。」顯然是一種不合時勢的守舊思想。錢穀為錢帛、糧穀的合稱。通常亦泛指一切與財政稅收出納、會計等有關的事項。唐代的鹽鐵使、轉運使、度支使等即是掌管有關財政事務的高官。❹管仲明於治國　管仲為政，務在通貨積財、強國利民，「貴輕重，慎權衡。」佐齊桓公以成霸業，號稱為春秋時的名相。其經濟思想具見於後人託名管仲所著的《管子》一書。後人且尊其為法家的權輿。管仲，春秋時人，名夷吾，字仲，潁上（今河南許昌附近潁水之上。隋置縣，屬潁川郡）人。經至友鮑叔牙推薦給齊桓公，任為卿相，尊為「仲父」。❺其語曰　以下的引文，係洪邁節錄《管子》卷五〈重令〉篇的大意。❻大和後二句　唐文宗在位時，內有宦官專權，外有強藩跋扈。君主的權勢下移。文宗且自比於周赧王、漢獻帝。故這裡稱風俗寖敝。大和，唐文宗李昂年號，先後計八年（西元八二七—八三五年）。❼妄觸天聽　此語意指韋弘質大膽狂妄，觸犯了皇帝的聽聞。天聽，帝王的所聽所聞。古代人多認為天有意志和感覺，而帝王是天之所授任，故有此稱。《晉書・石崇傳》：「陛下天聽四達，靈鑑昭遠。」即是指皇帝的聽聞能遠達於四方。❽德裕當國二句　李德裕拜相是在文宗開成五年（西元八四〇年），武宗即位後的九月間，由淮南節度使入為吏部尚書兼門下侍郎、同中書門下平章事，迄於會昌六年（西元八四六年）二月武宗死。宣宗即位，被罷去相位。在此期間先後同任宰相之職的有崔鄲、崔珙、陳夷行、李紳、李讓夷、崔鉉、杜悰、李回、鄭肅等人，他們因武宗信任李德裕，故遇事多唯唯而已。諸宰相先後任用，事見《新唐書・武宗紀》。❾諫官御史句　職官名。諫官，通常指專掌諫諍君主及時政得失的官員。唐代諫官係指中書、門下兩省之左、右諫議大夫，左、右補闕，左、右拾遺等官。御史為言官，掌監察之任。唐代的御史大夫、御史中丞、侍御史、監察御史皆是，御史通常多指稱中丞以下的侍御史、監察御史。給事，為給事中的省稱。唐制：給事中屬門下省，高宗時中書、門下兩省改稱東、西臺，給事中又稱東臺舍人。據《新唐書・百官志》所載：給事中例置四人，官秩正五品上，掌侍帝王左右，分判省事。凡百司奏抄，侍中既審之後，則由其駁正違失。「詔敕不便者，可塗、改而奏還。每季終，上奏駁正之目。凡大事，覆奏，小事則署而頒行。若三司詳決失中，則裁其輕重。」故其職主要是駁議，亦即衡量政事處理的得失。舍人，唐代中書舍人的簡稱，亦有簡稱之為「中舍」。中書舍人係中書省屬官，例置六員，秩正五品上。其職掌撰寫詔敕，宣旨勞問授納文狀、分判省事。岑仲勉〈翰林學士壁記補注六〉云：「中書舍人專掌詔誥，或以他官兼知制誥，均可稱舍人。」又中書、門下兩省改名為東、西臺，鳳閣、鸞臺時，中書舍人亦改稱為西臺舍人、鳳閣舍人。中書省改稱紫薇省時，則亦改稱為紫薇舍人。❿弘質位給事中二句　韋弘質官給事中，秩正五品上，為清要之官。故洪邁稱他亦非賤臣。韋弘質，事蹟不詳。給事中，唐門下省屬官，解見注❾。賤臣，卑賤之臣。⓫遂罹抵巇　此句意指李德裕因小人的乘隙排陷而遭受到不幸。罹，指遭遇不幸。《書・湯誥》：「爾萬方百姓，罹其凶害。」《傳》曰：「罹，被荼毒苦也。不能堪忍虐之甚。」抵巇，《鬼谷子》中有〈抵巇〉篇。題注：「抵，擊實也；巇，釁隙也。牆崩因隙，器壞因釁。」

【語　譯】李德裕在武宗朝擔任宰相之職，武宗對他言聽計從。給事中韋弘質上疏建議宰相不能兼理錢穀等財政事務。李德裕反對他的建議，上奏說：「春秋時齊國的宰相管仲善於治理國家，他說過：『治理國家的重器，最重要是出令。法令重則君主尊崇，君主尊崇則國家安定，治民的根本，沒有比法令更重要。因此之故，私自減損法令的人應當處死，私自增加法令的人，應當處死，不執行法令的人，應當處死，私自扣留法令的人，應當處死，不服從法令的人，應當處死，犯了這五種行為的人都是不可赦免的。』管仲又說：『法令由君主制定頒布，若臣下私議其可不可以實行，這是君主的權威受到了臣下的牽制。』自文宗大和以後，風俗積弊很深，君主出令在上，而臣下非議在下，此種弊病若不革除，就無法治國。我以為設置臣下職務權限，是君主的權柄，不能由小人干涉，弘質微賤小臣，豈能以不應該說的話妄自觸犯君主的權力，這也是他輕視宰相的一種政治表現。」李德裕說這一番話大意是要尊朝廷、肅臣下，而以政令出自宰相為是，故感到憤慨，言辭激烈。我認為李德裕當國秉政，其他宰相只是充數而已。假如按照他所說的話，朝廷任何一項命令的下達，臣下皆不能提反對意見，那麼職掌屬議論政事的諫官、監察行政的御史、給事中、舍人等官職都要廢除了。韋弘質官職是門下省的給事中，亦不是微賤小臣。李德裕說這樣偏激的話，難怪他一朝被罷官去位，就遭到打擊報復，這皆是他咎由自取啊。

【研　析】李德裕是唐代中後期的著名宰相，在武宗朝一代，他得到武宗信任，專權秉政。他對外北抗回鶻，撫定黠戛斯，積極鞏固國防。對內，反對多數人主張對藩鎮妥協，「籌度機宜，選用將帥」，平定了據有澤、潞等五州的昭義節度劉稹，維護了中央集權和政令的貫徹。在內政上，他還主張抑制宦官權力，不讓宦官干預軍政；他雷厲風行，協助武宗掀起排斥異端的「滅佛」運動以固邦本；他反對科舉中的營私舞弊，反對門生拜謁主司，及登第後大宴曲江池等官場中互相拉關係的不正之風；他反對進士科只考詩賦，只講究詞藻的浮華風氣，主張選士須講求實際的行政才能，並相應地擴大了進士登第名額的限制。諸此等等都說明了李德裕在文宗以後風俗日弊之下，竭其所能進行大量的政治革新。他「料事明決，號令整齊」，其措施和作為在歷史上值得肯定。

李德裕論命令，即是載於他所著《會昌一品集》中〈論朝廷事體狀〉的節文。其主旨是尊君權、一號令、肅臣下，使法令能貫徹推行無阻，藉以加強中央集權。這是在當時朋黨以利益相交處處非議朝廷法令時所要採取的果斷主張，亦可以說是他「感憤切言」的一種流露。就是在同一篇中，李德裕指出了韋弘質所論「宰相不合兼領錢穀」就是受其朋黨所指使。他說：「伏望陛下知其邪計，從朋黨而來，每事明察，遏絕將來之漸，則朝廷安靜，邪黨自銷。」就是明徵。

洪邁說：「若如（李德裕）所言，則一命一令之出，臣下皆不得有言，諫官、御史、給事、舍人之職廢矣。」這只是一種主觀推論。其實，李德裕在推行政策時，也曾多次主動奏請公卿集議，聽取不同意見，如對昭義軍的不聽命，德裕即提出「固須廣詢廷議，以盡群情，望令兩省、御史臺並文官四品以上、武官三品以上，於尚書省集議」。在宰臣百僚和議中，多數人主張姑息妥協，不用兵。德裕則主張討伐，他認為若加妥協，藩鎮必將「跋扈難制，規脅朝廷」。當武宗看到奏狀後裁決說：「吾與德裕同之，保無後悔。」可是此後諫官仍上疏「言不可用兵相繼」（見《舊唐書・武宗紀》及《會昌一品集・論昭義三軍請劉稹勾當軍務狀》），可見兩省、御史臺諫議之職責仍在正常運行，而不是「職廢」了。

毋庸否認李德裕在個人作風上有專權自大、黨同伐異的毛病。但是他秉政時所作都是為了力挽文宗以來風俗日弊，朝綱不正。希望經由實際施政繼續走永貞革新的政治改革的道路。因此在他施政的過程中，得罪了不少人，觸犯了他們的切身利益，以致不斷有人攻擊他想把他搞下臺。及至武宗暴死，內廷宦官與朝臣中的翰林承旨白敏中互相勾結，瞞著李德裕擁立光王李怡為帝，是為宣宗。在這新舊皇帝的交替中，李德裕失去了後臺，終於被罷相，一貶再貶，三貶而竄死於嶺南。而嗾使韋弘質上疏的白敏中也就乘機奪權，登上了相位。

宋孫甫《唐史論斷》卷下有〈貶李德裕〉一條，內云：「李德裕以傑才為武宗經綸夷夏，屢成大功，振舉法令，致朝廷之治，誠賢相矣。但宣宗久不得位，又不為武宗所禮，舊怨已深，德裕是用事大臣，自不容矣！」洪邁在《容齋五筆．人臣震主》條下也說到：「人臣立社稷大功，負海宇重望，久在君側，為所敬畏，其究必至於招疑毀。……李德裕功烈光明，佐光武（指武宗）中興，成名獨重。宣宗立，奉冊太極殿。帝退謂左右曰：『向行事近我者，非太尉邪！每顧我，毛髮為之森豎。』明日罷之，終於貶死海外。」這與《漢書．霍光傳》所載：漢宣帝初立時去謁高廟，宰相霍光驂乘陪同。宣宗畏懼霍光「若芒刺在背」。世謂「霍氏之禍，萌於驂乘」。李德裕與霍光之事頗相類，就是因為人臣權威震主，導致招忌惹禍的緣故吧！

李德裕之死，說明了唐中後期政治改革的失敗，也說明了在君主專制的體制下的君相之間的矛盾。北宋王安石變法，又何嘗不是敗於此呢？

《容齋五筆》卷三

開元宮嬪❶

自漢以來，帝王妃妾之多，唯漢靈帝❷、吳歸命侯❸、晉武帝❹、宋蒼梧王❺、齊東昏❻、陳後主❼。晉武至於萬人。唐世明皇為盛，白樂天❽〈長恨歌〉云「後宮佳麗三千人」，杜子美〈劍器行〉❾云「先帝侍女八千人」，蓋言其多也。《新唐史》所敘，謂開元、天寶中，宮嬪大率至四萬。嘻，其甚矣。隋大業離宮❿徧天下，所在皆置宮女。故裴寂為晉陽宮監，以私侍高祖⓫，及高祖義師經過處，悉罷之。其多可想。

【注釋】❶開元宮嬪　開元為唐玄宗年號。宮嬪，後宮中的女官。這裡泛指宮中自皇后、皇妃以下至普通宮人。李群玉〈王內人琵琶引〉：「三千宮嬪推第一，斂黛傾鬟豔蘭室。」❷漢靈帝　東漢晚期皇帝，章帝玄孫，名宏，桓帝死，繼立。在位時寵任宦官曹節等，朝廷大臣竇武、陳蕃、李膺等均被殺害；又荒嬉後宮，開西園賣官之局。在位二十二年，建號建寧、熹平、光和、中平。中平初，黃巾起事在全國爆發。東漢晚年喪邦亂國的局面終於形成。靈帝為其諡號。❸歸命侯　三國吳末代皇帝，名皓。孫權之孫，孫和之子。吳為晉所滅，孫皓乞降。賜號為歸命侯。死時年四十二。《三國志・吳書・三嗣主孫皓傳》載其「後宮數千，而採擇無已」。❹晉武帝　即司馬炎，司馬昭之子，嗣為晉王，滅魏，即位稱帝，即以晉為國號，建都洛陽。在位時，命將伐吳，統一全國。鑑於魏孤立而亡，便大封宗室為屏藩，後導致八王之亂。《晉書・武帝紀》載：「平吳之後，天下乂安，遂怠於政術，耽於遊宴，寵愛后黨，親貴當權。」又〈后妃傳・武元楊皇后傳〉載：「泰始中，帝博選良家以充後宮，先下書禁天下嫁娶，使宦者乘使車，給騶騎，馳傳州郡，召充選者使后揀擇……世族子女並充三夫人、九嬪之列。司、冀、兗、豫四州二千石將吏家，補良人以下。名家盛族子女，多敗衣瘁貌以避之。」❺宋蒼梧王　即南朝宋後廢帝劉昱，明帝之子，在位四年，年號元徽，在位時荒淫無道，為蕭道成黨羽所殺，被追廢為蒼梧王。事蹟見《宋書．後廢帝紀》。❻齊東昏　即南朝齊廢帝蕭寶卷，明帝之子。在位三年，年號永元。在位時，荒淫無道，修建仙華、神仙、玉壽諸殿，窮極奢華綺麗，闢芳樂苑，造樓觀，牆壁上圖畫，男女裸體褻像。又寵愛潘妃，在苑中立市，使宮人作屠酤販賣，以潘妃為市令，東昏自己則作市魁，又使宮人列隊成軍，作戰鬥狀，常以此為樂。永元末年，梁武帝蕭衍起兵，包圍京城建康，蕭寶卷為左右所殺。後被追封為東昏侯。事蹟見《南齊書．東昏侯紀》。❼陳後主　南朝陳末代皇帝，名叔寶，陳宣帝長子，即位後荒於酒色，寵任施文慶、沈客卿等佞臣，委之以政；又寵愛張貴妃麗華及龔貴妃等，終日荒淫後宮。隋文帝開皇九年（西元五八九年）隋軍陷臺城，後主與張麗華藏匿於井中，被隋軍所俘，後主被解送至洛陽，封長城縣公。仁壽四年（西元六〇四年）死於洛陽。《陳書．後主紀》：「後主生深宮之中，長婦人之手……唯寄情於文酒，昵近群小，……政刑日紊，尸素盈朝，耽荒為長夜之飲，嬖寵同豔妻之孽。」終於導致眾叛親離，家國破亡。❽白樂天　即白居易，中唐時著名詩人。其於憲宗元和元年（西元八〇六年）所作〈長恨歌〉為古今膾炙人口，傳誦不息的作品，且有編為戲劇、影視。其內容取材時人陳鴻《長恨歌傳》，敘述玄宗與楊貴妃的恩愛故事。他把宮闈中的豔事美化為經久不能忘懷之恨和天長地久之真摯的愛情。作品想像豐富，語言優美。但亦寓有「欲懲尤物，窒亂階，垂於將來」之意。他在編集詩集完成後題詩卷末，云：「一篇〈長恨〉有風情，十首〈秦吟〉（即〈秦婦吟〉）近正聲。」對〈長恨歌〉頗為自賞。❾杜子美劍器行　〈劍器行〉為杜甫於大曆二年（西元七六七年）在四川夔府觀公孫大娘弟子李十二娘舞劍器有懷而作。其中有「先帝侍女八千人，公孫劍器初第一」之句。先帝指唐玄宗。杜子美，杜甫字。❿隋大業離宮　指隋煬帝大業年間在全國各地所置的行宮。⓫故裴寂二句　裴寂，蒲州桑泉（今山西臨猗東南）人，隋末任晉陽宮副監，與時任太原留守的李淵交往甚深。他見天下大亂，與李淵密謀起兵，並私自以其所掌管的晉陽宮侍女、及所藏府庫中的糧食、布帛和兵器等支持李淵起兵。唐建國，以功臣拜為宰相掌握大權。後李世民發動玄武門之變，逼高祖李淵退位，裴寂亦因之而被罷官，流放靜州（今廣西昭平）而死。

【語　譯】自漢朝以來，帝王擁有大量妃妾，著名的有東漢靈帝、三國吳歸命侯、晉武帝、南朝宋蒼梧王、齊東昏侯、陳後主等。晉武帝後宮中的妃嬪且至萬人。唐代以玄宗的妃嬪最多，白樂天在〈長恨歌〉中說「後宮佳麗三千人」，杜子美在〈劍器行〉中說「先帝侍女八千人」，這些都說明唐玄宗的妃嬪很多。據《新唐書》

所載，在開元、天寶年間，宮嬪大概有四萬人。啊，這真是太過分了。隋煬帝大業年間，帝王所置的離宮遍布全國，所在之處都有宮女居住著。因此之故，晉陽宮監裴寂乃以宮女私自侍奉高祖李淵，及至高祖起兵之後，軍隊所到之處，罷去離宮，釋放宮女回家。其宮女之多由此可想像而知。

【研　析】隋唐時代皇帝後宮，女官規模龐大，組織具備，儼然具有小朝廷的模樣。以制度來說作為皇帝陪從遊樂宴寢的侍妾嬪御就有三夫人（貴妃、淑妃、德妃）、九嬪（順儀、順容、順華、修儀、修容、修華、充儀、充容、充華）、二十七世婦（婕妤、美人、才人合二十七人）、八十一女御（寶林、御女、采女合計八十一人），合計就有一百二十人。此外，還有趨侍左右的貼身使女承衣、刀人等不定員數。如此眾多的侍妾嬪御，沒有具體的職掌，只是「端容麗飾，陪從宴遊而已」。至於宮中的大量龐雜事務，從政治教育到衣食住行又各設有專職的女官。其組織系統比擬外朝的尚書省，設置有六局（尚宮、尚儀、尚服、尚食、尚寢、尚工），六局之下，又置二十四司。二十四司每司又置「典」及「掌」作為副職，都各有品位。例如尚宮局，管司言（掌宣傳奏啟）；司簿（掌名錄計度）；司正（掌格式推罰）；司闈（掌門閣管鑰）。又如尚工局，管司製（掌營造裁縫）；司寶（掌金玉珠璣錢貨）；司綵（掌繒帛）；司織（掌織染）。六局、二十四司之下，又有備差遣使喚的大量女使。因此，皇帝後宮的人數成千上萬也就不足為奇了。

這是封建專制男權社會家天下的產物。為滿足皇帝私欲、享受，取之於民的國家大量錢財就像流水般地消耗著。不僅如此，歷代帝王且多有不問國政，終日沉醉後宮，在聲色歌舞中討生活，以致落得最後國破身亡、九廟為墟的結局。故歷代史家常把女寵視作為「女禍」。唐明皇與楊貴妃的故事，便是他們常談的懲戒事例。

先公詩詞

一

先忠宣公❶好讀書，北困松漠十五年❷，南謫嶺表九年❸，重之以風淫末疾，而繙閱書策，早暮不置，尤熟於杜詩❹。初歸國到闕，命邁作謝賜物一劄子❺，竄定兩句云：「已為死別，偶遂生還。」❻謂邁曰：「此雖不必泥出處，然有所本更佳。東坡〈海外表〉云『子孫慟哭於江邊，已為死別』❼，杜老〈羌村〉詩云『世亂遭飄蕩，生還偶然遂』❽正用其語。」在鄉邦日，招兩使者會集，出所將宣和殿書畫舊物示之❾。提刑洪慶善作詩曰：「願公十襲勿浪出，六丁取將飛辟歷。」❿辟歷二字如古文，不從雨。公和之曰：「萬里懷歸為公出，往事宣和空歷歷。」⓫邁請其意，曰：「亦出杜詩『歷歷開元事，分明在目前』⓬也。」紹興丁巳，所在始歌〈江梅引〉詞，不知為誰人所作，己未、庚申年，北庭亦傳之⓭。至于壬戌，公在燕⓮，赴張總侍御家宴，侍妾歌之，感其「念此情，家萬里」之句，愴然曰：「此詞殆為我作。」⓯既歸不寐，遂用韻賦四闋⓰。時在囚拘中，無書可檢，但有《初學記》、韓、杜、蘇、白樂天集，所引用句語，一一有來處⑰。北方不識梅花，士人罕有知梅事者，故皆注所出⑱。

【注釋】❶先忠宣公　指洪邁的父親洪皓，字光弼，鄱陽（今江西鄱陽）人。徽宗政和五年（西元一一一五年）進士。忠宣為其諡號。❷北困松漠十五年　洪皓在建炎三年（西元一一二九年）奉命使金，前後羈留金國十五年，紹興十三年（西元一一四三年）始歸。松漠，係洪皓出使金國後，因不屈被流放至冷山（即松漠，今內蒙古巴林右旗南）。同時使者十三人，惟皓等三人得生還，故其忠義之聲聞於天下。❸南謫嶺表九年　洪皓歸國後，與秦檜政見不合，被貶謫安置英州（今廣東英德），前後長達九年。紹興二十五年（西元一一五五年）洪皓以病甚，乞方便居住，轉袁州（今江西宜春），北返途中卒於南雄州（今廣東韶關）。終年六十八，死後一日，秦檜亦死。❹杜詩　指唐人杜甫的詩文，著有《杜工部集》。❺初歸國到闕二句　洪皓是紹興十三年（西元一一四三年）八月自金國回到南宋的杭州，賜物之事見《建炎以來繫年要錄》卷一百四十九：「八月戊戌，徽猷閣待制洪皓至自金國，上即日引見內殿，諭皓曰：『卿忠不忘君，雖蘇武不能過。』賜內庫金幣鞍馬黃金三百兩，帛五百匹，象齒、香、綿、酒、茗甚眾。」洪邁為其父作謝賜物箚子，當是此事。闕，此處代指帝王所居之處。❻竄定兩句云三句　此謂洪皓為洪邁代其撰寫的謝賜物箚子改定兩句。意謂自己出使金國，已作回不來的打算，故云已為死別。南宋派遣到金國的使臣前後三十餘人，得以生還者僅三人，而洪皓這次得以南返的原因有二，一是南北達成和議，二是金主生子大赦，遣奉使之人各還其鄉，洪皓如實以家鄉在饒州（今江西鄱陽）聞，故得以南還。❼東坡海外表云二句　此處引語見蘇軾〈到昌化軍謝表〉，史稱「故儋耳地，非人所居，藥餌皆無有」。故其在謝表中稱：「並鬼門而東騖，浮瘴海以南遷。生無還期，死有餘責。」故有「臣孤老無託，瘴癘交攻，子孫慟哭於江邊，已為死別；魑魅逢迎於海邊，寧許生還」之句。洪皓此言「已為死別」之出處，亦藉蘇東坡此表文以表白自己流離之艱難。東坡，即蘇軾，眉州眉山（今四川眉山市）人，東坡為其號，因反對王安石變法而求外任，後貶謫黃州。哲宗初曾復職為翰林學士，官至吏部尚書，後又貶謫至惠州安置，居三年，再貶瓊州別駕，居昌化（今海南島西部地區），當時非中原人所居之地。❽杜老羌村詩云二句　洪皓用杜甫的〈羌村〉一詩以表白自己得以與家人重逢時之心情。羌村，杜甫詩名，作於唐肅宗至德二載（西元七五七年）八月間，那年的四月間，杜甫由長安逃到當時唐政府所在地鳳翔，五月授左拾遺，因疏救房琯觸怒了唐肅宗，被放還家鄉鄜州，鄜州在鳳翔之東北，而羌村在鄜州之城外，杜甫的家在那兒。全詩共三首，敘述安史之亂以後，杜甫回鄉探親與家人相聚時那種悲涼淒切的感受。所引係第一首之第七、八句，此二句前後若：「妻孥怪我在，驚定還拭淚。世亂遭飄蕩，生還偶然遂！鄰人牆滿頭，感嘆亦歔欷。夜闌更秉燭，相對如夢寐。」體現了亂離之後，夫婦在艱難中重逢時那種疑是夢寐的情景。❾在鄉邦日三句　洪皓將自己出使金國時，搜集到流落在北方的北宋宮內所貯藏之書畫，給兩使者觀賞。在鄉邦日，當是紹興十四年（西元一一四四年）洪皓在母親去世前後回到家鄉鄱陽。兩使者，指洪慶善與韓美成。宣和殿，北宋汴京內宮之殿名，為貯藏內宮書畫的場所。宣和是宋徽宗的年號。徽宗喜歡繪畫，亦收藏歷代的書畫。❿提刑洪慶善三句　洪慶善此詩句為勸其好好保存這些國寶，要用十個套子把它封好，不要輕易示人。洪慶善，宋人洪興祖的字，號練塘，鎮江丹陽人，宋高宗時，曾為太常博士、江東提點刑獄，故稱其為提刑，知饒州時因與秦檜政見不合，被編管昭州（今廣西平樂），終年六十六。六丁（指丁卯、丁巳、丁未、丁酉、丁亥、丁丑）是道教傳說的火神，據說受天帝役使，能行風雷。韓愈〈調張籍詩〉：「仙宮敕六丁，雷電下取將。」這裡指珍藏好國寶，今後不管什麼人來浪取的話，都會受到上天雷電的轟擊。⓫公和之曰三句　洪皓和洪慶善詩題為〈洪慶善韓美成觀所藏宣和殿書畫慶善有詩次韻〉，下有自注「已下在饒州」，即洪皓歸鄉之時，此時洪慶善亦徙官至饒州，故兩人能相聚。其詩全文如下：「晉唐尺牘丹青古，老眼貪看眩欲花。二使星臨增倍價，一篇語妙屬詩家。當年寶閟藏書殿，留落寧知松漠見。萬里懷歸為公出，往事宣和空歷歷。」意謂這些當年珍藏在內廷宣和殿的晉唐尺牘古丹青，卻流落在金國的北方。洪皓出使金國時搜尋到，不遠萬里將其帶歸故土。他想起當年宋徽宗宣和盛時之往事，雖歷歷在目，卻全都過去了。公，指洪皓。⓬邁請其意四句　此言歷歷二字出於杜詩，杜甫有詩題為〈歷歷〉，全詩如下：「歷歷開元事，分明在眼前。無端賊盜起，忽已歲時遷。巫峽西江外，秦城北斗邊。為郎從白首，臥病數秋天。」杜甫此詩作於大曆元年（西元七六六年）秋。時杜甫流落居於夔州西閣（在巫山縣西北），故詩中有「巫峽西江處，秦城北斗邊」之句，全詩以懷念開元事歷歷在目開篇，並以「歷歷」二字為題，此與洪皓此時此地悲涼的處境相近。詩詞不僅講究用典要有出處，而且這出處要與作者吟詩的情景相切才是。洪皓熟讀杜詩與蘇東坡的作品，他與二人流離失所的情景相切，容易引起共鳴，故在他的作品中，自然能見到他們的影子。其實用歷歷入詩的，略早於杜甫的若崔顥的〈黃鶴樓〉亦有「晴川歷歷漢陽樹，芳草萋萋鸚鵡洲」之句，二者的境界便不相近似了。⓭紹興丁巳五句　王觀之〈江梅引〉已廣為流傳，但當時洪皓尚不知其為誰人所作。丁巳，是紹興七年（西元一一三七年）。江梅引，即宋人王觀所作之〈江城梅花引〉。己未庚申，即紹興九年與十年北庭，指金國之燕京，即今日之北京。⓮至于壬戌二句　壬戌為紹興十二年（西元一一四二年），那時洪皓在金國的燕京，即今之北京。⓯赴張總侍御家

宴六句　「念此情，家萬里」，為王觀〈江城梅花引〉中之句。今引其詞於下：「年年江上見寒梅，幾枝開，暗香來。疑是月宮仙子下瑤臺。冷豔一枝春在手，故人遠，相思切，寄與誰？怨極恨極嗅玉蕊，念此情，家萬里。暮霞散綺，楚天碧，幾片斜飛。為我多情，特地點征衣。花易飄零人易老，正心碎，那堪聞，塞管吹。」貫穿全詞都是借梅花來寄託對家鄉故人的切切思念之情，以及對自己飄零流落他鄉而又體弱衰老那種無可奈何的情緒，故洪皓有「此詞殆為我作」的感受。張總，金人。侍御，即侍御史，是御史臺的成員。侍妾，即侍女，原為徽宗宣和殿小宮姬。⓰用韻賦四闋　此謂四首詞最後一句都押一個「吹」字，而且非要與風吹或笛吹相關。四闋，即四首。闋，終。樂曲一首稱為一闋。用韻，原作之序稱：各有一「笑」字，「卒押吹字，非風即笛。」⓱時在囚拘中五句　此謂當時洪皓在北方處於拘囚的狀態，身邊可翻檢的書籍不多，然其所賦之〈江梅引〉所引用的語句，仍一一皆有出處。初學記，唐玄宗令徐堅等輯，取材於群經諸子，歷代詩賦及唐初諸家作品。以下指韓愈的《昌黎先生集》，杜甫的《杜工部集》，蘇東坡的《東坡集》，白樂天集即白居易的《白氏長慶集》。⓲北方不識梅花三句　此謂北方沒有梅花，士大夫很少知道與梅花有關的事情。所以把典故出處注明，下文三首都有原注，今分別將原注吸收到注文中，原注不再另注。

【語　譯】先父忠宣公酷愛讀書，在北方松漠被困十五年，回國後又被貶到嶺南，前後也長達九年，在這漫漫長夜裡，儘管風寒濕熱纏於身，他仍然朝暮不停地翻閱圖書策籍，尤其熟悉杜甫的詩作。當初從北方金國回到朝廷時，讓我代擬了一篇感謝皇上賞賜物品的謝表，他改定了其中兩句：「已為死別，偶遂生還。」先父對我說：「此處文字雖不必拘泥有什麼出處，然而有所根據的話，那更好一些。蘇軾在〈到昌化軍謝表〉中有『子孫慟哭於江邊，已為死別』之句，杜甫在敘述回歸故鄉的〈羌村〉詩中有『世亂遭飄蕩，生還偶然遂』之句，這裡正是借用了他們的詞語。」與先父一起回到家鄉的日子，曾經招請洪慶善、韓美成兩使者，把父親從金國帶回來當年汴京內宮宣和殿所收藏書畫舊物請他們觀賞。提刑洪慶善即席題詩吟誦此事，其詩云：「願公十襲勿浪出，六丁取將飛辟歷。」辟歷二字如古文，沒有兩字加頭。先父和其詩云：「萬里懷歸為公出，往事宣和空歷歷。」我請教先父「歷歷」二字的出處，先父回答說：「亦出於杜甫，杜詩題即為『歷歷』二字，其首句為『歷歷開元事，分明在目前』。」宋高宗七年，〈江梅引〉這首詞已到處傳唱了，不知作者是誰，到紹興九年、十年間，北方也傳唱這首詞。到了紹興十二年，先父在燕京赴張總侍御史的家宴，主人讓其侍妾歌吟〈江梅引〉，聽到詞中「念此情，家萬里」這句時，不僅淒愴有感，說：「這首詞簡直是為我而作。」回到家裡，便夜不成寐，於是用「吹」字韻，也賦了四首。當時先父處在被拘囚狀態，不可能有許多書供自己翻檢，身邊只有徐堅的《初學記》及韓愈、杜甫、蘇東坡、白樂天的文集，詞中所引用的語句，一一都有出處。北方人不識梅花，士大夫中很少有人知道與梅花相關的事，所以把詞中相關的句子，都注明了出處。

二

其一〈憶江梅〉云：「天涯除館憶江梅❶。幾枝開。使南來❷。還帶餘杭春信到燕臺❸。准擬寒英聊慰遠，隔山水，應銷落，赴愬誰❹。空恁遐想笑摘蕊❺。斷回腸，思故里❻，漫彈綠綺❼。引〈三弄〉，不覺魂飛❽。更聽胡笳哀怨淚霑衣❾。亂插繁華須異日❿，待孤諷，怕東風，一夜吹⓫。」元注引杜公：「忽憶兩京梅發時。」「胡笳在樓上，哀怨不堪聽。」「安得健步移遠梅，亂插繁華向晴昊。」樂天〈憶杭州梅花〉：「三年閑悶在餘杭，曾為梅花醉幾場。」車駕時在臨安。柳子厚：「欲為萬里贈，杳杳山水隔。寒英坐銷落，何用慰遠客。」江總：「桃李佳人欲相照，摘蕊牽花來並笑。」高適：「遙憐故人思故鄉，梅花滿枝空斷腸。」盧仝：「含愁更奏綠綺琴，相思一夜梅花發。」劉方平：「晚歲芳梅樹，繁花四面同。東風吹漸落，一夜幾枝空。」東坡：「忽見早梅花，不飲但孤諷。」「一夜東風吹石裂，半隨飛雪度關山。」

【注釋】❶天涯除館憶江梅　出自原注杜甫在大曆元年（西元七六六年）所作之〈立春〉首句：「春日春盤細生芽，忽憶兩京梅發時。」江梅，江指江城，李白有「江城五月落梅花」之句，所指之江城為江夏，今湖北之武昌。這裡泛指江南地區。❷使南來　謂南宋使臣孟忠厚等將來到金朝。❸還帶餘杭句　作者原注：「樂天〈憶杭州梅花〉詩云：『三年閒悶在餘杭，曾為梅花醉幾場。』車駕時在臨安。」洪皓注引白居易所賦此詩之時間當在穆宗長慶四年（西元八二四年）杭州刺史任滿後，在洛陽卜居於履道里，思念其在杭州與蕭悅相聚之情景，故其詩是「因敘舊遊寄蕭協律」的。注引為此詩之首句。蕭協律即蕭悅，善畫竹，協律郎屬太常寺，掌管音樂律呂，白居易曾作〈畫竹歌〉頌之。臨安，南宋府名，治所在杭州，當時是臨時國都。餘杭，杭州，南宋之京城。春信，指梅花。《荊州記》載：南朝宋陸凱與范曄交善，自江南寄梅花一枝，給在長安的范曄，並贈詩云：「折花逢驛使，寄與隴頭人。江南無別信，聊贈一枝春。」燕臺，即黃金臺，故址在今河北易縣南。相傳戰國時燕昭王築，置千金於臺上，延請天下豪士，故名黃金臺。此處借指北京。❹准擬寒英聊慰遠四句　作者原注：「柳子厚：『欲為萬里贈，杳杳山水隔。寒英坐銷落，何用慰遠客。』」這幾句詩出自柳宗元〈早梅〉之下半首的四句，其上半首為「早梅發高樹，回映楚天碧。朔吹飄夜香，繁霜滋曉白。」此詩係柳宗元永貞末再貶永州司馬居龍興寺時所作。永州當時的治所在零陵，即今湖南永州。洪皓所以套用此詩之後四句，是由於柳宗元全詩的意境顯示了一片早春清晨的景象，本想以早梅贈遠客，梅花因朔風吹落，何以慰遠方的客人。此意最能打動洪皓作為遠客對故國家鄉的思念。准擬，打算；準備。英，指花，寒英即梅花，因在寒冬開放，故名。慰遠，安慰遠方的人，這裡暗指作者自己。隔山水，指由南方故土跋涉千山萬水地傳遞梅花到北方來。應銷落，指梅花經萬里跋涉之後必然早已銷落。赴愬誰，此言作者思念故土之情又能向誰去訴說。❺空恁遐想笑摘蕊　原注：「江總：『桃李佳人欲相照，摘蕊牽花來並笑。』」江總，字總持，南朝陳人，總七歲而孤，依於外氏，幼聰明，家藏書眾多。總自幼好學，能屬文，善五言、七言詩，為陳後主所愛幸，日與陳後主遊宴後庭。《隋書・經籍志》著錄有《開府江總集》三十卷，《江總後集》二卷。引詩原題為〈梅花落〉，有五言、七言各一首，所引係七言詩之第五句。洪皓之笑摘蕊即出自「摘蕊牽花來並笑」。恁，這樣。遐想，遙想。蕊，花蕊，指梅花。❻斷回腸二句　此言作者故里之思，迴腸中斷，形容作者悲痛之極。原注：「高適：『遙憐故人思故鄉，梅花滿枝空斷腸。』」高適，字達夫，渤海蓨（今河北滄縣）

人，為盛唐之邊塞詩人，在天寶時，曾與李白、杜甫在齊趙一帶飲酒遊獵。安史之亂以後，他在南方。引詩題為〈人日寄杜二拾遺〉，人日，是正月初七，以詩寄託對杜甫的思念。原注所引兩句皆有上下文，其詩云：「人日題詩寄草堂，遙憐故人思故鄉。柳條弄色不忍見，梅花滿枝空斷腸。」此詩藉梅花以寄託對故人和故鄉的思念，正與洪皓此時此情相合，故為作者所借用。❼漫彈綠綺　原注：「盧仝：『含愁更奏綠綺琴，相思一夜梅花發。』」盧仝，晚唐詩人，自號玉川子，范陽（今河北涿州）人，唐文宗甘露之變時遇害。引詩之題為〈有所思〉。引文為全詩之後半首，各有上下文。其詩云：「美人不見愁人心，含愁更奏綠綺琴。調高弦絕無知音，美人兮美人不知，為暮雨兮為朝雲。相思一夜梅花發，忽到窗前疑是君。」綠綺，相傳為漢代司馬相如的琴。此處泛指琴。❽引三弄二句　三弄，即〈梅花三弄〉，古樂曲名，又名〈梅花引〉、〈梅花曲〉。全曲主調出現三次，故稱「三弄」。〈江梅引〉即〈江城子〉與〈梅花引〉相合為一調。相傳前半用〈江城子〉，後半用〈梅花引〉。

❾更聽胡笳哀怨淚霑衣　洪皓流寓於北方，更聽胡笳，自然引起他思念故國家鄉的悲緒。原注引杜甫「胡笳在樓上，哀怨不堪聽」，出自杜甫〈獨坐二首〉第一首之末句，此是大曆年間杜甫登白帝城樓上有感而作。此言白帝城樓上有鳴笳，其聲哀怨，不堪聞聽。胡笳，流行於塞北和西域的一種管樂器。❿亂插繁華須異日　原注：「杜甫『安得健步移遠梅，亂插繁華向晴昊。』」此句出自杜甫詩的〈蘇端薛復筵簡薛華醉歌〉。此詩是詩人詠正月初一歡筵的情景。洪皓藉此句表白自己對來日的期待。繁華，指花朵茂密的梅花。須異日，指要等待將來的日子。⓫待孤諷三句　待想到獨自一個人吟詩諷詠梅花，又怕一夜東風，把梅花全部吹落枝頭。洪皓這三句是化用劉方平的〈梅花落〉及蘇東坡的〈次韻李公擇梅花〉及〈梅花二首〉中相關的詩句，故洪皓在自注中引「劉方平『晚歲芳梅樹，繁華四面同。東風吹漸落，一夜幾枝空。』東坡：『忽見早梅花，不飲但孤諷。』「一夜東風吹石裂，半隨飛雪度關山。」」

【語　譯】其一，〈憶江梅〉：我被羈留在那遼遠北國。遙想那南方的寒梅，不知有幾枝正在盛開。聽說南方有使者北來。望他們能帶幾枝杭州的梅花來燕臺。我打算藉著這幾枝梅花聊以安慰自己，可是遠涉千山萬水，想必那梅花早已銷落凋零，我滿腔衷情又能向誰去傾訴。我想像那裡笑摘梅花的情景。更使我迴腸千轉，思念那遙遠的故鄉，聊且撫摸那綠綺古琴。彈起那〈梅花三弄〉，不覺魂飛魄斷。耳邊傳來胡笳聲聲，禁不住我淚濕衣襟。若要把梅花插滿白頭，須待他日能返還故鄉，到那時我獨自將詩吟誦，又怕那東風太緊，一夜便把梅花吹淨。原注明引自杜甫〈立春〉：「忽憶兩京梅發時。」〈獨坐二首〉：「胡笳在樓上，哀怨不堪聽。」

〈蘇端薛復筵簡薛華醉歌〉：「安得健步移遠梅，亂插繁華向晴昊。」白居易〈憶杭州梅花因敘舊遊寄蕭協律〉：「三年閑悶在餘杭，曾為梅花醉幾場。」皇上當時在臨安。柳宗元〈早梅〉：「欲為萬里贈，杳杳山水隔。寒英坐銷落，何用慰遠客。」江總〈梅花落〉：「桃李佳人欲相照，摘蕊牽花來並笑。」高適〈人日寄杜二拾遺〉：「遙憐故人思故鄉，梅花滿枝空斷腸。」盧仝〈有所思〉：「含愁更奏綠綺琴，相思一夜梅花發。」劉方平〈梅花落〉：「晚歲芳梅樹，繁華四面同，東風吹漸落，一夜幾枝空。」蘇東坡〈次韻李公擇梅花〉：「忽見早梅花，不飲但孤諷。」〈梅花二首〉：「一夜東風吹石裂，半隨飛雪度關山。」

三

其二〈訪寒梅〉云：「春還消息訪寒梅❶。賞初開❷。夢吟來❸。映雪銜霜清絕繞風臺❹。可怕長洲桃李妬❺，度香遠❻，驚愁眼，欲媚誰❼。曾動詩興笑冷蕊❽，效少陵❾，慙下里❿。萬株連綺。歎金谷，人墜鶯飛⓫。引領羅浮翠羽幻青衣。月下花神言極麗⓬，且同醉，休先愁，玉笛吹⓭。」注引李太白：「聞道春還未相識，走傍寒梅訪消息。」江總：「綠珠樓下梅花滿，今日曾無一枝在。」江總：「金谷萬株連綺甍，梅花隱處藏嬌鶯。」何遜：「銜霜當路發，映雪擬寒開。枝橫卻月觀，花繞淩風臺。」杜公：「東閣官梅動詩興，還如何遜在揚州。」「未將梅蕊驚愁眼，要取楸花媚遠天。」「巡檐索共梅花笑，冷蕊疏枝半不禁。」樂天：「賞自初開直至落。」「莫怕長洲桃李妒，明年好為使君開。」王昌齡夢中作梅花詩。

梁簡文賦「香隨風而遠度」，及趙師雄〈羅浮見美人在梅花下有翠羽啾嘈相顧〉詩云：「學妝欲待問花神。」崔櫓：「初開已入雕梁畫，未落先愁玉笛吹。」

【注　釋】❶春還消息訪寒梅　此句化用李白〈早春寄王漢陽〉中詩句，作者原注引李白：「聞道春還未相識，走傍寒梅訪消息。」李白此詩之作應在肅宗上元元年（西元七六〇年）流夜郎途中遇赦之後，在武昌約漢陽令王某渡江相會。此句為詩之首句，其下文有「昨夜東風入武昌，陌頭楊柳黃金色。碧水浩浩雲茫茫，美人不來空斷腸。預拂青山一片石，與君連日醉壺觴。」❷賞初開　賞玩初開的梅花。原注引白樂天詩〈憶杭州梅花因敘舊遊寄蕭協律〉：「賞自初開直至落，歡因小飲便成狂。」❸夢吟來　夢中吟詠賞梅的詩作。作者原注有云：「王昌齡夢中作梅花詩。」王昌齡，字少伯，長安人，開元十五載（西元七二七年）進士。擅長七絕，以邊塞詩、宮怨詩聞名。後人輯有《王昌齡集》。❹映雪銜霜句　此句化用原注所引南朝梁何遜〈詠早梅〉詩：「銜霜當路發，映雪擬寒開。枝橫卻月觀，花繞凌風臺。」清絕，形容梅花清香絕幽。凌風臺，貴族花園亭臺。何遜，字仲宣，東海郯（今江蘇鎮江市）人，早年即能賦詩，為當時名流所稱。沈約謂何遜曰：「吾每讀卿詩，一日三復，猶不能已。」有《何水部集》。❺可怕長洲桃李妒　套用原注白居易〈新栽梅〉：「池邊新種七株梅，欲到花時點檢來。莫怕長洲桃李妒，明年好為使君開。」並反其意而用之。❻度香遠　套用自原注梁簡文帝〈梅花賦〉：「香隨風而遠度。」作者引自《初學記》卷二十八，梅十。❼驚愁眼二句　此二句化用原注所引自杜甫〈十二月一日三首〉之第一首第五、六句：「未將梅蕊驚愁眼，要取楸花媚遠天。」❽曾動詩興笑冷蕊　此句套用原注所引杜甫〈和裴迪登蜀州東亭送客逢早梅相憶見寄〉一首之首二句：「東閣官梅動詩興，還如何遜在揚州。」及〈舍弟觀赴藍田取妻子到江陵喜寄〉第二首之末二句：「巡檐索共梅花笑，冷蕊疏枝半不禁。」杜甫前詩「動詩興」是指裴迪有早梅之詠，故以何遜詠揚州早梅相比。後詩寫其憫弟遠來喜慰之情，於是步繞檐楹，索梅花共笑，即使是冷蕊疏枝，亦笑不能禁。洪皓藉此來表示自己寫此詞時喜慰之情。❾少陵　指杜甫。少陵原為地名，杜甫曾家於長安之少陵，自稱「少陵野老」，後人亦以少陵稱杜甫。❿慙下里　謂自己雖然效法杜甫詠梅的詩句，但自嘆不如杜甫之高雅。下里，即下里巴人，指俚俗曲調。⓫萬株連綺三句　三句化用原注所引南朝陳江總〈梅花落〉詩：「金谷萬株連綺甍，梅花隱處藏嬌鶯。」西晉貴族石崇，在洛陽築有金谷園。崇有美妾綠珠，善吹笛，趙王倫之弄臣孫秀求之，崇不許。孫秀向趙王倫進讒，殺石崇。石崇被捕時，綠珠在金谷園墜樓自殺。相傳石崇金谷園中有家池，名綠珠潭，池南有綠珠樓。故洪皓在此處亦套用李白〈魯郡堯祠送竇明府薄華還西京〉一詩中，有「君不見，綠珠潭水流東海，綠珠紅粉沉光彩。綠珠樓下花滿園，今日曾無一枝在。」連綺，有花紋的屋脊，謂金谷園的萬株梅花連綿圍繞著華麗的屋棟，指綠珠樓。金谷，指金谷園。這三句是借感嘆綠珠在金谷園寧死不屈的精神以喻自己在金國誓死不屈、忠於故國的精神。⑫引領羅浮二句　此處套用原注：「趙師雄〈羅浮見美人在梅花下有翠羽啾嘈相顧〉詩云：『學妝欲待問花神。』」詞中「羅浮」、「翠羽」、「花神」皆本於此。按：故事出於《龍城錄》卷上〈趙師雄醉憩梅花下〉云：「隋開皇中，趙師雄遷羅浮，一日天寒日暮，在醉醒間，因憩僕車於松林間酒肆，傍舍見一女子，淡妝素服，出迎師雄。時已昏黑殘雪，對月色微明。師雄喜之，與之語，但覺芳香襲人，語言極清麗，因與之扣酒家門，得數杯相與飲，少頃有一綠衣童來，笑歌戲舞，亦自可觀。頃醉寢，師雄亦懵然，但覺風寒相襲。久之，時東方已白。師雄起視，乃在大梅花樹下，上有翠羽啾嘈相顧，月落參橫，但惆悵而爾。」故事中的美人，即梅花神的化身。引領，伸長頸脖以表示遠望。羅浮，山名，在廣東有羅浮山，東江之北岸，增城、北羅兩縣之間。翠羽，即故事中啾嘈相顧的翡翠鳥，羽毛呈綠色。青衣，指故事中的綠衣女童。⑬且同醉三句　笛曲有〈梅花落〉調，這裡是表示梅花終究要落去，但不要因此而發愁，且先與梅花同醉於好夢。玉笛吹，出於崔櫓〈岸梅〉詩中原注所引：「初開已入雕梁畫，未落先愁玉笛吹。」這裡借用玉笛吹表示梅花落去。

【語譯】其二，〈訪寒梅〉：「要探訪春來的消息，還得向寒梅問訊。我夢遊江南，對著那初開的梅花吟詠。梅花環繞著凌風臺怒放，映雪含霜，清幽絕極。寒梅啊！可怕的是長洲的桃李妒忌心重，儘管你的香氣遠播四方，驚動了我一雙愁眼，卻又有誰能欣賞。我曾經興致勃勃地仿效杜甫寫詩來詠梅，慚愧的是我的詩句只能與下里巴人為伍。可嘆那個金谷園早已破敗，綠珠墜樓身亡，嬌鶯飛走。我遙望那遙遠的羅浮山，翠鳥彷佛變成了梅神的侍女。月光下，梅神的言語美妙，吐氣如蘭，且與美人飲酒共醉，用不到憂慮，聽任那玉笛吹奏起〈梅花落〉的曲調。」注明引自李白〈早春寄王漢陽〉：「聞道春還未相識，走傍寒梅訪消息。」〈魯郡堯祠送竇明府薄華還西京〉：「綠珠樓下梅花滿，今日曾無一枝在。」江總〈梅花落〉：「金谷萬株連綺甍，梅花隱處藏嬌鶯。」何遜〈詠早梅〉：「銜霜當路發，映雪擬寒開。枝橫卻月觀，花繞凌風臺。」杜甫〈和裴迪登蜀州東亭送客逢早梅相憶見寄〉：「東閣官梅動詩興，還如何遜在揚州。」〈十二月一日三首〉：

「未將梅蕊驚愁眼，要取楸花媚遠天。」〈舍弟觀赴藍田取妻子到江陵喜寄〉：「巡檐索共梅花笑，冷蕊疏枝半不禁。」白居易〈憶杭州梅花因敘舊遊寄蕭協律〉：「賞自初開直至落。」〈新栽梅〉：「莫怕長洲桃李妒，明年好為使君開。」王昌齡夢中作梅花詩。梁簡文帝〈梅花賦〉「香隨風而遠度」，及趙師雄〈羅浮見美人在梅花下有翠羽啾嘈相顧〉：「學妝欲待問花神。」崔櫓〈岸梅〉：「初開已入雕梁畫，未落先愁玉笛吹。」

四

其三〈憐落梅〉云：「重閨佳麗最憐梅❶。牖春開，學粧來❷。爭粉翻光何遽落梳臺❸。笑坐雕鞍歌古曲❹，催玉柱，金卮滿，勸阿誰❺。貪為結子藏暗蕊❻。斂蛾眉，隔千里❼。舊時羅綺。已零散，沈、謝雙飛❽。不見嬌姿真悔著單衣❾。若作和羹休訝晚❿，墮烟雨，任春風，片片吹⓫。」注引梁簡文賦：「重閨佳麗，貌婉心嫻。憐早花之驚節，訝春光之遣寒。」「顧影丹墀，弄此嬌姿。洞開春牖，四卷羅帷。春風吹梅畏落盡，賤妾為此斂蛾眉。」又：「爭樓上之落粉，奪機中之織素。」梁王詩：「翻光同雪舞。」鮑泉：「縈窗落梳臺。」江總：「滿酌金卮催玉柱，落梅樹下宜歌舞。」太白：「千金駿馬邀少妾，笑坐雕鞍歌落梅。」古曲有〈落梅花〉。又：「片片吹落春風香。」謝莊賦：「隔千里兮共明月。」庾信：「早知覓不見，真悔著衣單。」東坡：「抱叢暗蕊初含子。」「玉妃謫墮煙雨村。」王建：「自是桃花貪結子。」

【注釋】❶重閨佳麗最憐梅　此句化用梁簡文帝蕭綱原注所引〈梅花賦〉之「重閨佳麗，貌婉心嫻。憐早花之驚節，訝春光之遺寒。」重閨，指深閨。佳麗，美貌的青年女子。最憐梅，最愛惜梅花。❷牖春開二句　此二句亦套用梁簡文帝〈梅花賦〉原注所引：「顧影丹墀，弄此嬌姿。洞開春牖，四卷羅幃。」指少女打開窗戶，對著戶外的春光，學著梳妝打扮。牖，窗戶。❸爭粉翻光句　此句套用原注引梁簡文帝〈梅花賦〉：「爭樓上之落粉，奪機中之織素。」又原注梁王詩：「翻光同雪舞。」有誤，應是王筠〈和孔中丞雪裡梅花〉詩：「水泉猶未動，庭樹已先知。翻光同雪舞，落素混冰池。」及鮑泉之〈詠梅花〉詩：「可惜階下梅，飄蕩逐風回。度簾拂羅幌，縈窗落梳臺。」爭粉，指梅花潔白芳香，與婦女裝飾用的白粉爭勝。翻光，謂梅花翻動著光彩。何遽落梳臺，意謂為何突然掉落在美人的梳妝臺上。❹笑坐雕鞍歌古曲　這句是化用原注引自李白的〈襄陽歌〉：「千金駿馬換少妾，笑坐雕鞍歌落梅。」雕鞍，有雕飾的馬鞍。古曲，指漢樂府橫吹曲的〈梅花落〉。❺催玉柱三句　意謂催促奏樂，斟滿酒杯，向誰舉觴啊？玉柱，樂器上支弦的枕木。巵，古代盛酒的一種器具。此三句化用原注所引南朝陳之江總〈詠梅花落〉詩：「臘月正月早驚春，眾花未發梅花新。梅花芬芳臨玉臺，朝攀晚折還復開。滿酌金巵催玉柱，落梅樹下宜歌舞。」❻貪為結子藏暗蕊　意謂梅花因貪圖結子，把花蕊隱藏起來，不致被人們攀折。這句是化用原注蘇東坡〈紅梅〉之第五、六句：「抱叢暗蕊初含子，落盞濃香已透肌。」及王建之絕句：「自是桃花貪結子，錯教人恨五更風。」❼斂蛾眉二句　作者喻自己遠隔千里為梅花的零落而緊鎖雙眉。斂，收斂。緊鎖雙眉。蛾眉，美女長而美的眉毛。此二句套用梁簡文帝〈梅花賦〉：「春風吹梅畏落盡，賤妾為此斂蛾眉。」及謝莊〈月賦〉之句：「歌曰：美人邁兮音塵闕，隔千里兮共明月。」❽舊時羅綺三句　此處借指過去的繁華生活，如梅花墮落那樣已零散。羅綺，兩種豪華的絲織品。沈謝，指沈約和謝朓。兩人都是南朝齊代的著名文人。沈約，字休文，吳興武康（今浙江德清）人，處齊梁間。約工於詩文，曾撰《四聲譜》。謝朓，字玄暉，陳郡陽夏（今河南太康）人。長五言詩。兩人有詩歌往來贈答。謝朓有〈詠落梅〉詩。雙飛，謂如沈、謝那樣的詩人，皆已凋落。❾不見嬌姿句　此句套用北周庾信〈詠梅花〉詩：「常年臘月半，已覺梅花闌。不信今春晚，俱來雪裡看。樹動懸冰落，枝高出手寒。早知覓不見，真悔著衣單。」意謂早知看不到梅花嬌嫩的美姿，真後悔出門時穿著太單薄的衣服。❿若作和羹休訝晚　和羹，古人煮羹時，須用鹽、醋等調味品，以梅子作酸味調羹，故云梅花落時，若為用梅子作調羹用，則未嘗為晚。訝，驚訝。《尚書・說命》：「若作和羹，爾惟鹽梅。」⑪墮煙雨三句　謂梅花在煙雨中墮落，任憑春風一片片吹落於地。此三句化用原注引蘇東坡〈花落復次韻〉之首二句：「玉妃謫墮煙雨村，先生作詩與招魂。」及李白〈酬殷明佐見贈五雲裘歌〉：「瑤臺雪花數千點，片片吹落春風香。」

【語譯】其三，〈憐落梅〉云：「深閨的美女最愛憐梅。打開春天的窗戶，學著梳妝打扮。梅花隨風在空中飄舞，為何突然降落在梳妝臺，要與脂粉爭豔彩。遙想古人坐在漂亮的馬鞍上，豪放地笑吟古曲〈梅花落〉，催促快在梅樹下彈奏樂曲，滿酌金杯，是為了向誰舉觴啊。梅花貪圖結子，便把暗蕊隱藏。梅花凋落了，使人們緊鎖雙眉，惆悵而憂傷，這可在遠隔千里的南方。從前的繁華景象，已經煙消雲散，一起唱和的詩友，當年那沈約和謝朓也雙雙遠去。急匆匆出門卻看不到梅花的嬌姿，真後悔那時穿著的衣服太單薄。如果你是為了將梅子作調味的話那還不嫌晚，試著看那梅花在煙雨中紛紛下墜，任憑春風片片吹落向遠方。」注明引自梁簡文帝〈梅花賦〉：「重閨佳麗，貌婉心嫻。憐早花之驚節，訝春光之遣寒。」「顧影丹墀，弄此嬌姿。洞開春牖，四卷羅帷。春風吹梅畏落盡，賤妾為此斂蛾眉。」又：「爭樓上之落粉，奪機中之織素。」梁王詩：「翻光同雪舞。」鮑泉〈詠梅花〉：「縈窗落梳臺。」江總〈詠梅花落〉：「滿酌金巵催玉柱，落梅樹下宜歌舞。」李白〈襄陽歌〉：「千金駿馬邀少妾，笑坐雕鞍歌落梅。」古曲有〈梅花落〉。又：「片片吹落春風香。」謝莊〈月賦〉：「隔千里兮共明月。」庾信〈詠梅花〉：「早知覓不見，真悔著衣單。」蘇東坡〈江梅〉：「抱叢暗蕊初含子。」〈花落復次韻〉：「玉妃謫墮煙雨村。」王建之絕句：「自是桃花貪結子。」

五

第四篇失其稿。每首有一笑字，北人謂之〈四笑江梅引〉，爭傳寫焉。

補白：洪邁此言第四篇已失其稿，《續修四庫全書》之集部有宋末趙聞禮彙輯宋詞總集《陽春白雪》卷七，收有洪皓的第四首〈雪欺梅〉，題曰：〈使北時和李漢老〉。按：李漢老指李邴，漢老為其字，李邴《宋史》有傳。任城人，徽宗五年進士及第，紹興初參知政事，著有《雲龕草堂集》。洪皓賦〈江梅引〉在紹興十二年（西元一一四二年），那時李邴閒居在泉州，二人南北相隔，而洪皓使北的時間是在建炎三年（西元一一二九年），此詞若為洪皓使北時和李邴，那與〈先公詩詞〉記載亦不合，故「使北時和李漢老」之說，或許是由於李漢老有〈漢宮春〉一詞，其云：「瀟灑江梅，向竹梢疏處，橫兩三枝。東君也不愛惜，雪壓霜欺。無情燕子，怕春寒，輕失花期。卻是有年年塞雁，歸來曾見開時。清淺小溪如練，問玉堂何似，茅舍疏籬。傷心故人去後，冷落新詩。微雲淡月，對江天，分付他誰。空自憶，清香未減，風流不在人知。」洪皓〈雪欺梅〉之題或由「雪壓霜欺」而起。其他若洪皓詞中「片雲開，月飛來」，「人如月」之句式，亦或是從李漢老的〈漢宮春〉中「微雲淡月，對江天，分付他誰？」套用而來。至於洪皓如何見到李漢老的這首〈漢宮春〉，則難以考證了。缺自注，故其出處只能略記一二。今補錄其文於下：

其四〈雪欺梅❶〉云：「去年湖上雪欺梅❷。片雲開，月飛來，雪月光中，無處認樓臺❸。今歲梅開依舊雪，人如月，對花笑，還有誰。一枝兩枝三四蕊。想西湖，今帝里，彩箋爛綺❹。孤山❺外，目斷雲飛。坐久花寒，香露濕人衣❻。誰作叫雲橫短玉❼，〈三弄〉徹❽，對東風，和淚吹。」

【注釋】❶雪欺梅　題目原缺，前三首之題名均取自第一闋之末尾，這首之題疑為〈雪欺梅〉。首句應為「其四：〈雪欺梅〉」。❷去年湖上雪欺梅　此句套用韓愈〈喜雪獻裴尚書〉詩之「欺梅併壓枝」及韓偓〈梅花〉詩：「風雖強暴反添思，雪欲侵凌更助香。」❸片雲開四句　意謂雪夜月下，梅花盛開，只見一片雪白，無從辨認樓臺。此四句化用李白〈遊秋浦白笴陂〉之第二首「天借一明月，飛來碧雲端。」及何遜〈詠早梅〉：「銜霜當路發，映雪擬寒開。枝橫卻月觀，花繞凌風臺。」❹想西湖三句　意謂想到南宋的宮殿就在杭州西湖邊上，在彩箋上文人創作的詩文色彩是那麼繽紛美麗。帝里，指杭州，南宋宮廷所在地。彩箋，題寫詩文用的彩色的紙張。❺孤山　在西湖邊，北宋詩人林逋曾居於此，種植梅花在山邊，作有〈山園小梅〉二詩，詩中有「暗香浮動月黃昏」句。又蘇東坡的〈梅花詩〉也曾提到孤山，其詩曰：「多情立馬待黃昏，殘雪消遲月出早。江頭千樹春欲盡，竹外一枝斜更好。孤山山下醉眠處，點綴裙腰紛不掃。」❻坐久花寒二句　意謂人在花下久坐而覺寒，梅花上滴下的香露沾濕人衣。此句「花寒」一詞則採自杜甫的〈獨坐〉一詩中「水花寒落岸」句。❼誰作叫雲橫短玉　意謂誰在那裡橫吹玉笛，其笛聲響徹雲霄。叫雲，響徹雲霄的意思。唐姚鵠〈和徐先輩秋日遊涇州南亭呈三二同年〉詩：「叫雲橫角動城樓。」短玉，指玉笛。❽三弄徹　三弄即吹奏樂曲〈梅花三弄〉，又名〈梅花引〉，相傳此曲是由東晉桓伊所作之笛曲改編而成，其內容是歌頌能傲霜雪之梅花，全曲主調出現三次，故稱三弄。東晉孝武帝時，「帝召伊飲宴，(謝)安侍坐，帝命伊吹笛。伊神色無忤，即為吹一弄。」(《晉書・桓伊傳》)徹，指三弄的曲子全都完整吹奏。

【語　譯】其四，〈雪欺梅〉：去年西湖邊上雪壓梅花。浮雲飄散，晶瑩的月光飛瀉而下，雪月與梅花相映，辨認不出哪兒是樓臺。今年梅花開放的時節，依舊是白雪皚皚，人像天上明月那樣皎好，還是誰在那裡賞梅啊。遙想西湖邊上，梅花正在一枝一枝地開放。那裡正是帝皇居住的地方，多少人在那裡吟詩作賦馳騁詞章。隨著孤雲南飛，我極目遠望。遙想那孤山一帶，詩人們在梅花樹旁，夜深花冷，露水沾濕了他們的衣裳。是誰對著東風在那裡和淚而吹奏玉笛，吹遍〈梅花三弄〉，那嘹亮的笛聲，響徹雲霄。

【研　析】洪邁這篇〈先公詩詞〉所表達的主題有二點，一是表述其父洪皓出使金國十五年，忠貞不屈，金人以高官厚祿引誘他，但他寧死不屈，並多次派人回國，帶信報告金國的軍情虛實，請求出兵收復失地。洪皓在〈江梅引〉一詞中，借對江南梅花的思念以表述其對故國之懷念，及其渴望南歸的心情，詞中借用前人對梅花的吟詠曲折地表現他在異國他鄉寫作此詞時之真摯感情。他在金朝所寫的另一詞作〈臨江仙・懷歸〉表現了相同的感情。其詞云：「冷落天涯今一紀，誰憐萬里無家。三閭憔悴賦懷沙。思親增悵望，弔影覺欹斜。兀坐書空真可怪，銷憂殢酒難賒。因人成事恥矜誇。何時還使節，踏雪看梅花。」

洪皓這首〈江梅引〉表達了當時上百萬流落在北方之宋人共同的思想和觀念，江南先後派往北方的使臣有三十餘人，建炎元年那次出使金國的便有十三人，能夠回到南方的只有洪皓等三人，故王觀那首〈江梅引〉

中那些動情的詞句，如「故人遠，相思切，寄與誰？」「念此情，家萬里」，「花易飄零人易老，正心碎，那堪聞。」在此種背景下那些客居他鄉的淪落人怎能不為之動情呢？故它在北方廣泛流傳，不是偶然的。洪邁在《容齋隨筆》卷十三〈吳激小詞〉中講到他在張總侍御家見到佐酒的侍兒，竟是當年北宋汴京宣和殿的小宮姬，在場的吳激即賦小詞：「南朝千古傷心地，還唱〈後庭花〉。舊時王、謝，堂前燕子，飛向誰家？恍然相遇，仙姿勝雪，宮髻堆鴉。江州司馬，青衫濕淚，同是天涯。」說的都是國破家亡的傷心事。洪皓的〈臨江仙・懷歸〉與〈江梅引〉表述的都是同一種思想感情，吳激的小詞比洪邁更加消沉一些。洪皓在聽到王觀詞中那「念此情，家萬里」的詞句後，激起他的思鄉情懷，「既歸不寐」，在激動情緒下寫出〈四笑江梅引〉。他的創作激情也確是他真情實感的流露，這真是一個民族得以長存不衰的愛國主義精神的體現。在這種愛國情懷的激勵下，洪皓堅貞不屈，在被扣留十五年後遇赦返鄉，他在歸途中所作〈奉使燕山回早行即事〉云：「客程恨不日千里，歸思亂如雲一川。故國傷心那忍說，遺民望眼幾回穿。當家舊事堪垂淚，海上看羊十五年。」同樣反映了思鄉與愛國的心情。正是由於這樣的精神，洪皓返回杭州以後，當然也就必然為秦檜所不容，被「南謫嶺表九年」，也就不是偶然的了。〈四笑江梅引〉不僅能引得當時人們廣泛的共鳴，而「爭傳寫焉」，幾百年後，至今它仍能激起人們熱愛家國的激情。

洪邁在〈先公詩詞〉的札記中，要表述的另一點是詩詞和文章，雖不必拘泥出處，然有所本，也就是有出處則更佳。若洪皓和洪慶善詩用「歷歷」出於杜甫的「歷歷開元事，分明在目前」，而〈四笑江梅引〉前三首，洪皓都交代了其用詞的出處。詞與詩不同，它由曲子演化而來，樂府詩是先有詩，後再譜曲成樂，而詞則先有曲樂，後有詞句。詞是依照曲調的節拍和聲音填成的，故詞皆先有曲牌，句式長短不一，因而別名長短句。詞能反覆吟唱，故有單調、雙調、三疊、四疊之分，三弄即反覆三次。詞最初出於民間歌舞場所，後來才成為文人填詞的格式，文人填詞，它就既能歌詠，也能吟誦，在吟詠之餘，進一步講究文字上的美雅，故在遣字用詞上更注意出處和聲韻格調了。所謂出處便是用典，屬於劉勰《文心雕龍》中的〈事類〉，也就是借用前言往事以表達自己的情感，借古人以喻今人之思緒。用典要達到「用人若己」的境界，用別人的成語典故所蘊含的境界，以表達自己在詩詞中所要表述的情愫和思緒，不僅借前人之詞語，主要是借其詞語所表達的意境，從而使兩者如同出一轍。所以典要用得好，也就是出處要用得巧。這就需要作者有比較廣博而又深厚的學養和高尚的情思。從洪皓為〈四笑江梅引〉所提供的出處，也確實達到了「用人若己」、古今融為一體的意境，這正是此詞不斷為時人及後人「爭傳寫焉」的另一個原因。

張蘊古大寶箴❶

唐太宗初即位，直中書省❷張蘊古上〈大寶箴〉，凡六百餘言，遂擢大理丞❸。《新唐史》附其姓名於〈文藝・謝偃傳〉❹末，又不載此文，但云「諷帝以民畏而未懷，其辭挺切」而已。《資治通鑑》僅載其略❺曰：「聖人受命，拯溺亨屯❻。」「故以一人❼治天下，不以天下奉一人。」「壯九重❽於內，所居不過容膝，彼昏不知，瑤其臺而瓊其室❾，羅八珍❿於前，所食不過適口，惟狂罔念，丘其糟而池其酒⓫。」「勿沒沒而闇，勿察察而明⓬，雖冕旒蔽目而視於未形，雖黈纊塞耳而聽於無聲⓭。」然此外尚多規正之語，如曰：「惟辟作福⓮，惟⓯君實難。宅⓰普天之下，處王公之上。任土貢其有求，具寮陳其所唱⓱。是故恐懼之心日弛，邪僻之情轉放。豈知事起乎所忽，禍生乎無妄。」「大明無私⓲照，至公無私親。」「禮以禁其奢，樂以防其佚。」「勿謂無知，居高聽卑；勿謂何害，積小就⓳大。」樂不可極，樂極生哀；欲不可縱，縱欲成災。」「勿內荒於色，勿外荒於禽⓴。勿貴難得貨，勿聽亡國音。內荒伐人性，外荒蕩人心。難得之貨侈，亡國之音淫㉑。

勿謂我尊，而慢賢侮士；勿謂我智，而拒諫矜己。」「安彼反側，如春陽秋露㉒，巍巍蕩蕩，恢漢高大度㉓；撫茲庶事，如履薄臨深㉔，戰戰栗栗，用周文小心㉕。」「一彼此於胸臆，捐好惡於心想。」「如衡如石㉖，不定物以限㉗，物之懸者，輕重自見㉘；如水如鏡，不示物以情，物之鑒者，妍媸㉙自生。勿渾渾而濁，勿皎皎而清；勿沒沒而闇，勿察察而明㉚。」「吾王撥亂，戡以智力㉛，民懼其威，未懷其德；我皇撫運，扇以淳風㉜，民懷其始，未保其終。」「使人以公㉝，應言以行。」「天下為公，一人有慶。」其文大抵不凡，既不為史所書，故學者亦罕傳誦。蘊古為丞四年，以無罪受戮，太宗尋悔之，乃有覆奏之旨㉞，傳亦不書，而以為坐事誅㉟，皆失之矣。《舊唐書》全載此箴，仍專立傳㊱，不知宋景文㊲何為削之也？

【注釋】❶張蘊古大寶箴　太宗即位之初，張蘊古上〈大寶箴〉進行規諫，太宗嘉其直言，命為大理寺丞。張蘊古，隋末唐初，相州洹水（河北魏縣西）人，性聰敏，博覽書傳，善誦能文，通曉事務，名著於州郡。唐初，自幽州總管府記室入值中書省。大寶，最寶貴的事物。《易．繫辭下》：「聖人之大寶曰位。」後世通常作為帝位的稱呼。箴，是古代一種文體，以規諫、告誡為主旨。❷直中書省　唐制：官員資品的序列未至，以他官入中書省辦事，稱直或入直。張蘊古前官為幽州記室參軍，官品為從六品，入直中書省，通常以六品以上官充任。直，意為值班。❸大理丞　即大理寺丞。大理寺為唐九卿寺機構之一，其職掌為折獄、詳刑。寺丞定額有六人，官品為從六品上，掌分判寺事，據法律以判定刑獄的輕重。見《新唐書．

百官志三》。❹新唐史句　《新唐史》指《新唐書》，其事蹟附見於〈文藝・謝偃傳〉，未列專傳。其文甚簡略，僅云：「初，帝即位，直中書省張蘊古上〈大寶箴〉，諷帝以民畏而未懷，其辭挺切，擢大理丞。」傳末又云：「蘊古，洹水人，敏書傳，曉世務，文擅當時，後坐事誅。」〈大寶箴〉的全文，見於《舊唐書・張蘊古傳》。❺資治通鑑句　在《資治通鑑・唐紀》中，司馬光僅撮錄〈大寶箴〉的要語。《資治通鑑》為宋司馬光所修撰的編年體通史。書凡二百九十四卷，上起周威烈王二十三年（西元前四〇三年），下迄五代後周世宗顯德六年（西元九五九年），因此書用以供帝王從歷代治亂興亡中取得鑑戒，故名。下所引文見於武德九年（西元六二六年）之十二月。❻拯溺亨屯　此句意思是指帝王受天命，拯救人民於水火艱難之中達於通亨順利。拯溺，救溺。《孟子・梁惠王下》：「民以為將拯己於水火中也。」《淮南子・氾論》：「至其溺也，則捽其髮而拯。」亨，通亨，意為通達順利。屯，六十四卦名之一。《易・屯卦》：「彖曰：『屯』，剛柔始交而難生。」❼一人　指君主、帝王。《書・太甲》：「一人元良，萬邦以貞。」《傳》：「一人，君上也。」又《書・呂刑》：「一人有慶，兆民賴之。」注：「一人，天子也。」❽九重　本指天，天有九重。這裡是指帝王的居處。古代帝王稱天子，居室巍峨深遠，故借此以稱帝王所居的宮殿。唐令狐楚〈宮中樂詞〉：「九重青瑣闥，百尺碧雲樓。」❾瑤其臺而瓊其室　此句指帝王的華麗宮室係用美玉裝飾而成。瑤、瓊，皆是美玉的名稱。《竹書紀年上》：紂王九年，「獲妲己以歸，作瓊室，立玉門。」又張衡〈東京賦〉：「固不如夏癸之瑤臺、殷辛之瓊室也。」夏癸指夏王桀；殷辛指殷紂王。兩人皆是古代荒淫奢侈的昏君。❿八珍　古代食物的八種烹飪方法。《周禮・天官・膳夫》：「掌王之食飲膳羞……凡王之饋，食用六穀，膳用六牲，飲用六清，羞用百二十品，珍用八物。」其具體方法，詳見《周禮》注及《禮記・內則》。後世通常以八珍泛指珍貴的食物。《三國志・魏書・衛覬傳》：「飲食之肴，必有八珍之味。」⓫丘其糟而池其酒　丘其糟意為把釀酒所剩餘的酒糟堆積成山，比喻貪杯的人沉溺於酒。《北堂書鈔・六韜》：「紂為君，以酒為池，回首糟丘，而牛飲者三千人。」王充《論衡・語增》：「紂為長夜之飲，糟丘酒池，沉湎於酒，不舍晝夜。」⓬勿沒沒而闇二句　此兩句的意思是說不要昧於政事，使自己昏暗；不要事事過分苛求，大小巨細都要明察。意指為人君要守真抱樸，內蘊其德，不務外馳。沒沒，意為沉默。《左傳・哀公二十四年》：「何沒沒也，將焉用賄？」注：「沒沒，沉溺之言。」《南史・王僧達傳》：「大丈夫寧當玉碎，安可以沒沒求活！」闇，通「暗」。察察，意為分辨細察。《老子》：「俗人昭昭，我獨昏昏；俗人察察，我獨悶悶。」王弼注：「察察，分別別析也。」⓭雖冕旒二句　冕旒，帝王冠冕前懸垂的玉串，用以蔽明。黈纊，古代冕制用黃色錦球懸掛在冕的兩旁耳際，以示不聽無益之言。《資治通鑑》胡注：「冕而前旒，所以蔽明；黈纊充耳，所以塞聰。師古曰：『以黃緜為圜，用兩組掛之於冕，垂兩耳旁，示不外聽也。』」

又《漢書・東方朔傳》：「水至清則無魚，人至察則無徒。冕而前旒，所以蔽明；黈纊充耳，所以塞聰。」注：「黈，黃色也；纊，綿也。以黃綿為丸，用組懸於冕，垂兩耳旁，示不外聽。」⑭惟辟作福　此句意指只有君主才能作威福。《書・洪範》：「惟辟作福，惟辟作威，惟辟玉食。」《正義》曰：「言惟君得專威福為美食。」惟，與唯字相通，解作專、獨。辟，天子諸侯的通稱。⑮惟　《舊唐書》作「為」。⑯宅　《舊唐書》作「主」。⑰任土貢其有求二句　此二句接上文，意思是指帝王身處王公之上，土貢憑他的需要，百官盡聽他的意旨。土貢，地方上貢獻給皇帝的土特產。具寮，指備位充數的官僚。⑱私　《舊唐書》作「偏」。⑲就　《舊唐書》作「成」。⑳勿內荒於色二句　此二句意思是告誡君主不要耽樂於嗜欲，好聲色，好田獵都會使人的精神迷亂。荒，指迷亂。色，指美色。禽，指禽獸。《書・五子之歌》：「訓有之：內作色荒，外作禽荒。」《傳》：「迷亂曰荒。」《老子》十二章：「五色令人目盲，五音令人耳聾，五味令人口爽，馳騁畋獵，令人心發狂。」㉑難得之貨侈二句　侈，奢侈；浪費。《韓非子・解老》：「眾人之用神也躁，躁則多費，多費謂之侈。」《戰國策・楚策四》：「專淫逸侈靡，不顧國政，郢都必危矣！」《書・大禹謨》：「罔淫于逸，罔淫于樂。」《孟子・滕文公下》：「富貴不能淫。」注：「淫，亂其心也。」又《書・伊訓》：「敢有殉于貨色，恆于遊畋，時謂淫風。」皆指放縱嗜欲、淫逸侈靡，是會惑亂人心導致政弛國敗的。㉒安彼反側二句　此二句意思是說對有貳心的人，要心懷寬廣，加以撫慰，使之心悅誠服，能效命於君主，猶如春天的陽光，秋日的露水。反側，指反覆無常。屈原〈天問〉：「天命反側，何罰何祐？」㉓巍巍蕩蕩二句　此二句意謂君主當法則堯舜禹湯等聖君，猶如巍巍高山、蕩蕩流水那樣胸懷高遠；發揚漢高祖劉邦那樣豁達大度，善於用人。巍巍蕩蕩，意指高大廣遠。《論語・泰伯》：「子曰：大哉堯之為君也，巍巍乎唯天為大，唯堯則之，蕩蕩乎民無能名焉。」注：「巍巍，高大之稱。」「蕩蕩，廣遠之稱。」漢高大度，指漢高祖劉邦寬仁大度，善於用人。㉔履薄臨深　行走在薄冰之上，面對著深淵。意喻處於危地要隨時警惕，小心謹慎。《詩・小雅・小旻》：「戰戰兢兢，如臨深淵，如履薄冰。」㉕戰戰栗栗二句　此二句意謂君主處事，要效法周文王那樣，抱著小心謹慎的態度。戰戰栗栗，意為心驚膽戰，恐懼得發抖。《詩・小雅・小旻》：「戰戰兢兢。」《傳》云：「戰戰，恐也。」栗，亦作「慄」，兩字相通。《論語・八佾》：哀公問社，宰我答曰：「夏后氏以松，殷人以柏，周人以栗，曰『使民戰栗。』」《呂氏春秋・本生》：「上為天子而不驕。」注：「常戰栗也。故堯戒曰：『戰戰栗栗，日慎一日。』」周文，指周文王。周文小心，指周文王服事殷，遇事處處小心謹慎。周文王，即殷商末年的周族首領姬昌。殷紂王時為西伯，遭紂王猜忌，曾被囚於羑里（今河南湯陰北），子伯邑考被殺。此後，文王小心翼翼以服事殷王，積多年，引用賢士，輯睦宗族，內定諸小邦，外征四鄰，終於使周的建國事業得以隆盛。武王繼之以滅殷。㉖如

衡如石　指君主處事用心，不隨心所欲而上下，要如秤之平，公正不偏。衡為古代對測定物體重量的衡器的通稱。石為物重一百二十斤單位名稱。《禮記・月令》：「同度量，鈞衡石。」《史記・秦始皇本紀》：「上至以衡石量書。」《正義》曰：「衡，秤衡也。」《荀子・君道》：「衡石稱縣者，所以為平也。上好傾覆，則臣下百吏乘是而後險。」㉗限　《舊唐書》作「數」。㉘見　《舊唐書》作「具」。㉙妍媸　美好與醜惡。媸，亦作蚩。《文選・陸機・文賦序》：「妍媸好惡，可得而言。」注引《後漢書》趙壹〈刺世疾邪賦〉曰：「孰知辨其蚩妍。《廣雅》曰：『妍，好也。』《說文》曰：『妍，慧也。』《釋名》曰：『蚩，癡也。』……然妍蚩，亦好惡也。」㉚勿渾渾而濁四句　意謂作為君主，不要渾渾噩噩，使頭腦發昏；不要自視高明，孤高自賞；不要荒於政治，使朝政昏暗；不要事無巨細，察事過於苛刻。渾渾，意為混濁。晉陸機《陸士龍集・九愍》：「世渾渾其難澄。」皎皎，一作皓皓，意為潔白清明。《楚辭・漁父》：「安能以皓皓之白，而蒙世俗之塵埃乎！」注：「皓皓，猶皎皎也。皓，一作皎。」沒沒、察察，具見前注。㉛吾王撥亂二句　此二句意謂皇上以智力平定天下，使之撥亂反正。撥亂，即治理亂世使反歸於正。《公羊傳・哀公十四年》：「撥亂世，反諸正。」戡，意為平定。㉜我皇撫運二句　此二句意謂我皇陛下執掌著國家命運，使天下安定，教育人民以淳厚樸實的風氣。撫運，指安定天下。淳風，敦厚樸實的風氣。㉝公　《舊唐書》作「心」。㉞蘊古為丞四年四句　《資治通鑑・唐紀》貞觀五年八月條載：「河內人李好德得心疾，妄為妖言，詔按其事。大理丞張蘊古奏好德被疾有徵，法不當坐。治書侍御史權萬紀劾奏蘊古貫在相州，好德之兄厚德為其刺史，情在阿縱，按事不實。上怒，命斬之於市，既而悔之，因詔自今有死罪，雖令即決，仍三覆奏乃行刑。」三覆奏指三次奏請之後才行死刑。這是慎刑的一種措施。丞，指大理寺丞，官從六品上，掌分判寺事。太宗，指李世民。㉟傳亦不書二句　此二句意謂張蘊古犯罪的理由，《新唐書》附傳記載籠統而不具體。傳指《新唐書》張蘊古附傳。坐事，指因事而獲罪。㊱舊唐書全載此箴二句　《資治通鑑》僅貞觀五年記事節略其事蹟。《新唐書》附傳則省略而沒有記載。此箴，指〈大寶箴〉，全文詳見《舊唐書・文苑・張蘊古傳》。㊲宋景文　指宋祁。祁字子京，景文為其諡號。《新唐書》署名歐陽脩奉敕撰，但該書列傳事實上乃是史館修撰宋祁所撰作。宋祁之所以刪去此箴文字，當是遵循《新唐書》修書「事增文省」的原則。

【語譯】 唐太宗初即位時，直中書省張蘊古獻上〈大寶箴〉一篇，共六百多字，由此他被提升為大理寺丞。《新唐書》將他的姓名事蹟附記在〈文藝・謝偃傳〉後，也沒有記載這篇文字，但說「諷喻太宗百姓畏威而沒有感懷恩德，其文辭直率懇切」而已。《資治通鑑》僅記載其文的要略，說道：「聖人受天命，拯救人民脫於苦難而到達亨通。」「是故要以一人之力治理天下，不能以天下之力奉事一人。」「宏麗宮殿於內廷，所居不過是一身容膝之地，那些昏庸的帝王不明此理，卻用玉石裝飾宮殿臺榭，羅列著精細的美味食肴於眼前，但所食的不過是適口而已，那些心性迷亂的帝王不明此理，卻使美酒滿池，拋棄的糟粕堆積如山。」「不要昧於政事，使自己昏暗，不要事事苛求，大小巨細都要一一明察，雖然冠冕上的垂旒遮蔽眼前，但要設法看出事物的底蘊，雖然黃色的綿球塞住耳朵，卻要能聽出細微的聲音。」此外還有許多規諫正直的語言，比如說：「君主的權威可以讓他任意地作威作福，但要做個聖明賢君卻確實困難。由於君王主宰著天下的百姓，身處在王公之上。各地貢品供他的需求，百官都聽他的旨意陳述。因此之故，恐懼之心日久會鬆弛，不正的情欲日久會放縱。豈能知道大事起端於對小事的疏忽，禍患萌生在不能預期的地方。」「太陽之光不會有所私照，君王要公正而不去偏私所親的人。」「禮用以禁止奢侈靡費，樂是用以防備淫逸放蕩。」「不要說自己不知，居處於高位要傾聽卑小臣民的訴說；不要說小錯沒有什麼損害，多積小錯便會釀成大禍。享樂不要過度，過度便會生出悲哀；情欲不可以放縱，放縱便會釀成禍災。」「在宮廷之內不要沉迷於女色，在宮廷之外不要沉迷於田獵。不要看重難得的寶物，不要聆聽亡國的靡靡之音。沉溺女色會使人身心受到損害、精神昏聵，沉溺田獵會使人行為放縱，心性浮躁。難得的寶物看得過重，就會轉化成奢侈浪費。靡靡之音聽得過多，就會轉變成荒淫逸樂。不要自謂處於至高無上的地位，就侮慢賢臣志士；不要自誇我的智略出眾，就飾非拒諫。」「對尚有疑慮的人要善於安撫，如同春天的朝陽、秋日的露水，要有巍巍高山、蕩蕩流水那樣的廣闊胸懷，發揚漢高祖劉邦豁達大度善於用人的氣派；處理庶政，猶如行走在薄冰之上和臨近深淵時那樣，戰戰兢兢，小心謹慎，要吸取周文王那樣遇事小心恭謹的態度。」「要把不同意見採納於胸中，要把好惡的感情和主觀的猜想排除出心想之外。」「要持心如秤，不給事物限定具體標準，事物的輕重會自行呈現出來；要像止水、明鏡那樣，不要主觀地給事物規定情態，照看到事物真實的形象，好與醜便會自行顯現。不要渾渾噩噩，使頭腦發昏；既不能什麼都保持沉默，而闇於事理，也不要事無巨細，察事過於苛求。」「我皇以智謀武力撥亂反正，百姓畏懼威勢，但未能感懷恩德；我皇撫有天下，以敦厚樸實的風氣教育百姓，百姓已開始懷恩，但未能永保其終。」「治理百姓要誠心相待，說話應該用實際行動來檢驗。」「天下為公，這才會使君主有福有慶。」

這篇〈大寶箴〉的用意良好，既然沒有被史書記錄，所以讀書的學人亦很少傳誦。張蘊古擔任大理寺丞前後四年，以無罪受到誅戮，事後不久，太宗懊悔處事不當，乃有傳旨恢復死刑要經過三次報請的覆奏制度，但是《新唐書》的附傳也沒有記載此事，而認為他是受罪犯牽連而被誅，這都是《新唐書》的缺失。《舊唐書》全部記錄下〈大寶箴〉的全文，仍給張蘊古立專傳，不知道宋祁在修《新唐書》時為什麼把這些內容都刪削掉呢？

【研　析】 張蘊古在武德九年（西元六二六年）十二月給唐太宗上〈大寶箴〉進行規諫，其直言得到了太宗的賞識，由此提拔到中央，入直中書省，不久升為大理寺丞。然而到了貞觀五年，由於李好德案，而被太宗明令誅殺，在不到四年的時間裡，這位以直言聞名的張蘊古就像一顆明星，從天上隕落到地下。

張蘊古以儒家所講的君道理論對現實的政治進行規諫，可說是切中時弊。觀察太宗在這一段時期及此後的一系列行為，他的規諫可以說是句句實話，擊中了太宗的要害。太宗是個既能納諫，但又喜專斷，既能用人，又枉法殺人，常以喜怒好惡處置人事的君主。張蘊古的犯罪，是因為他「枉法縱人」，又洩漏了禁中機密而觸怒了太宗而被殺的。《貞觀政要．刑法》記載張蘊古被殺的事由說：「相州人李好德素有風疾，言涉妖妄，詔令鞫其獄。蘊古言：『好德癲病有徵，法不當坐。』太宗許將寬宥。蘊古密報其旨，仍引與博戲。持書侍御史權萬紀劾奏之。太宗大怒，令斬於東市。」可見蘊古身為法官，洩漏禁中宥赦的密語，又與囚犯博戲，從而導致太宗發怒，加以重刑的。洪邁在文章中說「蘊古為丞四年，以無罪受戮」，顯然對此事失考。

為君難，為臣亦不易。在封建時代這是常識。故「明德慎刑」乃是明君賢臣所嚮往的目標。唐太宗在殺了張蘊古之後，心中很懊悔，他覺得對張蘊古的刑罰處置得太重，追悔莫及，於是下了一道詔令說：「在京諸司，比來奏決死囚，雖云三覆，一日即了，都未暇審思，三奏何益？縱有追悔，又無所及。自今後，在京諸司奏決死囚，宜二日中五覆奏，天下諸州三覆奏。」（《舊唐書》卷五八〈刑法志〉）張蘊古的案例，導致了唐初法律制度上的「三覆奏」和「五覆奏」。這應該說是「慎刑」的表現吧！

《大寶箴》一文，具載於《舊唐書・張蘊古傳》，《資治通鑑》僅摘錄箴中要語，到了宋祁修《新唐書》時，則又刪去全文，連一字也不留。這是什麼原因呢？應該說，這是由於各書修撰的目的、要求、方法、時間先後有所不同。《舊唐書》修書時間是在五代後晉，對唐前期所憑史料主要是實錄、國史。限於時間，往往倉促抄錄而成，故對《大寶箴》記錄完整。到了宋代，司馬光以編年體裁記歷代史事，起於戰國，迄於五代，時間既長，卷數有限，故不得不刪繁就簡，錄其要語而已。及《新唐書》修撰時，對唐後期的歷史增補很多，新添了一些志和列傳，勢不得不考慮內容、卷數。在「事增文省」的原則下，也就把《大寶箴》的內容全都刪去。在《新唐書》中，其他諸人的奏章表疏在列傳中也多被刪去就是其例。洪邁懷疑的《大寶箴》為何被刪恐怕就是這個道理吧！

白公說俸祿❶

白樂天仕宦，從壯至老，凡俸祿多寡之數，悉載於詩，雖波及它人亦然。其立身廉清，家無餘積，可以槩見矣。因讀其集，輒敘而列之。其為校書郎，曰：「俸錢萬六千，月給亦有餘。」❷為左拾遺，曰：「月慚諫紙二千張，歲愧俸錢三十萬。」❸兼京兆戶曹，曰：「俸錢四五萬，月可奉晨昏。廩祿二百石，歲可盈倉囷。」❹貶江州司馬，曰：「散員足庇身，薄俸可資家。」〈壁記〉曰：「歲廩數百石，月俸六七萬。」❺罷杭州刺史，曰：「三年請祿俸，頗有餘衣食。」「移家入新宅，罷郡有餘資。」❻為蘇州刺史，曰：「十萬戶州尤覺貴，二千石祿敢言貧。」❼為賓客分司，曰：「俸錢八九萬，給受無虛月。」❽「嵩洛供雲水，朝廷乞俸錢❾。」「老宜官冷靜，貧賴俸優饒❿。」「官優有祿料，職散無羈縻⓫。」「官銜依口得，俸祿逐身來⓬。」為河南尹，曰：「厚俸如何用，閑居不可忘。」⓭不赴同州，曰：「誠貪俸錢厚，春如身力衰。」⓮為太子少傅，曰：「月俸百千官二品，朝廷雇我作閑人。」⓯「又問俸厚薄，百千隨月至⓰。」「七年為少傅，品高俸不薄⑰。」其致仕，曰：「全家遁此曾無悶，半俸資身亦有餘。」⑱「俸隨日計錢盈貫，祿逐年支粟滿囷。」「壽及七十五，俸占五十千。」⑲其泛叙曰：「歷官凡五六，祿俸及妻孥。」⑳「料錢隨官用，生計逐年營㉑。」「形骸僶俛班行內，骨肉勾留俸祿中㉒。」其它人者，如陝州王司馬曰：「公事閑忙同少尹，俸錢多少敵尚書。」㉓劉夢得罷賓客，除祕監，祿俸略同，曰：「日望揮金賀新命，俸錢依舊又如何。」㉔歎洛陽、長水二縣令，曰：「朱紱洛陽官位屈，青袍長水俸錢貧。」㉕其將下世，有〈達哉樂天行〉曰：「先賣南坊十畝園，次賣東郭五頃田。然後兼賣所居宅，髣髴獲緡二三千。但恐此錢用不盡，即先朝露歸夜泉㉖。」後之君子試一味其言，雖日飲貪泉㉗，亦知斟酌矣。觀其生涯如是，東坡云：「公廩有餘粟，府有餘帛。」㉘殆亦不然。

【注釋】❶白公說俸祿　白居易在不少詩篇中言及自己當時俸給多寡和他的生活狀況。白公，指白居易。俸祿，謂官員的薪給。❷其為校書郎四句　《舊唐書・白居易傳》：「貞元十四年（西元七九八年）始以進士就試，禮部侍郎高郢擢升甲科，吏部判入等，授祕書省校書郎。」白居易是在貞元十六年（西元八〇〇年）高郢知貢舉時以進士第四名中式，是年白為二十九歲。白居易任校書郎的時間在貞元十九年（西元八〇三年）至二十一年，前後歷時三年。白居易在其文集卷五〈常樂里閒居偶題〉中敘述他擔任祕書省校書郎的生活情況說：「小才難大用，典校在祕書。三旬兩入省，因得養頑疏。茅屋四五間，一馬二僕夫。俸錢萬六千，月給亦有餘。既無衣食牽，亦少人事拘。遂使少年心，日日常晏如。」看來他個人的生活能自給有餘，所以他在那個時期的詩文中表現得很優遊自在。校書郎，其職掌為校勘書籍，訂正訛誤。唐代在祕書省與弘文館均置校書郎。祕書省校書郎的定員為八人，品秩為正九品。❸為左拾遺四句　白居易在元和三年（西元八〇八年）拜左拾遺、翰林學士，此處引詩見白氏文集卷十二〈走筆酬劉五主簿〉。諫紙二千張，原詩作二百張，「千」應是「百」之訛。歲愧俸錢三十萬，「萬」當是「千」之訛。拾遺的俸給在《冊府元龜》、《唐會要》、《新唐書・食貨志》皆作三萬。白居易初授左拾遺時，抱著一種誠惶誠恐的心態，他在〈初授拾遺獻書〉中說自己「未伸微效，又擢清班，臣所以授官已來，僅將十日，食不知味，寢不遑安。」所以如此，是思慮何以報答君王的知遇之恩，故詩中有「慚諫紙」、「愧俸錢」之語。左拾遺，諫官，武則天置，屬門下省，其職掌為供奉諷諫，大事廷議，小事則上封事。❹兼京兆戶曹六句　元和五年（西元八一〇年），白居易左拾遺任期已滿，應改任他職，《舊唐書・白居易傳》稱：「五年，當改官，上謂崔群曰：『居易官卑俸薄，拘於資地，不能超等，其官可聽自便奏來。』居易奏曰：『臣聞姜公輔為內職，求為京府判司，為奉親也。臣有老母，家貧養薄，乞如公輔例。』於是除京兆府戶曹參軍。」引詩則見文集卷五〈初除戶曹喜而言志〉云：「詔授戶曹掾，捧詔感君恩。感恩非為己，祿養及吾親。」「俸錢四五萬，月可奉晨昏。廩祿二百石，歲可盈倉囷。喧喧車馬來，賀客滿我門。不以我為貪，知我家內貧。」《舊唐書・食貨志五》載諸府司錄參軍事的俸給是四萬五千，較左拾遺增加一半。不僅白居易個人，而且全家的經濟情況都好轉了。京兆，指京兆府，京師首府所在，天寶時領萬年、長安等十八縣。戶曹，即戶曹參軍事，定員為二人，品秩是正七品下，掌戶籍考課，賦稅之事。廩祿二百石，指祿米由度支以實物支付。倉囷，貯藏糧食的倉庫，方形叫倉，圓形叫囷。❺貶江州司馬七句　白居易元和十年（西元八一五年）因出位言事被貶為江州司馬。散員足庇身薄俸可資家，言其至江州任上，居閒散之位，俸雖不厚，但足以養家。他在文集卷四十五〈與元九書〉中說：「今雖謫在遠郡，而官品至第五，月俸四五萬，寒有衣，飢有食，給身之外，施及家人，亦可謂不負白氏之子矣。」他在〈與微之書〉也有文字表達了同一個思想。壁記，即指文集卷四十三之〈江州司馬廳記〉。其在文中稱：「唐典，上州司馬秩五品，歲廩數百石，月俸六七萬，官足以庇身，食足以給家。」江州司馬的俸數，〈壁記〉與〈與元九書〉不同，陳寅恪先生認為後者是白公初抵江州，據官書紙面記載之定額，而〈壁記〉是元和十三年（西元八一八年）所書，白公蒞任已行將四年，所記則是其在江州地方實際收入之數，同為司馬，亦視各地稅賦收入情況而各有多少之差別。歲廩數百石，是指祿米，是按年給的。正五品，歲廩祿米二百石，故云數百石。❻罷杭州刺史六句　白居易在長慶二年（西元八二二年）七月，自中書舍人除杭州刺史，至長慶四年（西元八二四年）冬任期蒞三年。杭州領錢塘、臨安等九縣，有戶八萬六千餘，開元十八年（西元七三〇年）定制，四萬戶以上為上州。據《新唐書・食貨志五》上州刺史月俸錢為八萬。白在州刺史任上的實際收入當略高於此數。「三年請祿俸，頗有餘衣食。」見其文集卷八〈自餘杭歸宿淮口作〉詩：「豈止吾一身，舉家同燕息。三年請祿俸，頗有餘衣食。乃至僮僕間，皆無凍餒色。」「移家入新宅，罷郡有餘資。」移家入新宅，是指其三年任滿罷杭州刺史後，除太子左庶子、分司東都時所言。文集卷八〈移家入新宅〉：「移家入新宅，罷郡有餘資。……官閒得分司。幸有俸祿在，而無職役羈。」白居易的新宅位於東都洛陽的履道坊。❼十萬戶州尤覺貴二句　此二句見其文集卷二十四〈題新館〉。詩中云：「曾為白社羈遊子，今作朱門醉飽身。十萬戶州尤覺貴，二千石祿敢言貧。」敘述他在蘇州擔任刺史時的生活，回憶往昔羈遊時的困窘，對如今朱門醉飽的生活感到滿足。白居易在敬宗寶曆元年（西元八二五年）三月四日，除蘇州刺史。蘇州亦屬上州，領吳縣、昆山、嘉興等六縣，天寶時戶七萬六千餘。安史之亂以後，北方動盪不定，大量戶口南遷，至穆宗長慶時，實際戶口已超過十萬。二千石祿，借指漢代郡守年俸祿為二千石，言其實際收入要超過漢代的郡守。故云刺史有二千石的俸祿，豈敢言貧。❽為賓客分司四句　《舊唐書・白居易傳》稱：「（大和）三年（西元八二九年），稱病東歸，求為分司官，尋除太子賓客。」那年白居易五十八歲。《舊唐書・食貨志》載太子賓客年俸給八萬。文集卷二十九題〈再授賓客分司〉云：「俸錢七八萬，給受無虛月。分命在東司，又不勞朝謁。既資閒養疾，亦賴慵藏拙。」表現出一副優遊自得的心態。❾嵩洛供雲水二句　此二句詩文引自《白氏長慶集》卷二十八〈閒吟二首〉中第二首，詩云：「閒遊來早晚，已得一周年。嵩洛供雲水，朝廷乞俸錢。長歌時獨酌，飽食後安眠。聞道山榴發，明朝向玉泉。」敘述他任太子賓客分司東都時在洛陽的生活，整日悠閒無事，飲酒作樂，四處遊玩。嵩洛供雲水，是說洛陽周圍有嵩山的雲霧和洛水的清清河流，山清水秀，風光優美。朝廷乞俸錢，謂俸祿是由他向朝廷乞求要來的。❿老宜官冷靜二句　語出文集卷二十七〈自題〉：「老宜官冷靜，貧賴俸優饒。熱月無堆案，寒天不趨朝。傍看應寂寞，自覺甚逍遙。徒對盈樽酒，兼無愁可銷。」此言老人為官宜求清靜，只要有優饒的俸給就不用擔心生活貧窮了。他在〈再授賓客分司〉中末二句云：「但問適意無，豈論官冷熱。」同樣表達了這種感情。⓫官優有祿料二句　此二句出自《白氏長慶集》卷二十九〈詠所樂〉，全詩描寫分司東都時寧靜的心境和悠閒的生活，自得其樂。全詩首先將寧靜快樂的心境同大自然聯繫起來加以表達：「獸樂在山谷，魚樂在陂池。蟲樂在深草，鳥樂在高枝。所樂雖不同，同歸適其宜。不以彼易此，況論是與非。而我何所樂？所樂在分司。」然後具體敘述自己所樂何事：「分司有何樂？樂哉人不知。官優有祿料，職散無羈縻。」指自己可以得到豐厚的俸祿，同時又沒有朝廷事務的羈絆，可以悠閒快樂地生活。這種快樂的生活是什麼樣子呢？他又說：「昨朝拜表回，今晚行香歸。歸來北窗下，解巾脫塵衣。冷泉灌我頂，暖水濯四肢。體中幸無疾，臥任清風吹。心中又無事，坐任白日移。或開書一篇，或引酒一卮。但得如今日，終身無厭時。」表達出他對這種生活的滿足。⓬官銜依口得二句　語見文集卷二十七〈分司初到洛中偶題六韻〉：「相府念多病，春宮容不才。官銜依口得，俸祿逐身來。」係白公初到洛中時所題之詩，謂因其多病，相府將其安置在東宮。春宮即指東宮太子賓客。由於這個官銜是其本人稱病請求來的，故云「官銜依口得」，俸祿也就依照太子賓客的品秩而來，故云「俸祿逐身來」。⓭為河南尹四句　白居易在大和四年（西元八三〇年）十二月除河南尹。由於這件事對白居易來得非常突然，故其在文集卷二十八〈早飲醉中除河南尹敕到〉有「綠醅新酎嘗初醉，黃紙除書到不知。厚俸自來誠忝濫，老身欲起尚遲疑」之句。河南尹的俸祿據《唐會要・內外官料錢上》名義上月入的俸料錢為八十貫，即月入八萬文，實際收入要高得多。突然有這麼多錢，他一下子手足無措起來，在生活中給他添亂了，故他在同卷〈齋居〉一詩中說：「厚俸將何用，閒居不可忘，明年官滿後，擬買雪堆莊。」這兒所說的雪堆莊是別墅，地在平泉莊附近，其特色是奇石堆砌，有流水噴泉如白雪飛濺。顯示出白居易收入增多，開始考慮購置房產了。他在〈六十拜河南尹〉詩中告誡自己：「六十河南尹，前途足可知。」最後則以「流水光陰急，浮雲富貴遲。人間若無酒，盡合鬢成絲」為結尾，說到底仍是「閒居不可忘」，即個人休閒的生活還應放在第一位，表明他對功名利祿已經看透了。至大和七年（西元八三三年）他又回到太子賓客分司這個閒職的位置上。在文集卷二十九〈詠興五首〉的序文中說：「七年四月，予罷河南府，歸履道第，廬舍自給，衣儲自充，無欲無營，或歌或舞，頹然自適，蓋河洛間一幸人也。」描寫出無欲無求、悠閒自得的生活。⓮不赴同州四句　《舊唐書・白居易傳》稱：「開成元年（西元八三六年）除同州刺史，辭疾不拜。」這一年白居易已經六十五歲了。同州轄下邽、馮翊等八縣，戶五萬三千，屬上州。上州刺史年俸八萬。文集卷三十二有〈詔授同州刺史病不赴任，因詠所懷〉：「同州慵不去，此意復誰知。誠愛俸錢厚，其如身力衰。可憐病判案，何似醉吟詩。」為官文牘勞神，還不如飲酒吟詩來得輕鬆自在。⓯為太子少傅四句　由於白居易辭疾不拜同州刺史，故改授太子少傅。剛授太子少傅時，其心情極好，文集卷二十九〈自賓客遷太子少傅〉云：「頭上漸無髮，耳間新有毫。形容逐日老，官秩隨年高。優饒又加俸，閒穩仍分曹。」據《唐會要》和《冊府元龜》太子少傅月俸為一百貫，即十萬文。這在白居易詩中亦有反映。文集卷三十三〈從同州刺史改授太子少傅分司〉中說：「月俸百千官二品，朝廷雇我作閒人。」月俸百千即一百貫。太子少傅，為正二品，掌太子的道德教諭。⓰又問俸厚薄二句　此處「百十」當為「百千」。引自《白氏長慶集》卷三十六〈春日閒居三首〉。全詩敘述他對晚年生活的心滿意足，詩中說：「勞者不覺歌，歌其勞苦事。逸者不覺歌，歌其逸樂意。問我逸如何，閒居多興味。問我樂如何，閒官少憂累。又問俸厚薄，百千隨月至。又問年幾何，七十行欠二。」可以知道他當時六十八歲，該詩當作於開成四年（西元八三九年）。⓱七年為少傅二句　文集卷三十六〈官俸初罷親故見憂以詩諭之〉有「七年為少傅，品高俸不薄。乘軒已多慚，況是一病鶴」之句。表示他已做了七年太子少傅，況且自己還是一頭白髮的病鶴，應知足了。⓲其致仕四句　會昌二年（西元八四二年）白居易「請罷太子少傅，以刑部尚書致仕。」（《舊唐書．白居易傳》）那一年白居易七十一歲。全家遁此曾無悶半俸資身亦有餘，語出文集卷三十七〈刑部尚書致仕〉：「全家遯世曾無悶，半俸資身亦有餘。唯是名銜人不會，毗耶長者白尚書。」懸車就是致仕，致仕後即半俸。據《冊府元龜》，唐制，致仕官給半祿及賜帛，俸料悉絕。自貞元五年（西元七八九年）起，致仕官亦給俸料之半，太子少傅與尚書月俸俱十萬，半俸為五萬，故云「半俸資身亦有餘」。致仕，指交還官職，即今之退休。⓳俸隨日計錢盈貫四句　語見文集卷三十七〈狂吟七言十四韻〉，俸是按月計算，一個月五十貫，也就是「俸占五十千」。如以日計，每日超過一貫。祿是按年支的，正二品年給祿二百石，故云：「祿逐年支粟滿囷。」⓴其泛叙曰三句詩句引自文集卷七〈題座隅〉，這是白居易早期的作品，當是其在翰林學士任上所作。指其經歷的官職已有五、六項之多，那時的俸入已可養家活口了。泛叙，謂其詩中沒有具體指稱職司和俸料錢數的詩句。㉑料錢隨官用二句　見文集卷二十九〈首夏〉：「兀爾水邊坐，翛然橋上行。自問一何適，身閒官不輕。料錢隨月用，生計逐日營。食飽慚伯夷，酒足愧淵明。」反映了他雖然年老卻心情很好的精神狀態。唐制俸料錢是按月支付的，家計是逐日都要經營的。㉒形骸僶俛班二句　謂自己雖然已經衰老但仍努力在官班中行走，自己的骨肉仍靠俸料來支撐。語見文集卷二十五〈憶廬山舊隱及洛下新居〉之首二句。該詩作於寶曆二年（西元八二六年）蘇州刺史任上。形骸，指自己已衰朽的身體。僶俛，是努力的意思。㉓陝州王司馬曰三句　語見文集卷二十六〈送陝州王司馬建赴任〉，王司馬指王建。王建字仲初，潁川（今河南許昌）人，大曆進士，晚年為陝州司馬，又從軍塞上。擅長樂府，與張籍齊名，有《王司馬集》。此詩是白居易送其赴任陝州司馬時所作。其中有「陝州司馬去何如，養靜資貧兩有餘。公事閒忙同少尹，料錢多少敵尚書」之句。說明司馬是一個閒職。陝州地處三門峽，為水陸漕運的要津，領五縣，戶三萬餘，故為上州。同少尹，指其公事與京兆府的少尹相同。據《新唐書．食貨志》尚書俸料錢為十萬，陝州司馬準上州別駕例為五萬五千文。樂天所言與尚書同，恐是指那時在同一級別外官的實際收入高於內官，故云料錢多少與尚書相同。㉔劉夢得罷賓客六句　白居易此詩見文集卷三十五，題為〈酬夢得貧居詠懷見贈〉，那時劉夢得貧病交加，故詩云：「病添莊舃吟聲苦，貧欠韓康藥債多。日望揮金賀新命，俸錢依舊又如何？」反映了劉夢得急著等錢用，更希望新的任命使自己能揮金如土。此句有注：「來篇云：若有金揮勝二疏。」二疏指漢疏廣與疏受二人，致仕後還歸鄉里，揮金如土，不留子孫。疏廣云：「子孫賢而多財，則損其志。愚而多財，則益過。且夫富者，眾人之怨也。吾既亡以教化子孫，不欲益其過而生怨。」《漢書・疏廣傳》祕書監與太子賓客的俸錢相同，《新唐書・食貨志》所載，皆是八萬。那又如何能似二疏那樣揮金如土、相娛鄉里呢？劉夢得，即劉禹錫，夢得為其字，唐代著名文學家。貞元九年（西元七九三年）登進士，年二十二。因王伾、王叔文事，貶為連州刺史，大和中裴度為政，欲令知制誥，累轉集賢院學士，後隨裴度分司東都，其罷太子賓客，相繼有祕書監、刑部侍郎之授，此處當是寶曆二年（西元八二六年）之事。㉕歎洛陽四句　語見文集卷二十八〈早春雪後贈洛陽李長官長水鄭明府二同年〉，寫作時間當是他六十歲拜河南尹不久。洛陽和長水都是河南府下面的屬縣，李、鄭二位縣令都是他的下屬，詩文的主題是為他二位同年抱屈。唐代縣分赤、畿、望、緊、上、中、中下、下八等，洛陽縣屬赤縣。據《新唐書・食貨志》赤縣縣令的俸料錢為四萬五千文，並不算低，品秩為正五品。朱紱是古代五品朝服，佩有印章的紅色絲帶。這兒指洛陽城內來往的都是達官貴人，因而五品官位相比較來說就低了。長水是河南府的屬縣，地位比赤縣低了一等。畿縣的縣令俸料錢只有四萬，為正六品。依品秩官服著青袍，故云「青袍長水俸錢貧」。作者接著又云：「有何功德紆金紫？若比同年是幸人。」他作為河南府尹，俸料錢是八萬，品秩為從三品，唐制三品以上的官服用紫色。紆，衣帶拖垂。這是說自己有什麼功德能穿上顯貴的紫袍和金魚袋呢？意謂大家都是同年考取進士，與李、鄭二位相比較起來要幸運多了。作者是借詩以表示自己非常知足的思想。㉖其將下世八句　此詩見文集卷三十六。反映了他退休以後的生活並不寬裕，雖有半俸的收入，還是入不敷出，所以想用變賣家產來支付日用。在引詩之前，有云：「二年忘卻問家事，門庭多草廚少煙。庖童朝告鹽米盡，侍婢暮訴衣裳穿。妻孥不悅甥侄悶，而我醉臥方陶然。起來與爾畫生計，薄產處置有後先。」接著便是詩中所言如何變賣田宅了。所獲的錢「半與爾充衣食費，半與吾供酒肉錢。吾今已年七十一，眼昏鬚白頭風眩」。接下來是講估計這些錢用不完就死了，即使死不了，那麼「未歸且住亦不惡，饑餐樂飲安穩眠。死生無可無不可，達哉達哉白樂天」，只要有飯吃，有酒飲，睡得安穩，生死則置之度外了。一方面顯示他在生死問題上那麼達觀，同時也委婉地表達出晚年生活已顯得拮据了。他在〈飲後戲示弟子〉一詩末尾說：「吾更有一言，爾宜聽入耳。人老多憂貧，人病多憂死。我今雖老病，所憂不在此。憂在半酣時，樽空坐客起。」生老病死可以置之度外，所憂在晚年能否平穩地度過，實際上還是訴說其晚年生活為貧窮所困擾，所以不得不遣散自己心愛的侍女小蠻與樊素，根本原因還是他致仕以後的經濟收入已經支持不住當年在位時的生活水平了。下世，指去世。㉗貪泉　晉廣州北二十里地石門處有泉水名貪泉，據稱飲此水者，即廉士亦貪。吳隱之為官清廉，為廣州刺史，赴任至泉前，酌而飲之，因賦詩以明志曰：「古人云此水，一歃懷千金。試使夷齊飲，終當不易心。」其在廣州任上，清操自守，革奢務嗇，名重當時。事見《晉書・吳隱之傳》。貪泉這個典故發生在廣州，因為那兒地多珍異，是海上貿易的中心，故歷來是出貪官多的地方。㉘東坡云三句　此語見《東坡全集》卷三十六〈醉白堂記〉。蘇軾在文中描寫白居易晚年的生活，「乞身於強健之時，退居十有五年，日與其朋友賦詩飲酒，盡山水園池之樂。府有餘帛，廩有餘粟，而家有聲伎之奉。」廩有餘粟，指其家倉廩常有餘粟。府，指其家的府庫，古代絹帛與貨幣一樣可以流通，這裡意謂白公經濟富足有餘。東坡，即蘇軾，字子瞻。北宋文學家。軾謫居黃州（今湖北黃岡），築室於東坡，因自號東坡居士。公，指白居易。

【語譯】白樂天為官，從壯年到老年，有關他在各個職位上俸祿多少的具體數目，全都記載在他的詩歌中，即使牽涉到他人也不例外。他為官一輩子，始終清廉自奉，家裡並沒有多餘的錢財，從這些詩歌中也可一一反映出來。我在誦讀他詩文的過程中，依照他為官經歷的次序，摘列了相關的詩句。他擔任校書郎時，說：「俸錢萬六千，月給亦有餘。」擔任左拾遺時，說：「月慚諫紙二千張，歲愧俸錢三十萬。」他兼任京兆戶曹時說：「俸錢四五萬，月可奉晨昏。廩祿二百石，歲可盈倉囷。」被貶為江州司馬時，說：「散員足庇身，薄俸可資家。」在〈江州司馬廳記〉的文章中說：「歲廩數百石，月俸六七萬。」為杭州刺史時，他說：「三年請祿俸，頗有餘衣食。」「移家入新宅，罷郡有餘資。」為蘇州刺史時，他說：「十萬戶州尤覺貴，二千石祿敢言貧。」擔任東都太子賓客時，說：「俸錢八九萬，給受無虛月。」「嵩洛供雲水，朝廷乞俸錢。」「老宜官冷靜，貧賴俸優饒。」「官優有祿料，職散無羈縻。」「官銜依口得，俸祿逐身來。」為河南尹時，說：「厚俸如何用，閑居不可忘。」不拜同州刺史時，說：「誠貪俸錢厚，春如身力衰。」為太子少傅時，說：「月俸百千官二品，朝廷雇我作閑人。」「又問俸厚薄，百千隨月至。」「七年為少傅，品高俸不薄。」他致仕退休時，說：「全家遁此曾無悶，半俸資身亦有餘。」「俸隨日計錢盈貫，祿逐年支粟滿囷。」「壽及七十五，俸占五十千。」他泛泛而談地提及俸錢的地方：「歷官凡五六，祿俸及妻孥。」「料錢隨官用，生計逐年營。」「形骸僶俛班行內，骨肉勾留俸祿中。」詩文中也有涉及其他人的地方，如涉及陝州司馬王建的，他說：「公事閑忙同少尹，俸錢多少敵尚書。」劉夢得罷太子賓客，除祕書監，兩者的俸祿相同，他說：「日望揮金賀新命，俸錢依舊又如何。」他感嘆洛陽、長水兩位縣令時說：「朱紱洛陽官位屈，青袍長水俸錢貧。」他將要去世時，有詩〈達哉樂天行〉一首，他說：「先賣南坊十畝園，次賣東郭五頃田。然後兼賣所居宅，髣髴獲緡二三千。但恐此錢用不盡，即先朝露歸夜泉。」後來的君子們試試體味他的話，即使你每天飲用貪泉之水，也應該知道斟酌一下自己的行為了。看到他自述一生的生活如此，蘇東坡說：「白居易家裡公家給他的廩祿富足有餘，府庫裡還堆積著很多絲帛。」看來實際情況並非都是如此。

【研析】洪邁在文章中列舉了白樂天所歷十個職務的俸給，然白樂天在文集卷三十六〈寄題餘杭郡樓兼呈裴使君〉一詩中有「官歷二十政，宦遊三十秋」之句，若從三十二歲那年授校書郎開始步入仕途起，至七十一歲罷太子少傅，以刑部尚書致仕為止，歷官二十，宦遊三十九年。即祕書省校書郎授盩厔縣尉，集賢校理，翰林學士，左拾遺，以後兼京兆府戶曹參軍，轉左贊善大夫。接著貶江州司馬，徙忠州刺史，還京拜司門員外郎，轉主客郎中知制誥，轉中書舍人。此後又除杭州刺史，蘇州刺史，復回京拜祕書監，轉刑部侍郎，除太子賓客分司東都河南尹，復授太子賓客分司，除太子少傅，以刑部尚書致仕。所歷之官二十整。在白居易的詩歌中，既可以看到他歷年官職變化的動向，也可以看到隨著他職位的變化所帶來俸給的變化，同時從中還可以看出中唐時期官員俸給制度的狀況。從大的方面講，唐人對官員的俸給制度，分成二個方面。一個是祿，一個是俸。祿是依散官品秩按年以實物也就是糧食支付給官員的。這是高祖武德時的定制。正一品是七百石，從九品為三十石，中間分十八級，最高到最低相差二十三倍。俸料錢則是按月給付，最高為二百萬，最低為二千八百五十文，等級間高與低落差是七百餘倍。祿是靠租庸調中的租來支出，俸料的來源，早期是靠公廨錢放高利貸的利息取得，德宗時楊炎行兩稅法以後主要靠春秋二稅的稅收來支付。白居易詩文中關於其俸給的敘述，似乎顯得心滿意足，都是在向朝廷表示感謝的語句。然而仔細體味其中的內涵，實際上還包含著他生活上拮据的一面。長水縣令的月俸是四萬，年支的祿米為一百石，白居易已經為他叫貧了。劉夢得除祕書監，月俸有八萬，與太子賓客相同，那時他有病吃藥已欠下外債了。可見月俸錢只能供劉夢得應付日常生活所需，有病吃藥的話就要舉債度日。他在貶為江州司馬時，在〈與元九書〉中說：「月俸四五萬，寒有衣，飢有食，給身之外，施及家人。」不過是一家子初步溫飽的生活。過了二年他在〈與微之書〉中講到：

「僕門內之口雖不少，司馬之俸雖不多，量入儉用，亦可自給，身衣口食，且免求人。」那時他在江州司馬任上月入的俸錢應在七、八萬間，大體上十萬以內，一家數口，可以維持一個溫飽的生活，不算富裕。他任杭州刺史的三年間似乎要富裕一些，名義上月俸也只是八萬，實際收入要高於這個數字。所以他會說：「三年請祿俸，頗有餘衣食。」白居易薪俸最高是為太子少傅時，月入十萬文。他感到生活緊迫的時間是在他致仕退休的時候，那時他七十一歲，以刑部尚書致仕，月入為原來的一半，只有五萬文了。一大家子要維持原來的生活水平是不夠的。他有一首詩的題目為〈官俸初罷親故見憂以詩諭之〉，別人已經看到他生活日見拮据，他只是安慰大家。不久他寫〈達哉樂天行〉時，那就已經計劃如何變賣家產來維持生計了。其詩文中達觀、知足、樂天的情緒實際上掩蓋了他生活上窘迫和艱難的另一面。這一點他比杜甫的表白要委婉曲折得多，這也是他比杜甫聰明的地方。只是在劉夢得去世以後，他在〈哭劉尚書夢得〉一詩中才直言二人「同貧同病退閒日，一死一生臨老頭」。老實承認他致仕後與劉夢得一樣處於「同貧同病」的窮困狀態，從他致仕到去世還有五、六年時間，幾乎一直如此。洪邁是看到了這一點，所以他批評蘇東坡的說法不符合白居易的實際狀況。洪邁這一篇長文要說的是白居易一生是「立身清廉，家無餘積」。官員的廉潔奉公，第一個要求便是公布自己的財產狀況，白居易在中國和世界歷史上可以說是繼諸葛亮之後，第二個更具體地公布自己財產狀況的官員，如果連這最起碼的要求也做不到，什麼清廉立身的承諾，那只能是騙人的鬼話而已。白居易七十六歲去世前不久，有一首題目叫〈自問此心呈諸老伴〉的詩，他在詩中捫心自問，這一輩子為人如何，他說自己心未曾求過過分的事，故此心中很少有不安之時，「此心除自謀身外，更問其餘盡不知」（文集卷三七），那就是管好自己，不作任何分外之求，此外的事那就只能不知不問。白居易自從貶為江州司馬以後，他抱定了窮則獨善其身的宗旨，至於兼濟天下，就不是他所能過問的了。這不是他的初衷，當初他寫〈秦中吟〉、〈新樂府〉時，是充滿著兼濟天下的雄心壯志的。後來他所以把詩文轉向閒適方面，那是被險惡的生存環境所逼迫的。一方面是為避禍保全自己，另一方面也是他知足常樂的表現，樂天也就是讓自己與自然天地融為一體，沒有一絲一毫分外的貪欲。從另一視角看這正是那個時代知識分子的無奈選擇。

白公感石

《容齋五筆》卷八

白樂天有〈奉和牛思黯以李蘇州所寄太湖石奇狀絕倫因作詩兼呈劉夢得〉❶，其末云：「共嗟無此分，虛管太湖來。」注：「與夢得俱典姑蘇，而不獲此石。」❷又有〈感石上舊字〉云：「太湖石上鐫三字，十五年前陳結之。」❸案，陳結之並無所經見，全不可曉。後觀其〈對酒有懷寄李郎中〉一絕句，曰：「往年江外拋桃葉，去歲樓中別柳枝。寂寞春來一盃酒，此情唯有李君知。」注云：「桃葉，結之也。柳枝，樊素也。」❹然後「結之」義始明。樂天以病而去柳枝，故作詩云：「兩枝楊柳小樓中，嫋娜多年伴醉翁。明日放歸歸去後，世間應不要春風。」❺因劉夢得有戲之之句❻，又答之云：「誰能更學孩童戲，尋逐春風捉柳花❼。」然其鍾情處竟不能忘，如云「病共樂天相伴住，春隨樊子一時歸❽」，「金羈駱馬近貰却，羅袖柳枝尋放還❾」，「觴詠罷來賓閤閉，笙歌散後妓房空❿」是也，讀之使人悽然。

【注釋】❶白樂天句　牛僧孺嗜好貯存奇石。〈太湖石記〉稱思黯「治家無珍產，奉身無長物，與石為伍，石有族聚，太湖為甲」。牛僧孺之僚吏多鎮守太湖邊州，時有奉獻，李蘇州即為進獻太湖奇石給牛僧孺之一人。牛常在宅第的園林中邀賓客賞玩其所藏之奇石。牛僧孺〈李蘇州遺太湖石奇狀絕倫因題二十韻奉承夢得樂天〉詩末四句云：「念此園林寶，還須別識精。詩仙有劉、白，為汝數逢迎。」故白居易有此和詩，也是二十韻。劉夢得亦有詩寄和，詩題為〈和牛相公題姑蘇所寄太湖石兼寄李蘇州〉。白樂天，即白居易，樂天為其字。太原人，唐代著名詩人。牛思黯，即牛僧孺，思黯為其字，安定鶉觚（今甘肅安定）人，德宗貞元間進士，憲宗元和三年（西元八〇八年），因批評時政，為宰相李吉甫所斥。此後在牛李黨爭中，他是牛黨的首領。文宗大和三年（西元八二九年），白居易以太子賓客分司東都。自此長居在洛陽。牛僧孺於文宗開成二年（西元八三七年）五月，自淮南節度使遷東都留守，築第於洛陽歸仁里。劉夢得，即劉禹錫，夢得為其字，洛陽人，唐代著名文學家。德宗貞元九年（西元七九三年），登進士第。順宗即位時，與柳宗元一起擢居要職。永貞事變，被貶朗州司馬。開成元年（西元八三六年）授太子賓客分司東都。他在洛陽與裴度、白居易之間常有詩歌唱和。❷其末云六句　白居易、劉禹錫二人先後任蘇州刺史，在蘇州任上，二人俱未獲此奇石。故白在詩中稱：「出處雖無意，升沉亦有媒。拔從水府底，置向相庭隈。對稱吟詩句，看宜把酒杯。」因此石係由李蘇州之媒介而出水，因感嘆白與劉二人俱虛管蘇州而無此緣分。❸又有三句　〈感石上舊字〉為白居易詩題，洪邁引文有誤，文集作〈感舊石上字〉，詩的全文如下：「閒撥船行尋舊池，幽情往事復誰知。太湖石上鐫三字，十五年前陳結之。」此詩作於武宗會昌元年（西元八四一年），白居易中風病癒，在園中舊池中划船，見太湖石上刻字，他想起十五年前在蘇州刺史任上的往事。❹後觀其十一句　詩題原為〈對酒有懷寄李十九郎中〉。注文中「樊素」應為「樊蠻」之訛。柳枝不是指一個人，而是指樊素與小蠻二人。樊素為歌者，小蠻為舞者。往年江外拋桃葉，指十五年前白居易離蘇州刺史任上時，把桃葉即陳結之留在了當地。去歲樓中別柳枝，則是指白居易年老中風以後，放樊、蠻二人離去。此詩作於開成末。白居易另有〈過裴令公宅二絕句〉一詩，自注云：「裴令公在日，常同聽楊柳枝歌，每遇雪天，無非招宴，二物如故，因成感情。」此二物即指樊素與小蠻二人，一歌一舞。又，此詩是因李十九郎中〈悼故妓〉詩而作，因其詩誘發白居易對桃葉和柳枝的思念，絕句之末有「吟君舊句情難忘，風月何時是盡時」，注文云：「李君嘗有〈悼故妓〉詩云：『直應人世無風月，始是心中忘卻時。』今故云。」❺樂天以病六句　白樂天在開成四年（西元八三九年）得風痹之疾。他有〈病中詩十五首〉，序文中稱：「開成己未歲，余蒲柳之年，六十有八，冬十月甲寅旦，始得風痹之疾，體癏目眩，左足不支，蓋老病相乘時而至耳。」引詩即為〈病中詩十五首〉中題為〈別柳枝〉的一首。兩枝楊柳小樓中嫋娜多年伴醉翁，便是指樊素與小蠻多年在白的庭院中以嫋娜多姿的歌舞陪伴他這個醉翁。❻因劉夢得句　劉夢得有〈楊柳枝詞九首〉，皆為和白居易詞八首而作。第九首〈楊柳枝詞〉是戲和白的〈楊柳枝〉詩，其詞云：「輕盈嫋娜占年華，舞榭妝樓處處遮。春盡絮飛留不得，隨風好去落誰家。」就是為戲耍白居易對樊素、小蠻的多情而作的。❼又答之云三句　謂自己已是垂暮老人，怎能如稚童那般逐風捉柳花呢？為自己的多情解脫。白居易此詩前有序云：「前有〈別柳枝〉絕句，夢得繼和，又復戲答。」洪邁所引為下半段，其上半段自喻云：「柳老春深日又斜，任他飛向別人家。」❽病共樂天相伴住二句　詩見〈春盡日宴罷感事獨吟〉，意為只留下病痛伴隨著自己，而青春活力則隨著樊素一起去。❾金羈駱馬近賣却二句　此言白居易在病後賣馬與放妓二事。詩見白居易〈閒居〉，詩的首句為：「風雨蕭條秋少客，門庭冷靜晝多關。」顯示作者此時難耐寂寞冷落之感，對賣掉的坐騎，對被放走的樊素和小蠻充滿著思念。金羈，指馬鞍。駱馬，指體白黑鬣的馬，典出《詩・小雅・四牡》。貰，出賃。白在〈病中詩十五首〉中，有一首〈賣駱馬〉云：「五年花下醉騎行，臨賣回頭嘶一聲。項籍顧騅猶解嘆，樂天別駱豈無情。」另一首〈別柳枝〉則言送別樊素之事。❿鶴詠罷來賓閣閉二句　詩見〈老病幽獨偶吟所懷〉。全詩對晚年失去了宴飲、吟詠、歌舞生活的他，充滿著孤獨、失落和哀傷。其詩云：「眼漸昏昏耳漸聾，滿頭霜雪半身風。已將身出浮雲外，猶寄形於逆旅中。鶴詠罷來賓閣閉，笙歌散後妓房空。世緣俗念消除盡，別是人間清淨翁。」

【語　譯】白居易有〈奉和牛思黯以李蘇州所寄太湖石奇狀絕倫因作詩兼呈劉夢得〉詩，他在詩的末尾說：「共嗟無此分，虛管太湖來。」作者在詩末自注說：「自己和夢得都曾當過蘇州刺史，但都沒有得到過如此奇妙的太湖石。」他還有一首〈感舊石上字〉詩說：「太湖石上鐫三字，十五年前陳結之。」案，陳結之這個名字，在其他典籍中並沒見過，其相關的事蹟都不清楚。後來看到白居易〈對酒有懷寄李十九郎中〉那首絕句云：「往年江外拋桃葉，去歲樓中別柳枝。寂寞春來一盃酒，此情唯有李君知。」自注說：「桃葉，指結之。柳枝，指樊素。」此後「結之」的意思才完全明白。白居易病後放樊素和小蠻離去，寫了一首題為〈別柳枝〉的詩，詩中說：「兩枝楊柳小樓中，嫋娜多年伴醉翁。明日放歸歸去後，世間應不要春風。」劉禹錫曾有〈楊柳枝〉詞，嘲謔白的〈別柳枝〉，白又回答劉禹錫說：「誰能更學孩童戲，尋逐春風捉柳花。」實際上白居易對自己喜愛的樊素與小蠻還是久念不忘的，他後來作詩時仍然不斷地提到她們，比如「病共樂天相伴住，春隨樊子一時歸」，「金羈駱馬近賣却，羅袖柳枝尋放還」，「鶴詠罷來賓閣閉，笙歌散後妓房空」這些詩句都是對樊素、小蠻的懷念，讀白居易在晚年創作的這些詩句，會使人們感到他晚景孤獨而又淒涼。

【研 析】〈白公感石〉這一篇講的是白居易晚年在東都洛陽的生活。全篇卻以〈奉和牛思黯以李蘇州所寄太湖石奇狀絕倫因作詩兼呈劉夢得〉為破題的引子。這次是牛僧孺出題，白居易與劉禹錫和詩。自從牛僧孺在開成二年（西元八三七年）為東都留守以後，他住在洛陽的歸仁里，經常邀請洛陽的名流到他住地去品賞他的園林和珍藏的太湖奇石，從此他們之間詩文的唱和就多起來了。從白居易和劉禹錫的詩文集中，我們可以看到一些他們在東都洛陽生活的概況。洛陽作為唐代的東都，有它獨特的地方。唐代的政治中心在長安，處在當時國土的西鄙，而洛陽則居國土之中，轉輸貢賦比長安方便，關中平原的收成無法供養首都龐大的全國性的官僚機構，所以在高宗、武則天時期就不得不到洛陽來就食。唐高宗前後七次赴東都。武則天稱帝以後的二十年間，都生活在東都，故東都有完整的宮廷設施。東都留守是洛陽地區的最高長官，往往是宰相罷閒置散的地方。分司東都的官員，既沒有繁忙的政務，又享有高官厚祿。他們在東都任上可以悠遊自得地以宴飲並以詩文唱和為樂。翻閱白居易與劉禹錫的詩文集，相當多的內容是屬於他們之間相互飲酬唱和的詩文。透過這些詩文，我們仍可以看到他們當年的心境與昔日的豪情壯志不相協調，從他們的作品中，可以看到無可奈何的失落感，那種悠閒的情調只是一種自我安慰而已。從白居易講，他退隱的生活並不快活。他依依不捨地賣掉駱馬，迫不得已地遣散樊素和小蠻。他在〈飲後戲示弟子〉一詩中說：「人老多憂貧，人病多憂死。我今雖老病，所憂不在此。憂在半酣時，樽空坐客起。」他在〈達哉樂天行〉中說到安排家事時說：「薄產處置有後先，先賣南坊十畝園，次賣東郭五頃田，然後兼賣所居宅，髣髴獲緡二三千，半與爾充衣食費，半與吾供酒肉錢。」這一年他七十一歲，致仕退休以後只有半俸，已不足以維持其原來的開支了。他有一首〈酬夢得貧居詠懷見贈〉詩，說道：「歲陰生計兩蹉跎，相顧悠悠醉且歌。廚冷難留烏止屋，門閑可與雀張羅。病添莊舄吟聲苦，貧欠韓康藥債多。日望揮金賀新命，俸錢依舊又如何。」就是嘆自己貧病交加，生活難以為繼。文人僅靠俸給是很難維持生計的，這在韓愈、杜甫的詩文中也能見到他們窮相的一二。中國有骨氣的知識分子，不走升官發財的捷徑，到了晚年難免如杜甫那樣，在貧病交困中離開人世，然而人們永遠會懷念他們有價值的一生。

後記

《容齋隨筆》選本終於告一段落了，從著手選讀開始，不知不覺已經五年時間過去了。二〇〇六年上半年三民書局約請我們對《容齋隨筆》作注譯工作，我們本來是頗為躊躇的，因為過去雖也讀過此書，但大都憑興趣隨手翻閱，並未認真地研究過它。由於《容齋隨筆》內容浩繁，洪邁作這些隨筆札記時，都帶有一些他所處時代的烙印，雖然歷代多有人關注，但卻沒有注本，一切得從頭做起。現在讓我們注譯一個選本，談何容易，心中實在沒底。三人一起商量後決定選取《容齋隨筆》中一百餘條札記，在注釋、語譯的基礎上進行研析，分析札記涉及到的相關史料內容，結合洪邁讀書以及撰寫札記的歷史背景，從中總結歷史的經驗教訓，盡可能使它對我們今天的工作和生活有所啟迪。這便是我們著手此項工作時的宗旨。

宗旨確定了，那怎麼著手選定篇目呢？從二〇〇六年十月分開始，我們每週有兩個下午一起在徐連達先生家，從頭開始一條條地認真閱讀《容齋隨筆》，在閱讀過程中圈選準備注釋的條目。其實，要在一千兩百多條中選擇一百條，很難全面概括《容齋隨筆》的精髓。容者，有容乃大焉，許多好的條目，我們也只能割愛了。在此基礎上我們首先選注了十餘條，待三民書局認可我們的想法以後，二〇〇七年六月我們簽訂了出版合同。二〇〇八年七月完成五十七篇札記的選注工作，二〇〇九年四月又選注完成四十篇，二〇〇九年底又完成最後九篇，前後共選注一百零六篇札記，僅差導讀沒有寫定。本該一氣呵成完成這項工作，怎奈我們手頭雜事繁多，導讀寫了一半之後便被迫延擱下來，直到二〇一一年五月才將導讀改定寄出版社，前後拖延這麼久，實在抱歉。

洪邁在南宋初年既是史學大家，也是文學家，故《容齋隨筆》相當多的篇目都涉及到歷史和文學，所以我們這個選本以文史類為主。文學方面我們選了與陶淵明、韋應物、李白、杜甫、白居易、元稹、韓愈、柳宗元、王安石、蘇軾等人相關的條目，在研析中盡量通過對作品的分析來介紹作者生平事蹟及其創作思想，凸現洪邁的文學觀念，史學方面則盡量選擇與重大歷史事件和重要歷史人物相關的一些條目，諸如〈劉項成敗〉、〈漢文帝受言〉、〈灌夫任安〉、〈光武仁君〉、〈曹操用人〉等篇目。考慮到洪邁對東晉南朝的偏愛，故也選了如〈孫吳四英將〉、〈東晉將相〉等篇目。經學、諸子等方面在《容齋隨筆》中也占有相當重要的地位，但篇幅所限，我們只能選了個別篇目，在宗教方面我們也只能選了涉及佛教的〈代宗崇尚釋氏〉、〈三教論衡〉等少數幾條。由於材料不足，洪邁能夠看到的一些金石材料我們今天已經無法見到，所以金石考證方面也只能選了個別篇目。

我們的這個選本裡面一定會有不少缺點和失誤，歡迎讀者批評指正。如果將來有再版的機會，我們願遵循大家的意見，盡量改正失誤和補充一些闕佚的部分。我們深信，在一千兩百多條中肯定還有許多精闢的內容值得我們去研讀。有了這個選本再去閱讀全本，應該還是有幫助的，因為它增加了人們閱讀時進一步思考的視角。

附帶有一件事要說明一下，那就是語譯的部分，涉及到原文中詩詞，我們也曾嘗試過把它譯成語體文，結果自己看了也不滿意。無論先秦的四言，以後的五言、七言之律詩，如白居易的作品已非常口語化了，再作語譯也沒有必要，而且詩詞都有格律，又有聲韻，這一點在語譯時很難做到個別的作品。若〈江梅引〉，勉強為之意譯，亦難令人滿意，難以與原作之韻味相比擬。至於詩詞作者在作品中所用的典故，作品的時間背景及其意蘊，都盡量在注釋中加以說明，也已能便於讀者理解作品，這一點希望讀者能體諒我們的苦衷。最終我們三人非常感謝對此書作校對的編輯部的同事，由於他們的辛勤努力，指出了我們工作中許多粗心大意及筆誤之處，我們都虛心接受並盡量改正之，因而大大減少了此書可能出現的錯失。

朱永嘉、徐連達、李春博　謹識

二〇一四年十月

◎新譯范文正公選集

沈松勤等／注譯

范仲淹為北宋著名政治家，除了在改革時弊、軍事撫邊上留名青史外，其文學主張和文學作品也有一定的成就。范仲淹的文章大都直抒胸臆，言摯情切，如其名篇〈岳陽樓記〉所言「先天下之憂而憂，後天下之樂而樂」般，充滿對現實的同情與關懷。披覽篇章之際，每能感受其「居廟堂之高則憂其民，處江湖之遠則憂其君」的高尚情懷。本書選錄范文正公文章四十篇，包含具有代表性的論、議、書、表、碑、狀、讚、記等，注釋準確明白，語譯生動傳神，是欣賞范仲淹人品與文采的最佳讀本。

◎新譯曾鞏文選

高克勤／注譯

曾鞏是一位以主要精力從事散文創作的作家，不僅在北宋文壇名揚一時，更被後人列為唐宋古文八大家之一。曾鞏的散文繼承、發揚了中國「文以載道」的傳統，與其師歐陽修同為古代文論中「義法說」的奠基人。本書精選注譯曾鞏各體散文六十五篇，全書譯注明暢，研析深入，能幫助讀者掌握曾鞏為文的思想旨趣，領略其長於議論、精於說理的散文藝術特色。

◎新譯王安石文集

沈松勤／注譯　王基倫／校閱

王安石是一位勇於改革的政治家，他兼長經術之學與文章之學，且能施諸經世濟民的政治實踐，是北宋「士大夫之學」的典型體現。其為文取法韓愈，參酌韓非、墨子而自成一家，風格雄健簡練，嚴整勁峭，名列唐宋古文八大家之一。本書收錄王安石政論、書信、序跋、記敘、小品等十餘類文章六十餘篇，深入解題、注釋、語譯，可讓您輕鬆認識這位有魄力、有骨格的一代巨儒。